北京文化艺术年鉴

BEIJING CULTURE-ART YEARBOOK

2011

《北京文化艺术年鉴》编辑部 编

方志出版社

图书在版编目（CIP）数据

北京文化艺术年鉴. 2011/《北京文化艺术年鉴》编辑部编. --北京：方志出版社，2012. 3
ISBN 978 – 7 – 5144 – 0456 – 2

Ⅰ. ①北... Ⅱ. ①北... Ⅲ. ①文化事业 – 北京市 – 2011 – 年鉴 Ⅳ. ①G127. 1 – 54

中国版本图书馆 CIP 数据核字（2012）第 041254 号

北京文化艺术年鉴（2011）

编　　者：《北京文化艺术年鉴》编辑部
责任编辑：梅中英

出 版 者：方 志 出 版 社
（北京市建国门内大街 5 号中国社会科学院科研大楼 12 层）
邮编　100732
网址　http：//www. fzph. org
发　　行：方志出版社发行部
（010）85195814　85196281
经　　销：各地新华书店
法律顾问：北京市大禹律师事务所
排　　版：北京中文天地文化艺术有限公司
印　　刷：北京印刷集团有限责任公司印刷二厂

开　　本：787 × 1092　1/16
印　　张：22. 875
字　　数：811 千
版　　次：2012 年 3 月第 1 版　2012 年 3 月第 1 次印刷

ISBN　978 – 7 – 5144 – 0456 – 2/K · 372　　定价：150. 00 元

▲ 市领导出席中国杂技团建团 60 周年纪念活动

▲ 中共北京市委常委、宣传部部长、副市长蔡赴朝（中）在顺义区出席第二届北京端午文化节活动

◀ 京剧入选联合国“人类非物质文化遗产代表作名录”庆典活动

◀ 金铁铃（右一）在台湾表演绢花制作

▶“面人郎”传人郎志春（右一）在台湾表演面塑制作

◀ 台湾民众观看剪纸表演

▲第五届中国北京国际文化创意产业博览会

▲第八届中国国际网络文化博览会

▲北京文艺评论家协会成立大会合影

▲2010 北京文艺论坛

2010 年厂甸庙会开幕式

第 12 届东岳庙春节文化庙会

第 25 届地坛春节文化庙会

▲ 第 27 届龙潭庙会

▶ 第十届莲花池庙会

◀ 中华世纪坛春节主题庙会开幕式

▲北京文化市场安全日宣传周活动

▶文化娱乐场所联合执法

◀丰台区文化娱乐场所"防灾减灾"安全工作会议

▶ 文化娱乐场所应急消防演练

◀ 市文化局等单位联合检查验收电子游艺场所

▼ 昌平区联合执法取缔“黑网吧”

◀“春雨工程——全国文化志愿者边疆行”试点活动启动仪式暨北京志愿团出发仪式

◀“春雨工程——全国文化志愿者边疆行”试点活动启动仪式暨北京志愿团出发仪式

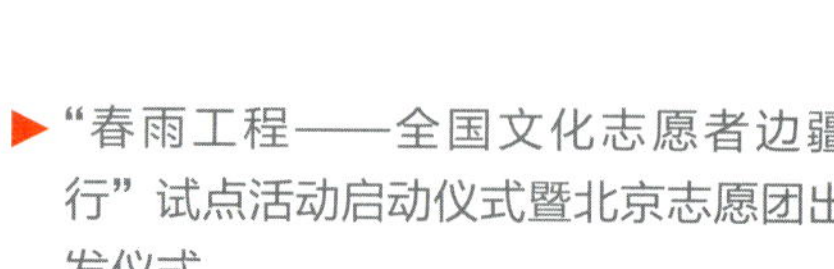

▶“春雨工程——全国文化志愿者边疆行”试点活动启动仪式暨北京志愿团出发仪式

▶“春雨工程——全国文化志愿者边疆行”试点活动启动仪式暨北京志愿团出发仪式

▲北京市文化援疆“春雨工程”和田和韵新疆和田县文工团进京演出开幕式

▲北京市文化援疆“春雨工程”和田和韵新疆和田县文工团进京演出

▲《北京文学》创刊60周年庆典

▶ 第五届老舍散文奖颁奖现场

◀ 北京作家协会参与门头沟区创办诗歌特色中学揭牌仪式

▲北京作家协会小说创作座谈会

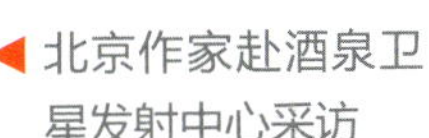
◀北京作家赴酒泉卫星发射中心采访

▶北京作家协会代表团访问波兰作家协会

▲ 话剧《日出》(北京人民艺术剧院演出)

▶ 话剧《晚餐》(北京人民艺术剧院演出)

◀ 话剧《原野》(北京人民艺术剧院演出)

▲ 话剧《四世同堂》赴台湾演出新闻发布会

◀ 2010 北京国际青年戏剧节开幕式

▶ 第三届北京法国戏剧荟萃开幕

◀ 话剧《玩偶之家》(越南青少年歌舞剧团演出)

戏剧

▶ 话剧《面试惊魂》(仁泽戏剧工作室演出)

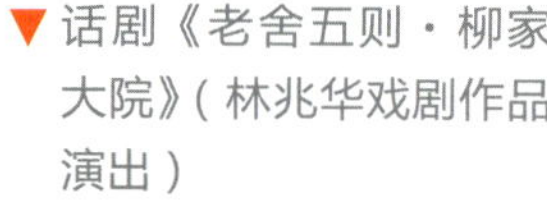

▼ 话剧《老舍五则·柳家大院》(林兆华戏剧作品演出)

▲ 大型神话剧《太阳鸟》(中国儿童艺术剧院演出)

▶ 神话舞台连续剧《西游记》(第三部)(中国儿童艺术剧院演出)

◀ "皮皮鲁·鲁西西"系列童话剧《罐头小人》(中国儿童艺术剧院演出)

▲ 现实题材儿童剧《天蓝色的纸飞机》（中国儿童艺术剧院演出）

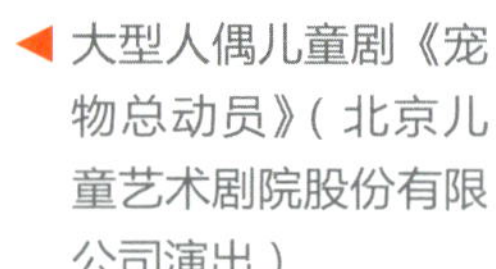

◀ 大型人偶儿童剧《宠物总动员》（北京儿童艺术剧院股份有限公司演出）

◀ 大型世博儿童剧《海宝》（北京儿童艺术剧院股份有限公司演出）

校园剧《想飞的孩子》(北京儿童艺术剧院股份有限公司演出)

中国儿童艺术剧院赴广西壮族自治区慰问演出

中国儿童艺术剧院《小吉普·变变变》赴甘肃省送戏到幼儿园

中国儿童艺术剧院《皮皮·长袜子》在上海世博会

▲ 文化部副部长杨至今（右三）与中国木偶剧院《猴王·闯东海》编创人员座谈

▶ 中国木偶剧院与上海美术电影制片厂签约

◀ 动漫人偶剧《小贝当家》新闻发布会

▶《猴王·闯东海》获“首届全国戏剧文化奖”六项大奖新闻发布会

◀偶型剧《猴王·闯东海》（中国木偶艺术剧院有限责任公司演出）

▼中国木偶剧院·儿童木偶城堡落户天津市首演

▲ 小剧场京剧《昭王渡》(北京京剧院演出)

◀ 新编贺岁喜剧《满汉全席》(北京京剧院一团演出)

▲ 墨壳原态舞台剧《乌盆记》在京演出

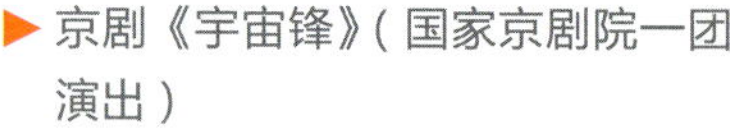

▶ 京剧《宇宙锋》(国家京剧院一团演出)

▲ 纪念京剧大师裘盛戎诞辰九十五周年演唱会

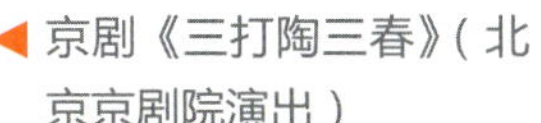

◀ 京剧《三打陶三春》(北京京剧院演出)

▶ 京剧《谢瑶环》(北京京剧院演出)

▲京剧《范进中举》(北京京剧院演出)

◀京剧《吕布与貂蝉》(北京京剧院演出)

◀京剧《望江亭》(北京京剧院演出)

▲ 昆曲《红楼梦》新闻发布会

▲ 昆曲《续琵琶》（北方昆曲剧院、北京曹雪芹学会演出）

▶ 昆曲艺术畅谈会

▶ 评剧《“福”字和事佬》（中国评剧院演出）

▶ 评剧《陆文龙》（中国评剧院演出）

▶ 评剧《吕布与貂蝉》（中国评剧院演出）

▲ 评剧《五女拜寿》（中国评剧院演出）

▶ 北京市河北梆子剧团参加首届“百姓大戏节”开幕式演出

◀ 古装戏《铁心县令》(北京市河北梆子剧团演出)

▶ 京梆子大师李桂云铜像揭幕仪式

▲ 纪念李桂云诞辰一百周年演出

◀ 北京曲剧《开市大吉》北京市曲剧团

▶ 北京曲剧参加北京传统音乐节演出

▲ 北京曲剧参加北京传统音乐节演出

▶ 北京市曲剧团在门头沟区马栏村演出

▶ 越剧《一缕麻》(杭州越剧院演出)

▲ 新编大型现代蒲剧《山村母亲》(山西省运城市蒲剧青年实验团演出)

▶ 戏曲图书订购会

▲ 繁星戏剧村

▲ 北京青年相声节闭幕式

▶ 第二届北京快板邀请赛演出

▲ 骆派京韵传人刘春爱（左一）北京专场演出

▶ 门头沟区春节团拜会曲艺专场演出

▲ 单田芳（前排中）从艺 55 周年活动现场

◀ “百姓周末大舞台” 双簧演出

▲ 顺义区 “马坡杯” 第一届曲艺大赛

◀ 第三届延庆乡村欢乐节相声小品大赛

▲中国杂技家协会第六次全国代表大会北京代表合影

◀纪念北京市文联成立60年杂技艺术家抚今追昔话未来座谈会

◀“百姓周末大舞台”杂技演出

▶ 北京杂技家协会送欢乐到延庆县

▶ 中国杂技团建团60周年座谈会

▼ “百姓周末大舞台”杂技演出

"北京影协杯"剧本征集评选活动新闻发布会

影片《第一书记》座谈会

第二届影评大赛颁奖仪式

▶ 歌剧《货郎与小姐》（中央歌剧院演出）

▶ 歌剧《弄臣》（中央歌剧院交响乐团、意大利帕尔玛皇家歌剧院演出）

▶ 中国原创歌剧《热瓦普恋歌》（中央歌剧院演出）

▶ 歌剧经典音乐会

◀ 北京新年音乐会

▲ 大型景观歌剧《图兰朵》赴台湾演出

▶ "逍遥月色"——2010 年华侨华人艺术家中秋音乐会

◀ 中央音乐学院建院 70 周年纪念演出

▶"开启绿色畅想"大型生态环保公益晚会

▲通州运河艺术节"歌剧咏叹之夜"

◀歌舞《侗歌声声》(贵州省黎平县、从江县、榕江县演出)

▶经典歌舞剧《宝莱坞入场券》(印度宝莱坞歌舞团演出)

“逍遥音乐之旅”吕思清小提琴演奏

第五届朝阳流行音乐周

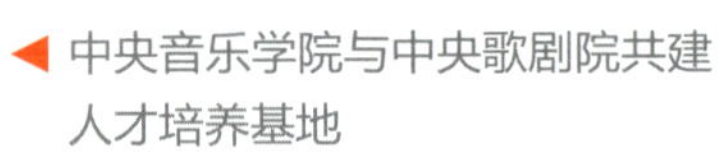

中央音乐学院与中央歌剧院共建人才培养基地

民乐演出清华大学民乐队

第五届华北五省舞蹈大赛部分获奖作品

▶《风沙中的龟兹》

▶《牙拍舞》

◀《越人歌》

▼《壮水叮咚》

◀ 第十二届 CBDF 国际标准舞“院校杯”公开赛

▶ 北京校园舞蹈研讨会

◀ 现代舞《无足鸟》（北京当代芭蕾舞团演出）

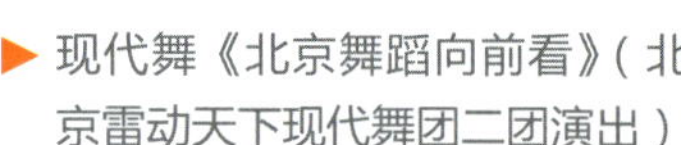

▶ 现代舞《北京舞蹈向前看》（北京雷动天下现代舞团二团演出）

舞蹈诗《梦里落花》(总政歌舞团演出)

中国版《胡桃夹子》(中央芭蕾舞团演出)

舞蹈《古典双人舞》(中央芭蕾舞团演出)

芭蕾舞《阿莱城姑娘》(中央芭蕾舞团演出)

▲ 歌舞晚会《洒满阳光的新疆》（新疆艺术学院演出）

▲ 舞剧《莎乐美》（北京朝阳“9 剧场”现代舞团演出）

◀ 舞剧《花儿》（宁夏回族自治区歌舞团演出）

◀ 舞剧《大北川》（绵阳市大北川艺术团、绵阳市艺术剧院演出）

▶ 芭蕾舞剧《茶花女》(德国汉堡芭蕾舞剧院演出)

▶ 现代舞《仙乐飘飘》(苏格兰詹尼斯现代舞团演出)

▼ 舞蹈《俄罗斯风情舞》(奥地利世界之舞舞蹈团演出)

▲ 中国年画展

▲ 时代心象——中国画院第二届院展

▲ 俄罗斯新生代画家油画展

▲“墨海灵光”展览开幕式

◀著名人物画家徐燕孙精品展开幕式

◀齐白石艺术国际论坛开幕式

▼中国画创作问题研讨会

◀ 美术教育问题研讨会

◀ 北京意象如诗如画门头沟采风创作活动启动仪式

▲ 杨茂源雕塑作品展

◀ “新感觉”捷克雕塑艺术展

▶ 情境书法大展

▶ 市文联 60 年美术、书法、摄影、民间艺术大展开幕式

▲ 北京阎村龙乡书画苑落成剪彩仪式

▲ 北京美丽乡村书法艺术展

▲ 北京书法家慰问总后部队

◀ 中日两国学生书艺交流

▲全国摄影艺术展览

◀第 23 届中国华北摄影艺术展开幕式

◀“北京——我们可爱的家”摄影展在丹麦

▶“澳门十年”摄影展

◀“东张西望”中法摄影四人展

◀“歌颂春天”摄影比赛沙龙评选现场

▲摄影知识培训

◀文化下乡——为百姓送全家福

▶ 国家图书馆少年儿童图书馆

▶ 北京大学图书馆

▶ 西城区青少年儿童图书馆

◀ 顺义图书馆

◀ 北京工商大学图书馆良乡馆区

◀ 北京工商大学图书馆阜成路馆区

▲ 国家图书馆国情咨询顾问委员会第一次会议

▲ 国家数字图书馆推广工程座谈会

▲ 国家图书馆举办世界读书日活动

◀ 国家图书馆数字资源征集工作研讨会

◀ 国家图书馆为全国"两会"服务

▲ 全国图书馆少儿服务工作座谈会

▶ 第五届中美图书馆合作会议

◀ 首都图书馆城市街区自助图书馆

▶ 首都图书馆暑期少儿换书大会

◀ 首都图书馆收容教育所分馆启动仪式

◀ 读者体验图书馆电子读报系统

▶ 房山区“世界读书日”活动

◀ 北京市宣武区图书馆向江西省定南县图书馆捐赠活动

▶《李锡铭诗词手迹》捐赠中国人民大学图书馆

▶ 西城区红领巾读书活动“世博让世界更精彩”知识竞赛

◀ 房山区图书馆举办“农家书屋”管理员业务培训

▶ 书海听涛——作家与读者见面会

◀ 第三届来京务工人员才艺大赛颁奖晚会

◀ “清明琴诗雅集”活动

▲ 2010 年北京群众文化年东城区活动

▶"百姓大戏节"大观园昆曲演出

▶石景山区舞蹈《圆月踏灯》获得第六届舞动北京群众舞蹈大赛城区二等奖

▲文化遗产日活动

▲“北大荒知青之歌”文艺演出

◀“都市风采”京津沪渝声乐组合大赛

◀北京市群文系统美术培训班

◀ 北京市群文系统书法、摄影培训班

▲ 书法、摄影延庆县巡展

◀ 北方昆曲剧院走进校园

▶ 朝阳区非物质文化遗产成果展演

▶ 北京民间艺术家在台湾为同胞剪影

◀ 西城区赴台湾参加“老北京文化展”

◀ 石景山区首届中学生灯谜大赛

▶ 第七届海淀文化节藏书票展

▶ 中秋节月坛祭月仪式

▶ 三里屯国际街区“漂亮的兵马俑灯笼”景观展示活动

▶ 街道消夏文艺演出活动

◀ 北京文化志愿者送“福”下乡活动

▶ 第 9 届“金刺猬”大学生戏剧节

◀ 鲁谷社区艺术节专场演出

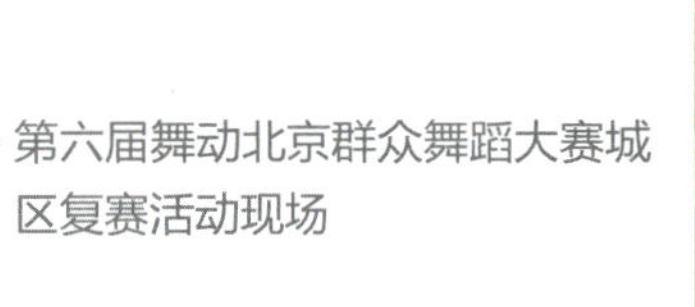

▶ 第六届舞动北京群众舞蹈大赛城区复赛活动现场

北京文化艺术年鉴（2011）

编辑部主任　张燕鹰

编辑部副主任　丁　琳

编　　辑　（按姓氏笔画为序）

王凌雨　白　莲　吕厚龙　李　宏　李颖君

吴赣生　张小野　周　红　郭　涛　傅显舟

封面设计　杨宇萍

美术编辑　吴赣生

编　　务　勾文岩　刘鑫鑫　柴峥春

图片摄影及供稿者　（按姓氏笔画为序）

王小兵	王玉梅	甘　源	叶　进	刘国君
苏建华	李艳芬	杨少铎	吴赣生	余晓红
张　平	张弘宇	张连元	冼跃生	庞立平
胡永利	费　斌	姚宝良	秦晓萌	耿大鹏
顾伯岳	崔　迪	梁彩川	焦爱民	魏　巍

图片提供单位

北京市文联	北京作家协会	北京美术家协会
北京书法家协会	北京舞蹈家协会	北京摄影家协会
北京曲艺家协会	北京杂技家协会	北京民间文艺家协会
北京文学月刊社	北京市文联研究部	北京电影家协会
北京京剧院	北京画院	首都图书馆
北京交响乐团	北方昆曲剧院	北京市曲剧团
北京市河北梆子剧团	北京戏曲艺术职业学院	
北京市艺术研究所	中国评剧院	
北京文化艺术活动中心		
北京人民艺术剧院		
北京儿童艺术剧院股份有限公司		
中国木偶艺术剧院有限责任公司		
北京市演出有限责任公司		
北京市对外文化交流有限责任公司		
中国儿童艺术剧院	中国杂技团有限公司	
国家大剧院	东城区文委	西城区文委
崇文区文委	宣武区文委	朝阳区文委
海淀区文委	丰台区文委	石景山区文委
通州区文委	顺义区文委	怀柔区文委
平谷区文委	昌平区文委	门头沟区文委
房山区文委	大兴区文委	密云县文委
延庆县文委	燕山文化卫生分局	

前　　言

我们常说年鉴是一面镜子，每当编完一本年鉴，我们就清楚地又照见了一回我们自己。

前不久，我们在北京潮白河畔一处度假村审订了我们这一本年鉴稿。我们每年都是这样做的，但是今年我却有了更多的感触和体验。参加审稿的人有年鉴十三个部类的编辑，有年鉴的主编、副主编，有北京市年鉴等各方面人士。我们的审稿会其实可以称之为研讨会，十三个部类的稿件一一在大屏幕上过堂，从内容到语法到错别字都不会被放过，有一次我们竟为一条无题小序争得面红耳赤，我们也曾为一个条目的出处和它的要素动用很多人力，查遍几家图书馆和相关网站。我曾经很自信地想过，经过我们这样三堂会审式的审定，要想从我们这里发现什么差错，应该是一件很难的事情，因为我们的编辑都是该部类专业素养很高、卓有成绩的人，我们的主编、副主编也都是资深的出版工作者，更何况这是我们编的第 7 本年鉴，我们的编审队伍从始至终保持稳定。

但是，当把全书的稿件送交出版社的时候，我依然十分忐忑，这是每次交稿的时候，我常有的一种心态，今年更是如此。我总担心会有什么错处潜伏在哪个角落。因为以往的经验无数次敲打过我们，我知道像年鉴这一类书籍，看似平常，其实学问大焉，几乎是无边无际，浩如烟海，让你很难穷尽其妙，必须永远取虔诚、恭敬、一丝不苟的态度。

这本年鉴记述的是 2010 年北京文化艺术界的辉煌灿烂，千姿百态。这一年，我们国家是祥和、昌盛、飞速发展的一年，我们生活的这座城市几乎每天都有新的气象，人们脸上的表情，就是这座城市的镜子，我们看到了他们的笑容，也看到了他们的紧张和焦虑，他们的这些表情，都生动地、鲜活地体现在文化艺术的长廊里。文学依旧是这座城市的文化坐标，北京很多优秀作家的优秀作品，引领着中国的文学潮流。戏剧，永远是这座城市最绚丽、最宽广、最动人的风景线，每天华灯初上的时候，这里都会有约三百场的各种形式的文艺演出。音乐，是这座城市最动听的声音，各种类型的国际音乐演出在这里汇集，难怪有人说 2010 年北京的音乐演出和音乐活动，使北京成为全球最耀眼的城市之一。电影，我们不能不说到以《唐山大地震》为代表的一批国产大片的产生及其巨大影响，这一年也许会成为中国电影发展史上的重要标志。这一年美术方面的成就也是令人瞩目的，各种风格各种流派的优秀作品的出现和展出，让这座城市多一分优雅和深刻。此外，2010 年摄影、舞蹈、曲艺、书法、篆刻、图书馆、群众文化、杂技、魔术、区县文化也都各具风采，成绩斐然。您都会在我们的年鉴里有美妙的领略。

这本年鉴记录了 2010 年北京这座城市的表情，相信很多人会从中找到自己的表情，包括我们自己。

（徐恒进）

编 辑 说 明

一、《北京文化艺术年鉴》是一部大型文化艺术类资料工具书和史料文献，由北京市文化局主办、北京市文学艺术界联合会支持，《北京文化艺术年鉴》编辑部组织编写。本年鉴以马克思列宁主义、毛泽东思想、邓小平理论和“三个代表”重要思想为指导，贯彻落实科学发展观，力求准确、客观地反映北京地区文化艺术的发展和现状。

二、本年鉴采用条目和文章两种体裁，以条目体为主，直陈其事，文字力求言简意赅。

三、本年鉴从2005年开始，为配合续修《北京志·文化艺术志》，逐年编纂。2011年卷为第7本。当年出版的年鉴，记述上一年度北京地区文化艺术（按照《北京志·文化艺术志》的编写体例，目前暂不含电视、文物内容，下同）各门类的发展和变化，为国内外各方面人士了解和研究北京文化艺术提供最新的翔实信息，为文化艺术发展留存宝贵资料，为领导决策提供可资参考的依据。

四、本年鉴采用“大北京”的概念，记述北京市属文化艺术企事业单位情况和中央、部队在京文化企事业单位的情况。

五、本年鉴正文内容包括：法规规章规范性文件目录、大事记、综合、文学、戏剧、曲艺、杂技魔术、电影、音乐、舞蹈、美术、书法篆刻、摄影、图书馆、群众文化和区县文情，共16个部类。

六、本年鉴所载的文章和条目内容，主要来源于各文化艺术单位提供的资料，均经该类目撰稿人及责任编辑核实。

七、本年鉴反映2010年1月1日~12月31日期间北京文化艺术界的情况。凡在这一时限内发生的事情，均直书月、日，不再注明年份。部分内容因跨年度前后延伸的，则写明年份。

八、本年鉴目录按16个部类顺序排列；索引按笔画、拼音分别排序，检索范围仅限于条目内容。

中英文对照目录

(Contents)

目　　录

法规　规章　规范性文件目录

大　事　记

综　　合

机构

文化艺术市场

文化体制改革

文化建设

文化（创意）产业

活动

· 综合性文化艺术活动 ·

· 展览 ·

· 会议 ·

· 非物质文化遗产保护 ·

· 赛事　奖项 ·

出版物

文　学

机构

创作

活动

会议

赛事　奖项

交流

纪念

研究与评论

培训

捐赠 收藏

出版物

戏　　剧

机构　设施

剧目

·戏曲·

·话剧·

·儿童剧·

出版物

曲　　艺

机构

作品

活动

出版物

杂技 魔术

机构

剧（节）目

活动

·放映·

·电影节　电影展·

·会议·

·奖项·

出版物

音　　乐

机构

作品

活动

演出

会议

赛事　奖项

交流

纪念

评论与研究

出版物

舞　蹈

机构

作品

会议　活动

演出

赛事与奖项

交流

纪念

教育　培训

探索与研究

出版物

美　术

机构

展览

活动

交流

纪念

书法　篆刻

机构

展览

活动

交流

纪念

出版物

摄　　影

机构

展览

活动　会议

纪念

交流

赛事　奖项

出版物

图　书　馆

机构

活动

基础建设

群众文化年系列活动

出版物

区县文情

索引

法规　规章　规范性文件目录

名　称	发布日期	实施日期
北京市文化局　北京市文化市场行政执法总队　北京市安全生产监督管理局关于印发《北京市文化娱乐场所经营单位编制安全生产管理制度导则（试行）》的通知	2010 年 5 月 25 日	2010 年 5 月 25 日
北京市财政局　北京市文化局关于印发《北京市非物质文化遗产保护专项资金管理暂行办法》的通知	2010 年 6 月 9 日	2010 年 6 月 9 日
北京市文化局关于推进网吧连锁化经营有关事宜的通知	2010 年 6 月 17 日	公布之日起 30 日后
北京市大型群众性活动安全管理条例（北京市第十三届人民代表大会常务委员会第十九次会议修订通过）	2010 年 7 月 30 日	2010 年 12 月 1 日起
北京市文化局关于发布经营性互联网文化单位设立审批规范及续延换证审批规范的公告	2010 年 8 月 10 日	公布之日起 30 日后
北京市文化局关于印发《北京市网吧连锁企业认定管理办法实施意见》的通知	2010 年 10 月 12 日	发布之日起 30 日后
北京市文化局关于印发《北京市文化局开展原创漫画作品扶持申报工作实施方案》的通知	2010 年 12 月 28 日	发布之日起 30 日后

大 事 记

2010年北京文化艺术大事记

2010年12月2日～2011年1月20日，文化部主办的2010年全国京剧优秀剧目展演在北京举行。

2009年12月25日～2010年2月3日，“第11届全国美术作品展暨首届中国美术奖·创作奖、获奖提名作品展”在中国美术馆举行。

1 月

1月1日，《图书馆报》正式发行。

1月1日～2日，纪念荀慧生诞辰一百一十周年系列演出在梅兰芳大剧院举行。

1月1日～2月28日，中国电影博物馆举办中国电影华表奖获奖影片公益展映活动。

1月4日，2010年全国文化厅局长会议在北京召开。

1月6日，中国传媒大学艺术研究院正式成立。

1月7日～8日，中国首届庙会文化论坛在东城区文化馆举办。

1月8日，当代美术创作论坛在中国美术馆举办。

1月10日，北京人民艺术剧院授予10位院外作家第一批北京人艺荣誉编剧称号。

1月11日～15日，中越建交60周年大型图片展在中国人民革命军事博物馆展出。

1月13日～14日，世界文化现状与趋势研讨会在京召开。

1月14日，北京市文化局与北京银行《支持文化创意产业发展全面战略合作协议》签约仪式在北京银行总行新闻发布厅举行。

1月14日，中共中央政治局常委李长春在国家大剧院观看大型音乐舞蹈史诗《复兴之路》。

1月15日～18日，纪念京剧大师尚小云诞辰一百一十周年系列活动在北京举行。

1月16日，中国作家鄂尔多斯文学奖颁奖典礼在人民大会堂举行。

1月16日～17日，中国文联第八届全国委员会第五次会议在北京召开。

1月17日，为期10天的鲁迅文学院网络文学作家培训班在北京启动。

1月17日～18日，2009年北京地区高校图书馆年会暨BALIS（北京地区高校图书馆文献资源保障体系）工作会议在北京汤山假日会议中心召开。

1月19日，电影《阿凡达》启示与思考座谈会在北京举办。

1月20日，北京管乐交响乐团正式成立。

1月21日，国务院办公厅发布《关于促进电影产业繁荣发展的指导意见》。

1月21日～22日，金星舞蹈团的专场演出在国家大剧院的小剧场上演。

1月23日，“中华情”新人新作相声专场演出在民族宫大剧院举行。

1月24日，“中华情”曲艺小剧场节目专场在民族宫大剧院上演。

1月25日，清华大学张仃艺术研究中心成立。

1月26日，中国摄影著作权协会版权年会在北京国际版权交易中心召开。

1月28日，第1届“中国影协杯”优秀电影剧本推选活动揭晓。

1月28日，中国国家画院书法创作研究院成立。

1月28日，中国歌剧舞剧院原创大型歌舞剧《在那遥远的地方》在天桥剧场首演。

1月29日，中央音乐学院教授、钢琴教育家杨峻在北京逝世。

1月31日，北京管乐交响乐团在国家大剧院首次亮相。

1月～12月，首届北京群众艺术节系列活动在北京举行。

2 月

2月1日，县级数字图书馆推广计划在北京

启动。

2月2日～4日，首届北京湿地摄影作品展在北京市动物园科普馆展出。

2月4日～12日，陈佩斯新戏《老宅》在解放军歌剧院首轮演出。

2月5日，北京市宣武区关学曾北京琴书文化艺术研究会成立大会在全聚德和平门烤鸭店举行。

2月5日，3D电影技术发展座谈会在电影科学技术研究所召开。

2月6日，“娄师白书画艺术学校”在北京市第35中学成立。

2月7日，李长春到中国文艺家之家进行调研。

2月8日，成龙投资建成的Jackie Chan耀莱国际影城开业。

2月9日～22日，中国年画大展在中国美术馆举办。

2月11日，北京新春音乐会在人民大会堂举行。

2月11日，城市街区自助图书馆开始试运行。

2月11日～20日，北京市文化局在金源新燕莎MALL举办北京市非物质文化遗产传统技艺展。

2月11日～28日，第5届北京春节庙会·灯会·文化活动评选举行。

2月14日～28日，北京市文化局举办首届“百姓大戏节，欢乐过新年”活动。

2月15日，由北京演艺集团、中国木偶剧院联合推出的“猴王”系列偶形剧第二部《猴王·闯东海》在中国木偶剧院首演。

2月16日，中国儿童艺术剧院的大型神话剧《太阳鸟》在儿童剧场首演。

2月20日～23日，北京京剧院推出的贺岁大戏《满汉全席》在长安大戏院进行首轮演出。

2月21日，艺术家、教育家、清华大学教授、原中央工艺美术学院院长张仃在北京逝世。

2月27日～3月30日，全国少数民族非物质文化遗产项目调演在北京举行。

2月28日，京胡演奏家李慕良在北京逝世。

2月，北京丑小鸭卡通艺术团在海淀区工人文化宫成立了民营儿童剧双休日剧场——丑小鸭（北京）亲子剧场。

3　月

3月1日，网络文学被列入第5届鲁迅文学奖评选范围。

3月5日～10日，中日书法交流展在首都图书馆举办。

3月5日～18日，“父辈的青春——2010谢晋电影回顾”系列活动在当代MOMA百老汇电影中心举行。

3月5日～20日，贾樟柯电影作品回顾展在美国纽约现代艺术博物馆举办。

3月7日，北京万葫堂美术馆成立。

3月8日，中国音乐家协会第七届主席团第二次会议在北京召开。

3月8日～14日，2010年澳大利亚文学周在北京和成都举办系列活动。

3月10日，纪录电影发展研讨会在中国电影资料馆举行。

3月11日，中央歌剧院的音乐会版歌剧《茶花女》在国家大剧院音乐厅演出。

3月12日，贺岁片与贺岁档研讨会在京举办。

3月12日，林兆华导演的《老舍五则》在香港葵青剧院演艺厅首演。

3月15日～17日，中国杂协五届八次主席团会议暨2010年理事扩大会议在中国文艺家之家举行。

3月16日～21日，“春·意——2010意大利电影春季展映”活动在中国电影资料馆、北京电影学院及天津举办。

3月18日～21日，由北京快板沙龙、北京曲艺家协会和晓攀传媒嘻哈包袱铺共同打造的《爽歪歪囧呆呆之阿美那点破事儿》在嘻哈包袱铺东四环剧场首轮上演。

3月18日～4月7日，宋元明清中国古代书画大展在保利艺术博物馆举办。

3月20日～4月4日，非非戏剧演出季第三季在“9剧场”举办。

3月22日，刘岩文艺专项基金建立。

3月25日，2010年北京曲艺家协会表彰大会暨新春联谊会在北京市文联礼堂举行。

3月30日，中国剧协在北京举办郭汉城戏曲理论研讨会。

3月30日，中国人像摄影学会第6次会员代表大会在北京举行。

3月31日，第3届北京清明诗会在石景山体育馆举行。

3月，由作家白先勇主持，北京大学主办，北京大学文化产业研究院承办的“经典昆曲欣赏课”在北京大学开讲。

4　月

4月2日～12日，新中国城市雕塑建设成就展在中国美术馆举办。

4月3日，北京舞蹈家协会召开第五届理事会第二次会议。

4月4日～12日，第2届中国小幅油画展在中国美术馆举办。

4月6日~25日，第2届“中国交响乐之春”在国家大剧院举行。

4月7日~5月8日，第17届北京大学生电影节在北京、上海、广州、深圳等地举行。

4月8日，首届网络小说创作大赛在京颁奖。

4月9日，北京大学歌剧研究院成立。

4月9日，中国歌剧艺术成就大典之“终身成就荣誉”揭晓。

4月9日~11日，教育部高等学校艺术类专业教育指导委员会与中国音乐学院联合主办的全国和声复调教学研讨会在京举行。

4月13日~16日，北京书协理事作品展在房山阎村“龙乡书画苑”举办。

4月13日~30日，第7届法国电影展映在当代MOMA百老汇电影中心和新世纪影城举办。

4月15日，北京杂协召开古彩戏法申遗论证会。

4月15日~7月3日，国家大剧院歌剧节·2010在国家大剧院歌剧院、音乐厅、小剧场举行。

4月16日，中国电影著作权协会第一届会员大会在中国职工之家举行。

4月16日，元典美术馆开馆。

4月17日，中国民族电影的影像记忆研讨会在北京师范大学举办。

4月17日，北京书协五届三次理事会召开，同时举行书法家献爱心赈灾笔会。

4月17日，现代工笔画院在人民大会堂举行画院成立新闻发布会。

4月17日，“中航工业杯”国庆60周年阅兵飞机新闻摄影大赛获奖名单在京揭晓。

4月17日，由顾威执导的小剧场话剧《大酒店套房》在人艺实验剧场首演。

4月17日，由十三陵特区办事处与北京市京昆文化艺术团合作创编的新编历史剧《罗通智守居庸关》在居庸关长城首演。

4月18日，市场生存背景下本土艺术电影发展研讨会在北京师范大学举行。

4月18日~29日，实景剧《悦之城》在西单大悦城上演。

4月20日~5月，“中国·意大利国际影像纪录展映交流活动暨佛罗伦萨POPOLI国际纪录片节50年回顾展映”在京举办。

4月23日，全国文学期刊主编2010年北京峰会在京召开。

4月23日，北京地区高校图书馆新馆建筑/建设研讨会举行。

4月23日，国家图书馆在京举行“源远流长的中华典籍”大型广场活动。

4月23日，北京首家黄梅戏会馆在位于西四胜利电影院的西城区非物质文化遗产展示中心成立。

4月24日~25日，“Work Shop创意潜力芭蕾”在天桥剧场首演。

4月25日~5月4日，多元共生——中国美术馆近藏油画作品展在中国美术馆举办。

4月26日~27日，中国高等艺术院校低音提琴教学研讨会暨2010年北京国际低音提琴音乐节中国作品展演筹备会在京举行。

4月27日，国家京剧院打造的新编历史剧《曙色紫禁城》在梅兰芳大剧院首演。

4月27日~28日，2010中国高校图书馆发展论坛在北京·台湖国际图书城举办。

4月27日~30日，中国联合国托存图书馆馆员培训研讨会在中国国家图书馆召开。

4月28日，国家科学图书馆在北京举行60华诞庆祝大会。

4月28日，“百姓周末大舞台”公益惠民演出活动在丰台区莲花池公园露天剧场正式启动。

4月28日，电影频道第10届数字电影百合奖颁奖礼在国家会议中心举行。

4月29日，中宣部副部长、国家广电总局局长王太华同法国文化部长弗莱德瑞克·密特朗在国家广电总局签署了《中法电影合拍协议》。

4月29日~5月4日，首届“架上连环画”邀请展在中国美术馆举办。

4月30日~5月6日，第5届朝阳流行音乐周在朝阳公园举行。

4月30日~5月6日，2010中歌榜红五月音乐节在朝阳公园万人草坪广场举行。

4月30日~5月7日，张海书法展在中国美术馆举办。

4月30日~5月28日，第10届“相约北京”联欢活动在京举行。

4月，“借鉴　探索　飞跃——21世纪第一个10年电影发展嬗变分析与国家文化软实力提升研讨会”在北京师范大学举行。

5　月

5月1日~3日，2010草莓音乐节在通州运河公园举行。

5月1日~4日，2010迷笛音乐节在海淀公园举行。

5月1日~6月1日，中比当代艺术交流展在中国美术馆举办。

5月3日，第5届“北京之春”群众文化艺术展演在市少年宫举行。

5月3日~7月2日，“鸟巢阿迪力高空无极限”活动在国家体育场（鸟巢）举办。

5月4日，文化部文化系统体制改革工作电视电话会议召开。

5月4日~8日，中国2010年上海世界博览会“北京活动周”在上海举行。

5月5日~14日，中央戏剧学院2006级表演系本科2班全体同学出演的《三姐妹》在逸夫实验剧场上演。

5月6日，中国文联第八届全国委员会第六次会议在中国文艺家之家召开。

5月6日~16日，第3届北京现代舞展演周在京举行。

5月6日~11月12日，首届北京民族电影节在京举行。

5月7日，戏曲电影《响九霄》研讨会在中国影协举行。

5月10日，第5届国际视唱练耳教学论坛暨中俄视唱练耳教学艺术周开幕式在中央音乐学院举行。

5月10日，由宣武区文化馆、北京曲艺家协会、天桥街道办事处主办的天桥鼓曲培训班开班。

5月10日~7月10日，全军杂技中青年教师培训班在解放军艺术学院举办。

5月11日~14日，香港电影导演关锦鹏跨界执导的昆曲《怜香伴》在保利剧院首演。

5月11日~6月30日，1960至1980年捷克雕塑艺术展在中国美术馆举办。

5月12日，北京律师摄影俱乐部举行成立仪式。

5月12日，高校图书馆数字资源采购联盟成立。

5月13日，中国当代文学年鉴中心在中国现代文学馆成立。

5月16日~6月3日，中国美术馆藏三四十年代木刻精品展举办。

5月18日，国韵文华书画院正式成立。

5月18日，亚太地区非物质文化遗产国际培训中心签字暨揭牌仪式在中国艺术研究院·中国非物质文化遗产保护中心举行。

5月18日，第11届电影学博士论坛在北京电影学院举办。

5月19日，波兰文化节开幕式在梅兰芳大剧院举行。

5月20日，网络文学研讨会在京召开。

5月20日，中美两国军乐团在纽约联合国大厦举办首场联合音乐会。

5月20日，“中华古籍善本国际联合书目系统”和“日本东京大学东洋文化研究所汉籍影像数据库”正式开通。

5月20日~23日，“第19届中国国际专业音响·灯光·乐器及技术展览会”在京举办。

5月20日~26日，2010斯里兰卡电影展在百老汇北京新东安影院、当代MOMA百老汇电影中心举办。

5月21日，英国Qdos娱乐公司推出的3D儿童剧《阿拉丁》在北展剧场上演。

5月21日，由高希希执导，林心如、沙溢、于和伟等主演的话剧版《甜蜜蜜》在保利剧院首演。

5月21日，过士行的三幕荒诞剧《青蛙》在“9剧场”首演。

5月22日~28日，2010北京现代音乐节在京举行。

5月23日~6月1日，布莱希特经典作品《马哈哥尼城的兴衰》在中国传媒大学黑匣子剧场首演。

5月24日，风尚美术馆开馆。

5月24日，首都图书馆“北京记忆——大型北京文化多媒体数据库”获全国第15届项目类“群星奖”。

5月25日，北京杂协在北京市文联大楼召开“艺术家抚今追昔话未来座谈会”。

5月26日，词作家王凯传在北京逝世。

5月27日，北京市文学艺术界联合会成立60周年纪念大会在人民大会堂举行。

5月27日，京剧表演艺术家梅葆玖获2010年万宝龙国际艺术赞助大奖。

5月27日，《李锡铭诗词手迹》赠书仪式在中国人民大学世纪馆举行。

5月28日，首都图书馆收容教育所分馆启动。

5月28日，北京儿童艺术剧院大型人偶儿童剧《宠物总动员》在世纪剧院首演。

5月28日，第2届中国民族民间歌舞盛典大型原生态中国民族民间歌舞展演活动在北京展览馆剧场举行。

5月28日~30日，首届“巴黎中国曲艺节”在巴黎中国文化中心举行。

5月31日~6月2日，中华诗词学会第三次全国会员代表大会在全国政协常委会会议厅召开。

5月，中国大学生戏剧创演基地举办首个春演季。

5月，北京选派的西河大鼓《绣飞龙》，梅花大鼓《岁月如歌》在第9届中国艺术节“群星奖”比赛中获奖。

6　月

6月1日，根据郑渊洁童话改编的儿童剧《罐头小人》在中国儿艺假日小剧场首演。

6月1日，《北京晚报》的儿童活动品牌“全家乐翻天”推出的原创儿童剧《魔法小书包之唐诗传奇》在北展剧场首演。

6月1日，多媒体资源建设与服务国际研讨会在京召开。

6月1日~7日，2010年国家大剧院北京青少年艺术周暨北京市第13届学生艺术节举行。

6月3日，公共图书馆政府信息公开服务中外研讨会召开。

6月4日，舞蹈诗剧《梦里落花》在国家大剧院首演。

6月4日~5日，第2届世界著名歌剧院院长论坛在北京举办。

6月4日~20日，由繁星戏剧村投资的《一触钟情》在伍剧场首轮演出。

6月6日~19日，“怀柔打造”中国北京原创音乐剧《何处寻爱》在怀柔剧场公演。

6月7日~6月13日，2010年第5届新西兰电影节在当代MOMA百老汇电影中心和百老汇新东安影城举办。

6月8日~24日，2010第2届富士杯“我的大学”北京四高校联合摄影展在中国政法大学昌平校区法渊阁举办。

6月10日，国家图书馆中央社会主义学院分馆成立。

6月10日~11日，由北京杂协主办、高校魔术联盟等单位协办的“2010年度CMUC魔术年度交流大会暨冠军杯魔术比赛”在文联剧场举行。

6月10日~12日，第6届“天桥杯”华北地区国家级非物质文化遗产鼓曲邀请赛在前门饭店梨园剧场举行。

6月10日~8月26日，澳大利亚土著艺术展在中国美术馆举办。

6月11日，“国家图书馆国情咨询顾问委员会”和“国家图书馆国情咨询专家委员会”在国图组建成立。

6月11日~20日，根据网络热帖改编的话剧《回到1997》在繁星戏剧村壹剧场首轮上演。

6月11日~20日，国家话剧院推出的音乐话剧《肖邦》在保利剧院首轮演出。

6月11日~20日，由北京市文联主办的北京首届剧本创意工作坊（New Play Workshop）在京举办。

6月12日，中国邮政与爱国者妙笔联手，推出全球第一套“多媒体视听邮票”——《昆曲》。

6月13日，中国文联荣誉委员、中国美协顾问、美术家华君武在北京逝世。

6月14日~15日，第2届北京端午文化节在奥林匹克水上公园举行。

6月16日，北京人民艺术剧院首部希腊悲剧作品《晚餐》在人艺实验剧场首演。

6月16日，2010北京中华诗词青年峰会在京举行。

6月16日~21日，首届中国农民艺术节“圣浩杯”新生代农民工主题摄影展在全国农业展览馆展出。

6月18日，北京丰台区曲艺家协会成立。

6月18日，北京新闻摄影学会在京成立并召开第一次会员大会。

6月18日~7月31日，“9剧场”的夏日爵士乐演出季在“凹现场”举办。

6月19日，北京中和百年书画院宣布成立。

6月19日~20日，当代芭蕾《无足鸟》在国家大剧院小剧场首演。

6月21日~25日，2010第2届阿拉伯艺术节之“天方凝彩——阿拉伯艺术展”在首都博物馆举办。

6月22日~7月22日，国家大剧院芭蕾演出摄影展在国家大剧院展出。

6月23日~7月11日，文化部在京举办首届全国民营艺术院团优秀剧目展演。

6月24日~7月3日，2010年印度影展在北京当代MOMA百老汇电影中心、百老汇新东安影城举行。

6月25日，中国文联荣誉委员、画家、美术教育家、清华大学美术学院教授吴冠中在北京逝世。

6月25日~27日，旅美编舞侯莹和编剧李蝴蝶跨界合作的戏剧《看不见的城市》在北京聚敞现代艺术中心·黑方剧场首演。

6月26日，北京高教学会图书馆工作研究会高等艺术院校专业委员会年会在京举办。

6月26日，原创音乐剧《茉莉花》在蓝天剧院由空政文工团首演。

6月28日，中央芭蕾舞团演员在美国国际芭蕾舞大赛中夺得金牌。

6月，由北京演艺集团和中国木偶艺术剧院共同出品的大型奇幻剧“猴王”系列之二《猴王·闯东海》，获“首届中国戏剧文化奖”的6个奖项。

6月~10月，第6届“舞动北京——群众舞蹈大赛”在全市19个文化广场展开。

7 月

7月1日，杂技音乐剧《再见，飞碟——绿娃在行动》在北京电视台大剧院首演。

7月1日~3日，延庆古崖居景区举办原生态石器音乐节。

7月2日，中国电影家协会电影高新科技委员会召开电影数字化专家工作会。

7月2日，中共中央政治局原常委、国务院原副总理李岚清到国家图书馆考察。

7月3日，电影教育与电影学学科建设研讨会在京召开。

7月6日，在维也纳第4届国际青少年音乐节，北京中关村三小金帆合唱团获童声合唱组第一名；北京海淀实验小学管乐团获交响乐队组第一名。

7月6日，中国人民大学、中国人民大学出版社在全国政协礼堂召开李瑞环《务实求理》一书座谈会和图书捐赠仪式。

7月8日～10日，由王晓鹰执导，吕凉、周野芒主演的话剧《1977》在国家大剧院首演。

7月9日，由姜昆率领的中国曲艺表演团在多伦多参加了2010年加拿大国际幽默艺术节演出。

7月10日，新世纪艺术十年·第三极文化理论与中国艺术发展学术论坛在北京召开。

7月10日，中国当代女性诗歌研讨会在京举办。

7月12日，网络小说《罗浮》作者无罪（网名）状告起点中文网涉嫌不正当竞争。

7月12日，民营艺术院团艺术评论座谈会在京召开。

7月12日～16日，北京大学图书馆与高校图工委秘书处联合举办高等学校新任图书馆馆长高级研修班。

7月13日，文化部出台《网络游戏管理暂行办法》（简称《办法》），该《办法》8月1日起实施。

7月15日，民间反盗版联合组织——“抵制盗版联合体”成立仪式在人民大会堂举行。

7月16日，由北京儿童艺术剧院创作的大型世博儿童剧《海宝》在首都剧场首演。

7月16日，中国民族题材电影的现状与未来研讨会在京举行。

7月17日，第3届来京务工人员才艺大赛在京举行。

7月17日～18日，第18届北京“天使杯”国标舞、交谊舞城市友好邀请赛在地坛体育馆举行。

7月17日～18日，五国联合皇家国际大马戏团在工人体育馆演出。

7月18日～20日，2010年北京管乐节在京举行。

7月19日，全国政协副主席兼秘书长钱运录一行到国家图书馆考察。

7月19日，北京杂技团的首部杂技舞台剧《魔幻音乐盒》在天桥杂技剧场正式演出。

7月20日，东联艺术工社剧场推出试营业演出季。

7月20日，北京金马英华有限公司出品的都市情感话剧《男人如衣服》在“9剧场”首演。

7月20日～9月26日，中国首部集群式3D相声《乙方甲方之活该你跳楼》在戏逍堂枫蓝小剧场演出。

7月21日～25日，2010沙特阿拉伯文化周在北京举办。

7月22日，新影联·华谊兄弟影院在望京广顺北大街开业。

7月23日，中共中央政治局就深化文化体制改革研究问题进行第二十二次集体学习。

7月23日，北方昆曲剧院（以下简称北昆）正式宣布大观园戏楼成为北昆定点演出的自有演出场所。

7月23日～25日，第一届全国苗族作家文学研讨会在人民大会堂举行。

7月24日，北京凤凰岭书院成立。

7月25日，阎肃作品音乐会在国家大剧院举行。

7月25日～26日，由中国戏曲学院等联合制作的小剧场实验戏曲《还魂三叠》在北京文联小剧场上演。

7月28日～8月2日，第10届中国国际合唱节在北京举办。

7月28日～8月28日，红色影像——中国共产党领导的敌后抗日战场纪实摄影在中国人民革命军事博物馆展出。

7月31日，摄影作品交易会在北京国际版权交易中心举行。

7月31日，大型舞剧《铁道游击队》在国家大剧院首演。

7月31日～8月2日，帐篷剧《乌鸦邦平方》在朝阳区皮村上演。

7月，由民间助盲机构红丹丹教育文化交流中心发起的北京首个盲人民间剧团“心目戏剧工作坊”宣布成立。

7月～8月，舞动北京·京津沪渝群众舞蹈大赛在北京举行。

8　月

8月1日，第4届冰心散文奖在中国现代文学馆揭晓。

8月1日～3日，首届“蓓斯杯”全国青少年单簧管演奏网络比赛决赛在北京中协宾馆举行。

8月1日～6日，第29届世界音乐教育大会在京举行。

8月3日～27日，奥尔末与圆明园历史影像展在中华世纪坛世界艺术馆展出。

8月3日~9月4日，文化部主办的2010国家艺术院团优秀剧目展演在京举行。

8月4日，文学史家、中国古代散文学会原会长、北京师范大学文学院教授郭预衡逝世。

8月6日，位于海淀区紫竹桥原解放军军乐团军乐厅的北京喜剧厂开业。

8月6日，何云伟在博客中发声明，称其与搭档李菁正式退出德云社。

8月6日~15日，第9届大学生戏剧节在京举行。

8月7日，“东方朔杯”第4届全国少儿曲艺大赛在中央电视台第十演播室举行颁奖晚会。

8月7日，北京儿艺控股，吉林吉剧院、《新文化报》、吉林省动漫集团参股的吉林京演儿艺联合剧院有限公司举行了揭牌仪式，北京儿童艺术剧院的第一家连锁店在京外开张。

8月8日，中国道教协会举办的《中华道藏》（线装版）编纂出版座谈会暨颁赠仪式在人民大会堂举行。

8月9日，木马剧场独立运作的都市爱情喜剧《穿PANDA的女魔头》在“9剧场”上演。

8月9日~13日，第18届世界美学大会在北京召开。

8月9日~22日，“影像中的奥林匹克——第6届北京国际体育电影周”在奥林匹克公园中心区举行。

8月10日，汉学家文学翻译国际研讨会在京召开。

8月11日，李长春到国家大剧院与首都观众一起观看了参加2010国家艺术院团优秀剧目展演的话剧《这是最后的斗争》。

8月11日~9月11日，“红星 第1届北京青年相声节”在长白山国际酒店举办。

8月14日，中央歌剧院原创歌剧《热瓦普恋歌》在国家大剧院歌剧厅上演。

8月14日~15日，2010年全国散文作家论坛和全国散文征文大赛颁奖大会在京举行。

8月18日，中国雕塑院中国青年雕塑家创作中心成立。

8月18日，由首都优秀青年京剧演员自发组织的北京青年京剧演员研习社成立。

8月18日~20日，中国舞协2010年理事扩大会议在北京召开。

8月18日~20日，由北京文化艺术活动中心、北京曲艺家协会、东城区文化委员会主办，东城区文化馆承办的“我的北京我的家”北京快板邀请赛在京举行。

8月18日~9月2日，2010年中国当代艺术邀请展在中国美术馆举办。

8月18日~9月19日，2010北京青少年公益电影节在京举行。

8月20日，李长春到国家大剧院观看由中国东方演艺集团有限公司创排的大型歌舞晚会《爱的伊甸园》。

8月20日~29日，国家话剧院首届举办“国话消夏戏剧广场”公益演出活动。

8月21日~29日，法国新浪潮开山之作展映活动在尤伦斯当代艺术中心艺术影院举办。

8月22日~28日，中国儿童音乐剧普及推广暨展演周活动在京举办。

8月23日~26日，2010年北京市残疾人文化活动周在中华民族园南园三塔广场举行。

8月25日，中国·北京第8届数字电影论坛在北京电影学院举行。

8月26日，文化部艺术司围绕“中国杂技到底缺什么”召开座谈会。

8月26日，由北京环球城马戏表演有限公司投资打造首部国际大马戏《梦幻潘多拉》在奥林匹克公园内的环球城国际大马戏剧场首演。

8月26日，国家话剧院话剧《向上走，向下走》在国家大剧院小剧场首演。

8月26日，“魔鲨MUZA杯中国鼓手联合会第2届全国鼓手大赛”在解放军军乐厅举办了颁奖典礼并进行了获奖冠军汇报演出。

8月27日~29日，2010京浪音乐节在门头沟区京浪岛文化体育公园举办。

8月28日，中国儿童艺术剧院出品的儿童剧《天蓝色的纸飞机》在中国儿童剧场首演。

8月28日，全国政协主席贾庆林到梅兰芳大剧院与首都观众一起观看了参加2010国家艺术院团优秀剧目展演的国家京剧院参演剧目《杨门女将》。

8月28日，位于丰台区首地大峡谷购物中心的马家堡保利国际影城开业。

8月29日，中共北京市委常委会召开会议，研究贯彻落实全国文化体制改革工作会议精神和本市文化体制改革等事项。

8月29日，中国图书馆馆长与国际出版社高层对话论坛在京举行。

8月29日，清华大学吴冠中艺术研究中心成立。

8月，文化部出台《全国文化系统人才发展规划（2010~2020年）》。

8月~9月，第7届景山合唱节在景山公园举办。

9 月

9月2日~16日，纪念中国人民抗日战争胜利

65 周年美术作品展举办。

9 月 5 日，“京味儿”原创话剧《海棠胡同》在民族宫大剧院进行首场公演。

9 月 6 日 ~26 日，“2010 北京国际青年戏剧节”在京举行。

9 月 7 日 ~10 日，第 14 届“北京放映”在京举办。

9 月 9 日 ~10 日，第 5 届中美图书馆合作会议在京召开。

9 月 9 日 ~13 日，国家话剧院的时尚喜剧《都市囧人》在保利剧院首轮演出。

9 月 10 日，周口店北京人遗址博物馆和北京一九九八国际青年艺术剧团共同制作的话剧《北京猿人的原始之恋》在海淀剧院首演。

9 月 12 日，北京大学中国诗歌研究院成立。

9 月 13 日，翁同龢的五世孙、旅美华人翁万戈向北京大学捐赠（明）吴彬绘《勺园祓禊图》。

9 月 14 日，公共电子阅览室建设计划研讨会在京举行。

9 月 15 日 ~19 日，中国广播艺术团举办第 7 届艺术周。

9 月 16 日，中国人民银行对外发行中国京剧脸谱彩色金银纪念币（第 1 组）一套。

9 月 17 日，北京杂协召开以“杂技·媒体·社会”为题目的座谈研讨会。

9 月 17 日，第 2 届北京市京、评、梆现代戏票友大赛在刘老根大舞台进行决赛。

9 月 17 日，现代舞《徒步二十一层》在北京方家胡同 46 号剧场首演。

9 月 17 日 ~24 日，2010 韩国电影展在 CGV 星星国际影城北京奥体店举办。

9 月 18 日，长安大戏院作为“LED 绿色照明示范应用剧场”新照明设备。

9 月 20 日 ~10 月 2 日，“北京——我们可爱的家”摄影展在丹麦举办。

9 月 20 日 ~10 月 4 日，第 4 届中国北京国际美术双年展在中国美术馆举办。

9 月 21 日，《中国朝鲜族音乐文化史》出版座谈会在京举行。

9 月 21 日 ~29 日，“中国电影展”在波兰华沙和罗兹两地举办。

9 月 21 日 ~10 月 5 日，第 5 届巴黎中国电影节在巴黎举行。

9 月 23 日，“梦回 1980 新星音乐会”在首都体育馆举行。

9 月 23 日，位于北京古玩城 B 座的中国书画收藏家协会“藏·美术馆”开馆。

9 月 25 日，中国杂技团“建团 60 周年系列庆典活动”新闻发布会在国务院新闻办新闻发布厅举行。

9 月 25 日 ~10 月 20 日，“野天鹅——安徒生童话幕后的故事”丹麦女王玛格丽格二世艺术展在恭王府举办。

9 月 26 日，全国图书馆版权保护工作会议在京召开。

9 月 26 日，《北京文学》创刊 60 周年庆典暨第 5 届老舍散文奖颁奖活动在亚洲大酒店举行。

9 月 27 日，橙天嘉禾娱乐有限公司宣布入股传奇影业公司，并拥有一个董事席位。

9 月 28 日，庆祝新中国成立 60 周年全国影评征文比赛活动在京举行颁奖仪式。

9 月 29 日，中国人民解放军艺术学院举行建院 50 周年庆祝活动。

9 月，全国首个舞蹈学博士后通过答辩出站。

9 月，国家图书馆对圆明园“九州清晏”景区实现了数字化复原。

9 月 ~10 月，第 8 届“椿树杯”北京市社区京剧票友大赛举行。

9 月 ~12 月，第 5 届北京高校青春歌会在京举行。

10　月

10 月 1 日，由国家大剧院特别策划的国庆音乐会在音乐厅举办。

10 月 2 日 ~8 日，“蓝色经典·天之蓝杯”第 5 届 CCTV 相声大赛，在 CCTV—3 频道连续播出。

10 月 3 日 ~6 日，全国城乡优秀歌手展演活动在房山长阳举行。

10 月 6 日 ~15 日，“2010 国际打击乐节”在国家大剧院举行。

10 月 9 日，北京市文化局召开北京市 2011 年公益演出团体评审会。

10 月 10 日晚，中国朝鲜族作曲家获奖作品交响音乐会在北京音乐厅举行。

10 月 10 日，中国艺术研究院舞蹈研究所成立 30 周年恳谈会在京举行。

10 月 10 日 ~11 月 3 日，美国当代版画艺术展在中国美术馆举办。

10 月 11 日，北京曹雪芹学会联手北方昆剧院、中国戏曲学院排演的昆曲《续琵琶》在中山公园音乐堂上演。

10 月 13 日，“浩海剧院海家班”推出的爆笑喜剧《海（high）家班》在海淀剧院首演。

10 月 14 日，中国杂技团有限公司的节目《邀月弄影·对手顶》在第 12 届意大利国际马戏节比赛夺得大赛总统奖。

10 月 15 日，以何云伟、李菁二人为表演核心的

“星夜相声会馆”在“北京之夜文化城”正式开张演出。

10月15日，戏逍堂推出的相声剧《乙方甲方之活该你离婚》在枫蓝国际小剧场上演。

10月15日~19日，北京国际摄影季在民族文化宫展出。

10月15日~11月25日，北京人艺戏剧博物馆与日本早稻田大学坪内博士纪念演剧博物馆联合举办的日本近现代戏剧展在北京人艺举行。

10月16日，北京首届重阳文化节在孔庙国子监开幕。

10月16日，第30届中国大众电影百花奖获奖名单揭晓。

10月17日，北京歌舞剧院民族乐团在北京大学百年纪念讲堂演出了“北京乐话”民族音乐会。

10月18日，中国电影集团公司“影视剧植入广告分析系统”发布暨推介会在中影集团举行。

10月18日，电影艺术家黄宗江在北京逝世。

10月19日~20日，中国杂技团建团60周年庆典晚会“一封家书”在人民大会堂上演。

10月19日~20日，中国电影产业化与类型化学术研讨会在北京举行。

10月19日~26日，第23届中国华北摄影艺术展览在首都图书馆展出。

10月19日~11月21日，“中国国家话剧院第4届国际戏剧季——华彩亚细亚”在京举行。

10月20日，天创国际演艺公司与奥地利维也纳控股集团、维也纳施塔德哈勒公司合作成立的维也纳北京天创公司签约仪式在奥地利维也纳莫扎特博物馆举行。

10月20日~21日，第3届中国戏剧奖·理论评论奖颁奖式暨“戏剧的品格和使命”研讨会在北京举行。

10月20日~24日，根据王海平同名小说改编的话剧《那里》在解放军歌剧院首轮演出。

10月22日，第8届中国国际网络文化博览会高峰论坛在京举行。

10月23日，首都师范大学中国散文研究中心成立。

10月23日，北京电影学院举办建校60周年校庆。

10月23日，北京市教委主办的“国粹艺术伴我同行”戏曲大赛颁奖晚会在京举行。

10月23日~11月2日，2010第3届北京国际音乐比赛——大提琴在北京音乐厅举行。

10月24日、29日，何云伟、李菁在英国的利物浦和伦敦两地举办了两场相声专场演出。

10月24日~31日，中央美院中国画学院教师展在中国美术馆举办。

10月25日~27日，“第八届开放获取柏林国际会议”在国家科学图书馆举行。

10月25日~30日，第11届北京国际电子音乐节在北京举行。

10月26日，中国科学院科技期刊开放获取平台正式发布上线。

10月26日，中国作家协会著作权纠纷调解委员会成立仪式在京举行。

10月26日，首届中国写作者大会在北京召开。

10月27日，敦善（中国）公司创建的中国敦善交响管乐团在京成立。

10月28日，由中国杂技团“未来之星艺术团”演出的《天地宝藏》在天地剧院推出并驻场演出。

10月28日，郭启宏的话剧《知己》获“第3届中国戏剧奖·曹禺剧本奖”大奖。

10月28日~11月7日，中央戏剧学院夜猫子工作室根据贝托尔特·布莱希特名作《四川好人》改编的《北京好人》在“9剧场”TNT剧场上演。

10月29日~30日，“当代汉语写作的世界性意义”国际研讨会在北京大学举行。

10月29日~31日，首届诗词创作与发展论坛在北京举办。

10月30日，中国电影博物馆2010学术年会在中国电影博物馆内举行。

10月30日，中国现代箜篌展演音乐会在国家大剧院举办。

10月30日，2010——亚洲肚皮舞节暨第3届肚皮舞国际友谊邀请赛总决赛落下帷幕。

10月，《惊天动地》《为了生命》在俄罗斯第8届奥泽洛夫国际军事电影节获奖。

10月，姜妙香艺术研究会在北京京剧院成立。

10月，由北京市文化局选派的北京华风合唱团，在重庆参加“首届中华红歌会”获“中华杯”首届中华红歌会一等奖。

11 月

11月1日，中央音乐学院举办70华诞庆典。

11月1日~12月2日，第3届欧盟电影展在北京、成都、西安举行。

11月2日，第5届鲁迅文学奖颁奖典礼新闻发布会在中国现代文学馆举行。

11月2日~7日，第5届华语青年影像论坛在金鸡百花影城、博纳悠唐国际影城举行。

11月3日~5日，“中华颂”全国小戏小品曲艺大展活动在西城文化中心举行。

11月3日~5日，中国杂技家协会第六次全国代表大会在北京召开。

11月3日~16日，第3届新人电影节在北京和天津两地举行。

11月4日，中央民族乐团建团50周年庆典音乐会在中央民族乐团音乐厅举办。

11月5日，中国现代音乐博物馆在北京现代音乐学院举行启动仪式。

11月5日～6日，由北京雷动天下现代舞团与澳大利亚艾思普森舞蹈团首次联合创作表演的现代舞作品《初祭》在解放军歌剧院上演。

11月5日～7日，2010年中国艺术人类学学术会议在北京召开。

11月6日～12月26日，第8届北京国际戏剧·舞蹈演出季在京举办。

11月8日～14日，北京摄影家看世界摄影展在首都图书馆举办。

11月10日～28日，英国新潮戏剧展在“9剧场”举办。

11月11日～21日，青年导演枰驿执导的黑色幽默话剧《一了百了》在“9剧场”首轮上演。

11月12日，由博纳国际影业集团投资的博纳国际影城·顺义新世界店开业。

11月13日，首届“和合谷杯”健美操交谊舞交流赛在月坛体育馆举行。

11月13日～25日，中国油画展在中国美术馆举办。

11月16日，由北京市文化局组织申报的京剧，在内罗毕举行的联合国教科文组织政府间保护非物质文化遗产委员会第五次会议上，经过审议，入选“人类非物质文化遗产代表作名录”。

11月17日～21日，第5届中国北京国际文化创意产业博览会在中国国际展览中心举行。

11月18日，中国杂技团有限公司的节目《俏花旦·集体空竹》被联合国世界知识产权组织授予“世界知识产权组织版权金奖”（中国）作品奖。

11月18日，当代图书馆理念转换学术研讨会在人民大学逸夫会议中心举行。

11月18日，房山区图书馆北京经贸职业学院分馆开馆仪式在北京经贸职业学院举行。

11月18日，国家图书馆中央编办分馆在京揭牌。

11月18日，首届“北京影协杯”电影剧本征集评选活动颁奖礼在首都电影院举行。

11月18日～19日，以“音乐畅响未来”为主题的2010国际版权论坛在北京国际会议中心召开。

11月18日～23日，“世纪光影”2010全国摄影艺术展览在中华世纪坛当代艺术中心展出。

11月18日～28日，北京市文联成立60周年美术作品展在中国美术馆举办。

11月19日，中国电影家协会民族电影工作委员会成立。

11月19日，2010年度“茅台杯”人民文学奖颁奖典礼在中国现代文学馆举行。

11月21日，中央电视台举办的首届全国戏曲院校京剧学生电视大赛在京举行颁奖仪式。

11月24日，首都图书馆开通了“中国报纸资源全文数据库”。

11月24日～29日，总政文工团舞蹈在2010白俄罗斯国际舞蹈大赛上获奖。

11月25日，第5届北京中青年文艺工作者“德艺双馨”奖颁奖大会在首都大酒店举行。

11月25日～27日，第2届全国戏曲编剧高峰论坛——2010海峡两岸戏曲编剧学术研讨会在北京举行。

11月26日，“国家图书馆国家行政学院分馆”揭牌仪式在国家行政学院举行。

11月26日，2010年全国图书馆企业信息服务年会在京召开。

11月26日，中文版《货郎与小姐》由中央歌剧院在天桥剧场演出。

11月26日，话剧表演艺术家、导演杜澎在北京逝世。

11月26日～12月2日，印象北京·外国摄影师拍北京图片巡展在中关村欧美汇购物中心展出。

11月28日，位于昌平区的大地数字影院开业。

11月29日，北京新故事研讨会在培新宾馆举行。

11月29日～12月4日，“中国电影周”在土耳其安卡拉和伊斯坦布尔举行。

11月30日～12月19日，首届林兆华戏剧邀请展在京举行。

12　月

12月1日～3日，中国舞协第九次全国代表大会在北京召开。

12月2日，中央文化管理干部学院文化体制改革与发展研究中心成立。

12月2日～4日，北京电影学院“第10届动画学院奖”展映颁奖活动举行。

12月2日～5日，中国音乐剧发展论坛暨第四届中国音乐剧教学与创作研讨会在北京舞蹈学院举行。

12月4日～21日，北京东城国际独角戏戏剧节在京举行。

12月7日，第6届温世仁武侠小说大奖赛在京颁奖。

12月7日～15日，2010年中国油画家写生作品展在中国美术馆举办。

12月7日～15日，2010国际漆艺展在中国美术馆举办。

12月8日～12日，首届中国澳大利亚电影合作论坛在北京举行。

12月10日，人民音乐杂志社在中央音乐学院举行庆祝创刊60周年大会。

12月11日，首届《作家文摘》阅读人物评选结果在京揭晓。

12月12日，北京文艺评论家协会在京成立。

12月14日，新华社军事摄影工作会议在京举行。

12月14日，2010雪花啤酒第2届中国古建筑摄影大赛颁奖典礼在京举行。

12月15日，国家数字图书馆推广工程启动仪式在国家图书馆举行。

12月15日，“21世纪年度最佳外国小说（2010）微山湖奖”颁奖典礼在京举行。

12月15日，中国杂技团、中国铁路文工团杂技团、北京市杂技学校获2009～2010年度“荣毅仁基金会杂技艺术奖”。

12月15日～16日，北京市文联“新中国北京文艺60年：2010北京文艺论坛”在京举办。

12月16日，第9届造型表演艺术成就奖颁奖典礼在京举行。

12月16日，公共图书馆立法决策服务工作研讨会在国家图书馆举行。

12月16日，全国公共图书馆讲座联盟成立。

12月16日，由文化部主办、文化部艺术司承办的首届中国杂技（魔术）艺术发展论坛在京举办。

12月17日～19日，2010年度中国散文年会在京举行。

12月17日～25日，第15届大路画展在中国美术馆举办。

12月18日，首届中国传记文学国际学术研讨会在京举办。

12月18日，新华国际影城大兴店开业。

12月19日，国家文化发展国际战略研究院在北京成立。

12月20日，第6届国家图书馆“文津图书奖”在京揭晓。

12月20日，北京大学成立“北京大学文献信息资源战略发展委员会”和“北京大学图书馆工作委员会”。

12月21日，中国戏剧出版社整体并入中国唱片总公司签约仪式在京举行。

12月21日～22日，中国电影科技论坛在金台饭店举办。

12月22日，鲁迅文学院建院60周年座谈会在中国现代文学馆举行。

12月22日，《中国摄影手机报》在人民大会堂宣布创刊。

12月22日，由中国东方演艺集团有限公司与国家大剧院合作推出的大型原创舞剧《马可·波罗》在国家大剧院举行首演。

12月22日～23日，2010年度北京市全市文化馆长工作会议在怀柔区唐韵山庄召开。

12月23日，西城区非物质文化遗产——岔曲艺术研讨会在西城文化中心召开。

12月23日～26日，中央芭蕾舞团推出的2010中国版《胡桃夹子》在天桥剧场进行首轮演出。

12月24日，中国煤矿文工团、中国煤炭科工集团、青海省话剧艺术中心联合出品的主旋律题材话剧《惊天雷》在京首演。

12月24日，第7届“全国戏剧文化奖·话剧金狮奖”颁奖大会在中央戏剧学院举行。

12月25日，位于时尚地标世贸天阶的北京儿艺艺术体验馆正式开幕。

12月25日，国家京剧院的京剧音画《国韵·至爱篇》在梅兰芳大剧院首演。

12月26日，恒源祥摄影大赛在北京中国贸易促进会礼堂举行颁奖典礼。

12月26日～28日，北京市曲剧团的《开市大吉》在中国运载火箭技术研究院礼堂首演。

12月28日，北京大学生电影节第2届大学生影评大赛颁奖典礼在首都电影院举行。

12月28日～29日，中国乐器协会第6届会员（代表）大会在京举行。

12月29日，“开心麻花”剧组在天桥剧场推出大型原创贺岁音乐剧《爷们儿》。

12月31日，京昆文化艺术团推出的京剧《张羽煮海》在京东梨园大戏楼首演。

12月31日，北京作家协会副主席史铁生在北京逝世。

12月，《近代词史》由人民文学出版社出版。

12月，中国杂技团有限公司的《纳海弄潮——绳技》在第8届全国杂技比赛中获得杂技类金奖。

本年，北京电影学院2010年本科新增相声喜剧表演班。

本年，邵学敏任中国杂技家协会分党组书记。

本年，清华大学美术学院在艺术设计专业中新增设摄影专业。

综　　合

2010年，北京文化系统紧紧围绕"人文北京"建设行动，以推动首都文化大发展大繁荣为核心，圆满完成"十一五"规划文化建设任务收尾工作，在完善公共文化体系建设、规范文化艺术市场、深化文化体制改革、优化文化创意产业环境、促进舞台艺术生产、加强非物质文化遗产保护以及开展对外文化交流工作等诸方面取得了实效。

2010年，首都综合性文化艺术活动丰富多彩。举办了北京首届重阳节、"庆中秋、迎国庆"等文化活动。首届全国民营艺术院团优秀剧目展演和国家艺术院团优秀剧目展演相继在京举行，召开了座谈会和剧目推介会，为民营和国有艺术院团搭建了经验交流与剧目推广的平台。春节、六一、八一等各种节日庆典晚会精彩纷呈，为节日增添了喜庆气氛。

首都公共文化服务体系日益完善，群众文化生活质量不断提高。"十一五"期间，北京市公共文化服务体系建设财政投入总计36.6亿元（市级财政），年均增幅20.8%。北京市已完成全市文化市场执法机构和队伍的整合，全市16个区县均成立了文化委员会行政执法队。在农村，市文化系统完成6个街道和202个行政村多媒体综合文化中心建设，实现农村文化设施全覆盖。2010年，在稳步推进"周末场演出计划"和农村"文艺演出星火工程"基础上，于城区社区推出"百姓周末大舞台"项目，完成公益惠民演出9627场。丰富节日文化活动，在春节、五一和十一期间共举办系列文化活动五百余项。

加强行业监管，推动文化创意产业和文化艺术市场的有序发展。加强未成年人网络游戏内容管理，贯彻落实《网络游戏管理暂行办法》。开展了北京市游艺娱乐场所专项整治行动，研究建立了文化娱乐场所风险管理长效机制。落实《北京市舞台创作生产专项扶持资金管理暂行办法》，2010年经业务评审及财务审计后共有27个项目获得资助。北京文化艺术基金会资助"打开艺术之门"、第8届北京国际戏剧舞蹈演出季等演出。组织实施了2010年度市科技计划"舞台剧场用LED灯具关键技术研究及应用示范"重大项目，借助先进科技手段，研发适合剧场应用的LED。2010年，全市86家营业性演出场所共演出19095场，演出收入达10.9亿元，与2009年同期相比，演出场次增长16.45%，演出收入增长16.8%。

深入推进文化体制改革，文化体制改革取得实质性进展，文化产业蓬勃发展。北京市儿童艺术剧团、北京歌剧舞剧院、中国木偶艺术剧院、中国杂技团整体转企改制后，2010年全年营业收入1.3亿元，利润达到1570万元。各项扶持政策为北京动漫游戏产业营造了良好的发展环境，2010年北京的动漫游戏行业产值达到了100亿元人民币，产值增幅达到了30%，网游企业出口总额占到全国网游出口的2/3，达到了1.53亿美元。

非物质文化遗产保护工作及研究继续深入。通过举办调演、展览、技术展示等活动，集中展现了非物质文化遗产及其技艺传承的保护成果。本年刚刚成立的北京市非物质文化遗产保护中心获得首届中国"非遗"博览会最佳组织奖。随着《北京志》修志增加《非物质文化遗产志》，非物质文化遗产的总结与理论研究工作也稳步推进。

2010年对外文化交流活动成效显著。春节期间，市文化系统派出多个演出团体赴比利时、马耳他、德国等国城市参加文化交流，展示中华文化的魅力。丹麦、非洲、新加坡和中国港澳台地区的演出、艺术展览等活动纷纷亮相北京，充分体现了首都国际化大都市兼容并包的文化特性；上海世博会北京活动周期间，北京文化系统组织了庆典广场和宝钢大舞台的两台演出，以"魅力北京"为题，用多种艺术形式体现城市深厚的文化底蕴。全年共受理出访国外及中国港澳台地区文化交流项目158批1864人次。

在当前文化建设的战略重点转向"提高国家文化软实力"的背景下，对中华文化的研究成为热点。学术界关于中、西方文化及二者比较的论坛与研讨活动非常活跃，对春节文化、世界文化发展、文化遗产保护、第三极文化、中华战略文化等进行了热烈讨论，彰显了学术界力图发扬中华传统文化，促进世界文化多极化发展的努力。北京文化系统就全国“十二五”文化发展规划、中国及北京文化创意产业等论题举办论坛，为文化与产业联姻，向经济领域拓展，提供了政策保障与支持。

（白　莲）

机　构

【北京市文化局】　北京市文化局是北京市政府的组成部门。主要职责：（一）贯彻执行国家关于文化艺术和文化市场方面的方针、政策和法律、法规、规章，起草本市相关地方性法规草案、政府规章草案，依法监督检查执行情况。（二）拟订本市文化艺术事业发展规划并组织实施；推动文化艺术领域的体制机制改革。（三）管理本市文学艺术事业，指导艺术创作与生产，推动各门类艺术的发展；管理重大文化活动。（四）推进本市文化艺术领域的公共文化服务，规划、引导公共文化产品生产，指导重点文化设施建设和基层文化设施建设。（五）拟订本市文化艺术产业发展规划，指导、协调文化艺术产业发展，推进对外文化产业交流与合作。（六）拟订本市非物质文化遗产保护规划，起草有关法规草案，组织实施非物质文化遗产保护和优秀民族文化的传承普及工作。（七）管理本市社会文化事业，指导群众文化工作；管理图书馆事业，指导图书馆、文化馆（站）和基层文化建设。（八）拟订本市文化市场发展规划，负责对文艺演出、文化娱乐和文化艺术品市场以及其他有关文化市场进行监管；负责对从事演艺活动民办机构的监管工作。（九）负责本市文艺类产品网上传播的前置审核工作，负责对互联网上网服务营业场所实行经营许可证的管理，对网络游戏服务进行监管（不含网络游戏的网上出版前置审核）。（十）拟订本市动漫、游戏产业发展规划并组织实施，指导协调动漫、游戏产业发展以及产业基地、项目建设、会展交易和市场监管工作。（十一）拟订本市文化科技发展规划并组织实施，推进文化科技信息建设。（十二）管理本市对外及港澳台的文化交流工作，负责组织大型对外文化交流活动。（十三）依法对本市文化艺术行业的安全生产工作承担管理责任，对以市文化局名义组织的各类活动的安全工作承担主体责任。（十四）承办市政府交办的其他事项。内设机构：办公室、政策法规处（文化产业处）、演出艺术发展处、公共文化事业发展处、非物质文化遗产处、综合安全处、动漫及网络文化发展处、外事处（港澳台事务办公室）、计划财务处、人事处、组织宣传处。主要领导有：局党组书记、副局长张文华（7月任），局长、局党组副书记降巩民（7月免去局党组书记职务，任局党组副书记），局党组副书记、副局长何昕，副局长王珠、王明明（2月免）、王文光（5月免）、王鹏、关宇、张晓（5月任），纪检组组长崔国红。

（刘启泰）

【北京市文学艺术界联合会】　北京市文学艺术界联合会（以下简称北京市文联）是北京市各文艺家协会，各区、县文联，市属各局、各产业文联组成的人民团体，是党和政府联系全市文艺家的桥梁和纽带。北京市文联实行团体会员制。北京市各文艺家协会和各区、县文联为北京市文联的团体会员；北京市市属各局文联和产业文联在提出申请并经北京市文联主席团批准后，可成为北京市文联团体会员。截至2009年底，北京市文联有团体会员37个。北京市文联对各文艺家协会负有联络、协调、服务和管理的职责；对各区、县文联及各局文联、产业文联负有联络、协调、服务和业务指导的职责。北京市文联的经费来自于国家拨款、会员会费和社会捐助等。北京市文联的宗旨是，在中共北京市委的领导下，以马克思列宁主义、毛泽东思想、邓小平理论和“三个代表”重要思想为指导，贯彻落实科学发展观，团结北京市文艺界，坚持党的“一个中心、两个基本点”的基本路线，坚持文艺为人民服务、为社会主义服务的方向和“百花齐放、百家争鸣”的方针，致力于繁荣和发展社会主义的文艺事业，为建设社会主义精神文明和实现社会主义现代化而努力奋斗。北京市文联下设办公室、人事保卫部、组织联络部、事业发展部、机关党委，以及北京作家协会、北京美术家协会、北京戏剧家协会、北京书法家协会、北京电视艺术家协会、北京音乐家协会、北京舞蹈家协会、北京摄影家协会、北京曲艺家协会、北京杂技家协会、北京民间文艺家协会、北京电影家协会、北京文艺评论家协会。所属事业单位有北京文学月刊社、北京纪事杂志社、东方少年杂志社、研究部、机关服务中心、文艺中心管理处和老干部活动站。主要领导有：主席金铁霖，党组书记、常务副主席朱明德，副主席吕浩材、王学勤、王明明、叶用才、刘恒、吕艺生、李廷芝、李金斗、张学津、陈世崇、陈志强、陈祖芬、林岫、降巩民、赵书、郭启宏、谭利华、濮存昕，驻会副主席黎晶、索谦。

（张燕鹰）

【中国传媒大学艺术研究院】 1月6日，中国传媒大学艺术研究院正式成立，仲呈祥任院长，张晶担任常务副院长，李准、丁振海、张庆善、廖奔、田本相、黄会林、王朝柱、周星、徐昌俊、郑曙、张晓凌、曹意强、赵塔里木、许平、刘立滨、郭运德16人被聘为首批客座研究员。研究院下设审美文化研究所、艺术传播研究所、电影研究所、戏剧戏曲研究所、艺术学研究所，主要承担该校艺术学学科建设、理论研究和研究生的培养、管理工作。

（白　莲）

【亚太地区非物质文化遗产国际培训中心】 5月18日，由联合国教科文组织支持的亚太地区非物质文化遗产国际培训中心签字暨揭牌仪式在中国艺术研究院·中国非物质文化遗产保护中心举行。亚太地区非物质文化遗产国际培训中心依托中国艺术研究院·中国非物质文化遗产保护中心，致力于宣传和推广《保护非物质文化遗产公约》，通过长期和短期课程培训与田野考察相结合等多种方式提高联合国教科文组织亚太地区会员国在“非遗”保护方面的能力。

（白　莲）

【抵制盗版联合体】 7月15日，由百家坚持正版经营的音像企业以及百名歌手和影视创作人员共同发起的国内首家民间反盗版联合组织“抵制盗版联合体”（以下简称“抵联体”）成立仪式在人民大会堂举行。“抵联体”的官方网站同时上线。“抵联体”将在全国百个城市发起“以盗版换正版、以低价买正版”行动，以引导消费者购买正版，抵制盗版。“抵联体”旨在整合民间抵制盗版的资源，以共同拥有的网站为平台，以联合低价销售正版产品为营销策略，以歌手、影视制作者等权利人的签售活动为促销手段，推动正版企业生存发展利益机制的尽快完善。

（白　莲）

【中央文化管理干部学院文化体制改革与发展研究中心】 12月2日，由中央文化管理干部学院联合国务院发展研究中心等相关单位组建的中央文化管理干部学院文化体制改革与发展研究中心在京成立。该中心的主要任务是服务文化部的中心工作，抓住文化系统体制改革与发展中的重点、难点、焦点问题进行深入研究，为相关政府部门提供政策咨询、决策咨询服务。

（白　莲）

【北京文艺评论家协会】 12月12日，北京文艺评论家协会在京成立，来自北京各艺术门类的专家、学者近二百人参加了成立大会。北京大学中文系教授谢冕当选为第一届主席，于平、叶培贵、刘铁梁、张恬、李英杰、陈履生、孟繁华、索谦、贾德臣、黄会林、傅谨、傅起凤、曾庆瑞、谢嘉幸14人当选为副主席，张恬当选为秘书长。成立大会上，与会专家、学者就加强和改进文艺评论工作提出了建议。

（白　莲）

【国家文化发展国际战略研究院】 12月19日，由文化部文化体制改革工作领导小组办公室与北京第二外国语学院共同建设的国家文化发展国际战略研究院在京成立。研究院设在北京第二外国语学院。研究院的主要工作是围绕文化体制改革中公共文化服务体系建设、文化产业发展、对外文化贸易与交流3项主要内容，开展理论研究、政策咨询及人才培养等工作，直接服务于国家文化发展战略。

（白　莲）

文化艺术市场

【做好文化系统元旦春节期间烟花爆竹安全管理工作】 1月～2月，北京市文化局贯彻落实《北京市2010年元旦春节烟花爆竹安全管理实施工作方案》《北京市2010年元旦春节烟花爆竹安全管理工作意见》等文件精神，制定了《北京市文化局关于做好文化系统元旦春节期间烟花爆竹安全管理工作的意见》，下发至各区县文化委员会及局属单位。召开了由18个区县文化委员会及14个局属单位负责人参加的会议，对有关文件精神进行了传达，对工作任务进行了部署。2月3日～4日，市文化局牵头，会同市政府烟花爆竹办、市安监局、市消防局，组成联合检查小组，抽查了通州区、昌平区文化娱乐场所烟花爆竹安全管理及安全生产工作落实情况。

（白　莲）

【文化娱乐场所安全监管工作会议】 4月16日，市文化局召开文化娱乐场所安全监管工作会议，18个区县文委主管安全生产工作的领导、负责行政审批的部门负责人参加了会议。会议要求2010年文化娱乐场所安全监管工作要以安全监管机制建设为基础，创新工作机制，积极帮助文化娱乐场所落实安全生产主体责任为指导思想和工作目标。工作重点：一是推进《北京市文化娱乐场所经营单位安全生产规定》，完善文化娱乐场所管理制度。二是积极协调有关部门，探索开展企业安全文化标准建设，进一步推进文化娱乐场所安全管理。三是大力开展宣传教育工作，做好全国安全生产月和北京市文化娱乐场所安全生产日宣传教育活动。四是切实履行政府部门安全监管职责，抓好三个机制建设，增强安全监管效能，即：加强组织领导，健全协调机制；抓好基础工作，健全监管机制；加强宣传教育，健全培训机制。五是大力开展安全隐患排查，做好节日以及重要时期文化市场安全监管各项工作，确保文化娱乐场所良好秩序。市文化局巡视员叶重辉出席会议并讲话。

（白　莲）

【中国嘉德 2010 春季拍卖会】 5月12日～18日，中国嘉德2010春季拍卖会在国际饭店会议中心举办。此次拍卖涵盖中国书画、中国油画及雕塑、古籍善本等门类的共29个专场，超过6600件拍品，总成交额21.28亿元。其中，张大千《爱痕湖》以1.008亿元成交价成为该届拍卖会之最。拍卖期间还举办“敦煌的故事”、“宋元人物画”、“清代宫廷绘画”3场讲座。

（白　莲）

【北京保利 2010 春季拍卖会】 5月30日～6月5日，北京保利2010年春季拍卖会亚洲大酒店举办。此次拍卖包括古代书画、近现代书画、油画和当代艺术、当代水墨及工艺品、古籍文献等门类，首推古琴拍卖专场及张大千大风堂旧藏专题，总成交额33亿元。其中，黄庭坚《砥柱铭》以4.368亿元成交价成为该届拍卖会之最。

（白　莲）

【文化市场安全日】 6月18日，由市文化局、海淀区人民政府联合主办，海淀区文化委员会、区安全生产监督管理局和区消防公安支队联合承办的北京市文化市场安全日活动现场会在北京花园温莎娱乐有限公司举行。现场会以“落实安全责任”为主题，进行了文化娱乐场所消防应急演练。中共北京市委宣传部、市文化局、市安全监管局等部门，各区县文委、海淀区相关职能部门负责人，海淀区部分文化娱乐场所安全生产责任人等参加现场会。

（白　莲）

【北京市网吧连锁企业认定暨文化市场管理工作会议】 7月21日，市文化局召开北京市网吧连锁企业认定暨文化市场管理工作会议，各区县文化委员会（以下简称文委）主管主任、市场科长以及市网吧协会会长和秘书长参加了会议。市文化局副局长关宇出席会议并讲话。会议传达了《文化部关于建立预防和查处假唱假演奏长效机制维护演出市场健康发展的通知》，并介绍了电子游戏专项整治方案；传达了全国推进网吧连锁工作会议精神和《教育部办公厅文化部办公厅关于举办“中国学生原创动漫作品大赛”的通知》，并就《北京市网络监督志愿者招募通知》作了说明。会议听取了各区县文委对落实网吧总量布局规划和网吧连锁企业认定管理工作的意见和建议。

（白　莲）

【北京市游艺娱乐场所专项整治行动】 市文化局、市公安局、市工商行政管理局、市文化市场行政执法总队从8月24日起，在全市开展为期3个月的游艺娱乐场所专项整治行动。整治行动分为宣传动员、普查摸底、集中整治、检查验收4个阶段，重点整治无证照经营、利用游戏设施设备进行赌博、接纳未成年人进入等违法违规行为，为游艺娱乐场所健康发展和青少年健康成长营造良好的市场环境。

（白　莲）

【国粹苑·艺术殿堂开业】 9月25日，国粹苑·艺术殿堂举行开业庆典，文化部副部长赵少华，中国文联党组副书记李牧，市文化局局长降巩民，中国对外文化集团董事长张宇，中共莆田市委书记杨根生，莆田市市长梁建勇，以及众多艺术家和收藏家出席。国粹苑·艺术殿堂位于长安街延长线、CBD东区、通惠河南岸，建筑面积11万平方米，由4座“地上四层，地下一层”的仿古楼群组成。

（白　莲）

【蔡赴朝带队检查文化娱乐场所】 9月28日，在市委常委、宣传部部长、副市长蔡赴朝的带领下，由市文化局牵头，市文物局、市新闻出版局、市公安局、市安监局、市公安消防局、市文化市场行政执法总队组成的联合检查组对西城区部分文化娱乐场所、文物保护单位进行了检查。市委宣传部常务副部长陈启刚、市文化局党组书记张文华等陪同检查。检查组一行检查了位于西城区大悦城的首都电影院和嘉斯猫电子游艺场所。

（白　莲）

【中国嘉德 2010 秋季拍卖会】 11月17日～23日，中国嘉德2010秋季拍卖会在国际饭店会议中心举行。此次拍卖会包括中国书画、古籍善本、中国油画及雕塑等门类的八千四百余件拍品，总成交额41.33亿元。其中，三件作品成交额过亿，分别是成交额3.08亿元的王羲之草书《平安帖》、1.137亿元的陈栝《情韵墨花》和1.075亿元的李可染《长征》。

（白　莲）

【2010北京保利5周年秋季拍卖会】 12月1日～6日，2010北京保利5周年秋季拍卖会在亚洲大酒店举办。此次拍卖会共有古籍文献及名家翰墨、现当代中国艺术、中国近现代书画、中国古代书画、现当代艺术陶瓷等专场，总成交额52.8亿元。其中，两件拍品成交额过亿元，分别为以1.68亿元成交的南宋《汉宫秋图》和以1.3664亿元成交的宋徽宗御制清

乾隆御铭“松石间意”琴。

（白　莲）

【文化市场经营单位】　截至2010年底，北京地区共有：艺术表演团体376家（其中，市属11家，区县属7家，文化部及中央其他部委属17家，部队院校15家，民营社办326家）。营业性演出场所86家（舞台数）。演出经纪机构1002家。统计显示互联网上网营业场所1103家；歌舞娱乐场所748家；电子游艺经营场所55家。

（程　青）

文化体制改革

【文化部文化系统体制改革工作电视电话会议】　5月4日，文化部文化系统体制改革工作电视电话会议召开。会议主会场设在北京，全国各省、自治区、直辖市、新疆生产建设兵团和各计划单列市设有分会场。文化部党组书记、部长蔡武出席会议并讲话。蔡武强调，面对新形势、新任务，文化系统要切实增强使命感和责任感，全面贯彻中央关于加快经济发展方式转变的战略部署，以更加坚定的信心，更加顽强的斗志，推动文化系统体制改革取得决定性进展，为促进经济发展方式转变作出应有的贡献。北京天创国际演艺制作交流有限公司等在会上作了交流发言。

（白　莲）

【中共中央政治局就推进文化体制改革进行集体学习】　7月23日，中共中央政治局就深化文化体制改革研究问题进行第二十二次集体学习。中共中央总书记胡锦涛在主持学习时强调，深入推进文化体制改革，促进文化事业全面繁荣和文化产业快速发展，关系全面建设小康社会奋斗目标的实现，关系中国特色社会主义事业总体布局，关系中华民族伟大复兴。我们一定要从战略高度深刻认识文化的重要地位和作用，以高度的责任感和紧迫感，顺应时代发展要求，深入推进文化体制改革，推动社会主义文化大发展大繁荣。胡锦涛指出，当前和今后一个时期，要重点抓好以下几项工作：一是要加快文化体制机制改革创新。二是要加快构建公共文化服务体系。三是要加快发展文化产业。四是要加强对文化产品创作生产的引导。要引导广大文化工作者和文化单位自觉践行社会主义核心价值体系，坚持社会主义先进文化前进方向，坚决抵制庸俗、低俗、媚俗之风。

（白　莲）

【文化部6家转企单位纳入企业劳动合同管理】　8月12日，文化部系统6家转企改制试点单位全部1020个事业编制已由中编办批准核销，全部职工纳入企业劳动合同管理、参加企业职工基本养老保险。2009年11月10日，由中国东方歌舞团（国家歌舞团）、中国文化报社、文化部文化市场发展中心和中国演出管理中心转企改制组建的中国东方演艺集团有限公司、中国文化传媒集团有限公司、中国动漫集团有限公司同日诞生，创造了第一家中直院团整体转制、第一家部委主管主办报社整体转制、第一次组建中央动漫企业等多项历史纪录。此前，文化系统已有中国对外演出中心、中国对外艺术展览中心转企改制组建的文化“央企”中国对外文化集团公司。

（白　莲）

【市委常委会贯彻全国文化体制改革工作会议精神】　8月29日下午，中共北京市委常委会召开会议，研究贯彻落实全国文化体制改革工作会议精神和本市文化体制改革等事项。市委书记刘淇主持会议。会议强调，要认真贯彻落实胡锦涛总书记在中央政治局第二十二次集体学习时的重要讲话和全国文化体制改革工作会议精神，从战略高度深刻认识文化的重要地位和作用，以高度的责任感和紧迫感，顺应时代发展要求，深入推进文化体制改革，推动社会主义文化大发展大繁荣。北京市要继续深化文化体制改革，在加快文化事业和文化产业发展上发挥带头作用，下大力气把北京建设成有国际影响力的中国文化中心。要下决心做大做强文化产业。要加强公益性文化事业建设。要进一步保护、挖掘和利用好北京丰富的历史文化遗产。要加强对文化产品创作生产的引导，努力推出更多的精品力作。要进一步完善文化投融资服务体系。要利用首都资源优势，积极推动文化与科技、旅游、体育等产业的融合发展。要加强统筹协调和宏观指导，组织编制好文化建设相关发展规划。要加强优秀文化创意人才的引进和培养，推进首都文化创意人才队伍建设。要进一步加大对文化建设的支持力度，为文化的大发展大繁荣提供有力保障。

（白　莲）

文化建设

【文化部出台《网络游戏管理暂行办法》】　7月13日，文化部出台《网络游戏管理暂行办法》（以下简称《办法》）。这是我国第一部专门针对网络游戏进行管理和规范的部门规章，对网游的内容、市场主体、经营活动、运营行为、管理监督和法律责任作出了明确规定，该《办法》8月1日起实施。

（白　莲）

【文化部出台《全国文化系统人才发展规划（2010～2020年）》】　8月，文化部出台《全国文化系统人才发展规划（2010～2020年）》（以下简称《规划》）。这是文化系统第一部人才发展规划，也是首个行业人才发展规划。该《规划》对我国的文化人才队伍进行了细化并制定了到2020年文化人才总体发展目标以及各类人才队伍的发展目标，针对文化发展重点领域提出了人才建设任务：一是突出培养高层次文化艺术专业人才，二是大力开发文化发展重点领域急需紧缺专门人才。

（白　莲）

【北京市大力推动首都功能核心区文化发展】　11月4日，北京市制定了《关于大力推动首都功能核心区文化发展的意见》（以下简称《意见》）。《意见》指出，首都功能核心区（以下简称核心区）是政治、文化中心功能和重要经济功能集中体现的地区，也是历史文化传统与现代国际城市形象集中体现的重要地区。核心区文化发展着力打造一核、一线、两园、多街区，通过突出特色、加快发展，充分体现核心区的文化魅力，使核心区成为中国文化和古都风貌的展示区。“一核”即以紫禁城为核心的皇城文化区。“一线”即明清北京城的中轴线，通过实施规划改造，优化产业布局，在建筑形制、人文景观、产业业态等多方面再现古都风貌。“两园”即中关村科技园区德胜科技园和雍和园，作为高新技术和文化紧密结合的产业园区，通过发展高端文化创意产业，形成对接现代文化的辐射区。“多街区”即以孔庙、国子监为中心的国学文化展示区，以天桥为中心的演艺文化区，以前门、大栅栏、琉璃厂为中心的民俗文化展示区，以安徽会馆、湖广会馆为中心的会馆文化传承区，以商务印书馆、中华书局、三联书店为中心的出版文化区，以什刹海、南锣鼓巷为中心的四合院休闲文化区，以龙潭湖为中心的体育文化区等。

（白　莲）

文化（创意）产业

【北京银行签约支持北京文化产业】　1月14日，市文化局与北京银行《支持文化创意产业发展全面战略合作协议》签约仪式在北京银行总行新闻发布厅举行。文化部文化产业司副司长李小磊，中共北京市委宣传部副部长陈冬，人行营管部副主任姜再勇，北京银行行长严晓燕、副行长许宁跃，市文化局局长降巩民，副局长王文光、关宇，巡视员叶重辉、吴然，北京演出行业协会会长张宇、北京动漫游戏产业联盟会长郝亚宁以及二十余家文化企业负责人、三十家媒体约一百二十人参加了签字仪式。降巩民、严晓燕在《支持北京文化创意产业发展战略合作协议》上签字。北京银行将在3年内意向性向动漫网游、文艺演出、古玩与艺术品等文化创意企业提供人民币100亿元专项授信额度。北京动漫游戏产业联盟会长郝亚宁与北京银行副行长赵瑞安签署了《推动北京市动漫游戏产业发展框架合作协议》；北京联盟影业投资有限公司董事长郝亚宁与北京银行国兴家园支行副行长许进宇签署了贷款合作意向书；中国杂技团有限公司总经理助理张黄南与北京银行琉璃厂支行行长李路平、北京中娱在线网络科技有限公司董事长谢成鸿与北京银行经济技术开发区支行行长周建华分别签署了借款合同。北京银行为上述两家企业发放贷款共计2300万元。

（白　莲）

【北师大启动文化建设工程】　1月22日，“北京师范大学校园创意设计品鉴会暨产学研创意平台展示之夜”在北师大举行。以T台表演、情景剧、美术展览、音乐、舞蹈、多媒体影像等多种形式为载体，十几位优秀设计师原创的百余件校园文化产品以及数十名本科生创作的艺术作品在北师大英东学术会堂集体亮相，其中，优秀作品还将转化为产品进入市场。该次活动的举行启动了北京师范大学文化建设工程，这也是全国高等院校中首家产学研创意平台推广示范品牌，为师生搭建发挥创意与市场结合神奇魅力的“产学研创”平台。

（白　莲）

【北京作品及创作者获文化部“原创动漫扶持计划（2009）”支持】　2月25日，文化部公示，北京有15部作品和19个创作者（团队）获文化部“原创动漫扶持计划（2009）”的支持。其中，漫画作品4部、漫画创作者（团队）4个；动漫演出作品6部、动漫演出创作者（团队）4个、动漫Cosplay团队4个；网络动漫作品3部、网络动漫创作者（团队）5个；手机动漫作品2部、手机动漫创作者（团队）2个。这些作品和作者（团队）将获得509万元的资金扶持。

（白　莲）

【尚8创意实验室】　3月16日，“国际艺术院校——尚8创意实验室”在北京CBD尚8文化创意产业园举行成立仪式。“尚8创意实验室”是在CBD地区成立的第一个国际艺术院校的实践基地。比利时皇家艺术学院、法国 Mod'art 时装学院、中央美术学院、清华大学美术学院和北京服装学院的院方负责人出席了成立仪式，并计划未来一年将在尚8创意产业园联合举行更多面向公众的艺术讲座及实践项目。

（吴赣生）

【全国人大教科文卫委员会在京调研文化创意产业工作】 3月18日~19日，全国人大教科文卫委员会主任委员白克明，率领全国人大教科文卫委员会调研组一行23人在京调研文化创意产业工作。调研组先后到宋庄文化产业集聚区、北京发行集团、台湖图书城、北京人民广播电台、万达影城电影放映厅、国际版权交易中心、歌华集团等文化企业进行了实地考察。文化部党组副书记、副部长欧阳坚，文化产业司司长刘玉珠随同调研。北京市人大常委会副主任刘新成、市政府副秘书长侯玉兰、市委宣传部副部长陈冬、市文化局局长降巩民以及相关委办局的领导陪同调研。

（白　莲）

【数字动漫游戏创意产业交易会举行】 11月17日~18日，市文化局在石景山举办数字动漫游戏创意产业交易会。此次交易会以“交流、合作、商机、发展”为目标，促进数字动漫游戏技术、数字内容服务，旨在为国内外数字动漫游戏、数字内容发行商和渠道销售商提供一个洽谈、沟通合作的平台。文化部文化产业司副司长高政，全国政协委员、北京市政协常委、民盟北京市委副主委朱尔澄，市文化局副局长关宇等出席了交易会。参加交易会的有来自美国、中国香港的投资机构和企业，有来自深圳、福建、浙江、上海、西安、天津、北京的企业，共计170家400余人参加，洽谈项目近300项，其中，约180个项目达成初步合作意向，额度约10.088亿元。

（白　莲）

【第五届中国北京国际文化创意产业博览会】 11月17日~21日，第五届中国北京国际文化创意产业博览会在京举行，中共中央政治局委员、北京市委书记刘淇出席开幕式并宣布文博会开幕。国家广播电影电视总局局长王太华致开幕词。文化部副部长欧阳坚，国家广播电影电视总局副局长张海涛，新闻出版总署副署长蒋建国，中共北京市委常委、宣传部部长、副市长蔡赴朝等出席。参与本届文博会的各地代表团的有关负责人也出席了开幕式。开幕式由北京市市长郭金龙主持。开幕式演出以“创意中国”为主题，在作曲家刘青为文博会创作的主题歌《花开盛世》的旋律中拉开序幕。本届文博会以“激荡文化创新活力，促进发展方式转变”为主题，安排了综合活动、展览展示、论坛峰会、推介交易、创意活动5大系列百余场活动。全国27个省（自治区、直辖市）派出代表团参会，世界知识产权组织、联合国贸易与发展会议等25个国际组织及39个国家和地区的63个境外代表团专程赴会，交流和探讨文化产业的国际合作。

（白　莲）

【文化创意产业集聚区授牌仪式】 11月19日，在文化创意产业集聚区授牌仪式上，北京市副市长程红向新认定的文化创意产业集聚区授牌。北京市已完成了第四批市级文化创意产业集聚区的评审认定工作。此次通过认定的文化创意产业集聚区有7个，分别为八达岭长城文化旅游产业集聚区、北京古北口国际旅游休闲谷产业集聚区、斋堂古村落古道文化旅游产业集聚区、卢沟桥文化创意产业集聚区、十三陵明文化创意产业集聚区、中国乐谷——首都音乐文化创意产业集聚区、北京音乐创意产业园。至此，北京市文化创意产业集聚区已达到30个，实现了《北京市“十一五”时期文化创意产业发展规划》中提出的“到2010年市级文化创意产业集聚区力争达到30个”的工作目标。

（白　莲）

【北京7家企业入选第四批国家文化产业示范基地】 12月9日，文化部在天津市举行了第四批70家国家文化产业示范基地命名授牌活动。北京数字娱乐发展有限公司、北京京都文化投资管理公司、北京贯辰传媒有限公司、北京人大文化科技园建设发展有限公司、北京钧天坊古琴文化艺术传播有限公司、中央新闻纪录电影制片厂（动漫）、北京中外名人文化产业集团有限公司7家企业入选。

（白　莲）

【2010年北京的动漫游戏行业发展迅速】 本年，北京动漫游戏行业产值达100亿元人民币，产值增幅达30%，网游企业出口总额占到全国网游出口的2/3，达1.53亿美元。北京动漫游戏产业的快速发展，不仅得益于北京的研发优势、区位优势和人才优势，各项扶持政策更是为北京动漫游戏产业营造了良好的发展环境。

（白　莲）

活　动

·综合性文化艺术活动·

【中国文学艺术界2010春节大联欢】 1月17日，“百花迎春——中国文学艺术界2010春节大联欢”

在人民大会堂宴会厅举行。来自戏剧、电影、音乐、美术家、曲艺、舞蹈、民间文艺、摄影、书法、杂技、电视11个协会的老、中、青三代千余名艺术家共庆新春佳节。周铁农、孙家正、郑万通等国家领导人，翟卫华等中宣部领导，周巍峙、胡振民等中国文联及相关部门领导、出席中国文联八届五次全委会的代表和广大文艺家观看了演出。大联欢以对伟大祖国的赞美为主题，在节目编排上，以祖国的四个特色地区为章节，以花为“媒”，分为“序”、“北方草原美——梅花引”、“南国和风煦——桃花谣”、“西南彩云飞——荷花赋”、“东岳山河秀——芦花颂”、“尾声”等不同板块，极具地域特色。

（白　莲）

【李长春看望文化界知名人士】 春节前夕，中共中央政治局常委李长春分别看望了哲学家、美学家汝信，音乐家杨洪基、傅庚辰、谷建芬，儿童剧表演艺术家方掬芬，戏剧教育家、话剧导演艺术家徐晓钟，书法家张海，作家王蒙等文化界知名人士，代表胡锦涛总书记和党中央向他们致以节日问候和良好祝愿。中共中央政治局委员、中央书记处书记、中宣部部长刘云山一同看望。

（白　莲）

【中央军委慰问驻京部队老干部迎新春文艺演出】 2月3日，中央军委慰问驻京部队老干部迎新春文艺演出在京举行。中央军委主席胡锦涛出席观看，向在座的军队老同志和全军离退休老干部致以新春问候。中央军委副主席郭伯雄、徐才厚，老同志张万年、曹刚川，中央军委委员梁光烈、陈炳德等观看演出。演出有歌舞《虎跃龙腾迎新春》、男女声表演唱《江山锦绣春光好》、男女声二重唱《国旗升起》、领唱与合唱《信念》、杂技与舞蹈《流光溢彩》、歌舞《祝福祖国》等节目。

（白　莲）

【2010年军民迎新春文艺晚会】 2月6日，2010年军民迎新春文艺晚会在人民大会堂举行。党和国家领导人胡锦涛、吴邦国、温家宝、贾庆林、李长春、习近平、李克强、贺国强、周永康等与首都军民共贺新春。晚会由民族歌舞《和谐中华》、情景诗朗诵《鱼水情》、二重唱《心连心》、京剧与交响合唱《科学发展谱新篇》等13个节目组成。

（白　莲）

【李长春到中国文联调研并同艺术家座谈】 2月7日，李长春到中国文艺家之家进行调研。李长春希望中国文联在今后的工作中，进一步增强服务意识，改进服务方式，多为文艺工作者办实事办好事。进一步完善中国文艺家之家的各项功能，加强管理、改善服务，进一步把广大文艺工作者紧密团结、凝聚在党的周围。

（白　莲）

【2010年首都春节联欢文艺晚会】 2月7日～10日，万余名首都各界群众参加了在人民大会堂举行的首都春节联欢文艺晚会，共迎新春佳节。晚会节目大多是近年来新创作的优秀作品，既有独唱、重唱、合唱等声乐节目，又有新创作的杂技节目。为期4天的文艺晚会期间，来自国家京剧院、中国歌剧舞剧院、中国东方歌舞团等二十多个艺术院团的演员登台表演。同时，人民大会堂一至四楼的大厅与回廊里，各种群众游艺活动精彩纷呈。

（白　莲）

【第8届北京朝阳国际风情节】 2月14日～19日，以“风情世界，相约爱琴海”为主题的第8届北京朝阳国际风情节在朝阳公园举办。风情节期间，来自希腊、法国、俄罗斯、西班牙等7个国家的130名演员带来了当地的风情表演。在朝阳公园“希腊风情”主题区中，布满了希腊风格的建筑和雕塑。作为第8届朝阳国际风情节的主宾国，希腊派出了4个城市的80名演员的演出队伍，介绍希腊的歌舞、美食、旅游以及文化。此外，西班牙的巨人家族、新西兰的毛利战舞、法国的“有兄必有妹”和苏格兰的风笛等各国风情表演也各具风采。

（张燕鹰）

【首届“百姓大戏节，欢乐过新年”活动举办】 2月14日～28日，市文化局举办了首届“百姓大戏节，欢乐过新年”活动。共完成演出220场：在6个城区公园举办与传统庙会活动相结合的露天剧场演出，共演出72场；在7个远郊区县剧场结合“周末场演出计划”开展演出活动，演出48场；在10个区县的行政村举办“文艺演出星火工程”跨区县演出，演出100场。

（白　莲）

【“绿色畅想”生态环保公益晚会】 4月2日，由全国绿化委员会、中国人民对外友好协会、美中文化产业交流促进会、中央歌剧院共同主办的“绿色畅想”大型生态环保公益晚会在人民大会堂上演。晚会以生态、环保为主题，由“美丽的大自然”、“美丽家园——我的中国”、“拯救地球，救救我们”、“蓝色星球，绿色春天”4个篇章组成。中央歌剧院的艺术家参与演出，幺红、戴玉强领衔演唱。晚会主题歌是《地球我们的母亲》。

（白　莲）

【公益晚会“抗旱救灾，我们在行动”】 4月3日，大型公益晚会“抗旱救灾，我们在行动”在京举办。晚会汇集了爱心企业、慈善机构及社会各界人士，为灾区捐款、捐水、捐物。晚会共得到社会各界捐赠的物资和款项两亿多元。

（白　莲）

【“百姓周末大舞台”启动】 4月28日，“百姓周末大舞台”在丰台区莲花池公园露天剧场正式启动，中共北京市委宣传部常务副部长陈启刚，市文化局局长降巩民、巡视员吴然及丰台区政府、区委宣传部领导参加启动仪式。为完善覆盖全市的公益性惠民演出体系，在连续几年开展京郊“周末场演出计划”及农村“文艺演出星火工程”的基础上，市财政局、市文化局推出“百姓周末大舞台”活动。这一活动对市民全部免费，由政府出资购买文艺演出和给予演出场地补贴。活动选定城八区和回龙观、天通苑、亦庄等大型社区的23个露天剧场和室内剧场，自5月起，在周末和节假日里由专业文艺团体为市民上演戏曲、歌舞、音乐、话剧和杂技魔术等文艺节目。活动邀请中国歌剧舞剧院、中国儿童艺术剧院、中国评剧院等32家国有和民营专业文艺团体，在政府投资兴建的13个露天剧场演出，截至年底，共为市民上演122场高水平的戏曲、歌舞、曲艺、儿童剧和杂技、魔术、皮影等文艺节目。

（白　莲）

【第10届“相约北京”联欢活动举行】 4月30日～5月28日，由文化部、国家广电总局和北京市人民政府联合主办的第10届“相约北京”联欢活动举行。中共中央政治局委员、国务委员刘延东，全国政协副主席廖晖在国家大剧院歌剧观看了开幕演出，俄罗斯莫斯科大剧院由扎哈洛娃领衔，演绎了芭蕾舞剧《法老的女儿》。该活动以“艺术因你而改变”为主题，推出了开幕式、闭幕式、国际精品板块、中国艺术家作品展演、节中节（联合国教科文组织文化多样性节和电子音乐节）、公益文化活动和广场联欢活动等文化演出活动。来自英国、法国、美国、西班牙等15个国家和地区的近2000名艺术家、30多个艺术团体参加了艺术节相关活动，演出超过150场次。闭幕演出在北展剧场举行，中纪委驻文化部纪检组组长李洪峰，中共北京市委宣传部副部长张淼，国家广电总局宣传管理司副司长王丹彦观看了闭幕演出。

（白　莲）

【六一晚会】 5月31日，由全国妇联、中央文明办和中央电视台等单位联合举办的“和祖国一起成长‘六一’晚会”在中央电视台举行。王兆国、刘延东等观看演出。整台晚会分为“爱在校园、传递希望”、“幸福亲情、共享阳光”、“和谐祖国、凝聚力量”、“相聚世博、未来辉煌”4个篇章，融会了主题故事、童声合唱、幼儿戏曲、少儿歌舞、情景表演等多种形式。

（白　莲）

【八喜·打开艺术之门——2010暑期艺术节】 7月9日～8月29日，中山公园音乐堂举办“八喜·打开艺术之门——2010暑期艺术节”。在52天内推出60场精彩演出，既有交响乐、合唱、钢琴、小提琴、吉他、打击乐、民乐、爵士乐，又有京剧、昆曲、评剧、芭蕾舞、杂技、相声、电影等特色演出，还有丰富有趣的儿童主题音乐会、童话剧、木偶剧，以及夏令营活动等。

（白　莲）

【八一文艺晚会】 7月24日，庆祝中国人民解放军建军83周年文艺晚会“我是一个兵”在北京空军礼堂举行。中共中央政治局委员、中央军委副主席郭伯雄、徐才厚出席观看，中央军委委员梁光烈、陈炳德、李继耐等一同观看。晚会节目包括：合唱《军营擂台赛》、打击乐《步调一致》、舞蹈《勇往直前》、军营动漫《一堂教育课》、小品《心里话》、歌曲《当代革命军人核心价值观》等。来自全军15个单位的516名基层文艺骨干参加晚会演出。

（白　莲）

【“庆中秋　迎国庆”系列文化活动】 7月～9月，市委宣传部、首都精神文明办、市文化局、市广电局、市文物局、市文联等单位联合主办“我的北京　我的家”2010年“庆中秋　迎国庆”系列文化活动。系列文化活动以“月圆人圆、家和国兴”为主题。全市各区县在节日期间开展主题文化活动72项，活动有赏月祭月、演出、展览展示、讲座、户外文体活动和诗会笔会征文等其他活动。参加人数达26.76万人次。此次活动，首次发布北京中秋形象大使（兔儿爷）；9月21日在西城区月坛举行“月到中秋分外明”中秋祭月、赏月活动，恢复了皇家祭月仪式。

（白　莲）

【中国广播艺术团第七届艺术周】 9月15日～19日，中国广播艺术团第七届艺术周在京举行。艺术周共有4场演出，分别是“秋水伊人”大型民族音乐会，“流光溢彩”中国·新加坡影视金曲多媒体音乐会，“越来越好”相声小品新作品晚会，“五洲同春”文艺晚会。

（白　莲）

【“红叶风采”文艺晚会】 10月13日晚，中国老年艺术团“红叶风采”大型文艺晚会在京举行。中共中央政治局委员、国务院副总理、全国老龄工作委员会主任回良玉，全国人大常委会副委员长周铁农，全国人大常委会原副委员长顾秀莲，与全国各族各界一千多位老年人欢聚一堂，共庆佳节。

（白　莲）

【第8届北京国际戏剧·舞蹈演出季】　11月6日～12月26日，第8届北京国际戏剧·舞蹈演出季在京举办。来自英国、韩国、美国、荷兰等国以及中国大陆和台湾地区的众多专业演出团体和艺术家带来19台中外戏剧、舞蹈精品，其中，戏剧类项目14台，舞剧类项目5台。英国先锋戏剧《外套》为演出季的开幕式节目。由国家大剧院推出的首部原创舞剧《马可·波罗》作为闭幕式演出节目。

（白　莲）

【第3届中华民族艺术珍品文化节】　11月8日～15日，第3届中华民族艺术珍品文化节在中华民族艺术珍品馆举行。此次文化节主题为“相约古都北京，传承经典文化，打造世界城市”。文化节推出了全国非物质文化遗产技艺及珍品展，中国工艺美术大师作品展，中国古代、近现代书画、碑帖珍品展，中国非物质文化遗产保护和发展论坛，中华民族艺术珍品大型拍卖活动和为市民免费鉴宝6项主题活动。文化节共接待观众上万人次，涉及作品千余件。闭幕式上举行了第3届中华民族艺术珍品评选活动的颁奖典礼。评出“中华民族艺术珍品”100件，优秀作品20件。

（白　莲）

【“做文明有礼的北京人”主题晚会】　12月23日，由首都文明委主办的“做文明有礼的北京人”主题晚会在人民大会堂举行，全面展示“做文明有礼的北京人”主题活动成果。市委副书记王安顺向“做文明有礼的北京人”形象大使颁发了聘书。主题晚会以社会主义核心价值体系为根本，以“个十百千万工程”为线索，通过音乐、歌舞、曲艺、朗诵等艺术形式，宣传首都精神文明创建活动的先进典型和感人事迹。章子怡、濮存昕、蔡明、冯巩等演艺人员受聘为“做文明有礼的北京人”形象大使。

（白　莲）

·展　览·

【2000～2009年的中国新艺术展览】　4月25日～6月12日，“改造历史　2000～2009年的中国新艺术”当代艺术展在分别在国家会议中心、今日美术馆、阿拉里奥北京展区举行。此次展览由中国文化产业促进会、中国互联网新闻中心主办，参展艺术家共计291人，参展作品包括架上绘画、水墨、版画、雕塑、装置、摄影、影像等千余件。

（白　莲）

【北京组团参加第6届中国（深圳）国际文博会】　5月13日～15日，北京市组团参加在深圳举行的第6届中国（深圳）国际文化产业博览交易会。蔡赴朝带队，降巩民出席。北京展厅以“大发展中北京演出和动漫业”为展览展示主题，采取展示图片和文字材料、播放音像资料、展览产品等多种形式，展示了北京多种演出艺术形式的情况、大力推进文化体制改革和转企改制院团的情况、不断完善产业政策和推动演艺业蓬勃发展的情况、落实动漫产业扶持政策和抓好重点产业项目建设的情况。北京儿童艺术剧院股份有限公司、北京歌舞剧院有限责任公司、中国木偶艺术剧院有限责任公司、中国杂技团有限公司和天创国际演艺制作交流有限公司、北京老舍茶馆有限公司、北京欢乐谷文化公司等演出企业，以及迪生动画、太尔时代、联盟影业、开心网等多家动漫游戏企业参与活动。

（白　莲）

【新中国对外展览交流60年回顾展】　9月25日～10月25日，由中国对外文化集团公司主办的“大师从这里走过——新中国对外展览交流60年回顾展”在国粹苑举办，赵少华出席开幕式并参观展览。此次回顾展以文献资料和历史图片的形式，集中展示了新中国成立60年来对外展览交流的历史和成果，并同期展出齐白石、郭沫若等的书画精品，集中呈现参与过中国文化展览交流的中外艺术大师的风貌。

（白　莲）

【五区书法美术摄影联展】　11月5日～7日，由丰台区文联、东城区文联、西城区文联、大兴区文联、房山区文联共同主办，丰台区文联承办，北京市文联、北京书协、北京美协为指导单位的“崛起的城南——五区书法美术摄影联展”在中国人民革命军事博物馆举办。北京市文联党组书记、常务副主席朱明德等出席开幕式并剪彩。联展旨在充分展示城南地区时代精神风貌，强力助推“城南行动计划”。联展首展规划了展览的轮廓、规模和影响，续展分别以“腾飞的城南”、“和谐的城南”、“辉煌的城南”、“世界的城南”命名。展览作品通过各种艺术形式反映了正在崛起的北京城南区域，以及城南人开拓进取的精神风貌。

（白　莲）

【陈平艺术展】　12月2日～12日，中国美协、中国美术馆、中国国家画院、中国艺术研究院、中央美术学院联合举办的“费洼山庄——陈平艺术展”在中国美术馆举办。中宣部副部长翟卫华、文化部副部长王文章、中国美术馆馆长范迪安、中国美协主席刘大为、中国国家画院院长杨晓阳、中央美术学院院长潘公凯等出席开幕式。展览主题思想为“提倡人文修养，推动艺术创新”。此次展览分“梦底家山”、“书印相发”、“瓷木有缘”、“词曲情怀”4个部分，展示陈平绘画近作60余幅，以及篆刻、瓷器、家具等作品。陈平创作的杂剧《孤山梦》也于展期内在恭王府上演。陈平现为中央美术学院中国画学院副院长、博士生导师。此次展览综合展现了陈平多方面的艺术创作成果。

（白　莲）

【2010《男人装》中国式性感·当代艺术展】　12月3日～12日，由时尚传媒集团旗下男人装杂志社主办的“2010《男人装》中国式性感·当代艺术展”在北京二十二院街艺术区白空间举行。作品涵盖绘画、雕塑、摄影、装置等多种门类，有章燕紫的“踏莎行”系列画作、郝友的雕塑作品、刘钊的《文字宴——食色性》、吕越的设计品《春归何》等当代艺术家的创作。

（白　莲）

·会　议·

【2010年全国文化厅局长会议】　1月4日，2010年全国文化厅局长会议在京召开。会议的主题是：深入学习领会和全面贯彻落实中共十七大，十七届三中、四中全会精神和2009年中央经济工作会议精神，坚持以科学发展观为指导，以推动文化大发展大繁荣为目标，回顾2009年文化领域各项建设取得的成绩，总结工作经验，明确下一阶段文化建设的总体思路，部署和推进2010年各项文化工作。文化部党组副书记、副部长欧阳坚主持会议并作总结讲话。文化部党组书记、部长蔡武代表部党组作工作报告。中央国家机关有关部门负责同志，全国各省、自治区、直辖市及各计划单列市、省会城市文化厅（局）长，文化部机关各司局、各直属单位的主要负责同志，驻外文化参赞、驻外中国文化中心负责人参加了会议。

（白　莲）

【加强未成年人网络游戏内容管理工作座谈会】　1月8日，为落实《文化部关于改进和加强网络游戏内容管理工作的通知》，市文化局召开加强未成年人网络游戏内容管理工作座谈会。文化部文化市场司副司长庹祖海，市教委、团市委、市文化执法总队有关人员出席了座谈会；北京动漫游戏产业联盟以及本市15家网络游戏企业领导参加了座谈会。庹祖海、关宇出席会议并讲话。与会的网络游戏企业代表先后就改进和加强网络游戏内容管理，保护未成年人网络权益以及本企业的工作思路和做法发表了意见和建议。会议宣读联盟与15家游戏企业联署的《北京网络游戏行业自律联合倡议书》。

（白　莲）

【打造旅游演出目的地城市工作座谈会】　1月14日，市文化局、市旅游局在合园召开打造旅游演出目的地城市工作座谈会。市文化局局长降巩民主持会议。市文化局巡视员吴然就北京市演出市场总体基本情况、旅游演出市场基本情况予以介绍。市文化局副局长王文光对旅游演出目前存在的核心问题进行分析，并提出打造旅游演出目的地城市首先应做好北京的演出市场，其次是如何引导旅游者关注北京的演出，放大精品演出的品牌效应；政府的主要工作在于为演出市场提供良好的政策环境，为演出提供社会公共宣传推介服务，提炼精品品牌，为旅游者提供多层次，多元化的演出产品，引导旅游者进行演出产品消费。市旅游局局长张慧光进行了旅游局就如何打造旅游演出目的地城市的发言。

（白　莲）

【中国文联第八届全国委员会第五次会议】　1月16日～17日，中国文联第八届全国委员会第五次会议在京召开。全国政协副主席、中国文联主席孙家正，中国文联党组书记、副主席胡振民在会上作工作报告，中国文联党组成员、副主席冯远通报了全委会委员变动情况，中组部干部三局副局长赵凡介绍了中国文联第八届主席团成员调整事宜，中宣部副部长翟卫华在会上讲话，文化部副部长陈晓光出席了会议。会议确认丰收、庄保斌、李光武、季宇、季国平、郭永祥、傅道彬、黎国如、潘春良、潘鲁生为中国文联第八届全委会委员；万卫平、马顺强、王凤胜、李致、杨屹、张西南、林建、赵彦良不再担任中国文联第八届全委会委员职务。会议决定聘请李前宽、张西南为中国文联第八届荣誉委员。黎国如当选为中国文联第八届副主席，季国平当选为中国文联第八届主席团委员。张西南不再担任中国文联第八届副主席，董伟、林建不再担任中国文联第八届主席团委员。

（白　莲）

【2010年北京市文化市场管理暨“扫黄打非”工作会议】　1月19日，2010年北京市文化市场管理暨“扫黄打非”工作会议在新闻大厦召开。市委副秘书长、市文化市场管理工作领导小组副组长肖培主持，领导小组全体成员、各区县委常委、获奖先进集体、先进个人代表等共160人出席了大会。会议总结了2009年北京市文化市场管理暨“扫黄打非”工作，部署了2010年的工作，并对2009年“扫黄打非”暨文化市场管理工作

中做出突出贡献的先进集体和个人进行了表彰。

（白　莲）

【中国文联第八届全国委员会第六次会议】 5月6日，中国文联第八届全国委员会第六次会议在中国文艺家之家召开。孙家正主持会议。会议决定聘请杨志今为中国文联第八届荣誉委员，增选廖奔为副主席、夏潮为主席团委员。

（白　莲）

【北京市舞台艺术创作生产扶持资金申报项目评审会】 6月18日，市文化局召开2010年度第一次北京市舞台艺术创作生产扶持资金申报项目评审会。吴然主持会议。全市共有22个艺术生产单位的33个项目申报。经专家组成员徐恒进、李小红、戴英禄、刘彦君、廖向红、江东、杨乾武等审议，最终17个项目通过艺术评审。

（白　莲）

【北京市2011年公益演出团体评审会】 10月9日，市文化局召开北京市2011年公益演出团体评审会。市文化局聘请专家对92家文艺表演团体申报的315台剧（节）目进行了逐一审核。通过审核的剧（节）目可参加2011年1月~12月北京市各项公益性演出活动。审核结果有51家102台剧（节）目通过“农村文艺演出‘星火工程’一类团”的演出评审；34家182台剧（节）目通过“周末场演出场计划”的演出评审；34家文艺表演团体的166台剧（节）目通过“百姓周末大舞台”的演出评审。

（白　莲）

·非物质文化遗产保护·

【北京市非物质文化遗产传统技艺展】 2月11日~20日，北京市文化局在金源新燕莎MALL举办北京市非物质文化遗产传统技艺展。38个国家级、北京市级非物质文化遗产名录项目传承人及其弟子、学生进行技艺展示、展演和展卖，共接待市民近4万人次，全场销售总额超过50万元。文化部副部长周和平、非遗司司长马文辉、市文化局局长降巩民参观展览。

（白　莲）

【全国少数民族非物质文化遗产项目调演】 2月27日~3月30日，由文化部和国家民委主办，中国非物质文化遗产保护中心承办的“全国少数民族非物质文化遗产项目调演”在京举行。调演活动汇聚全国20个省（自治区、直辖市），20余个少数民族，近20名“国家级非物质文化遗产项目代表性传承人”和近2000名少数民族同胞，展演少数民族独具韵味的“非遗”风情。此次调演活动由9台节目组成，分别是“多彩民族——综合专场”、“高原奇葩——青海省专场”、“羌魂——四川省专场”、“侗歌声声——贵州省专场”、“草原欢歌——内蒙古自治区专场”、“潇湘风情——湖南省专场”、“八桂风谣——广西壮族自治区专场”、“多彩哈达——西藏自治区专场”和“灿烂中华——综合专场”，共120余个节目在民族文化宫大剧院和天桥剧场演出，观众超过15万人次。

（白　莲）

【文化部督查组在京督导考察“非遗”保护工作】 3月17日~19日，文化部督查组由非遗司副司长马盛德带队，对北京的非物质文化遗产保护工作进行督导考察。市文化局副巡视员阮兰玉汇报了5年来北京市开展非物质文化遗产保护工作的情况，介绍了今后一个时期特别是“十二五”开局的北京“非遗”保护工作的初步思路。督查组参观了崇文区文化馆“非遗”展厅，并与连丽如等6位代表性传承人进行座谈；听取宣武区就国家级项目厂甸庙会举办情况的汇报，并与主办单位进行了交流；考察了北京市珐琅厂、北京玉器厂、北京钧天坊古琴文化艺术传播有限公司、北京鼎盛陶琦有限公司、内联升有限公司和北京空竹博物馆、北京宣南博物馆。督查组就基层保护工作存在的重点、难点问题，召开专题座谈会，各区县“非遗”保护工作人员近六十人参加。

（白　莲）

【金漆镶嵌历代经典作品展】 5月24日，“国家级非物质文化遗产——金漆镶嵌历代经典作品展”在北京金漆镶嵌厂展出，58件套历代经典漆器的复制品在此展出。此次仿、复制金漆镶嵌历代经典作品中大部分是中国漆器发展史上最辉煌的3个时期——战国、汉、明清时期的作品。

（白　莲）

【中国非物质文化遗产百名工艺美术大师技艺大展】 6月9日~17日，由文化部主办的“巧夺天工——中国非物质文化遗产百名工艺美术大师技艺大展”在北京展览馆举办。大展共分入选联合国教科文组织“人类非物质文化遗产代表作名录”项目、琢玉、雕镌、陶埏、编扎、髹饰、金作、织绣、画绘9个单元，以国文展版、精品陈列的方式，集中展示北京、山西、上海、广东、西藏、青海等23个省（自治区、直辖市）的100名工艺美术大师318件代表作，部分大师在现场进行了演示制作。此次展览全面展示近百个国家、省、市三级非物质文化遗产名录项目，集中体现了我国传统工艺美术的保护成果。

（白　莲）

【北京市“文化遗产日”系列活动启动仪式】 6月12日，市文化局在宣武区大栅栏文化商业街举办

2010年北京市“文化遗产日”系列活动暨“北京空竹文化节”启动仪式。仪式上，为获得“北京市年度非遗保护年度贡献奖”的35名集体和个人代表颁发证书和奖章；为5所“北京市非物质文化遗产传承示范校”颁发牌匾；为市级代表性传承人代表发放传习补贴；为3个急需保护项目代表性传承人公开收徒；市财政局和市文化局颁布《北京市非物质文化遗产保护专项资金管理暂行办法》；北京非物质文化遗产保护中心正式揭牌。文化部副部长王文章，文化部非遗司司长马文辉，文化部文化产业司副司长高政，中共北京市委常委、宣传部部长、副市长蔡赴朝，中共北京市委宣传部副部长张淼，市文化局局长降巩民，市教育委员会副主任郑萼，市财政局副局长吴素芳和宣武区区委书记王宁等领导出席。市文化局从“文化遗产日”开始到端午节，在全市18个区县开展119项“非遗”主题活动，其中代表性活动12项。

（白　莲）

【“非遗”数字化成果展】 6月12日～8月1日，由文化部民族民间文艺发展中心、首都博物馆主办的“感受遗产——中国非物质文化遗产数字化成果展”在首都博物馆举办。成果展以“中国民族民间文艺集成志书”为核心的内容资源，围绕着数字典藏和数字展示，展出了一系列的数字化成果。展览分为国家级非物质文化遗产名录展示、联合国教科文组织的“人类口头和非物质文化遗产代表作和保护名录”展示、数字典藏、数字展示、文化遗产视频演播和北京专区6个部分，北京专区设有6个展台，包括木作、珐琅作、雕漆作、盔头作（戏装）、花作（绢花）、纸作等在内的北京传统手工艺项目。

（白　莲）

【中日非物质文化遗产保护论坛在京举行】 8月9日～10日，由中国民协主办的中日非物质文化遗产保护论坛在京举行。来自中日两国参加中日浙江民俗调查项目的考察团成员和相关人员20余人出席了会议。会议由中国民协研究部主任刘晓路，浙江省民协副主席王恬共同主持。中国民协分党组成员、秘书长、中日浙江民俗调查项目中方团长向云驹，日本民俗学会原主席、日本神奈川大学教授、中日浙江民俗调查项目日方团长福田亚细男等专家学者各抒己见，就非物质文化遗产保护工作的现状、经验教训、取得的成果以及未来的方向等问题交换了意见。

（白　莲）

【中国入选人类非物质文化遗产名录项目颁证仪式暨保护论坛在京举行】 8月19日，文化部在人民大会堂举行中国入选联合国教科文组织非物质文化遗产名录项目颁证仪式，向参与申报的95个单位颁发证书，并举行了部分入选项目的演出。刘延东，蔡武，联合国教科文组织中国办事处负责人，文化遗产保护部际会议成员单位领导，有关省市领导，各省文化部门领导，项目申报与保护单位代表，非遗代表性传承人，以及相关单位代表共二百多人参加了颁证仪式并观摩了部分入选项目的专场演出。8月20日，保护论坛在北京前门建国饭店会议室召开，联合国教科文组织中国办事处、文化部、中国艺术研究院·中国非物质文化遗产保护中心，中国非物质文化遗产专家委员会的有关领导、专家以及参加颁证仪式的代表200多人参加了论坛研讨，为进一步做好项目保护工作出谋献策。

（白　莲）

【首届中国“非遗”博览会北京获二金】 10月15日～18日，由中华人民共和国文化部、山东省人民政府联合主办的首届中国非物质文化遗产博览会在济南举行。北京市的雕漆技艺和内联升千层底布鞋制作技艺获得金奖，北京市非物质文化遗产保护中心获最佳组织奖。

（白　莲）

【“非遗”保护工作部际联席会议在京举行】 11月4日，非物质文化遗产保护工作部际联席会议在京举行。文化部、国家发展和改革委、中国教科文全委会、科学技术部、工业和信息化部、国家民委、财政部、住房和城乡建设部、商务部、国家宗教事务局、国家文物局、中国社科院、国家中医药管理局等部际联席会议成员单位的有关负责同志出席会议。蔡武出席会议并讲话，王文章主持会议。蔡武介绍了一年来非物质文化遗产保护工作的进展情况，对下一步“非遗”保护工作的思路和重点提出了意见，并就当前“非遗”保护工作中的社会热点问题谈了自己的看法。会议审议了第三批国家级非物质文化遗产名录项目名单。马文辉介绍了评审工作的有关情况。各部际联席会议成员单位代表对一年来“非遗”保护工作给予了高度评价，对文化部开展的“非遗”保护的制度建设、活动开展、名录评审等工作给予充分肯定。

（白　莲）

【2010年中国艺术人类学学术会议】 11月5日～7日，中国艺术研究院、中国艺术人类学学会联合主办2010年中国艺术人类学学术会议。来自世界6个国家和地区的120余名学者，共同就“非遗”保护、区域文化产业等备受瞩目的话题进行探讨，并公布了自己的最新研究成果。此次会议以“非物质文化遗产保护与艺术人类学研究”为主题，探讨了各国传

统文化艺术所面临的挑战，呼吁大众共同参与传承人类文化遗产。

（白　莲）

【京剧入选“人类非物质文化遗产代表作名录”】 2010年，市文化局代表全国京剧传承机构和流布地区，组织了京剧项目申报联合国教科文组织“人类非物质文化遗产代表作名录”的相关工作。邀请专家就名录申报要求和申报材料进行讨论和认定，提交了京剧申报书、申报照片、申报视频、以及5个传承单位、5位国家级代表性传承人的自愿认可确认书、权利让与声明等文书。11月16日，在内罗毕举行的联合国教科文组织政府间保护非物质文化遗产委员会第五次会议上，经过24个成员国的共同审议，获得通过。入选“人类非物质文化遗产代表作名录”之后，北京市举办了“国粹生香——2010北京京剧票友段位评授季”授段大典、京剧传承发展论坛、“椿树杯”历届获奖者展演活动、大学生京剧电视知识大赛、“天下京剧”摄影展、正乙祠《梅兰芳华》京剧驻场演出等系列活动。

（白　莲）

【《北京志·非物质文化遗产志》篇目设计会】 12月21日，《北京志·非物质文化遗产志》编委会在北京市文化局召开篇目设计审定会，初步审定了该志的篇目框架。在北京市开展的第二轮地方志书编纂工作中，《北京志》增加《非物质文化遗产志》。这是北京市首次编写非物质文化遗产志。

（白　莲）

·赛事　奖项·

【中国文联表彰文艺舆情信息工作】 3月24日～26日，由中国文联主办，中国文联理论研究室、上海市文联承办的全国文联文艺舆情信息工作会议在上海召开。1个全国性专业协会和7个省市级文联被评为2008年度舆情信息工作先进集体，8人被评为2008年度舆情信息工作先进个人。北京地区有中国摄协被评为先进集体；中国音协研究室主任陈志强、中国美协研究室主任吴涛毅被评为先进个人。

（白　莲）

【中国作品获世界知识产权组织版权金奖】 11月18日，国家版权局与世界知识产权组织（WIPO）在京联合举办了全球原创音乐演唱会暨世界知识产权组织版权金奖（中国）颁奖盛典，现场为6个作品奖、4个推广运用奖和4个保护奖共计14个获奖对象颁奖。世界知识产权组织版权金奖（中国）由新闻出版总署推荐、世界知识产权组织颁发，旨在表彰为版权保护和版权产业发展做出突出贡献的人物和企业，提升中国版权保护的国际形象。此次获奖作品，除了深圳市腾讯计算机系统有限公司的QQ系列软件外，均为文艺类作品。包括广东原创动力文化传播有限公司制作的《喜羊羊与灰太狼》（动画片类），中国电影集团公司打造的《建国大业》（电影类），中国杂技团有限公司创作的《俏花旦·集体空竹》（杂技节目类），杨卫华、刘应华、陈燮、吴传明、胡国庆等拍摄的汶川大地震系列摄影作品（摄影类）和苏叔阳创作的《中国读本》（图书类）。

（张燕鹰）

【第5届北京中青年文艺工作者“德艺双馨”奖颁奖】 11月25日，第5届北京中青年文艺工作者德艺双馨奖颁奖大会在首都大酒店举行，15名获奖者受到表彰，获得本届“德艺双馨”奖的艺术家是：马秋华、王洋、史长义（凸凹）、龙开胜、刘强、文燕、色尕、陈国星、陈履生（平生）、周振华（原野）、岳永逸、笑林、郭威（星河）、龚丽君、戴玉强。

（白　莲）

【第9届造型表演艺术成就奖颁发】 12月16日，由中国文联、造型表演艺术创作研究基金理事会主办的第9届造型表演艺术成就奖颁奖典礼在京举行。造型艺术家水中天（美术理论家）、刘江（书法家及书法教育家）、关肇邺（建筑学家及建筑教育家）、孙其峰（美术家）、赵延年（版画家）、高虹（油画家）、盛杨（雕塑家）、简庆福（摄影家）和表演艺术家王昆（音乐表演艺术家）、梅葆玖（京剧表演艺术家）、斯琴塔日哈（舞蹈表演艺术家）11位艺术家获第9届造型表演艺术成就奖。

（白　莲）

2010“世界知识产权组织版权金奖（中国）”颁奖典礼

【第四届全国服务农民服务基层文化建设先进集体表彰会】 12月21日，中宣部、文化部、广电总局、新闻出版总署在京召开第四届全国服务农民服务基层文化建设先进集体表彰会。260个基层文化服务先进集体受到表彰。刘云山出席会议并讲话。北京市的房山区文化馆、密云县文化馆、良宵竹乐团、顺义区文委行政执法队、密云县文委、通州区于家务回族乡仇庄村益民书屋被评为先进单位。

（白　莲）

·交　流·

【春节期间在欧洲4国举办文化活动】 2月2日~16日，文化部、市外宣办和市文化局于春节期间在比利时、马耳他、德国、芬兰举办春节庆祝活动和“欧罗巴利亚中国艺术节”。市文化局派出4支演出队伍、共140余人参加在比利时欧盟议会大楼举办的“中国春节走进欧洲议会活动”以及在马耳他首都瓦莱塔市和德国柏林中央火车站举办的“欢乐春节”活动。共演出11场，包含了舞蹈、民乐、杂技、武术、魔术、变脸等多种中国传统艺术。北京舞蹈学院师生为烘托春节喜庆气氛特意编排了全新的舞蹈《中国风》，中国杂技团带去了俏皮欢快的杂技《抖空竹》和获得意大利克利莫那国际天才艺术大赛金奖的杂技《单手顶》。

（白　莲）

【两岸民间文化交流座谈会在京举行】 3月17日，全国政协港澳台侨委员会和“海峡两岸民意代表联谊会”在京共同举办两岸民间文化交流座谈会，部分现任和前任全国政协委员、专家学者和正在北京参访的“2010台湾民意代表交流参访团”等六十余人与会。全国政协港澳台侨委员会主任陈云林和“2010台湾民意代表交流参访团”团长饶颖奇主持座谈会。座谈会以两岸文教交流为主题，分别就两岸文化教育交流的现状与前景，推进两岸文化产业合作，推动建立两岸文教合作机制等问题进行了交流。

（白　莲）

【北京与塔林签署了两市文化合作意向书】 应北京市邀请，爱沙尼亚塔林市长爱德加·萨维萨尔率团于3月29日~4月2日访京。3月31日上午，北京市市长郭金龙会见代表团一行并与塔林市市长萨维萨尔签署了两市文化合作意向书。下午，北京市文化局局长降巩民、副局长王文光在合园会见爱沙尼亚塔林市对外关系和礼宾局局长赫利·吕克和塔林市市政委员、塔林“2011欧洲文化之都”基金会首席执行官亚努斯·穆尔提，双方就2011年两市如何开展文化交流合作进行了探讨。

（白　莲）

【中比当代艺术展在京举办】 4月30日~5月30日，由中国美术馆和比利时布鲁塞尔美术中心联合主办的“事物状态——中比当代艺术展”在中国美术馆举办，展览聚集了来自中国和比利时的50位艺术家的绘画、装置等艺术作品，旨在对两国的当代艺术展开对话和交流。

（白　莲）

【上海世博会“北京活动周”】 5月4日~8日，世博会首个省（自治区、直辖市）活动周——“北京活动周”在上海举行。活动周围绕“魅力首都——人文北京、科技北京、绿色北京”的主题，通过花车巡游、民俗活动、非物质文化遗产展示、庆典广场文艺演出、经济推介等经贸、文化活动展示“魅力首都”新形象。其中，市文化局组织的庆典广场和宝钢大舞台的两台演出，以“魅力北京”为题，用多种艺术形式体现城市深厚文化底蕴，吸引了来自四面八方的观众。

（白　莲）

【“2010非洲文化聚焦”在京开幕】 5月20日，由文化部、国家广电总局、新闻出版总署、国家体育总局和国家文物局联合主办的“2010非洲文化聚焦”活动在中华世纪坛开幕。开幕式上举行了“从北京到沙姆沙伊赫——中非文化交流与合作成果展（2007~2009）”、“铁册有情”中国出版物中的非洲书展、“朋友、伙伴、兄弟”——中国摄影家眼中的非洲摄影展、“隔洋相看”——中非艺术家绘画联展和“我的非洲故事”征文颁奖活动等项目。此次活动包括展览、论坛、演艺访演等形式，覆盖北京、兰州、西宁、银川、青岛、深圳等10多个城市，为期7个月。根据2009年中非合作论坛第四届部长级会议通过的有关文件精神，中非双方要共同打造中非文化交流“文化聚焦”品牌，逢双年在中国举办“非洲文化聚焦”活动，逢单年在非洲举办“中国文化聚焦”活动。

（白　莲）

【澳大利亚土著艺术展】 6月10日~8月26日，由中国美术馆、澳大利亚国家博物馆主办的“澳大利亚土著艺术展”在中国美术馆举办。展览分为“帕潘亚（Papunya）绘画：来自澳大利亚沙漠”展和“宝歌：澳大利亚当代原住民艺术”展两个部分，是北京澳大利亚文化年的首个展览项目。澳大利亚政府提倡多元文化，在土著艺术生态的保护上下大工夫，使土著艺术得以传承并进行创新。展览所展现的也是澳大利亚保护文化遗产、探索传统与创新的实例。

（贤　龙）

【2010第2届阿拉伯艺术节】 6月21日~25日，由中华人民共和国文化部和阿拉伯国家联盟秘书处联合主办、中国对外文化集团公司承办的2010第2届阿拉伯艺术节之“天方凝彩——阿拉伯艺术展”在首都博物馆举办。此次展览共有包括绘画、雕塑、手工艺品及服装服饰在内的来自16个国家的300余件艺术精品，全方位、多角度地展示了阿拉伯艺术的古老文明和现代艺术发展。此展的开幕标志着2010第2届阿拉伯艺术节正式启动。6月21日，艺术节联合演出在北京世纪剧院举行，来自约旦、阿联酋、突尼斯、阿尔及利亚、沙特、叙利亚、伊拉克、阿曼、巴勒斯坦、埃及、摩洛哥11个国家近300名艺术家参加本次艺术节的联合演出。6月22日，“中阿文化论坛”在丽晶酒店召开。此次“中阿文化论坛”以“文化交流在中阿合作关系中的地位及影响”为题，就中阿双方扩大和加强文化交流与合作，维护世界文化多样性等方面展开探讨。蔡武在论坛上做主旨发言。阿拉伯国家代表团团长等12位代表也在论坛上就推动中阿文化交流，促进中阿文化合作进行了发言。

（白　莲）

【沙特阿拉伯文化周】 7月21日~25日，为庆祝中沙建交20周年，由中国文化部和沙特阿拉伯王国文化新闻部主办、中国对外文化集团公司承办的“2010沙特阿拉伯文化周”在京举办。文化周包括展览、演出、电影放映等活动。

（白　莲）

【俄罗斯举行中国文化节】 9月3日~11日，“中国文化节”在俄罗斯举行。“中国文化节”是中国文化部和俄罗斯联邦文化部根据两部间2009年至2010年文化合作计划举办的大型文化活动，也是俄罗斯“汉语年”框架内文化领域的重要活动。中方组派了百余名艺术家赴俄参加演出、平面展览、多媒体展示、游戏、展卖、手工艺表演等活动。中国文化部副部长杨志今，中国驻俄罗斯大使李辉，俄文化部国务秘书、副部长楚科夫斯喀娅观看了开幕式演出。

（白　莲）

【2010泰国曼谷姐妹城市周】 9月16日，“2010泰国曼谷姐妹城市周”活动在曼谷暹罗帕拉功购物中心拉开帷幕。包括北京代表团在内的来自世界各国的代表团出席了曼谷市政府组织的“2010泰国曼谷姐妹城市周”活动。北京市外办、市外宣办、西城区文委联合组织“魅力北京”文化外宣活动，通过视频、图片和“非遗”传人表演等形式向曼谷市民和在泰国的外国人展示北京城市形象。

（白　莲）

【瑞士举办“文化风景线艺术节·中国主宾国”活动】 为庆祝中瑞建交60周年，瑞士“文化风景线艺术节·中国主宾国”活动于9月16日~12月7日在瑞士18座城市展开。来自北京、上海、广东、浙江、四川、甘肃、内蒙古等13个省（自治区、直辖市）的400余名中国艺术家参与此次活动，集中展示包括音乐、戏剧、建筑、舞蹈、文学、电影等各种艺术，并举办系列讲座、研讨会、论坛等活动。文化部副部长赵少华和瑞士巴塞尔城市半州州长居伊·莫兰出席开幕式活动。

（白　莲）

【丹麦女王艺术展】 9月25日~10月20日，由文化部恭王府管理中心主办的“野天鹅——安徒生童话幕后的故事”丹麦女王玛格丽格二世艺术展在恭王府举办。丹麦王子阿希姆，丹麦驻华大使裴德盛，中国国家文物局副局长顾玉才及文化部有关单位领导出席开幕式。此次展览共展出丹麦女王玛格丽格二世为电影《野天鹅》创作的43件蝶古巴特艺术品原作和11套人物服装设计，以及19世纪中叶由安徒生创作的剪纸艺术品原作8件。丹麦女王艺术展自2009年在丹麦欧登塞城市博物馆首展后即开始了世界巡展，继墨西哥、美国之后，来到中国。

（白　莲）

【“亲情中华”艺术团赴澳大利亚巡演】 10月6日~17日，应澳大利亚澳星国际传媒集团邀请，中国侨联“亲情中华”艺术团一行23人于澳大利亚在澳珀斯、布里斯班、悉尼、堪培拉、墨尔本五城市进行巡演。艺术团由来自空政文工团、煤矿文工团、东方歌舞团等院团的艺术家组成，整台节目汇集了经典老歌、流行金曲、民族舞蹈、手影、口技、二胡独奏、魔术、杂技等内容。自2008年以来，中国侨联“亲情中华”海外慰问演出已赴意大利、德国、捷克、匈牙利、美国等三十多个国家和地区先后巡演近百场。

（白　莲）

【降巩民会见来访的里约热内卢文化人士】 11月9日，市文化局局长降巩民、副局长张晓在市文化局会见了来访的巴西里约热内卢州文化秘书Adriana Rattes、外交关系次长Olga Maria Esteves Campista和博物馆馆长Márcia Silveira Bibiani。双方就两市文化领域的合作交流举行了会谈。里约热内卢已成功申办2016年奥运会，Adriana Rattes希望借鉴北京组织奥运文化活动的经验。降巩民介绍了奥运文化广场、非物质文化遗产展览、广场演出等多种奥运周边文化活动的经验体会。Adriana Rattes 介绍了里约热内卢州和里约热内卢市的文化事业概况。

（白　莲）

【张文华会见台湾文化代表团】 11 月 18 日，市文化局党组书记张文华、副局长张晓会见了进京参加第 5 届北京文博会的以台北市文化局局长谢小韫为团长的台湾文化代表团，双方就两市文化事业和文化领域的交流合作进行了会谈。张文华介绍了北京市文化事业的发展概况，重点介绍了北京市公共文化建设、非物质文化遗产保护、文化市场监管、文化体制改革及文化创意产业发展情况。谢小韫介绍了台北市文化局及文化机构的工作机制，希望两市进一步加强各领域的文化交流，促进两市文化事业的发展和繁荣。

（白　莲）

【和田县文工团进京演出】 12 月 28 日，新疆维吾尔自治区和田县文工团进京演出开幕式在民族文化宫大剧院举行。文化部社文司副司长李宏，北京市委副秘书长秦刚，和田地区行署副专员帕尔哈提·肉孜，中共北京市委宣传部副部长张淼，北京援疆工作领导小组副主任王成国，市文化局降巩民、张文华、王珠参加。

（白　莲）

【2010 年北京市出访国外及中国港澳台地区文化交流项目】 2010 年，市文化局共受理出访国外及中国港澳台地区文化交流项目 158 批 1864 人次。其中，市文化局系统 50 批 474 人次，归口管理单位 108 批 1390 人次。引进国外及中国港澳台地区共 44 批 1860 人次。

（白　莲）

·评论与研究·

【春节文化论坛举行】 1 月 8 日，由国务院参事室、北京市人民政府、中央文史研究馆联合主办的“春节文化论坛”在钓鱼台国宾馆举行。论坛由中央文史研究馆馆长袁行霈主持。在论坛上，陈进玉、蔡赴朝、王蒙、冯骥才、张抗抗、舒乙、何星亮、张士闪等有关领导和学者、作家相继发言，或从历史角度出发，或由现实生活入手，探讨了春节文化。国务委员兼国务院秘书长马凯出席论坛并作了题为《让中华民族的盛大节日更加丰富多彩》的讲话。部分国务院参事、中央文史研究馆馆员、中国社会科学院的学者和北京大学、北京师范大学、南京大学的师生等共 150 人参加了论坛。

（白　莲）

【世界文化现状与趋势研讨会】 1 月 13 日 ~14 日，由文化部外联局主办的“世界文化现状与趋势研讨会”在京召开。来自中国社会科学院、北京大学、北京外国语大学、上海交通大学、中国现代国际关系研究院等单位的专家学者和文化部外联局相关人员共约四十人参加了会议。文化部外联局局长助理杨治主持了研讨会。与会专家就哲学、宗教文化、文化认同、非物质文化遗产保护、文化多样性等文化领域的国际现状及未来发展趋势展开讨论，并就中国文化在当今世界文化中的地位及影响提出专家学者的观察和学术评价。

（白　莲）

【内地与港澳文化合作论坛】 1 月 18 日，文化部港澳台办主办，中央文化管理干部学院承办的首届“内地与港澳文化合作论坛”在京举办。来自我国内地与港澳地区 10 余个知名艺术节的 30 余位代表参与。文化部党组成员、副部长赵少华出席论坛并致辞，香港民政事务局局长曾德成、澳门文化局局长何丽钻出席论坛。开幕式由文化部港澳台办党委书记、副主任侯湘华主持。1 月 19 日，来自香港艺术节、香港“国际综艺合家欢”暑期艺术节的代表，继续围绕“艺术节与城市活力”这一主题进行研讨和交流，共同探讨艺术节如何提升城市活力、如何通过艺术节的方式整合文化资源，为繁荣文化市场、促进经济发展、提升城市形象发挥更加积极的作用。

（白　莲）

【全国“十二五”文化发展规划工作研讨会】 4 月 13 日 ~15 日，文化部政策法规司在京组织召开全国“十二五”文化发展规划工作研讨会，认真学习中央和文化部党组关于“十二五”文化发展规划编制工作的指示精神，总结交流近年来文化发展规划编制工作的新思路和新举措，安排部署下一阶段“十二五”文化发展规划编制工作。研讨会开幕当天，文化部政策法规司司长韩永进重点介绍了 2009 年全国“十二五”文化发展规划准备工作和 2010 年规划工作进展情况。会议期间，与会代表先后聆听了 4 场专题讲座。围绕“十二五”文化发展规划编制工作相关内容，全体代表分成 5 个小组进行讨论、交流。文化部财务司副司长饶权、社会文化司副司长张永新、对外文化联络局副局长于芃，北京市文化局副局长王文光，新疆维吾尔自治区文化厅党组书记、副厅长韩子勇结合自己的实际工作，分别作典型发言。文化部政策法规司司长韩永进主持闭幕式。文化部机关各司局，各省（自治区、直辖市）文化厅（局），新疆生产建设兵团文化局等相关人员 140 多人参加了学习、研讨活动。

（白　莲）

【“时代与艺术”理论研讨会】 5 月 6 日 ~7 日，由中央文史研究馆书画院主办的“时代与艺术理论研讨会”在京举办。名誉理事长侯德昌，副理事长舒乙等和艺术委员会委员以及众多美术界专家出席会议。研讨会旨在通过把握时代脉搏，动员组织艺术文化界的专家学者，不断推出新的研究成果。

（贤　龙）

【北京—墨西哥城论坛】　5月25日，作为北京、墨西哥城结为友好城市后的一次重要活动，首届“北京—墨西哥城论坛”在墨西哥城召开。此次活动包括论坛主题发言与讨论、现场参观及观摩演出3个方面的内容。论坛上，吴然以《北京公共文化建设中的公益性演出》作了主题发言。

（白　莲）

【“新世纪艺术十年·第三极文化理论与中国艺术发展”学术论坛】　7月10日，由北京师范大学艺术与传媒学院影视传媒系和《艺术评论》杂志社联合主办的“新世纪艺术十年·第三极文化理论与中国艺术发展”学术论坛在京召开。来自国内教育、影视、戏剧、美术、音乐、舞蹈等各界的40多位专家和艺术家参加。“第三极文化”是北京师范大学教授黄会林针对当代世界文化格局和中国文化发展现状提出的战略性构想。“第三极文化”是相对于欧洲文化和美国文化而言的中国文化，这一概念是对东西文化两极论的反思和修正。与会专家围绕“第三极文化”理论的内涵与意义、“第三极文化”理论与中国艺术学科体系建构、中国当代艺术文化生态及发展前景等议题展开了对话。

（白　莲）

【中国动漫游戏产业投融资论坛】　7月30日，由北京动漫游戏产业联盟主办，新元文化产业俱乐部承办的“中国动漫游戏产业投融资论坛”在石景山万商花园酒店举办，来自动漫企业和投资机构的二百余人参加此次论坛。论坛上，与会代表共同分析探讨动漫游戏企业与资本相结合的模式，深度剖析动漫游戏产业发生的变革，为动漫游戏企业创造与投资机构的沟通平台和融资机会。

（白　莲）

【第4届中华战略文化论坛】　9月18日，由中共中央宣传部时事报告杂志社、中国政治学会政治与战略文化专业委员会、中华文化学院、北京大学文化产业研究中心联合举办，以“中华文化走出去的机遇与挑战”为主题的第4届中华战略文化论坛，在人民大会堂重庆厅举办。中央社会主义学院第一常务副院长叶小文作了题为“中华文化走出去战略思考”的主题报告。此次论坛旨在集中理论界、学术界、产业界的智慧，加紧研究如何把握走出去的战略机遇，加紧研究如何创新文化走出去的模式，加紧研究如何搭建文化走出去的出口平台与营销渠道建设，加快文化走出去步伐，形成文化走出去的新格局，为中央提供决策参考，为产业提供对策咨询。国家部委相关负责人、专家学者、企业家100多人参加了此次论坛，与会代表对中华文化走出去的核心元素，走出去的思路及相关政策，进行了深入探讨。大会还发布了《中华文化走出去战略评估报告》。

（白　莲）

【第八届中国国际网络文化博览会高峰论坛】　10月22日，由文化部联合各相关部委共同主办，人民网承办的第八届中国国际网络文化博览会高峰论坛在京举行。来自搜狐畅游、金山、互动百科、博客中国网站、网龙等互联网企业的代表参加了论坛。论坛以“中国的，世界的——网络文化的全球融合”为主题，相关主管部门负责人、业界学者和文化企业代表围绕当前网络文化前沿话题展开讨论。文化部文化市场司副司长庹祖海从3个方面论述了网络对文化事业和文化产业的影响；人民网副总裁罗华发表了关于人民网推动网络文化发展的演讲；中国社科院信息化研究中心秘书长姜奇平对“网络文化为网民服务”进行论述；来自搜狐畅游、金山游戏等文化企业的代表畅谈各自如何传播中国文化；人民网舆情监测室秘书长祝华新与互动百科CEO潘海东、“博客中国”网站创始人方兴东、网龙公司副总裁唐兆希共同探讨了互联网为知识创新提供的无限可能性。

（白　莲）

第八届中国国际网络文化博览会

【第4届中国北京文化创意产业投融资论坛举办】 10月28日，在北京市文化创意产业领导小组办公室的指导和支持下，由市文化创意产业促进中心、中国农业银行北京市分行、北京商报社共同主办的第4届中国北京文化创意产业投融资论坛在京举行。来自国家及北京市相关部门领导，专家学者，以及首都文化企业、集聚区、金融界、行业协会等各方代表五百六十余人与会。论坛以“文化金融年：改革与创新”为主题，结合当前国内外文化创意产业发展的新趋势，通过落实中共中央十七届五中全会精神，解读相关政策，探讨如何解决企业的融资难题，进一步加强文化创意产业投融资体系建设，推动首都文化创意产业大发展。文化部、国家广电总局、新闻出版总署、中国人民银行、证监会、保监会等有关部门的相关负责人发表了主题演讲，介绍了相关行业投融资体系建设情况及金融支持文化产业的进展情况。论坛上，北京市文化创意产业促进中心与中国农业银行北京市分行签订文化创意产业与金融资本对接的战略合作协议。

（白　莲）

【第2届中国文化产业30人论坛】 11月19日～20日，第2届中国文化产业30人论坛在京举行。与会专家学者围绕“回顾与展望：推动文化产业成为国民经济支柱性产业”的主题，就文化体制改革、文化产业园区建设、文化产业政策、文化产业集群打造、文化产业与国家软实力、文化产业与技术创新等论题展开了深入探讨和分析。

（白　莲）

【第9届中国企业实施走出去战略论坛在京举行】 12月10日，由欧美同学会企业家联谊会主办、中国留学人才发展基金会协办的“第9届中国企业实施走出去战略论坛”在人民大会堂举行。全国政协副主席白立忱出席了论坛。商务部副部长陈健做了主旨演讲，文化部外联局副局长于芃等领导以及美国等海外和国内相关企业的代表七百余人参加。论坛以中国文化产业如何更好地“走出去”为主题，采取主题演讲和圆桌论坛的形式进行。

（白　莲）

【2010北京文艺论坛】 12月15日～16日，北京市文联在京举办了“新中国北京文艺60年：2010北京文艺论坛”。论坛的讨论以市文联组织编撰的13卷《新中国北京文艺60年（1949～2009）》大型丛书为基础，来自北京各个文艺门类的专家、学者，其他省区市文联代表、文艺家和理论评论家，以及丛书各分卷的主编和编写人员围绕60年来北京文艺的发展，探索了艺术人才的成功之道、文艺精品的创作之道、文艺发展的繁荣之道。市文联第6届文艺评论奖同时颁发。

（白　莲）

·纪　念·

【北京市文联成立60周年纪念大会】 5月27日，北京市文学艺术界联合会成立60周年纪念大会在人民大会堂举行。中共中央政治局委员、中共北京市委书记刘淇发来贺信，中国文联名誉主席、北京市文联发起人之一周巍峙出席会议，中国文联党组书记胡振民、中国作协党组书记李冰、文化部副部长王文章，中共北京市委常委、宣传部部长、副市长蔡赴朝出席会议并讲话。纪念大会对北京市文联成立60年走过的风雨历程和取得的辉煌成就进行了回顾，对新形势下的市文联和文艺工作进行了展望。作家赵大年、艺术家濮存昕、河北省文联和北京市总工会负责人在大会上分别发表贺词。北京市历届文联主席的亲属代表及首都优秀文艺家代表参加纪念大会。

（白　莲）

【北京市劳动人民文化宫成立60周年庆典活动】 5月29日，北京市劳动人民文化宫成立60周年庆典活动举行。文化部原副部长高占祥、全国政协副秘书长仝广成、中华全国总工会副主席倪建民等出席庆典活动。庆典活动上，沈鹏、王秉锐、舒乙等被聘为北京市劳动人民文化宫艺术顾问。北京市劳动人民文化宫职工文艺团队在庆典活动上表演了合唱《在灿烂的阳光下》、诗朗诵《岁月与光荣》、舞蹈《喜庆》等节目。中华全国总工会、北京市有关领导和各单位职工代表等400多人出席了活动。

（白　莲）

【空政文工团建团60周年系列演出】 7月20日～8月1日，空政文工团为庆祝建团60周年在国家大剧院推出12场演出活动，包括大型民族歌剧《江姐》、大型现代舞剧《红梅赞》、大型舞蹈诗《我们的天空》、阎肃作品音乐会、佟铁鑫独唱音乐会、邓建栋二胡独奏音乐会等。

（白　莲）

【解放军艺术学院建院50周年庆祝活动】 9月29日，中国人民解放军艺术学院举行建院50周年庆祝活动。活动包括举办庆祝大会、文艺晚会“光荣与梦想”、专题研讨，播出纪录片，出版发行画册、系列光盘等8项内容。中共中央政治局委员、中央军委副主席徐才厚观看文艺晚会“光荣与梦想”并讲话，代表胡锦涛主席和军委其他领导，向军艺建院50周年表示热烈祝贺。中央军委委员、总政治部主任李继耐一同出席。

（白　莲）

【国家大剧院举办三周年院庆活动】 12月19日，国家大剧院三周年庆典音乐会在国家大剧院演出，同时大型主题油画《相聚在国家大剧院》揭幕。此后，《图兰朵》《卡门》《茶花女》及国家大剧院首部原创舞剧《马可·波罗》等13部国家大剧院生产的剧目竞相上演。3年里，国家大剧院共演出3807场、迎来中外艺术家89193人次，国内30个省（自治区、直辖市）和港澳台地区的表演团体以及54个国家和地区院团登上了国家大剧院的舞台，共有532.7万人次的观众和游客走进国家大剧院。

（白　莲）

·培　训·

【全军业余文艺骨干培训班】 3月1日~4月1日，解放军艺术学院文化管理系举办了一期“全军业余文艺骨干培训班”，来自全军和武警部队的81名基层业余文艺骨干参加了培训，并于3月29日晚，在北京解放军306医院举行“我是一个兵”结业汇报演出。演出节目有歌舞《90后来当兵》、小品《胃口问题》等。

（白　莲）

【非物质文化遗产保护专题研讨班】 9月17日，由文化部和中央党校共同主办的非物质文化遗产保护专题研讨班在中央党校正式开班。来自各地的43名市长进行为期13天的学习交流。此次研讨班聘请了中国社会科学院、中国艺术研究院、国家图书馆、辽宁大学、中央民族大学、全国人大教科文卫委员会等研究机构和高等院校、相关单位的专家进行授课。马文辉受文化部党组委托向参加研讨的市长们表示欢迎，并向他们介绍了近年来非物质文化遗产保护工作的开展状况。此期研讨班的主要目的和任务是帮助大家系统学习非物质文化遗产方面的知识，学习掌握非物质文化遗产保护的政策法规，研究探讨科学有效保护非物质文化遗产中面临的重大理论和实践问题以及非物质文化遗产保护的方式方法，不断加深对非物质文化遗产保护工作重大意义的认识和理解，进一步提高从事非物质文化遗产保护工作的主动性和自觉性。研讨班期间，学员们通过课堂教育、参观体验、经验分享等进行学习交流，以提高保护非物质文化遗产的能力和水平。

（白　莲）

出版物

【《北京文化艺术年鉴》2009卷出版】 3月，《北京文化艺术年鉴》2009卷由方志出版社出版。该年鉴由北京市文化局主办，北京市文学艺术界联合会支持，《北京文化艺术年鉴》编辑部组织编写，主编降巩民。该年鉴记述了2008年北京市文化艺术界的各种演出、展览、会议、文化交流以及其他各种文化艺术活动和新的文化作品。内容包括法规规章规范性文件目录、大事记、综合、文学、戏剧、曲艺、杂技魔术、电影、音乐、舞蹈、美术、书法　篆刻、摄影、图书馆、群众文化和区县文情16个部类。全书约89万字，468幅照片。

（白　莲）

【《田野的经验——中日韩非物质文化遗产保护方法论坛论文集》出版】 6月1日，中国文联副主席、中国民协主席冯骥才主编的《田野的经验——中日韩非物质文化遗产保护方法论坛论文集》由中华书局出版发行。该论文集全面展示了2009年在天津大学冯骥才文学艺术研究院举办的“田野的经验·第3届中日韩非物质文化遗产保护方法论坛”的精彩过程，并系统梳理了论坛取得的丰硕成果。论文集是与会专家学者提交的最新学术成果的结集，收录了冯骥才主旨演讲《呼唤全民的文化自觉》及中日韩3国16位学者的学术论文，内容涉及“书写地方文化个性的民俗志”、“关于日本保护非物质文物措施中影像记录资料的作用”、“对中国傩文化的调查与思考”、“韩国非物质文化遗产的记录工程与数码档案的构建”、“日本乡村传统表演艺术（歌舞）所面临的危机”、“贵州民间美术遗产田野普查之内涵”、“探讨民俗主体与传承内涵”、“田野调查中动态影像的应用与研究”、“木版年画传承人口述史田野作业的方法与思考”、“关于朝鲜巫俗调查的田野方法论”、“活态文化·村社事实的调查与研究”、“田野研究中的‘五个在场’：口头文本制作问题再反思”等众多鲜活的议题。

（白　莲）

【《弘扬“双百”精神　力促文化共享》出版】 9月，文化部全国文化信息资源建设管理中心编著的《弘扬“双百”精神　力促文化共享》一书由国家图书馆出版社正式出版发行。文化部副部长杨志今为该书题写序言。2009年10月~12月，文化部全国文化信息资源建设管理中心在全系统范围内开展了学习“双百”人物（100位为中华人民共和国成立作出突出贡献的模范人物和100位中华人民共和国成立以来感动中国人物）有奖征文活动。《弘扬“双百”精神　力促文化共享》即为此次征文活动中的获奖作品集。

（白　莲）

【“澳门艺术丛书”在京首发】 10月3日，由澳门基金会和澳门特别行政区政府驻北京办事处倡议，中国艺术研究院专家撰写的

“澳门艺术丛书”中的3卷——《视觉百年·澳门摄影》《圆融之境·澳门雕塑》《升平戏乐·澳门戏曲》在京首发，至此总共8卷的“澳门艺术丛书”全部出齐。该丛书于2005年出版了澳门戏剧、舞蹈、音乐、美术和建筑5卷。

（白　莲）

【《北京文化艺术年鉴》2010卷出版】 12月，《北京文化艺术年鉴》2010卷由方志出版社出版。该年鉴由北京市文化局主办，北京市文学艺术界联合会支持，《北京文化艺术年鉴》编辑部组织编写，主编降巩民。该年鉴记述了2009年北京市文化艺术界的各种演出、展览、会议、文化交流以及其他各种文化艺术活动和新的文化作品。内容包括法规规章规范性文件目录、大事记、综合、文学、戏剧、曲艺、杂技　魔术、电影、音乐、舞蹈、美术、书法　篆刻、摄影、图书馆、群众文化和区县文情16个部类。全书约91万字，438幅照片。

（白　莲）

文　　学

2010年是首都文学开拓进取，取得显著成就的一年。长篇小说收获颇丰，突出体现了作家对现实的深切关注，具有高度观照时代的现实主义品格。比如教育体制、土地流转、农转非、房地产等事关国计民生的现实生活，都得到了很好地表达。张炜的《你在高原》、杨争光的《少年张冲六章》、关仁山的《麦河》、刘宏伟的《地产魅影》、杨少衡的《两代官》、刘亮程的《凿空》、迟子建的《白雪乌鸦》，从不同侧面代表了长篇小说的创作成就。

2010年度的中篇小说在延续以往的思想深刻性与艺术探索性基础上，呈现出平稳扎实的写作风格。较具代表性的有：方方的《刀锋上的蚂蚁》、鲁敏的《惹尘埃》、须一瓜的《义薄云天》、滕肖澜的《美丽的日子》、叶舟的《姓黄的河流》、肖建国的《中锋宝》、梁鸿的《梁庄》、余一鸣的《不二》、张楚的《梁夏》等，这些作品都体现了作者介入现实、拷问现实的激情与努力。

2010年度的短篇小说，保持着相当的创作水准，在反映现实方面也展现了别样的风采。范小青的《接头地点》、铁凝的《1956年的债务》、付秀莹的《六月半》、张玉清的《地下室里的猫》和黄惊涛的《花与舌头》各具特色，较有代表性。

2010年度“非虚构”作品成为一个亮点，《人民文学》自2010年第2期开始设立《非虚构》栏目以来，发表了一系列各具特色的非虚构作品，不仅受到读者的欢迎，也被评论界认为开启了文坛新气象。2010年度人民文学奖最让人瞩目的是新增设的非虚构奖项。梁鸿的《梁庄》以复杂多样的角色和角度，呈现当下的、具体的村庄；萧相风的《词典：南方工业生活》从个人体验出发，对这个时代工业生活做出了思考和表现。这两部作品不仅仅提供了一种新的文学样式，同时表明了作家可以把自己的笔触深入到生活最本质的层面，以真实的笔调撼动人心。

2010年度网络文学创作繁荣，新作迭出。值得一提的是，网络文学中的穿越小说在2010年大放异彩，如墨舞碧歌的《再生缘：我的温柔暴君》、海棠落的《替身哑妻》等。网络文学方面还涌现出许多第一：例如《围脖时期的爱情》因实时在线写作，在接受网友的互动参与中成为中国第一部微博小说；此外，网络文学作品首次被纳入鲁迅文学奖的评选范围；市文联参与主办了首届网络小说创作大赛举办；新浪微博举办了首次140字微小说大赛；鲁迅文学院还专门举办了第一期网络文学编辑培训班。网络小说《罗浮》的作者无罪状告起点中文网涉嫌不正当竞争事件，成为“网络文学第一案”。这些都反映出网络文学在中国文学中地位越来越不容忽视。22位作家在微博联合讨伐百度文库侵权事件，则体现了网络时代作家在维护自身著作权益中所作出的努力。

2010年度文学的多项赛事、奖项的颁奖、表彰活动在京举行，如：第3届（2009年度）中国作家鄂尔多斯文学奖、中国作家出版集团奖、第4届冰心散文奖、第5届老舍散文奖、2010年度人民文学奖、第6届温世仁武侠小说大奖赛、首届《作家文摘》阅读人物揭晓、2010年度21世纪年度最佳外国小说奖等。

文艺理论评论工作不断前进，文艺理论评论的实效性、针对性和权威性进一步加强，召开第5届当代文艺论坛、百年中国文学与学术思想流变研讨会、全国文学期刊主编2010年北京峰会、网络文学研讨会、2010北京中华诗词青年峰会、中国当代女性诗歌研讨会、第一届全国苗族作家文学研讨会以及一些文学作品研讨会和理论评论研讨会，文艺理论评论阵地不断扩大、理论评论队伍不断壮大。

2010年首都文学界国际交流频繁，澳大利亚文学周在京蓉两地举办，中日青年作家会议在京召开，这些都极大地促进了首都的文学发展。

本年度首都文学事业蓬勃发展，文学创作异常活跃，文学产品丰富多彩，总体呈现数量快速增加、规模迅速扩大的良好态势，为推动文艺大发展大繁荣作出了积极贡献。

（王凌雨）

机　构

【中国当代文学年鉴中心成立】 5月13日，中国当代文学年鉴中心在中国现代文学馆成立。该中心聘有专职和兼职研究人员，实行开放式管理，设有秘书处和编委会。编委会由中国作协领导及全国知名专家学者、评论家、主编组成，编委会主任由中国作协主席铁凝担任，副主任李敬泽，执行副主任吴义勤。中心除了每年编撰《中国文学发展状况蓝皮书》和《中国文学年鉴》外，还开展大规模的中国作家状况和文学阅读状况的问卷调查和分析工作，并进行文学数据的统计与发布工作。

（王凌雨）

【北京大学中国诗歌研究院】 9月12日，北京大学中国诗歌研究院在北大成立，北大教授谢冕担任院长。北大校长周其凤、北大国学研究院院长袁行霈，以及诗人牛汉、屠岸、骆英、舒婷等出席成立大会。该院集合了北大中国新诗研究所、北大中国古代诗歌研究中心等机构，对诗歌相关领域的研究做出整体规划，全面开展诗歌研究、诗歌批评和诗歌史的写作；介入诗歌的创作、推广和出版；加强国外优秀诗歌的译介。

（王凌雨）

【首都师范大学中国散文研究中心】 10月23日，首都师范大学中国散文研究中心成立。该中心旨在加强学科建设，加强散文研究。

（王凌雨）

【中国作协著作权纠纷调解委员会】 10月26日，中国作协与北京市高级人民法院合作签约暨中国作协著作权纠纷调解委员会成立仪式在京举行。双方的合作机制主要有：建立著作权专业问题咨询机制，建立协助调解、有效化解著作权纠纷机制，建立民主监督机制和法律服务机制。该委员会主任陈建功，副主任杨承志、沈仁干、张抗抗，成员由知名作家、出版人和编辑、版权管理专家、知识产权专家、律师5方面人士组成。

（王凌雨）

创　作

·长篇小说·

【《职场风云》】 作家出版社1月出版，作者苏中泰。作品对金融界中蓝领、白领、金领乃至总裁等各色人物在职场、官场、情场中的各种行为进行了细腻描写。

（王凌雨）

【《紫青稞》】 作家出版社1月出版，作者尼玛潘多。作品描述了西藏农民生活的原生态，以及改革开放以后年轻人以各种各样的方式走出世代居住的大山，寻找自己理想的状况。

（王凌雨）

【《红浮萍》】 作家出版社1月出版，作者李彦。作品表现了一个家族70年间的悲欢故事。述说了红色时代中各个人物的境遇，以及他们对命运的不同态度。

（王凌雨）

【《将军令》】 作家出版社1月出版，作者鲁非。张学良将军在幽居凤凰山时，为避开特务的监视，用11幅书法作品发出一道密令，遗憾的是接“令”人未能破解。后来这些书法作品现身拍卖市场，随着密令被破解，撩开了一段惊人历史的面纱。

（王凌雨）

【《底层官员》】 作家出版社1月出版，作者杨少衡。作品主人公刘克服被借调到县政府。他始终心系百姓，在县、乡、村各个阶层不断磨炼，在各种官场“潜规则”的夹缝中坚持正义，艰难前行。

（王凌雨）

【《解密金鸳鸯》】 作家出版社1月出版，作者余之言。抗日战争期间，中、日、苏三国共产党特工发现了日本特务组织掠夺被占国财宝的秘密。他们与日特殊死搏杀，全部壮烈牺牲，只留下一部以独特爱情故事为密钥的藏宝密码手册。围绕破译这部神秘手册，在国共特工、日伪特务以及后来“文化大革命”中的神秘人物之间，展开了一场争夺战，并由此演绎出了多个爱情故事。

（王凌雨）

【《官场密语》】 作家出版社1月出版，作者王京。退休老干部就当官之道为儿子步步指点迷津，面授机宜。在折射方方面面的官场现象中，披露了官场潜规则。

（王凌雨）

【《门第》】 作家出版社1月出版，作者平阳。珍珠自幼随爷爷到北京乞讨，因偶遇音乐学院梁教授而改变了命运。与两个不同家庭背景的男子相逢，让她在爱情与门第之间饱受煎熬，演绎出另类的一往情深。

（王凌雨）

【《中国商贩在巴西》】 作家出版社1月出版，作者王翔。北京青年严钧到巴西圣保罗经商，贩卖一些价格低廉的假冒或走私商品，经常受到巴西警方的打击和敲诈。情人燕子为此离他而去。最终严钧因走私假表败露，一贫如洗地回到了中国。

（王凌雨）

【《鹰巢》】 作家出版社1月出版，作者阮金思。“鹰巢”是既从事非法勾当，又保护弱小平民的“巴萨尔集团”的穴居之地。没有官场背景的巴萨尔，在商战中屡败屡战，对官府又惧又恨。因新任市长要对其创建的野生动物森林公园立案调查，巴萨尔将市长和情人乘坐的直升机炸成了碎片。

（王凌雨）

【《私密生活》】 作家出版社1月出版，作者唐卡。女主人公周冰秋与画家古风同居多年，深感疲惫。她渴望新的爱情，当俊美的袭东篱突然出现后，她激动、不安。她与袭东篱、古风的三角恋弥漫着谎言、无奈、纵情、繁复。

（王凌雨）

【《谍·色：1938～1945国共暗战》】 作家出版社1月出版，作者南木。作品以丁香、白兰、彩云、刘莉莉4个年轻女子的不同遭遇为线索，描写了在抗战后方国共特工在间谍工作以外的日常生活和情感生活。

（王凌雨）

【《一个男人的履历表》】 作家出版社1月出版，作者滕刚。作品以拼图的方式，通过履历表、绯闻、病史和若干事件，描写了作家张三的酸涩、无奈的生活，塑造了令人捧腹的形象。

（王凌雨）

【《流芳记》】 作家出版社1月出版，作者李亚。作品借助一个名医家族的历史，以一个游走俯瞰世相的幽灵为叙述者，审视着一个家族、一方地域的春来秋往和形神百态的人物经历。

（王凌雨）

【《亿万富姐》】 作家出版社1月出版，作者刘千生。本书讲述了一个不幸丧夫的绝色女子如何从“寡妇门前是非多”的困境中走出并成为商界精英的传奇故事。

（王凌雨）

【《我的妻，放了我》】 作家出版社1月出版，作者诺亚。身为处级干部的妻子，担心正司级职务的老公被身边的年轻女性迷惑。她用各种新奇的方法不断地追问、求证、探索，不但自己逐渐变态崩溃，婚姻也被逼到了无路可退的地步。

（王凌雨）

【《女线人》】 作家出版社2月出版，作者宋海年。秘密组织塔罗会制造了一连串谋杀案。留美女博士杜鹃为查明导致哥哥重残的元凶，自愿成为警方线人，打入塔罗会，从此走上了险象环生的不归路。

（王凌雨）

【《制片人》】 作家出版社2月出版，作者梁奕。作品以一个电视娱乐节目制作的过程，向大众展示了其运作黑幕及其中涉及的职场、官场、潜规则等。

（王凌雨）

【《运河女》】 作家出版社2月出版，作者蒋海珠。农村姑娘芦花为了偿还债务，到牛孟大的公司打工，惨遭蹂躏。在亲友的帮助下她逃脱苦海。牛孟大仍纠缠不休。最终正义战胜了邪恶，但芦花和她的恋人却付出了惨重的代价。

（王凌雨）

【《戚继光》】 作家出版社2月出版，作者张笑天。作品在描述戚继光纵横闽浙粤十数年，驱逐倭寇、抵御鞑靼入侵的同时，还塑造了他为人豪放，不拘小节，隐忍而不狡黠，行事大胆又懂得谦让的性格。

（王凌雨）

【《另一类的回忆》】 作家出版社2月出版，作者潘婧。书中的两个故事是关于20世纪60年代和70年代的另一种记忆，触及了为人们一直所忽略的“时代伤口”，其中隐藏着当年北京“先锋青年”所谓的“地下文学圈子”最初的构成和演变过程。

（王凌雨）

【《你在高原》】 作家出版社3月出版，作者张炜。全书分39卷，归为10个单元（“家族”、“橡树路”、“海客谈瀛洲”、“鹿眼”、“忆阿雅”、“我的田园”、“人的杂志”、“曙光与暮色”、“荒原纪事”、“无边的游荡”）。它不是一般意义上的系列作品，而是已知中外小说史上篇幅最长的一部纯文学著作。各种人物和传奇、各种隐秘的艺术与生命的密码悉数囊括其中。

（王凌雨）

【《八月末》】 作家出版社3月出版，作者赵玫。小说讲述一群人在海边发生的既离奇又荒诞的故事。表达的是都市人与人之间既暧昧又冷漠，既温存又危险的若即若离的关系。

（王凌雨）

【《拿钱说事》】 作家出版社3月出版，作者杨晶。作品用寓言式创作手法，通过硬币的苏醒展开叙述。故事五花八门，包括穿越时空的爱恋、入地体验、目睹另一世界里对罪恶的惩戒以及与已故亲友的会面、对弱者同情等职场、官场、商场的故事。

（王凌雨）

【《律师的黑白人生：永不妥协》】 作家出版社3月出版，作者韩启照。律师陈锦荣受聘于女友的伯父，看到了商场上的诡秘狡诈、巧取豪夺，有些还涉及他的各方朋友和亲戚。为了伸张正义，他四处奔波，调查案件的幕后主使者。

（王凌雨）

【《女乡长》】 作家出版社3月出版，作者蓝天。女大学生含喻到乡村任职锻炼。底层官场的暗藏玄机，农民群众与基层干部的利益纠葛，以及环境的艰苦、现实的残酷，无时无刻不在考验着含喻。在与阴谋、愚昧的搏斗中，她脱颖而出，由乡长助理升到乡长、乡党委书记。

（王凌雨）

【《别去那个镇》】 作家出版社4月出版，作者郑执。故事发生在一个偏僻小镇。几个曾经被常人视为边缘青年的另类角色，依靠买彩票得来的巨款，在镇上建立起一所希望小学，他们天真、执著、顽固、艰难地实现着自己纯洁的梦想。

（王凌雨）

【《公务员的温水生活》】 作家出版社4月出版，作者周建武。小说的主人公华家明是一名普通公务员，他在官场中恪守自己的人格底线，内心却感到痛苦、迷茫、绝望。他的同事慕容娇、昔日恋人邬曼卓都为主人公的才情和良知所倾服，为命运待他的不公而不平。邬曼卓弃官从商，不幸患上绝症。在生命的最后时刻，她把自己的资产全部无偿转移到华家明的名下，华家明毅然放弃仕途，追随她的人生步履。

（王凌雨）

【《上下都很平坦》】 作家出版社4月出版，作者马原。作品以二十世纪六七十年代的“知青下乡”为背景。一群置身于完全陌生农村的年轻人，忍受着青春冲动与饥饿的双重折磨。他们打架斗殴、谈情说爱，甚至偷鸡摸狗。在日常生活的喧嚣中，走向命运的定数。

（王凌雨）

【《走向深渊的秘书》】 作家出版社4月出版，作者阙庆安。小说主人公袁行舟才华横溢，发奋工作，却屡屡受挫，直到当上领导秘书后才平步青云。但他却在权欲膨胀中迷失本性，在金钱、美色诱惑下滑入堕落的深渊。

（王凌雨）

【《抹黄》】 作家出版社4月出版，作者砚清。作品以女官员蓝红玉和丈夫胡子固组成的家庭为叙事主体，通过抹黄与反抹黄的博弈，塑造了刚正不阿的市委书记米刚、副市长蓝红玉和净搞鬼蜮伎俩的市长林光璧、公安局长詹发权等一批个性鲜明的人物形象。

（王凌雨）

【《黑老大自供状——一部被揭出的黑老大日记》】 作家出版社4月出版，作者金刚心。伴随着重庆打黑的胜利，发现了黑势力在“暗室”里留下的很多日记和笔记，里面记载了关于“贪官黑洞”的详细内容和靠搜集官商的阴谋和隐私来发财的秘密。

（王凌雨）

【《少年张冲六章》】 作家出版社4月出版，作者杨争光。小说以少年张冲“堕落”成罪犯的轨迹为线索，揭示了中国式教育对当代孩子的影响和干扰。

（王凌雨）

【《天山军魂》】 作家出版社4月出版，作者黄晓汉。解放军某部奉命赴新疆修筑公路。在人迹罕至，环境险恶的42公里处，筑路官兵演绎了无数可歌可泣的动人故事。

（王凌雨）

【《凿空》】 作家出版社4月出版，作者刘亮程。小说通过张旺财和玉素甫的挖洞事件，以及村庄周围大规模的工业挖掘，深刻描绘了一个正在被凿空的村庄。

（王凌雨）

【《操场那边的九〇后》】 作家出版社4月出版，作者刘洛韩。小说描述了一个以九〇后学生为主体的中学，一般意义的优秀生和出名的差生友好相处的故事。

（王凌雨）

【《祖先的爱情》】 作家出版社5月出版，作者陆源。军阀千金的私生女刘瑛与陆家大少爷互生爱慕。陆家二少爷向其求亲未遂，引发了抢婚大战。与刘瑛青梅竹马的阿凉为保护她受伤，后成为游击队领导人。刘瑛最终在陆家大少爷与阿凉之间作出了选择。

（王凌雨）

【《浮世风尘》】 作家出版社5月出版，作者高和、徐领民。小说以北京著名武术家徐元伦老先生父子两代人的人生轨迹为素材，把故事背景设置在东北、北京、东京，通过生动形象的细节展示，描绘出了近代中国的形象色彩和精神气质。

（王凌雨）

【《机关这些事》】 作家出版社5月出版，作者范子平。作品以办公室的普通干事为描述对象，他们围着领导转圈子，整日忙忙碌碌，但永远没有主动权，做事尽职尽责却不一定被领导认可。作品表现了他们的苦涩与困惑，痛苦与欢乐。

（王凌雨）

【《卧底警察》】 作家出版社5月出版，作者北雁。看守所关押了一批牵扯到黑社会的新犯人，看守所所长邢剑忧心忡忡。犯人雷大鹏越狱，并陷害了邢剑。邢剑被"开除"，到雷氏集团卧底。随着雷氏集团的毁灭，隐藏在政府内部的黑手露了出来。

（王凌雨）

【《西夏咒》】 作家出版社5月出版，作者雪漠。作品通过对西夏岩窟里发掘的历史秘籍的解读和演绎，展示了鲜为人知的西部人文景观。

（王凌雨）

【《"合理"出轨》】 作家出版社5月出版，作者李祝尧。本书围绕着几对夫妻的出轨行为和怀疑出轨而对对方的疯狂追剿，描述了当代都市人情感生活的一种状态。

（王凌雨）

【《官方女人》】 作家出版社5月出版，作者王京。小说以一场矿难为线索，描写了一大群与"官"相关的女人：有各级各类的女官员，有各级官员的夫人、亲眷。作品对这些女官员或女眷属在官场上的各种作用以及她们的情感生活进行了描述。

（王凌雨）

【《金领们的夜店生活》】 作家出版社5月出版，作者赵丹。本书对金领们泡酒吧、逛夜店现象进行了小说化的表述。

（王凌雨）

【《市长女婿》】 作家出版社5月出版，作者焦述。小说塑造了一个平民出身，一心向往权贵，不惜抛弃原女友，靠着市长女婿的身份跻身仕途的颇具典型性的形象。

（王凌雨）

【《真凶快跑》】 作家出版社5月出版，作者王界。警察许健与犯罪嫌疑人乔君烈几番过招，在追捕与反追捕中呈现了一场谋略与睿智的较量。

（王凌雨）

【《龙伞》】 作家出版社5月出版，作者王立纯。作品描写了农民田蚯蚓种大米的艰辛历程。在几经更迭的世事变迁中，几番被打压，被误解，被凌辱，但他在逆境中自强，埋头苦钻，最终获得了令人艳羡的佳绩。

（王凌雨）

【《大地雅歌》】 北京十月文艺出版社5月出版，作者范稳。作品在康巴藏区的宗教和现实交错、民族混居的氛围里，讲述了一个活佛和传教士的对话，一位藏族台湾老兵的爱情，以及一段信仰拯救爱情、爱情改变命运的传奇。

（王凌雨）

【《七月轮舞》】 人民文学出版社5月出版，作者胡钺。小说描述了一群初三学生的故事，描写了中学生之间的友谊、冲突以及朦朦胧胧的感情。

（王凌雨）

【《沉睡的女儿》】 人民文学出版社5月出版，作者哥舒意。一位失去生活勇气的作家，恍惚来到一个偏僻的小站，一个小女孩正在等待从来没有见过面的爸爸。他发现，这个小女孩就是自己的女儿。

（王凌雨）

【《绝色演员的温暖面具》】 人民文学出版社5月出版，作者牟智平。一群热爱戏剧的孩子到颜家古宅拍戏，但每次完成一幕剧的时候，团队里总有人会莫名地死去，恐惧笼罩在剧组中所有人的身上，还牵扯出了上一代年轻演员的前尘往事。

（王凌雨）

【《AA制婚姻》】 作家出版社6月出版，作者张无花。韩新、何琪、张林、蔡娟4个人都是在大学里确定的恋爱关系，毕业后相继结婚。婚后他们感情发生分歧。韩新和张林对逝去的青春时光念念不忘；何琪和蔡娟渴望一个更加美好的未来。于是，他们相继实行AA制，感情因此出现波折。

（王凌雨）

【《心印：那些与西藏的前世今生》】 作家出版社6月出版，作者陈泠。主人公西儿皈依于西藏雍仲苯教上师，成为一名有能力开解人们心结、救治人们心病的心灵医生。接受过西儿救治的人，生命品质得到极大的改善。

（王凌雨）

【《原罪》】 作家出版社6月出版，作者沐岩。某省高院经济庭庭长李志国涉嫌受贿被捕，与他同时被捕的，还有经济庭审判员王洋。顷刻间，与他们有关的各色人等，顿时陷入一片忧虑和恐慌之中。

（王凌雨）

【《锦衣卫》】 作家出版社6月出版，作者张建伟。小说通过对若干历史事件和社会生活的描写，描绘出了锦衣卫对明代社会的方方面面产生的影响。

（王凌雨）

【《死亡循环》】 作家出版社6月出版，作者天下霸唱（张牧野）。作品描述了几个驾车人一次神秘奇特的危险出行。

（王凌雨）

【《官场密语2》】 作家出版社6月出版，作者王京。作品以一对父子演绎的一部官场心态灰色喜剧为内容，透视了当代官场的种种玄机。

（王凌雨）

【《守望河界的少年》】 作家出版社6月出版，作者王帅。良子着迷于象棋，但其父母力图强迫他放弃这种爱好，全身心地读书。他无法承受家庭、学校和社会的压力，背负重重的谴责悄然离去。

（王凌雨）

【《黑暗纪》】 人民文学出版社6月出版，作者夏榆。小说描写了矿工阮郎的生长环境，他在井下的黑暗生活，以及他在地面上的情感生活。

（王凌雨）

【《天·藏》】 北京十月文艺出版社6月出版，作者宁肯。大学青年哲学教师王摩诘隐身于拉萨郊外，专注于对时光的感受和探究，其生活如同修行者。同校教师维格拉姆却发现了王摩诘隐秘惊人的一面，两人由此陷入难以想象的空间。

（王凌雨）

【《伏藏》】 人民文学出版社7月出版，作者杨志军。作品以六世达赖仓央嘉措遗言为悬疑目标，并用他的情歌为破译密码，在完整地呈现出仓央嘉措可歌可泣的一生的同时，融入了现代人的精神困境和追寻信仰的历程。

（王凌雨）

【《两代官》】 人民文学出版社7月出版，作者杨少衡。作品描写了两个出自官员家庭的青年日后截然不同的生活轨迹，深度揭示了所谓“遗传”的真实含义。

（王凌雨）

【《地产魅影》】 人民文学出版社7月出版，作者刘宏伟。某市委书记及从事房地产的儿子突遭车祸，昏迷不醒。女儿发现大量现金藏在家中。开发商、银行高管、国土局、安全局以及省级高层纷纷登场，呈现出今天中国房地产业的多维图景。

（王凌雨）

【《查无此爱》】 作家出版社7月出版，作者坏蓝眼睛。作者以华丽清新且忧伤的笔调叙述了江橙朵和3个男生之间的朦胧感情。表现了一个刚刚步入青春期的女学生对环境的不适。

（王凌雨）

【《好官难当》】 作家出版社7月出版，作者刘瑞辉。作品描写了一些想替老百姓办事的人为官之难，揭露了某些所谓的“改革派”人物的蜕变堕落和令人发指的犯罪行为，展示了一批混迹官场、患得患失的“官油子”拼命往上爬而又不得不在夹缝中挣扎的可笑人生。

（王凌雨）

【《年日如草》】 作家出版社7月出版，作者刘玉栋。小说讲述了曹大屯一家在喜忧与沉浮间、在挣扎与失败间，慢慢地适应着陌生的城市生活和他们在这种生活中做出的寻找心灵慰藉的努力。

（王凌雨）

【《水晶城堡的月光》】 作家出版社7月出版，作者林晓典。女学生叶紫辛穿越到一个名为“圣界”的地方。想在那个世界前进一步，就要遵循其独特的规则。她在找寻归家之路的过程中，一次次被卷入祸福难料的是非中，引出一桩桩错综离奇的案件。

（王凌雨）

【《蔚蓝色的告别》】 作家出版社8月出版，作者卢然。高考落榜生文子渊跟学长老米结伴出游，在火车上结识了在国外留学的女孩素晴和吉他手罗伊，4人结伴旅行。旅途中，她发现每个人都会面临比较困难的选择，而人生就是这么一种走出困境的过程。最后她走出了高考落榜的困境。

（王凌雨）

【《八品官儿》】 作家出版社8月出版，作者周德彬。新任镇党委书记韩湘芝既要摆正与老班子的关系，又要收拾前任留下的烂摊子，更要给小镇带来新的气象。她用自己的方法，交出了一份有趣味的答卷。

（王凌雨）

【《留村察看》】 作家出版社8月出版，作者姜翕芬。小说以我国北方边远山区为背景，通过一个个故事，形象地再现了农村教育和医疗卫生落后、农家儿女上学难、农民就医难的情况。

（王凌雨）

【《省委大院》】 作家出版社8月出版，作者纳川。王一鸣大学毕业后，被分配到省委办公厅，并担任了省委书记的秘书。此后他官运亨通，成为全省最年轻的地市级正职。随着省委书记的升迁，他又担任了省委副书记。他的特殊经历，使他成了省政坛上谁也不能忽视的人物。

（王凌雨）

【《县长升迁记》】 作家出版社8月出版，作者姬晓东。县长刘忻花巨资引进澳洲奶牛，作为自己升迁的筹码。商人田地打着投资办养牛场的幌子，套取了大片地皮，办起了狩猎场。奶牛产业失败，奶农们却发现县长被提拔到外县做了县委书记。

（王凌雨）

【《官赌》】 作家出版社8月出版，作者丁志阔。交通局财务处长杜贺为了和领导拉近关系，成了赌桌上的常客。监察局局长李明博是其大学同学，几次劝他悬崖勒马，但杜贺听不进去，危机悄然逼近。

（王凌雨）

【《银行高管职场浮沉记》】 作家出版社8月出版，作者龙在田。小说以近年来的中国金融界为背景，以银行高管杜念基为线索，涉及厅（局）级、处级领导和基层单位负责人，展示了银行这个特殊的职场环境和它的潜规则。

（王凌雨）

【《女镇长》】 作家出版社8月出版，作者林筱玲。女镇长袁枚要面对婚姻的困扰，要应对职场上的竞争，要应付县长、县委书记不同派系的争斗，还要时刻提防陷阱。备受心灵折磨的她，终因酒后的一次失态而难以自救。

（王凌雨）

【《心城》】 作家出版社8月出版，作者王铁藩。留洋后回国的邱载慧与商人的女儿邵琉锦萌生了爱意，但家长已经为他选定了北大女学生姜立颖，而与他同程而来的英国姑娘安妮也已倾心于他，故事在他们之间展开。

（王凌雨）

【《父亲和她们》】 作家出版社8月出版，作者田中禾。小说通过“我”和父辈们从20世纪40年代到90年代的经历，探讨了中国知识分子的人生命运和情感历程。

（王凌雨）

【《白雪乌鸦》】 人民文学出版社8月出版，作者迟子建。作品讲述了1910年冬至1911年春，哈尔滨爆发鼠疫时发生在平民百姓中间的种种故事，描绘了普通人在灾难中的生活状态和命运。

（王凌雨）

【《白道》】 作家出版社9月出版，作者王晓方。廖天北的理想是做自己想做的市长，商政以他为偶像。在目睹廖天北的悲剧后，商政踏上了寻找心灵家园的痛苦之旅。

（王凌雨）

【《黄河滩》】 作家出版社9月出版，作者崔正来。小说讲述了主人公黄寒冰所经历的20世纪上半叶黄河中游河滩及河两岸所发生的重大历史事件，描写了他的爱恨情仇。

（王凌雨）

【《山外是大海》】 人民文学出版社9月出版，作者陈光登、韩晋容。小说以高速公路建设为题材，塑造了以“冯路强”为代表的建设者们可歌可泣的形象。

（王凌雨）

【《曲别针的传说》】 作家出版社9月出版，作者杨海峰。小说通过一段浪漫的校园生活，讲述了主人公大学时期恋爱、创业，寻找自己优势所在的经历。

（王凌雨）

【《尾巴》】 人民文学出版社10月出版，作者王若虚。小说讲述某中学领导为杜绝早恋，成立了“尾巴”小组，跟踪并扼杀他们早恋的故事。

（王凌雨）

【《独乳兰夏》】 人民文学出版社10月出版，作者张涧赤。在中世纪欧洲，住着一群外表看来酷似少女，平均寿命却有千年的魔女，她们被仪式洗礼后必守护一个人间的男孩，直到男孩死亡。小说讲述了一个叫做兰夏的魔女守护男孩的故事。

（王凌雨）

【《沙捞越战事》】 作家出版社10月出版，作者陈河。小说从一个加拿大华裔士兵的视角，讲述了二战期间在东南亚战场上，华人、华裔士兵的抗战经历。

（王凌雨）

【《成长》】 作家出版社10月出版，作者王海鸰。作品从军人的角度展现了一个空军飞行员家庭20多年的感人故事。其中，穿插了婆媳纠纷、夫妻的隔阂与矛盾、家庭为事业作出的牺牲。

（王凌雨）

【《畏果》】 作家出版社10月出版，作者郭严隶。白雪飞为夺回生父的遗产，以录像带要挟总裁夫人迟红慕，并杀人嫁祸于公司总裁孟达。为替丈夫洗刷冤情，迟红慕诱使白雪飞说出陷害孟达的全部经过和动机，最后迟红慕与他同时饮下毒酒而同归于尽。

（王凌雨）

【《黑菊花》】 作家出版社10月出版，作者劳瑞。小说描写抗日战争时期，有一支为报私仇由各色人等组织起来的地方武装。在共产党的领导下，这支队伍逐步成为一支为解放劳苦大众和解放全中国而战的队伍。

（王凌雨）

【《时间的面孔》】 作家出版社10月出版，作者安黎。作品讲述了从美国归来的华侨田立本怀抱改变家乡面貌的梦想，试图颠覆麻子村人世代沿袭的生活方式，建立新型农村的故事。

（王凌雨）

【《麦河》】 作家出版社10月出版，作者关仁山。小说以冀东平原的麦河流域农村为背景，描写了近年来农村土地流转的故事，同时塑造了曹双羊等艺术形象。

（王凌雨）

【《山命》】 作家出版社10月出版，作者钟正林。100多年前，祖父在被追杀途中受三棵树的昭示而活命；50年前，一位穷途末路的女匪沿着三棵树的召引逃进山宕；今天，三棵树关乎大地震中被困的山人和解放军官兵的安危。

（王凌雨）

【《状态》】 作家出版社10月出版，作者戈悟觉。作品描写了世纪之交的中国知识分子和企业家的自强和困惑、不甘和无奈。

（王凌雨）

【《贰零贰私》】 作家出版社10月出版，作者胡曦。小说以日记体形式，记述了一个大学生固执而细腻的内心独白。

（王凌雨）

【《中文系》】 人民文学出版社11月出版，作者李师江。小说以主人公“师师”的友谊与爱情为线索，描写了20世纪90年代中期大学校园的生活。

（王凌雨）

【《太阳升起》】 人民文学出版社11月出版，作者廖东明。作品讲述了生长于“文化大革命”年代的一代人的命运：失学、下乡，解除生存之忧以后的精神困境。

（王凌雨）

【《底层生活》】 作家出版社11月出版，作者韩秀成。小说通过主人公韩布衣的经历，生动描写了生活在社会最底层的小人物如搓澡工、按摩女、黑车司机以及充满神秘色彩的私家侦探的喜怒哀乐。

（王凌雨）

【《外逃贪官》】 作家出版社11月出版，作者刘千生。小说描写了市长秦天贵从改革先锋到惊天巨贪的人生历程，形象而深刻地揭示了滋生腐败的背景和贪官人格的多重性。

（王凌雨）

【《碧色寨之恋》】 作家出版社11月出版，作者海男。小说以云南碧色寨为背景，讲述了一个法国少女和一个中国男人之间的爱情故事。

（王凌雨）

【《大日坛城》】 作家出版社11月出版，作者徐皓峰。抗日战争期间，中国棋手俞上泉打败日本诸多围棋高手。围绕对俞上泉的杀害和保护，中国和日本各种力量进行了激烈的拼杀。

（王凌雨）

·中篇小说·

【《梁夏》】 《中国作家》第2期，作者张楚。小说讲述了一个男人被一个女人强奸未遂，反去村里诬告他，搞得他身败名裂。他层层上告都没有结果，最后精神失常。

（王凌雨）

【《中锋宝》】 《中国作家》第3期，作者肖建国。作品讲述了爱打篮球的雷日宝从“文化大革命”到改革开放的人生经历。从厂篮球队的中锋到下岗失业，最后成为私企老板的过程。

（王凌雨）

【《龙舟》】 《人民文学》第3期，作者林那北。小说写物业主任胖子为聚集业主人气，打算租一条龙舟，以小区名义参加龙舟大赛。保安员万炳帮他拉赞助、选选手，还请来了爷爷做龙舟教练。

（王凌雨）

【《不二》】 《人民文学》第4期，作者余一鸣。小说描写了几个农民工在城市边缘的奋斗和挣扎的故事。塑造了忍辱负重的东牛，玩世不恭的红卫，保守落后的秋生和自甘落后、纯真善良的大学生孙霞等形象。

（王凌雨）

【《美丽的日子》】 《人民文学》第5期，作者滕肖澜。作品描写上海婆婆与外省媳妇之间斗智斗勇的生活场景，其间充斥着心机、算计，但又不乏幽默和温情，展现了现代市井文化的丰富性。

（王凌雨）

【《刀锋上的蚂蚁》】 《中国作家》第5期，作者方方。德国退休老人费舍尔资助了中国画家鲁昌南。成功后的鲁昌南换了老婆，与最初帮助他的亲妹妹断绝了来往。

（王凌雨）

【《驴奔》】 《中国作家》第7期，作者郑彦英。小说的主人公以贩驴为生，他非常喜欢驴。他可以为女人戒酒戒赌，更会为驴舍弃女人。

（王凌雨）

【《惹尘埃》】 《人民文学》第7期，作者鲁敏。年轻妇人肖黎因受到丈夫和社会的欺骗，痛恨谎言，患上了“不信任症”。经过一系列的事件，她欣然承认了谎言的不可或缺。

（王凌雨）

【《姓黄的河流》】 《北京文学（中篇小说月报）》第8期，作者叶舟。小说讲述了一对中国年轻夫妇的婚姻危机和一个德国家庭的感情纠葛，对比了中国和德国家庭在处理感情问题方面的异同。

（王凌雨）

【《邮递员》】 《人民文学》第8期，作者畀愚。地下党员仲良的公开身份是邮递员，二十世纪三四十年代在上海传递情报。他父亲在传递情报时牺牲。新中国成立之后，组织上怀疑他的身份，只承认他是烈士的儿子。他却一直坚持自己的信仰。

（王凌雨）

【《梁庄》】 《人民文学》第9期，作者梁鸿。小说呈现了在城市化进程中农村出现的种种问题：留守儿童的无望，农民养老、教育、医疗的缺失，自然环境的破坏，家庭的裂变，农民“性福”的危机等。

（王凌雨）

【《义薄云天》】 《人民文学》第9期，作者须一瓜。管小健见义勇为，因一女士包被抢而在与歹徒搏斗中受伤，但住院后医疗费无人管，被抢女士不出面。媒体的介入使尴尬的他得到了应有的待遇，被抢女士也与他结为夫妻，但目的却是想让她的儿子因有一个见义勇为的爸爸而在高考时加分。

（王凌雨）

·短篇小说·

【《到处都很干净》】 《北京文学》第1期，作者刘庆邦。小说以洪长海一家的经历为线索，讲述了20世纪50年代的“大食堂”现象，描写了人们为了生存所能采取的各种手段。

（王凌雨）

【《铁血信鸽》】 《人民文学》第1期，作者鲁敏。小说主人公穆先生退休后身心极不适应，怀念那些血性往事。最后，他从阳台上纵身空中，如信鸽飞翔而去。

（王凌雨）

【《小马、苹果和打杂的》】 《北方作家》4期，作者叶梅。一个擦鞋店老板，曾偷过一个年轻人的学费，并用学费开了这家店。他误以为穷大学生小马就是那个被偷的人，因此请小马做这家店的经理，以图求得他的原谅。

（王凌雨）

【《我们都在服务区》】 《人民文学》第4期，作者范小青。办公室主任桂平被手机搞得烦不胜烦。他采取了有选择地接听手机，却引来了种种误会，还招致顶头上司的“臭骂”。最终使他又回到了“手机从早到晚忙个不停”的生活中。

（王凌雨）

【《1956年的债务》】 《上海文学》第5期，作者铁凝。小说以1956年万宝山家一笔5块钱的债务为线索，回顾了一个物质匮乏时代普通人家捉襟见肘的生活。

（王凌雨）

【《地下室里的猫》】 《人民文学》第6期，作者张玉清。小说从思索生命与人性的角度写了两只猫：一只因误入地下室里被困，因无人救援而悲惨死去；另一只则是为了治疗人类的疾病而被扔进地下室里陷害而死。

（王凌雨）

【《接头地点》】 《北京文学》第7期，作者范小青。曾经的大学生“村官”马四季在回北京的高铁上，想“寻找”当年的村庄，却一无所获。从一个侧面折射出了现代化进程中，乡土社会暗淡无望的可悲命运。

（王凌雨）

【《花与舌头》】 《人民文学》第8、9、10期，作者黄惊涛。主要内容包括描写变成虫子的人、有替身帮他活着的人、用身体做赌注的人、住在笼子里的人、因讲故事遭驱逐的人、偷阅他人爱情的人、没有舌头的人、被偷走姓名的人、用头发为诱饵的人、数时间的人和不允许说梦话的人等。

（王凌雨）

【《春风夜》】 《北京文学》第9期，作者铁凝。妻子在京城当保姆，丈夫在全国跑运输。丈夫开车路经京城，在郊区的小旅馆住宿，约好与妻子一会。因妻子没带身份证而不能同居。春夜，半年没见面的他们在窗外一直徘徊到第二天凌晨。

（王凌雨）

【《六月半》】 《人民文学》第12期，作者付秀莹。作品通过农妇俊省给儿子筹备婚事的故事，表现了乡土社会发生的巨大变化。

（王凌雨）

·诗　歌·

【《蝴蝶》】 组诗，《人民文学》第1期，作者沈浩波。组诗《蝴蝶》，在人们熟视无睹的世相中游刃，在自我的心中游刃，力图揭示隐蔽的常识。对暧昧含混的日常经验的断然剖析，体现了诗人直面人生疑难的生活态度。

（王凌雨）

【《生如夏花》】 组诗，《人民文学》第10期，作者刘立云。组诗《生如夏花》，是诗人步入中年以后对生命的反思和设问，充满了诗人对生活的敬畏和柔情。

（王凌雨）

·报告文学　纪实文学·

【《南非淘金》】 人物传记，作家出版社1月出版，作者田蘘。作品讲述了一群出国淘金者在南非的故事。人性的狡诈与淳厚、鄙俗与高尚，在这里尽情演绎。

（王凌雨）

【《奠基者》】 传记文学，作家出版社1月出版，作者何建明。作品记录了余秋里将军在战争中出生入死，在和平年代，为摘掉中国的“贫油”帽子鞠躬尽瘁的一生。

（王凌雨）

【《炫风》】 报告文学，作家出版社1月出版，作者何建明。本书通过对苏州、重庆等9座个性迥异、特色鲜明城市的描写，讲述了改革开放以来中国新兴城市的成长故事，塑造了城市的设计者、决策的执行者和建设者等一批人物形象。

（王凌雨）

【《哈佛的证明》】 纪实文学，作家出版社2月出版，作者陈祖芬。作品通过人和事，展现了美国哈佛大学的办学宗旨、育人理念及成功经验。

（王凌雨）

【《钟南山传》】 长篇纪实文学，作家出版社3月出版，作者叶依。作品记述了钟南山坎坷的人生道路，讲述了他如何从一个遭人白眼的“医生”成为一言九鼎的医学权威的过程。

（王凌雨）

【《红墙警卫》】 长篇纪实文学，作家出版社4月出版，作者何建明。作品记述了卫士李银桥跟随毛泽东所见到的许多鲜为人知的故事片断，并记述了关于江青的若干故事。

（王凌雨）

【《最丑的那个人——钟国康另类艺术人生》】 图文传记，作家出版社6月出版，作者陈文。作者对篆刻艺术家钟国康的艺术成就、艺术思想、艺术行为和个人的另类生活进行了全方位的描述和解读，塑造了一个性情独特，可亲可爱的人物形象，描绘了他那别人无法拷贝的人生。

（王凌雨）

【《中央党校日记》】 纪实文学，人民文学出版社6月出版，作者高洪波。作品以日记体的形式，记录了高洪波在中央党校一年制中青班的学习生活。

（王凌雨）

【《毛泽东最后七年风雨路》】 纪实文学，人民文学出版社6月出版，顾保孜撰文，杜修贤摄影。本书描写了毛泽东最后7年的历程和心灵轨迹，展现了共和国的坎坷岁月，刻画了毛泽东的暮年人生。

（王凌雨）

【《高希希眼中的三国》】 纪实文学，作家出版社7月出版，作者白玉。作品通过导演高希希拍摄《三国》的现场手记，展现了高希希的拍摄理念。

（王凌雨）

【《走出军营的老兵》】 纪实文学，中国青年出版社8月出版，主编成保宏。这套丛书讲述了100位转业、复员和退伍军人白手起家、艰苦创业的事迹，从一个侧面展示了他们的时代风采和可贵品质。

（王凌雨）

【《中华高歌：走近第二届全国道德模范》】 报告文学集，作家出版社9月出版，主编何建明。作品共收录了55篇报告文学作品，再现了陈光标、孟祥斌、周国允、邱光华、谭之平等第二届全国道德模范的事迹。

（王凌雨）

【《火车头震荡——宜万铁路始末》】 报告文学，作家出版社9月出版，作者赵瑜。作品记述了宜万铁路修建的始末，作者用感性的文字为读者描写了其中令人惊叹、悲伤、感动和震撼的故事。

（王凌雨）

【《王家岭的诉说》】 报告文学，作家出版社9月出版，作者赵瑜等。作品用真实的记录方式还原了2010年3月28日发生在山西南部王家岭煤矿严重透水事故的始末。

（王凌雨）

【《老师曹禺的后半生》】 传记文学，作家出版社9月出版，作者梁秉堃。这是曹禺的学生梁秉堃根据自己跟随曹禺数十年的耳闻目睹，对曹禺的后半生以及他经历苦难时的心路历程的描写。

（王凌雨）

【《人间鲁迅》】 传记文学，人民文学出版社9月出版，作者林贤治。作品分为2册，刻画了鲁迅鲜活的思想、血肉丰盈的个性、特立独行的人格和桀骜不驯的风骨。

（王凌雨）

【《徐志摩传》】 纪实文学，人民文学出版社9月出版，作者韩石山。作品记录了徐志摩的留学生涯、文学活动和情路历程，对人们了解徐志摩和同时代的文坛旧事打开了一扇窗。

（王凌雨）

【《中国少了一味药》】 纪实文学，《人民文学》10期，作者慕容雪村。书中详细描写了传销人员的生活状况、洗脑的具体程序、传销骗局的种种荒谬理论。

（王凌雨）

【《激荡中国海》】 纪实文学，作家出版社10月出版，作者王佩云。本书探索了中国数百年来闭关锁国、由盛而衰的原因，认真思考了中国的海洋发展战略。

（王凌雨）

【《承载》】 长篇纪实文学，人民文学出版社10月出版，作者章剑华。作品全景式地展示了抗日战争中故宫文物南迁的过程。

（王凌雨）

【《城色》】 纪实文学，中国社会出版社11月出版，作者刘一达。作品以独特视角回顾了新中国成立以来，北京市在文物特别是古建筑保护方面的历程。

（王凌雨）

·影视文学·

【《孔子》】 作家出版社1月出版，作者陈汗。作品从孔丘15岁丧母写起，记述了孔子求学、教书、从政、流亡的曲折经历。

（王凌雨）

【《老子》】 作家出版社5月出版，作者王殿举。作品围绕老子奇特、坚贞的爱情，问道、得道的个中曲折，在人性的爱慕与嫉妒中展开了他跌宕起伏的人生画卷。

（王凌雨）

【《杨贵妃秘史》】 作家出版社6月出版，作者张建伟。作品描绘了杨贵妃与李白、寿王、唐玄宗等几个男人的感情纠葛，而宫闱大内钩心斗角的权利争夺，将杨贵妃推到了历史的前台。

（王凌雨）

·网络文学·

【《再生缘：我的温柔暴君》】 穿越小说，红袖添香网站2月首发。作者墨舞碧歌（笔名），作品描写西凉国传说中一个奇谋睿智、果敢狠辣的王。他有一个集三千宠爱于一身的红颜，却又赐此女以腰斩之刑。她到底是王的心上人，抑或只是他政坛上的一颗棋子？后世传说纷纭。

（王凌雨）

【《待嫁新娘：替身哑妻》】 穿越小说，红袖添香网站5月首发，作者海棠落（笔名）。故事主人公意外走入了时空夹缝。一对夫妇救了即将饿死的她。她替这对夫妇的女儿假装哑巴前往风家冲喜。那病怏怏的男子，是为了不受家族内斗的迫害而装病。面对哑女，他没有拒绝，想等自己掌权后再做处置。

（王凌雨）

【《星空下的咖啡馆》】 网络小说集，人民文学出版社5月出版，作者菊开那夜（笔名）。小说集以时下流行的网络语言，力求通过若干个都市爱情故事，创造一组反映大都会中白领男女诉说情天恨海的浮世绘。

（王凌雨）

【网络小说《罗浮》作者状告起点中文网】 7月12日，网络小说《罗浮》作者无罪状告起点中文网涉嫌不正当竞争。2009年12月1日，无罪创作的小说《罗浮》在纵横中文网上首次发表后累计点击量超过2000万，读者好评率达98%；2010年4月15日，起点中文网上也出现了一部名为《罗浮》的作品，作者为“黄鹤九曲”。起点中文网在该作品推出之际便予以推荐阅读，并购买百度推广链接中的关键词“罗浮”，读者若在百度上搜索“罗浮”，搜索结果显示排在第一位的为“读《罗浮》，来起点中文网”。即便如此，该作品的点击量仅10万，读者好评指数仍为零。无罪发现起点中文网的行为后，认为涉嫌不正当竞争，遂于7月12日召开新闻发布会对起点中文网的行为予以披露，并称已决定起诉。而起点中文网也于当日就此事件发表了声明，否认不正当竞争。次日，无罪又就起点中文网的声明逐条予以反驳，引起社会极大的关注，被谓之中国“网络文学第一案”。

（王凌雨）

活　动

【“走进红色岁月”中国作家采访采风活动在京启动】 4月8日，“走进红色岁月”中国作家采访采风活动在京启动。该活动由中国作协主办，得到了河北、陕西、江西、贵州、湖南5省作协的支持。采访采风活动共分6个团，80余位作家参加。该活动是为迎接中国共产党成立90周年举办的。

（王凌雨）

【《诗经·风》咏诵会在京举行】 6月10日，由中国文联和北京大学共同主办的“东方神韵——《诗经·风》咏诵会”在北京大学百年讲堂举行。咏诵会从《国风》中选取了《周南·关雎》《秦风·蒹葭》《魏风·硕鼠》《邶风·击鼓》等诗篇。歌唱演员杨洪基、朗诵演员殷之光等参加了演出。

（王凌雨）

【端午诗会】 6月12日，中国作家杂志社在郭沫若纪念馆举办了“端午诗会”。易海云等朗诵艺术家朗诵了屈原的《离骚》、郭沫若今译《橘颂》等名篇；中央人民广播电台民族部蒙古族、藏族、维吾尔族、哈萨克族、朝鲜族5个少数民族语种播音员分别用母语朗诵了经典诗作；王燕生、白国庆、潇潇等当代诗人朗诵了自己的诗歌新作。

（王凌雨）

【青年诗会纪念圆明园罹劫150周年】 10月23日，由现代青年杂

北京作家在张家口地区采风

志社、圆明园管理处以及新浪网公益频道共同主办的“勿忘历史 爱我中华”——纪念圆明园罹劫150周年大型青年诗会在圆明园举行。本次活动从8月开始在全国范围征稿，100多位青年诗人为圆明园罹劫150周年参与主题创作，入选本次诗歌朗诵会的作品32首。

（王凌雨）

【“人民领袖毛泽东颂”诗歌朗诵会举行】 12月18日，第3届“人民领袖毛泽东颂”诗歌朗诵会在京举行。朗诵会由华夏新诗研究会、新国风编辑部、新国风文学网、中华国魂编委会主办。石英、李长鹰等近百人参加诗会并登台朗诵自己的诗作。

（王凌雨）

会　　议

【中华诗词学会第三次代表大会召开】 5月31日~6月2日，中华诗词学会第三次全国会员代表大会在全国政协常委会会议厅召开。李长春、刘云山、李继耐向大会发了贺信。国务委员兼国务院秘书长马凯，全国政协副主席、中国社会科学院院长、中华诗词学会名誉会长陈奎元，全国人大常委会原副委员长、中华诗词学会名誉会长布赫，全国政协原副主席、中华诗词学会名誉会长杨汝岱、孙孚凌出席开幕式。出席开幕式的还有诗人、艺术家，以及全国各地和解放军会员代表、特邀代表等200余人。中国作协党组书记、副主席李冰出席会议并讲话。中华诗词学会代会长郑伯农代表第二届常务理事会作工作报告。大会选举出新一届领导机构，会长郑欣淼，驻会名誉会长郑伯农，常务副会长、法定代表人李文朝，副会长宣奉华、赵京战、刘麒子、星汉、张福有、钟振振、杨逸明、王亚平、周兴俊、李树喜、张桂兴、彭崇谷、李玉臻、褚水敖，秘书长王改正。

（王凌雨）

【首届中国写作者大会召开】 10月26日，盛大电子书“Bambook上市发布会暨首届中国写作者大会”在京召开。大会由网络文学论坛、重磅新书发布、盛大文学金牌书探现场探书等环节组成。上百位作者、评论家、出版人、媒体人以及相关产业人士与会，共同探讨包括网络小说与影视及游戏的关系、网络文学与传统出版的契合等话题。

（王凌雨）

【2010年度中国散文年会举行】 12月17日~19日，由中国散文年会组委会、《散文选刊·下半月》、长篇小说杂志社主办的“2010年度中国散文年会”在京举行。主办方对全国公开报刊发表的散文作品进行了评选，刘庆邦的《不让母亲心疼》等6篇散文获一等奖，陈国桢等获军旅散文奖，王雪丽等100余人分获百篇散文奖以及二、三等奖，曾明山获精锐奖。

（王凌雨）

【中国作协2010年作家定点深入生活座谈会在京举行】 12月27日，中国作协2010年作家定点深入生活座谈会在京举行。中国作协作家定点深入生活活动于2009年10月份正式启动。座谈会上，各地作协汇报了为此次活动所做的工作，作家们对各地作协的帮助表示感谢。第一批定点深入生活的作家计划创作长篇作品19部，中短篇小说、笔记18部（篇）。

（王凌雨）

赛事　奖项

【第3届中国作家鄂尔多斯文学奖颁奖】 1月16日，庆祝《中国作家》创刊25周年暨第3届（2009年度）中国作家鄂尔多斯文学奖颁奖典礼在人民大会堂举行。赵瑜、林希、郝敬堂、周大新、刘庆邦、徐小斌、张胜友、东紫、张乐朋的新作分获文学奖、优秀文学作品奖和新人奖。全国政协副主席阿不来提·阿不都热西提、全国人大常委会原副委员长铁木尔·达瓦买提出席颁奖及纪念活动。

（王凌雨）

【中国作家出版集团奖颁奖】 3月1日，2010年度中国作家出版集团奖颁奖大会在京举行。中国作协党组成员、副主席、书记处书记、中国作家出版集团党委书记兼管委会主任何建明在颁奖大会上讲话并为获奖者颁奖。张炜的长篇小说《你在高原》获特等奖，作家出版社副总编辑杨德华获特别贡献奖。优秀作品奖为长篇小说《麦河》、长篇报告文学《王家岭的诉说》、中篇小说《邮递员》、短篇小说《空白》、散文《新娘》、诗歌《地道》、评论《寻找文学理想的灯火》、优秀选刊作品《阿喜上学》。刘方等5人获优秀编辑奖。

（王凌雨）

【网络文学参评鲁迅文学奖】 3月1日，第5届鲁迅文学奖评选活动正式启动，在征集范围中增加了网络文学，但未为网络文学单独设奖。5月20日，初步认定有1008篇（部）作品符合评奖条件，共有31部网络文学作品入围。其后，在125篇（部）备选作品中，仅有一部网络中篇小说入围（盛大文学·晋江文学城推荐的《网逝》）。在10月19日公布的30篇（部）获奖作品中，无一篇网络文学作品。

（王凌雨）

【首届网络小说创作大赛颁奖】 4月8日，由中国文联、中共北京市委宣传部指导，北京网络媒体协会携手北京市文学艺术界联合会共同主办的“首届网络小说创作大赛”在京颁奖。《王老五相亲记》获特等奖，另外18部作品分获一、二、三等奖。

（王凌雨）

【第4届冰心散文奖在京揭晓】 8月1日，第4届冰心散文奖在中国现代文学馆揭晓。刘兆林的《父亲祭》等28篇作品获最佳单篇作品奖，裘山山的《从往事门前走过》等28本散文集获最佳散文集奖，王冰的《散文：主体的攀缘与表达》等6部（篇）获最佳散文理论奖。

（王凌雨）

【中国作协表彰中国作家玉树抗震救灾采访团】 8月30日，中国作协在京举行中国作家玉树抗震救灾采访团表彰会，报告文学作家李春雷等12名采访团成员受到表彰。

（王凌雨）

【第5届老舍散文奖颁奖】 9月26日，第5届老舍散文奖颁奖活动，在亚洲大酒店举行。耿翔《土地的黄昏》、江子《血脉中的回声》、赵大年《菜羹香》、秦锦屏《女子女子你转过来》、阎连科《在富锦的想象》、周振华《我和父亲的那段岁月》、安然《哲学课》、韩小蕙《德国的人》、张成起《一把转椅的诉说》、林渊液《黑白间》10位作家的作品获奖。

（王凌雨）

【第5届鲁迅文学奖颁奖典礼新闻发布会在京举行】 11月2日，第5届鲁迅文学奖颁奖典礼新闻发布会在中国现代文学馆举行。中国作协党组成员、书记处书记、新闻发言人陈崎嵘主持发布会。中共浙江绍兴市委常委、宣传部部长尹永杰，第5届鲁迅文学奖评奖办主任、中国作协创作研究部主任胡平等向与会媒体介绍了颁奖典礼的筹备情况，并就有关问题回答了记者提问。第5届鲁迅文学奖颁奖典礼于11月9日在鲁迅故里绍兴举行。从第4届开始，绍兴成为鲁迅文学奖永久颁奖地。

（王凌雨）

【2010年度人民文学奖颁奖】 11月19日，2010年度“茅台杯”人民文学奖颁奖典礼在中国现代文学馆举行。中国作协副主席高洪波，《人民文学》主编李敬泽，茅台股份有限公司董事长袁仁国等出席了颁奖典礼。长篇小说《少年张冲六章》《白雪乌鸦》，中篇小说《赶马的老三》《望断南飞雁》，短篇小说《地下室里的猫》《花与舌头》，散文《一块土地》《风雨（洛神赋）》，诗歌《生如夏花》《蝴蝶》获奖。新增设的非虚构奖获奖作品是《梁庄》《词典：南方工业生活》，特别行动奖获奖者是慕容雪村。

（王凌雨）

【第6届温世仁武侠小说大奖赛在京颁奖】 12月7日，由中国武侠文学会与台湾明日工作室举办的“第6届温世仁武侠小说大奖赛”在京颁奖。首奖长篇小说《浪花群英传》，评审奖《红叶之盟》《中流楫》《武道，绝地通天》《沧海横刀》，短篇小说一等奖《大侠考》，二等奖《暗算》，三等奖《少年武者日记》。佳作奖《不屈剑刺竹》《尽头》《快手》。此奖项是为纪念台湾武侠小说作家温世仁而创办的。该奖项前五届在台北举行，本届在大陆举办。

（王凌雨）

【首届“《作家文摘》阅读人物”评选结果揭晓】 12月11日，由中国作家出版集团作家文摘报社举办的首届“《作家文摘》阅读人物”评选结果在京揭晓。苏叔阳、韩美林、梁晓声、万伯翱、张鸣当选。中国作协党组成员、副主席、书记处书记、中国作家出版集团党委书记兼管委会主任何建明，中国作家出版集团党委副书记、管委会副主任葛笑政，中国邮政集团总公司报刊发行公司总经理李永明等为入选者颁奖。

（王凌雨）

【第9届“21世纪年度最佳外国小说微山湖奖”颁奖】 12月15日，“21世纪年度最佳外国小说（2010）微山湖奖”颁奖典礼在京举行。美国作家科伦·麦凯恩的《转吧，这伟大的世界》获大奖。另4部获奖作品分别是德国作家马塞尔·巴耶尔的《卡尔腾堡》，法国作家让—马克·帕里西斯的《恋人》，韩国作家金薰的《公无渡河》和西班牙女作家安赫莱斯·卡索的《逆风》。

（王凌雨）

【2010年澳大利亚文学周在京蓉两地举办】 3月8日~14日，由澳大利亚驻华使馆主办的2010年澳大利亚文学周在北京和成都举办系列活动。2010年澳大利亚文学周着眼于“真实故事”，展示了一系列澳大利亚当代获奖小说、非小说和诗歌体裁的文学作品。澳大利亚当代作家在北京和成都参

加了一系列讲座、研讨会和论坛。

（王凌雨）

【高洪波会见俄罗斯作家代表团】 6月18日，中国作协副主席、书记处书记高洪波在北京会见了俄罗斯莫斯科城市作家协会主席博雅利诺夫·乌拉基米尔·盖奥尔基耶维奇率领的莫斯科作家代表团。高洪波对俄罗斯作家到中国作协做客表示热烈欢迎，并向客人们介绍了中国作协及其工作职能等情况并回忆了访问俄罗斯的情景。盖奥尔基耶维奇介绍了莫斯科作协在推广俄罗斯文学方面的主要工作，表达了希望与中国作协加强合作的愿望，同时就推动两国文学作品互译提出了具体的建议。

（王凌雨）

【中日青年作家会议2010】 9月2日～5日，中国社会科学院外国文学研究所主办的“中日青年作家会议2010”在京召开，来自中国和日本的40余位作家、翻译家、学者在会议期间就“全球化中的文学”、“越境与文学”、“越境写作与评论”、“通过翻译阅读中国，通过翻译传达日本——过去、现在以及未来”等主题进行了交流。双方学者还就日本现当代文学发展脉络、浪漫主义与中国小说的世界性以及中日文学互译等话题发表了看法。

（王凌雨）

【北美洛杉矶华文作家协会代表团访问中国作协】 9月8日，应中国作协邀请，以刘俊民为团长，黄宗之、陈玉琳为副团长的北美洛杉矶华文作家协会代表团访华。来访的北美作家还有张棠、朱雪梅、王维民、杨慰慰、蔡舒、甘秀霞、谭冠濠、吴清和等。9月9日，陈崎嵘会见了刘俊民一行，代表中国作协向代表团表示欢迎，对北美洛杉矶华文作家协会在团结华文作家、弘扬中华文化方面作出的贡献表示敬意，并希望进一步加强两会之间的交流，努力为海外华文作家多办实事好事。刘俊民、黄宗之分别介绍了洛杉矶华文文学发展情况和各自创作情况。

（王凌雨）

【中西专家研讨马里奥·巴尔加斯·略萨文学】 10月13日，北京塞万提斯学院举办“马里奥·巴尔加斯·略萨：一个属于西班牙语的诺贝尔奖”专题研讨活动。西班牙驻华大使卡洛斯·布拉斯科·维亚，中国社会科学院外国文学所所长陈众议，西班牙语文学翻译家、出版公司代表等共同讨论了2010年诺贝尔文学奖获得者西班牙作家马里奥·巴尔加斯·略萨的文学创作成就。

（王凌雨）

【“当代汉语写作的世界性意义”国际研讨会】 10月29日～30日，北京大学中文系、人民文学杂志社主办的“当代汉语写作的世界性意义”国际研讨会在北京大学举行。研讨会分为世界文学与中国文学、中国经验的可能性、多元文化视野中的汉语文学、新世纪汉语文学的意义、汉语写作的诗与思、中国当代文学的历史反思、汉语文学的挑战与应战、漫长的创新之路共8个单元。来自中国大陆、香港特别行政区、台湾地区，以及美国、澳大利亚、新加坡等国的百余位作家、评论家和学者进行了主题发言。

（王凌雨）

【首届中国传记文学国际学术研讨会】 12月18日，中国传记文学学会在京举办“首届中国传记文学国际学术研讨会”。来自美国、日本和国内的70余名学者就《史记》与史传传统及其文化影响，中国古代传记文学探源、自传与亚自传（日记、游记、书信等）中人的生存状态，梁启超、胡适传记文学理论的影响，中国现代自传类型及影响等议题展开了探讨。

（王凌雨）

纪　　念

【郭小川九十周年诞辰纪念会】 1月16日，由中国人民大学文学院主办、文化部和中国作协后援、鲁迅博物馆承办的“诗人郭小川九十周年诞辰纪念会暨学术研讨会”在鲁迅博物馆召开。为了纪念郭小川九十周年诞辰，郭小川的子女郭小林和郭晓惠特地为父亲编写的画传和纪念文集《一个人和一个时代》，由作家出版社出版。出席本次会议的有文化部副部长王文章，中国作协、中国人民大学的领导和郭小川夫人杜惠。

（王凌雨）

【艾青百年诞辰纪念座谈会】 3月25日，由中国作协主办的艾青百年诞辰纪念座谈会在人民大会堂举行。李冰、金炳华等文艺界领导，诗人、学者、专家及作协领导成员等200余人出席会议。与会者回顾了艾青献身诗歌事业的光彩人生，深切缅怀他追求真理的崇高品格。

（王凌雨）

【韩少华逝世】 4月7日，作家韩少华在京逝世，终年76岁。韩少华，1933年出生。其1961年在《人民日报》发表并引起文坛关注的散文《序曲》，是其成名作。新时期以来，他的创作以散文为主，兼及报告文学和小说。报告文学曾连获全国第一、二届优秀报告文学一等奖。出版有《韩少华散文选》《暖情》《碧水悠悠》《遛弯儿》《万春亭远眺》等。

（王凌雨）

【《小说选刊》创刊三十周年纪念活动】 4月22日，《小说选刊》创刊三十周年暨出刊三百期庆典在京举行，首届“茅台杯”小说选刊年度（2009）大奖也同时颁发。铁木尔·达瓦买提、铁凝出席并为获奖者颁奖，李冰发表讲话并为《小说选刊》离退休老同志颁发终身荣誉奖，金炳华发来贺词。中宣部文艺局副巡视员梁鸿鹰，茅台集团党委副书记赵书跃，部分作家、评论家，中国作协各直属单位负责人，全国50余家文学期刊主编，《小说选刊》主编杜卫东，副主编秦万里、冯敏和杂志社离退休老同志等参加了纪念活动。

（王凌雨）

【萧乾百年诞辰纪念座谈会】 6月7日，由中国作协和中央文史研究馆、民盟中央委员会共同主办，萧乾百年诞辰纪念座谈会在中国现代文学馆举行。铁凝在讲话中深情缅怀了萧乾的文学成就和人生历程，对萧乾在文学创作、翻译、新闻以及对外文化交流等领域的杰出贡献给予了高度评价，对他广博的学识和勤奋的治学精神表达了崇高的敬意。文学界、翻译界、新闻界的专家学者和萧乾夫人文洁若先后在座谈会上发言。

（王凌雨）

【郭预衡逝世】 8月4日，文学史家、中国古代散文学会原会长、北京师范大学文学院教授郭预衡在北京逝世，享年90岁。郭预衡，1920年生，1955年加入中国共产党。1945年毕业于北平辅仁大学国文系，1947年又毕业于该校史学研究所，新中国成立后，历任辅仁大学讲师，北京师范大学副教授、教授、中文系副主任、古籍研究所副所长，北京市文艺学会第一、二届副会长。

（王凌雨）

【鲁煤创作65周年学术研讨会举行】 8月28日，由中国戏剧家协会和中国解放区文学研究会共同主办的“诗人剧作家鲁煤创作65周年学术研讨会”在中国现代文学馆举行。研讨会上，专家、学者认为，鲁煤是在抗日烽火和解放战争的硝烟中成长起来的成绩卓著的人民诗人和剧作家。鲁煤，原名王夫如，是中国第一位把产业工人的生产、生活题材搬上话剧舞台的作家。曾任华北联大、中央戏剧学院、文化部艺术局、中国剧协创作员，中国剧协研究室副主任，中国戏剧出版社副总编辑，著有诗集《扑火者》《在前沿》，话剧剧本《红旗歌》（执笔）等。

（王凌雨）

【《北京文学》创刊60周年庆典】 9月26日，《北京文学》创刊60周年庆典活动，在亚洲大酒店举行。中宣部、中国作协、中共北京市委宣传部、北京市新闻出版局、北京市文联的领导、作家、学者、评论家、编辑家等二百余人参加了活动。何建明代表中国作家协会致辞，祝贺《北京文学》60年来取得的辉煌成就。其他各部门的领导，对《北京文学》60年来所取得的喜人成绩也表示充分肯定。与会的《北京文学》老编辑们对《北京文学》的未来充满期望。

（王凌雨）

【姚雪垠百年诞辰纪念座谈会】 10月9日，由中国作协主办的姚雪垠百年诞辰纪念座谈会在中国现代文学馆举行。铁凝出席并讲话。出席座谈会的作家、评论家深情缅怀了姚雪垠的文学成就和人生历程，对他在文学理论与创作、历史研究以及对外文化交流等领域做出的杰出贡献和广博的学识、勤奋的治学精神表达了崇高的敬意。座谈会上，姚雪垠之子姚海天还向中国现代文学馆捐赠了姚雪垠的《李自成》手稿。

（王凌雨）

【纪念钱锺书诞辰一百周年学术研讨会】 11月9日，中国社会科学院在京举行“纪念钱锺书先生诞辰一百周年学术研讨会”。陈奎元出席会议。与会专家围绕钱锺书与当代国学、钱锺书与外国文学、钱锺书的文学创作、钱学与中西文化比较等主题进行了热烈的讨论。中国社会科学院还编辑出版了《钱锺书先生百年诞辰纪念文集》。

（王凌雨）

【巴金冰心世纪友情展】 11月25日~12月12日为纪念巴金诞辰106周年、冰心诞辰110周年，由中国现代文学馆、冰心研究会、冰心文学馆联合主办的“巴金冰心世纪友情展”在中国现代文学馆举行。本次展览分为“文学交往”、“文学殿堂”、“共同出访”、“真诚诉说”、“墨宝流芳”、“世纪告别”和“文坛佳话”等单元，以大量图片、手稿手迹、书籍版本、信函等实物，展示两人近一个世纪的友情与交往，展览首次公开展出“冰心致巴金”和“巴金致冰心”手书信件各20函。

（王凌雨）

【鲁迅文学院建院60周年座谈会】 12月22日，鲁迅文学院建院（以下简称鲁院）60周年座谈会在中国现代文学馆举行。中宣部副部长翟卫华出席座谈会并代表刘云山、铁凝向鲁迅文学院建院60周年表示热烈祝贺。李冰、金炳华出席座谈会。翟卫华、李冰发表讲话，鲁迅文学院院长张健在会上介绍了鲁迅文学院建院60年的概况。鲁迅文学院老学员代表、中国作协名誉副主席邓友梅，老教师代表毛宪文，客座教授代表曹文轩，中青年作家高级研讨班学员代表徐坤，少数民族学员代表次仁罗布在会上先后发言。他们分别结合各自实际回顾了与鲁院的情缘，并向鲁院致以祝贺、祝福和感恩之情。

（王凌雨）

【史铁生逝世】 12月31日，作家史铁生在北京逝世，终年60岁。史铁生，1951年出生于北京，1967年毕业于清华附中，1969年赴陕西插队。因双腿瘫痪于1972年回到北京。史铁生创作的散文《我与地坛》鼓励了无数的人。2002年获华语文学传媒大奖年度杰出成就奖。曾任中国作家协会全国委员会委员，北京作家协会副主席，中国残疾人协会评议委员会委员。

（王凌雨）

研究与评论

【《寸爱》研讨会】 1月26日，由中国作家协会创研部重点作品扶持办公室主办的“史光柱诗集《寸爱》研讨会”在京召开。《寸爱》由谢冕、乐黛云作序，共39首近作。全集分“军旅篇”、“草叶集”两个部分：与会者认为史光柱的作品有着强烈的感染力和浓厚的哲学思辨色彩。

（王凌雨）

【《衡焕儒风雨六十年》研讨会】 1月31日，由北京作协少数民族文学委员会、北京市民族联谊会主办的报告文学《衡焕儒风雨六十年》研讨会在京举行。中国作协、北京市文联、北京市民委的相关领导出席了研讨会。书中的西红门镇是一个满、回、汉共同居住的民族镇，衡焕儒以其真诚品格与领导艺术，使各族百姓和谐共处。与会者认为，这部报告文学是一部朴素平实、带领读者领略真正人生的作品，不乏可读性，以巧妙的情感倾注和合度的剪裁而力避繁冗，尤以较浓郁的文学意蕴贯注其中。

（王凌雨）

【《红色传奇——我所知晓的开国英杰》作品研讨会】 1月31日，由中国散文学会等单位主办的“《红色传奇——我所知晓的开国英杰》作品研讨会”在京召开。李克农之子李伦将军和李瑛、陈建功、林非、周明、傅溪鹏、石英、王宗仁、李晓虹等作家、评论家认为，该书通过作者亲历亲闻亲访，记述了与毛泽东、周恩来等领袖的接触，真实地折射出中国共产党、中国人民解放军诞生、发展与壮大的历史。

（王凌雨）

【文学社团座谈会】 2月25日，中国作协在京举行文学社团座谈会。李冰、高洪波、杨承志和民政部民间组织管理局副局长李勇出席。来自17家文学社团的负责人、中国作协创联部和民政部工作人员参加了座谈会。李冰肯定了各文学社团近年来的工作成果，并代表中国作协向大家表示感谢。表示中国作协在未来的工作中将不断加强与非会员的联系，希望各家文学社团能够积极发挥作用，和中国作协的关系经常化、规范化，共同推进社会主义文学事业的发展与繁荣。

（王凌雨）

【百年中国文学与学术思想流变研讨会】 3月10日，由北京大学中文系主办的“百年中国文学与学术思想流变”研讨会在北京大学召开。研讨会就当下大学文学教育和中国学术研究的本土立场等问题进行了深入探讨。与会学者就学科方法论建构、民间文学主体性、中国文论世界化等学术前沿问题展开了讨论。

（王凌雨）

【《风和日丽》研讨会】 3月28日，文艺报社、中国作协创研部等在京召开艾伟的长篇小说《风和日丽》研讨会。与会者表示，作品从一个私生女寻父的角度，充分展现了一个小人物的成长史、心灵史，深入思考了革命与历史、伦理、情感、人性等主题，既有历史意义，也有现实意义。

（王凌雨）

【《解放大西南》研讨会】 4月13日，由中国作协重点作品扶持办公室、云南省作协主办，云南美术出版社协办的彭荆风长篇纪实文学《解放大西南》研讨会在京举行。铁凝和中国作协、云南省文联、云南出版集团、云南省作协相关领导出席研讨会。与会者认为，作品全景式地再现了近200万中国人民解放军解放大西南的壮阔图景，场面宏大，人物众多，线索纷繁，这种把解放大西南作为民族政治史、军事史、解放史、情感史来书写的手法，在中国当代文学中独树一帜。

（王凌雨）

【全国文学期刊主编2010年北京峰会】 4月23日，由中国作家出版集团、小说选刊杂志社联合主办的全国文学期刊主编2010年北京峰会在京召开。何建明出席会议并讲话。全国五十余家文学期刊主编就如何坚持“文艺为人民服务，为社会主义服务”方向、“百花齐放，百家争鸣”方针，坚持“贴近实际、贴近生活、贴近群众”，尊重艺术规律，尊重作家个性，推动中国当代文学发展等进行了热烈而深入的讨论，通过了题为《让我们共同点亮文学的灯火》的倡议书。

（王凌雨）

【《廉政赋》作品研讨会】 4月24日，王金铃《廉政赋》作品研讨会在中国作家协会举行。与会人员从该赋的选题、立意、内容、语言、文学价值和现实意义及对作者的创作历程等诸方面，进行了较广泛的研究和探讨，对该赋给予了一致肯定和高度评价。

（王凌雨）

【孙丽萌作品研讨会】 5月6日，由中国作协创研部、全国公安文学艺术联合会、全国公安作协、内蒙古自治区公安厅、内蒙古作协和远方出版社联合举办的孙丽萌作品研讨会在京召开。研讨会上，评论家、作家对孙丽萌的创作风格进行了研究和分析，并对近年来公安文学创作的发展趋势、风格变化以及公安文学在中国文学中的地位等问题进行了研讨。

（王凌雨）

【网络文学研讨会】 5月20日下午，由中国作协、广东省作协主办的“网络文学研讨会”在京召开。中国作协、广东省作协、新浪网、盛大文学、中文在线、新华网等相关领导出席会议。与会文学网站负责人、作家、评论家分析了网络文学的发展态势，并对网络文学创作和传播中存在的问题，提出了积极的意见和建议。

（王凌雨）

【《玉树大营救》《废墟上的花朵》作品研讨会】 6月1日，由中国作协、中共青海省委宣传部主办，中国作协创研部、青海省作协承办的“心系玉树——《玉树大营救》《废墟上的花朵》作品研讨会”在中国现代文学馆举行。中共青海省委常委、宣传部部长吉狄马加，中国作协副主席何建明，青海省作协主席梅卓在研讨会上讲话。与会者对两本书的作者面对灾难进行的文学创作给予高度评价，认为两部作品全方位、立体化、多层次、多角度、充分而翔实地展示了党、政府、军队和人民群众的抗震救灾壮举，真实生动地记录了在抗震救灾斗争中人民解放军、武警部队官兵和公安民警的英雄事迹。

（王凌雨）

【王占君作品研讨会】 6月3日，由中国作协与中国残疾人联合会主办，华夏出版社、中国残疾作家联谊会等单位承办的“王占君文学创作50周年暨作品研讨会”在京举行。中国残联主席张海迪致贺信，中国作协副主席何建明，中国残联副主席吕世明，文化部原常务副部长高占祥，中国文联副主席刘兰芳等出席研讨会。王占君是中国残疾人作家联谊会副会长、辽宁省作协副主席、辽宁省残联副主席、国家一级作家。与会者认为，王占君的历史小说尊重史实，力戒“戏说”，把历史小说的庄重性、严肃性与通俗性、市场性结合起来，取得了良好的社会反响。

（王凌雨）

【中华诗词青年峰会】 6月16日，由中华诗词研究院等单位主办的2010北京中华诗词青年峰会在京举行。本届峰会主要由“屈原奖”揭晓和颁奖仪式、诗词高端论坛、中华诗词研究院新书发布等几部分组成。“屈原奖”旨在发现和鼓励优秀的青年诗人，繁荣当代诗词的创作、研究、评论和宣传。闹莲花斋客（笔名）和尘色依旧（笔名）分获诗组、词组“屈原奖”。峰会通过在大观园举行的汉服展演、诗词吟诵、民乐、中国舞、书画等传统中国技艺展示，全方位传递了古典文化的魅力，联句、分韵作诗等形式则再现了中国文化独有的雅集模式。

（王凌雨）

【《丽都花艳》研讨会】 6月22日，作家出版社和四川省社会科学院在人民大会堂举行了刘茂才长篇小说《丽都花艳》新书首发式暨作品研讨会。全国政协原副主席杨汝岱，新闻出版总署副署长李东东，中国作协副主席何建明等出席，文学界、经济界百余人参加了研讨会。与会者表示，刘茂才的作品着眼于当下社会生活中的问题和思潮，关注经济社会发展中人性的变化，体现出作者的观察与思考。

（王凌雨）

【《闪着泪光的事业》研讨会】 6月22日，《闪着泪光的事业》长篇报告文学研讨会在北京举行。《人民日报》、铁道部、中国作协的有关领导张研农、米博华、高晓兵、高洪波、仲呈祥及在京的专家学者二十余人参加了会议。大家就作品的思想内涵、艺术特色，中国报告文学的现状与责任，以及文学如何表现时代、反映生活等话题进行了讨论。作品是对中国铁路尤其是中国高铁发展历程的全景记录。

（王凌雨）

【《中华之歌》研讨会】 6月26日，长诗《中华之歌》首发式暨作品研讨会在京举行。作品由《古老的长歌》《新中国之歌》《天地人之歌》组成。全诗共一万两千余行，从不同方面讴歌了中华五千年辉煌文明，描绘了新中国成立60年来所取得的伟大成就，歌颂了祖国壮丽河山和民族团结。与会者认为，作品的独特之处在于，以抒情诗的体式包容和吸纳了咏史诗和咏物诗的品质，将诗歌和传统文化密切结合，用独特方式展现出文化自信和民族认同感，从篇幅、结构到思想内容上对新诗创作作了有益尝试。

（王凌雨）

【《中国治水史诗》研讨会】 7月3日，由中国作家出版集团主办的《中国治水史诗》首发式暨研讨会在京举行。张健，何建明出席。作品分上、下两册，计二百余万字，由作家出版社出版。全书分为黄淮、长江、珠江、海河、松辽、西部、东南七个篇部卷，记述了中国所有大的江河水系和部分地方水域治水历史以及都江堰、灵渠、坎儿井和三峡工程等古今著名的水利工程。专家们对百名作家参与治水史诗的创作给予高度评价，认为这是形象思维和逻辑思维相统一的文学著作，既有学术论证的价值，又带有鲜明的文化色彩。

（王凌雨）

【中国当代女性诗歌研讨会】 7月10日，北京师范大学中国当代新诗研究中心与海南省诗歌创作委员会在京联合举办中国当代女性诗歌研讨会。研讨会上，食指、唐晓渡、王家新、梁小斌、张柠等诗人与诗评家对女性诗人的诗歌创作予以个案式点评并就中国当代女性诗歌的历史、现状、贡献与不足、可能性发展前景等一系列问题进行了学术研讨。

（王凌雨）

【《插树岭》研讨会】 7月14日，长篇小说《插树岭》研讨会在京召开。该书是由夫妻作家陈玉谦、曲晓平共同创作的三《岭》系列长篇小说的第一部，也是中国作家协会重点扶持的作品。陈建功、何建明和中共齐齐哈尔市委常委、宣传部长王铁静、副部长邱利锋等参加了座谈会。在京部分评论家、作家等对《插树岭》一书进行了广泛深入的研讨，与会专家肯定了它的价值，也指出了作品尚存的不足。

（王凌雨）

【《与春天同行》出版座谈会】 7月17日，由中国诗歌学会和作家出版社共同主办、首都企业家俱乐部承办的肖江诗集《与春天同行》出版座谈会在京举行。作家、评论家等十余人参加座谈会。与会诗人和评论家认为作品继承了《青春的和弦》中的灵动和纯美，诗思更加开阔和辽远。

（王凌雨）

【第一届全国苗族作家文学研讨会】 7月23日～25日，“第一届全国苗族作家文学研讨会”在人民大会堂重庆厅举行，同时举行了中国当代少数民族作家文库《苗族作家作品选集》首发式暨新闻发布会。本次研讨会由中国社科院民族研究所、中央民族大学中国少数民族语言文学学院、中国少数民族作家协会联合主办，中央民族大学苗学研究所承办，中国比较文学学会协办。来自全国各地的160名苗族作家、文艺评论家和嘉宾出席研讨会。与会代表就《中国现当代苗族文学史》的编写、苗族作家文学与经济、教育、历史、科技等的关系、21世纪中国苗族作家文学的发展动向、苗族作家文学比较研究以及苗族作家创作经验交流等主题进行了专题讨论和自由发言。

【《渡江》研讨会】 7月30日，军旅女作家烈娃中篇小说《渡江》研讨会在京召开，30余位知名作家、评论家、编辑家等参加了研讨会。作品以解放军渡江南下为背景，讲述了两对军人夫妻半个多世纪的恩怨纠葛。与会者普遍认为，《渡江》突破了以往革命历史题材概念化的“宏大叙事”，借大的历史背景抒写人性小我，形成一种具有女性自省意识的个体化讲述，显示出一种革命历史小说写作的新的可能性，是近期军旅题材作品中一部不可多得的佳作。

（王凌雨）

【《曹雪芹祖籍在进贤考》】 作家出版社7月出版，作者梅华。该书通过在江西南昌进贤发现的几部保存完好的曹氏族谱，认为学术界长期争论不休的几处曹雪芹祖籍地的曹氏家族全都是从进贤“山东曹村”分支繁衍出去的。本书是有关这一发现的第一本研究著作。

（王凌雨）

【汉学家文学翻译国际研讨会】 8月10日，由中国作家协会主办的汉学家文学翻译国际研讨会在京召开。来自十几个国家的汉学家围绕“中国文学翻译经验与建议”的主题展开交流。各国汉学家和中国作家、翻译家就当代中国文学翻译的现状与经验、翻译与汉学、中国当代文学在世界的传播、文学翻译在跨文化交流中的作用等话题展开了讨论。

（王凌雨）

【《口袋里的美国》作品研讨会】 8月12日，由《小说选刊》主办的长篇小说《口袋里的美国》作品研讨会在京举行，专家、学者、媒体近百人出席。作品系作家津子围与美籍华人张仁译合作创作。与会者指出，作品不再以取得财富作为成功的标志，描写了主人公在底层的奋斗以及融入美国的过程，在美国梦基础上继续向纵深挺进，将个体经验上升为文化经验。与会评论家也就作品横向扩展不足、缺乏人物心理刻画、结尾较仓促等问题提出了意见。

（王凌雨）

【2010年全国散文作家论坛】 8月14日～15日，由中国散文学会、华夏博学国际文化交流中心

等单位主办的2010年全国散文作家论坛和全国散文征文大赛颁奖大会在京举行，王忍之等出席活动。与会散文作家就如何加强当代散文作家的交流与创作、如何促使当代散文更好更快地繁荣与发展献言献策。本届散文征文活动共评出10个“论坛最佳散文奖”和10个“论坛新秀散文奖”。

（王凌雨）

【《发射将军》研讨会】 9月14日，由中国作协创研部和北京十月文艺出版社共同主办的李鸣生长篇报告文学《发射将军》研讨会在京举行。解放军总装备部副部长、中国载人航天工程副总指挥胡世祥中将，中国作协副主席陈建功，中国作协副主席何建明，北京出版集团副董事长、副总编辑曲仲，北京十月文艺出版社总编辑韩敬群出席研讨会并讲话。与会者认为，作品将个人性格与国防事业相结合，人物形象与重大事件相结合，历史反思与现实意义相结合，在报告文学艺术性上作了新的探索。

（王凌雨）

【《黎秀芳》研讨会】 9月26日，军旅作家徐广泽长篇报告文学《黎秀芳》研讨会在京举行。研讨会由中国作协重点作品扶持办公室、总政宣传部艺术局、兰州军区政治部宣传部、解放军出版社联合主办。与会专家对作品进行了广泛深入的研讨，与会专家肯定了作品的价值，同时也指出了作品尚存的不足。

（王凌雨）

【吴晓煜作品研讨会】 10月19日，由中国作协创研部、中国煤矿文联、中国煤炭报社和平庄煤业集团主办，中国煤矿作协、阳光杂志社和玉庄煤业集团工会承办的吴晓煜作品研讨会在京举行。中国作协副主席陈建功，中国煤矿文联主席梁嘉琨，中国作协创研部主任胡平等出席研讨会。与会者认为，吴晓煜的作品将人文思考、矿工情结和爱国情怀融入到创作中，以丰富的历史知识、独特的视角、质朴的语言多侧面反映了煤矿等领域的沧桑历史以及时代特征，不仅知识性强，而且富有感染力，给人以启示。

（王凌雨）

【《舒羽诗集》首发式暨出版研讨会】 10月19日，《舒羽诗集》首发式暨出版研讨会在京举行。全书共收集了一百多首诗歌作品，由作家出版社出版。中国作协副主席何建明以及十余位诗人、评论家出席会议。与会学者围绕着我们时代需要什么样的文学产品以及舒羽诗歌的意蕴、个性和创作特色发表了各自的意见和建议。

（王凌雨）

【《铿锵之韵》研讨会】 10月26日，由中国文联出版社、解放军总后勤部创作室、解放军总后勤部某油料研究所共同举办的“胡松夏长诗《铿锵之韵》研讨会”在京举行。与会专家认为，作品以解放军总后勤部某油料研究所成立50年来的艰难历程辉煌业绩为创作背景，热情讴歌了军队油料科研工作者投身国防建设的感人事迹，题材独特，是新时期一部专门描写军队油料科研发展的优秀长诗，在题材选取、语言风格方面有一定的新意。

（王凌雨）

【首届全国诗词创作与发展论坛】 10月29日～31日，“首届诗词创作与发展论坛”在京举办。文化部、中国文联、中国作协、中国社会主义文艺学会、中华诗词学会等单位有关领导出席。此次论坛包括首届全国诗词创作与发展论坛开幕式，向全国诗词工作先进单位颁发奖牌，向首届诗词奖获奖诗人颁发奖牌，向首批全国中华诗词文化传承人授牌，优秀诗词组织经验交流论坛，获奖诗人经验交流论坛，《中国将军诗词选》首发式，《新古体诗论稿》首发式，中华诗词创作的现状与问题高峰论坛，全国地方诗词工作协调委员会第一次委员全体会议等内容。

（王凌雨）

【《财富如水》研讨会】 10月30日，作家出版社和中国当代文学研究会在京召开卢新华《财富如水》跨学界作品研讨会，文学界、社科界和经济界等领域的专家学者围绕作品所涉及的文学、经济学、社会学和哲学等方面话题展开讨论。与会者认为作品是一部深含哲理、润心益智的书，对人类发展中的全局性问题做出了观察与反思。

（王凌雨）

【2010鲁迅论坛】 11月19日，由文化部艺术司、中国艺术研究院、北京文化发展基金会等主办的“2010鲁迅论坛——鲁迅的艺术世界”在京举行。周令飞、潘维民、莫言、贾磊磊等参加研讨。论坛以“鲁迅的艺术世界”为主题，以“看鲁迅的艺术世界，谈大师的养成与中国文化艺术的创新和未来”为中心议题，探讨鲁迅在艺术方面的精深造诣。专家们认为，走向21世纪的鲁迅研究，应以更加开阔的研究视野、科学的理论思维、扎实的研究功底为世人揭示出活在21世纪的鲁迅精神。

（王凌雨）

【少数民族青年作家创作研讨会】 11月20日，蒙古族、藏族、维吾尔族青年作家研讨会暨“朵日纳”文学奖启动仪式在京举行。此次研讨会暨启动仪式由中央民族大学中国少数民族语言文学学院、中国作协民族文学杂志社和中国少数民族作家学会主办，内蒙古自治区文联和作协、新疆维吾尔自治区作协、西藏自治区作协、鄂尔多斯东方路桥集团协办。国家民委副主任丹珠昂奔，中国文联副主席、中国作协副主席丹增，西藏文联副主席、作协主席扎西达娃等参加仪式并发言。研讨会上，次仁罗布、尼玛潘多、永基卓玛、拉先加、格央等的作品受到推介。会上，“朵日纳文学奖”宣告启动，此奖设立旨在专门鼓励蒙古族作家及蒙古文创作。

（王凌雨）

【《麦河》研讨会】 12月18日，由中国作协创研部、作家出版社、文艺报社、中共河北省委宣传部、河北省作协联合主办的“关仁山长篇小说《麦河》研讨会”在京举行。与会者认为，这部作品秉承了作者一贯敏锐的现实性、深刻的思想性以及浑厚的艺术感，既是其小说创作历程中的一次突破，同时是对当下乡土写作的一次突破。

（王凌雨）

【长篇小说的现状与未来研讨会】 12月18日，由中国作家出版集团主办、作家出版社承办、长篇小说选刊杂志社协办的“长篇小说的现状与未来”研讨会在京举行。中国作协副主席、中国作家出版集团管委会主任、作家出版社社长何建明，中国作家出版集团管委会副主任、《中国作家》主编艾克拜尔·米吉提，以及中国作协所属报刊社主要负责人出席研讨会。会上，作家、评论家、编辑家、学者等围绕如何切入现实生活、怎样才能产生无愧于时代的优秀长篇力作、网络时代背景下的长篇小说走向、优秀长篇小说应该具有的思想品格和文体意识等话题展开了深入交流和研讨。

（王凌雨）

【鲁迅文学院举行中青年作家高级研讨班办学研讨会】 12月22日，鲁迅文学院举办中青年作家高级研讨班办学研讨会。该院已举办14届各类高研班，参与的中青年作家有700多名。徐坤等数十位历届学员代表参加了此次研讨会。

（王凌雨）

【鲁迅文学院举办网络文学作家培训班】 1月17日，鲁迅文学院与中文在线携手举办为期10天的“鲁迅文学院网络文学作家培训班”，该培训班旨在激励和引导网络文学创作，加强网络文学作家培训，促进优秀网络文学原创作品的产生。参加本次培训班的网络写手共20名，是经过中文在线遴选推荐、鲁迅文学院审核、中国作协书记处批准后参加培训班的。课程设置上既保留了鲁迅文学院经典课程，又加入了更贴近网络作家实际创作生活的针对性课程，教师包括蒋子龙、曹文轩等。

（王凌雨）

【鲁迅文学院第13届中青年作家高级研讨班结业典礼】 7月9日，鲁迅文学院第13届中青年作家高级研讨班结业典礼在京举行，铁凝等出席。此次高研班举办了多场各种层次的作品研讨会，学员们听取了49次共147课时的各类讲座，讲座涵盖政治、经济、哲学、军事、宗教、文化、文学艺术等广阔领域。学员在鲁院期间共创作中短篇小说近一百三十篇，发表七十余篇；创作修改长篇小说近二十部；创作散文、随笔、报告文学等文学作品一百余篇，发表近六十篇；有11位学员在学习期间举办了个人作品研讨活动。

（王凌雨）

【鲁迅文学院第14届中青年作家高级研讨班开学典礼】 9月9日，鲁迅文学院第14届中青年作家高级研讨班举行开学典礼，铁凝、李冰出席。鲁迅文学院院长张健代表中国作协党组书记处向来自全国各地以及海外的50位学员表示欢迎。本届研讨班为期4个月，该院在吸纳以往办学经验基础上，将根据本届高研班学员的具体特点，对教学环节进行有针对性地设计和合理调整，以满足学员的学习需求。

（王凌雨）

捐赠　收藏

【罗烽、白朗手稿书信捐赠中国现代文学馆】 8月26日，罗烽、白朗手稿文物捐赠仪式在中国现代文学馆举行。此次中国现代文学馆共获赠罗烽、白朗夫妇的43部手稿和100多封作家书信，及其著作和使用过的物品等。

（王凌雨）

【柳亚子文物入藏中国现代文学馆】 10月22日，“柳亚子文物文献捐赠仪式”在中国现代文学馆举行。柳亚子外孙柳光辽代表作家家属向中国现代文学馆捐赠了柳亚子文物文献。此次捐赠的文物主要包括柳亚子整理的《柳亚子辑柳无垢档案》等资料。

（王凌雨）

【叶君健文物入藏中国现代文学馆】 10月28日，叶君健文物捐赠仪式暨苑茵画展开幕式在中国现代文学馆举行。这次捐赠的主要包括叶君健《土地》三部曲手稿、作家信件、讲话录音等，还有苑茵创作、叶君健题款的十余幅画。

（王凌雨）

【海外华文作家向中国现代文学馆赠书】　10月30日，由中国现代文学馆、海外新移民华文作家国际笔会、美国科发出版集团公司、美国文心社和香港《文综》杂志联合主办的“海外华文作家向中国现代文学馆赠书活动”在中国现代文学馆举行。来自美国的严歌苓、陈瑞琳、施雨、融融，来自加拿大的张翎以及来自英国的虹影等海外华文作家，向中国现代文学馆捐赠了自己的作品。

（王凌雨）

【孙晶岩《珍藏世博》首发暨捐赠仪式在京举行】　11月20日，作家孙晶岩的《珍藏世博》首发暨捐赠仪式在民族饭店举行，中宣部新闻局、文化部、中国作协、解放军总政治部和总后勤部等相关领导，以及来自新闻、文化和社会各界100多人出席了本次活动。捐赠仪式上，孙晶岩向中国下一代教育基金会捐赠了《珍藏世博》《五环旗下的中国》《震不垮的川娃子》等多种图书。

（王凌雨）

出 版 物

【《午夜广场最后的探戈》】　中短篇小说集，作家出版社1月出版，作者徐坤。小说集选用了徐坤获奖的12部中短篇小说，作品体现了作家对当下现实生活情深意切的具体关注，对生命的敬畏和关怀，对人与人之间和谐关系的渴望。

（王凌雨）

【《朱尔多不是猪耳朵》】　绘本儿童文学小说，作家出版社1月出版，作者黄宇。作品通过描写聪明、伶俐又调皮的小男孩朱尔多的快乐生活以及他和他的好伙伴肥猫“朱古力豆”、同学、老师之间的好玩儿故事，诙谐幽默地反映了当代儿童的心理与现实生活。

（王凌雨）

【《大诗歌》】　诗集，中国青年出版社1月出版，主编王云鹏。全书精选了当代一百多位诗人的作品。分新诗和散文诗两部分，前者精选了吉狄马加、班果、贺中、梁小斌、王家新、西川等人的作品，后者编选了老、中、青三代作者的最新散文诗作品。

（王凌雨）

【《太阳的项链》】　诗集，作家出版社1月出版，作者舒子原。本书收录了舒子原早期和2009年前创作的诗歌近150首，全书采用作者的水墨画稿作为插页。

（王凌雨）

【《诗行天下——中国当代海外学子诗词集》】　作家出版社1月出版，主编天端。诗集收集了海外30位诗歌作者的380多首诗词，其中，自由诗220多首，格律诗、词160多首。

（王凌雨）

【《汪国真经典代表作》】　诗集，作家出版社4月出版，作者汪国真。全书为两卷，分“年轻的潮”、“年轻的风”、“年轻的思绪”三个部分，由作者以往创作的二百余首诗歌集结而成。

（王凌雨）

【《沧桑足音：张国祚诗选》】　诗集，人民文学出版社6月出版，作者张国祚。本书收录了张国祚诗作近百首，主要分哲理、抒情、纪游3大类，抒发了作者对祖国、人民、党的深情，及对大自然的赞美。

（王凌雨）

【《张爱玲城市地图》】　人民文学出版社6月出版，作者淳子。该书比作者曾经出版过的《张爱玲地图》更详细地描述了张爱玲在上海生活过的地方，且将其与对张爱玲作品的解读勾联起来，互相发现与补充，别开生面。

（王凌雨）

【《网络空间的文学风景》】　人民文学出版社6月出版，作者周志雄。该书是关于研究当代网络文学的专著，包括对原创文学网站的考察、网络文学批评的现状与问题等内容。

（王凌雨）

【《中国作家·影视》创刊】　7月12日，《中国作家·影视》创刊新闻发布会在京举行。高洪波、中宣部、国家广电总局相关领导，以及专家、学者、作家等近百人出席发布会。《中国作家·影视》致力于推出优秀影视文学剧本，向读者和社会提供丰富的精神文化产品，为影视产业资本找到新的途径。影视版的创刊标志着《中国作家》成为我国第一家大型系列文学旬刊，每期容载40万字，每月提供120万字的文学作品。

（王凌雨）

【《雨后的丁香》】　诗集，中国文联出版社7月出版，作者谢向英。诗集选录了作者多年来创作的一百多首古体诗词，全书分为“豆蔻年华初长成”等7个部分。作品或寄语人生、或寄情山水、或寄情家国。

（王凌雨）

【《当代国际诗坛》】　诗集，作家出版社7月出版，主编唐晓渡、西川。本书主要内容包括：第2届“中坤国际诗歌奖”专辑，德语诗歌专辑，葡萄牙语诗人拉莫斯·罗萨诗选，“2009中欧诗人/作家对话”综述及与会诗人论文选、2009年度世界诗歌奖撷英等。

（王凌雨）

【《触摸·旁通·分享：中日当代诗歌对话》】 作家出版社7月出版，帕米尔文化艺术研究院主编。本书记录了2006年和2007年分别在北京和东京举行的两次中日诗歌对话活动。

（王凌雨）

【《张枣的诗》】 诗集，人民文学出版社7月出版，作者张枣。该书结集了张枣诗歌作品130多首，包括了张枣在病中的绝笔诗和若干成型的未完诗稿。

（王凌雨）

【《炊烟扶摇》】 诗集，大众文艺出版社7月出版，作者马淑琴。全书分为“山的情事”、“季节的风”、“心的感念”、“红肥绿瘦”、“地北天南”和“奥运圣情”6辑，收入作者创作的诗歌114首。

（王凌雨）

【《化玉诗草》】 诗集，文化艺术出版社9月出版，作者杨化玉。该书收录了作者创作的诗歌200多首，记录了其30多年与诗为伴的诗意人生。

（王凌雨）

【《海陵诗话》】 人民文学出版社9月出版，作者王向东。江苏泰州古称海陵，该书收录了历代700多位诗人文士所作的与海陵有关的诗词歌赋。

（王凌雨）

【《绿原研究纪念集》】 人民文学出版社9月出版，刘若琴编著。该书分为“时代记忆篇”、“岁月回望篇”、“精神之矿篇”、“诗文同在篇”4个部分，收录了百余位作者的文章，从不同角度评析绿原的诗歌创作和翻译成就，记述了对他的追念之情。

（王凌雨）

【《中国新诗总系》】 人民文学出版社9月出版，谢冕、姜涛等主编。共10卷，遴选1917年~2000年间500多位作者的诗歌、诗论、史料作品4000余件。诗歌分为8卷，每10年为1卷，理论和史料各1卷。

（王凌雨）

【《北京文学》创刊60年丛书】 丛书，同心出版社9月出版。共4辑，包括《从森林里来的孩子——60年来获全国奖作品集》，《受戒——60年来未获全国奖但产生过较大影响的作品集》，《喜鹊登枝——著名作家的成名作或小说处女作》，《记忆与足迹——〈北京文学〉史料选及征文作品集》。

（王凌雨）

【《北京文学》创刊60周年特刊】 9月，为迎接《北京文学》创刊60周年，《北京文学》第9期推出纪念特刊，同时，篇幅由平常每期的152页增加到200页。本期打破编排惯例，推出“特别献礼”、“特别推荐”两个栏目。在“特别献礼”栏目中有铁凝的短篇《春风夜》、石钟山的中篇《细菌》、刘庆邦的短篇《丹青索》、叶广芩的中篇《拾玉镯》、曹乃谦的中篇《雀跃校场》。

（王凌雨）

【《两宋望族与文学》】 人民文学出版社11月出版，作者张兴武。本书全面考察古代家族制度的历史沿革，深入分析望族子弟作为社会精英的文化心态、时代职能及价值取向等，不仅能丰富和深化古代史研究的学术内涵，同时也有助于拓展古代文学史研究的空间和途径。

（王凌雨）

【传记《钱学森》在京首发】 12月10日，由叶永烈撰著，上海交通大学出版社出版的《钱学森》一书在中国人民革命军事博物馆举行首发式。全书65万字、包含照片300多幅。在着力刻画钱学森形象的同时，也旁及与他关系密切的师友及家人，有助于读者对他传奇人生的更深理解。

（王凌雨）

【《近代词史》】 人民文学出版社12月出版，作者莫立民。该书以晚近动荡的社会文化生态为背景，着力研究词人、词人群体的词创作以及词派、词风的嬗递，探析晚近词的审美趣味与倾向，力求深层次、多维度、全方位地研究晚近词的创作生态。

（王凌雨）

戏　　剧

2010年，作为引人注目的世界演艺之都，很多国际一流戏剧节目亮相北京舞台，为北京增添了绚丽的色彩。仅北京国际戏剧舞蹈演出季、北京国际青年戏剧节、国家话剧院国际戏剧季、林兆华戏剧邀请展、国际独角戏戏剧节等就汇聚了不下百场精彩演出，其中，来自爱丁堡国际艺术节的多部优秀作品如英国的《外套》《如此而已》《登月》《孑孓之家》等令人耳目一新。还有莫斯科大剧院带来的经典歌剧《叶甫盖尼·奥涅金》，向北京观众展示了“俄罗斯最高艺术殿堂”的精良水准。同时，大批全国各地以及港澳台的优秀节目都在北京的舞台上得到展示，其中，仅全国京剧优秀剧目展演就有45台来自各地的剧目上演，既有新编历史剧《曹操与杨修》《徐九经升官记》《北风紧》和整理改编传统戏《满江红》《孙安动本》《宝莲灯》，又有京剧现代戏《华子良》《生活秀》《飘逸的红纱巾》等，共演出84场。国外及外省市剧目的上演显示了北京演出舞台的聚焦优势。

戏曲演出与创作以国家京剧院、北京京剧院、北方昆曲剧院等国有表演团体为主要力量，而话剧演出与创作在国家话剧院及北京人民艺术剧院之外，活跃着一大批民营剧团，这些剧团以遍布京城的小剧场为阵地，以商业化的运作模式，占据了戏剧演出市场的大半江山。戏逍堂、盟邦戏剧、大可乐剧社、哲腾文化、雷子乐笑工厂等民营剧团渐渐赢得一批固定观众，拓宽了戏剧的传播空间。本年度的重要话剧演出活动有纪念曹禺诞辰一百周年的4部人艺大戏——《日出》《雷雨》《北京人》和《原野》，展示了北京人艺的创作及演出实力。此外，2010国家艺术院团优秀剧目展演也影响很大，活动由国家京剧院、中国国家话剧院、中国歌剧舞剧院、中国东方演艺集团有限公司、中国交响乐团、中国儿童艺术剧院、中央歌剧院、中央芭蕾舞团、中央民族乐团9个文化部直属艺术表演团体在国家大剧院等7个剧场演出了32台剧目，包括京剧《满江红》、芭蕾舞剧《天鹅湖》、话剧《红玫瑰与白玫瑰》、歌剧《热瓦甫恋歌》等。此次展演是近年来国家艺术院团规模最大、历时最长的一次集中演出。

商业戏剧的赚钱效应吸引了众多影视明星加入话剧界舞台，由高希希执导，林心如、沙溢、于和伟等影视明星主演的话剧版《甜蜜蜜》在保利剧院首演后全国巡演；陈好、胡军走上人艺舞台，主演曹禺作品；刘佩琦、宋春丽也积极加入话剧演出行列。

北京戏剧演出市场的繁荣景象既有赖于国家提出发展文化产业的政策支持，也有赖于戏剧从业人员的市场探索。票务网络的现代化大大提高了演出产品的传播能力，北京观众越来越多地依赖网络订票服务，足不出户就能预定几天甚至几个月的演出。话剧甚至参与时下流行的网络团购，雷子乐笑工厂通过团购网站糯米网2.8折售票，一天售出10000张票，可以说创造了中国话剧销售史上的一个奇迹。

出于市场的需求，演出院线联盟成为演出行业发展的新趋势。本年度北京儿童艺术剧院的两家连锁店在长春、太原开张。使儿艺新创剧目《宠物总动员》能在更多的剧场无障碍演出，吸引更多的小观众走进剧场，获得更高的收益。孟京辉在杭州成立工作室，这是继北京、上海之后孟京辉开设的第3个工作室，他执导的《空中花园谋杀案》在杭州大剧院上演。

传统戏剧进校园取得了更大的进展。作为北京大学昆曲传承计划的一部分，北京大学开设了昆曲课程，由作家白先勇主持“经典昆曲欣赏课”，旨在培养未来的昆曲观众与研究人才。此外北京“京剧进课堂”试点校从原来的22所增至百所。

（薛晓金）

机构　设施

【丑小鸭（北京）亲子剧场】 2月，北京丑小鸭卡通艺术团在海淀区工人文化宫成立了民营儿童剧双休日剧场——丑小鸭（北京）亲子剧场。剧场内设有308个豪华座位，剧场外有近百个停车位。全年每周六、周日、国家法定假日演出，艺术团每月推出一部风格不同的新剧，全动漫真人卡通演绎戏剧。近百个动漫卡通，每周轮流和孩子免费合影互动。

（薛晓金）

【黄梅戏会馆】 4月23日，北京首家黄梅戏会馆揭牌仪式在位于西四胜利电影院的西城区非物质文化遗产展示中心举行。该会馆由北京长乐文化传播有限公司和北京市西城区文化委员会共同兴办，演员以长乐黄梅戏演出团为主要班底。西城区政府、安徽省政府驻京办领导，以及部分戏迷参加了揭牌仪式，并观看了汇报演出。该会馆每周六、周日晚举办黄梅戏演出。

（薛晓金）

【东联艺术工社】 7月20日，东联艺术工社剧场推出试营业演出季。剧场位于北京市海淀区中关村南大街30号，是一家集舞台艺术创作、表演、交流、办公、餐饮等为一体的综合性创作型剧场，是北京首家由民营资本设立的舞台艺术孵化基地，致力于为青年艺术家们创建一个实现艺术创意的平台，积聚一批富于创作能力的艺术家。剧场总建筑面积4000平方米，舞台面积345平方米，台口宽13米高6米，舞台顶部设有吊杆26道，灯光音响设备大部分采用美国和德国的产品，剧场坐席分上下两层，可同时容纳700人就座观看。剧场隶属于内蒙古成吉思汗投资集团。首轮演出有易立明执导的音乐话剧《赵氏孤儿》、小剧场京剧《浮生六记》和邵泽辉执导的海子作品现代诗剧《太阳弑》。

（薛晓金）

【大观园戏楼成为北昆定点演出场所】 7月23日，北方昆曲剧院在大观园戏楼举行了剧院成立53周年庆典活动，并正式宣布大观园戏楼成为北昆定点演出的自有演出场所。大观园戏楼坐落在大观园北门，20世纪80年代与大观园同时建成。在归属北昆之后，经过了重新整修，一楼可容纳约200人，二楼包厢提供60人的座位。

（薛晓金）

【心目戏剧工作坊】 7月，由民间助盲机构红丹丹教育文化交流中心发起，北京首个盲人民间剧团“心目戏剧工作坊”在京宣布成立，这是北京第一家汇聚视障戏剧爱好者、推动盲人登台演出的剧社。

（薛晓金）

【北京喜剧厂】 8月6日，北京喜剧厂开业，首轮上演东北·京味时尚风情喜剧《爱情不打包》，讲述了一个从东北来北京开店的漂亮女孩遇见了一群形形色色追求她的男人的故事。北京喜剧厂位于海淀区紫竹桥，是原解放军军乐团军乐厅，以演出悲喜交加、百态人生的小剧场话剧为主。剧场艺术总监羊驰。

（薛晓金）

【北京儿艺在长春开连锁店】 8月7日，北京儿艺控股，吉林吉剧院、《新文化报》、吉林省动漫集团参股的吉林京演儿艺联合剧院有限公司举行了揭牌仪式，北京儿童艺术剧院的第一家连锁店在京外开张。这是北京儿艺的一次改革创新，他们将借助成立不久的全国儿童剧联盟，搭建儿童文化产业跨地区、跨领域发展的新平台，以连锁店形式进军全国市场。

（薛晓金）

【北京青年京剧演员研习社】 8月18日，由首都优秀青年京剧演员自发组织的北京青年京剧演员研习社成立，其成员都是全国各大比赛中的金、银奖得主。研习社与北京湖广会馆达成合作意向，定期演出经典京剧传统剧目。

（薛晓金）

【长安大戏院更换绿色照明】 9月18日，长安大戏院作为“LED绿色照明示范应用剧场”正式启用，新的舞台照明，低碳、高效的冷光照明替换了热浪般几万瓦的灯光。这是长安大戏院响应中央号召，让舞台照明走向低碳生活的开端。据有关方面测定，在全部灯光照耀下的舞台，已经从52摄氏度下降到10摄氏度。

（薛晓金）

【姜妙香艺术研究会】 10月，为了纪念著名京剧表演艺术家姜妙香诞辰一百二十周年，“姜妙香艺术研究会”在北京京剧院成立，各地姜派艺术的爱好者可免费参加该研究会。会长林懋荣是姜妙香的关门弟子，为参会者免费授艺。

（薛晓金）

【北京儿艺开设太原连锁店】 10月，太原市话剧团与北京儿童艺术剧院正式签署合作协议，继长春之后，北京儿艺儿童剧联盟向全国范围内的发展迈出了第二步。

（薛晓金）

【孟京辉在杭州成立工作室】 12月9日，孟京辉戏剧工作室在杭州凤凰国际创意园揭牌，这是继北京、上海之后孟京辉开设的第3个工作室。9日～10日，孟京辉执导的首部音乐话剧《空中花园谋杀案》在杭州大剧院上演；15日～16日、18日～19日，由孟京辉监制，两个青年人导演的作品《哈姆雷特机器》《背叛》在浙江省群艺馆上演。

（薛晓金）

【中国戏剧出版社并入中国唱片总公司】 中国戏剧出版社按照中央制定的文化体制改革时间表和路线图，完成了转企改制和资产重组工作，整体并入中国唱片总公司，成为其全资子企业。12月21日，并入签约仪式在京举行。中国文联、新闻出版总署、国资委以及中宣部出版局、中国剧协、中国诚通集团有关领导出席。

（薛晓金）

【北京儿童艺术剧院艺术体验馆】 12月25日，位于时尚地标世贸天阶的北京儿艺艺术体验馆正式开幕，北京儿艺的品牌经营链上又多了一环。艺术体验馆是一个面向1至6岁儿童，集亲子游乐、儿童剧演出、早期教育、少儿英语培训、少儿才艺培养于一体的综合乐园。体验馆的首演剧目《来，抱抱》也于同日上演。

（薛晓金）

剧　　目

·戏　曲·

【京剧《满汉全席》】 2月20日～23日，北京京剧院推出的贺岁大戏《满汉全席》在长安大戏院演出。导演陈霖苍，编剧颜全毅，作曲朱绍玉。故事讲述的是清末京城两个饭庄的故事。主演杜镇杰、王怡。

（薛晓金）

【京剧《罗通智守居庸关》】 4月17日，由十三陵特区办事处与北京市京昆文化艺术团合作创编的新编历史剧《罗通智守居庸关》在居庸关长城首演。该剧是根据《明史·罗通传》记载中的内容而创作的，剧中表现罗通不辱使命，汲水灌城覆冰，成功守关的英勇事迹。赵世璞、侯连英、张永生等国家一级演员也加盟到该剧中。

（薛晓金）

【京剧《曙色紫禁城》】 国家京剧院2010年倾力打造的新编历史剧《曙色紫禁城》于4月27日在梅兰芳大剧院首演。为保证演出队伍的齐整，剧院整合了三团、二团的骨干主力，由袁慧琴、周婧、宋小川、魏积军、王润菁、吕昆山等国家一级演员担纲演出。编剧何冀平，改编自她的话剧《德龄与慈禧》。香港话剧团的艺术总监毛俊辉任导演。该剧讲述清末一个生长在西方、受西方教育的清朝宗室格格德龄，来到重门深锁的紫禁城，与慈禧、光绪、后宫宫眷、八旗官宦发生的种种冲突，重点突出了德龄与慈禧这两个思想性格截然不同的女人。

（薛晓金）

【昆曲《怜香伴》】 5月11日～14日，香港电影导演关锦鹏跨界执导的昆曲《怜香伴》在保利剧院首演。艺术总监汪世瑜。《怜香伴》系清代李渔所作，讲述崔笺云、曹语花两位美人，因诗貌相怜，种下情根，誓作来世夫妻，历经波折，终得同嫁才郎的传奇故事。演出集合了北方昆曲剧院、厅堂版《牡丹亭》等众多昆曲演员，首轮演出分为“男旦”、“女伶”两种版本呈现，首场演出为“男旦”本。该剧由于所表现的“同性之爱”引起观众的争议。

（薛晓金）

【戏曲《还魂三叠》】 7月25日～26日，由中国戏曲学院等单位联合制作的小剧场实验戏曲《还魂三叠》在北京文联小剧场上演。该剧为北京市属市管高校人才强教项目，课题负责人林兆华，编剧颜全毅，导演周龙。该剧将三位传统戏曲中的还魂女的故事叠加交织在一起，分别以越剧、昆曲、京剧的方式表现杜丽娘、李慧娘、阎惜娇为情做鬼，又为情还魂的动人故事。黄依群扮演杜丽娘（越剧），王晓燕扮演李慧娘（昆曲），刘洋扮演阎惜娇（京剧）。三位主演均是一袭素服，伴奏仅有古筝、埙、萧、琵琶、鼓板。

（薛晓金）

【京剧《三打陶三春》】 8月5日，北京京剧院复排京剧《三打陶三春》在长安大戏院首演。该剧是1979年由剧作家吴祖光创作，迟金声导演，陆松龄作曲，徐玉川等担任技导排演的一出新编历史京剧，2009年该剧荣获文化部颁发的“优秀保留剧目大奖”。为了将这出戏传承下去，由当年的主演王玉珍、罗长德等组成技导组重新排演这出经典剧目。新一代的陶三春由青衣窦晓璇和刀马旦王晓丽联合饰演。

（薛晓金）

【北昆版昆曲《长生殿》】 8月16日，北方昆曲剧院的经典名剧《长生殿》在长安大戏院上演。北昆版《长生殿》早在27年前即以全本晚会的方式推出，此次重演特邀丛兆桓与秦肖玉传授、指导北昆青年演员史红梅、邵峥。退休多年的老演员侯宝江出演了安禄山一角。

（薛晓金）

【少儿版京剧《赤壁》】 8月27日，少儿版《赤壁》在国家大剧院戏剧场登台亮相。导演石宏图。《赤壁》是国家大剧院首部原创京剧，少儿版是普及京剧教育的深化版，把小朋友邀请到舞台上，孩子演，孩子看，直接鼓励和推动京剧艺术在少儿中的学习和普及。111名演员中最大的13岁，最小的7岁，21名主角均是通过全国招募、初选、2次面试产生，其中，陶阳、唐达、张纪元、李泽琳等是有名的少儿京剧演员。为让更多青少年进入大剧院、少儿版《赤壁》的演出不设身高限制并推行80元~120元的低票价政策。

（薛晓金）

【新版评剧《马寡妇开店》】 10月1日~5日，中国评剧院新版评剧《马寡妇开店》在中国评剧大剧院演出。该剧讲述的是秀才狄仁杰与店东马寡妇在旅店中邂逅的故事。此剧是中国评剧创始人成兆才的名剧之一。此次重排剧本由王新纪改编，导演徐春兰，音乐设计刘文田，主演王平、张俊玲。

（薛晓金）

【昆曲《续琵琶》】 10月11日，昆曲《续琵琶》在中山公园音乐堂上演。《续琵琶》作于清康熙年间，其作者被认为是曹雪芹的祖父曹寅。300年来，这部昆曲都未能与公众见面，此次北京曹雪芹学会联手北方昆剧院、中国戏曲学院，用一个半月时间完成了对剧本精华部分的排练，再现了东汉末蔡邕及其女蔡文姬的故事。演出阵容有饰演大小蔡文姬的涂玲慧、魏春荣，王昭君的扮演者史红梅，董祀的扮演者王振义，都是中国戏剧“梅花奖”的获得者。

（薛晓金）

【京剧《梅兰芳华》】 10月12日，由李六乙导演与梅兰芳京剧团联手推出的《梅兰芳华》新概念京剧在正乙祠古戏楼驻场演出。该剧汇集了《抗金兵》《贵妃醉酒》《洛神》《穆桂英挂帅》《霸王别姬》《天女散花》6出梅派剧目的经典折子戏，使梅派艺术重归有300年历史的古戏楼。梅葆玖任艺术总监，梅派弟子董圆圆、胡文阁、李红艳等担纲主演。

（薛晓金）

【京剧群曲《虎啸龙吟》】 12月8日，北京戏曲艺术职业学院创编的京剧群曲精选展演节目《虎啸龙吟》在北戏排演场首演，旨在庆祝京剧成功入选2010年“人类非物质文化遗产代表作名录”，为濒临失传的京剧群曲搭建展示平台。演出精选了“泣颜回”、“点绛唇”、“风入松”、“粉蝶儿”、“石榴花”等传统曲牌近30个。

（薛晓金）

【京剧音画《国韵·至爱篇》】 12月25日，国家京剧院贺岁巨制大型京剧音画《国韵·至爱篇》在梅兰芳大剧院首演。于魁智、李胜素、高牧坤、董圆圆、李海燕、宋小川等名家联袂演出。演出选取《湖上情缘》《梦系春闺》《梁祝心曲》《江山美人》等如诗如画的京剧经典，向观众解读了人间千古至爱情缘。

（薛晓金）

【北京曲剧《开市大吉》】 12月26日~28日，北京市曲剧团的《开市大吉》在中国运载火箭技术研究院礼堂首演。该剧根据老舍同名短篇小说改编而成，并参考了何冀平的话剧改编本，这也是曲剧演出跟老舍相关的第八部作品。戏剧讲述了一个发生在二十世纪三四十年代，无州小镇上三个骗子为达目的不择手段的欢喜闹剧。导演顾威，编剧王新纪，作曲戴颐生。主要演员有秦鸣、盛国生、洪宗义、卢雪文、郭曾蕊等。

（薛晓金）

【京剧《张羽煮海》】 12月31日，京昆文化艺术团推出的京剧《张羽煮海》在京东梨园大戏楼首演。该剧故事源自民间传说：东海龙王的公主琼莲爱慕樵夫张羽，龙王不允。碧霞仙子盗取龙宫三宝，令张羽煮海，龙王无奈之下送琼莲与张羽成婚。评剧曾有此剧目。此次新排充分利用京剧的传统程式和绝技，使之成为一出文武兼备、适合旅游市场的京剧作品。

（薛晓金）

·话　剧·

【话剧《老宅》】 2月4日~12日，陈佩斯新戏《老宅》在解放军歌剧院首轮演出，票房达到200万元。该剧讲述住在老宅里的王老头死了，刑侦队长在观众的帮助下，从4个嫌疑人中找出真凶的故事。《老宅》有别于传统话剧，打破台上演、台下看的固定格局，将互动引入话剧本身，使观众能够成为整场演出的一部分。戏中的破案过程需要观众向警方提供线索、证据，警方需要他们的证言、证词来缉拿凶手。最后的凶手也是通过观众投票来决定的，因每场观众的判断不同，戏的结局也不同。

（薛晓金）

【话剧《隐婚男女》】 3月3日，话剧《隐婚男女》在北京先锋剧场首演。该剧由英皇星艺携手话剧导演李伯男打造，编剧哈智超。主要演员卢野、张瀚生、吕途、吴琼、王璇、海燕等。该剧与导演李伯男之前推出的《剩女郎》《嫁给经济适用男》彼此独立又相互联系。剧中讲述了白领张静宜跳槽到丈夫崔民国的公司成了高级主管。夫妻二人为了工作和住房，隐匿已婚身份，潜伏在公司。

（薛晓金）

【话剧《老舍五则》】 3月12日，应香港艺术节之邀，林兆华导演的《老舍五则》在香港葵青剧院演艺厅首演，《老舍五则》改编自老舍20世纪30年代的五则短篇小说《柳家大院》《也是三角》《断魂枪》《上任》和《兔》，编剧王翔通过现代表现方法把这五则短篇串联起来构成了一台反映老北京市井人生的悲喜剧。雷恪生和刘佩琦以及北京曲剧团演员们京腔京韵的演绎，显示出老舍对人生的洞察和悲悯。5月27日，《老舍五则》在保利剧院上演。

（薛晓金）

【话剧《爽歪歪囧呆呆之阿美那点破事儿》】　3月18日～21日，由北京快板沙龙、北京曲艺家协会和晓攀传媒嘻哈包袱铺共同打造的《爽歪歪囧呆呆之阿美那点破事儿》在嘻哈包袱铺东四环剧场首轮上演。编剧和导演是快板演员李世儒，主要演员是80后相声演员。这部被称为“什锦八宝剧”作品融合了相声、快板、魔术、歌舞和脱口秀等各种元素。剧情将古今最有名的两大负心汉——陈世美和陈冠希的故事混搭在一起，对《铡美案》进行了故事新编。

（薛晓金）

【话剧《大酒店套房》】　4月17日，由顾威执导的小剧场话剧《大酒店套房》在人艺实验剧场首演。该剧改编自诞生在20世纪60年代的百老汇同名音乐剧，作者尼尔·塞门。该剧讲述了在同一间套房里不同的时间发生的三段互不相关的情感冲突：结婚24年的老夫妻一心唤回往昔温情，功成名就的制片人试图找回初恋的感觉，举家欢庆的婚礼上新娘却临阵脱逃。主要演员有王刚、唐萍、原雨、孙星、王欣雨等。

（薛晓金）

【实景剧《悦之城》】　4月18日～29日，实景剧《悦之城》在西单大悦城上演。故事讲述的是几对普通青年人的感情故事，所有的行动都在商场内合理完成，大悦城俨然成了一个巨大的“剧场”，演员从地下一层一直演到地上五层，吸引了很多前来购物的观众驻足观看。演出方向观众散发了戏剧地图和门票，帮助观众以最快的方式走到演出区，标注了每一场的主题；鼓励大家走来走去、打开手机等，提示观众不要用正常的戏剧观看心理来对待这部别具一格的“戏剧”。

（薛晓金）

【话剧《三姐妹》】　5月5日～14日，为纪念俄国批判现实主义作家、戏剧家、短篇小说艺术大师契诃夫诞辰150周年，由中央戏剧学院2006级表演系本科2班全体同学出演的《三姐妹》在逸夫实验剧场上演。该剧由刘立滨、罗宇导演。

（薛晓金）

【话剧《甜蜜蜜》】　5月21日，由高希希执导，林心如、沙溢、于和伟等主演的话剧版《甜蜜蜜》在保利剧院首演。该剧延续热播的同名电视剧，将剧情安排在了电视剧剧情的20年后，男女主人公叶青和雷雷再次相遇并与下一代一起面临情感纠葛。面对种种矛盾，青年和中年雷雷穿越时空的对话体现两个不同年代的人们对待爱、善以及金钱的不同态度。该剧在北京首演后进行了全国巡演。

（薛晓金）

【话剧《青蛙》】　5月21日，作为第3届北京法国戏剧荟萃参演剧目，过士行的三幕荒诞剧《青蛙》在朝阳文化馆“9剧场”首演。法籍华裔导演宁春艳执导。该剧讲述了一个发生在海滨某理发馆的故事：理发者要让理发师给自己理一个最时尚的发型，远行者路过此地，想刮刮脸、理个发；然而理发师一直没给理发者找到理想的时尚发型。如此三番两次，远行者去而复返，从未如愿。戏剧给人以无始无终、荒诞悖谬的世间感悟。《青蛙》是2006年过士行应日本新国立剧院约稿创作的三幕荒诞剧，在日本演出大受欢迎。

（薛晓金）

【话剧《马哈哥尼城的兴衰》】　5月23日～6月1日，布莱希特经典作品《马哈哥尼城的兴衰》在中国传媒大学黑匣子剧场首演。作品描写了阿拉斯加森林里的保尔等4个伐木工人，以为金钱能够带来幸福，来到马哈哥尼城寻求欢乐，却经历了诱惑、浮华、飓风和白日梦，最终走向毁灭。导演、舞美设计赵宁宇和孙承钢联合担任，中国传媒大学表演专业07班同学参与演出。演出融合了话剧、歌剧、音乐剧、京剧、综艺晚会等多种元素，赋予了该剧独特的表现力。

（薛晓金）

【话剧《一触钟情》】　6月4日～20日，由繁星戏剧村投资的《一触钟情》在伍剧场首轮演出。该剧改编自法国剧作家居依·富瓦锡的经典剧目《心心相印》，是新锐导演颜永祺“都市臆想剧三部曲”之一，着重关注重压下“蚁族”情感问题。

（薛晓金）

【话剧《回到1997》】　6月11日～20日，根据网络热帖改编的话剧《回到1997》在繁星戏剧村壹剧场首轮上演。编剧陈予婧，导演岑艺峰，主要演员为中国戏曲学院的毕业生。该剧讲述一个在职场拼杀多年的“杜拉拉”，在一个偶然的机会找到了初恋情人阿涛创作的歌词。可是歌词只有一半，为了寻找另一半歌词，她回到梦寐以求的纯真年代——1997年。演出融合了话剧、音乐、舞蹈、戏曲等多种艺术门类。

（薛晓金）

【话剧《肖邦》】　6月11日～20日，为纪念波兰音乐大师肖邦诞辰200周年，国家话剧院推出的音乐话剧《肖邦》在保利剧院首轮演出。导演王晓鹰。于洋饰演肖邦。该剧首次比较全面地展示了现实生活中的真实肖邦，表现出了他性格中傲慢、怯懦、软弱和神经质的一面。其故事取材于1945年美国哥伦比亚影片公司拍摄的电影《一曲难忘》，并根据《肖邦传》和《肖邦与乔治桑的故事》进行改编。演出分为戏剧和音乐两个部分，波兰钢琴家尼克德姆现场演奏了《夜曲》《玛祖卡舞曲》和《大波兰舞曲》，后3场由李云迪现场演奏。

（薛晓金）

【话剧《晚餐》】 6月16日，北京人民艺术剧院首部希腊悲剧作品《晚餐》在人艺实验剧场首演。中央戏剧学院教授罗锦鳞担任导演。孔维、徐岑子等年轻演员担当主演。该剧是希腊当代最著名的剧作家卡巴奈利斯的名剧，被戏剧界认为是《俄瑞斯特斯》三部曲的续篇。剧中，前三部中逝去的人的鬼魂和活着的人共进晚餐。餐桌上，生者恩恩怨怨纠缠不休，死者却赤诚相见。

（薛晓金）

【话剧《看不见的城市》】 6月25日～27日，一部由旅美编舞侯莹和编剧李蝴蝶跨界合作的戏剧《看不见的城市》在北京聚敞现代艺术中心·黑方剧场首演。这部作品剧本构思源自意大利著名小说家卡尔维诺的同名小说，但剧情却与中国当下城市的生存状态有关。该剧是以大量城市故事为背景创作的，如“蚁族”中的年轻打工者、逃离“北上广”游离四方的中年男子等。此外，该剧还结合了大量的现代舞和形体表演。

（薛晓金）

【话剧《1977》】 7月8日～10日，由王晓鹰执导，吕凉、周野芒主演的话剧《1977》在国家大剧院首次演出。该剧改编自电影《高考1977》，通过一个80后的知青后代，返回北大荒寻找父辈在这里留下的足迹，引出一群投身北大荒的上海知青在参加1977年那场改变自己命运的高考时所经历的故事。

（薛晓金）

【话剧《可以睡觉》】 7月16日～31日，繁星戏剧村壹剧场推出改编自日本“不条理戏剧”大师别役实的神秘戏剧《可以睡觉》，该剧以惊悚悬疑的风格讲述了一个关于救赎的故事。导演赵瑞宁。

（薛晓金）

【话剧《男人如衣服》】 7月20日，北京金马英华有限公司出品的都市情感话剧《男人如衣服》在“9剧场”首演。导演王卓。

（薛晓金）

【帐篷剧《乌鸦邦平方》】 7月31日～8月2日，帐篷剧《乌鸦邦平方》在朝阳区皮村上演。该剧表现的是棚户区、城中村的打工族、“蚁族”的精神困境。艺术总监樱井大造，导演樱井大造、孙柏，编剧孙柏、周瓒。

（薛晓金）

【话剧《穿PANDA的女魔头》】 8月9日，《穿PANDA的女魔头》在“9剧场”上演。该剧取材自美国畅销电影《穿PRADA的女魔头》，是木马剧场独立运作的一部都市爱情喜剧。该剧的主创人员以传媒大学戏剧专业毕业生为主，导演苏丹，主要演员为张博宇、张颖、韩天宇等。这群80后都市青年的大胆，结合熊猫玩具天马行空的创意，讲述了一群年轻人追逐梦想和爱情的故事。

（薛晓金）

【话剧《欢迎来到真实的沙漠》】 8月17日，当代艺术家汪建伟的多媒体剧场艺术作品《欢迎来到真实的沙漠》在方家胡同46号剧场上演。该剧表现了一个少年来到城市中的经历，用影像、音乐、装置、演员肢体表演等多种艺术语言表达了在平常表象之下，人与人、人与环境之间充满焦虑、不适应。

（薛晓金）

【话剧《向上走，向下走》】 8月26日，国家话剧院话剧《向上走，向下走》在国家大剧院小剧场首演。作为一部以关注草根人群生活来反映世事百态的现实主义题材话剧，该剧的剧情主要围绕着在一个高档住宅小区内的小保安、小保姆这样的社会底层人士展开，通过一连串让人啼笑皆非的事件，讲述了一个感人的现代真情故事。该剧的创作班底由一群80后组成，制作人的李家讴，导演李檪，编剧秦雯、李檪，主要演员有左腾云、于莎莎、周铁男、高昂、樊冲等。

（薛晓金）

【话剧《海棠胡同》】 9月5日，“京味儿”原创话剧《海棠胡同》在民族宫大剧院进行首场公演。该剧由作家霍达担纲编剧，国家话剧院导演王剑男执导。宋春丽、石小满、郭冬临、杨立新、郭达、佘南南、薛勇、冯千、郭笑等参加了演出。该剧讲述了北京一个经历了200多年风雨沧桑的四合院濒临拆迁，院中的3户人家与房地产开发商之间的故事。宋春丽饰演曾经红极一时的鼓书艺人苏宛君，为了守住这座百年故居和院中的3株名贵海棠，与开发商展开激辩与较量。

（薛晓金）

【话剧《日出》】 9月7日，作为纪念戏剧家曹禺诞辰一百周年演出的首部作品，北京人民艺术剧院复排话剧《日出》在首都剧场首演。导演任鸣，陈好饰演陈白露。

（薛晓金）

【话剧《都市囧人》】 9月9日~13日，国家话剧院的时尚喜剧《都市囧人》在保利剧院首轮演出。该剧改编自法国喜剧作家马克·卡莫莱提的作品《波音，波音》，讲述的是一个成功男人与三个空姐之间的情感纠葛。改编、导演魏晓平，主演印小天，国话青年演员刘洋、江佳奇、刘丹参加了演出。

（薛晓金）

【话剧《北京猿人的原始之恋》】 9月10日，为了让更多的人了解周口店，由周口店北京人遗址博物馆和北京一九九八国际青年艺术剧团共同制作的话剧《北京猿人的原始之恋》在海淀剧院首演，这是国内第一次将北京猿人的艺术形象搬上话剧舞台。该剧描写了约四五十万年前北京猿人的生存状态，他们在恶劣的自然环境下，不屈不挠，顽强地斗争、繁衍着。

（薛晓金）

【曹禺作品经典片段欣赏专场】 为纪念中国现代话剧的奠基人、著名剧作家曹禺诞辰一百周年，9月19日，“曹禺作品经典片段欣赏专场”在国家图书馆音乐厅上演。专场汇集了曹禺的经典作品《雷雨》《日出》《北京人》《家》的精彩片段，还有改编作品《胆剑篇》，翻译作品《罗密欧与朱丽叶》等。老艺术家苏民、方明、曹灿、朱琳、郑榕参加了演出。

（薛晓金）

【话剧《原野》】 9月24日，作为纪念戏剧家曹禺诞辰一百周年演出的系列作品，北京人民艺术剧院复排新戏《原野》在国家大剧院首演，导演陈薪伊，胡军、徐帆、吕中、濮存昕等参加演出。陈薪伊颠覆了《原野》惯有的仇恨主题，展现诗性的悲悯，并更多地从人性美好的一面去挖掘戏剧性。

（薛晓金）

【话剧《远去的家园》】 10月3日~4日，由北京剧协主办，夜语剧社演出的话剧《远去的家园》在北京文联小剧场上演。导演段晓音。该剧根据美国当代剧作家奈戈·杰克逊的作品改编而成，讲述了3个女儿从四面八方赶来面对昔日桀骜不驯如今患老年痴呆症的父亲的故事，借助重聚的机会，每个人心底那些隐藏的秘密和伤痛蔓延开来。

（薛晓金）

【话剧《收信快乐》】 10月8日~17日，由史可戏剧工作室和蓬蒿剧场共同出品的小剧场话剧《收信快乐》，作为2010年北京东城青年戏剧演出季的开幕话剧在蓬蒿剧场上演。主演史可、方旭。该剧改编自美国戏剧《爱情书简》，是一部台词量大、情感丰富的两人戏剧，演绎跨越了50年时空的感人爱情故事。

（薛晓金）

【话剧《海（high）家班》】 10月13日，“浩海剧院海家班”推出的爆笑喜剧《海（high）家班》在海淀剧院首演。该剧讲述一个话剧团队“海家班”排练外国话剧受到广告赞助商干扰的故事。以戏中戏的方式、犀利辛辣的讽刺手法直指现代都市人际关系的“潜规则”。

（薛晓金）

【话剧《那里》】 10月20日~24日，根据王海平同名小说改编的话剧《那里》在解放军歌剧院首轮演出。北京蓬蒿剧场制作，导演汪东，编剧蔡谨如。该剧的主人公许观是一位内心不失纯真的中层干部，与周围世俗环境格格不入，总是被同事称为“病人”，于是他到一家叫“那里”的心理诊所“治病”，却又被另一位“病人”当成医生，他们彼此互解心结。

（薛晓金）

【话剧《北京好人》】 10月28日~11月7日，《北京好人》在“9剧场”TNT剧场上演。该剧改编自德国贝托尔特·布莱希特的著名作品《四川好人》，由中央戏剧学院教授沈林领衔夜猫子工作室进行改编。故事讲述了3个神仙来到人间寻找好人，最终找到北京胡同里的洗头妹沈黛。沈黛在神仙的资助下开了间杂货店，广行善举、有求必应。可在残酷的现实压力下，她却不得已3次化身恶人隋大，以恶制恶。演出融入了众多京味元素，灵活运用三弦、八角鼓等乐器，强调单弦、岔曲为主的戏曲演唱，显示出了鲜明的中国特色。

（薛晓金）

【话剧《一了百了》】 青年导演枰驿执导的黑色幽默话剧《一了百了》于11月11日~21日在“9剧场”首轮上演。该剧讲述了痴情却极端的女同性恋、成功却伪善的政府职员、靓丽却做作的三流女演员，这3个人在同一场银行抢劫案中死去，在地狱中经历了灵魂的惩戒和救赎。主要演员有赵广明、罗惜楠、方晓燕。

（薛晓金）

【话剧《柔软》】 11月17日，廖一梅编剧、孟京辉执导的新作《柔软》在保利剧院上演。该剧与之前的《恋爱的犀牛》《琥珀》构成廖一梅、孟京辉的“悲观主义三部曲”，讲述了一个绯闻缠身的女医生和一个性别模糊的年轻人纠结的情感和微妙的两性关系。郝蕾、范植伟、詹瑞文作为主演都分饰两角，既演男又演女。

（薛晓金）

【人艺“无名”话剧】 11月20日，北京人艺实验剧场首次上演了一部“无名”话剧，并诚邀观众为这部新戏命名。该剧是一部荒诞喜剧，讲述一个充满谎言的小镇中发生的故事，题材来源于美国作家诺贝尔奖得主斯坦贝克的小说，郭启宏改编，徐昂导演，主演班赞等。在近百个应征的剧名当中，最终认定《小镇畸人》成为该剧的剧名。

（薛晓金）

【话剧《惊天雷》】 为纪念中国共产党成立90周年，12月24日，由中国煤矿文工团、中国煤炭科工集团和青海省话剧艺术中心联合出品的主旋律题材话剧《惊天雷》在京首演。该剧剧本由王稔创作，是根据延安时期毛泽东的一个真实故事改编而成，是一部表现人民领袖勇于纠正工作中错误的富有新意的作品。导演由二群，全部启用了煤矿文工团和青海省话剧艺术中心的年轻演员担当主演。

（薛晓金）

·儿童剧·

【《太阳鸟》】 2月16日，中国儿童艺术剧院的大型神话剧《太阳鸟》在儿童剧场首演。编剧郭馨阳，导演周文宏。《太阳鸟》以《山海经》中后羿射日的故事为蓝本，剧中讲述远古时代，10只太阳鸟在天后羲和的安排下轮流穿上太阳衣上天执勤，“神鱼儿”为了自己的野心，乘羲和不在，哄骗10只太阳鸟一起上天执勤，10倍的光照使得大地瞬间干裂，生灵涂炭。小小的太阳鸟意识到了自己的错误，勇敢地让后羿射掉自己的翅膀，从而打败“神鱼儿”，赢得了天下万物的重生。

（薛晓金）

【《心花怒放》】 5月1日，由北京动动鞋子儿童剧团出品的音乐童话剧《心花怒放》在海淀剧院上演。这部音乐儿童剧是香港女剧作家黄婉玲的生前作品，香港导演李明华曾将其搬上台湾舞台。为纪念黄婉玲，李明华将本剧重新搬上北京舞台。

（薛晓金）

【《宠物总动员》】 5月28日，北京儿童艺术剧院六一大戏、大型人偶儿童剧《宠物总动员》在世纪剧院首演。该剧为小朋友们讲述一个老鼠送迷路狗狗回家的新鲜都市童话。

（薛晓金）

【《罐头小人》】 6月1日，根据郑渊洁童话改编的儿童剧《罐头小人》在中国儿艺假日小剧场首演，该剧讲述了“罐头”里的一个神奇的“小人”来到了“皮皮鲁”和“鲁西西”身边发生的故事。该剧是继《红沙发音乐城》和《魔方大厦》之后，中国儿童艺术剧院出品的第三部郑渊洁童话剧。

（薛晓金）

【《魔法小书包之唐诗传奇》】 6月1日，《北京晚报》的儿童活动品牌“全家乐翻天”推出的原创儿童剧《魔法小书包之唐诗传奇》在北展剧场首演。该剧由中国儿艺导演焦刚执导。演出立足于中国传统诗文化，以轻松有趣的“穿越”故事让孩子领略中国文字魅力。除了“唱诗”外，该剧还融入魔术、京剧、双簧、跑旱船等多种戏曲曲艺的表演手法。

（薛晓金）

【《淘气包马小跳之寻找梦幻岛》】 6月17日，由北京时代中娱文明传媒有限公司出品的大型魔幻儿童剧《淘气包马小跳之寻找梦幻岛》在解放军歌剧院上演。“调皮包马小跳系列”是著名女作家杨红樱创作的经典儿童文学作品，继书籍和动画片后，又推出了舞台版本。导演赵淼，主要演员有朱荔莘、唐夏娃、秦枫、吴迪等。该剧表现马小跳因为干了坏事，无意中闯入了梦幻岛，但随着这场惊险魔幻旅程的展开，马小跳在战胜各种困难的同时也学会了尊重、宽容。

（薛晓金）

【《海宝》】 7月16日，由北京儿童艺术剧院创作的大型世博儿童剧《海宝》在北京首都剧场首演。该剧讲述了海宝在朋友们的帮助下，让遭到破坏的“彩虹城”恢复往日色彩和快乐的奇趣之旅。《海宝》的核心创意是“孩子的选择，决定城市的未来”，以传承和延续上海世博会“城市，让生活更美好”的理念。《海宝》曾于4月在上海首演为世博会预热，并已在重庆、合肥等10个城市巡演30多场。北京首演对全国巡演版本做了较大的提升。

（薛晓金）

【《天蓝色的纸飞机》】 8月28日，中国儿童艺术剧院出品的《天蓝色的纸飞机》在中国儿童剧场首演。导演钟浩，主演廖伟。该剧属于表现父爱题材的儿童剧，讲述了单亲初中生明亮与父亲明承宪之间的感人故事。

（薛晓金）

【《来，抱抱》】 12月25日，亲子剧《来，抱抱》在北京儿艺艺术体验馆上演。该剧有4个小精灵，它们来到小镇收集孩子们的愿望，并承诺愿望都会实现。正当孩子们的许愿包即将装满的时候，小精灵怪怪熊却声称要把这些珍贵的愿望熬汤喝。于是，一场以“爱”为名的“抱抱大行动”开始了。孩子们不仅拥抱自己的父母，还在卡通人物的指点下，拥抱其身边的伙伴，营造出互动温馨的演出效果。

（薛晓金）

·木偶剧·

【《猴王·闯东海》】　2月15日，由北京演艺集团、中国木偶剧院联合推出的“猴王”系列偶形剧第二部《猴王·闯东海》在中国木偶剧院首演。该剧由28个人偶拿着35个木偶，在景偶的背景中进行表演。主创人员运用了多媒体，并借用现代拉丁、嘻哈等表达手法，以适应现代儿童追求娱乐化、对新生事物接受能力强的特点。

（薛晓金）

活　　动

·演出　会议·

【话剧《茶馆》迎来第600场演出】　3月10日，北京人民艺术剧院经典话剧《茶馆》在首都剧场上演了第600场。演出前，剧院举行了庆祝酒会。老一代艺术家郑榕、蓝天野、朱旭、吕中，以及新一代演员濮存昕、杨立新、冯远征等参与酒会。焦菊隐、夏淳导演的《茶馆》于1958年3月29日首次被北京人艺搬上舞台，1963年5月上演时被封，1979年2月以原班人马复排演出，1992年7月16日的第374场成为于是之、郑榕、黄宗洛、蓝天野等第一版演员的告别演出。1999年和2005年北京人艺两次重排《茶馆》，该剧已成为北京人艺的“看家戏”。

（薛晓金）

【梅兰芳文物精品展】　3月15日，由梅兰芳纪念馆与恭王府管理中心联合主办的梅兰芳纪念馆馆藏文物精品系列展活动在恭王府举办。此次展出的书画作品，既有梅兰芳收藏的清宫戏画，也有梅兰芳自己的作品。尤以故宫寿康宫所藏的《清宫戏曲人物画》、晚清民间画师沈蓉圃所绘的《同光十三绝》《虹霓关》《群英会》《思志诚》等最为珍贵。

（薛晓金）

【非非戏剧演出季第三季】　3月20日～4月4日，“非非戏剧演出季第三季”在京举办，全市16个非职业戏剧团体在“9剧场”的TNT剧场、凹剧场、非非小剧场3个剧场演出50场。非非戏剧季是以“非职业、非商业”为主旨的戏剧爱好者的演出公益平台，“第三季”由北京剧协、北京文化艺术活动中心、朝阳区文化馆3家单位共同主办。参与演出的剧目有“瞧！”工作室的话剧《我亲爱的偏执》、太阳剧社的话剧《梵·像》、三里屯隔壁剧社的魔幻童话剧《隔壁的童话》、新工人艺术团的原创荒诞讽刺喜剧《城市的村庄》、明皓剧社的话剧《死神之一千零一夜》、胡同实践剧社的话剧《醉西厢》、疯剧社的话剧《分裂》、再造小组的文字戏剧《九宫》、二文制作室的音乐话剧《梧桐花》、曾经剧社的话剧《曾经》以及乐童儿童剧社的儿童剧《堂吉诃德妄想记》，此外还有北极熊戏剧工室的剧本朗读《无底的棋盘》和黑幻团剧本朗读《乐土》。

（薛晓金）

【四大流派男旦京剧专场】　3月26日，“梅尚程荀”四大流派男旦京剧专场在长安大戏院上演。北京京剧院的梅派传人胡文阁、上海戏曲学院尚派传人牟元笛、国家京剧院程派传人杨磊、中国戏曲学院荀派传人尹俊分别演出《太真外传》《失子惊疯》《锁麟囊》和《红楼二尤》选段。

（薛晓金）

【中国儿童艺术剧院开启艺术长廊】　4月10日，中国儿童艺术剧院在剧场二楼开启“艺术长廊”，长廊摆放了近400幅珍贵历史照片及多件展品，其中，历史剧照从剧院一层一直延伸至四层。中国儿艺的老一辈艺术家方掬芬、覃琨、连德枝共聚一堂，与中国儿艺院长周予援以及最年轻的《马兰花》演员班底一起，为艺术长廊的启动剪彩。长廊的启动让小朋友们走进剧场看戏之外，更了解中国儿艺的历史和文化。

（薛晓金）

【中国大学生戏剧创演基地举办首个春演季】　作为北京市文化创意产业项目，中国大学生戏剧创演基地5月4日迎来首个春演季。创演基地是北京魔山影视文化有限公司同海淀工人文化宫一同创建的，经过一年运营，已经结成“中国大学生戏剧创演联盟”，有33所大学，40个校园剧社加盟。这次春演季有向大学生推荐的专业剧社的两个剧目，优秀校园剧5个。其中，艺术类院校的毕业大戏一部，非艺术类院校优秀校园剧4部，另外还邀请了美国百老汇音乐剧团参演。

（薛晓金）

【2010梅派经典系列演出】　为了庆祝梅兰芳京剧团重建15周年，由梅葆玖领衔的“2010梅派经典系列演出”于5月29日在梅兰芳大剧院开幕，以梅葆玖为首的诸多名家联袂演出了近10部梅派大戏。演出持续8个月之久，有《御碑亭》《龙凤呈祥》《穆桂英挂帅》《四郎探母》等经典老戏，还有经典创编戏《洛神赋》、时代剧《凤还巢》《宇宙锋》等。

（薛晓金）

【北京首届剧本创意工作坊】 6月11日～20日，由北京市文联主办的北京首届剧本创意工作坊在蜂巢剧场、先锋剧场、“9剧场”、蓬蒿剧场举办。活动主题为“致敬与期待”。开幕式上，孟京辉团队和黄盈团队朗读了《王昭君》《卤煮》，向曹禺和老舍两位大师致敬。活动是2010年第3届青戏节的前奏活动。

（薛晓金）

【首届全国民营艺术院团优秀剧目在京展演】 6月23日～7月11日，为进一步落实中央领导同志指示精神，充分肯定优秀民营艺术院团在文化大发展大繁荣中作出的积极贡献，推动民营艺术剧团改革向纵深发展，文化部在京举办了“首届全国民营艺术院团优秀剧目展演”，23家优秀民营表演团体的14台优秀剧目在长安大戏院、梅兰芳大剧院、保利剧院、解放军歌剧院、北展剧场、中国儿童剧场演出28场，并深入到社区、部队、学校、工地等基层单位进行了9场慰问演出。这些剧目涵盖了戏曲、木偶、皮影等众多艺术门类，不少剧目曾获得国家级奖项，深得专家和观众的好评。同时，文化部还组织参演院团深入社区、学校和工地，为居民、学生及进城务工人员演出。

（薛晓金）

【2010国家艺术院团优秀剧目展演】 8月3日～9月4日，由文化部主办，文化部艺术司、国家大剧院承办的2010国家艺术院团优秀剧目展演在京举行。国家京剧院、中国国家话剧院、中国儿童艺术剧院等9个文化部直属艺术表演团体在国家大剧院等7个剧场演出了32台剧目，包括京剧《满江红》、话剧《红玫瑰与白玫瑰》等。此次展演是近年来国家艺术院团规模最大、历时最长的一次集中演出。

（薛晓金）

【李长春观看《这是最后的斗争》】 8月11日，李长春到国家大剧院与首都观众一起观看参加2010国家艺术院团优秀剧目展演的话剧《这是最后的斗争》。他称赞这部话剧贴近实际、贴近生活、贴近群众，思想性、艺术性、观赏性俱佳，是进行思想政治教育和反腐倡廉教育的好教材。刘云山、刘延东等一同观看演出。

（薛晓金）

【首届“国话消夏戏剧广场”举办】 8月20日～29日，国家话剧院首届举办“国话消夏戏剧广场”公益演出活动，首次尝试以20元“亲民票价”为普通百姓服务。活动期间，剧院安排了《海鸥，海鸥》和《马前，马前》的12场演出，并通过剧本朗读、角色扮演等戏剧体验项目，让更多戏剧爱好者能够有机会多方位感受到话剧艺术的魅力。

（薛晓金）

【北京青年京剧演员研习社推出《四郎探母》】 8月21日，北京青年京剧演员研习社的经典传统戏《四郎探母》在湖广会馆上演，该戏是研习社成立后的首场演出。演出由丁晓君、姜亦珊、张佳春、唐禾香、郭瑶瑶、杨少彭、李阳鸣、张建峰等主演。演出时以完整呈现传统老戏为主，尝试恢复部分民国时期的表演模式及唱腔，并且精减节奏过于缓慢、重复叙述的部分，由说书人介绍剧情背景及情节递进。

（薛晓金）

【贾庆林观看京剧《杨门女将》】 8月28日，全国政协主席贾庆林到梅兰芳大剧院与首都观众一起观看参加2010国家艺术院团优秀剧目展演国家京剧院的参演剧目《杨门女将》。该剧创排于1959年，是京剧舞台上里程碑式的作品。

（薛晓金）

【2010北京国际青年戏剧节】 9月6日～26日，由北京市文联、北京剧协、国家话剧院、团市委联合主办的2010北京国际青年戏剧节在京举行。本届青戏节设立了“致敬大师之品特戏剧单元”，向英国著名戏剧大师、诺贝尔文学奖获得者哈罗德·品特致敬。本届青戏节推出34部中外戏剧、3台创意视听戏剧音乐会、12部剧本朗读精选，共计110场演出及各项戏剧延展活动。这些活动分别在蜂巢剧场、东方先锋剧场、国家话剧院小剧场、北京麻雀瓦舍文艺汇演中心、北京人艺实验剧场、方家胡同46号剧场、“9剧场”、北京大学百周年纪念讲堂多功能厅、蓬蒿剧场、东联艺术公社10家京城演出场所。

（薛晓金）

【帐篷剧在公园上演】 9月15日，青藤社的帐篷剧《野人来了》在青年湖公园的话剧主题广场上演。帐篷里的空间大约能容纳100名到150名观众，演出中演员不用扩音设备，造景借用公园景观。帐篷剧票价低廉，观众多数是年轻人。

（薛晓金）

【刘云山在纪念曹禺诞辰一百周年座谈会上讲话】 9月24日，文化部、中国文联、北京市人民政府在京联合举行纪念曹禺诞辰一百周年座谈会，刘云山出席会议并讲话，强调要继承和发扬曹禺等老一辈文艺工作者的宝贵精神，始终坚持先进文化前进方向，创作生产更多无愧于时代、无愧于人民的文艺精品，为促进社会主义文艺事业繁荣发展作出新的贡献。

（薛晓金）

【中国国家话剧院第4届国际戏剧季】　10月19日～11月21日“中国国家话剧院第4届国际戏剧季——华彩亚细亚”在京举行。此次国际戏剧季陆续展演了新加坡双语剧团“TOY”剧团的《咏蟹花》，韩国“美丑剧团”的《赤道下的麦克白》，越南青少年歌舞团演绎的《玩偶之家》，日本道化座剧团的《早安，妈妈》，孟京辉导演的《恋爱的犀牛》，中国小剧场话剧《霸王歌行》，香港中英剧团的《相约星期二》以及为纪念肖邦诞辰200周年推出的音乐话剧《肖邦》共8部作品。

（薛晓金）

【中国戏曲学院“建校60周年大型系列演出”】　10月28日～11月2日，中国戏曲学院在长安大戏院举办“建校60周年大型系列演出”，演出集合了京剧、豫剧、晋剧、昆曲、北京曲剧等剧种的经典曲目。演员的年龄跨越60多年，可谓“三代同场”。该校第一届毕业生、78岁高龄的钮骠参演了《龙凤呈祥》。

（薛晓金）

【第8届北京国际戏剧·舞蹈演出季】　11月6日～12月26日，第8届北京国际戏剧·舞蹈演出季在京举办。演出了来自中国、英国、韩国、美国、荷兰等国的19台戏剧、舞蹈作品。戏剧作品包括来自爱丁堡国际艺术节的多部优秀作品如英国的《外套》《如此而已》《登月》《孑孓之家》，以及韩国爆笑功夫剧《JUMP》等。香港导演林奕华的《命运建筑师之远大前程》、孟京辉的《柔软》则是新作品。儿童剧首次纳入演出季，《安逗和黑仔》赢得儿童观众的喜爱。此外，演出季还开展了艺术课堂、名家讲坛、大师课等多种公益活动。

（薛晓金）

【北京菊声京剧社成立五周年演出】11月20日，为纪念北京菊声京剧社成立五周年，剧社在梅兰芳大剧院上演了一场别具一格的武生专场。武生名角李玉声、张幼麟、奚中路、李阳鸣、李继春等演出了《四平山》《徐策跑城》《白猿教刀》《挑滑车》等经典名剧，亮出大枪花、摔叉、翻水袖、踢蟒袍、弹髯口等众多看家绝活，展现了京剧武戏之魅力。

（薛晓金）

【“全国京剧票友送戏万里行”表彰会在京举行】　11月20日，“全国京剧票友送戏万里行”表彰会在人民大会堂举行。活动经文化部办公厅批准，由中国传统文化促进会主办，中华京剧票友艺术节承办，全国28个省（市）京剧票友参与演出，分别于2002、2007、2008年举办了三届，演出66场，观众30余万人次。表彰会对积极参与和支持“万里行”的社团、票社、单位和票友给予表彰。

（薛晓金）

【第5届中国京剧优秀演员研究生班汇报演出】　11月25日～28日以及12月2日～5日，中国戏曲学院第5届中国京剧优秀演员研究生班在长安大戏院举行8场汇报演出，阶段性地展示了该班的办学成果。本次演出行当齐全、流派纷呈、青春风采，向社会展现了梨园新秀的整齐阵容。汇演集中了5台传统经典折子戏专场。其中，包含传统骨子老戏，如《金玉奴·棒打薄情郎》《断密涧》《锁麟囊》《天霸拜山》《碰碑》等，也有以武生、武旦为主体，集中了各个行当武戏主力的新编武戏，还有新中国成立以后创作的精品剧目，如《野猪林》《杨门女将》等大戏。

（薛晓金）

【首届林兆华戏剧邀请展】　11月30日～12月19日，首届林兆华戏剧邀请展开幕。此次戏剧展共有原创剧、经典剧、中国戏、外国戏共7部作品上演。其中，中德两版《哈姆雷特》以不同的方式演绎相同的故事是邀请展的焦点。林兆华新作《回家》和《说客》以及易立明执导的原创作品《门客》也引起关注。

（薛晓金）

【2010年全国京剧优秀剧目展演】2010年12月2日～2011年1月20日，为了充分展现《国家重点京剧院团保护和扶持规划》第一期五年的成果，由文化部主办的2010年全国京剧优秀剧目展演在京举行。参加展演的45台剧目在国家大剧院、梅兰芳大剧院、长安大戏院、民族文化宫大剧院、中国评剧大剧院和大兴剧院6个剧场上演，共演出84场。这是近年来最大规模的一次全国性京剧艺术盛会。展演剧目既有新编历史剧《曹操与杨修》《徐九经升官记》《北风紧》和整理改编传统戏《满江红》《孙安动本》《宝莲灯》，又有京剧现代戏《华子良》《生活秀》《飘逸的红纱巾》等。

（薛晓金）

【国际独角戏戏剧节】　12月4日～21日，北京东城国际独角戏戏剧节在京举行。中外16名演员、16部戏在东方先锋剧场、中戏北剧场、蓬蒿剧场上演。剧目包括法国歌剧《人类的声音》、话剧《慢的艺术》《揪心》，美国话剧《一个人的莎士比亚》《我是我自己的妻子》，以色列话剧《地下铁中的俄而普斯》，德国的媒体艺术《旅程在鸣响》，俄罗斯的话剧《麦克白》，国内的川剧《痴梦》、实验京剧《禅悟》、昆曲《牡丹亭·寻梦》、秦腔《浮士德与魔鬼》《打神告庙》、曲剧《阿Q梦》、河北梆子《情痴》以及晋剧《徐策跑城》。

（薛晓金）

·奖项与赛事·

【10位作家被北京人艺授予“北京人艺荣誉编剧”称号】 1月10日，北京人民艺术剧院授予万方、中杰英、王俭、叶广芩、过士行、刘恒、孟冰、苏叔阳、邹静之、何冀平10位院外作家第一批北京人艺荣誉编剧称号，以肯定并感谢曾经为北京人艺创作出优秀剧目的剧作家，激励更多的文学艺术家为北京人艺奉献精品力作。

（薛晓金）

【梅葆玖获2010年万宝龙国际艺术赞助大奖】 5月27日，2010年万宝龙国际艺术赞助大奖中国区颁奖典礼在华彬歌剧院举行，京剧表演艺术家梅葆玖获此项大奖。该奖是万宝龙文化基金会为推动全球文化艺术的发展于1992年设置的奖项之一。

（薛晓金）

【《猴王·闯东海》获得“首届中国戏剧文化奖”】 6月，由北京演艺集团和中国木偶艺术剧院共同出品的大型奇幻剧“猴王”系列之二《猴王·闯东海》，获得“首届中国戏剧文化奖”的6个奖项。包括创新剧目大奖、导演奖金奖、团体表演奖金奖、舞台效果奖金奖、最佳出品人奖和最佳出品单位奖。

（薛晓金）

【第3届中国戏剧奖·理论评论奖】 10月20日～21日，由中国文联、中国剧协主办的第3届中国戏剧奖·理论评论奖颁奖式暨“戏剧的品格和使命”研讨会在京举行。本届评奖共收到来自全国44个单位报送的174篇文章，经初评、终评，丁罗男的《大众文化与当代戏剧》等9篇论文荣获本届中国戏剧奖·理论评论奖，另有17篇优秀戏剧理论评论文章受到表彰。

（薛晓金）

【“国粹艺术伴我同行”戏曲大赛颁奖晚会】 10月23日，由北京市教委主办，中央电视台、中国戏曲学院承办的“国粹艺术伴我同行”戏曲大赛颁奖晚会在京举行。本次大赛隶属于市教委委托项目——教育部民族艺术展示月活动，面向北京各社区、校园戏曲爱好者，为社区、校园戏曲爱好者搭建展示戏曲艺术才华的平台。大赛分为青少儿组与中老年组。青少儿组共20名选手参加，大部分选手由“京剧进课堂”试点中小学校组织选送。中老年组共有来自北京市9个辖区10余社区京剧队、票友团体的100余名戏曲爱好者参加了比赛。本次大赛共评出金奖11名，银奖16名。

（薛晓金）

【话剧《知己》获曹禺剧本奖】 10月28日，“第3届中国戏剧奖·曹禺剧本奖”在第2届中国（潜江）曹禺文化周闭幕式上揭晓，共有8部作品获大奖、20部作品获提名奖。北京剧作家郭启宏的话剧《知己》获得大奖。

（薛晓金）

【首届全国戏曲院校京剧学生电视大赛】 11月21日，中央电视台举办的首届全国戏曲院校京剧学生电视大赛在京举行颁奖仪式。本次大赛自4月份启动以来，历时6个多月，分为中专组和大学组两个组别，参赛选手大多是年轻的90后，最小的年仅10岁。经过两个阶段14场的激烈角逐，中专和大学组各有10人夺得金奖，20人获银奖。

（薛晓金）

【第7届全国戏剧文化奖·话剧金狮奖颁奖】 12月24日，第7届“全国戏剧文化奖·话剧金狮奖”颁奖大会在中央戏剧学院举行。王晓鹰、任鸣、查明哲等获导演奖，冯远征、袁泉、陈小艺等获表演奖，郑榕、张奇虹、雷恪生、娄际成4位老艺术家获荣誉奖。《这是最后的斗争》《毛泽东在西柏坡的遐想》《窝头会馆》等16台剧目获剧目奖；《西游记》《古丢丢》等6台剧目获儿童剧目奖；《书香茶楼》《跟我的前妻谈恋爱》等4台剧目获小剧场剧目奖。

（薛晓金）

·交　流·

【话剧《宝岛一村》进京演出】 2月5日，讲述台湾“眷村”故事的台湾话剧《宝岛一村》在世纪剧院演出。导演赖声川，编剧王伟忠，主要演员有万芳、屈中恒、胡婷婷、徐堰铃、韦以丞等台湾艺人。“眷村”是指1949年随蒋介石撤退到台湾的国民党军人及家眷建盖的住宅区，原本只是当做暂时住所，但是年复一年，他们被迫留在那里。眷村内这些来自中国不同省份、说着不同方言、吃着各色料理比邻而居的人们却形成了一种特殊的多元文化。近年来随着众多眷村的逐渐瓦解，“眷村”成为台湾人的集体记忆。《宝岛一村》通过表现普通人的故事与几十年光阴流转的戏剧性变迁，不仅带给台湾观众深深的共鸣，也为内地观众了解60年前在台湾所发生的故事打开一扇窗口。

（薛晓金）

【国家话剧院赴福建进行公益演出】 2月23日～3月5日，中国国家话剧院组成一支20余人的慰问演出小分队赶赴福建省，先后为福建省4个地区12个县、市的农民群众献上了12场公益演出，累计行程1700多公里，观众人数达3万余人。此次活动，国话精心制作出了一台以“信”为主题的综艺主题演出。有体现“信心”的小品《心灵》、原创短剧《希望的田野上》，体现“信念”的情景广播剧《深山信使》，体现“信赖”的小品《小河淌水》和体现“信任”的小品《村长和留守娘儿们》。

（薛晓金）

【英国TNT剧院《麦克白》到京演出】 3月19日～20日，英国TNT剧院《麦克白》在“9剧场”演出。英国TNT剧院是近年来在中国巡演剧目和巡演场次最多的国外话剧剧团，TNT版《麦克白》从2001年首演至今已演出近千场。

（薛晓金）

【中国儿艺赴甘肃、宁夏演出】 4月12日～23日，中国儿艺演出队一行31人带着童话剧《小蝌蚪找妈妈》和《小吉普·变变变》赴甘肃、宁夏进行公益演出。此次演出在甘肃兰州演出了20场，在宁夏演出12场。

（薛晓金）

【话剧《钦差大臣》进京演出】 4月14日～18日，由74岁的焦晃领衔主演的海派话剧《钦差大臣》在国家大剧院上演。导演陈明正。该剧改编自俄国作家果戈理的讽刺喜剧《钦差大臣》。剧中的多位演员已年过70岁，是上海戏剧学院1959年的毕业生，该剧曾是他们的毕业大戏。

（薛晓金）

【英国3D儿童剧《阿拉丁》到京演出】 5月21日，英国Qdos娱乐公司推出的3D儿童剧《阿拉丁》在北展剧场上演。《阿拉丁》以离奇的故事、流行音乐、模仿Lady gaga的舞蹈、大变活人的魔术、特效和喜剧等得到小观众喜爱。而观众戴上专为此次舞台剧量身定做的3D眼镜，就会看到巨型蜘蛛爬过头顶、小星星在身边飞过、夜蝙蝠划过夜空及飞毯从空中飞过等3D效果。

（薛晓金）

【京剧《水浒》赴马德里秋季艺术节演出】 6月3日～6日，应第27届马德里秋季艺术节邀请，由北京戏曲艺术职业学院北戏少年京剧团师生献演的京剧《水浒》在西班牙马德里卡纳尔剧院连演4场。该剧由法国戏剧导演索米耶改编、执导。

（薛晓金）

【厅堂版昆曲《牡丹亭》赴意大利演出】 6月15日～24日，由新华普罗国际文化传播（北京）有限公司出品的厅堂版昆曲《牡丹亭》受意大利孔子学院之邀前往都灵、威尼斯、博洛尼亚3个城市演出。该剧在威尼斯市政厅进行了首场演出，在都灵古城堡进行了最后一场演出。其间还在都灵皇后行宫、博洛尼亚大学法学院等处演出。

（薛晓金）

【北京人艺版《哈姆雷特》赴日本演出】 6月23日，由日本四季剧团艺术总监浅利庆太执导，王斑、龚丽君、徐昂等领衔主演的北京人艺版《哈姆雷特》在日本东京演出。

（薛晓金）

【曹禺百年诞辰纪念展赴日本举办】 6月25日，北京人民艺术剧院在日本东京早稻田大学举办的“中国戏剧家曹禺百年诞辰纪念展”开幕。这是北京人艺建院以来首次在国外举办固定展览。中国驻日大使馆文化参赞张爱平、北京人艺副院长崔宁以及正在东京演出的人艺演员，早稻田大学博物馆馆长竹本进幹夫、中央大学文学部教授饭塚容等出席了开幕式。饭塚容在开幕式上进行了题为“曹禺的世界”的讲座。

（薛晓金）

【台湾话剧《三人行不行》进京演出】 7月2日，应“2010年京台文化节”的邀演，台湾屏风表演班携话剧《三人行不行》在北京方家胡同46号剧场演出。此次演出共分为5个独立的生活故事，表现了台北城市中人际关系的纷乱与荒谬。来自台湾的3名演员在舞台上运用4张折叠椅和3张高脚椅的简单道具，凭借夸张的声调与肢体动作，在不到3秒钟的时间内快速转换角色身份，3人共饰演30个角色。该剧由台湾剧作家李国修创作，首演于1987年，已经演出了800余场。此次演出的执行导演为黄毓棠。

（薛晓金）

【南京越剧团进京演出】 7月9日～11日，南京越剧团传统越剧《柳毅传书》《莫愁女》在长安大戏院演出。《柳毅传书》的主要演员有竺小招、陶琪、朱蔺、孙静；《莫愁女》主演为沈美娟、殷瑞芬。两部戏剧都保留了传统演出中原汁原味的唱腔，并对剧情进行了精加工。

（薛晓金）

【美国原版迪士尼舞台剧《三大经典童话》到京演出】 7月14日～18日，美国原版迪士尼舞台剧《三大经典童话》在保利剧院演出12场，《白雪公主》《灰姑娘》和《美女与野兽》均有中文配音。

（薛晓金）

【人偶剧《八层半》进京演出】 8月3日～8日，广东省木偶艺术剧院有限公司编排的原创大型音乐人偶剧《八层半》在首都剧场演出。该剧在第9届中国艺术节上夺得“文华大奖特别奖”。剧中不但大量借用了音乐剧、舞台剧的艺术手法，还集中使用了中国传统的杖头木偶、提线木偶、布袋木偶和皮影等艺术形式，并配以舞台音乐和原创歌曲。

（薛晓金）

中国儿童艺术剧院赴新疆慰问演出

【中国儿童艺术剧院赴新疆演出】 9月5日～17日，中国儿艺携带经典童话剧《马兰花》、超级益智儿童剧《小吉普，变变变》两个剧目走进乌鲁木齐和哈密，进行32场公益演出。此次演出是文化部启动文化援疆工作后，首个以整团建制走入新疆的国家级艺术院团，也是儿艺建院以来的首次新疆之行。

（薛晓金）

【莆仙戏《春草闯堂》进京演出】 9月24日，福建省仙游县鲤声剧团的莆仙戏《春草闯堂》进京演出。该剧是陈仁鉴等人根据莆仙戏传统剧目改编的，由仙游县鲤声剧团首演。是2009年文化部举行的全国优秀保留剧目大奖入选的18个剧目之一。

（薛晓金）

【吉剧《大布苏》进京演出】 9月27日和28日，由吉林省乾安县吉剧团创排的大型神话吉剧《大布苏》在长安大戏院演出。该剧取材于乾安县大布苏湖畔的古老传说，运用别具特色的满蒙先民舞蹈，如萨满舞、梅花仙女舞、牤牛舞，多层次地展示了民族生活和具有民族责任感的人性情怀。编剧张海君、张旭伟，导演孙丽清。

（薛晓金）

【英国TNT剧院携《奥赛罗》到京演出】 10月15日～17日，英国TNT剧院在“9剧场”演出。每年春秋两季中国巡演已经逐渐成为英国TNT剧院的惯例，此次演出是剧院自2007年中国巡演固定化之后巡演城市最多、时间最长的一次，巡演城市中不仅包括北京、天津、广州、深圳、成都、重庆等大城市，也包括惠州、温州、泰州、常州、烟台等二线城市，巡演历时两个月。

（薛晓金）

【日本近现代戏剧展在京举行】 10月15日～11月25日，北京人艺戏剧博物馆与日本早稻田大学坪内博士纪念演剧博物馆联合举办的日本近现代戏剧展在北京人艺举行，坪内博士纪念演剧博物馆是日本唯一的戏剧博物馆，已有82年历史，并有着丰富的馆藏和在日本戏剧方面的权威性。此次展览用丰富详实的历史资料向观众呈现日本近现代戏剧发展的概况。

（薛晓金）

【话剧《母亲的守望》进京演出】 10月19日，反映当代廉政主题的大型四幕话剧《母亲的守望》在首都剧场上演。该剧是江苏省南通市贯彻中央惩防体系工作规划、推进廉政文化建设的一项具体举措，2008年推出以来演出上百场。

（薛晓金）

【花灯剧《玩灯唐二》进京演出】 10月19日，贵州省安顺黄果树艺术团创作的花灯剧《玩灯唐二》在天桥剧场上演。该剧以安顺屯堡为背景，展示了屯堡人与花灯难割难舍的情结。

（薛晓金）

【韩国话剧《赤道下的麦克白》到京演出】 10月23日～25日，由明洞艺术剧场和韩国美丑剧团联合制作的话剧《赤道下的麦克白》在东方先锋剧场演出。该剧直指“二战”中韩日两国矛盾，通过战犯幸存者春吉的回忆，揭露了历史的真相。作品审视了那些既是帝国主义牺牲品又是战争加害者的朝鲜战犯的问题。

（薛晓金）

【国话《四世同堂》赴台湾演出】 10月30日，国家话剧院的《四世同堂》在台北中山纪念馆演出。中国国民党荣誉主席连战、台湾海基会董事长江丙坤、新党主席郁慕明、导演侯孝贤、漫画家朱德庸等观看了演出。

（薛晓金）

【武术剧《寻找功夫》赴台演出】 10月31日～12月24日，大型风情武术剧《寻找功夫》在台湾高雄县义大游乐世界皇家剧院驻场演出52场。该项目由北京北奥集团、北京市演出有限公司联袂台湾义大股份公司共同主办，由北京什刹海体校武术表演团出演。该剧从多角度展示了中华武术的博大精深，结合舞蹈、杂技、戏曲、试装、民俗、音乐、影视等艺术门类，将中华功夫的精彩融入轻松诙谐的表演之中；同时借助LED电视墙，将古老而崭新的北京街景全面展示，带给观众身临其境的生活体验。

（薛晓金）

【英国戏剧《外套》到京演出】 11月5日~7日，英国壁虎剧团的《外套》在首都剧场演出。《外套》的故事核心源于俄国剧作家果戈理的名著，一个渺小的底层职员在庞大而压抑的体制内挣扎，换来的却是屈辱与惨淡的人生。集编剧、导演和男主角于一身的阿米特·拉哈弗和他的创作团队一起，重新诠释了这个故事，将剧中人放在了一个与现代生活极其相似的职场背景中。全剧只有7位演员，但他们却说着英语、法语、日语、意大利语、西班牙语等完全不同的8种语言，演员们用极强的形体、表情等手段，使观众很容易理解剧情。

（薛晓金）

【英国新潮戏剧展到京举办】 11月10日~28日，英国新潮戏剧展在"9剧场"举办。展演剧目包括英国巡沙剧院带来的《如此而已》、牛津剧院的《登月》和斯坦咖啡馆剧院的《孑孓之家》。3个作品全部关注现代人熟悉的话题和情感，从"婚前恐惧"到"美苏太空竞赛"和"汽车工业城伯明翰的工厂故事"，体现了当代作品的创意和奇思妙想。

（薛晓金）

【话剧《天堂隔壁是疯人院》进京演出】 11月23日，上海话剧艺术中心出品的荒诞喜剧《天堂隔壁是疯人院》在首都剧场演出，该剧是喻荣军编剧，尹铸胜执导，主要演员有梅婷、杨溢、沈磊、朱茵等。该剧是一出荒诞喜剧，通过对疯子行径的描述来展示现代人精神的空乏和无知。

（薛晓金）

【喜剧《真情勿扰》进京演出】 12月1日~5日，由广州话剧团演出的灰色爱情喜剧《真情勿扰》在"9剧场"演出。导演李伯男，编剧舒晨。该剧表现了白领"炮灰男"的"低碳"爱情，涉及"蜗居"、失业、相亲等话题。

（薛晓金）

【京剧《天地人心》进京演出】 12月2日~3日，安徽省徽京剧院的大型现代京剧《天地人心》在中国评剧大剧院上演，也拉开了2010年全国京剧优秀剧目展演的序幕。该剧以安徽凤阳小岗村农民实行大包干、拉开中国农村改革序幕为题材，在讴歌改革开放时代巨变的同时，也全面展示了安徽省徽京剧院的京剧人才队伍与整体艺术风貌。安徽省徽京剧院由原安徽省徽剧团和省京剧团于2005年合并组建而成，《天地人心》是安徽省省委宣传部、省文化厅2008年度重点文艺扶持项目之一。

（薛晓金）

【话剧《幸福.COM》进京演出】 12月3日~5日，青春时尚话剧《幸福.COM》在民族文化宫大剧院连演3场，该剧是浙江话剧团转企改制后推出的第一部话剧作品。导演李伯男。该剧主要讲述杭州年轻人高天在城市生活中遭遇了种种不如意和打击，但他积极面对，不自弃，终于在支教的小山村里找到了自己的人生价值和相爱的人。担纲主演的是浙江话剧团80后的青年演员。

（薛晓金）

【京剧《走西口》进京演出】 12月9日，山西省京剧院新编历史京剧《走西口》在长安大戏院上演，该剧由于魁智、李胜素领衔主演，管波、朱强、张萍、朱丽、张巍等参加演出。本剧以晋商文化为题材，描绘了晋商队伍"晋德裕"重视诚信经商，在遇挫折之后，他们以山西商人特有的坚定不移的信念和坚忍不拔的毅力，最终开拓了边境通贸之道。

（薛晓金）

【香港话剧《命运建筑师之远大前程》进京演出】 12月16日~18日，香港导演林奕华话剧《命运建筑师之远大前程》在保利剧院上演。该剧由张艾嘉编剧，李心洁、王耀庆、杨佑宁主演，并与之前林奕华导演的《华丽上班族之生活与生存》《男人与女人之战争与和平》组成"城市三部曲"。戏剧主要表现的是一个女人怎么去选择现实中最经典的男人：一种是可以一起生活的，但他不往前走；一种走得很远，但他不会带你一起走。并因此让都市人看清自己的幸福正在被物化、被控制和吞噬。

（薛晓金）

【京剧《九江口》进京演出】 12月18日~19日，由大连京剧院院长杨赤领衔主演的京剧《九江口》在中国评剧大剧院上演。该剧讲述元末陈友谅攻打朱元璋中埋伏而全军落败的故事。

（薛晓金）

【台湾"表演工作坊"与保利剧院达成合作】 12月22日，台湾"表演工作坊"与北京保利剧院、北京央华文化发展有限公司正式达成合作，联手打造"北京保利剧院赖声川2011演出季"。

（薛晓金）

【台湾话剧《弹琴说爱》演出】 12月25日，由台湾戏剧导演赖声川监制、丁乃筝导演的音乐舞台剧《弹琴说爱》在解放军歌剧院上演。该剧的主角是美国教授范德腾与23岁的盲人钢琴家徐哲诚，师生两人把他们对音乐和人生的随想，以对谈和对弹的方式轻松幽默地呈现出来，演绎了一幕真实的生命悲喜剧。

（薛晓金）

·纪　念·

【纪念荀慧生诞辰一百一十周年系列演出】 1月1日～2日，纪念荀慧生诞辰一百一十周年系列演出在梅兰芳大剧院举行。此次演出汇集了来自全国各地的数十名优秀荀派演员，演出包括《红娘》以及《卓文君》《香罗带》《绣襦记》《晴雯》《棋盘山》《鱼藻宫》6出濒临失传的荀派剧目和一场名家名段演唱会。演出后还召开荀学理论研讨会，北京市振兴京剧昆曲协会、北京戏曲艺术教育基金会联合推出了《荀学理论初探》和《濒临失传荀派剧目集》。1月5日～6日和1月8日～9日，纪念演出还分别在天津中国大戏院、上海逸夫舞台举行。

（薛晓金）

【尚小云诞辰一百一十周年系列活动】 1月15日～18日，由文化部、中国文联主办，文化部艺术司、中国剧协承办的“纪念京剧大师尚小云先生诞辰一百一十周年”系列活动在京举行。该系列活动包括演出、研讨会和纪念大会。1月15日～16日晚，在梅兰芳大剧院演出了尚派经典剧目折子戏专场；17日，在国家大剧院举行了名家演唱会，同日在全国政协会议中心召开了研讨会，王金璐、欧阳中石、李金鸿、叶少兰、刘乃崇、屠珍、迟金声、钮骠等60余位表演艺术家、学者缅怀尚小云对京剧艺术的卓越贡献，共同研讨尚派艺术的风格特色。18日，在人民大会堂举行了“尚小云先生诞辰一百一十周年纪念大会”，中国文联主席孙家正，中国文联党组书记胡振民，中国文联副主席李牧，文化部副部长王文章等领导与戏剧界专家、学者及尚派弟子代表一同出席了大会。

（薛晓金）

【李慕良逝世】 2月28日，京胡演奏家李慕良在北京逝世，享年93岁。李慕良原名李孟鄂，1918年生于湖南长沙，9岁学戏，攻老生，13岁登台，1936年拜马连良为师深造，马连良指点他改学京胡。1937年，拜著名琴师徐兰沅为师，同年正式为言菊朋操琴，1939年后一直为马连良操琴，对马派声腔艺术贡献卓著，被誉为“马连良的最佳搭档”。新中国成立后，曾为《海瑞罢官》《赵氏孤儿》《赤壁之战》《沙家浜》等戏设计唱腔。他锐意创新，创作了很多优秀作品，形成了平正大方，音色饱满，刚健雄沉，巧俏动听的李派演奏风格。（薛晓金）

【纪念刘喜益、苏连汉、张永禄系列活动】 6月19日～20日，梨园界为纪念京剧教育家刘喜益诞辰一百一十五周年，苏连汉诞辰一百一十周年，张永禄诞辰九十五周年，在京举办了系列纪念活动。6月19日在洋桥大厦举行了研讨会；20日，在长安大戏院举办专场纪念演出，并出版了《家世梨园情》纪念册。（薛晓金）

【曹禺诞辰一百周年纪念活动】 9月7日～10月7日，曹禺诞辰一百周年纪念活动在京举办。其中，北京人艺在首都剧场演出《日出》和《雷雨》，在国家大剧院演出《北京人》和《原野》；苏州评弹剧团在梅兰芳大剧院演出评弹《雷雨》，在国家图书馆音乐厅上演了“曹禺作品经典片段欣赏专场”。纪念活动还举行了曹禺百年诞辰纪念座谈会，举办了《曹禺百年纪念展》，出版了《曹禺画传》《曹禺年谱》等。

（薛晓金）

【费文治诞辰九十七周年学术研讨会】 9月19日，由国家京剧院、中国京剧艺术基金会、中国戏曲音乐学会3家联合主办的“纪念京胡大师费文治诞辰九十七周年学术研讨会”暨《费文治京胡伴奏琴谱集》首发仪式，在国家京剧院畅和园举行。研讨会上播放了费文治艺术专题片，对其琴艺人生做了精彩的展示，并安排了由费家三兄弟费玉明、费玉平、费玉安担任京胡演奏的“费派琴风示范展演”。费文治（1913年—1966年），曾任中国京剧院二团乐队队长。与会专家和学者就费文治的琴操艺术展开了热烈研讨。

（薛晓金）

【张君秋九十诞辰名家名段演唱会】 9月20日，纪念京剧大师张君秋九十诞辰名家名段演唱会在全国政协礼堂举行。全国政协主席贾庆林出席并观看演出，王刚、李瑞环、周铁农、钱运录、孙家正、郑万通和杨汝岱一同观看演出。演唱会由京剧艺术名家、张君秋子女、张派新秀联袂演出，演出了《贵妃醉酒》《横槊赋诗》《辕门射戟》《女起解》《赵氏孤儿》等选段。

（薛晓金）

【曹禺诞辰一百周年学术研讨会】 9月24日～26日，纪念曹禺诞辰一百周年学术研讨会在天津、北京两个会场分别举行。来自国内外文化界戏剧界的60多名专家学者共同探讨曹禺作品，品味大师人生。此次活动由文化部、中国文联和北京市政府主办。参加会议的代表不仅有田本相、何西来、王育生等国内著名剧评家，还有来自美国、日本等国外戏剧界学者，也有北京人艺老艺术家郑榕、蓝天野，导演顾威，演员仇晓光等。他们通过不同主题、不同角度的阐述，共同追忆曹禺，并展开形式多样、内容丰富的国际学术交流。

（薛晓金）

【梅兰芳纪念馆重张】　10月1日，改造过的梅兰芳纪念馆重新开业。全新布展的展览以时间顺序为轴，更为全面地反映了梅兰芳不同历史时期的艺术生活和人格魅力。在生平图片展室内，新增了多媒体设备，播放梅兰芳生前留下的珍贵影像资料、珍贵照片、戏单、剧本等。在专题展室内，增加了现代化的展陈设备，把梅兰芳生前所收藏的字画、穿戴过的戏装更加清晰地呈现在观众面前。

（薛晓金）

【于鸣奎逝世】　10月1日，京剧净行表演艺术家于鸣奎在北京逝世，享年81岁。于鸣奎，1930年生于北京。幼入鸣春社科班学艺，1961年拜裘盛戎为师。20世纪50年代与奚啸伯合作演出《杨家将》《将相和》等。1955年支边到新疆，曾任新疆京剧团团长，为繁荣新疆的京剧艺术做出了贡献。

（薛晓金）

【王蓉蓉专场演出纪念张君秋诞辰九十周年】　10月10日～11日，为纪念京剧张派艺术创始人张君秋诞辰九十周年，由北京京剧院、长安大戏院联合主办，王蓉蓉领衔主演的张派名剧《玉堂春》《诗文会》在长安大戏院上演。《玉堂春》是旦角的看家戏，《诗文会》则是张君秋的创新杰作，以唱腔难度高而著称。

（薛晓金）

【纪念徽班进京220周年京剧传承系列活动】　10月17日，“梨园乐土·国粹佳韵”纪念徽班进京220周年京剧传承系列活动在北京湖广会馆启动。活动持续到2010年底，包括“佳韵·芬芳梨园”、“释韵·史话梨园”、“画韵·笔墨梨园”、“传韵·品味梨园”、“盛韵·争艳梨园”、“凝韵·盛世梨园”等多项内容，通过书、画、影等艺术形式，再现当年北京城的梨园胜景，展现徽班晋京220年间京剧艺术人才辈出、流派纷呈的繁荣景象；通过文献、图片、模型及珍贵的文物展览，展示京剧孕育形成的历史和发展演化的进程；国家京剧院、北京京剧院等在广德楼戏园、梅兰芳大剧院演出进行了一系列专场演出。

（薛晓金）

【纪念徽班晋京220周年主题展览】　10月20日～11月20日，纪念徽班晋京220周年主题展览在首都博物馆举办。本次展览以京剧文物、文献、图片、模型和实物为主线，展示京剧孕育形成的历史和发展演化的进程。展览展出近百件京剧文物、文献，京剧各行当的绘画脸谱，以及各色戏园、戏楼、梨园名人故居的图片、照片等。其中，最珍贵的部分是京剧表演艺术家马连良、郝寿臣用过的一批演出剧本、道具、服饰等。展厅内还建有一座老北京传统戏楼，置身其中，观众可以体验到在老北京听戏、观剧的感觉。

（薛晓金）

【裘盛戎诞辰九十五周年纪念演出】　10月30日，纪念京剧大师裘盛戎诞辰九十五周年演出在梅兰芳大剧院举行。京剧名家李鸣岩、叶少兰、王蓉蓉、杜镇杰、李宏图、迟小秋、朱强、董圆圆等参与演出，津门三大花脸——孟广禄、邓沐玮、康万生为观众带来精彩的裘派名段。此外，安平、杨燕毅、陈俊杰、魏积军等裘派传人及裘门后人裘芸、裘继戎也演唱了裘派名剧。

（薛晓金）

【杜澎逝世】　11月26日，中国国家话剧院著名表演艺术家、导演杜澎在北京逝世，享年89岁。杜澎，原名王润泉。北平美术专科学校肄业。1949年参加华北革命大学文工团，1979年加入中国共产党。主演的剧目有《上海屋檐下》《李秀成》《伽利略传》等。曾获文化部颁发的“艺术工作50周年金盾奖章”、中国话剧研究会颁发的“最高终身荣誉金狮奖”。2007年，在纪念中国话剧诞生100周年的活动中，他获得了由胡锦涛总书记亲自颁发的国家有突出贡献话剧艺术家的荣誉称号。

（薛晓金）

【复排《四郎探母》30周年纪念演出】　12月1日，《北京晚报》、市戏曲艺术发展基金会联合主办的“复排《四郎探母》30周年纪念演出”在长安大戏院举行。该剧是“文化大革命”后首个公开演出的传统京剧剧目，曾经轰动了整个社会。纪念演出邀请到当年杨四郎的扮演者贾劲松、李文林，铁镜公主的扮演者陈淑芳，两位国舅的扮演者朱唯和马宝旺。当年参加公演，王蓉蓉、李宏图、郑子茹等也登台献艺。此次杨四郎的扮演者为杜镇杰和杜鹏，铁镜公主由王蓉蓉、王盼、陈淑芳分别饰演，张笠媛扮演萧太后，张凯扮演杨延昭。该剧曾经长期背负政治和道德的双重压力，清末被称为“背离汉族立场”，民国时被认定为“叛徒”戏，二十世纪六七十年代被定为禁戏。

（薛晓金）

【周贻白诞辰一百一十周年学术研讨会】　12月4日，“纪念周贻白先生诞辰一百一十周年学术研讨会”在中国传媒大学举行。研讨会由中国艺术研究院戏曲研究所、中央戏剧学院、中国戏曲学院、中国传媒大学联合主办。与会学者认为，周贻白学术上的最大贡献是他承续了梁启超、王国维和胡适以来融合中西方的现代史学的著述体例和研究方法，选择了综合场上和案头的研究立场，在中国戏剧史上第一个自觉地将表演艺术、声腔脸谱、舞台美术等要素系统地引进了研究视野，从戏剧的本体“场上”和“实践”着手，以归纳的史料派治史方法从事戏剧史的研究和著述，并取得了重大学术成果。

（薛晓金）

·传承与培训·

【裘芸收徒】 3月28日，京剧大师裘盛戎之女、裘派嫡传裘芸在北京山水文园首开山门，收于国霖、张顺、于克森3人为徒。梅葆玖、刘学涛、马长礼、李玉芙、李光、沈健瑾等艺术家及各界人士百余位到场祝贺。

（薛晓金）

【北京大学开设昆曲课程】 3月，由作家白先勇主持，北京大学主办，北京大学文化产业研究院承办的“经典昆曲欣赏课”在北京大学开讲。作为北京大学昆曲传承计划的一部分，每年春季学期都将开设昆曲课程，旨在培养未来的昆曲观众与研究人才。来自各地的华人专家学者、昆曲表演艺术家以及青春版《牡丹亭》制作班底走进课堂，讲解示范昆曲之美与推广经验，并建立数字昆曲库，排演校园版《牡丹亭》。

（薛晓金）

【梅葆玖收徒】 4月23日，在梅兰芳大剧院内的梅兰芳雕塑前，京剧表演艺术家梅葆玖收北京京剧院郑潇、国家京剧院贾鹏飞为徒，二人都是毕业于中国戏曲学院的青衣新秀。北京京剧院、国家京剧院的院领导和京剧界众多知名人士到场祝贺。

（薛晓金）

【李鸣岩、康万生收徒】 5月8日，京剧老旦李鸣岩、花脸康万生收山东籍姐妹张学珍、张学萍为徒。贯涌、赵景勃、曲咏春、周志强、李嘉存、张尧等嘉宾出席了拜师仪式。

（薛晓金）

【刘玉玲收徒】 7月31日，京梆子代表人物，戏曲表演艺术家刘玉玲收晋剧演员梁桂星为徒。刘玉玲表示，梆子剧种之间的跨剧种的交流更有利于博采众长。10月11日，刘玉玲又收江苏丰县小凤凰剧团年轻梆子演员朱慧为徒。

（薛晓金）

【国家大剧院京剧夏令营】 8月2日，国家大剧院2010年首届“少儿版京剧《赤壁》夏令营”在国家大剧院开营。夏令营以排演少儿版《赤壁》为主要课程，由国家大剧院和北京京剧院联合举办，北京市海淀区西颐小学、北京戏曲艺术职业学院、中国戏曲学院附中协办。111名参与少儿版《赤壁》演出的夏令营营员中，主角团21名是通过两个月的全国招募、初选、两次面试层层选拔产生的。此外还有舞蹈团、武术团、基础演出团。最大的孩子12岁、最小的8岁，平均年龄10岁。国家大剧院邀请了诸多京剧名家担任教师，除了《赤壁》执行导演石宏图、作曲朱绍玉，还有黄彦忠、黄柏雪、张建峰、张凯、苏从发、李扬、窦晓璇、杜喆等。另外，于魁智、李胜素等《赤壁》明星版演员也在大师讲座中亲自授课，与小营员进行艺术交流。

（薛晓金）

【胡希芳收徒】 9月18日，京剧月琴演奏家胡希芳收徒，房志辉、孔超拜师仪式在湖广会馆举行。苏敬文、孙家碧、胡希和、周志强等到场祝贺。

（薛晓金）

【京剧进课堂试点校增至百所】 9月，北京“京剧进课堂”试点校从原来的22所增至百所，中、小学各占一半。自2008年开始，本市22所中、小学成为全国首批“京剧进课堂”试点校，并研发出全国第一套中小学京剧教材，使京剧成为北京的地方课程。

（薛晓金）

【天津票友拜梅葆玖为师】 10月6日，天津市梅派票友张红在北京政协礼堂拜京剧表演艺术家梅葆玖为师，京津两地京剧名家姜凤山、叶少兰、张学津，名票钱江、杨洁等近百人到场祝贺。女企业家张红酷爱京剧艺术，她把700平方米的厂房投资改造成设施一流的多功能剧场——康茗园剧场，让更多的票友有学习、交流、展示的舞台。

（薛晓金）

【中国剧协第二期编剧读书班】 11月24日～12月1日，由中国剧协主办、剧本杂志社承办的中国剧协第二期编剧读书班在京举办。来自全国11个省（自治区、直辖市）的24名中青年剧作家获得参加本届读书班的资格，平均年龄30岁。举办编剧读书班是中国剧协针对目前剧本荒和剧作家人才匮乏现状而做出的一项重要决策，目的是发现和培养更多的优秀青年戏剧创作人才，推动和繁荣戏剧创作。薛若琳、谭霈生、齐志翔、童道明、孟冰、王晓鹰、罗怀臻、沈林等专家学者、剧作家先后给读书班授课。

（薛晓金）

【刘长瑜、李祖铭收徒】 12月2日，京剧表演艺术家刘长瑜和琴师李祖铭，在国家京剧院畅和园举行仪式，收京剧演员巩丽娟、青年琴师李杨夫妇为徒。在拜师仪式前，国家京剧院还举办了“京剧艺术继承领悟”研讨会。谭元寿、李世济、刘秀荣、刘学涛、张春孝、张学津等京剧表演艺术家和吴炳璋、王鹤文、燕守平、冯振霄等京剧演奏家到场祝贺。

（薛晓金）

·评论与研究·

【《论京剧艺术生态的文化建构》】 原文载《戏曲艺术》第1期，作者施旭升。文中从文化生态学的角度研究京剧艺术的生存发展之道，揭示京剧艺术生态的文化建构的规律。作者认为当前京剧应该正视自身文化生态的变迁，从中寻找到创构当代京剧艺术的文化资源，将历史与当下彼此勾连，为京剧艺术的健康发展重建一个平衡、健康、和谐的文化生态环境，才有可能使得京剧成为一种蕴含着无限生机的生命样态。

（薛晓金）

【《作曲“包揽制”制约戏曲声腔与流派的发展》】 原文载《中国戏剧》第2期，作者周来达。文中论述了半个世纪以来，我国的戏曲没有出现新的流派和流派唱腔，这种现象意味着戏曲声腔的繁衍发展能力已经出现了严重的问题，应引起从业者高度重视。

（薛晓金）

【郭汉城戏曲理论研讨会】 3月30日，中国剧协在京举办郭汉城戏曲理论研讨会。有“前海学派”之称的理论家、学者以及专家共同探讨郭汉城戏曲理论的成就与特点。郭汉城戏曲理论建树丰厚，著作等身。60年来，他始终关注戏曲事业的发展。他以93岁的高龄，仍出入剧场，发表评论。《中国戏剧》第四期发表了刘厚生、沈达人、颜长珂、龚和德、安葵、薛若琳、吴乾浩、谭志湘、刘彦君及马也等人的研究论文。

（薛晓金）

【《盘活戏剧资源　注重文化积累　构建新时期艺术传统》】 原文载《中国戏剧》第3期。文中针对文化部开展的首届优秀保留剧目大奖评选活动，由季国平、龚和德、安志强、傅谨4位专家学者，就优秀保留剧目大奖评选，以及获奖剧目的创作诸问题进行畅谈。专家们认为这次评奖活动重视群众和市场的评价，提高对演出场次的要求，有利于艺术院团建立科学合理的保留剧目轮换演出机制，有利于舞台艺术的长期繁荣发展。

（薛晓金）

【京剧《三打陶三春》座谈会】 4月21日，北京京剧院在洋桥大厦召开了新编历史剧《三打陶三春》座谈会。出席座谈会的有《三打陶三春》新老剧组成员，北京京剧院的领导和中国京剧杂志社的人员。该剧由吴祖光根据王瑶卿藏本《风云会》重新编写，1979年8月1日，由北京京剧院四团在吉祥戏院首演，王玉珍饰演陶三春。该剧演出已经超过了400场，并于2009年12月15日，获文化部首届优秀保留剧目大奖。北京京剧院院长王玉珍介绍了作品获奖情况，以及当年塑造陶三春这一人物形象的诸多细节，原剧组成员回忆了当年的创作体会。与会者还对年轻一代演员提出了希望。

（张燕鹰）

【民营艺术院团艺术评论座谈会】 7月12日，民营艺术院团艺术评论座谈会在京召开。会上，戏剧界的专家代表首先肯定了此次民营艺术院团展演剧目都具有相当高的艺术水准，并对民营艺术院团的艺术建设和艺术发展提出了许多宝贵的意见和建议。与会的民营艺术院团代表们表示，在今后的创作和演出中会吸取专家们的建议，继续打磨，争取创作出精品力作，同时希望国家能够给予更多的演出机会和平台，以展示其用心血浇灌、在市场中摔打出来的艺术作品。

（张燕鹰）

【话剧参与网络团购惹争议】 7月19日，雷子乐笑工厂通过团购网站糯米网一天售出5000套，共10000张票，创造了中国话剧销售史上的一个奇迹。一张票33元，折扣为2.8折，入场还送一瓶饮料。7月20日，雷剧场演出的话剧《天生我song我忍了》的上座率从之前的10%左右一下到基本满座，这样的演出还有70多场。许多话剧业内人士听到这个“团购奇迹”认为这不是“救命”而是“要命”，以如此之低的价格销售是在破坏这个市场的游戏规则。对于“破坏市场”之说，几家在

新编历史剧《三打陶三春》座谈会合影

团购网站上售票的剧社都持反对意见，他们认为低票价吸引更多观众走进剧场也是造福话剧。

（薛晓金）

【2010海峡两岸戏曲编剧学术研讨会】 11月25日~27日，由中国戏曲学院、台湾大学、中国戏剧文学学会主办的“第2届全国戏曲编剧高峰论坛——2010海峡两岸戏曲编剧学术研讨会”在京举行。中国文联副主席廖奔，中国戏剧文学学会会长曾献平，中国戏曲学院院长杜长胜，以及陈亚先、谢柏梁、曾永义、王安祈等来自海峡两岸的60位专家学者参加了研讨会。与会代表结合自己的研究与创作，探讨了戏曲编剧的学者化、剧本创作的现代性等问题。研讨会上，为表彰台湾大学教授曾永义在戏曲理论及编剧领域的突出贡献，中国戏剧文学学会为他颁发了“首届全国戏剧文化奖·戏曲理论与创作特殊贡献奖”。

（薛晓金）

【中等戏曲教育辉煌60年专家研讨会】 11月26日~27日，由中国戏曲学院附中主办的“中等戏曲教育辉煌60年专家研讨会”举行。近80位老校友、老专家出席了研讨会。本次研讨会的主题是：回顾和总结中国戏曲学院附中建校60年的教学经验和辉煌历程，探讨戏曲中等教育的现状，探索戏曲中等教育的发展前景，对戏曲艺术未来的发展提出建议。

（薛晓金）

出版物

【画册《青衣张火丁》出版】 1月，画册《青衣张火丁》面世，通过千余张精选的照片记录了京剧青衣张火丁的身影。画册中的1000多张照片，囊括了张火丁演出的《锁麟囊》《春闺梦》《荒山泪》等剧目及一些幕后的照片。

（薛晓金）

【《琴韵——京胡艺术论文集》首发式】 5月21日，由北京出版社出版的《琴韵——京胡艺术论文集》首发式在西苑饭店召开，参会人员为首都京胡艺术研究会执行机构、理事机构及会员代表。本书共收录了24篇专业论文，约12万字，凝结了具有代表性的老、中、青京胡演奏家如李慕良、姜凤山、吴炳璋、燕守平、王彩云、张晓晨、李祖铭、王鹤文以及专家、学者的理论思考。研讨课题涵盖了京胡艺术的众多论点，并进行了相关文献的梳理、实践经验的整理和系统的理论研究。

（薛晓金）

【多媒体视听邮票《昆曲》发行】 6月12日，为迎接文化遗产日，中国邮政与爱国者妙笔联手，推出全球第一套“多媒体视听邮票”——《昆曲》。此次发行的《昆曲》邮票一套3枚，票面选择《浣纱记》《牡丹亭》《长生殿》作为邮票主图，通过爱国者视频妙笔将昆曲华丽的唱腔、儒雅的念白、细腻的动作全方位、多维度、多感官地呈现出来，即点即视，即点即听。

（薛晓金）

【央行发行京剧脸谱彩色金银纪念币】 9月16日，中国人民银行对外发行中国京剧脸谱彩色金银纪念币（第1组）一套。该套纪念币共3枚，其中，金币1枚，银币2枚。脸谱造型选用了表现廉洁清正、嫉恶如仇的包拯，表现忠诚谨重、强悍刚烈的典韦以及表现浩然正气、刚直不阿的钟馗。

（薛晓金）

【《曹禺画传》《曹禺年谱》出版发行】 9月，由北京人艺联合中国戏剧出版社、北京出版社策划的《曹禺画传》《曹禺年谱》正式出版发行。《曹禺画传》由曹禺研究专家田本相撰文，以画传的形式再现曹禺的戏剧人生，书中选用了上百幅珍贵图片。《曹禺年谱》是田本相在20世纪80年代撰写《曹禺传》之余整理的曹禺生平年谱基础上加以重新整理的，作者参考了大量档案、文献资料，将原有存疑之处一一考证核实，并增补了很多有价值的内容。这两部书的出版，是北京人艺纪念曹禺诞辰百年系列活动的内容之一。

（薛晓金）

【孙毓敏新书出版发布会】 11月16日，《孙毓敏》画集、《孙毓敏杂文集锦》新书出版发布会在老舍茶馆举行。画册选用了近千幅照片记录了京剧表演艺术家孙毓敏70年来的人生经历。《孙毓敏杂文集锦》是孙毓敏的第7部著作。书中收集了她近年来的部分论文和随笔。

（薛晓金）

【《京剧群曲专集》首发式】 12月17日，沈玉斌编著并教唱的《京剧群曲专集》首发式在北京戏曲艺术职业学院排演大厅举办。张学津、李玉芙、孙毓敏、李崇善、燕守平等与该院历届毕业生共同合唱京剧群曲的曲牌《泣颜回》，以此纪念学院创办人之一的沈玉斌百年诞辰。沈玉斌一生致力于群曲的演唱，晚年倾注全部心血，重新整理编纂了京剧群曲曲谱集，填写了部分新词，还为学生录制了群曲演唱专集和教唱录音。

（薛晓金）

曲　　艺

2010年，北京曲艺艺术持续稳定进行，曲艺演出、理论研究、非物质文化遗产保护等各个方面都有着不同程度的发展。

2010年，中国曲艺家协会主办了每两年举办一届的第6届中国曲艺牡丹奖评奖、颁奖活动。此次，中国曲艺牡丹奖全国曲艺大赛共设立了4个赛区，从6月4日开赛起至10月23日颁奖结束，历时近5个月，吸引了全国71个地方曲种参加，曲种之多创历届之最。此外，由中国曲协主办或协办的各类全国性的大赛还有第9届中国艺术节曲艺决赛、第4届全国少儿曲艺大赛、第5届CCTV相声大赛、第4届全国少数民族曲艺展演等曲艺活动，在全国产成了较大的影响。

在曲艺演出场所和机构团体组织方面，北京先后又成立了一些评书、相声等书馆剧场，拓展了演出阵地。在前期曲艺演出打下的群众基础上，丰台区成立了曲艺家协会，为曲艺的传播搭建了平台。随着曲艺的发展，北京的曲艺小剧场在2009年发展的基础上又向前迈进了一步，全市相继成立了30多个小剧场，分布在各个城区。除了相声和鼓曲的演出之外，一直以经营商业话剧为主的戏逍堂，首度进军相声圈，在枫蓝国际小剧场先后推出了相声剧《乙方甲方之活该你跳楼》与《乙方甲方之活该你离婚》。曲艺小剧场在开拓发展曲艺艺术的领域方面作出了积极地探索与思考，培养出了大批热爱曲艺的观众，长期支持着曲艺事业，展现了曲艺创新的勃勃生机。实践证明，只要曲艺艺术有了生存的空间，就一定会得到长足的发展。另外，个体和民营的曲艺演出活动不再局限于北京市内，而是逐步面向全国并走出国门，到海外进行演出。11月，何云伟、李菁在英国的伦敦和利物浦两地举办了两场相声专场演出，将传统相声送出国门。京城80后相声团体嘻哈包袱铺也首次来到香港，进行了连续四天五场的相声专场演出。

2010年，在曲艺人才培养、理论研究方面也有了较大的发展和突破，中国曲协在连云港建立了创作培训基地。北京电影学院在本科招生中新增了相声喜剧表演班，首招20人。此外，相声、快板培训班开班，曲艺茶社鼓曲培训班也相继成立，进行了群众性的曲艺艺术培训和普及工作。在理论研究方面，中国艺术研究院曲艺研究所发起组织并与江苏省扬州市文化广电新闻出版局和中国曲艺团长高峰论坛理事会联合主办了第3届中国曲艺团长高峰论坛。来自北京、广东、上海、重庆等全国各地的曲艺表演团体、曲艺研究机构、曲艺教育机构、曲艺保护机构、民营曲艺班社和曲艺家协会的50多名代表和观察员参加了这次论坛。

为了传承和保护非物质文化遗产，北京曲艺界也作出了相应的努力。在北京曲艺家协会以及宣武区相关的政府部门的支持下，成立了北京琴书文化艺术研究会。举办了第6届“天桥杯”华北地区国家级非物质文化遗产鼓曲邀请赛，有来自北京以及全国各地的曲艺曲种和“非遗”传人参加。西城区非物质文化遗产保护办公室和西城区曲艺家协会主办了西城区非物质文化遗产——岔曲艺术研讨会。北京曲艺票友联谊会也每周举办活动，演唱京韵大鼓、梅花大鼓、铁片大鼓、西河大鼓、京东大鼓、北京琴书等鼓曲。随着鼓曲老艺人的相继过世，很多曲种都处于濒危状态。曲艺票友联谊会通过自娱自乐的方式让更多的人认识并喜欢鼓曲，将这门艺术传承下去。

（李　宏）

【北京评书开辟新阵地】　1月3日，北京评书继宣南、崇文书馆之后，又在东城区文化馆一层的“非遗”展示厅开辟了第三个演出场所。在首场演出中，评书表演艺术家连丽如携徒弟吴荻、义子王玥波等人表演了《刘公案》《侠义英雄传》《三国演义》等传统书

丰台区曲艺家协会成立大会会场

的平台。打造集曲艺创作、培训、综艺为一体的区域性文化基地品牌和文化创意园区，并对研究、发掘、传播连云港市入选国家级非物质文化遗产保护名录的海州五大宫调、淮海戏等民间文化也将起到巨大推动作用。

（李　宏）

目。其后，定期在每周日下午演出。

（李　宏）

【“鸣乐汇”再开新场所】 1月15日，李鸣宇带领的“鸣乐汇”先锋相声俱乐部开辟了第二家演出剧场。新剧场位于北京西四的胜利电影院，演出时间为每周五晚上七点半，演员阵容由“鸣乐汇”原班人马组成。此外，每周的演出，还有一些观众熟悉的笑星助阵演出。对于这次新剧场的开张，中国曲艺家协会分党组书记、副主席姜昆还特别为“鸣乐汇”题字。

（李　宏）

【北京琴书研究会】 2月5日，北京市及天津鼓曲艺术界人士汇集全聚德和平门烤鸭店参加了“北京市宣武区关学曾北京琴书文化艺术研究会”成立大会。中国文联、中国曲艺家协会、北京市文联、北京曲艺家协会以及宣武区领导到会，另外还有文化艺术界、影视界及关学曾的弟子共200多人参加了这次活动。关学曾的儿子关少曾任研究会会长。曲艺界人士刘兰芳、赵玉明、陈涌泉、魏文华、戴宏森、包澄洁以及影视界的六小龄童、马德华、张光北等人到场祝贺。此外，北京琴书文化艺术研究会还与中国全聚德（集团）股份有限公司签署了《结为合作伙伴关系》的协议。

（李　宏）

【丰台曲协成立】 6月18日，北京丰台区曲艺家协会成立。在成立大会上选举产生了第一届理事会，共计21名理事。理事会推荐并选举产生了1名协会主席、4名副主席，1名秘书长。贾伦当选为丰台区曲协主席，常宝华任名誉主席。聘请王印泉、王谦祥、刘洪沂、李国盛、李增瑞、贾冀光、张蕴华等为协会艺术顾问。相声表演艺术家李金斗等曲艺界人士和丰台区相关领导出席了成立大会。丰台区曲协的成立，为丰台区曲艺家、曲艺工作者搭建了一个综合性、多侧面展示自己艺术才华的活动平台。

（李　宏）

【中国曲协创作培训基地揭牌】 9月15日，中国曲艺家协会连云港创作培训基地举行揭牌仪式。中国文联副主席、中国曲协主席刘兰芳，中国曲协分党组书记、副主席姜昆以及连云港市各级相关领导出席了揭牌仪式。中国曲协创作培训基地落户连云港，为这座海滨城市曲艺事业，乃至文化事业、文化产业发展搭建了新

【星夜相声会馆成立】 10月15日，以何云伟、李菁二人为表演核心的“星夜相声会馆”在位于东二环建国门附近的“北京之夜文化城”正式开张演出，相声演员师胜杰、刘洪沂、李立山等人前来助演。该会馆成为何云伟、李菁今后的长期演出阵地。二人表示要联合众多相声名家新秀，打造让观众觉得好听好看的“精装版相声”。

（李　宏）

【嘻哈包袱铺安贞开新剧场】 12月15日，80后相声团体嘻哈包袱铺，又开辟了一个新的“铺子”——新安贞剧场正式开业。这是嘻哈包袱铺继鼓楼广茗阁、东四环广茗阁，以及崇文门俱乐部之后的第4处演出场所，同时也是嘻哈包袱铺一个独立拥有的全新剧场。同一天，嘻哈包袱铺官方网站同步上线，并在官网上为嘻哈包袱铺“Super Boy组合”进行投票，获选演员将参与到春晚节目录制当中。嘻哈包袱铺新安贞剧场位于地铁10号线安贞门附近，剧场装修风格属于中西结合。这里除了每天晚上都有演出以外，还会在周六、周日增加下午场。

（李　宏）

作　　品

【3D相声《乙方甲方之活该你跳楼》】 7月20日~9月26日，中国首部集群式3D相声《乙方甲方

之活该你跳楼》在戏逍堂枫蓝小剧场演出。戏逍堂一直以经营商业话剧为主，首度进军相声圈，是为了开辟新的演出模式。故事讲兄弟二人，在经济危机的大浪打来之时，成立了一家跳楼公司。承接与跳楼相关的一切业务，并由此承接了“慈善义演成名跳”、“半死不活跳”、“临终签名售书跳”等多个跳楼业务。

（李　宏）

【相声剧《乙方甲方之活该你离婚》】 10月15日，戏逍堂推出的相声剧《乙方甲方之活该你离婚》在枫蓝国际小剧场上演。此次英宁、王磊扮演的兄弟二人在开过“跳楼公司”后，又开了一家离婚公司。该剧完全取材于现实生活，剧中的每个离婚案例都有生活的原型。

（李　宏）

活　动

·演出活动·

【“送欢乐、下基层”走进利川】 1月12日，由中国文联、中国曲艺家协会联合湖北省利川市委、市政府共同举办了“送欢乐、下基层”走进利川慰问演出活动，主题为“情系农民工，关爱留守儿童”的慰问演出在利川市礼堂上演。刘兰芳、姜昆和中央电视台节目主持人鞠萍，相声表演艺术家戴志诚、奇志等联袂出演。整场晚会以相声、小品、评书等说唱节目为主。利川本地节目《龙船调》《巴蔓子》等穿插其中，充分展示了当地的民族文化。刘兰芳的评书小段《康熙买马》，奇志、张伟的相声《超级播音员》将晚会推向高潮。

（李　宏）

【新人新作相声专场】 1月23日～25日，由中国文联、中国曲艺家协会联合主办的“中华情——贺新春曲艺精品专场晚会”在民族宫大剧院举行，晚会分为三场：新人新作相声专场、曲艺小剧场节目专场、西北二人台专场。23日是中国曲协会员新春联谊会暨“中华情”相声新人新作相声专场演出。孙家正、许嘉璐、顾秀莲、李牧、冯远、刘兰芳、姜昆、罗扬、黄启钧、刁惠香等出席并观看了演出。晚会由央视节目主持人鞠萍、周末相声俱乐部秘书长宋德全主持。李伟建、武宾合说的《疯狂大卖场》，姜昆、戴志诚、赵津生合说的《和谁说相声》都将登上虎年春晚的舞台，此次观众先睹为快。《城管与地摊》由刘亚津、尚大庆经过深入的加工演绎收到了很好的剧场效果。湖南相声掌门人大兵和搭档赵卫国、张露曦表演的相声《健康雷达》，表演形式新颖、台词设计幽默，耐人寻味。整场晚会最大亮点是主打相声新人、新作品，演出充分体现了相声的改革与创新。

（李　宏）

【曲艺小剧场节目专场晚会】 1月24日，“中华情”曲艺小剧场节目专场在民族宫大剧院上演，原文化部部长、作家、学者王蒙，中国文联副主席、中国曲艺家协会主席刘兰芳，中国曲协分党组书记姜昆等领导观看了演出。曲艺小剧场的代表登台献艺。代表新笑声客栈的贾玲、白凯南带来了已顺利入围春晚的相声《大话捧逗》；鼓曲名家刘慧琴代表中曲清音小剧场演唱了西河大鼓名段《玲珑塔》绕口令；宣南书馆的应宁、王玥波，周末相声俱乐部的甄齐、李然，嘻哈包袱铺的高晓攀、尤宪超，丰台相声乐苑的贾伦、连春建，西安相声俱乐部的周春晓、于海涛，湖南相声俱乐部的朱少宇、张露曦都带着自己的代表作品登台亮相。

（李　宏）

【中国曲协送欢笑赴沧县】 1月29日，由中国文联副主席、书记处书记冯远，中国文联副主席、中国曲艺家协会主席刘兰芳，中国曲协分党组书记姜昆带队的“送欢乐下基层”慰问小分队来到河北省沧县，为沧县人民以及大港油田南部油区的石油工人奉上了一台精彩的晚会。此外，刘兰芳、姜昆还代表中国曲协为荣获“中国曲艺之乡”的沧县授牌。沧县的曲艺活动有着深厚的群众基础，沧州木板大鼓历史悠久，2006年被列入“国家级非物质文化遗产保护名录”。

（李　宏）

【曲艺家到中组部慰问】 2月12日，应中组部邀请，中国曲艺家协会在中组部老干部活动中心举行了“送欢笑”慰问演出。中共中央政治局委员、中央书记处书记、中组部部长李源潮，中国文联党组书记、副主席胡振民等相关领导观看了演出。演出由牛群、鞠萍联袂主持，姜昆、冯巩、盛小云、戴志诚、赵津生、阎学晶、邵峰、种玉杰、温淑萍等艺术家演出了相声、京韵大鼓、含灯大鼓，以及小品、二人转、魔术等精彩节目。

（李　宏）

【中国曲协座谈三八妇女节】 3月8日，在三八国际劳动妇女节100周年到来之际，中国曲艺家协会老、中、青三代女同志举办座谈会庆祝节日到来。刘兰芳出席了座谈会。座谈会上肯定了长期以来女同志在曲协工作中做出了重要的贡献，和在各自的岗位上发挥的积极作用。大家表示要继续传承女性不懈努力和奋斗的精神，以更为努力的精神、更加热情的态度投入今后的工作中，为中国曲协大家庭更好地发展做出应有的贡献。

（李　宏）

【湖广会馆鼓曲专场暂停演出】 3月17日，中国曲艺网报道，由北京曲艺家协会牵头主办的鼓曲专场演出落户宣武区湖广会馆，这也是京城唯一的一家鼓曲专题的园子。每周五下午都会上演京韵大鼓、琴书、单弦等曲艺节目。然而，湖广会馆近日却突然挂出“鼓曲专场演出暂停”的告示。据了解，全北京专业的在职鼓曲演员不到10人。由于好的演出时段被其他更具有市场竞争力的艺术形式占据，鼓曲的演出时间不是休息日，上座率一直不足四成，处于亏损状态。目前鼓曲专场正在寻找合适的专场演出地点。

（李　宏）

【中国曲协为乐亭授牌】 3月20日，由中国曲艺家协会、河北省文联、中共唐山市委主办，中共乐亭县委、乐亭县人民政府承办的“中国曲艺之乡”命名授牌仪式及专场演出举行。刘兰芳、姜昆，以及河北省、唐山市、乐亭县的相关领导、媒体记者各界代表九百余人出席了活动。2006年，历史悠久的乐亭大鼓被列入“国家级非物质文化遗产保护名录”，乐亭县委、县政府将乐亭大鼓的保护、传承、发展、创新工作列入重要的议事日程。在命名授牌仪式的专场演出中，周炜、郑健、杨娇等专业演员与当地的“非遗”传人共同表演了精彩的文艺节目。

（李　宏）

【中国曲协赴江西采风】 4月6日～11日，姜昆率领包括牛群、巩汉林、孙晨在内的16位深受全国观众喜爱的知名艺术家赴英雄城南昌和革命圣地井冈山开展采风创作活动。此次采风活动由中国文联、中国曲协组织，采风团在赣期间参观了南昌、井冈山等地的革命旧址、战斗遗址、烈士陵园等爱国主义和革命传统教育基地，还走访了老红军、红军后代，考察了革命老区建设的新成就和新成果；同时，与江西曲艺工作者就“红色主旋律曲艺作品创作”进行了座谈，对江西曲艺发展现状进行了调研。

（李　宏）

【“送欢乐、下基层”赴甘肃演出】 4月14日，由中国文联、中国戏剧家协会、中国曲艺家协会共同组成的“送欢乐、下基层”戏曲、曲艺名家慰问演出小分队，来到了甘肃省陇南市武都区。尚长荣、刘兰芳、姜昆等戏剧界、曲艺界艺术家，在马街镇感恩村和陇南礼堂为当地群众送上戏剧名段、相声和小品等节目，让大家现场感受到高水平的表演。武都区是中国文联的定点扶贫地区，慰问演出后，冯远代表中国文联向武都区捐款22万元人民币。

（李　宏）

【曲艺家赴延安采风】 5月14日～19日，由刘兰芳带队的中国曲协采风团赴延安采风。14日，艺术家们在吴起长征广场为当地上万名观众奉献了一场精彩演出，刘兰芳、全维润、大兵、李伟健、武宾、温淑萍等知名演员登场表演了自己的拿手节目。15日～18日，采风团参观了位于延安吴起县的吴起革命纪念馆、中央红军长征胜利纪念园、退耕还林森林公园会展中心。在延安采风期间，艺术家们还和延安当地曲艺工作者进行了联欢、座谈，聆听了革命历史研究者所作的红色记忆报告，并观看了陕北说书演员表演的曲艺节目。在此期间，采风团的艺术家还参观了杨家岭革命旧址、枣园革命旧址、延安革命纪念馆等地。

（李　宏）

【第6届中国曲艺牡丹奖新闻发布会】 5月20日，在人民大会堂河南厅内，第6届中国曲艺牡丹奖新闻发布会召开。第6届中国曲艺牡丹奖评奖、颁奖活动在京正式宣布全面启动。中国文联副主席、党组成员冯远，中国曲协分党组书记、副主席姜昆，中国曲协名誉主席罗扬，中国曲协分党组成员、秘书长刁惠香，中国曲协副主席郭刚、籍薇，各分赛区宣传部门领导以及在京的部分曲艺名家出席了新闻发布会。第6届中国曲艺牡丹奖初评工作日前已在北京结束。此次评选涵盖了71个南北曲种，曲种之丰富为历届之最。其中，苏州评弹、宁波走书、潞安大鼓、福建锦歌、四川竹琴等36个曲种入选了前两批“国家级非物质文化遗产名录”。本次中国曲艺牡丹奖全国曲艺大赛共设立了4个赛区，分别是：浙江宁波鄞州赛区、山西长治赛区、江苏无锡赛区、安徽合肥赛区。根据曲种特点和各地具体情况，设定浙江宁波鄞州赛区为鼓曲唱曲南方片；山西长治赛区为鼓曲唱曲北方片；江苏无锡赛区为苏州弹词评话类和滑稽类；安徽合肥赛区主要涵盖了相声、小品、评书、快板书、山东快书等曲种。对应牡丹奖奖项设置，4个赛区均设立表演奖、文学奖、节目奖、新人奖。各奖项分设提名奖和入围奖，获各奖项提名奖者进入牡丹奖终评。从6月4日起，宁波赛区比赛将率先拉开帷幕。随后其他赛区陆续举行。

（李　宏）

【第4届全国少数民族曲艺展演新闻发布会】 6月15日，第4届全国少数民族曲艺展演新闻发布会在北京新闻大厦召开，中国文联党组成员、副主席、书记处书记冯远，国家民委文化宣传司副司长兰智奇，贵州省人民政府副省长谢庆生，中共贵州省委宣传部副部长周晓云，中国曲艺家协会分党组书记姜昆，贵州省文联党组书记李碧川及相关人员和新闻媒体百余人出席了会议。中国文联副主席、中国曲协主席刘兰芳主持会议。冯远、谢庆生分别代表中国文联和贵州省人民政府讲话。全国少数民族曲艺展演已成功举办3届，为了进一步促进少数民族曲艺艺术的传承与发展，由中国文联、国家民委、贵州省人民政府、中国曲艺家协会联合主办，中共贵州省委宣传部、贵州省文联、贵州省民委、贵州电视台、贵州省曲协联合承办的“第4届全国少数民族曲艺展演”，于2010年7月11日～16日在贵州省贵阳市举办。15个省（自治区、直辖市）选送上来节目47个，其中，包含15个民族的41种曲艺形式。经过初评、复评，有36个节目赴贵州参加展演。

（李　宏）

【中国曲协赴贵州“送欢笑”】　7月16日，中国曲协“送欢笑走进苗乡侗寨——凯里”活动，在贵州省黔东南苗族侗族自治州凯里市的民族体育场举行。中国文联、贵州省黔东南自治州、中国曲协领导出席并观看了晚会。晚会由黔东南苗族侗族自治州民族歌舞团带来的侗族歌舞《天地人间充满爱》拉开序幕，其后，维吾尔族二弦独塔尔弹唱《十二木卡姆：纳瓦木卡姆选段》、蒙古族好来宝《呼和浩特赞》、朝鲜族坐唱《棒槌歌》等全国第4届少数民族曲艺展演中的优秀曲艺节目纷纷亮相。姜昆、刘兰芳、耿莲凤、曲比阿乌、奇志、巩汉林等艺术家的演出博得了阵阵

北京青年相声节颁奖仪式

掌声。

（李　宏）

【80后什刹海“撂地”说相声】　7月26日，中国曲艺网报道，由20多名喜爱相声艺术的80后青年组成的“迷乐”业余相声团队，把传统艺术重新带回了“民间”，每天晚上在什刹海“撂地”演出。这些“撂地”年轻人的演出是公益的，他们在长能耐的同时，也丰富了老百姓饭后的“遛弯儿生活”。

（李　宏）

【何云伟、李菁退出德云社】　8月6日，何云伟在博客中发声明，称自己与搭档李菁正式退出德云社。何云伟，自幼喜爱相声艺术，拜师郭德纲学习相声表演。2004年正式与李菁合作演出。经常上演的节目有《黄鹤楼》《学四相》《闹公堂》《拉洋片》《戏迷游街》等百余段。李菁为德云社创办人之一。毕业于北京工业大学工商管理专业，本科学历，是相声名家师胜杰的弟子。经常上演的曲目有快板《雌雄剑》《武松打店》，相声《学四相》《汾河湾》等。在“2005年北京相声小品大赛”中，他与何云伟合作，凭借《我要幸福》夺得相声专业组一等奖。李菁现为中国曲艺家协会会员，中国快板艺术委员会委员。他与何云伟共同主持的节目有北京电视台《星夜故事秀》栏目等。

（李　宏）

【北京青年相声节】　8月11日～9月11日，为期一个月的“红星”第1届北京青年相声节举办。开幕式在长白山国际酒店举行，众多曲艺名家悉数亮相。相声表演艺术家常宝华、陈涌泉、王谦祥、李增瑞、孟凡贵、笑林、李国盛、李伟健等前来祝贺。北京曲艺家协会主席，相声表演艺术家李金斗宣布相声节开幕。此次相声节是由北京曲协、北京文艺广播、北京红星股份有限公司共同主办的，承办方为北大相声空间、北京曲艺团、北京周末相声俱乐部、崇文周末相声俱乐部、茶前乐下、丰台相声乐苑、宏春社、北京快板沙龙、望京乐园、嘻哈包袱铺等相声团队。

（李　宏）

【曲艺家赴灌南“送欢笑”】　9月18日，由中国曲艺家协会、灌南县政府和连云港市广播电视总台主办的“送欢笑”下基层活动在江苏省灌南县举行。刘兰芳、姜昆等曲协领导亲自走上舞台，与李伟建、武宾、常佩业、戴志诚、温淑萍等艺术家共同表演了评书、

相声、含灯大鼓等曲艺节目，为灌南观众在中秋前夕送上了一份快乐。

（李　宏）

【快板沙龙亮相前门历史文化节】 10月15日，由东城区区委、区政府主办的“古韵天衔、魅力东城——前门历史文化节”的演出在北京电视台1000平方米演播大厅进行。快板沙龙主席、中国快板艺术委员会秘书长李世儒领衔主演了音乐快板《城市名片新东城》，十几位快板爱好者参与了本次演出。现场气氛十分火爆。北京城市区划调整后，原崇文区文化馆快板沙龙在新东城区各级领导的关心和支持下，得到了更好的发展。

（李　宏）

【重阳夜品京味儿文化】 10月16日，由北京靖钧文化传播有限公司主办的，旨在以“找到老百姓的京味儿、找回百姓文化之根”的特色京韵演出“绝对北京·创世京情”在北京十里河天娇文化市场四九城火热上演。演出让观众重温了旧日京城原汁原味的百姓日常生活，叫卖、剃头挑子、锔盆锔碗、牛骨数来宝、含灯大鼓、快板、相声、面人手艺、毛猴工艺等各类艺术生活竞相展现在舞台上，令现场观众们恍若隔世，300多人的演出现场座无虚席。

（李　宏）

【中国曲协领导考察苏州评弹学校】 10月25日，中国曲艺家协会名誉主席罗扬，顾问朱光斗，副主席程永玲、李时成、郭刚，相声艺术委员会主任常贵田等领导和艺术家在苏州文联党组书记朱建华的陪同下，对苏州评弹学校新校址进行了参观考察。苏州评弹学校校长周沛然、常务副校长邢晏芝对苏州评弹学校新址的规划情况进行了介绍。苏州评弹艺术学校是在老一辈革命家陈云倡议下成立起来的专门培养曲艺人才的学校，新校址位于苏州工业园区独墅湖高教区，占地面积4万平方米，建筑面积2.84万平方米，是中国评弹艺术人才培养、理论研究、艺术创作、“非遗”传承的中心。

（李　宏）

【“中华颂”全国小戏小品曲艺大展】 11月3日~5日，由文化部艺术服务中心、中国剧协艺术发展中心联合主办，北京世纪文华文化传媒有限公司协办的“中华颂”全国小戏小品曲艺大展活动在北京市西城文化中心举行。来自全国20多个省（自治区、直辖市）的50余名戏曲作家和文化部、中国戏剧家协会、中国曲艺家协会的有关领导，《剧本》和《曲艺》杂志的负责人、资深编辑欢聚一堂。会议表彰了“中华颂”第一、二届征文获奖作者，颁发了荣誉证书和奖杯，总结了近阶段戏曲创作的经验，探讨了21世纪我国戏曲创作的现实特征和发展趋势。文化部社图司群文处、文化部艺术服务中心、中国曲协办公室、北京曲协、剧本杂志社、曲艺杂志编辑部等单位的同志进行了精彩发言和讲座。大家一致认为“中华颂”全国小戏小品曲艺大展活动对繁荣我国戏曲创作、促进文化发展起到了积极的作用，应继续举办下去并形成品牌。

（李　宏）

【高校相声巡演开幕】 11月5日，首都14所高校“欢乐相声会”巡演政法站暨开幕式在中国政法大学昌平校区礼堂开场。本次活动由中国政法大学艺术团戏曲曲艺团筹办，并邀请了来自中国人民大学、北京外国语大学、北京大学医学部、北京第二外国语大学等兄弟院校的嘉宾光临演出现场。晚会上演出了相声、快板等曲艺节目。中国政法大学戏曲曲艺团名誉团长兼艺术指导，侯宝林的高徒丁广泉携其洋弟子朱力安也进行了精彩的表演，他们精湛的技艺博得了现场的阵阵掌声。此次欢乐相声会丰富了校园文化生活，使同学们在紧张的学习生活之余，放松了身心，得到了艺术的熏陶，进一步感受到了传统文化艺术的魅力。

（李　宏）

【嘻哈包袱铺进校园】 12月1日，相声表演团体嘻哈包袱铺在中国农业大学演出。台上说相声的都是80后，台下听相声的多是90后，演出的节目大多是反映校园生活的段子，台上台下其乐融融，笑声不断。自11月22日起，肯德基联手嘻哈包袱铺举行多娇巡演。除了北京，还在武汉、沈阳、天津、杭州、广州的高校进行了巡演。

（李　宏）

【中国曲协“送欢笑”进萧山】 12月6日，由中国曲艺家协会、浙江省文联和区政府联合主办的“中国曲艺家协会送欢笑走进萧山”晚会在浙江省萧山区体育中心举行。牛群、李金斗、姜昆等知名曲艺明星逐一登台说相声，使观众大饱耳福。来自中国广播艺术团、全总文工团等单位的歌手们带来的《天路》《毛主席派人来》等精彩节目，也博得了大家的阵阵掌声。同时，本土莲花落表演者翁仁康的“现身”也让观众们倍感亲切。整场演出形式多样，小品、歌曲、舞蹈、独角戏等节目都给观众留下了深刻的印象。

（李　宏）

【“送欢乐、下基层”赴西柏坡】 12月23日，由中国文联、中国杂协、中国民协共同组织的“送欢乐、下基层”慰问团小分队到西柏坡纪念馆广场，在飘着小雪的寒冷冬天为老区人民送上了慰问和欢乐。演出由相声演员牛群主持。笑星刘全和、刘全利兄弟表演的滑稽剧《与蚊子搏斗》，将口技表演与幽默情节完美结合，赢得了现场观众阵阵笑声。中国杂技团有限公司表演的《顶碗》《空竹》，轻松神秘的魔术表演，诙谐幽默的滑稽剧等精彩节目都给老区人民留下了深刻的印象。

（李　宏）

【老舍茶馆开相声擂台】 12月26日，老舍茶馆推出的“青年汇”相声擂台，以鲜明的茶馆特色和独特的运营模式吸引了社会各界的关注。“青年汇”相声专场不依附于任何一家相声演出团体，而奉行“无门无派，不拘一格”的演出风格，北京各大相声团体，甚至是外地的优秀青年相声演员都可以毛遂自荐，来此登台献艺，甚至观众也可以推荐自己喜爱的优秀演员和节目参加演出。每周日下午，人们都可以在这家京城首屈一指的文化茶馆中，欣赏到一台由北京各大相声表演团体优秀青年演员轮番登台的相声专场演出，同时品味到老北京茶馆文化的无穷魅力。目前，北京周末相声俱乐部、丰台相声乐苑、星夜相声会馆、嘻哈包袱铺、鸣乐汇等相声社团先后宣布加盟擂台。

（李　宏）

【快板沙龙进社区】 12月30日，由中国曲艺家协会快板艺术委员会秘书长、北京快板沙龙主席、快板表演艺术家李世儒率领的“东城区文化志愿者快板沙龙送欢笑到社区”团队到东城区和平里社区，在办事处的小礼堂与社区居民共同迎接新年的到来。李世儒、甄齐、张涛、孟欣等人表演了快板、相声、牛骨数来宝等曲艺节目。为弘扬快板艺术，快板沙龙还为社区居民赠送了快板，以及刊有快板沙龙志愿活动的报纸和健康书籍。

（李　宏）

·捐助　义演·

【中国曲协发出抗旱灾捐赠倡议书】 3月29日，中国曲艺家协会发出“灾情连你我　滴水献爱心——中国曲艺界抗旱灾捐赠活动”倡议书。捐赠针对自2009年入秋以来，中国西南5省遭遇的严重旱灾，呼吁全体曲艺界同仁向西南灾区伸出援助之手，为灾区人民捐款献爱心，以实际行动帮助灾区人民渡过难关。号召广大会员积极参与，为灾区捐赠10万瓶水，为减轻旱灾献上自己的爱心。

（李　宏）

【曲艺家参加抗震救灾活动】 4月20日，来自全国各地的曲艺家参加了由中宣部、民政部、国家广电总局、中国红十字会总会联合主办的《情系玉树大爱无疆——抗震救灾大型募捐活动特别节目》。曲艺表演艺术家刘兰芳、姜昆、冯巩、牛群、李金斗、戴志诚、张志宽、张保和、刘全和、刘全利以及中国曲协的领导代表曲艺界进行了募捐，共计募得善款224.9万元。

（李　宏）

【曲艺界赈灾义演】 8月16日，由中国文联、中国红十字会、中国曲艺家协会主办，中国广播艺术团、民族文化宫协办的“情系舟曲　大爱无疆——曲艺界赈灾义演”在民族宫大剧院举行。中央有关部门、中国文联、中国红十字会的领导观看了义演，曲艺界近百位艺术家、中青年演员登台表演。胡振民在赈灾义演上发表致辞，中国红十字会领导在讲话中对曲艺界积极行动，赈灾义演，奉献爱心表示衷心的感谢和敬意。义演现场，刘兰芳代表中国曲协向全国曲艺界发出倡议，让大家以实际行动支援灾区。义演由牛群、刘芳菲主持。刘兰芳、姜昆、冯巩、常贵田、李金斗、赵炎、石富宽、李增瑞、李立山、全维润、巩汉林、金珠、崔琦、种玉杰、戴志诚、张文甫、李世儒、李志强、刘全和、刘全利、宋德全、奇志、刘际、马云路、李伟建、武宾、刘颖、刘伟、杨菲、杨娇等曲艺界知名艺术家登台献艺，奉献爱心。本场晚会共募集款物折合人民币3429万余元。

（李　宏）

【嘻哈包袱铺义演】 8月31日，嘻哈包袱铺在清华科技园国际会议中心举办了“阅读点亮希望星光”相声专场演出。通过相声表演这种形式，寓教于乐，大力宣传“志愿者”精神，弘扬奉献、友爱、互助、进步的传统美德。所募集的款项全部通过北京市希望公益基金会，用于灾区和贫困地区的抗灾助学工作。此次公益演出活动得到了北京晓攀文化传媒有限公司的鼎力相助，同时也得到了紫光股份有限公司和清华科技园的大力支持。

（李　宏）

【曲艺家赴地震灾害紧急救援队采风慰问】 9月10日，中国文联组织多个艺术门类的知名艺术家走进国家地震灾害紧急救援队进行深入生活、采风创作慰问活动。刘兰芳、姜昆等来自各艺术门类的50多位知名艺术家和创作人员参加了此次活动。艺术家们为国家地震灾害紧急救援队的官兵们奉献了一台精彩的文艺节目，还与广大官兵进行了座谈交流，向救援队官兵赠送了书法、美术、摄影和民间艺术作品，并对部队文艺骨干进行辅导。

（李　宏）

·赛事 奖项·

【北京曲协表彰会举行】 3月25日，2010年北京曲艺家协会表彰大会暨新春联谊会在北京市文联礼堂举行。300多名曲协会员出席了会议。协会表彰了以“伟大祖国”为主题举办的曲艺创作和“北京市庆祝新中国成立60周年文艺作品征集评奖”的获奖作品。还评出了北京曲艺杰出成就艺术家42人；北京突出贡献曲艺家87人；北京曲艺特别奉献奖31人；北京曲艺之星45人。

（李 宏）

【“包公杯”反腐倡廉曲艺作品征集颁奖典礼】 5月23日，由中国曲艺家协会、中共合肥市纪律检查委员会、中共合肥市委宣传部、合肥市国资委、合肥市监察局、合肥市文学艺术界联合会、合肥市文化广电新闻出版局共同主办，合肥百大集团、合肥丰乐种业、合肥城建股份协办的“包公杯”全国反腐倡廉曲艺作品征集活动颁奖典礼暨文艺演出在合肥举行。此次征集活动共收到来自全国28个省市共计1123件应征作品，涵盖相声评书、快书快板、鼓曲唱曲和小品4大类共42个曲种，创征稿数量和曲种的历史之最，这也是以廉政文化为主题举办的第一个全国反腐倡廉曲艺作品征集活动，最终评出一等作品2篇，二等作品4篇，三等作品8篇，优秀作品20篇。

（李 宏）

【“群星奖”曲艺决赛】 5月18日～20日，由深圳首次承办的第9届中国艺术节大地情深——“群星奖”曲艺决赛在深圳宝安区福永影剧院举行。“群星奖”决赛内容包括舞蹈、音乐、戏剧、曲艺4大艺术门类。其中，“群星奖”曲艺决赛由深圳市文体旅游局、深圳市宝安区人民政府承办。本次比赛汇聚了各地优秀的曲艺节目和演员，吸引了全国24个省的56个节目参赛，演员达342人。本次决赛作品形式不仅包括相声、快板、评书等群众喜闻乐见的曲艺形式，还包括梅花大鼓、西河大鼓、天津时调、大同数来宝、绍兴莲花落等各具地方特色的传统艺术形式。本次曲艺决赛分5场进行，为突出本次大赛的群众性、教育性和参与性，除比赛外，大赛组委会还特别安排了专场巡演、专题讲座等一系列活动。北京选派的西河大鼓《绣飞龙》、梅花大鼓《岁月如歌》获曲艺类“群星奖”。

（李 宏）

【第6届“天桥杯”鼓曲邀请赛】 6月10日～12日，第6届“天桥杯”华北地区国家级非物质文化遗产鼓曲邀请赛在前门饭店梨园剧场举行。北京、河北、天津、山西、内蒙古、河南、山东等地的国家级非物质文化遗产曲种参赛。曲种包括：群口好来宝、西河大鼓、乐亭大鼓、沧州木板大鼓、潞安大鼓、京韵大鼓、单弦、河南坠子、三弦书、河洛大鼓、北京琴书、河南坠子等。比赛有民间艺人、专业演员、“非遗”传承人等近百人参加，赛会评出了组织奖、金奖、银奖、特别奖等奖项。北京的梅花大鼓《岁月如歌60年》获节目金奖，杨菲、杨娇、温淑萍获金奖，张曦文、李想、郝元、王树才、王红艳获银奖，另有5人获业余组金奖，6人获业余组银奖。中国曲艺家协会主席刘兰芳，相声演员笑林、李国盛、李增瑞、李绪良，鼓曲名家马玉萍、赵玉明、张蕴华和宣武区相关领导观看了比赛并为获奖演员颁奖。

（李 宏）

【第4届全国少数民族曲艺展演】 7月12日～15日，由中国文联、国家民委、贵州省人民政府、中国曲艺家协会主办，贵州省委宣传部、贵州省文联、贵州省民委、贵州电视台等承办的第4届全国少数民族曲艺展演在贵阳举行。在此次展演中，来自全国15个省（自治区、直辖市）的35个节目把多姿多彩的民族曲艺奉献给广大观众。经过连续3场的激烈比赛，由云南曲艺家协会选送的彝族阿细说唱《爱心水》、宁夏曲艺家协会选送的宁夏坐唱《湖城一景》、贵州曲艺家协会选送的布依族花灯说唱《贺灯乐》等33个节目分获一、二、三等奖；湖南曲艺家协会选送的溜子坐唱《怪事》等3个节目获得最佳作品奖；乌云桑等3人获得最佳演员奖；叶尔泰等3人获得最佳新人奖。此次参赛节目题材广泛、贴近生活，充分反映了少数民族同胞的精神风貌，真实体现了近年来我国少数民族曲艺事业的发展成就。在展演闭幕式暨颁奖晚会上，全国政协副主席白立忱，中国文联党组书记、副主席胡振民，贵州省委书记、省人大常委会主任石宗源，以及国家和贵州省各级相关领导出席了晚会并为获奖者颁奖。

（李 宏）

【第4届全国少儿曲艺大赛落幕】 8月7日晚，由中国曲艺家协会、全国少工委办公室、中央电视台少儿频道共同主办、中共山东省陵县县委、陵县人民政府协办的“东方朔杯”第4届全国少儿曲艺大赛经过六场紧张的角逐后在中央电视台第十演播室举行了颁奖晚会。比赛共决出一等奖7个、二等奖15个、三等奖27个、新苗奖7人、园丁奖10个、作品奖15个、组织奖15个。全国人大常委会副委员长顾秀莲，以及胡振民、冯远、副主席姜昆等相关领导和嘉宾亲临颁奖晚会现场并为获奖的小选手们颁奖。

（李　宏）

【北京快板邀请赛】 8月18日～20日，由北京文化艺术活动中心、北京曲艺家协会、东城区文化委员会主办，东城区文化馆承办的2010年北京市群众文化年系列活动之一“我的北京　我的家”北京快板邀请赛在京举行。来自北京、山西、河北、山东等地的38组节目展开角逐，比赛中90%的参赛作品都是新创作的。贾德丰、朱光斗、张长来、崔琦、梁厚民、李增瑞、张文甫等担任本次比赛的评委。通过4场比赛，共评出一等奖6个，二等奖8个，三等奖10个及若干优胜奖。

（李　宏）

【第5届CCTV相声大赛】 10月2日～8日，经中宣部、国家广电总局批准，由中央电视台主办、中国曲艺家协会协办的“蓝色经典·天之蓝杯”第5届CCTV相声大赛，在CCTV—3频道连续播出。大赛分为职业组和非职业组，经过参赛选手的努力和专家评委的辛勤工作，通过初赛、复赛，职业组、非职业组各评出12个节目参加决赛。最终，评选出各类奖项。职业组评出最佳作品奖：《一对一》；最佳逗哏奖：逗笑；最佳捧哏奖：张浩楠；一等奖：《一对一》；二等奖：《冰雪大巴》《幸福童年》；三等奖：《芝麻开门》《今天是个好日子》《磨刀石》。非职业组评出最佳作品奖：《父与子》；最佳逗哏奖：郭金杰；最佳捧哏奖：朱少宇；一等奖：《我要参赛》；二等奖：《父与子》《大喇叭》；三等奖：《明星梦》《移植》《串调》。

（李　宏）

【第6届中国曲艺牡丹奖颁奖】 10月23日，由中国文联、中国曲艺家协会、中共江苏省委宣传部、江苏省文学艺术界联合会共同主办的第6届中国曲艺牡丹奖颁奖系列活动在南京奥体中心体育馆拉开帷幕。中央电视台节目主持人朱军、朱迅主持了颁奖晚会。“中国曲艺牡丹奖”是经中宣部批准设立，由中国文联和中国曲协于2000年起共同举办的全国性曲艺专业评奖活动，是中国曲艺的最高奖项。牡丹奖每两年举办一届，设曲艺文学奖、表演奖、节目奖、新人奖、终身成就奖。本次牡丹奖评选吸引了全国71个地方曲种参加，曲种之多创历届之最。经过激烈争夺，严谨评选，最终评选出节目奖3个、文学奖8个、新人奖6个、理论奖4个，还有表演奖13人、终身成就奖7人。第十届全国人大常委会副委员长热地，原国家文化部部长王蒙，原国家文化部副部长陈晓光，中国文联党组书记、副主席胡振民，中国曲协名誉主席罗扬，中国文联副主席、中国曲协主席刘兰芳，中国曲协分党组书记、副主席姜昆，以及江苏省各级相关领导出席了颁奖晚会。本届牡丹奖除颁奖晚会外，还安排了丰富多彩的曲艺演出进社区、进校园等活动。

（李　宏）

【“长江颂”全国曲艺作品征集活动颁奖】 10月31日，由中国曲艺家协会与张家港市共同主办的“长江颂”全国曲艺作品征集活动颁奖典礼在张家港国贸酒店举行。中国曲协分党组书记、副主席姜昆，江苏省文联党组书记王慧芬，江苏省曲协主席盛小云，以及张家港市相关领导出席了颁奖典礼。征集活动共收到全国20多个省（自治区、直辖市）推荐的参赛作品225篇，有61篇进入终评。作品除包括评话、相声、快板、鼓曲等作品之外，还有小品、音舞快板、表演说唱等节目。经过评选，最终评出一等奖3篇、二等奖10篇、三等奖30篇。北京市朝阳区的相声《长江任我游》获一等奖。

（李　宏）

【北京选手获全国曲艺邀请赛金奖】 11月，在深圳举办的“南山杯”首届全国曲艺新人新作邀请赛上，北京市昌平区的选手郭迎欢、刘金霏、以及深圳的赵梓琳表演的《深圳行》获表演、创作两项金奖。

（张燕鹰）

·交　流·

【京味儿文化进世博】 5月1日～8日，应北京市旅游局的邀请，老舍茶馆参加了世博会的北京文化周活动。在中国元素活动区宝钢大舞台展演区内搭建了京味儿特色茶馆舞台，用这种传统的表演形式展示老北京的文化特色节目。此次参展16人，节目4个，分别是含灯大鼓、碗琴、世博茶艺、乌龙茶茶艺表演。这些节目每天表演4场，每场30分钟。在活动的一周中，老舍茶馆接待了观众近3000人。

（李　宏）

【巴黎中国曲艺节】 5月28日～30日，首届“巴黎中国曲艺节”在巴黎中国文化中心举行。“巴黎中国曲艺节”组委会主任、中国曲艺家协会副主席姜昆在曲艺节开幕式上致辞。首届“巴黎中国曲艺节”涵盖了中国传统曲艺艺术的多个曲种，包括相声、评书、快书、大鼓、单弦、评弹、沧州木板大鼓、常德丝弦、福州评话、扬州评话、衡阳渔鼓、上海说唱、四川清音、天津时调、温州鼓词、长沙弹词、四川金钱板、东北二人转等。这是中国曲艺艺术在欧洲规模最大的一次集中展示。此外，曲艺节期间还举办了一场曲艺知识讲座和一场慰问旅法华侨的演出活动。30日下午，在联合国教科文会议大厅举行了“巴黎中国曲艺节”颁奖典礼暨慰问演出。颁奖典礼由姜昆主持，中国驻法大使孔泉向河北沧州木板大鼓的表演者王振义、刘凤鸣颁发了巴黎中国曲艺节的最高奖项罗浮金奖；中国驻法使馆文化处公使衔参赞蒲通，中国曲协主席刘兰芳等领导分别向获得银奖的演员颁发奖杯和证书。

（李　宏）

【中国曲艺家代表团赴日演出】 6月9日～14日，姜昆率中国曲艺家代表团赴日进行“笑语欢歌”第5次演出交流活动。在位于东京文京区1500人的市民大剧场里，姜昆、戴志诚、赵津生、李金斗、李建华、宋德全、王玉把笑料洒向了观众，焦建东、石磊的手影则以高超的技艺征服了东京的日本观众和中国侨胞，殷秀梅、郁钧剑、李玉刚的演唱把“笑语欢歌”的专场演出推向了高潮。整台节目异彩纷呈，高潮迭起。

（李　宏）

【百名笑星庆世博】 6月26日～27日，为弘扬中华传统文化，在世博大舞台上展现曲艺人的风采，中国曲艺家协会和上海世博局共同主办了主题为“爆笑世博　欢乐生活”的相声大汇演活动。近百名笑星在世博园区最大的广场——博览广场，进行了4场近10个小时的演出。姜昆、李金斗、师胜杰、石富宽、常贵田、巩汉林、金珠、王谦祥、李增瑞、刘洪沂、李嘉存、刘伟、赵伟洲、奇志、陈寒柏、王敏等笑星，李伟建、武宾、周炜、郑健、贾伦、连春建、贾玲、白凯南、高晓攀等青年相声才俊，大兵、赵卫国、朱韶宇、张露曦等南派相声代表，王汝刚、李九松、钱程、钱懿等上海本土笑星同台献艺，奉献曲艺人对世博会的美好祝愿。

（李　宏）

【中国曲艺参加加拿大国际幽默艺术节】 7月9日，由姜昆率领的中国曲艺表演团在多伦多参加了2010年加拿大国际幽默艺术节演出。这是中国曲艺家首次获邀参加该艺术节。在多伦多国家展览中心的伊丽莎白女王剧院里，中国艺术家们献上的高水平表演。为了方便与加拿大观众进行交流，中国艺术家的表演，不仅有语言类的节目，也有非语言类的演出。除姜昆、戴志诚、师胜杰和石富宽表演的相声外，还有原汁原味的中国少数民族弹唱、千变万化的“手影”表演和精彩魔术。

（李　宏）

【何云伟、李菁英国办相声专场】 10月24日、10月29日，何云伟、李菁在英国的伦敦和利物浦两地举办了两场相声专场演出，将传统相声送出国门。此次英国之行演出的四段传统相声《学演哑语》《唱数来宝》《巧猜灯谜》和《滑稽双簧》颇受当地群众欢迎，剧场几乎座无虚席。英国剑桥大学康桥相声社的“咸盐组合”（咸威、闫雨）参加了演出。两个半小时的演出，气氛热烈，返场达2～5次。散场后，还有不少留学生排起长队与演员合影。在接受媒体采访时，何云伟和李菁表示，这次在英国的专场演出算是“一种尝试”。他们表示，希望以后能多做一些类似的尝试，将相声带到更多的国家。此次演出是第5届“相聚零度线”系列活动之一，由全英中国学联主办。

（李　宏）

【嘻哈包袱铺赴香港献艺】 11月17日，京城80后相声团体嘻哈包袱铺首次到香港，高晓攀携嘻哈包袱铺主要演员进行了连续四天五场的相声专场演出。嘻哈包袱铺2008年底火爆京城，其成员多为80后青年。此次来到香港进行商业演出，开创了大陆民营相声团体进入香港的先河，也使得内地传统艺术和香港文化有了直接的交流，让香港民众可以近距离了解内地的传统艺术。

（李　宏）

·纪　念·

【陈连升从艺45周年纪念活动】 3月27日，由中央人民广播电台、央广都市（北京）文化传媒有限公司、北京周末相声俱乐部、曲艺杂志社主办，中华曲艺学会等单位承办的“陈连升从事曲艺艺术45周年研讨会”及相声纪念专场演出举行。已故曲艺编辑家、评论家，原中央人民广播电台文艺中心高级编辑陈连升，长期从事曲艺节目和活动的采编工作，共发表各类曲艺作品三十余部，理论、评论性文章数十篇，共九十余万字。作品多次在全国曲艺评论和作品评比中获奖。陈连升作为编委之一参加了《中国传统相声大全》的整理编纂工作，多次担任中央电视台等全国性曲艺、相声大赛的评委职务。在他45年的从艺历程中，他以积极勤勉的工作作风，谦和宽厚的性格品行而名扬曲坛，尤以善于发现并积极支持曲艺新人而闻名，被誉为“曲坛托星人”。2009年被中国曲艺家协会授予突出贡献曲艺家称号。

（李　宏）

【纪念王长友、谭伯儒专场】 5月29日，东城周末相声俱乐部举办了纪念王长友和谭伯儒的专场演出。与两位相声界前辈有着情缘的多位相声名家登台演出。其中包括谭伯儒的高徒陈涌泉，王长友长子王文林，和深得王长友、谭伯儒真传的李金斗等。该专场演出主题为“名家缅怀相声前辈愉悦京城衣食父母”，在演出形式上给人耳目一新之感，相声名家打破原有搭档，建立新的组合。李金斗和徒弟史不凡搭档，王谦祥与王文林搭档，李增瑞则和李金斗的徒弟付强搭档，陈涌泉演绎了单口相声。

（李　宏）

【刘春爱从艺50年专场演出】 5月30日下午，“骆派传人，曲尽其妙”——骆派京韵大鼓刘春爱从艺50年专场演出在北京文联小剧场举办。刘春爱演绎了《琵琶行》《击鼓骂曹》《伯牙摔琴》《剑阁闻铃》《韩英见娘》等经典的京韵大鼓作品，还反串了一段京剧《红灯记》（选段）。其八位弟子助兴演唱了《桥梁颂》《重整河山待后生》。

（张燕鹰）

【纪念侯耀文逝世三周年相声晚会】 6月25日，中国铁路文工团说唱团于北展剧场推出相声专场晚会，纪念中国铁路文工团总团副团长、说唱团团长、相声表演艺术家侯耀文逝世三周年。这台相声晚会演员阵容是本团演员全部出演，外请明星友情加盟。总团副团长石富宽领衔主演，说唱团中青年优秀演员悉数登场。晚会得到了中国曲艺家协会、中国演出家协会、北京曲艺家协会、北京周末相声俱乐部等单位的大力支持。

（李　宏）

【郗潭封逝世】 8月18日，《曲艺》杂志编辑部原副主任、编审郗潭封在北京逝世，享年89岁。郗潭封1954年调入中国曲艺研究会，参加了《曲艺工作通讯》和曲艺作品选集等编辑工作。1957年先后担任《曲艺》杂志编辑部编辑、评论组组长、编辑部副主任等职务。1987年被评为编审，参加了《中国新文艺大系·曲艺卷》和《当代中国·曲艺卷》等书籍的编辑工作。

（李　宏）

【张志宽从艺50周年纪念活动】 9月26日，北京曲协主办的天津快板表演艺术家张志宽从艺50周年庆祝活动暨收徒仪式在北京举行。刘兰芳、姜昆、朱光斗、朱明德、孙福海、李金斗、侯耀华等参加了活动。会上，大家纷纷对张志宽表示祝贺，并对其50年来在曲艺上取得的成就和做出的贡献给予了充分肯定。张志宽师承快板书大师李润杰，现任中国曲协理事、全国快板书艺术委员会主任、天津曲协副主席。他表演的《孙悟空三打白骨精》《东方旭打擂》《立井架》等节目深受观众喜爱，多年来为曲艺事业培养了大批人才。活动现场，他还收周建平、曹化春等10人为弟子。张志宽表示：50年的曲艺之路并不是终点，而是一个新的开始，他将和弟子们一起努力把“李派”快板书继承和发扬下去。

（张燕鹰）

【纪念曹宝禄诞辰一百周年】 10月15日、17日，北京曲艺家协会主办了“纪念单弦名家曹宝禄先生诞辰一百周年”系列活动。纪念活动分为座谈会和纪念演出两部分，座谈会于15日在北京文联会议室举行。北京曲协主席、相声表演艺术家李金斗主持了会议。曲艺艺术家马增蕙、马玉萍、连丽如、赵玉明、张蕴华、崔琦、包澄杰，特邀嘉宾画家李滨声以及曹宝禄的弟子等参加了会议。曹宝禄生于1910年，13岁时拜弦师尚福春为师，学唱梅花大鼓和京韵大鼓。1930年，拜金晓珊为师，学唱单弦牌子曲和联珠快书。新中国成立后，曹宝禄积极参加曲艺改革工作，热情演唱新曲目。1951年到1952年，先后两次参加赴朝鲜慰问团，任曲艺服务大队副队长。20世纪50年代初，主持排演曲剧《柳树井》，培养了一批青年演员，奠定了北京曲剧的基础。1952年担任新组建的北京市曲艺团团长。1957年被错划为“右派”。20世纪60年代恢复演出后，与弦师韩德福合作，致力于改革梅花大鼓的曲调与表演。曾担任北京曲艺杂技联合会理事长、中国曲艺研究会理事。1988年11月病逝于北京。纪念演出于17日下午在北京文联小剧场举行。

（李　宏）

【庆祝北京市文联成立六十周年曲艺界座谈会】 11月10日，北京曲协在市文联召开了“庆祝北京市文联成立六十周年曲艺界座谈会”。会议由北京曲协主席李金斗主持，市文联党组书记朱明德、北京曲协艺术顾问姚振声教授、北京曲协副主席贾德丰、郝金明、崔琦，单弦表演艺术家张蕴华，河南坠子表演艺术家马玉萍、李云祥，北京文艺广播的张宏，青年曲艺演员王玥波、甄齐，天桥街道办事处文化科的赵兴力等，分别从曲艺理论、曲艺创作、曲艺表演、文化产业经营、曲艺发源地、曲艺传播窗口——广播电台等角度谈了对曲艺发展的见解，并对未来曲艺的发展提出了建议。

（张燕鹰）

【纪念孙宝才、王文禄专场】 12月11日，北京周末相声俱乐部在东城区文化馆举办了纪念双簧表演艺术家孙宝才、王文禄专场演出。孙宝才、王文禄同为第六代相声前辈艺人，他们表演的相声、双簧深受观众喜爱，在行内享有较高的声誉。孟凡贵主持了纪念演出专场。陈涌泉、王学义、李金斗、王文友、莫岐、王谦祥、李增瑞等曲艺名家表演了相声、双簧等曲艺节目。

（李　宏）

【单田芳艺术生涯55周年庆祝活动】 12月28日，评书表演艺术家单田芳艺术生涯55周年庆祝活动在人民大会堂举行，同时举行的还有单田芳自传《言归正传》首发仪式和收徒仪式。活动由李金斗主持，姜昆致辞。《言归正传》浓缩了单田芳55年的艺术人生，总结了几十年说书人的成败得失。当天，单田芳还收了9名徒弟。这次活动由中国工人出版社等单位联合主办，恒源祥集团赞助。

（张燕鹰）

·探索与研究·

【《相声创作、表演技巧漫谈》】 原文载《曲艺》第2、3、4期，作者宋勇。作者就相声的创作和表演分别进行了讲述，其中在相声的表演方面所占的比重较大，约有三分之二。作者将相声的基本技巧总结为18种功法，相声的表演分为8个方面，由浅入深地进行了较为详细的分析，文章是作者多年来对相声艺术研究的心得体会。

（李　宏）

【《本科相声专业班的机遇与挑战》】 2月22日，中国曲艺网刊登了该文。文章指出，继2001年冯巩和中央戏剧学院合作过“相声大专班”之后，被列为“国家级非物质文化遗产”的相声今年再次和艺术院校的“正规军”电影学院合作，并首次升格为本科相声专业班。该文还就原本依靠口传心授、师傅带徒弟的相声艺术能否进课堂，学生由谁来教，学什么，以及毕业后的去向问题进行了探讨。

（李　宏）

【北影回应对相声班的质疑】 2月25日，北京电影学院表演学院副院长王劲松在招生考试现场就相声界对北影举办相声班的种种质疑，从办学模式、师资、教学内容和就业方向等方面进行了说明。王劲松表示：该班以相声的口传心授与现代高等教育相结合；任课老师将是相声、喜剧界“有技艺的明白人儿，而不一定是那些功成名就的人”；课程以电影表演课程为基础，在学习传统相声艺术的同时，突出对喜剧创作能力的培养；学生毕业以后，“既可以从事相声行业，也可以从事喜剧表演、晚会小品、节目主持等”。

（李　宏）

【《相声迈入科班时代》】 原文载3月3日出刊的《音乐周报》第8期，作者孟绮。文章指出，2010年，国内两大最受瞩目的艺术院校都在招生中不约而同地推出了喜剧表演专业，北京电影学院表演系与中国广播艺术团下设的说唱团联合开办相声表演专业，上海戏剧学院在表演系设立了喜剧班，科班培养相声喜剧人才。文章中谈到，相声作为中国的传统艺术已经被列入非物质文化遗产。中国广播艺术团下属的说唱团是有着悠久历史的曲艺团体，相声的传承与发展历来是团里的重大课题。相声入选国家非物质遗产名录后，中国广播艺术团成为相声传承单位。为了保护、发展中国的传统艺术，北京电影学院和中国广播艺术团联合开办相声、喜剧表演专业班。旨在培养能够适应社会文化需求的，具有创新能力的高素质、高水平的相声、喜剧表演艺术人才。该班以电影表演课程为基础，在学习传统相声艺术的同时，突出对喜剧创作能力的培养。

（李　宏）

【中国曲协召开曲艺界座谈会】 3月9日，中国曲艺家协会在东城区文化馆周末相声俱乐部活动室组织召开了曲艺界座谈会，探讨曲艺出人才、出精品和繁荣发展文化事业的新举措等内容。在京参加“两会”的曲艺界全国人大代表和政协委员，中国曲协部分在京理事，北京周末相声俱乐部、嘻哈包袱铺等小剧场代表近50人出席了座谈会。刘兰芳主持了会议。会议介绍了中共中央宣传部《文艺信息》中关于“2009年曲艺创作演出情况综述”的内容，传达和学习了李长春、刘云山等中央领导的重要批示精神。姜昆在会议小结时强调，今后要以不同的形式继续在曲艺界传达贯彻中央领导的批示精神，努力开创曲艺事业的新局面。

（李　宏）

【《学院派相声能抖啥“包袱”“科班”演员讲相声百态》】 3月10日，《北京晚报》刊登了题为《学院派相声能抖啥“包袱”“科班”演员讲相声百态》的调查文章，作者张棻。调查起因于外界对北京电影学院表演系招收的首届相声本科班产生的好奇与争议。文章分：入行（“90后”相声新人）、学艺（传统派“太拘束”，学院派“欠火候”）、出路（相声专业找工作）3个部分，对几名“科班”出身且正在说着相声的演员进行了调查访问，以他们的现实生活、舞台生活和个人想法对社会上在“科班”相声教育中，“相声班”会教些什么，毕业之后是不是真的会去说相声等问题作出了回应。

（李　宏）

【第3届中国曲艺团长高峰论坛】 6月7日～8日，第3届中国曲艺团长高峰论坛在扬州市举行。论坛由中国艺术研究院曲艺研究所发起组织并与江苏省扬州市文化广电新闻出版局和中国曲艺团长高峰论坛理事会联合主办，扬州市曲艺团承办。来自广东、上海、重庆等全国各地的曲艺表演团体、曲艺研究机构、曲艺教育机构、曲艺保护机构、民营曲艺班社和曲艺家协会的50多名代表和观察员参加了这次论坛。在为期两天的论坛上，与会代表们本着拓展曲艺研究学术视野，探讨曲艺创演经营实践，交流曲艺演出经验教训，强化行业内部协作意识的宗旨，围绕“曲艺创演：组织与经营”的主题，进行了深入讨论。中华人民共和国文化部副部长、中国艺术研究院院长王文章等给论坛发了贺信。

（李　宏）

【《维护曲艺版权　落实播放收费制度》】　原文载《曲艺》第6期，作者江江。针对曲艺版权受到侵害的问题，文章分4个方面分析了曲艺目前的状况和被侵权的主客观方面的原因。在落实曲艺作品出版、改编、播放收费上，中国曲协权益保障工作委员会在百余名曲艺演员和作者的授权下，制定了相应的措施，以维护和保障曲艺工作者的权益。

（李　宏）

【“现挂”尺度也是演员做人尺度】　原文载8月7日《北京晚报》，作者罗颖。文章认为，“现挂”是相声和评书艺术中的术语，指演员根据演出的实际情况，现场进行即兴发挥，凭借演员的聪明才智，往往收到意想不到而火爆的现场效果。连丽如表示，“现挂”是每一个相声和评书演员都具备的能力，只是有的人多一些，有的人少一点，“现挂”虽然灵活但也是有原则的，“现挂”最起码是善意的，要尊重现场观众，“尊重社会和生养你的土地”，不要伤害人与人之间的关系，这样的要求看似很虚，但还是有尺度的，而这个尺度只能由演员自己掌握，可以说“现挂”的尺度也就是演员做人的尺度。

（李　宏）

·传承　培训·

【马岐收评书弟子】　1月23日，评书演员马岐在鸿宾楼举行拜师收徒仪式，收李富恒、张伯鑫、王传林、勾超、刘宏选、徐强、王自健为徒弟，张涛为义子。曲艺名家刘兰芳、赵连甲、陈涌泉、李金斗、李立山、张志宽、李绪良、马增蕙、王文友、王印权、李建华、武宾等参加了拜师收徒会。中国曲艺家协会副主席籍薇，以及评书表演艺术家袁阔成、田连元打电话祝贺。

（李　宏）

【北影设立相声喜剧表演专业】　2月21日，北京电影学院2010年本科招生工作启动，该校本年新增的相声喜剧表演班首招20人。在专业考试合格后，考生高考成绩达到学院制定的录取分数线后，按照不同要求择优录取。其中表演专业（含相声、喜剧表演班），文化考试成绩要求达到2010年北京市普通高等学校艺术类专业录取分数线，之后按专业考试成绩排序，择优录取。

（李　宏）

【相声、快板培训班开班】　4月11日，中国曲艺家协会青少年培训基地开设了少儿曲艺、戏曲培训班。本班旨在培养孩子热爱传统文化艺术、陶冶艺术情操。在学习过程中培养孩子的手脑配合、语言表达及组织能力，从而达到开发智力，提高孩子智商、情商的目的，使孩子的身心得到全方位发展。此次开设了少儿相声班和少儿快板班两门课程。所招收学员年龄在6～15周岁之间，男女不限，有无基础均可。每周一次3课时，每期12周共36课时。在师资方面，特邀请北京曲艺家协会资深相声、快板曲艺名家授课。

（李　宏）

【首届天桥曲艺茶社鼓曲培训班】　5月10日，由宣武区文化馆、北京曲艺家协会、天桥街道办事处主办的天桥鼓曲培训班开班。本次培训班的筛选历时5个月，报名学员45人，最终有25名学员被录取，分别被分到单弦、河南坠子、北京琴书、梅花大鼓以及“刘派”、“骆派”、“白派”京韵大鼓共7个班学习。年龄从3岁至63岁不等。单弦名家赵玉明、张蕴华，曲艺杂家崔琦，以及北京曲艺团任课教师梅花大鼓演员杨菲、河南坠子演员杨娇、单弦演员郝元、北京琴书演员王树才7名优秀教师参加了开班仪式。学员通过接受规范化的训练，掌握本曲种的基本要领、基本特征和演唱技巧。

（李　宏）

【弦师孙鸿宴收徒】　10月23日，曲艺弦师孙鸿宴在金兴楼饭庄收白金鑫为入室弟子。李增瑞主持了收徒仪式。白金鑫向师父行三叩首礼，向“引、保、代”三位老师行鞠躬礼。师徒互赠礼物并向来宾们表示感谢。白金鑫现年20岁，现就读于中国戏曲学院。他出身于北京曲艺世家，从小跟随母亲学习各种艺术，幼时曾在北京少儿京昆艺术团随韩增祥学习武生表演，并经曲艺老艺人杜三宝开蒙学习相声、双簧，经曲艺名家马聚泉开蒙学习三弦弹唱。自2008年起，跟随孙鸿宴系统学习曲艺三弦伴奏。多年来一直活跃在北京的各大曲艺舞台、票房。北京曲艺家协会领导以及曲艺界人士马聚泉、王学义、马岐、马静宜、李增瑞、赵玉明、张蕴华、马增蕙、种玉杰、马玉萍、梁厚民、马小祥、张卫东等多人到场祝贺。

（李　宏）

【岔曲艺术研讨会召开】　12月23日，由北京市西城区非物质文化遗产保护办公室、西城区曲艺家协会主办的“西城区非物质文化遗产——岔曲艺术研讨会”在西城文化中心召开。单弦表演艺术家赵玉明、马增慧、赵俊良、章学楷，中国新闻出版社、西城区新街口社区曲艺票房、西城区曲艺之家的负责人参加了本次研讨会。会上，赵俊良、赵玉明、章学楷、马增慧等艺术家讲述了岔曲的起源和发展。西城区岔曲“非遗”传承人希婉英表示作为传承人，要把岔曲艺术发扬光大并更好的传承下去。

（李　宏）

出版物

【《焦乃积小品选》】　2月，《焦乃积小品选》由解放军文艺出版社编辑出版。全书总计20万字，辑入各类小品30个，其中包括部分相声小品。除作品之外，在书的最后还收入了中央电视台专家学者畅谈焦乃积小品创作专集摘要，并记录了李希凡、梁炳堃等人对该书的评价。

（李　宏）

【李菁北京竹板书CD专辑出版】2月，德云社演员李菁的快板书和北京竹板书CD专辑由中国唱片公司深圳分公司出版发行。该专辑收录了快板书《武松打店》《长征》《单刀会》《鲁达除霸》，以及北京竹板书的长篇说唱《夜审潘洪》。

（李　宏）

【曲艺系列光盘出版】　4月19日，中国曲艺网报道，由中国曲艺家协会与山东电子音像出版社合作出版的《笑声与时代——中国曲艺精粹》大型系列DVD光盘与广大观众见面。本套大型系列光盘共18盘，其中包括了两届少数民族曲艺汇演《民族曲韵》；第5届、第6届中国曲艺节《曲漫浙江》《百花争艳》；第4届、第5届中国曲艺牡丹奖的《金陵牡丹曲》；CCTV少儿曲艺大赛的《中国娃娃爱曲艺》；济南国际幽默艺术周演出《笑满泉城》《欢乐齐鲁》；三亚国际幽默艺术周的《欢乐天涯行》；庆祝祖国60周年的《茉莉情韵》《晋曲情声》和天津相声新作品大赛等5场曲艺专场演出。作品全方位、立体化、多角度地展示了21世纪以来中国曲艺事业取得的辉煌成绩，记录了曲艺工作者为曲艺事业长足发展所作出的不懈努力。

（李　宏）

【《我的艺术生活》】　5月，曲艺家刘兰芳的自传《我的艺术生活》由大众文艺出版社出版发行。作者通过自身的经历讲述了在曲艺艺术道路上的成长，其中，包括了学艺的坎坷曲折、生活的酸甜苦辣，书中的内容耐人寻味。

（李　宏）

【《中国的曲艺》】　薛宝琨编著，中国国际广播出版社9月出版。全书11.2万字，共分25个章节。书中论及了全国各地的一些曲种，其中，大部分为北方的相声、评书、八角鼓、单弦、山东快书等曲种，并对石玉昆、刘宝全、张寿臣、侯宝林、陈士和、高元钧等曲种的领军人物做了表述。该书还附录了百名艺人小传。

（李　宏）

【反腐倡廉曲艺作品集问世】　11月，《包公杯·全国反腐倡廉曲艺作品征集优秀作品集》由中纪委方正出版社出版，主编姜昆、雍成瀚。全国新华书店发行。这是我国第一部以大曲艺为载体的反腐倡廉作品集。此次反腐倡廉曲艺作品征集活动，由中国曲艺家协会、中共合肥市纪律检查委员会等主办，是全国首次以廉政文化为主题举办的反腐倡廉曲艺作品征集活动。该活动共收到28个省市的1123件作品、涵盖42个曲种。全书共计32万字，汇集了精心选评出的34件含相声评书、快书快板、鼓曲唱曲、曲艺小品等曲种的作品。

（李　宏）

杂技　魔术

2010年，北京的杂技市场产生了一些新杂技和魔术剧目。北京杂技家协会在杂技理论探讨、杂技传统项目的整理等方面做了不少工作。中国杂技团庆祝建团60周年的一系列活动为本年度的首都杂技市场增添了不少光彩。中国杂技家协会第六次全国代表大会召开并成立了新一届领导班子。文化部召开杂技调研会和首届中国杂技魔术艺术论坛为中国杂技未来发展把脉，这些活动均成为本年度北京杂技领域值得书写的事件。

2010年度的杂技和魔术的新创剧（节）目不多，但形式和内容趋于多样化。北京杂技团的首部杂技舞台剧《魔术音乐盒》在天桥杂技剧场正式上演，这是北京杂技团成立以来创作的规模最大的一台杂技舞台剧。由首都文明办、北京市市政市容委和中国杂技团组织创作的杂技音乐剧《再见，飞碟——绿娃在行动》在北京电视台大剧院首演。该剧是一部以垃圾减量、垃圾分类为内容的环保作品。由北京环球城马戏表演有限公司投资打造的大马戏《梦幻潘多拉》，有来自十多个国家的上百名演员和近百只动物在剧目中出演，这台节目是近年来北京规模最大的自创马戏节目。

北京杂技家协会在2010年度做了不少有益于杂技发展的活动。年初，他们受邀出访了蒙特卡罗国际马戏艺术节，了解比赛规则和法国、意大利的杂技市场。春节前后，组织杂技、魔术节目送欢乐到延庆，受到当地民众的欢迎。4月，北京杂协召开古彩戏法申遗论证会，就中国古彩戏法申请国家级非物质文化遗产保护有关问题进行讨论。上半年，还相继组织了“2010中日新春魔术交流会”和“高校冠军杯魔术比赛”，在推广和普及魔术艺术方面进行了努力。9月召开的“杂技·媒体·社会”座谈研讨会，从杂技与媒体，以及杂技与社会发展的关联等方面全方位地关注杂技的未来发展。12月，由北京市文联组织编纂，北京杂协负责编辑的《新中国北京文艺60年·杂技卷》由中国文联出版社出版。

2010年是中国杂技团有限公司建团60周年的年份。中国杂技团有限公司为迎甲子，组织了一系列的庆祝活动。庆祝活动的重点是推出名为“一封家书”的杂技晚会，通过小学员们训练、学习的成长历程，告慰老师、家长的关怀和鼓励。此外、建团60周年图片展、新编杂技剧《天地宝藏》正式驻演天地剧场，“庆甲子开放日”等不同活动为60周年团庆增添了色彩。

11月5日，中国杂技家协会第六次全国代表大会在京召开，来自全国31个省（自治区、直辖市）和解放军、中直机关等单位的杂技工作者代表参加了会议。大会产生了新一届领导机构。

2010年，北京在杂技、魔术方面进行了广泛、深入的理论探讨。8月，文化部召开了杂技调研座谈会，该会主要围绕文化部部长蔡武和副部长王文章对在《文艺动态》发表的《中国杂技到底缺什么?》一文所做的批示进行了座谈。12月，文化部又召开了首届杂技（魔术）艺术发展论坛，对中国杂技目前的现状和问题进行了广泛的探讨。这两项由文化部主持和主办的针对杂技和魔术发展的座谈和论坛，对中国杂技未来发展的影响是值得关注的。此外，专家对杂技和魔术的研究也呈现出多元化的趋势，话题有杂技市场的拓展、杂技品牌的建立、杂技教育的改革、舞台监督在杂技演出中的作用、中国魔术发展的现状和对策、如何学习太阳马戏团、民营杂技团如何发展等等。值得注意的是，这些理论研究者并没有沉浸于近年来北京乃至全国在杂技、魔术、马戏所取得的成绩方面，而是对它们仍存在的问题进行思考，期望中国的杂技、魔术、马戏的发展更加理性，取得的成绩更加辉煌。

2010年度，北京杂技节目在国际上获奖要少于往年，除了中国杂技团有限公司的节目《邀月弄影·对手顶》在第12届意大利国际马戏节比赛夺得大赛唯一总统奖外，有些节目已经在不同的国内杂技评奖中获得多次奖项，重复获奖的节目较为集中。这是个值得注意的现象，反衬出在市场化的大环境下，新节目的创作和产生有些滞后的问题。

2010年，为了改变目前中国杂技教学只重视杂技技巧训练的单一模式，转而注重带给观众笑声的训练，北京杂技学校首次开设了滑稽专业。为此，学校特意请了宁根福、李春来等滑稽界专家和游本昌、陈佩斯等喜剧表演艺术家进行专业教学指导。

此外，外埠杂技、魔术院团的进京演出丰富了2010年北京的杂技市场。作为国家的文化交流项目，中国杂技团有限公司派出各种节目参加印度、孟加拉国与中国建交的庆祝活动。魔术被列为北京中山公园音乐堂的“打开艺术之门”系列活动之一，阿迪力的鸟巢空中表演等活动表明，杂技、魔术演出向着普及化和大众化又迈进了一步。

（周　红）

【中国杂协第六届主席团】　11月5日，中国杂技家协会第六次全国代表大会在北京闭幕，大会选举产生了新一届理事会和主席团。新一届理事会由107人组成，主席团由11人组成。边发吉当选为中国杂技家协会第六届主席，副主席为邓宝金、宁根福、刘全利、齐春生、孙力力、李西宁、阿迪力·吾休尔、邵学敏、程海宝、戴武琦。夏菊花被推举为中国杂技家协会第六届名誉主席。尹钰宏、李甡、何天宠、林建、蓝天被聘请为中国杂技家协会第六届顾问。邵学敏被任命为中国杂技家协会第六届秘书长，邹玉华、曹建明被任命为副秘书长。

（周　红）

【邵学敏任中国杂协分党组书记】本年，邵学敏任中国杂技家协会分党组书记。

（周　红）

剧（节）目

【杂技音乐剧《再见，飞碟——绿娃在行动》】　7月1日，杂技音乐剧《再见，飞碟——绿娃在行动》在北京电视台大剧院首演。该剧由首都文明办、北京市市政市容委和中国杂技团组织创作。该剧以一个被垃圾污染的未来世界为背景，由绿娃带领观众走进充满垃圾问题的世界。该剧以杂技语言讲述了外星人带着“收垃圾”的使命登陆地球，遭遇一系列奇特经历，最后与人类一起进行垃圾减量、垃圾分类，共同恢复家园并最终选择留在了地球的故事。该剧是“做文明有礼的北京人，垃圾减量垃圾分类从我做起”主题活动与文化演出的第一次结合。

（周　红）

【杂技舞台剧《魔幻音乐盒》】　7月19日，北京杂技团的首部杂技舞台剧《魔幻音乐盒》在天桥杂技剧场（原名“万盛轩”）正式演出，这是北京杂技团建立以来创作的最大的一个剧目。该剧集音乐、舞蹈、魔幻、杂技为一体，各个单元节目均为北京杂技团的国际获奖精品。其中，《超越——爬杆》《玩空竹的小妞妞》等曾在中央电视台春节晚会和2008年北京奥运会开幕式上演出。该剧总导演由加拿大太阳马戏团创始人之一、著名导演——盖伊·卡隆担纲，台湾知名编导林永彪、北京杂技团副团长张琬共同出任执行导演，音乐制作人由太阳马戏团的音乐指导埃拉·路易斯和马丁出任。该剧定位于各年龄段的观众，极具“太阳马戏团”风格，并与中国传统技艺想结合。整个剧目主要由北京杂技团80后乃至90后的新生代杂技演员演出，同时放弃了大剧场、大舞台的演出方式，选择了距离观众更近的小剧场进行驻场演出。

（周　红）

【马戏《梦幻潘多拉》】　8月26日，由北京环球城马戏表演有限公司投放巨资精心打造的首部国际大马戏《梦幻潘多拉》在奥林匹克公园内的环球城国际大马戏剧场首演。《梦幻潘多拉》以电影《阿凡达》中美丽星球潘多拉为演出背景，通过声、光、电等舞台舞美技术手段的综合运用，为观众呈现既有高超技艺又有愉悦视听的“马戏盛宴”。来自俄罗斯马戏组合、菲律宾马盛军乐团、印度大篷车组合、津巴布韦力量与美组合、荷兰艾维特·麦诺·凡·蒂肯、法国爱米莉·玛瑞莲·斯达弗妮等，十多个国家的一百五十多名演员和狮子、黑熊、宠物马、猴子等近百只动物在剧目中出演。演出节目包括哈萨克斯坦杂技“马术”、法国杂技“探戈手技”、俄罗斯的“空中飞人”、哥伦比亚的“大飞轮”、津巴布韦的舞蹈节目和中国杂技节目“中国节”、“跳杆”等。

（周　红）

【中杂协举办杂协机关离退休老干部迎新春联欢会】　2月5日，中国杂技家协会在其新址——中国艺术家之家大厦的机关会议室举

办杂协机关离退休老干部迎新春联欢会。中国文联党组副书记李牧等领导和中国杂协离退休老干部等四十余人出席联欢会共迎新春。

（周　红）

【杂技界“两会”代表参加中国文联“两会”代表联谊会】 3月2日，中国文联“两会”代表联谊会在中国艺术家之家大厦举行。杂技界“两会”代表夏菊花、邓金宝、边发吉和阿迪力参加了联谊会。中国文联主席孙家正致辞，文联党组书记胡振民作了通报。杂技界代表委员参加“两会”都带来了自己的提案和建议。

（周　红）

【第3届“同心结华夏”大学生魔术交流大会】 4月2日~4日，第3届“同心结华夏”大学生魔术交流大会在欢乐谷举办。大赛吸引了北京体育大学、台湾开南大学、澳门科技大学、香港大学等二十多所高校的大学生和近万名观众参与。该活动由中国少数民族文化艺术基金会等主办，东方电子集团公司独家冠名赞助。

（周　红）

【鸟巢阿迪力高空无极限】 5月3日~7月2日，“鸟巢阿迪力高空无极限”活动在国家体育场（鸟巢）举办。高空王子阿迪力挑战人类高空生存极限，在鸟巢屋顶独立生存了2个月的时间。同时，阿迪力每天进行四场约五个小时的高空走钢丝表演，其表演项目包括：钢丝上跳舞、钢丝上睡觉、蒙眼走钢丝、铁盘走钢丝、钢丝上跑步、头顶倒立、竞技独立、空中座椅等。

（周　红）

【国台办领导到中国杂协考察】 5月18日，国务院台湾事务办公室副主任叶克东、秘书局局长杨流昌、交流局局长李维一等一行到中国文联、中国杂协进行工作拜会并考察了新的办公楼和办公区。中国文联副主席冯远、中国杂协分党组副书记邵学敏等有关方面负责人同国台办领导进行了座谈交流。并就中国杂协组织“国际获奖杂技、魔术专场晚会”赴台演出的设想进行磋商。

（周　红）

【中山公园音乐堂举办“小小魔术师——魔法夏令营”】 8月16日~17日，中山公园音乐堂举办了“小小魔术师——魔法夏令营”。此次魔法夏令营中山公园由音乐堂与中国杂技团合作，分“魔术初体验”、“魔术课堂”、“魔法舞台”、“小小魔术师大比拼”4个板块。在夏令营中孩子们不仅学到了“三杯球”、“心灵感应”、“硬币消失”、“海绵心”、“三连绳”等魔术的表演方法，还体会到了“珍惜魔术秘密”、“表演前勿讲魔术效果”、“对同一观众只演一次”等魔术守则。

（周　红）

【中国杂协组织杂技家国家地震灾害紧急救援队采风慰问】 9月10日，中国杂协分党组副书记邵学敏，滑稽演员刘全和、刘全利等人参加了中国文联组织的赴国家地震灾害紧急救援队深入生活采风慰问的活动，中国杂协组织了滑稽、魔术和杂技3个节目参加了慰问演出。

（周　红）

【北京、玉树儿童观赏马戏】 9月23日，30位来自玉树地震灾区的师生与西城区60所中小学的2000名学生代表在环球城马戏剧场，一同观赏由中国、俄罗斯、哥伦比亚等国演员表演的精彩马戏节目。

（周　红）

演　出

【中国文联新春招待会杂技专场演出】 1月26日，由中国文联主办，中国杂协承办的中国文联新春招待会在全国政协礼堂举行。中国文联主席孙家正，中国杂协主席夏菊花，以及来自二十多个国家和地区的大使和外交官出席了招待会。招待会后举行了杂技专场演出，来自中国杂技团、新疆维吾尔自治区杂技团、济南杂技团、大连杂技团、空军政治部文工团、中国广播说唱团、中国杂协、内蒙古自治区杂技团、四川遂宁市杂技团、河北省杂技团的演员们，演出了《圣斗·地圈》《手技》《俏花旦·空竹》《绸吊——情未了》《变脸》《腾·韵——十三人顶碗》《现代男女软功——情》《花舞蝶飞》《指挥家与钢琴家》《高车踢碗》《高椅》《雏凤凌空——女子集体车技》等在国内外获奖节目。

（周　红）

【北京杂协送欢乐到延庆】 1月29日，北京杂协组织艺术家和演职员一行近三十人赴延庆百泉街道和小浮陀村为当地居民演出。演出节目有杂技、魔术、曲艺和中国功夫等。此次活动由北京杂协主办，以北京文联和北京杂协的协和之声艺术团为演出主体，北京文联党组副书记王德新、北京杂协秘书长陈润华带队。延庆县有关领导出席并观看演出。

（周　红）

【五国联合皇家国际大马戏团在京演出】 7月17日~18日，五国联合皇家国际大马戏团在工人体育馆演出。五国联合皇家国际大马戏团是指前苏联解体后，以哈萨克斯坦国立大马戏团的名义，由俄罗斯、哈萨克斯坦、吉尔吉斯斯坦、乌兹别克斯坦和中国的传统马戏世家组合而成。团队中不仅拥有众多知名的马戏和杂技演员，还有5只东北虎、3只非洲狮、2匹骆驼、2头黑熊、6匹宠物小矮马、8匹高头大马和6只狗。

（周　红）

【中杂参加“武博之夜”演出】 8月28日~9月4日，“北京首届世界武博运动会”在京举办。为期8天的“武博之夜”文化活动在运动员村所在地北京友谊宾馆展开。中国杂技团等国内演出团队为武博会运动员们献上国际顶尖水平的杂技节目。

（周　红）

【中国杂协五届八次主席团会议暨2010年理事扩大会议召开】 3月15日~17日，中国杂协五届八次主席团会议暨2010年理事扩大会议在中国文艺家之家举行。会议的主要任务是总结2009年工作，谋划2010年工作，为中国杂协第六次全国代表大会的召开做准备。中国文联党组副书记李牧，中宣部干部局副局长杨小平等领导和中国杂协主席团、分党组全体成员、部分顾问，72位理事出席会议。各省（自治区、直辖市）新疆生产建设兵团的37位杂协主席、秘书长、杂技团团长等作为嘉宾参加会议。会议由夏菊花主持并做总结。会议还决定9月在京召开换届大会。

（周　红）

【北京杂协召开古彩戏法申遗论证会】 4月15日，北京杂协召开古彩戏法申遗论证会，就中国古彩戏法申请国家级非物质文化遗产保护的有关问题进行了充分论证和展望，设想了今后进一步发展的前景与措施。著名戏法大师杨宝林，秦鸣晓、王立民、罗秉松、房印亭，中国魔术理论研究专家傅起凤和青年戏法演员等参加了论证会。

（周　红）

【中国杂协第六次全国代表大会】 11月3日~5日，中国杂技家协会第六次全国代表大会在京召开。来自全国31个省（自治区、直辖市）和解放军、中直机关等单位的杂技工作者213名代表出席了大会。中共中央政治局委员、中宣部部长刘云山出席开幕式并讲话。全国政协副主席、中国文联主席孙家正出席大会。大会审议并通过了中国杂协分党组书记邵学敏代表中国杂协第五届理事会所作的题为《打造新亮点，拓展新领域，为促进中国杂技大发展大繁荣努力奋斗》的工作报告；审议并通过了修改后的《中国杂技家协会章程》；选举产生了由107人组成的新一届理事会和11人组成的新一届主席团。中国文联党组副书记李牧，中宣部干部局副局长齐鹤茹等领导，以及中央宣传文化单位有关部门的负责人、特邀嘉宾和首都文艺界、新闻界人士出席了闭幕式。

（周　红）

【中国杂协获中国文联表彰】 4月2日，“2009年度中国文联表彰大会”在中国文艺家之家大厦的报告厅举行。邵学敏获嘉奖并获公务员奖励证书，中国杂协分党组获得“好班子”奖励证书，中国杂协组织联络部获得集体嘉奖，杂技与魔术杂志社副社长获得优秀党员荣誉称号，《杂技与魔术》主编高伟等3人被评为先进个人。会议由李牧主持，冯远宣读了获奖单位和个人名单。

（周　红）

【冠军杯魔术比赛】 6月10日~11日，由北京杂协主办、高校魔术联盟等单位协办的“2010年度CMUC魔术年度交流大会暨冠军杯魔术比赛”在文联剧场举行。众多国内外知名魔术师、魔术爱好者参加大会。

（周　红）

【《邀月弄影·对手顶》获国际金奖】 当地时间10月14日，中国杂技团有限公司的节目《邀月弄影·对手顶》在第12届意大利国际马戏节比赛夺得大赛唯一总统奖。该节目集古典芭蕾和杂技的对手顶及软功为一体，由何晓彬导演，臧世博和韩莹出演。

（周　红）

【《俏花旦·集体空竹》获“世界知识产权组织版权金奖”】 11月18日，中国杂技团有限公司的节目《俏花旦·集体空竹》被联合国世界知识产权组织评为“世界知识产权组织版权金奖”（中国）作品奖。该节目由杨迪、杨海静、杨田子等表演。

（周　红）

【《纳海弄潮——绳技》获第8届全国杂技比赛金奖】 12月2日~7日，第8届全国杂技比赛在广东番禺的长隆马戏大剧院闭幕，中国杂技团有限公司的《纳海弄潮——绳技》获得杂技类金奖。该节目用绳和身体演绎了一出刚柔相济、温馨欢快的渔家生活场景，该节目中百分之八十五的动作由中杂原创。全国杂技比赛是目前为止中国杂技艺术的最高赛事。

（周 红）

【中杂节目获2010年度“荣毅仁基金会杂技艺术奖”】 12月15日，2009~2010年度“荣毅仁基金会杂技艺术奖”颁奖晚会在北展剧场举行。中国杂技团的《纳海弄潮——绳技》获一等奖，中国杂技团、北京市杂技学校《猫不在家——蹦拐顶技》获二等奖。

（周 红）

【铁杂节目获2009年度“荣毅仁基金会杂技艺术奖”】 12月15日，2009~2010年度“荣毅仁基金会杂技艺术奖”颁奖晚会在北展剧场举行。中国铁路文工团杂技团《命运的摇篮——双人晃管》获二等奖（一等奖空缺）。

（张燕鹰）

交 流

【北京杂协观摩蒙特卡洛国际马戏节】 1月16日~27日，应蒙特卡洛国际马戏节等方面的邀请，北京杂协组织的代表团一行6人赴摩纳哥参加第34届蒙特卡洛国际马戏节并考察法国、意大利杂技演出市场。

（周 红）

【新春中日魔术交流会】 3月7日，由北京杂协主办，CMUC中国高校魔术联盟和魔幻要塞共同举办的“新春中日魔术交流会”在北京文联剧场举行。本次交流会分为魔术专场晚会和日本魔术大师Fujii的专场讲座，约四百名魔术师、魔术爱好者参加，北京杂协秘书长陈润华出席活动。交流会上，中国魔术金菊奖金奖获得者汪燕飞表演的《魔幻水晶球》、国家一级演员罗秉松表演的经典传统戏法《三仙归洞》等魔术，让观众连连称奇。参加演出的还有中国魔术金菊奖金奖获得者沈娟等青年魔术师。

（周 红）

【魔术晚会“谦变万化”进京演出】 4月23日，“谦变万化”刘谦魔术晚会在北展剧场上演。这是刘谦为进行2010世界巡演全新组合的一台节目，包括空中漂浮、串联戒指、扑克表演、预言前世今生等。大型魔术、近景魔术，以及和观众的互动各占三分之一，其中百分之四十是新节目。此次巡演地点包括北京、哈尔滨、宁波、杭州、天津、榆林、郑州、台北、合肥、苏州，以及新加坡、温哥华、多伦多，北展剧场的演出是这台节目首次与观众见面。

（周 红）

【外国记者参观北京杂技学校】 5月21日，中国外交部新闻司和北京市外办涉外处领导带领来自二十三个国家的二十余名记者到北京杂技学校进行参观访问。来宾们先后参观了校史展厅、马戏练功厅和留学生练功厅。杂技专业学生和留学生分别向来宾们表演了精彩的杂技节目，来访者们对他们的精彩表演赞叹不已。表演过后，他们还采访了该校多名留学生。校长张红作陪。

（周 红）

【《功夫传奇》赴美演出】 7月1日，天创国际演艺公司的品牌杂技剧目《功夫传奇》在美国布兰登的白宫剧场首演并驻场演出。布兰登市是美国第三大演艺中心，白宫剧场是天创公司直接购买的剧场。这也是《功夫传奇》在北京成功驻演六年后在美国演艺市场的一次大胆尝试。中国港中旅副总经理许慕韩、中国驻芝加哥副总领事储茂明等人以及新华社、中央电视台等媒体的来宾观看了首演。

（周 红）

【连云港其魔魔术杂技团进京演出】 7月6日~7日，江苏省连云港市灌南县其魔魔术杂技团在北京长安大戏院演出了曾荣获第6届亚洲魔术比赛大型幻术冠军的《羊去马来道吉祥》等自创优秀作品。该团被文化部遴选为“2010年全国民营艺术院团优秀剧（节）目展演活动”的两个民营艺术表演团体之一。该团由农民杂技家汪其魔于20世纪80年代初创办，现拥有专职演员100多人，年均演出400多场，观众超过20万人。在北京演出期间，其魔魔术杂技团还深入到社区进行了惠民演出。

（周 红）

【杂技剧《飞翔》再次进京演出】 7月8日，杂技剧《飞翔》在朝阳剧场上演。该剧由四川德阳杂技团创作并演出，它以3000年前的远古世界为背景，将杂技的力与美、奇与险展现在观众面前。《飞翔》并不是第一次在北京朝阳剧场演出。2008年，该剧被北京奥组委推荐为重点观看剧目；2009年，该剧参加了庆祝新中国成立60周年献礼演出。截至7月，该剧在北京朝阳剧场驻场演出约一千六百场次，累计观众约二百万人次。

（周 红）

【儿童音乐杂技剧《卖火柴的小女孩》进京展演】 7月10日~11日，深圳福永杂技团创作的儿童音乐杂技剧《卖火柴的小女孩》在保利剧院展演。该剧的故事忠实于原童话，并将杂技、舞蹈和音乐进行了别出心裁的结合与运用。该剧团是由文化部组织的“首届全国民营艺术院团优秀剧目展演”活动选中的23家剧团之一。

（周 红）

【国际魔术联盟代表团到京访问】 7月22日～23日，国际魔术联盟主席埃瑞克·埃斯文、副主席海瑞特·本杰明一行到京访问。中国文联党组书记胡振民等文联领导在中国文艺家之家举行会见，中国杂协党组副书记邵学敏等杂协领导陪同会见。埃瑞克·埃斯文对中国文联、中国杂协成功举办第24届世界魔术大会所做出的卓越贡献表示感谢并赠送了象征着国际魔术联盟最高荣誉的大奖杯和证书。此次国际魔术联盟一行还与中国杂协就如何继续发挥中国魔术艺术委员会在国际魔术联盟中的积极作用，以及如何推动中国魔术走向世界等有关事宜进行商榷。

（周 红）

【中国杂协代表团赴美参加艾伯特魔术大会】 8月3日～10日，中国杂协代表团一行参加了第73届美国艾伯特魔术大会。此次大会共有600多名魔术师和魔术爱好者参加，5场魔术比赛和嘉宾演出。中国杂协副秘书长邹玉华为代表团领队并担任了魔术比赛的评委。代表团成员、青年魔术师刘子豪参加了大会的嘉宾演出并获得组委会颁发的手彩类最佳表演嘉宾奖。

（周 红）

【冰上杂技《幻境极光》进京演出】 8月8日，首部原创冰上杂技《幻境极光》在北京龙潭湖公园中心岛剧场进行了该剧的首场演出。此后，该剧每天上演两场，长期在该剧场驻演。该剧以花样滑冰为载体，结合了杂技、冰滑、魔术、舞蹈、音乐等多种表演艺术形式，同时传承和发展了老北京“冰嬉”这一非物质文化遗产。该剧由长隆国际马戏大剧院出品，总导演李驰，作曲张方泽，演员主要来自黑龙江冰上杂技舞蹈团，此外还有河南、河北艺校学员和3名哥伦比亚籍演员。

（周 红）

【中杂访问孟加拉国】 8月9日～15日，中国杂技团访问孟加拉国。此次访问是为庆祝中国与孟加拉国建交35周年，应孟方邀请，由中国文化部派出的。8月10日晚，中杂在孟加拉国首都的达卡国家剧院举行了首场演出，表演了《转碟》《顶坛子》《小草帽》《蹬伞》等节目。中国驻孟加拉国大使张宪一、孟加拉国文化部部长阿扎德、总理府首席顾问伊玛姆、文化国务部长曼金等应邀出席了开幕式并致辞。孟加拉国各界知名人士、各国驻孟加拉国使节、华侨华人代表等近千人观看了演出。8月13日，中国杂技团赴吉大港进行访问演出。8月14日，曼金为中国杂技团举行了欢送晚宴。

（周 红）

【天创国际演艺公司与奥地利文化企业签约】 当地时间10月20日，天创国际演艺公司与奥地利维也纳控股集团、维也纳施塔德哈勒公司合作成立的维也纳北京天创公司签约仪式在奥地利维也纳莫扎特博物馆举行。维也纳控股集团是由维也纳市政府100%控股的大型集团公司，直接和间接投资并负责运营80多个公司，业务范围涉及房地产、物流、环保、媒体教育及文化演出5大领域。维也纳施塔德哈勒公司是奥地利最大的综合性文化娱乐经营实体，也是欧洲最大的多功能娱乐中心。天创公司投入50万欧元启动运营，维也纳北京天创公司是中奥两国成立的第一家合资文化企业，也是天创公司继2009年12月收购美国白宫剧院后，继续进军国际演艺市场的又一大动作。中国驻奥地利大使史明德、文化参赞白阳及十余家主流媒体记者一同见证了这一历史时刻。

（周 红）

【中杂赴印度演出】 12月13日～18日，中国杂技团有限公司赴印度参加“庆祝中印建交六十周年暨2010中国节闭幕式”演出。中杂和北京杂校学生曹凯、陈玥、王婵、高珊、章子漪参加演出了两个节目《青春节奏——球技》《腾韵——顶碗》。此次演出是由文化部主办、中国对外文化集团公司承办，演出主题是“为友谊欢歌”。演出团由中国广播民族乐团、中国杂技团有限公司等单位组成，演出受到了温家宝总理和印度总理辛格以及印度各方官员和群众的高度赞扬。

（周 红）

【杂技赴西柏坡慰问演出】 12月22日～23日，中国文联、中国杂协、中国民协主办的“送欢乐、下基层”赴西柏坡慰问演出活动在河北省平山县西柏坡举行。活动为当地群众奉献了两台以“金奖杂技”为主要节目的综艺晚会和演出，中国杂技团的金奖节目《腾·韵——十三人顶碗》《俏花旦——空竹》、刘全和、刘全利的滑稽小品《快乐童年》等节目受到老区人民的欢迎。李牧、夏菊花、边发吉和邵学敏等出席活动。

（周 红）

研究与评论

【《提高学习杂技兴趣的途径》】 原文载《杂技与魔术》第1期，作者马春江。作者认为，兴趣的培养在杂技学习过程中有着十分重要的作用，它能增加学员大脑皮层的兴奋度，提高神经系统的学习能力，使学员产生对杂技训练的喜爱。作者提出以下几点以提高学员学习杂技兴趣：一是明确训练的目标和任务；二是科学安排训练内容和运动量；三是训练形式多样；四是形象地讲解技巧动作要领；五是做好正确的示范；六是不断地进行学习竞赛。

（周 红）

【《中国魔术现状、问题及对策——为中国魔术可持续发展把脉》】 原文载《杂技与魔术》第2、3、4期，作者卢晨。作者认为，从2009年来的全国魔术热是魔术提高和进步的象征，但是，这种提高是仅局限在魔术手法的勤练和魔术机关的创新，而魔术艺术的社会重视程度并没有实质的提高。作者指出，当前中国魔术的现状和问题是，一是有些艺人受旧社会不良习气影响，举止行为难等大雅之堂；二是部分魔术票友不自重，进行“捡垃圾式的滥演”，降低了魔术品味，影响了行业的整体形象；三是个人魔术师缺乏职业道德和艺德，损坏了魔术师的形象。为此，作者提出了几项对策，一是健全魔术机构并发挥现有各级魔术组织的作用，加强德育教育；二是加强魔术队伍的建设和人才素质的综合培养，使其在社会生活中能发挥作用并推广魔术；三是加强理论研究，提升魔术品味；四是积极向有关部门反映情况，赢得支持；五是在职称制度上和其他行业接轨；六是在魔术教育上做到专业化和规范化。

（周 红）

【北京杂协召开“艺术家抚今追昔话未来”座谈会】 5月25日，为纪念北京市文联成立60周年，北京杂协在北京市文联大楼召开了“艺术家抚今追昔话未来座谈会”。市文联党组书记朱明德、副书记王德新，北京杂协主席李恩杰等领导和老、中、青三代杂技工作者近30人出席座谈会。会上，金业勤、尹钰宏、黄淑英、刘章枢、容华技、刘全利杂技表演艺术家，讲述了中国杂技团、北京杂技团和中国铁路文工团杂技团建立初期的情景和自己从艺的经历，对今后北京杂协的发展方向提出了意见和建议。

（周 红）

【《中国杂技的幽默元素缺失》】 原文载《杂技与魔术》第3期，作者林仁江。作者指出，杂技要不要有幽默感似乎在中国杂技界是不值得一提的事，追求技巧的高难度是杂技工作者共同的目标之一，中国杂技正变得愈来愈“奥林匹克化”，即使有的杂技节目有情绪化的表现，也被整齐划一地归入集体表演而缺乏个性和活力。作者指出，将中国杂技的幽默感缺失归结为以农耕文化为主体的民族特性导致中国滑稽艺术缺位的想法是很值得怀疑的，因为中国的滑稽源头恰恰来自草根。作者认为，中国杂技的幽默感缺失更多是为自己的不足找借口，同时也说明了中国杂技缺乏“快乐”的特质，并没有把观众的欣赏需求放在第一位，反而把观众和演员之间的界限划得泾渭分明，这是和现代舞台理念相背离的。如今，杂技表演中有反技巧的幽默表演方式更为后现代，也值得中国杂技思考如何提升自己的短板。

（周 红）

【《舞台监督在杂技演出中的特殊作用》】 原文载《杂技与魔术》第3期，作者刘敏。作者认为，舞台监督必须具备相当的综合协调能力和对艺术较高追求的综合素质。但是，由于杂技演出中更多的是技巧的展示，舞台监督的作用除了完成导演的规定，还要熟悉每个杂技节目的技巧要素是什么。一旦出现失误，这就需要舞台监督熟悉观众的需求和节目的特性而明确地发出是否重演的指令，这种现场的灵活性是杂技舞台监督的条件之一。作者还指出，随着杂技和其他艺术门类的融合，各种杂技主题晚会应运而生，对舞台监督有更进一步的要求，即通过对舞台空间和剧场设备的灵活掌控让节目去适应舞台并产生最好的舞台效果。作者认为，随着演出市场化的不断深入，舞台监督在杂技演出中的作用将会愈加重要。

（周 红）

【《学什么？怎样学？从太阳马戏团的〈龙狮〉谈起》】 原文载《杂技与魔术》第4期，作者周红。文章通过对《龙狮》的观感，反思了太阳马戏团的理念、创作和市场运作。作者认为，第一，从《龙狮》开始，太阳马戏团的创作思路有了全新的改变，强调不同文化的融合，并因此影响和改变了很多人的生活和对杂技的态度。虽然有不少中国演员参与演出，但太阳马戏团永远强调太阳制造，有明显的去中国化意图；第二，太阳马戏的创作思路和展示方式并非是人们所认为的音乐舞蹈加杂技的组合，它以西方戏剧传统为创作灵魂，以一个主题之下的戏剧冲突为开始，归于生命、爱、自然、文明等哲学高度的结尾。第三，太阳马戏团是个商业机构，并不是一个单纯的表演团体，更多的功劳归功于太阳马戏团和合作方的职业经理人，而表演艺术家们尽善尽美地做好自己的工作就可以了。文章指出，中国杂技如果模仿太阳马戏团只是学皮毛，维持高难度技巧不能从根本上改变中国杂技的未来命运。作者建议，宣扬深厚的中国文化传统、探求中国杂技可追溯的根基、解读相似的审美观和演绎人类美好的情感是中国杂技走向未来的真正药方。

（周 红）

【《北京魔术60年》】 原文载《杂技与魔术》第4、5、6期，作者徐秋。文章对北京魔术60年的发展进行了梳理。作者认为，新中国成立初期到50年代，是魔术由民间通俗艺术到国家级艺术的阶段。魔术进入杂技团成为杂技演出的一部分，艺术性和技巧均有提高，代表人物是中国杂技团的魔术师杨小亭。60年代政治运动中的魔术，曾被认为是“骗术”和宣传迷信而出现演出的空白期。之后活报剧式的魔术表演重返舞台，与敌人巧妙做斗争和歌颂新生活是这一时期魔术的两大主题。70年代的魔术杂技化，传统魔术少量地重返舞台，北京的杂技开风气之先，演出没有政治内容的魔术节目，魔术师也完成了新老更替，代表人物有姚金芬、秦鸣晓、王立民等。80年代是魔术的艺术化发展时期，北京的魔术发展依然延续着艺术化的高、精、尖的路子，求清新雅致，求新求美。主题魔术出现，开始与国外魔术界的交流，国内开始杂技行业的专业比赛，并选派获奖节目参加国际比赛，实现了中国魔术金牌上零的突破。代表人物是姚金芬、杨宝林、提曰立等魔术师。

（周　红）

【文化部召开杂技调研座谈会】　8月26日，文化部艺术司召开座谈会，来自地方、部队、媒体有关专家和专业人士十余人参加，副司长陶诚主持会议。该座谈会围绕“中国杂技到底缺什么”的主题进行了探讨。与会者认为，中国杂技缺少杂技明星、缺少滑稽表演、存在着过度包装、大型魔术和马戏以及高空节目是弱项等问题。并对国际参赛节目的选派、建立杂技演员伤残退役制度、恢复青少年比赛制度和成立行业协会提出建议。

（周　红）

【北京杂协召开“杂技·媒体·社会”座谈研讨会】　9月17日，北京杂协召开以“杂技·媒体·社会”为题目的座谈研讨会。参加此次会议的有北京各杂技团体的负责人、杂技艺术家和研究人员、杂技经纪人、民间杂技团体负责人和传媒行业人员等。研讨会围绕“如何提高杂技社会关注度”这一主题，进行了广泛深入的分析探讨。与会者针对杂技的创作、市场营销、体制规范、媒体宣传等诸多方面进行分析。共同探讨新时期、新形势下中国杂技发展的未来之路。北京市文联党组副书记王德新、北京杂协秘书长陈润华出席了会议。

（周　红）

“杂技·媒体·社会”座谈研讨会

【《艰难前行——北京一家民营小团对当今文化市场的感受和思考》】　原文载《杂技与魔术》第6期，作者伍正光、李小宝。作者是原国有杂技团的演员，买断工龄后自组团体，致力于北京传统杂技的开发和演出，但是演出市场的现实让他们心力交瘁。他们认为这种现象一是市场不够规范，缺乏秩序，恶性竞争，挤压了民营小团的生存空间。二是全球化的影响带动社会上崇尚西方文化的风潮，许多人不重视也不关心民族艺术的生存和发展。此外，中国杂技以国外市场为主要经济来源，其弊端是忘记了本国观众的市场。杂技演出在国内缺少观众，而杂技作品的单一发展模式也导致了观众对杂技的片面理解，以至于观众离杂技的距离越来越远。他们呼吁政府重视并大力发展行业协会，赋予协会监管权力，制定和完善行业规则，对破坏规则的行为进行大力谴责和法律追究。此外，高效整合行业力量、统一战略思想、紧密团结合作、动用国家力量加大资金投入，帮助企业打造文化产业链；有条件地开放外来文化，保护非物质文化遗产，建设民族艺术文化产业园区，形成中国文化产业的良性循环。

（周　红）

【《现代杂技教育探微》】　原文载《杂技与魔术》第6期，作者杨晓军。作者认为，杂技剧的出现对杂技艺术和杂技演员的综合素质提出了更高的要求，杂技创作需要借助更多种类艺术形式包装，通过对现代多媒体、声、光、电、影、服、化、道的宏观驾驭，用个性的创造力和想象力来完成。为此，杂技教育的科学化、规范化、系统化也上升到越来越重要的地位。文章指出，目前，杂技教育存在以下问题：一是缺少科学、规范、合理的体系；二是重技术训练轻文化知识学习；三是缺乏自己的高科技人才；四是缺乏合格的杂技专业教师。作者指出，杂技教育未来的发展要通过几个方面来实现：一是加强技能训练的科学化、系统化，需要向更高阶段发展；二是注重专业教育的同时，更关注学生的可持续发展；三是开设杂技编导专业；四是造就高素质的师资队伍；五是建立杂技大专甚至更高层次的杂技本科院校。

（周 红）

【文化部举办杂技（魔术）艺术发展论坛】 12月16日，由文化部主办、文化部艺术司承办的首届中国杂技（魔术）艺术发展论坛在京举办。中国杂技、魔术界的院长、团长、领军人物、优秀青年演员、编导等50人与会，共同探讨了中国杂技艺术发展的前沿、热点问题。蔡武在会上指出当前中国杂技艺术发展存在的主要问题是杂技艺术本体创新不够，重复和雷同现象较为严重；国际竞争力不强，国际演出还处于低价、低端层面；杂技艺术各门类之间发展失衡，高空、马戏、滑稽、大型魔术等门类发展滞后；杂技基础性建设不足，全国90%以上杂技团体没有属于自己的演出场所等。他表示，未来中国杂技艺术的发展要坚持走中国民族气派之路，走改革和面向市场之路，走服务大众之路。要努力推出一批体现国家水准，代表国家形象，深受国外观众欢迎、具有市场感召力的文艺作品进入国际市场，切实增强中国杂技的国际竞争力和影响力，提升中国文化软实力，实现从杂技大国向杂技强国的迈进。

（周 红）

【《赛场与市场难兼顾 中国杂技国际赛场日渐式微》】 原文载12月23日《中国文化报》，作者李琤。文章指出，随着杂技院团完成转企改制走入市场，每年生产的节目总多达几百个，然而，在国际赛场上获奖的作品数目并没有跟随作品生产量同步增长，甚至逐年减少。很多院团忙于市场演出，无暇顾及创新作品，在完成市场订单和节目创新之间，多数杂技院团选择先满足前者。矛盾主要体现在：一是面对市场和创新的双重压力，团长们不得不先面对来自市场的竞争压力。而一台创新节目，需要一定的人力、物力、财力的投入。他们认为，创新很重要，而人的肚皮问题更重要。二是获奖杂技节目演出价码上升。在众多的国际订单中，无论大团还是小团，获奖节目比没有获奖的节目在市场价格上会高出两倍以上。因此，要想有好的市场，参加比赛并获得名次是关键环节，而要参加比赛就需要加大对节目创排的投入。三是杂技行业人才缺口大。文章指出，杂技从业人数在锐减，中国杂技在发展过程中整体面临着巨大的人才缺口。其原因首先是杂技要花很多时间去练习的一门苦功夫，甚至要面对伤残的危险；其次杂技演员的低学历、低待遇也造成了杂技艺术后继乏人；再次，杂技人才流动无序，行业规范差，造成大团吃掉小团优秀节目的局面。

（周 红）

【《中国杂技为啥火不起来》】 原文为新华社报道，载12月24日《北京晚报》。文章指出，相比国内的电影市场、音乐会、话剧和歌剧商演的火爆，中国杂技的商演已陷入瘫痪境地。文章认为，造成这种境地的主要原因是，杂技的基础建设不足制约其发展，全国90%以上的杂技团没有自己的演出场所；此外，为了减少成本，一些传统节目用塑料道具替代，结果练功用“假货”丢掉真功夫；杂技人才外流，本土的杂技反而“墙内开花墙外香”，本土杂技市场几乎瘫痪几十年，而海外演出也是廉价打工，付出的艰辛和收入不成正比。杂技的总体管理水平、组织形式、人员素质均比较落后。文章呼吁，杂技重生不能只喊口号，要从观念、创作、营销、品牌建设等方面贴近观众和市场，才能全面保护这个家喻户晓的国家级非物质遗产。

（周 红）

培 训

【专家指导北京杂技学校滑稽专业学生】 3月12日，中央戏剧学院表演系博士生导师张仁里、著名表演艺术家游本昌、中国滑稽艺术委员会主任宁根福、中国滑稽艺术委员会副主任李春来、中国广播艺术团国家一级演员刘全和、刘全利等滑稽艺术家和表演艺术家到北京杂技学校，就滑稽专业建设、探索滑稽教学规律和提高滑稽专业的教学水平进行指导。专家们观看了09滑稽班学生的汇报演出并召开了研讨会，并给滑稽表演专业明确了定位：滑稽表演是杂技滑稽人才的培养，要从模仿做起，走学、演、创新的路线。即要善于发现学生的特点，依据每个学生的特点开设节目训练，又要注重传承中国杂技团的老节目，将课程进行分类编排。中国杂技团有限公司董事长李恩杰、校长张红、副校长吴琼陪同。

（周 红）

【全军杂技中青年教师培训班】 5月10日～7月10日，全军杂技中青年教师培训班在解放军艺术学院举办。来自沈阳军区、广州军区、成都军区3个政治部文工团杂技分团的14名杂技专业学员接受了舞蹈专业培训。学员们学习了“编舞技法及创作”、“舞蹈精品赏析”、“现代舞”、“化妆及灯光设计”、“音乐赏析”等课程，观摩了“舞蹈技术”、“中国古典舞身法”、“中国民族民间舞”、“舞蹈技巧”等专业课教学。为促进军旅杂技创作，培养杂技教学骨干，为军旅杂技艺术的持续发展创造良好条件，总政宣传部委托解放军艺术学院舞蹈系举办了此次培训班。

（周　红）

【陈佩斯等指导北京杂技学校滑稽专业学生】 10月12日，喜剧表演艺术家陈佩斯、刘全和、刘全利到北京杂校指导滑稽专业教学。他们观摩了滑稽班同学的部分作业，并对其中的问题做出了尖锐的点评，如：基本功薄弱，缺乏舞台上最需要的精气神儿，心理节奏过紧，人物行动逻辑性不强，作品没有鲜明的主线等。3位专家还与教师进行了研讨，提出强化基本功训练、增加“观察生活”练习等建议。

（周　红）

出版物

【《新中国北京文艺60年·杂技卷》出版】 12月，《新中国北京文艺60年·杂技卷》在京正式出版，全书对60年来北京杂技的发展进行回顾、梳理和思考。该书由北京杂技家协会组织编写、杂技分卷主编傅起凤、副主编杨虹，中国文联出版社出版。该书是为庆祝新中国成立60周年和北京市文联60华诞，由北京市文联编辑的《新中国北京文艺60年》大型丛书之一。

（周　红）

中国杂技团建团60周年庆祝活动专题

【中杂建团60周年系列庆典活动新闻发布会】 9月25日，中国杂技团“建团60周年系列庆典活动”新闻发布会在国务院新闻办新闻发布厅举行。为庆祝中国杂技团成立60周年，该团从9月中下旬至10月下旬推出包括演出、展览、开放日等一系列活动。此次发布会由北京市文化局、北京演艺集团主办，由中国杂技团有限公司承办，北京市杂技学校（北京市国际艺术学校）、异联商务有限公司协办。庆典演出活动票务由北京春秋永乐文化发展有限公司与中世嘉图文化发展有限公司代理。北京市文化局巡视员吴然、北京演艺集团党委副书记杨洪义、北京市委宣传部文化处处长荣大力、北京市文化局演出艺术发展处处长张健、中国杂技团有限公司总经理张红、异联商务有限公司总裁张巍出席了新闻发布会。

（周　红）

【《Splendid 一品一三绝》升级版演出】 10月9日～10日，《Splendid 一品一三绝》升级版在保利剧院演出，此次升级版上演是中国杂技团庆典活动的开幕演出。

（周　红）

【庆典晚会《一封家书》在京上演】 10月19日～20日，中国杂技团建团60周年庆典晚会《一封家书》在人民大会堂上演。演出以一个孩子写给母亲的家书为主题，用一个杂技演员从普通学员成长为世界杂技金牌演员的历程为线索，集中了中国杂技团近年来特别是转企改制以来创作的金奖和精品节目。其中包括摩纳哥第20届“初登舞蹈”国际青少年杂技比赛金奖第一名金K奖、法国巴黎“未来明日”世界杂技比赛金奖第一名“法兰西共和国总统奖”、摩纳哥蒙特卡罗第28届世界杂技比赛中荣获“金小丑”金奖总分第一名等作品。刘淇、刘延东、蔡武观看了演出。

（周　红）

【杂技秀《天地宝藏》】 10月28日，由中国杂技团“未来之星艺术团”演出的《天地宝藏》在天地剧院推出并驻场演出。《天地宝藏》以探寻宝藏为故事主题，以小丑角色为线索贯穿故事始末，杂技节目穿插于情节之中，成为寻宝者探险路上需要闯过的一个个艰难险阻。《天地宝藏》是目前北京旅游演出市场中为数不多的使用小丑角色的杂技剧目，既展示了中国杂技艺术新生力量的活力，又以此寓意中国杂技团“顽强拼搏、永攀高峰”的精神。

（周　红）

【“甲子开放日”贺团庆】 10月28日，中国杂技团“甲子开放日”面向全社会开放。开放日邀请政府领导、社会各界和广大观众“体验”和参观。中国杂技团还向广大观众和杂技爱好者开放日常训练的课程，观众们通过参与开放日活动，深刻地体会到杂技演员们如何将幕后的艰辛转化为台前的神奇，怎样将训练的汗水升华为表演所付出的艰苦努力。此次活动是为了推广杂技艺术，拉近与广大市民的距离，也是本次庆典活动的收官之作。

（周　红）

电　影

2010年是中国电影推行产业化和市场化的第8年，在这一年里，北京电影产业迎来了难得的发展契机。新年伊始，国务院办公厅发布的《关于促进电影产业繁荣发展的指导意见》，是国家对促进电影产业繁荣发展提出的重要指导方针和具体政策措施保障，为促进电影产业的繁荣发展提供了可贵的契机和良好的条件。北京电影从业者抓住机遇，创造了电影产业发展的新高峰。

北京电影创作和生产持续繁荣，影片产量和票房号召力稳步提升。影片产量继续保持全国领先地位。影片的质量和艺术品质都有了较大的提高，北京地区出产的《唐山大地震》《非诚勿扰2》《山楂树之恋》《让子弹飞》《赵氏孤儿》等影片质量上乘，在艺术和市场上都提升了国产影片的美誉度。全年票房达到11.8亿元，比2009年增加3.7亿元，增幅为46%。

北京市公共服务建设进一步发展，公益放映规模稳步扩大，农村电影放映工作有序推进。北京地区影院建设发展迅猛，全国37条城市电影院线中已有13条院线在京建有所属影院，全市影院总数达102家，银幕510块，数字影厅317个，3D影厅167个，IMAX影厅4个。2010年新增影院18家，新增银幕137块，新增观影座位2.81万个。全市影院建设投资总额达到16.7亿元，影院固定资产达到24.4亿元，就业人员4000多人。北京常驻人口银幕比约为3.4万人一块银幕，位居全国首位。在电影产业发展政策的支持下，北京电影市场投资主体增多，投资额度增大，耀莱国际影城、马家堡保利国际影院、新影联·华谊兄弟影院、新华影城大兴店等新增影院布局合理，有力地拓展了北京地区电影市场的发展格局。

政府对国产影片的扶持力度不断增强，对于电影创作生产的重视程度进一步提高。北京影协和中国影协不约而同地举办了首届电影剧本评选大赛，有关部门推出了新影力青年导演助推计划、扶持青年优秀电影剧本计划等一系列举措，培养了电影创作的新生力量，也为国产电影赢得了新的发展空间。行业内部的合作和整合进一步增强，中影集团先后和北京光线影业有限责任公司、文化中国签约，推进了电影产业自身的健康、持续发展。

2010年，电影节、电影展活动丰富，范围广泛。第14届北京放映、大学生电影节、青少年公益电影节、女性电影周、首届北京民族电影节、谢晋电影回顾展、第6届国际体育电影周贯穿全年，活跃了首都的电影文化，也展现了国产电影的最新成就。电影对外交流更加活跃，形式也更为多样。举办了新西兰电影展、斯里兰卡电影展、印度电影展、意大利电影展等电影展映活动，还先后与法国、新西兰等签署了电影合拍协议，切实增进了各国电影文化的合作和交流。

本年，电影理论探讨的范围更加广泛，举办了本土艺术电影发展研讨会、中国电影产业化与类型化研讨会等，涉及产业化、类型建设、艺术影片发展等众多领域。此外，对于数字电影、3D技术等理论热点、焦点话题的探究和分析也更加深入。第8届数字电影论坛、影视特技、特效与电影产业高峰论坛，特效特技制作人论坛等一系列研讨活动的举行，为新形势下中国电影的健康发展进行了必要的理论探索。

（丁　琳）

机　构

【中国影协民族电影工作委员会成立】 11月19日，中国电影家协会民族电影工作委员会成立，八一电影制片厂副厂长马维干受聘为会长。中国电影家协会主席李前宽、华谊兄弟总经理王中磊，演员娜仁花、英壮等出席成立仪式。

（丁　琳）

影业建设

【《关于促进电影产业繁荣发展的指导意见》】 1月21日，国务院办公厅发布了《关于促进电影产业繁荣发展的指导意见》，明确了坚持“二为”方向和“双百”方针，弘扬社会主义核心价值体系，走中国特色电影产业发展道路，以丰富产品和加快产业发展为主题，以改革创新为动力，以数字化技术为支撑，以现代化基础设施为依托，以科学管理为保障，以满足人民群众日益增长的精神文化需求为出发点和落脚点，大力推动我国电影产业跨越式发展，实现由电影大国向电影强国的历史性转变。该指导意见确立了电影产业繁荣发展的7个总体目标，并提出了10项主要措施，提出到2015年底，通过改革创新、加大投入、加快发展，建立健全市场公平竞争、企业自主经营的电影产业运营体系。

（丁　琳）

【耀莱国际影城开业】　2月8日，由成龙投资建成的Jackie Chan耀莱国际影城开业，该影城以成龙主演过的电影为主题进行布置。影城坐落于五棵松体育馆北侧的华熙乐茂第5、6层，共有17个放映厅，均配备进口数字机，其中包括了14个普通放映厅，一个600人超大厅，两个VIP厅；影院总座位数约3500个，建筑面积约1.5万平方米。

（丁　琳）

【新影力青年导演助推计划签约】　4月26日，电影频道和曲江影视联合主办的“新影力青年导演助推计划”签约仪式在京举行。国家广电总局、西安曲江新区管委会领导及中国电影集团、电影频道节目、西安曲江影视投资（集团）有限公司等签约方代表出席了活动。该项目由电影频道节目中心和西安曲江影视投资（集团）有限公司联合推出，旨在为电影新人新作提供中小规模投资发行平台，资助中小成本电影在国内知名院线放映，从而推进中国数字电影产业发展。合作双方共同组建“新影力”电影助推计划委员会，作为助推计划的实施决策机构，确定年度投资计划、项目审核、投资额、制作预算、演员阵容、主创班底、院线发行预算和效益评估，并对基金账目、年度工作报告和财务报告进行审核。

（丁　琳）

【中法签署电影合拍协议】　4月29日，中宣部副部长、国家广电总局局长王太华同法国文化部长弗莱德瑞克·密特朗在国家广电总局签署了《中法电影合拍协议》。国家广电总局副局长张丕民、法国文化参赞齐安杰等一同出席。中法双方回顾了两国电影良好的交流合作情况，并对未来的合作提出了建议。

（丁　琳）

【通州电影院重装开业】　4月29日，通州区电影院在改造升级后重装开业，影院位于通州区西塔胡同1号。改造后的电影院面积达5300余平方米，承担社区文化综合服务职能，具有电影放映、演艺、电子游艺、健身等多种功能。影院包括3D影厅、VIP影厅、1号放映厅、2号放映厅、游艺活动厅和台球健身厅等，几个影厅可同时容纳654人观影。

（丁　琳）

【“九州中原”和四川“红旗影业”签约】　6月20日，北京九州中原数字电影院线有限公司和四川红旗影业有限公司在京签订战略合作协议。双方充分发挥各自优势，长期紧密合作，共同投资建造一批一流的“红旗连锁便民数字电影院”。双方商定，用3年时间，在红旗连锁股份有限公司所属的1000多家超市中，凡是符合多厅数字电影院的条件和技术标准的都要改造一个多厅电影院。同时，红旗连锁今后新建的超市，只要符合数字电影院建设标准，都要考虑设计、新建一个多厅数字电影院。

（丁　琳）

【文化中国与中影签约】　6月23日，文化中国与中国中影集团公司签署了电影、电视剧及新媒体的一系列合作协议，正式宣布建立战略合作关系。此次合作双方共同投资6亿元，打造跨媒体平台和新媒体产业链，帮助更多青年导演摄制出优秀影视作品，推进影视、数字娱乐新媒体等文化创意产业的深入发展。

（丁　琳）

【2010“扶持青年优秀电影剧作计划”启动】　7月2日，2009“扶持青年优秀电影剧作计划”入选作品证书颁授仪式暨2010“扶持青年优秀电影剧作计划”启动仪式在京举行。该活动由国家广电总局电影局主办、国家广电总局电影剧本中心协办，旨在为中国电影剧本创作培养新生力量。北京电影学院、中央戏剧学院、中国传媒大学等7所高校的学生可以争取2万元的扶持资金，入围者的剧本可由电影剧本中心代理销售。2010年的“扶持青年优秀电影剧作计划”也正式启动，参加机构新增中国电影艺术研究中心和中国艺术研究院，共9家。

（丁　琳）

【中新签署合拍电影协议】　7月7日，国家广电总局副局长张海涛与新西兰驻华大使伍开文在人民大会堂共同签署了《中华人民共和国政府与新西兰政府关于合作拍摄电影的协议》（以下简称《协议》）。该《协议》主要内容包括：对合拍影片的界定，明确双方合拍影片的主管部门及其责任，规定合拍影片的批准条件和程序，明确双方分别给予合拍影片以国产影片待遇，并对合拍影片在本国境内的摄制和发行提供必要的支持和便利，对《协议》的审议修订等。

（丁　琳）

【新影联·华谊兄弟影院开业】 7月22日，新影联·华谊兄弟影院在望京广顺北大街开业。该影院由北京市电影股份有限公司和华谊兄弟公司共同出资，拥有20个高标电影放映厅，近2000个座位，能够满足望京地区不同观众群体的需求。

（丁　琳）

【光线与中影签约】 8月27日，光线影业总裁张昭和中影集团发行放映分公司副总经理赖侁签署了战略合作协议。光线影业拥有遍布全国的矩阵式营销地面系统，而中影发行拥有较强的业内影响力和丰富的发行经验，二者的合作是强强结合。

（丁　琳）

【马家堡保利国际影城开业】 8月28日，位于丰台区首地大峡谷购物中心的马家堡保利国际影城举行开业庆典。影院设7个独立观影厅，可同时容纳近1500人观影。

（丁　琳）

【橙天嘉禾入股好莱坞公司】 9月27日，橙天嘉禾娱乐有限公司宣布以1.7亿（2500万美金）入股传奇影业公司，并拥有一个董事席位。橙天嘉禾也因此成为首个入股好莱坞影业的中国公司。此次入股意味着橙天嘉禾与传奇影业将在面向全球市场的影片联合制作、发行、影院放映，以及电子、网络及手机游戏等领域建立战略合作伙伴关系。

（丁　琳）

【中国首套植入术广告分析系统发布】 10月18日，中国电影集团公司“影视剧植入广告分析系统”发布暨推介会在中影集团举行，全国70余家制片单位出席。该系统由中国电影集团公司电影营销策划分公司联合北京盛影世纪国际文化传媒有限公司历时两年研发而成。它借鉴了好莱坞先进的植入广告分析模式，综合应用自然语言挖掘技术、人工智能联想技术、数据统计技术等，成功实现了对中文剧本植入广告卖点进行立体、全面地挖掘，并建立了科学的广告价值价格评估模型。

（丁　琳）

【顺义博纳国际影城开业】 11月12日，由博纳国际影业集团投资的博纳国际影城·顺义新世界店开业，该影城是博纳国际影业集团的第7家星级影院，也是博纳国际的第2家现代化多厅星级影城。影城拥有全数字的放映设备，可以满足顺义区及周边观众的观影需求。影城开业当天，中国电影集团公司领导、中影星美院线领导、部分导演、演员为新影城剪彩。影院占地4000余平方米，拥有10个国际化标准放映厅，1200个座位。

（丁　琳）

【大地数字影院开业】 11月28日，建于北京市昌平区的大地数字影院开业，成为北京市首家大地数字影院。该影院全部采用从国外进口的国际标准2K放映设备及音响系统，可以保证较好的观影体验。

（丁　琳）

【新锐导演计划启动】 12月9日，由星光UP传媒发起的“新锐导演计划”启动，星光国际总裁宋光成、青年导演尹丽川、滕华涛等人出席。该计划旨在扶持和深度发掘中国电影新生力量，星光UP传媒3年内投资5000万，资助拍摄1部胶片电影、5部数字电影和10部视频短片。

（丁　琳）

【农村数字电影流动放映技术与管理培训班】 12月13日～16日，由国家广电总局人事司、电影局主办，中国电影发行放映协会承办的“农村数字电影流动放映技术与管理培训班”在京举办。来自全国20多个省（自治区、直辖市）的农村数字电影院线及部分广电局主管电影的负责人等进行了系统培训。本期培训班的对象是农村数字电影放映技术及管理人员，培训内容是：农村数字放映节目管理平台的建设与完善、卫星接收设备操作技术及节目下载、中影新农村数字院线运营和监控平台介绍、成功商业院线运营管理及操作等内容。

（丁　琳）

【新华影城大兴店开业】 12月18日，新华国际影城大兴店开业，这是大兴区首个五星级影城。影城拥有7个影厅，其中3个为3D影厅。最大的厅可容纳258位观众，最小厅可容纳114位观众。

（丁　琳）

影　片

【《孔子》】 该片由胡玫导演，陈汗、江奇涛、何燕江、胡玫编剧，周润发、周迅、陈建斌主演，中国电影集团公司、大地时代文化传播有限公司、大地娱乐有限公司出品。东周末年，孔子为了理想奔走在列国之间，希望以他超越时代的思想和智慧来影响春秋诸国的历史进程。影片以史诗场面和精彩的故事情节，再现了一个鲜活的孔子形象，还原了磅礴的春秋史诗画卷。

（丁　琳）

【《好雨时节》】 该片由韩国导演许秦豪执导，王红帆、许秦豪等编剧，高圆圆、郑雨盛主演，北京中博世纪影视传媒有限公司出品。影片讲述了来中国成都出差的朴东河在杜甫草堂偶遇曾经在美国一起留学的同学吴越。他们曾是一对情侣，毕业后因各自回国而失去联系。这次的偶遇让东河认定自己对吴越仍有爱意，便采用各种幽默和浪漫的方式向她展开追求。

（丁　琳）

【《喜羊羊与灰太狼之虎虎生威》】 该片由赵崇邦导演，北京优扬文化传媒有限公司、上海东方传媒集团、广东原创动力文化传播有限公司出品。灰太狼为讨好老婆红太狼，锲而不舍地抓羊，却总是无功而返。新年快到了，神秘草原空降了神秘来客虎威太岁，它派兵将青青草原改建成游乐场。为了拯救族群，为了共同的家园，喜羊羊、灰太狼“抛弃前嫌”，化敌为“友”，奋起反抗虎威太岁。

（丁　琳）

【《虹猫蓝兔火凤凰》】 该片由贺梦凡导演，中国电影集团公司制片分公司、北京嘉信时代影视文化有限公司等出品。影片讲述了魔术师小狸要扮作虹猫进行表演，在一系列阴差阳错中肩负起了与蓝兔等侠客一起完成降服坏蛋黑龙的重任。在这个过程中，小狸认清了目标，决心做最好的自己，最终用魔术化解了一场危机。

（丁　琳）

【《东风·雨》】 该片由柳云龙导演，杨健编剧，柳云龙、范冰冰、李小冉、于荣光等主演，中国电影集团公司、上海东方传媒集团有限公司、北京东方联盟影视文化传播公司等出品。影片讲述了在珍珠港战争爆发前后的上海，一批中国情报人员的隐忍、付出和牺牲的故事。

（丁　琳）

【《无人区》】 该片由宁浩导演，黄渤、余男、徐峥等主演，北京国立常升影视文化传播有限公司、中国电影集团公司出品。影片以男主人公开车去西部的一段旅程为背景，在路上不断地遇到形形色色的人，从而发生一连串的离奇故事。

（丁　琳）

【《锦衣卫》】 该片由李仁港导演，甄子丹、赵薇、吴尊、徐子珊、戚玉武主演，上海电影集团公司、大盛国际传媒（北京）有限公司、天翔制作有限公司、西部电影集团西影股份公司出品。影片讲述了明朝末年，朝政黑暗，当朝司礼太监贾精忠掌控锦衣卫，密谋造反，私通藩王，欲与其平分天下。锦衣卫头号高手青龙奉师命盗取勤王兵符却突遭陷害，并遭锦衣卫追杀，与驭天镖局总镖头乔永之女乔花亡命江湖。在逃亡过程中，青龙逐渐查清贾精忠图谋造反的阴谋，竭尽全力阻止贾精忠和庆亲王的阴谋。

（丁　琳）

【《未来警察》】 该片由王晶编导，刘德华、徐熙媛、徐娇、樊少皇、唐一菲等主演，中国电影集团、IDG中国媒体基金、北京橙天智鸿影视制作有限公司等出品。公元2080年，由于太阳能天幕的应用，人类基本上摆脱了能源危机，发明太阳能天幕的马博士也因此被众多传统能源商人嫉恨。在太阳能天幕发明十周年纪念大会上，受命于能源商人的卡龙带领手下的改造人兵团中途闯入，企图杀死马博士。负责大会安保的未来警察周志豪与妻子美莉等人击退了敌人的进攻，但美莉却不幸牺牲。能源商们又密谋他们用时光机回到过去杀死年轻的马博士。为了保护马博士，满怀丧妻之痛的周杰豪被改造成为超级战士，携女儿淇淇回到2020年寻找并保护年仅12岁的马博士。

（丁　琳）

【《苏乞儿》】 该片由袁和平导演，杜致朗编剧，赵文卓、周迅、安志杰、周杰伦等主演，中国电影集团公司、北京紫禁城影业有限责任公司出品。苏灿本来有个幸福的家庭，可是，因为他义兄袁烈对上一代的仇恨，令他沦为一个外表疯疯癫癫、整天喝得烂醉的流浪汉。其实，颠沛流离的生活并没有打击苏灿磨砺武术的心志。一直以来，他为创造新的武术而努力不懈，在与武神比武后，他终于顿悟，创出了醉拳。

（丁　琳）

【《花田喜事2010》】 该片由黄百鸣、邱礼涛导演，黄子桓编剧，古天乐、吴君如、黄百鸣、熊黛林、潘粤明等主演，北京光线营业有限责任公司、香港天马电影制作有限公司、深圳电影制片厂有限公司联合出品。影片讲述了花田国公主遗珠自幼被送往中原学习礼仪，因母后念女心切，花田国国王下诏，由大将麦炳荣护送公主回国。麦将军与遗珠两情相悦，遗珠打算抵京后立即向皇兄提出婚事，招麦将军为驸马。在航道上，军舰救起了殉情女子黄莺，遗珠恐其着凉，遂为她披上自己的公主袍。岂料海面上出现了索玛莉海盗，军舰不敌，惨遭全军覆没，黄莺得救后被误认为公主送往皇宫。

（丁　琳）

【《全城热恋》】 该片由陈国辉、夏永康导演，何敏文、陈国辉编剧，刘若英、张学友、谢霆锋、徐熙媛、徐若瑄、吴彦祖等主演，华谊兄弟股份有限公司、福克斯国际制作公司、星空传媒（大中华）出品。影片由6段温馨故事连缀组成，讲述了一个气温屡创新高的炎炎夏日，人人感情随着温度高涨，令本来不可能发生的段段情缘在城市不同角落绽放。

（丁　琳）

【《财神到》】 该片由阮世生导演，谭咏麟、杨千嬅、张震、张雨绮主演，中影集团、鼎龙达国际传媒出品。财神总管训导众财神，凡间近年多灾多难，正所谓“人间有难，天上有爱”，财神们除了送钱，还要把爱心散播凡间。因今年是非常时期，财神总管也决定亲自上阵，带同“如、意、吉、祥”下凡派钱，众财神们向人间进发。

（丁　琳）

【《大兵小将》】 该片由丁晟导演，成龙、王力宏、刘承俊（韩）、林鹏、徐冬梅主演，保利博纳电影公司出品。影片讲述了战国时代后期，一次战争之后卫国主营被梁国军队伏击，两败俱伤，仅仅剩下一个梁国士兵和一个卫国将军，士兵因为装死而生存下来，而卫国将军则是虽生犹死的故事。影片围绕二人展开，表现了战争的残酷和小人物对平淡生活的向往。

（丁　琳）

【《武动青春》】 该片由寇占文导演，大张伟、敖犬、傅颖、张驰、阿纬主演，保利博纳电影发行有限公司、金牌大风娱乐事业有限公司出品。影片是一部青春励志弘扬中华武术精神的动作电影。富二代醉心功夫，但心高气傲，到处找功夫高手比试。王博是个孤儿，从小在武馆长大，却只会背诵大量武术口诀。淘气男孩高大伟虽然满嘴武术追求，却一门心思想要追求武馆大小姐。因为武术，几个来自不同家庭及文化背景的年轻人走在一起，共同成长。

（丁　琳）

【《生死时刻》】 抗震救灾影片《生死时刻》由香港导演郑民强执导，孙海波编剧，周大勇、尹丹丹、刘欣、王晶主演，北京懋兰君文化艺术有限公司、北京龙世纪文化传播有限公司等出品。影片取材于汶川大地震发生时的真实事件，以一辆大巴车上的年轻人为主要对象，展现了年轻人面临灾难时无畏的精神。

（丁　琳）

【戏曲影片《响九霄》】 该片由丁荫楠导演，裴艳玲主演，中国文联、中国剧协、珠江电影制片有限公司联合出品。影片讲述了清末著名艺人田际云（艺名响九霄），身处戊戌变法的变革时期，以演戏为掩护帮助变法运动，在艺术上不断创新的故事。

（丁　琳）

【《天上掉下个林妹妹》】 该片由赵小鸥、赵小溪导演，郑昊、刘庭羽等主演，北京美丽梦想文化发展有限公司、华夏电影发行有限责任公司、北京星光UP传媒有限公司联合出品。该片以悬疑惊悚为题材，用黑色幽默的方式来叙述人与人之间奇妙的缘分，在描述小人物在现实生活中的种种不安，抗拒与融合中，揭示了一种无形的关联。

（丁　琳）

【《越光宝盒》】 该片由刘镇伟编导，郑中基、孙俪、朱茵、蔡少芬等主演，由北京小马奔腾电影有限公司、北京博纳文化交流有限公司和珠江电影制片有限公司联合出品。影片讲述一个傻瓜拿着一个盒子从现代穿越回赤壁时代的故事。山贼清一色抽出了紫青宝剑，被莽撞的玫瑰仙子认作是真爱，穷追不舍。清一色的生活变得焦头烂额，一心只想逃离。月光宝盒恰于此时打开了一扇通往另一时空的大门。

（丁　琳）

【《美丽密令》】 该片由王晶编导，吴君如、蔡卓妍、谢娜、陆毅等主演，天下影画有限公司、北京小马奔腾影视策划有限公司、西安美亚文化传播有限公司等出品。年轻女警钟爱芳第一天值勤意外救了正被杀手追杀的警方重要证人肥威，而肥威答应警方出庭作证的要求竟是要保护他女儿君君参选大中华“青春小姐”。于是，钟爱芳便化身“海外佳丽”参选大中华“青春小姐”，一个个难题摆在爱芳面前。

（丁　琳）

【《杜拉拉升职记》】 该片由徐静蕾导演，王芸、赵梦、徐静蕾编剧，徐静蕾、黄立行、莫文蔚主演，中国电影集团公司、DMC娱乐传媒集团出品。影片讲述了受过较好教育的白领杜拉拉在外企工作的8年中，靠个人的勤奋努力从一个朴实的销售助理，成长为一个专业干练的人力资源经理。其间，她见识了各种职场变迁，也历经了各种职场磨炼及爱情的种种考验。

（丁　琳）

【《四个丘比特》】 该片由王才涛编导，苏有朋、颜丹晨、范明主演，由万年国际文化发展有限公司、中国电影电影家协会联合摄制。广告公司创意总监齐泊霖年轻有为，却因害怕小孩而恐惧婚姻。后来他迫于无奈要与4个长相一样的孩子生活一个月，同时还要应付那个难以交流，独立倔强的单身妈妈小白。他们生活得越来越融洽，齐泊霖和小白也最终完婚。

（丁　琳）

【《终极匹配》】 该片由程珑导演，陈晓东、吴佩慈、孟广美、顾莉雅、徐啸力主演，北京名雅飞天影视传播有限公司、北京东荣慧影影视文化传媒有限公司联合出品。该片根据网络小说《当爱情路过广州》改编，影片讲述了游戏人间的风流浪子老拽，碰到了美丽的大学毕业生月儿，二人情投意合坠入爱河。美丽的采总是老拽的业务伙伴，她对老拽十分照顾。老拽徘徊在两个美女之间，十分无奈。

（丁　琳）

【《岁月神偷》】　该片又名《1969太空漫游》，由罗启锐编导，吴君如、任达华、钟绍图、李治廷等主演，大地时代电影文化传播（北京）有限公司、天下影画有限公司、美亚娱乐有限公司出品。影片的背景是60年代的香港，故事围绕一个四口之家展开，讲述了他们在这个城市，如何面对生命的挑战、起伏与无常，使观众笑中有泪。

（丁　琳）

【《澳门1949》】　军事题材影片《澳门1949》由包福明导演，吕良伟、韦力、蒋婧主演，由八一电影制片厂、广东省珠海市影视艺术家协会联合摄制。该片以真实历史事件为基础，讲述了我党地下工作者策反国民党美式登陆舰“联荣号”，在澳门内港升起第一面五星红旗的故事。

（丁　琳）

【《我们天上见》】　该片由蒋雯丽编导，朱旭主演，文化中国传播集团、中联华盟文化传媒有限公司出品。影片以一个孩子的视角，讲述了20世纪70年代末，一个小女孩和她的姥爷相依为命的感人故事。

（丁　琳）

【《日照重庆》】　该片由王小帅编导，王学圻、范冰冰、李玲玉、秦昊等主演，北京博纳影视文化交流有限公司、北京冬春文化传播有限公司、天宝华映影业投资有限公司出品。影片取材于发生在重庆的真实案件。船长林权海长期漂泊在海上，因为忙于工作而忽略了家庭，有过两次失败的婚姻，对孩子的教育也失职了。某天他接到一个通知，自己与前妻所生的儿子林波因为抢劫而被击毙了，这让他意识到自己的人生非常失败，于是他决定返回重庆寻找真相并自我反省。

（丁　琳）

【《摇摆de婚约》】　该片由鄢颇导演，崔斯韦、管娜编剧，姚晨、朱雨辰、郭晓冬等主演，北京涵海博阳文化传播、中国电影集团公司、时尚传媒集团出品。影片讲述了时尚杂志编辑顺佳在婚礼前一天被未婚夫吴巨源毁约，在一番消沉抑郁之后，和吴巨源的好友俊浩共同走入婚姻殿堂的故事。

（丁　琳）

【《活该你单身》】　该片由蔡心导演，刘毅、蔡心编剧，贺军翔、林心如、吴大维等主演，北京星泽国际影视文化有限公司、北京橙天嘉禾影视制作有限公司、视点特艺（北京）数字技术有限公司联合出品。讲述的是三对当代城市青年萧风和栗影，栗正和非儿，英子和前男友，在经历重重风波后，终于有情人终成眷属的故事。

（丁　琳）

【《80’后》】　该片改编自网络小说《天长地久》，由李芳芳编导，刘冬、黄明、伊娜、等主演，新原野娱乐传媒有限公司、优朋普乐科技有限公司、自由鱼影视文化传媒有限公司出品。影片描绘了一个失去亲人的少女为了获得爱情和事业的成功而努力打拼的故事。

（丁　琳）

【《海洋天堂》】　该片由薛晓路编导，李连杰、桂纶镁、文章、朱媛媛、陈瑞主演，北京数字印象文化传播有限公司、北京和禾和文化传媒有限责任公司、佳选有限公司出品。影片讲述了一个父亲倾尽所有，一生守护孤独症儿子的感人故事。父亲王心诚和22岁患有孤独症的儿子大福相依为命，当王心诚得知自己身患绝症，只剩几个月生命后，为了安置好大福开始了不懈的努力。

（丁　琳）

【《谍海风云》】　该片是中美合拍片，由米凯尔·哈弗斯特罗姆〔美〕导演，约翰·库萨克〔美〕、周润发、巩俐、渡边谦〔日〕等主演，由华谊兄弟与美国韦恩斯坦公司联合出品。1941年，美国特工保罗·索姆斯只身来到上海，以记者的身份作为掩护，誓要找到杀死自己好友的凶手。索姆斯认识了叱咤上海滩的黑帮老大安东尼·兰廷和他美丽神秘的妻子安娜。安娜和他之间若即若离的感情让他不能自拔，此外他还发现了一个与美国政府有关的惊人秘密。

（丁　琳）

【《功夫梦》】　中美合拍片《功夫梦》由哈罗德·兹瓦特〔挪威〕导演，成龙、贾登·史密斯〔美〕主演，中影集团、索尼哥伦比亚、Overbrook公司联合出品。影片翻拍自1984年的美国电影《小子难缠》，12岁的德瑞·帕克被妈妈因为工作原因带到了中国。最初德鲁很难与周围的人打成一片，更跟班上的小霸王结怨。德鲁无意中向维修工韩先生倾诉，不料他竟是一个隐姓埋名的功夫大师。韩先生开始训练德鲁，二人建立起了深厚的友谊，更明白了功夫比的不是进攻与防守，而是成熟与冷静。

（丁　琳）

【《决战刹马镇》】　该片由李蔚然导演，李蔚然，周志勇编剧，孙红雷、林志玲、李立群、黄海波等主演，中国电影集团公司出品。讲述了一群装备精良的国际大盗为了一个鲜为人知的宝藏来到刹马镇。孙红雷率领的“护宝小分队”与之展开一场别开生面的大漠血战。

（丁　琳）

【《枪王之王》】 该片由尔冬升导演，秦天南、刘浩良、尔冬升编剧，古天乐、吴彦祖、李冰冰等主演，北京保利博纳电影发行有限公司、无限映画电影制作有限公司等出品。基金经理关友博在一场实弹射击比赛中夺冠，随后携枪离去，途中却巧遇一个劫匪劫杀警察的案件。他开枪制止劫匪，救下警察，他一举成为市民眼中的英雄。然而调查此案的警官庄子维却另有发现。

（丁　琳）

【《无人驾驶》】 该片由张杨导演，张翀编剧，刘烨、高圆圆、李小冉等主演，中国电影集团公司出品。影片讲述了三对都市男女之间的爱情纠葛，通过一场意外的车祸将众人连接起来。

（丁　琳）

【《嘻游记》】 该片由钟少雄（台）导演，李海蜀、黄彦威编剧，黄奕，徐峥，何炅等主演，泰吉世纪（北京）文化传播有限公司、北京紫禁城影业有限责任公司、天津华堂文化传播有限公司等联合出品。该片以盛唐为背景，围绕着“龙门客栈”展开，讲述诸多武林高手云集龙门客栈，由此引发了诸多搞笑爆笑趣事。

（丁　琳）

【《海上传奇》】 该片由贾樟柯导演，曲立君编剧，赵涛、陈丹青、杨小佛等主演，北京博杰传媒、上影集团、西河星汇等出品。影片通过18个人物的亲身经历，讲述了上海曾发生的革命、战争、暗杀和爱情，展现了上海这座东方都市近百年的沧桑变幻。

（丁　琳）

【《惊情》】 该片由张鑫导演，焦恩俊、苗圃、赵燕国彰主演，北京中视华阳国际文化传播有限公司、宁夏电影制片厂出品。20世纪20年代，关宁和水云是西部镖局的一对恋人，在一次阻止洋人盗挖西夏王陵的战斗中，水云不幸受伤失去了生育能力。渴望传宗接代的关宁又娶了另一个女人。企图盗宝发财的师爷乘机挑拨离间了他俩的感情。于是关宁为了追杀一个孩子找回王陵寻宝图，和水云反目成仇。

（丁　琳）

【《明天是否来临》】 该片改编自真人真事，由刘宏辉导演，伊能静、蒲巴甲、黄子腾等主演，北京盛世华锐电影投资管理有限公司、北京隆裕盛达文化传媒有限公司出品。女设计师陆馨茗不幸患上红斑狼疮，饱受然后病痛折磨，她在姐姐陆春丽和弟弟陆天华的帮助下努力和病魔作战。

（丁　琳）

【《长江七号爱地球》】 动画电影《长江七号爱地球》根据电影《长江七号》改编，由周星驰监制，袁建滔导演，石仁茂、徐娇、董洁等配音，中国电影集团公司、星辉海外出品。狄爸靠在建筑工地打散工养家，为了培养儿子成材，省吃俭用把小狄送入一流学府。一次他意外捡到神秘外星生物7仔，将7仔送给小狄。7仔帮小狄解决了生活的很多问题。小狄同学蛋挞头的父亲绑架7仔，榨取7仔身上的能量。小狄父子冒险潜入蛋挞家研究中心，救出奄奄一息的7仔，一家人再次团聚。但一波未平一波又起，蛋挞爸虽然获得了7仔的能量，却无力控制，导致研究中心爆炸倒塌，无数致命化学污染物疯狂外泄……

（丁　琳）

【《第一书记》】 该片由陈国星导演，苏小卫编剧，杨立新、徐帆、何冰、宋丹丹主演，北京紫禁城影业有限责任公司出品。影片根据安徽省凤阳县小岗村优秀村党委书记沈浩的真实事迹改编而成，沈浩2004年2月从省财政厅下派至小岗村，兢兢业业地发展小岗，直到2009年11月6日，他因积劳成疾，猝逝在工作一线，年仅45岁。

（丁　琳）

【《唐山大地震》】 该片由冯小刚导演，徐帆、张静初、李晨主演，华谊兄弟传媒股份有限公司出品。该片根据小说《余震》改编，描述1976年唐山地震中，一位母亲只能选择救姐弟之一。母亲最终选择救了弟弟，但姐姐却奇迹生还，被解放军收养后对母亲的选择耿耿于怀。32年后，汶川大地震，姐弟俩不约而同都赶去救援，家人意外重逢，姐姐终于理解了母亲，母女相见，弥合了当年的裂痕。

（丁　琳）

【《等着你回来》】 影片由叶永健导演，杨博编剧，李小璐、吴建豪、加护亚依、袁祥仁等主演，大地时代文化传播（北京）有限公司、名威影业有限公司（香港）出品。影片取材于曾经轰动东南亚的真实“鬼故事”。20世纪40年代，失业青年梁广在朋友的推荐下，前往新加坡老字号药油厂“广昌堂”找工作。不料，当梁广来到广昌堂时，大家发现梁广竟然同他们失踪多年的三老板崔正广形同一人。主管寿伯当即拒绝梁广留在广昌堂任职。失意的梁广准备离开广昌堂时，无意间搭救了二老板崔正隆而导致受伤，被安排在广昌堂内修养调理。当晚，梁广无意间发现楼上的小阁楼里似乎有着不可告人的秘密。

（丁　琳）

【《我的美女老板》】　该片由李虹导演，何润东、景甜、印小天、陶虹主演，北京星光灿烂影视文化有限公司出品。IT打工仔大雄邂逅了“富二代女孩”小爱，后来迫不得已为其服务。后来他跳槽到新公司上班，发现老板Emma竟然与小爱长得一模一样！从此，大雄的生活不再平静。

（丁　琳）

【《全城戒备》】　该片由陈木胜执导，郭富城、舒淇、邹兆龙、张静初等主演，光线影业、寰宇娱乐出品。影片将华语片涉及较少的生化危机、变异人、城市灾难和中国功夫相融合，讲述了2015年在一个末日之城，发生的正邪变异人对抗和动人的末日之恋故事。

（丁　琳）

【《米香》】　该片由王洪飞、白海滨联合执导，陶红、孙亮、王菁华主演，金英马影视集团、北京三石丽声电影公司、北京纵横映画电影公司等联合出品。影片讲述了四川女人米香迫于生存，嫁给了相貌极其丑陋的矿工王坨子，而她的真正目的是希望王坨子能死于矿难，这样她就会拿到一笔抚恤金。得知自己身患绝症之后的王坨子决定牺牲自己，人为制造了一场矿难。驼子死后，悔痛交加的米香，带着儿子回了家乡。煤矿陪的钱，她一分都没有去领。

（丁　琳）

【《嗜血孤城》】　该片由沈东导演，吕良伟、安以轩、袁文康主演，中国电影集团公司、湖南楚城影视文化有限公司、潇湘电影集团出品。影片讲述了1943年驻守湖南常德的国民党第57师8000余名士兵，与日军展开生死对决，保卫孤城常德的故事。

（丁　琳）

【《绝命岛》】　惊悚片《绝命岛》由冯超执导，刘桦、霍思燕、林雪、戎祥主演，龙腾艺都（北京）影业投资有限公司出品。东南亚巨富龙爷的独生子在一次飞机事故中丧生，仅留下一颗心脏还能维持50个小时。龙爷发现整件事与管家有关，于是他编造了一个疯狂计划，寻找亚洲与其子血型相同的人，经过绝命岛上的生死考验，把其子的心脏移植到最终获胜者体内。

（丁　琳）

【《玩酷青春》】　该片由孔令晨导演，袁野，谭琛，孔令晨编剧，吕丽萍，郭涛，盛超，李滨主演，北京泛亚文化传播事业机构出品。该片是首部以跑酷为主题的电影，讲述了高考前夕，高三学生何志鹏酷爱“跑酷”，因此与一心希望他用功学习并考上大学的母亲罗素芳产生了矛盾冲突。

（丁　琳）

【《跟踪孔令学》】　悬疑喜剧《跟踪孔令学》由张骁导演，白铁军编剧，范伟、孙宁等主演，中国中影集团公司出品。讲述了语文老师孔令学，因为一次在课堂上没收了一个女生的手机，而引发了女生男友的跟踪事件。

（丁　琳）

【《山楂树之恋》】　该片由张艺谋导演，尹丽川、顾小白编剧，周冬雨、窦骁主演，北京新画面影业、IDG北京出品。影片改编自同名小说，1975年，漂亮的城里姑娘静秋和一群学生去西村坪体验生活，编教材。她住在村长家，认识了英俊又有才气的“老三”。两人互相爱慕，不料不久老三却得白血病去世了。

（丁　琳）

【《精武风云·陈真》】　该片由刘伟强导演，张志成、陈嘉上编剧，甄子丹、舒淇、黄秋生主演，北京光线影业有限公司、寰亚电影有限公司出品。陈真当年为报杀师之仇，独闯虹口道场，击杀日本武术高手，轰动全上海后，便人间蒸发，不知所踪……七年后，陈真化名齐天元回到上海，以年轻实业家身份潜入当地情报集中地“卡卡夜总会”，暗中彻查老板屠爷，认识了出身神秘的交际花KiKi。在得知日本暗杀团要暗杀很多手无寸铁的学者等人之后，陈真重燃了心中怒火，要独闯日本情报机关总部，为危难中的国家抛洒热血。

（丁　琳）

【《剑雨》】　该片由苏照彬编导，徐熙媛、林熙蕾、吴佩慈、余文乐主演，北京小马奔腾影业有限公司和香港寰亚综艺出品。讲述了一位武功高强的女杀手“细雨”金盆洗手，易容后更名为曾静，与武功高强却隐姓埋名的邮差江阿生结为夫妻，过起了平民百姓的生活。但是由于她拥有江湖上人人都想拥有的达摩遗体，随即引来了杀手组织头领转轮王等人的轮番袭击，这对恋人只能联手反击。

（丁　琳）

【《狄仁杰之通天帝国》】　该片由徐克导演，张家鲁、陈国富编剧，刘德华、李冰冰、邓超等主演，华谊兄弟影业投资有限公司出品。影片讲述狄仁杰坐牢3年后，朝廷发生一桩惊天怪案，无人能破，武则天只好再次起用狄仁杰。狄仁杰经历万难，终于破案，但也付出了巨大的代价。

（丁　琳）

【《西风烈》】 该片由高群书导演，段奕宏、倪大红、吴京、张立、吴镇宇等人主演，华谊兄弟传媒股份有限公司、北京亚环时代传媒投资有限公司、北京盟将威影视文化有限公司等出品。该片是导演高群书“风字三部曲”的第2部，也是中国首部硬派警匪动作大片，讲述四位身怀绝技的西部警察，深入戈壁无人区千里缉凶的故事。

（丁　琳）

【《康定情歌》】 该片由江平导演，苏有朋、居文沛、蒲巴甲、袁霆、刘希媛等人主演，中国电影集团公司、电影频道节目中心、八一电影制片厂、中影星美电影院线有限公司等联合出品。1950年解放军进驻康巴地区修筑川藏公路。随解放军修公路的大学生技术员李苏杰，遇到了从小就是农奴的藏族女孩达娃，为她砸开了铁锁链。两人情投意合，但因为种种原因，他们没能走在一起，苦苦守望，整整守候60年。

（丁　琳）

【《跟我的前妻谈恋爱》】 该片由李公乐导演，司徒锦源、邓力奇、朱文编剧，陈坤、袁泉、陆毅、吴天瑜主演，博纳国际影业集团、香港骄阳电影有限公司、韩国IHQ电影有限公司出品。马勇和晓红是一对金童玉女，婚后觉得被对方忽略，只能离婚。马勇把最好的朋友张琪介绍给晓红作男友，并传授他追求晓红的方法，渐渐找到了恋爱的感觉。晓红最终答应了张琪的求婚，就在行礼一刻，马勇不顾一切向晓红表白。

（丁　琳）

【《爱情36计》】 该片由吴兵导演，刘桦、陈晓东、田中千绘等主演，中国电影集团公司、北京春秋鸿文化投资有限公司、福建网龙天像科技有限公司联合出品。影片描绘了现代社会中情侣面对重重诱惑的“进攻”用尽计谋“守护”自己爱情的故事。

（丁　琳）

【《大笑江湖》】 该片由朱延平导演，宁财神编剧，小沈阳、赵本山、林熙蕾等主演，北京博纳影视文化交流有限公司、本山传媒（北京）有限公司等联合出品。小鞋匠吴迪一天遇到了一个女扮男装前来追捕通缉犯的侠客月露，为了帮助月露他意外卷入了一场打斗，激起他成为侠客的梦想。其实月露本是擅自离宫的娘娘。为了和月露重修旧好，皇帝特意举办武林大赛，吸引月露参加，月露果然回京参赛。吴迪也踏上了征程，经过诸多挑战，吴迪练就了绝世武功，最终和月露一起归隐，成就了一段武林传奇。

（丁　琳）

【《赵氏孤儿》】 该片由陈凯歌执导，葛优、王学圻、黄晓明、范冰冰等人主演，上影集团、星美（北京）影业有限公司等联合出品。影片改编自中国古典戏剧《赵氏孤儿》，讲述了春秋时期晋国大夫赵氏因奸臣陷害而惨遭灭门后，民间医生程婴抚养赵氏孤儿长大并报仇雪恨的故事。

（丁　琳）

【《让子弹飞》】 该片由姜文导演，朱苏进、述平、姜文等编剧，周润发、姜文、葛优等主演，中国电影集团公司、英皇电影（国际）有限公司、北京不亦乐乎电影文化发展有限公司出品。改编自马识途的小说《夜谭十记》，讲述了北洋年间，绿林悍匪张牧之劫走正要赴任的骗子老汤，两人从生死宿敌变成莫逆之交，与镇守鹅城地南国一霸黄四郎斗智斗勇的故事。

（丁　琳）

【《非诚勿扰2》】 该片由冯小刚导演，冯小刚，王朔编剧，葛优、舒淇、孙红雷、姚晨等主演，华谊兄弟影业投资有限公司出品。从北海道回来后，笑笑对秦奋还没有产生爱情，两人决定住在一起试婚，笑笑醉酒后，承认自己对秦奋的感情不是爱情，两人日渐疏远。秦奋回到北京，当上了电视台的主持人，秦奋好友、节目制作人李香山患上癌症，秦奋和好友们搞了一场“人生告别会”，笑笑和秦奋在会上感慨颇多，两人再次走到一起。

（丁　琳）

【《举起手来2：追击阿多丸》】 战争喜剧影片《举起手来2：追击阿多丸》由冯小宁导演，潘长江、郭达、刘小微、胡晓光主演，中国电影集团出品。影片讲述了1945年日本侵略军已经濒临战败的前夕，郭大叔和女兵小刘等为首的正义力量与偷运我国珍贵文物的日军，在一艘叫做“阿多丸”的货轮上展开了智谋与勇气的拼杀。

（丁　琳）

【《虎王归来》】 动画电影《虎王归来》由黄军编导，中影集团、中影动画、湖南电广等单位联合出品。讲述了一个名叫武小松的8岁小男孩，独自上景阳冈与老虎决斗的故事。

（丁　琳）

【《王富贵的心事》】 该片由杨真导演，杨真、陈乾伦编剧，李心敏、马书良、王红波主演，讲述了在现代社会主义新农村建设中，一个普通农民和村主任之间发生的一系列啼笑皆非的故事。

（丁　琳）

【《复兴之路》】 该片由王一岩导演，宋祖英、田华、陈铎等主演，中央新闻纪录电影制片厂出品。该片是在舞台剧的基础上，充分发挥调动电影技术手段与艺术手段，运用光与影的魅力对舞台剧进行丰富补充，既注重舞台剧全景效果的恢宏气势，又兼顾事件人物细节的传神表达，展现中华民族自1840年以来历经169年走过的一条光辉而又艰巨的复兴之路。

（丁　琳）

【《熊出没注意》】 悬疑喜剧电影《熊出没注意》由程樯导演，李晨、尚雯婕、李乃文、萨日娜等主演，北京俊彩星驰影视文化传媒有限公司出品。女明星乐姗姗个性叛逆，跟经纪公司闹矛盾逃到了一个气韵温婉的江南小镇，偶遇落魄不羁的画家沙立和一只来历不明的熊。四个男子尾随小熊来到小镇，意欲掠取熊胆。姗姗和沙立为保护小熊与歹徒展开了周旋。

（丁　琳）

·放　映·

【《邻家特工》在京首映】 1月15日，好莱坞动作喜剧片《邻家特工》全球同步上映，《邻家特工》由成龙主演，讲述了退休特工鲍伯与邻家3个小鬼之间的温情故事。前中央情报局秘密特工鲍伯·胡曾是行业内最优秀的一员之一，但在日常生活中，他却显得乏味木讷，跟心仪的女邻居交往的过程中，常常被她的孩子欺负。不料，孩子们无意间下载到一个神秘的编码后被无数杀手包围。危急时刻，鲍伯指挥孩子们一起反击恶势力。

（丁　琳）

【《名侦探柯南》在京首映】 1月21日，日本影片《名侦探柯南·漆黑的追迹者》在王府井新东安影城举行首映式。影片讲述了七夕前夕，东京、神奈、静冈、长野等地接连发生6起连环杀人案，被害者身边全都留下了麻将牌中的七筒和奇怪暗示。柯南在跟随目暮警官和小五郎参加搜查会议的时候，发现凶手可能是“黑暗组织”的成员，为了保护朋友，柯南只身前去调查。

（丁　琳）

【《铠甲勇士之帝皇侠》上映】 1月23日，真人特摄电影《铠甲勇士之帝皇侠》全国上映。该片延续了电视剧《铠甲勇士之光影传奇》的故事，子阳顺利成为了新的铠甲勇士——帝皇侠的铠甲召唤人，他面临着一系列严峻的考验。

（丁　琳）

【《鼠来宝·明星俱乐部》公映】 2月8日，动画片《鼠来宝·明星俱乐部》全国公映，片中3只花栗鼠艾尔文、西蒙与西奥多开始过起了校园生活，3只小鼠为了拯救音乐课程，必须经历一连串的歌唱PK大赛，而他们在校园里也遇见了浪漫的爱情。

（丁　琳）

【《72家租客》公映】 2月11日，香港电影《72家租客》在京公映，该片以1973年邵氏经典电影《72家房客》为蓝本，集中了100多位明星的参演。20世纪70年代，哈公与石坚两结拜兄弟为帮助72家房客免遭逼迁，同心合力与房客们击退了太子炳和包租婆，救下被逼婚的小桃红。事后，两兄弟同时向深爱的小桃红求婚，小桃红下嫁哈公。石坚一直难以咽下被哈公横刀夺爱的仇恨。从那天开始，石坚与哈公在生意上斗过你死我活。不料西洋莱街大业主要收回他们做生意的店铺，还出现了神秘人在高处泼盐酸，大家人人自危。在哈公、石坚二家的下一代精心设计下，众人终于解决了所有的困难，同时也化解了两家人的积怨。

（丁　琳）

【《大侦探福尔摩斯》公映】 2月25日，好莱坞电影《大侦探福尔摩斯》全国公映，该片由盖·里奇导演，小罗伯特·唐尼、裘德·洛主演，影片根据英国小说家阿瑟·柯南道尔的经典破案侦探系列小说《福尔摩斯探案集》及莱昂纳尔·威格拉姆的同名漫画改编。影片讲述了19世纪90年代的伦敦，侦探夏洛克·福尔摩斯在伙伴约翰·华生医生的帮助下，侦破了一起起离奇案件。

（丁　琳）

【《特工强档》首映】 3月1日，韩国电影《特工强档》在北京传奇时代影城举行首映式。该片原名《我的女友是特工》，是韩国2009年最卖座喜剧片。安秀芝是政府特工，因工作的特殊性不得不欺骗男友才俊，才俊不堪忍受，断然分手。3年后，两人意外重逢，才俊居然也成了特工。

（丁　琳）

【《不要回头》公映】 3月6日，法国影片《不要回头》在京公映，该片由法国女导演玛丽娜·德·范执导，是2009年戛纳电影节非竞赛单元的展映影片之一。影片讲述了女作家由于创作的压力渐渐迷失自我，后来幡然醒悟，重塑自我的艰难过程。

（丁　琳）

【《变相黑侠》公映】 3月16日，日本影片《变相黑侠》全国公映，该片又名《怪人二十面相传》改编自日本传奇推理小说家江户川乱步的名侦探系列之《怪人二十面相传》。故事的主人公，是马戏团杂技师远藤平吉。某天，一位来看马戏表演的神秘绅士，要求平吉潜入羽柴财阀的千金羽柴叶子与名侦探明智小五郎的婚礼。平吉在毫不知内情的情况下，照约定潜入了他们的婚礼，被人们误以为是专偷富豪的神秘大盗“K－20”。为了还清白之身，平吉打算以自己在杂技团中练就出来的矫健身手及头脑为武器，与“K－20”决一死战。

（丁　琳）

【《爱丽丝梦游仙境》首映】　3月23日，迪斯尼出品的3D奇幻电影《爱丽丝梦游仙境》在百丽宫影城举行了首映，该片讲述了曾经到过仙境的爱丽丝如今已经19岁了，她和母亲参加了一个在维多利亚式庄园里举行的宴会，却发现自己将会在众多傲慢自大的人面前被求婚，于是她跟随一只白色的兔子逃到了一个洞里，进入了仙境，爱丽丝曾经在10年前来过这里，但此刻的她却一点也不记得了，爱丽丝在奇妙的仙境历险中了解到自己身负的重大使命，那就是带领地下世界的居民们结束红桃皇后的邪恶统治，恢复仙境昔日的荣光。

（丁　琳）

【《火龙对决》公映】　4月1日，香港警匪片《火龙对决》在京公映，故事围绕两个警察展开。警官文方因为已有身孕的妻子惨遭小偷的毒手而变得不修边幅、心生恨意，一心要为妻子报仇的他把情绪都发泄在了疑犯身上，破案手法极其残忍。高级警官纪少群看似前途大好，却因为女友曾混迹夜总会的经历而升职无望。两人因领域为一宗谋杀案而产生交集，惺惺相惜。

（丁　琳）

【《极限空间》公映】　4月2日，西班牙影片《极限空间》在京公映。该片的电影时间与现实时间平行，在90分钟内，观众与电影里的4位主角一起经历了一场生死大战。39岁的发明家、26岁的高智商美女和22岁的年轻人以及一位老谋深算的数学家，这4人均得到神秘人费马的邀请出席一个探讨数学难题的聚会，却发现这是一个死亡的约会，几人必须逃出密室找出真相。

（丁　琳）

【《月满轩尼诗》公映】　4月2日，香港影片《月满轩尼诗》公映，香港轩尼诗道落在湾仔中间，刚好把这区切成两半。与世无争的电器店少东阿来，心地善良但胸无大志。女孩爱莲经常为舅父打理洁具店，性格倔强，为人不喜交际。住在轩尼诗道两旁的二人在家人安排下前往“相亲”，可惜二人早已心有所属，虽然相亲失败但却发展了一段友谊。

（丁　琳）

【《弹·道》首映】　4月6日，政治黑幕题材影片《弹·道》在北京举行了首映发布会。导演刘国昌携曾恺玹、胡婷婷，以及主演沈孟生出席发布会。该片讲述一对情同手足的台湾警察——刑侦组组长徐瑜昌和专案组组长孙学人，陷入一宗惊天动地的总统枪击刺杀案，两人历经重重险阻，与台湾黑帮、越南杀手争斗搏杀，最终却要被迫在正邪之间作出生死抉择。

（丁　琳）

【《孤胆拯救》公映】　4月8日，美国电影《孤胆拯救》在全国公映，片中麦克·里根斯是一名被拘禁在东欧的美国特种兵，为了获得自由和金钱，他被雇佣去营救一名美国女子。但是在成功解救她之后，麦克发现整个绑架事件只是一个诡计。

（丁　琳）

【《开火》公映】　4月9日，德国影片《开火》全国公映，片中音乐家菲尔和他的妻子伊芙过着平凡幸福的生活，但这一切都被一次意外改变了。一天他们来到一家银行，在菲尔接电话时，妻子伊芙被恐怖劫匪伊恩劫持并打伤，劫匪将装有定时炸弹的行李箱铐在伊芙手上，假装情侣把她带到地铁站，欲制造一起恐怖爆炸案件。

（丁　琳）

【《诸神之战》公映】　4月16日，由华纳公司出品3D史诗巨作《诸神之战》公映，影片改编自1981年版同名电影。影片讲述英雄珀尔修斯是众神之首宙斯的儿子落入人间后遭遇的种种事端，一场神与人、神与神之间的拯救与被拯救行动就此拉开。

（丁　琳）

【《古堡惊情》公映】　4月16日，西班牙恐怖片《古堡惊情》全国公映。劳拉童年时在一所孤儿院中度过了相当快乐的时光。30年后，她和她的丈夫还有7岁的小儿子再次回到了这里，想要为了孩子们再次重建这所荒弃了很长时间的孤儿院。但是自从到了这里，劳拉的小儿子西蒙交了一个假象的朋友，并开始逐渐变得不对劲起来。

（丁　琳）

【《叶问2·宗师传奇》首映】　4月23日，《叶问2·宗师传奇》首映庆典在国家会议中心举行，导演叶伟信携主演甄子丹、洪金宝、黄晓明、熊黛林、郑则仕、樊少皇、释小龙等出席，影片主创们纷纷在现场表达对玉树灾区人民的牵挂，在介绍影片之余均不忘为玉树祈福，场面感人。该片延续首集剧情，二次大战后叶问大师离开佛山，赴香港开馆收徒，在那遭逢强大的对手——洪门。两大武学门派不打不相识，从一开始的相互较劲，到后来联手对抗英国殖民政府，上演了一段英雄惜英雄的故事。

（丁　琳）

【《A 面 B 面》公映】 4 月 29 日，我国首部精神病题材的悬疑喜剧《A 面 B 面》在全国公映。萧春雷是一家补品店的老板，他与前妻的女儿身患尿毒症急需他的帮助。他的现任妻子柳悦知道后压力过大，被带进了前夫梁海潮工作的精神病院救治。梁海潮一直对柳悦念念不忘，设计将柳悦救出后想与柳悦复婚，可是柳悦没有明确答应。他指使柳悦暗害萧春雷，将其送进了精神病院。萧春雷一直表明自己没病，但没人相信。大学教授陈聪明在精神病院做调研，得知此事后帮助萧春雷成功逃出医院，并见到了自己的女儿。梁海潮阴谋败露神经错乱，被关进了精神病院。

（丁　琳）

【《额吉》公映】 5 月 9 日，由电影《额吉》全国公映，该片讲述了 3 年自然灾害时期，3000 名上海孤儿大转移到内蒙古，被草原牧民收养的故事。

（丁　琳）

【《超蛙战士之初露锋芒》首映】 5 月20 日，国内首部真正意义上的全 3D 立体动画影片《超蛙战士之初露锋芒》在京首映，影片导演徐克携幕后制作团队出席。该片讲述了未来的人类移居沼泽星，因为环境原因而衍变成蛙族人，而残暴邪恶的梯族人跟蛙族人展开资源争夺战。

（丁　琳）

【《决战豪门》公映】 5 月 21 日，法国影片《决战豪门》全国公映。南斯拉夫孤儿的拉戈·温奇，从小被世界首富收养。26 岁时继承了大笔遗产，成为亿万富翁后他过着奢华的日子。某天，拉戈接到一名神秘男子的传真，要告知他一件攸关生命的大事，拉戈随即前往威尼斯寻求真相，同时，一个神秘组织也派出杀手要取他性命，在威尼斯这个错综复杂的水都里，一场华丽的决斗就此展开。

（丁　琳）

【《精舞门 2》】 5 月 26 日，街舞题材青春片《精舞门 2》在京首映，导演刘宝贤携主演陈柏霖、周奇奇以及韩国街舞团 Gambler Crew 出席。影片讲述了在乐天带领的 Encore 舞团中发生的一系列故事。该片巧妙地融合了街头“跑酷”、街舞文化、多风格斗舞、涂鸦文化、潮人潮服等多种时尚元素。

（丁　琳）

【《特工的特别任务》首映】 5 月 30 日，美国悬疑动作喜剧《特工的特别任务》在京首映。影片讲述联邦特工亨利有个不修边幅的胖母亲玛蒂，老妈的凄惨状况一直让他头疼不已。亨利完成任务回到家中，被母亲吓了一大跳——母亲变成了魔鬼身材，不健康的习惯全都改掉，足不出户变成了交友广泛，她居然有了好几个男朋友。

（丁　琳）

【《打擂台》首映】 5 月 31 日，功夫喜剧片《打擂台》在京举行首映，出品人刘德华携监制林家栋以及导演郭子健、郑思杰，影片主演梁小龙、陈观泰、泰迪罗宾等一起出席。破旧“罗记茶楼”暮气沉沉，掌柜成、大厨淳皆年过半百，武功尽废，二人一直守候昏迷三十年的师傅罗新。地产公司信差梁景祥误打误撞令罗新苏醒，醒来的他记忆错乱仿如老顽童，把祥误认作徒弟成、淳二人，成、淳反无奈沦为徒孙。罗新严格训练成、淳、祥武功，众人参加武术大赛，再次为尊严而战。

（丁　琳）

【《异度公寓》公映】 6 月 4 日，惊悚片《异度公寓》全国公映，该片描述的是知名悬疑小说作家梅子为了揭开儿子死亡的谜团在好友的帮助下进入了恐怖公寓的灵异故事。

（丁　琳）

【《罗宾汉》首映】 6 月 8 日，电影《罗宾汉》在新东安影院举办首映，秦昊、曹炳坤、陈佳佳等演员出席。该片侧重讲述了侠盗如何走上了劫富济贫、拯救人民的道路。

（丁　琳）

【《香奈儿秘密情史》公映】 6 月 12 日，法国传记片《香奈儿秘密情史》公映，影片着力描写了服装师设计师香奈儿与俄国作曲家 Stravinsky Igor 间的炙热爱情。

（丁　琳）

【《玩具总动员 3》（3D）】 6 月 16 日，迪斯尼皮克斯出品的动画片《玩具总动员 3》公映。安迪已经长大，并将离家上大学，把胡迪留下来后，想把其他的玩具存入自家阁楼。玩具们被安迪妈妈不小心当成垃圾丢掉后，阴差阳错地被捐到幼儿园，处境艰难。胡迪得知伙伴们的处境后决定带他们一起离开幼儿园，回到安迪的身边。

（丁　琳）

【《分手说爱你》上映】 6 月 16 日，香港影片《分手说爱你》上映。该片故事内容平实，讲述的是时下香港年轻男女拍拖及感情遭遇危机的普通故事。Joe 为了跟闹分手的女友 Flora 复合，通过神秘网站 Break Up Club 拆散其他情侣达到目的。他还把自己的故事以偷拍形式交给黄真真导演，Flora 不能认同，再次离开他后，Joe 才知道自己离不开她。

（丁　琳）

【《志明与春娇》公映】 6月18日，香港影片《志明与春娇》全国公映。影片讲述自香港实施室内全面禁烟，烟民都被迫从办公室走至后巷抽烟，张志明与余春娇，也因抽烟而在肮脏又狭窄的后巷中邂逅，展开了一段爱情。

（丁　琳）

【《叶问前传》在京首映】 6月23日，功夫片《叶文前传》在北京举行首映，出品人冼国林，叶问之子叶准，主演杜宇航、黄奕、元彪、樊少皇、陈嘉恒等出席。佛山少年叶问和义兄叶天赐及小师妹李美慧一同跟随咏春宗师陈华顺学习咏春拳。在师傅过世后，叶问暂别众人，独自到香港求学，同时向师爷之子梁壁学习咏春功夫。叶问学业有成，返回家乡，在遭遇了多重挑战之后成长为一代宗师。

（丁　琳）

【《唐伯虎点秋香2》在京首映】 6月27日，古装喜剧《唐伯虎点秋香2》在京首映，出品人向华胜携出演黄晓明、张静初、周立波、任贤齐、陈百祥等出席。唐伯虎自少就练得一身好武功，经常惹是生非，与死党徐祯卿、祝枝山及文征明等被坊众戏称为四大损友。在一次打架事件中，唐伯虎气死了父亲，因而被母亲软禁。唐伯虎答应好好读书，并许下毒誓，不再使用武功。唐伯虎怀着雀跃的心情上山，怎料却因此而引发出连串离奇的事件。

（丁　琳）

【《出水芙蓉》在京首映】 7月4日，香港电影《出水芙蓉》在京首映，导演刘镇伟，主演阿娇、方力申出席。影片讲述长洲岛女孩罗娇原本不会游泳，为了向情敌报仇，决定参加“出水芙蓉4*100接力赛”。情急之下，她将“飞鱼王子”郭志远绑架到长洲，充当四个好姐妹的私人教练。志远想要逃走未果，却被长洲岛的村民劝阻。最终，志远帮助罗娇变成了真正的游泳健将。

（丁　琳）

【《危情谍战》公映】 7月6日，美国影片《危情谍战》全国公映。修车工厂的老板茱恩在堪萨斯州威契塔登机，开始与邻座的迷人男子罗伊闲聊。不料突发意外，飞机坠入玉米田，只有茱恩和罗伊幸免于难。好不容易回到家的茱恩发现自己被FBI盯上了，此时罗伊又出现了，她稀里糊涂地和罗伊由此踏上了逃亡之旅。

（丁　琳）

【《梦回金沙城》公映】 7月10日，国产动画片《梦回金沙城》全国公映。影片采用纯手绘动画制作完成，以距今3500年前的金沙城为背景，讲述了现代社会中一个比较自我的中学生小龙在一个神秘的夜晚通过时光隧道回到了3500年前的金沙国。最终，小龙和金沙人、象神等一起让金沙国得到了重生。小龙回到现实生活后也变得充满责任感。

（丁　琳）

【《黑色闪电》首映】 7月13日，俄罗斯电影《黑色闪电》在京首映，明星张馨予、舜文齐、陈佳佳出席。莫斯科国立大学学生迪马的梦想是拥有一辆好车，和漂亮的女同学那西亚约会。生日那天，他收到了父亲的生日礼物——一辆老牌的“伏尔加—21”，他偶然发现这辆车会飞。迪马的生活从此不再平静。

（丁　琳）

【《七小罗汉》公映】 7月23日，喜剧电影《七小罗汉》公映，讲述的是当代某深山古寺中的七个小罗汉如何与来自大城市的“盗墓四人组”斗智斗勇的故事。

（丁　琳）

【《深海探奇》首映】 7月26日，由3D娱乐与迪斯尼联合制作的“真人”3D电影《深海探奇》在京首映，歌手韦唯以海洋环保大使的身份出席。影片以小海龟回归大海为主线，表现了美丽而神秘的海洋。

（丁　琳）

【《线人》首映】 8月15日，香港警匪片《线人》在京首映，导演林超贤和主演谢霆锋、张家辉、桂纶镁、陆毅、苗圃出席。为了侦破棘手案件，警方往往借助线人之手获取情报。然而在行动过程中，线人却常常处境危险。影片讲述了香港警察李沧东和线人合作破案的惊险故事。

（丁　琳）

【《龙凤店》公映】 8月19日，古装喜剧《龙凤店》全国公映，该片由传统戏剧《龙凤配》改编，讲述了明朝正德皇帝下江南并与李凤姐发生情愫的故事。

（丁　琳）

【《世博总动员》公映】 8月20日，3D动画电影《世博总动员》全国公映，该片是上海世博会唯一授权的动画电影。影片改编自有“中国世博第一人”之称的徐荣村后代徐希曾的小说。讲述了一段跨越时空的冒险旅程——在首届伦敦世博会上一举夺魁的“荣记湖丝”后代神奇地回到远古的丝绸世界后，展开了一场古墓探秘、寻找圣物的奇幻旅程。

（丁　琳）

【《最后的风之子》公映】 8月23日，美国影片《最后的风之子》（原名《最后的气宗》）全国公映，该片改编自美国尼克国际儿童频道的热播动画剧集《降世神通：最后的气宗》。在遥远的东方，世界被分为水、土、火、气四个宗族，但凶悍的火族多年前却破坏了长久以来的和谐，灭绝了气族，并持续侵略水、土两族，这时候，水族的卡塔娜及她哥哥索卡从冰山中救出一个名叫昂的神秘男孩。他就是世上最后一个“风之子”，是唯一可以控制四族力量的人。为了复兴水族、恢复世界和平，卡塔娜及索卡一路带领昂踏上征途。

（丁　琳）

【《盗梦空间》】　9月1日，美国影片《盗梦空间》在京首映，盗梦者科比可以潜入别人梦中，窃取潜意识中有价值的信息和秘密，因涉嫌杀害妻子，一直流亡在外。在一次任务中，科布和他的同伴亚瑟受雇窃取商人斋藤的资料未果，斋藤提出让他们在全球垄断巨头之子费雷的头脑中植入遣散公司的意念，成功之后就可以帮助科比回国，科比克服心结，成功完成任务。

（丁　琳）

【《初恋红豆冰》首映】　9月6日，马来西亚影片《初恋红豆冰》在北京蓝色港湾传奇时代影城举行全国首映式，导演阿牛携主演李心洁、曹格和巫启贤出席。该片以马来西亚华人小镇生活为背景，涵盖几位不同主人翁初尝恋爱或暗恋滋味的酸甜苦辣。

（丁　琳）

【《魔法师的学徒》上映】　9月9日，美国电影《魔法师的学徒》全国上映，该片取材于迪斯尼经典动画《幻想曲》，讲述魔法巫师巴尔萨泽和女巫维罗妮卡一直在与宿敌马克西姆对抗着，为了训练好自己的接班人戴夫，巴尔萨泽开始了一系列计划。

（丁　琳）

【《庐山恋2010》首映】　9月29日，电影《庐山恋2010》在京举行首映礼，导演张瑜携主演秦岚、李晨及为影片担任配乐的窦鹏出席。该片为《庐山恋》的延续，讲述了30年后，周筠的女儿耿菲尔在海外学成归来，商业精英韦宁和自由摄影师马缰都对耿菲尔产生了好感，由此产生了错综复杂的恋爱故事。

（丁　琳）

【《大明宫传奇》公映】　10月1日，首部IMAX 3D电影《大明宫传奇》全国上映。公元7世纪的唐朝，中亚王子卢涅斯不远千里来到长安。在大明宫含元殿，卢涅斯见到了明月郡主，并对她一见钟情。皇帝许诺只要卢涅斯在即将举行的禁军比武中获得头魁，便成全这门婚事。

（丁　琳）

【《爱出色》首映】　11月3日，电影《爱出色》在京举行首映礼，导演陈奕利、编剧宁财神携主演姚晨、朱虹、主题曲创作人李健等出席。影片讲述了时尚编辑汪小菲在经历了一次失败的婚姻之后，带着对新生活的渴望，义无反顾来到北京，寻找属于自己的天空，最终收获了爱情和事业。

（丁　琳）

【《哈利·波特与死亡圣器》（上）公映】　11月19日，电影《哈利·波特与死亡圣器》（上）全球同步公映，本集中魔法的世界已经被黑暗势力所笼罩，伏地魔甚至占领了霍格沃茨。而哈利的唯一希望就是在伏地魔抓到他之前，找到魂器。哈利、罗恩和赫敏一起与伏地魔终极开战。

（丁　琳）

【《恋人絮语》首映】　12月27日，电影《恋人絮语》在京首映，监制彭浩翔、导演曾国祥、尹志文同主演曾志伟、谢安琪等出席。该片讲述了几对恋人、夫妻之间错综复杂的感情。

（丁　琳）

·电影节　电影展·

【华表奖获奖影片展映】　1月1日～2月28日，中国电影博物馆举办中国电影华表奖获奖影片公益展映活动。放映了自1994年第1届至2008年第13届中国电影华表奖的43部获奖经典影片，包括《被告山杠爷》《弹道无痕》《九香》《非常爱情》等影片。

（丁　琳）

【首届女性电影周启动】　2月5日，由阳光媒体集团、搜狐娱乐和中影集团联合举办的中国首届女性电影周暨2009年度女性观众电影评选活动启动，活动发起人兼评委杨澜、演员闫妮、导演曹保平等出席了启动仪式。电影周的活动主旨是关注女性喜爱的电影，关注热爱电影的女性。本届女性电影周还通过网络选出“电影最佳导演”、“最佳银幕情人”、“最佳银幕开心果”、“最佳银幕硬汉”等共13个奖项。

（丁　琳）

【谢晋电影回顾展】　3月5日～18日，由中国电影艺术研究中心、北京新影联院线、百老汇电影中心共同举办的父辈的青春——2010谢晋电影回顾系列活动在当代MOMA百老汇电影中心开展，陆续放映了《舞台姐妹》《牧马人》《芙蓉镇》等8部谢晋执导的电影，这是国内首次用中英双语播映谢晋电影。展映期间还举办了多场互动交流活动，邀请多位专家与观众就影片展开讨论。

（丁　琳）

【第17届北京大学生电影节】　4月7日～5月8日，第17届北京大学生电影节在北京、上海、广州、深圳等地举行。本届电影节竞赛环节共收到报名参赛影片155部，最终《爱有来生》《错还》《斗牛》《东风雨》《风声》《高考1977》《感情生活》《建国大业》等39部优秀国产影片入围。电影节期间举办了华语电影高校巡展活动，在北京高校免费放映20～30部优秀国产电影。组委会组织了“黑泽明与东方电影”、“中国民族电影的影像记忆”、“市场生存背景下本土艺术电影发展研究”、“中国电影新发展优势与态势分析”主题研讨活动和纪念埃里克－侯麦专题影展。

（丁　琳）

【首届北京民族电影节】　5月6日～11月12日，由北京市民族事务委员会、北京电影家协会主办的首届北京民族电影节在京举行，集中展示了我国各民族优秀文化与独特的民族风情。电影节期间展映了新中国成立60年来拍摄制作的《山间铃响马帮来》《五朵金花》《农奴》《刘三姐》《冰山上的来客》《阿诗玛》等120部优秀少数民族影片。此次电影节在举办系列放映活动的同时还开展了网上公益放映活动，在北京市政务门户网站“首都之窗”开设“民族团结专题电影展映”栏目，从新中国初期的《暴风中的雄鹰》到近几年的《大河》等120部电影均可以免费在线观看。

（丁　琳）

【第6届国际体育电影周】　8月9日～22日，“影像中的奥林匹克——第6届北京国际体育电影周”在奥林匹克公园中心区举行，该活动是首届奥运城市体育文化节的重要内容之一。活动形式为露天放映14套优秀体育影片，每套影片由一组短片和一部影片组成，包括国际奥委会经典的奥林匹克精神宣传片、著名的世界体育电影制作人的作品、米兰国际体育电影节的获奖作品、北京奥运会拍摄的电影电视作品。8月9日，同名论坛在国家会议中心举办，专家们对体育电影的发展方向以及创作进行了研讨。

（丁　琳）

【2010北京青少年公益电影节】　8月18日～9月19日，由共青团北京市委员会、中共北京市委宣传部等主办的2010北京青少年公益电影节在京举行。本届电影节以“电影伴我快乐成长”为主题，开展了优秀影片展映、电影评选、电影论坛、电影教育课堂等一系列电影文化活动。电影节共评出“青少年最喜爱的导演奖”（冯小刚、薛晓路）、“青少年最喜爱的男演员奖”（杨立新）、“青少年最喜爱的女演员奖”（苗苗）等多个奖项。

（丁　琳）

【法国新浪潮作品展映】　8月21日～29日，尤伦斯当代艺术中心艺术影院举办了法国新浪潮开山之作展映活动，放映了《筋疲力尽》《广岛之恋》《巴黎属于我们》《罗娜》4部新浪潮代表导演的影片。活动期间还邀请了中国电影艺术研究中心研究员单万里举办讲座，讲述法国新浪潮电影。

（丁　琳）

【第14届“北京放映”】　9月7日～10日，第14届“北京放映”在京举办，来自美国、法国、奥地利、德国、英国、瑞士、澳大利亚、新加坡、韩国、印度、日本等20多个国家及中国香港和中国台湾地区的100余名片商参加，展映了《杜拉拉升职记》《碧罗雪山》《无人驾驶》《孔子》等60余部优秀国产影片。此外，还举办了“中国电影如何与海外市场对接”的主题论坛。

（丁　琳）

【金秋档优秀国产影片推介展映启动】　10月14日，由国家广电总局电影局、华夏电影发行有限责任公司主办的“金秋档优秀国产影片推介展映活动”在远望楼宾馆启动。广电总局电影局副局长毛羽，导演陈国星，编剧宁财神，演员郭晓冬、刘迈等出席发布会。本次展映的17部国产影片主要以中小成本影片为主，题材多样，类型丰富，包括《第一书记》《我是植物人》《铁血奇兵》《爱出色》等。

（丁　琳）

【第3届新人电影节】　11月3日～16日，由传奇影业与北京大学联合主办的第3届新人电影节在北京和天津两地举行。新人电影节致力于为青年导演提供展现自我的平台，为中国电影的蓬勃发展注入了更多新鲜的血液。本届电影节在北京和天津的15所高校共放映了上百场国内外影片。在竞赛单元，短片 *THE BRIDGE* 获得了最佳影片与最佳导演两项大奖，许源、叶璇分别凭借电影短片《在风中飞》和《人有三急》获得最佳男女主角奖。

（丁　琳）

【第10届动画学院奖展映】　12月2日～4日，北京电影学院“第10届动画学院奖”展映颁奖活动举行。本次学院奖共设19个专业奖项，新增“最佳编剧奖”、“最佳音乐奖”和“最佳人物造型奖”。《怕怕不怕》获最佳短片奖，《莱包狗的反击》获最佳导演奖，著名动画家戴铁郎获动画艺术成就奖。此次活动举办了参赛动画作品放映专场、历届学院奖动画影片展映、海外动画作品放映专场、以色列动画影片展映等活动及围绕动画创作、动画教育及动画产业3大主题展开的8场论坛，并启动了百所高校动画接龙活动。

（丁　琳）

·会　议·

【重点电影题材规划座谈会】　3月30日～31日，国家广电总局电影局在京召开了重点电影题材规划座谈会。国家广电总局及中宣部文艺局有关部门领导及全国各大电影集团、制片厂、影视制作公司以及香港电影业界的代表60余人参加了座谈。国家广电总局副局长张丕民发言，对电影创作提出了4方面重点要求。电影局局长童刚结合《阿凡达》对中国电影工作者的启示对重点影片创作生产发表了几点意见。此次会议还初步确定了下阶段工作重点关注的98个项目，包括建党90周年重点选题45部、辛亥革命100周年重点选题16部、有可能获得较好市场反响的影片37部。

（丁　琳）

【电影著作权协会第一届会员大会】　4月16日，中国电影著作权协会第一届会员大会在中国职工之家举行。新闻出版总署（国家版权局）副署长阎晓宏、国家广电总局副局长张丕民出席大会并发表讲话。大会听取了中国电影著作权协会筹备工作报告，讨论通过了《中国电影著作权协会章程》《电影作品著作权集体管理使用费收取标准》和《电影作品著作权集体管理使用费转付办法》，签署了《电影作品著作权集体管理授权委托书》，选举产生了协会的领导班子及其他有关协会建设的重大问题。

（丁　琳）

【电影数字化专家工作会】　7月2日，中国电影家协会电影高新科技委员会召开了电影数字化专家工作会，电影家协会的有关领导及业内专家出席会议。与会者围绕当前中国电影数字化进程的总体情况，共同探讨了电影数字化在推动产业化发展中的一系列问题。

（丁　琳）

【2011新年电影招待会】　12月16日，国家广电总局2011年新年电影招待会在京举行。56个国家的驻华使节和23家境外媒体机构的代表以及外交部、商务部、进出口银行等部委单位的负责人共280余人出席招待会并观看影片。广电总局副局长李伟在招待会上致辞。招待会放映国产新片《赵氏孤儿》，导演陈凯歌、制片人陈红以及主要演员王学圻、海清等到现场与观众交流。

（丁　琳）

·奖　项·

【第1届“中国影协杯”优秀电影剧本推选揭晓】　1月28日，由中国电影家协会主办，中国电影家协会电影文学创作委员会和北京朗天中盛国际文化传媒公司联合承办的第1届“中国影协杯”优秀电影剧本推选活动揭晓。中国文联党组书记、副主席胡振民等人出席表彰典礼并为“优秀电影剧本”颁发荣誉证书。剧本《铁人》《清水的故事》《梅兰芳》《沂蒙六姐妹》《走四方》被评为“优秀电影剧本”，《惊天动地》被评为“特别表彰电影剧本”。与会者还参加了以“加强电影的现实品格”为主题的第1届“中国影协杯”电影文学论坛。

（丁　琳）

【2009夏衍杯优秀电影剧本评选揭晓】　2月26日，2009夏衍杯优秀电影剧本征集活动在电影编剧联谊会上揭晓评选结果。此次活动共有1171部剧本参评，最终评出5部“优秀电影剧本”和30部“创意电影剧本”。《当中国红遇见英伦蓝》《我的影子在奔跑》《我是农民》《倾城》《萧红》被评为“优秀电影剧本”；《一个都没有少》等被评为“创意电影剧本”。

（丁　琳）

【第10届百合奖颁奖】　4月28日，电影频道第10届数字电影百合奖颁奖礼在国家会议中心举行。国家广电总局电影局副局长张宏森、中影集团董事长韩三平、电影频道节目中心主任阎晓明等出席了活动。导演李行、侯孝贤、陈嘉上等人出席了颁奖礼。《铁流1949》等5部获优秀影片一等奖，《徐海东喋血町店》等5部获优秀影片二等奖，《方队》获得了评委会特别奖。

（丁　琳）

【庆祝新中国成立60周年影评征文比赛颁奖】　9月28日，由中国电影评论学会、电影频道节目制作中心等单位主办的庆祝新中国成立60周年全国影评征文比赛活动在京举办了颁奖仪式。此活动自2009年9月起在全国范围内征稿，共收到稿件3万余篇，共评出一等奖11名，二等奖30名，三等奖40名，优秀作品奖60名。

（丁　琳）

【《建国大业》等获金鸡百花奖】10月16日，第19届金鸡百花电影节闭幕式在江苏江阴举办，揭晓了第30届中国大众电影百花奖获奖名单。《建国大业》获第30届百花奖最佳影片，《惊天动地》《花木兰》获优秀故事片奖，冯小刚《非诚勿扰》获最佳导演奖，陈坤《画皮》获最佳男主角奖，赵薇《花木兰》获最佳女主角奖，苏有朋《风声》获最佳男配角奖，王嘉《惊天动地》、许晴《建国大业》获最佳女配角奖，徐箭《惊天动地》获最佳新人奖，于洋、田华获终身成就奖。

（丁　琳）

【《惊天动地》《为了生命》俄罗斯电影节获奖】　10月，俄罗斯第8

届奥泽洛夫国际军事电影节落下帷幕，八一电影制片厂摄制的故事片《惊天动地》、纪录片《为了生命》分获金剑奖最佳编剧奖和“在军事电影中真实反映爱国主义”特别大奖。《惊天动地》和《为了生命》两部影片同一题材，都讲述了2008年汶川特大地震解放军战士排除万难、不怕牺牲、抢救生命的故事。

（丁　琳）

【首届“北京影协”杯电影剧本征集大赛揭晓】　11月18日，由北京市文联、北京电影家协会主办的首届“北京影协杯”电影剧本征集评选活动颁奖礼暨第2届活动启动仪式在首都电影院举行。本次大赛共收到全国309位作者的365部作品，最终陈咏创作的《老马新车》获“优秀电影剧本”奖，王钊创作的《四指》、闫继民创作的《大总管》获“创意电影剧本”奖，其他“入围作品”10部。

（丁　琳）

【第2届大学生影评大赛颁奖】　12月28日，由北京电影家协会、北京大学生电影节组委会主办的北京大学生电影节第二届大学生影评大赛颁奖典礼在首都电影院举行。此次大赛分为本科生组、研究生组两类，共收到来自全国130余所高校的800多份稿件，最终41份获奖。《高考1977的缺憾》《传承，还是革新——试论京剧电影〈袁崇焕〉的突围》获得本科生组一等奖，《对〈建国大业〉全明星现象的“社会表演学”分析》《制造幻觉——评〈喜羊羊与灰太狼之牛气冲天〉与〈喜羊羊与灰太狼之虎虎生威〉》获得研究生组一等奖。

（丁　琳）

·交　流·

【纽约现代艺术博物馆举办贾樟柯电影回顾展】　3月5日~20日，贾樟柯电影作品回顾展在美国纽约现代艺术博物馆举办。这是该博物馆首次为华人导演举办个人作品回顾展。本次展映放映了贾樟柯的全部作品，包括8部长片及6部短片。博物馆8日晚还特别放映了贾樟柯最新电影《上海传奇》的3分钟片花。

（丁　琳）

【意大利电影春季展映】　3月16日~21日，由意大利驻华使馆文化处、威尼斯双年展、意大利国家电影资料馆等联合主办的“春·意——2010意大利电影春季展映”活动在中国电影资料馆、北京电影学院及天津举办。此次活动放映了两部意大利年轻导演拍摄的作品：苏珊娜·尼嘉莱丽的《宇航员》和瓦莱里奥·密埃里的《十个冬季》。

（丁　琳）

【第7届法国电影展映】　4月13日~30日，由法国电影联盟与法国驻华大使馆共同举办的“第7届法国电影展映”在当代MOMA百老汇电影中心和新世纪影城举办。此次影展包括了25部法国最新的电影，题材包括了动画片、剧情片、爱情片和动作片等。影展期间，法国电影人代表团还举办了导演见面会等活动，与中国观众和电影同行进行交流。

（丁　琳）

【中国·意大利影像纪录展映】　4月20日~5月6日，由中国电视艺术委员会、中国视协电视纪录片学术委员会主办的“中国·意大利国际影像纪录展映交流活动暨佛罗伦萨POPOLI国际纪录片节50年回顾展映”在京举办。本次展映汇集了《在炼狱》《墨索里尼的肮脏战争》《为了再和你多待一小时》等20部意大利纪录片及《地狱之旅》《古巴一家人》两部中国导演拍摄的纪录片。成立于1959年的POPOLI国际纪录片电影节是全球最古老的国际纪录片电影节，致力于人文、人类学、社会学、民族学和大众传播媒介方面的研究，有“纪录片界的戛纳”的美誉。

（丁　琳）

【2010斯里兰卡电影展】　5月20日~26日，由中国国家广电总局电影局、斯里兰卡国家电影公司及斯里兰卡驻华使馆联合主办的2010斯里兰卡电影展在百老汇北京新东安影院、当代MOMA百老汇电影中心举办。演员龚蓓苾和导演刘杰担任电影展推广大使。影展期间，放映了《真爱》《斯里兰卡往事》《阿巴》《沉默的荣誉》《出局》《风之物语》6部斯里兰卡近年出产的优秀影片。

（丁　琳）

【2010新西兰电影展】　6月7日~6月13日，由国家广电总局电影局与新西兰电影委员会联合主办的2010年第5届新西兰电影节在当代MOMA百老汇电影中心和百老汇新东安影城举办。导演陆川担任推广大使。影展期间，放映了《瀑布之后》《回家过圣诞》《男孩》《二手婚礼》《我不是哈利·杰森》5部影片及两部短片。

（丁　琳）

【2010印度电影展】　6月24日~7月3日，由国家广电总局电影管理局与印度新闻广播部电影节管理局联合主办的2010印度影展在北京当代MOMA百老汇电影中心、百老汇新东安影城举行。本次展映的印度电影，选择了印度近年来的优秀现代影片《无尽的等待》《爱的发现》《地球上的星星》《哈里什钱德拉的工厂》等。

（丁　琳）

【厄立特里亚举行第4届中国电影周】　9月14日~20日，中国驻厄立特里亚使馆与中国国家广电总局电影局、厄立特里亚执政党文化局主办的第4届中厄电影周在阿斯马拉举办。中国国家广电总局电影局副局长张宏森，北京市广电局局长李春良，演员张涵予、范志博等人出席。本次电影周放映了《杜拉拉升职记》《海洋天堂》《我的梦》《美丽家园》《非诚勿扰》《花木兰》等中国影片。

（丁 琳）

【2010中韩电影合作论坛】 9月15日，由中国电影合作制片公司和韩国电影振兴委员会共同主办的2010中韩电影合作论坛在唐拉雅秀酒店举行。中国国家广电总局电影局副局长毛羽、中国电影合作制作公司总经理张恂、韩国电影振兴委员会副委员长金义石等出席了活动。本次论坛中韩双方分别就两国电影合作政策、电影法规、生产环境、产业状况、合作情况与市场发行情况进行深入的交流与洽谈，并在未来积极推进中韩电影合作项目。

（丁 琳）

【2010韩国电影展】 9月17日～24日，由中国国家广电总局电影局主办，CGV星星国际影城和韩国希杰娱乐公司承办的2010韩国电影展在CGV星星国际影城北京奥体店举办。此次影展分为“名导荟萃”、“标新阵容”以及“雕刻情感”3个单元，放映了《和声》《海云台》《田禹治》《好家伙，坏家伙，怪家伙》等10部韩国影片。

（丁 琳）

【波兰展映中国电影】 9月21日～29日，由波兰文化与民族遗产部、波兰电影研究所与中国国家广电总局和中国驻波兰大使馆等主办的“中国电影展”在波兰华沙和罗兹两地举办。本次影展集中展映《唐山大地震》《集结号》《十月围城》《走路上学》《杜拉拉升职记》《非诚勿扰》和《千里走单骑》共7部不同风格的优秀影片。

（丁 琳）

【第5届巴黎中国电影节】 9月21日～10月5日，第5届巴黎中国电影节在巴黎举行。本届电影节参展影片分为最新影片、周璇回顾展、动画片和纪录片4个部分。最新影片部分包括《孔子》《杜拉拉升职记》《花木兰》《风声》等13部影片。周璇回顾展部分展映中国早期电影9部经典电影。另外，电影节还展映了中国的4部动画影片以及9部纪录片。

（丁 琳）

【中加电影节】 10月6日～28日，为庆祝中加建交40周年，由中国国家广电总局电影局、中国驻加拿大使馆、加拿大外交部和加拿大国家电影局联合主办的中加电影节在加拿大举办。电影节期间分别在多伦多和蒙特利尔的影院放映《风雪狼道》《惊鸿一瞎》等10部中国影片。

（丁 琳）

【第3届欧盟电影展】 11月1日～12月2日，由欧洲联盟欧洲委员会驻华使代表团资助的第3届欧盟电影展在北京、成都、西安举行。此次影展共展出《在星空下》（塞浦路斯）、《秋天里的春光》（捷克）、《给雅各布神父的信》（芬兰）、《另一个大仲马》（法国）、《哈里顿的合唱团》（希腊）等十余部欧盟成员国拍摄的优秀影片。

（丁 琳）

【2010韩国电影名导名作展】 11月25日～12月5日，由中国国家广电总局与韩国电影振兴委员会共同主办的2010年韩国电影名导名作展在百老汇电影中心与百老汇新世纪影院同时举办。此次影展选取了许秦豪、郭在容、金基德等20位最有代表性的韩国导演的20部作品，囊括从韩国电影“开化期”到“开花期”近50年来影像精粹。

（丁 琳）

【中国电影周在土耳其举办】 11月29日～12月4日，由国务院新闻办公室、中国文化部、中国国家广电总局与土耳其文化旅游部、土耳其电影制片人协会等主办的“中国电影周”在土耳其安卡拉和伊斯坦布尔举行。此次中国电影节放映了《孔子》《十月围城》《走路上学》《金沙》等7部影片。

（丁 琳）

【首届中澳电影合作论坛】 12月8日～12日，由中国国家广电总局电影局和澳大利亚电影电视局共同主办的首届中澳电影合作论坛在京举行。中国国家广电总局副局长张丕民，澳大利亚驻华大使芮捷锐，中国国家广电总局电影局副局长张宏森等出席。论坛上，澳大利亚电影电视局有关负责人介绍了澳大利亚电影政策、产业及合拍项目的审批流程，特别是澳大利亚为鼓励中澳合作所制定的“制片人补偿政策”。中国电影合作制片公司有关负责人也介绍了合作拍摄影片的程序等。

（丁 琳）

·纪 念·

【司徒慧敏诞辰一百周年纪念会】 5月21日，由中国电影资料馆、中国电影艺术研究中心主办的“司徒慧敏同志诞辰一百周年纪念会”在中国电影资料馆召开。国家广电总局电影局领导、司徒慧敏的亲属、家乡代表、生前好友、同事，以及一些专家学者出席了会议。纪念会上，大家共同缅怀了司徒慧敏为中国电影奉献的一生。

（丁 琳）

【纪念抗战胜利65周年电影展映】 8月25日~9月5日，为纪念抗战胜利65周年，中影集团在北京及全国各地举办了纪念抗日战争胜利65周年农村电影专题展映活动。此次活动共放映了《东京审判》《举起手来》《太行山上》《夜袭》《南京！南京!》《铁血》《风声》等29部优秀抗战题材影片。

（丁　琳）

【陈播诞辰九十周年纪念会】 9月15日，为纪念电影事业家陈播诞辰九十周年，国家广电总局电影局、中国电影资料馆、电影频道节目中心和八一电影制片厂联合举办了“陈播90诞辰纪念会暨《永远的陈播》首发式”。有关单位领导及电影界人士于蓝、王晓棠、田华、李前宽等100余人参加了会议。会上放映了青年导演王一岩执导的陈播传记片《人生的奉献》，会后，中国电影资料馆与陈播亲属互赠电影资料和纪念品。

（丁　琳）

【黄宗江逝世】 10月18日，电影艺术家、著名编剧黄宗江因病逝世，享年89岁。黄宗江，浙江瑞安人，1921年生于北京。10岁发表独幕剧，就读南开中学后积极参加南开剧社的互动，毕业后入燕京大学外文系，与孙道临等一起组织燕京剧社。1949年加入中国人民解放军，1958年调入八一电影制片厂任编剧，先后创作了《海魂》《柳堡的故事》《农奴》《柯棣华大夫》和《秋瑾》等电影文学剧本，其中，《海魂》和《农奴》分别在卡洛维·发利和菲律宾国际电影节上获奖。2005年获国家有突出贡献电影艺术家称号。

（丁　琳）

【北京电影学院庆祝建校60周年】 10月23日，北京电影学院举办建校60周年校庆。中共中央政治局常委、国务院总理温家宝，中共中央政治局委员、国务委员刘延东等人致信祝贺。来自政府部门、各大艺术院校负责人、艺术家代表、校友代表、师生代表等700余人参加了庆祝大会。大会为与会者奉献了精彩的节目，并向学院校友于洋、陈凯歌、张艺谋、尹力等颁发了“新中国电影开拓奖”、“新中国电影教育杰出贡献奖”等奖项。

（丁　琳）

【夏衍诞辰一百一十周年座谈会】 11月3日，由国家广电总局电影局、电影剧本中心、中国夏衍电影学会共同主办的夏衍诞辰110周年座谈会在广电总局举行。有关领导、夏衍亲属、老艺术家及中青年编剧代表参加了座谈会。

（丁　琳）

【纪念夏衍诞辰一百一十周年电影回顾展】 11月6日~10日，由中国电影家协会主办的“纪念夏衍诞辰110周年电影回顾展”在北京金鸡百花影城举行。中国文联有关负责人，夏衍的亲属沈宁、沈丹华等，以及曾经出演《祝福》的老艺术家管宗祥出席了开幕式。活动放映了夏衍编剧的《林家铺子》《革命家庭》《烈火中永生》《祝福》等影片。

（丁　琳）

·探索与研究·

【《阿凡达》启示与思考座谈会】 1月19日，国家广电总局支持，中国电影家协会和国家电影艺术研究中心举办了“电影《阿凡达》启示与思考座谈会”。广电总局相关领导和业内专家出席了会议，与会专家就“阿凡达现象”展开了深入的探讨。

（丁　琳）

【3D电影技术发展座谈会】 2月5日，由国家广电总局电影局主办、中国电影科学技术研究所承办的3D电影技术发展座谈会在电影科学技术研究所召开。会议围绕如何加快3D数字技术在我国电影领域的创新应用和加强高素质电影复合型人才的培养等问题展开了研讨，分析了我国数字电影展与美国等电影发达国家的差距，并就下一步如何推进我国数字电影的发展提出了政策建议和具体措施。

（丁　琳）

【纪录电影发展研讨会】 3月10日，由国家广电总局电影局和中国电影艺术研究中心联合主办的“纪录电影发展研讨会”在中国电影资料馆举行。国家广电总局、中国电影艺术研究中心、中国电影资料馆、中央电视台、中央新闻纪录电影制片厂、八一电影制片厂等有关单位的领导、艺术家、专家、学者30余人出席会议，共同研讨中国纪录电影的发展问题，为提高纪录电影的创作水平和市场占有率，促进纪录电影的大发展建言献策。

（丁　琳）

【贺岁片与贺岁档研讨会】 3月12日，由中国电影艺术研究中心、中国电影资料馆主办的“贺岁片与贺岁档研讨会”在京举办。电影界有关领导、投资发行放映界代表，以及研究、教学机构的专家学者出席会议，会议以“贺岁片与贺岁档”为中心议题，与会人员围绕科学安排上映档期、推动院线建设、产业结构调整以及贺岁片的艺术价值、挑战与机遇等问题进行了探讨。

（丁　琳）

【中国民族电影的影像记忆研讨会】 4月17日，中国民族电影的影像记忆研讨会在北京师范大学举办。北京电影学院教授陈山、黄式宪、苏牧，中国电影家协会秘书长许柏林，北京大学艺术学院教授李道新，《电影艺术》杂志主编吴冠平等参加会议。与会者认为缅怀民族电影的影像记忆，要有民族的责任感，使命感，要把中国电影的文化精神传承和记录下去。

（丁　琳）

【本土艺术电影发展研讨会】　4月18日，由北京大学生电影节、中国电影市场杂志社和文艺争鸣杂志社共同主办的“市场生存背景下本土艺术电影发展研讨会”在北京师范大学举行。来自相关领域的专家学者以及在电影产业第一线的富有实践经验的电影从业者出席会议，共同关注市场生存背景下本土艺术电影的生存状况，探讨有利于艺术电影发展的可行出路。

（丁　琳）

【电影发展与国家文化软实力研讨会】　4月，“借鉴·探索·飞跃——21世纪第一个10年电影发展嬗变分析与国家文化软实力提升研讨会”在北京师范大学举行。饶曙光、黄会林等专家出席了会议。与会专家一致认为，中国电影人要居安思危，解决好中国电影在高速发展中的突出问题，才有可能实现跨越式发展。

（丁　琳）

【戏曲电影《响九霄》研讨会】　5月7日，由中国文联、中国剧协、中国影协联合主办的大型戏曲电影《响九霄》研讨会在中国影协举行，有关领导及电影界、戏剧界专家学者20余人参加。与会专家认为，该片将戏曲艺术的表现魅力与电影艺术的表现手段相结合，并运用了最新的电影制作手段，将戏曲的写意美学与国画的形式美感有机融合，是一次戏曲电影上的有益尝试。

（丁　琳）

【第11届电影学博士论坛】　5月18日，由《当代电影》主办的第11届电影学博士论坛在北京电影学院举办。本届论坛以“技术与文化：数字媒体时代的电影艺术”为论题，探讨数字媒体对电影制作、发行与观看的影响，分析数字技术与电影文化之间的关联。

（丁　琳）

【影片修护工艺研讨会】　5月20日，由中国电影资料馆与中国电影科学技术研究所主办的电影精致修护工艺技术交流研讨会在中国电影资料馆举办。与会者观看了精致修护的样片，并就影片精致修护工作的典型问题进行了研讨。

（丁　琳）

【翟俊杰影视作品研讨会】　6月28日，由北京市文联、北京视协、北京影协主办的翟俊杰导演影视作品研讨会在北京市文联召开。中国文联、八一电影制片厂、中央电视台等单位有关领导以及影视界的专家学者等50余人出席研讨会。与会专家认为，翟俊杰作为军人导演，为了中国影视艺术繁荣与发展做出了突出贡献。其导演的作品，充分体现了人文精神。他既关注普通民生，也张扬中国的主流文化价值观。

（丁　琳）

【电影教育与电影学学科建设研讨会】　7月3日，北京电影学院、北京影视艺术研究基地召开了“电影教育与电影学学科建设研讨会”，有关领导以及来自全国各地的学者专家出席了会议。会议主要探讨的问题有中国电影教育的现状与问题、电影教育与电影学学科建设、电影教育与电影创作及电影研究的关系、艺术院校与综合大学电影教育比较、中外电影教育比较等。

（丁　琳）

【《第一书记》座谈会】　7月9日，由北京市文联、北京电影家协会组织的电影《第一书记》观摩座谈会在京举行。电影艺术总监张和平、导演陈国星代表影片主创出席会议，业内多位专家学者对电影给予了高度评价，认为该片打造了主旋律传记电影的新模式。

（丁　琳）

【民族题材电影研讨会】　7月16日，由中国电影艺术研究中心、中国电影资料馆和华夏电影发行公司共同举办的“中国民族题材电影的现状与未来”研讨会在京举行。来自电影产业界、创作界、学术界的专家学者参加了会议，就民族题材电影与坚守中国文化的关系及其市场化前景展开了深入探讨。与会者一致认为，当代中国民族题材电影在市场化方面面临着严峻挑战，但创作者们仍然为民族题材电影的发展和民族文化的传承进行了不懈的探索。

（丁　琳）

【影视与文学研讨会】　8月13日，由文艺报社、人民文学出版社、国家广电总局、中国作家网等举办的“影视与文学研讨会”在京召开。来自全国各地的作家、编剧、导演等60多人参加会议。与会者认为影视艺术应当重新重视叙事和文学基础，充分认识文学对影视的基础性、支撑性作用，让影视和文学互相促进，良性发展，最终实现二者的双赢。

（丁　琳）

【第8届数字电影论坛】　8月25日，由中影集团和国家广电总局电影专业委员会主办的“中国·北京第8届数字电影论坛”在北京电影学院举行。本届论坛以“加快数字化，建设电影强国”为主题，探讨在新的形势下中国电影的发展契机和未来的发展趋势。国家广电总局副局长张丕民出席论坛并致辞。

（丁　琳）

【影视特技、特效与电影产业高峰论坛】　9月18日，由北京电影学院电影特技实验室主办的“2010中国电影/电视特技、特效与中国电影产业高峰论坛”在北京电影学院召开。中国电影家协会主席、中国电影基金会会长李前宽，国家广电总局电影局副局长杨步亭和八一电影制片厂厂长明振江致辞。与会专家就数字特效技术变革下的中国电影发展进行了深入的研讨。此次论坛还设立了优秀特技模型奖、优秀特效合成奖、优秀CGI特效奖、优秀DI影像奖等10余个奖项。

（丁　琳）

【中国电影产业化与类型化研讨会】　10月19日~20日，中国电影艺术研究中心主办的“中国电影产业化与类型化”学术研讨会在京举行，国家广电总局相关领导、全国各地电影理论和评论工作者、电影制作发行放映系统的专家和公司负责人百余人参加了会议。此次会议强调研究成果的现实针对性和建设性，力图促成不同领域的专家之间的交流与相互理解。

（丁　琳）

【王兴东作品研讨会】　10月26日，北京市文联、北京电影家协会召开了“王兴东作品研讨会”，有关领导及20余位专家学者参加会议。与会者在对王兴东作品进行深入探讨的同时，也对同时代电影文学工作者遇到的问题和困境进行了梳理，对包括新时期主旋律影片和主流价值影片创作与电影产业化，市场化动作的矛盾和融合等相关问题进行了探讨。

（丁　琳）

王兴东（左）、于蓝（右）在王兴东作品研讨会上

【中国电影博物馆2010学术年会】　10月30日，以“受众需求与当下中国电影叙事能力”为主题的“中国电影博物馆2010学术年会”在中国电影博物馆内举行。来自众多研究机构的专家学者、影评人、业内一线创作者和普通观众代表等参加会议。本届年会针对“当下中国电影叙事特征阐释和问题剖析”和“受众需求与电影叙事能力的提升”两个议题展开讨论，深入探讨了中国电影如何更好地讲故事等问题。

（丁　琳）

【第5届华语青年影像论坛】　11月2日~7日，由中国电影家协会主办、电影艺术杂志社承办的第5届华语青年影像论坛在金鸡百花影城、博纳悠唐国际影城举行。论坛期间举办了北京电影计划融资会、青年影像展映、国际制片人与青年导演创意峰会等活动。其中，影像展单元集合了《日照重庆》《碧落雪山》《大兵小将》等40部中国大陆及香港、澳门、台湾地区，以及新加坡、马来西亚等国家和地区的优秀作品。

（丁　琳）

【电影特效特技制作人论坛】　12月1日~5日，中国电影博物馆和中国电影科学技术研究所主办的“中国电影博物馆第4届青年论坛之电影特效特技制作人论坛”在电影博物馆举办。本次论坛的主题为“科技让电影飞翔”，由“高峰论坛”、“电影技术设备展”和“电影大讲堂”3部分组成。论坛期间，来自中国大陆及香港、台湾地区，以及美国等国内外的电影特效特技方面的专业制作人、导演、专家学者、设备商、制作商等业界人士围绕着“电影特效特技制作”进行研讨。内容涉及中国3D电影现状，美国的视觉特效产业，中国“长三角”地区和中国香港地区数字影视特效发展的现状，数字特技和影视艺术表现力的关系，电影科技人才培养等问题。

（丁　琳）

【中国电影科技论坛】　12月21日~22日，由中国影协、中国文联理论研究室主办的“中国电影科技论坛”在金台饭店举办。中国文联党组成员、书记处书记夏潮以及中国影协分党组书记、驻会副主席康健民，中国影协电影高新科技委员会会长鲍林岳等出席论坛开幕式。夏潮在开幕式发表讲话。论坛期间，中国电影相关领域的专家学者和从业者就“电影艺术与技术的融合共赢”展开了深入研讨。

（丁　琳）

出版物

【《2010中国电影产业研究报告》《2010中国电影艺术报告》发布】 5月27日，《2010中国电影产业研究报告》《2010中国电影艺术报告》在京举行发布会。前者共约50万字，是中国电影家协会产业研究中心主持调研、撰写的第4本电影产业年度研究报告。报告由年度总报告、专项研究报告和市场调查报告几部分组成，其中，总报告由制片生产、制片主体、院线与影院、年度市场分析、投融资分析等章节组成。《2010中国电影艺术报告》是中国电影家协会理论评论工作委员会组织撰写的第3本电影艺术年度报告，全书共约30万字，分为两个部分。第一部分，从年度中国电影导演、表演、剧作、摄影、声音、美术、数字技术等电影各个门类进行分项的总结评述。第二部分，以专题形式横向梳理本年度的电影现象。保留了香港、台湾电影以及大陆电影海外影响等区域年度综述，以及电影创作年度争鸣、电影年度文化分析、年度电影创作热点透视等章节。本年度的艺术报告增加了中国动画电影创作年度述评、中国电影理论研究年度综述、青年导演年度创作综论，以及第27届中国电影金鸡奖综述。

（丁　琳）

音　　乐

2010年的音乐创作中，引人注目的是歌剧、音乐剧新作品的涌现。原创歌舞剧《在那遥远的地方》《茉莉花》，原创歌剧《热瓦普恋歌》《咏·别》《白蛇传》均有较大社会影响。歌剧《白蛇传》获当年美国普利策音乐奖，说明华人歌剧已达当代歌剧创作、制作的一流水平。怀柔区打造的音乐剧《何处寻爱》未经国内市场检验而直奔国外，在英国国际爱丁堡戏剧节也获得不错的票房成绩。尤其值得一提的是北京原创音乐戏剧《白日梦》和《在那遥远的地方》。前者2009年出台，2010年修改复排又在北京与外地巡演，取得不错的成绩；后者2010年出台，经反复修改、复排，在外地与北京的演出中获得较好的票房成绩，很快收回了成本开始盈利。这些原创音乐戏剧扭转国内原创音乐剧能看不能卖钱的局面，标志着北京原创音乐剧逐步走向市场，开始赢得票房佳绩。

本年的北京音乐对外交流演出市场保持繁荣且维持着较高的演出水平。从1月伦敦爱乐乐团在艾森巴赫指挥下再次登陆国家大剧院，韩国京畿爱乐交响乐团在世纪剧院举行新年演奏会，到指挥大师库特·马祖尔率领法国国家交响乐团在国家大剧院举办贝多芬交响音乐会，仅从1月份到京的国外演出团体与乐团指挥，可以看到北京音乐表演与世界水平接轨的理念正逐渐得到实现与落实。越来越多的国外一流音乐表演团体与表演艺术家来到北京，带来一流的音乐表演节（剧）目，丰富了北京音乐表演的舞台，不断提升与培养着北京音乐观众的音乐欣赏水平。

音乐节越办越隆重，并且注意了音乐文化的普及。4月，有11支国内交响乐乐团参与的第2届“中国交响乐之春”在国家大剧院拉开帷幕。除演出11场交响音乐会外，本届音乐节还举办各种音乐普及活动。5月，2010北京现代音乐节在国家大剧院拉开序幕，同时举办了2010中国美育论坛。音乐节特别关注向社会大众和青少年普及高雅音乐文化，增设了“送校歌计划”、“青年作曲家发展计划”和“西藏专题”等活动项目。10月，第13届北京国际音乐节中，由德国当代著名作曲家和指挥家彼得·鲁策齐卡指挥下，中国爱乐乐团在北京首演了《为男中音和乐队所作的荷尔德林交响曲》。同时，音乐节特意邀请了来自内蒙古大草原的五彩呼伦贝尔儿童合唱团演出；钢琴家李云迪首次开设大师课，不仅现场演奏，还在三里屯橙色大厅免费提供一对一的亲身指导。此外，欧洲古乐大师克里斯托弗·霍格伍德与单簧管演奏家保罗梅耶也走进中央音乐学院，与众多音乐学子及爱乐者近距离交流。这些举措说明，本年度3次最重要的音乐节主办方在提高演出质量、丰富演出内容的同时，也注意到普及音乐活动的重要性并采取多种措施予以实行。

2010年北京举办了规模最大的音乐会议，即8月中，举行的第29届世界音乐教育大会。这是国内举行的规格最高的一次学术会议。65个国家近4000名音乐教育专家、学术代表等出席。中国代表3000名（包括74名港澳台代表），65个国家和地区的代表948名。中国代表共提交论文150篇，组织了6个论坛，开设25堂教学展示课。会议的主会场设立在中国国家会议中心，传统音乐节的专区设在中国音乐学院，一共有12场演出、53场世界音乐博览。由中国音乐学院承办的这次国际音乐盛会显示出北京音乐院校举办大型国际音乐学术会议的水平与能力。

伴随音乐产业基础设施的发展，音乐演出团体的建设步伐也不甘落后。新成立的北京管乐交响乐团于1月31日在国家大剧院首次亮相；国家大剧院组建的管弦乐团和合唱团4月14日在大剧院小剧场进行歌剧《西施》排练；中国敦善交响管乐团10月28日在中山公园音乐堂举行首演。这些先后组建的新团体填补了音乐表演品种上一些空白，也顺应了音乐表演市场发展的多种需要，建团体制越来越多样化。特别是大剧院建团并创作排演剧目更是文艺体制改革中的创新之举。

2010年北京文化产业大发展在音乐领域有新的突破。5月，“2010北京九棵树数字音乐文化节暨首届数字音乐及多媒体产品交易会”在北京现代音乐学院举行，标志着首个数字音乐“硅谷”落户通州。规划占地3.3平方公里的通州“新乐城”项目启动，将成为国内囊括音乐全能产业链，并结合旅游休闲为一体的大型音乐园区。在平谷，平谷区政府与香港瑞富德公司签约，共同投资150亿元打造国际音乐园区，建设“中国乐谷”。以音乐为核心内容的产业功能区，集研发、生产、交易、创作、演出、展览、旅游、服务8大功能为一体。

（傅显舟）

机　　构

【中央民族乐团民族音乐厅】　坐落于北京小营地区的中央民族乐团民族音乐厅于2009年底改造完毕，2010年1月2日进行了重张后的首场演出。该厅每周末固定演出两场星期音乐会，发挥民乐轻便灵活的特性和深厚独特的韵味，采取多种演出形式，精心打造民族音乐厅品牌。音乐厅实行低票价制度，最低票价50元，最高110元。

（傅显舟）

【北京管乐交响乐团】　1月20日，由北京市文化局批准，北京市劳动人民文化宫、北京音协和北京中北华纳文化传播有限公司联合出资组建的我国首个职业管乐交响乐团——北京管乐交响乐团正式成立。该乐团现有中外管乐演奏家80人，国家一级指挥李方方出任该团艺术总监、首席指挥。

（傅显舟）

【北大歌剧研究院】　4月9日，北京大学歌剧研究院成立，聘请著名词作家、剧作家乔羽为歌剧研究院的名誉院长，世界著名男高音歌唱家多明戈被聘为歌剧研究院的外籍名誉院长，金曼出任首任院长，傅海静、吕嘉、居其宏、戴玉强、魏松、王祖皆、莫华伦、刘克清、孙秀苇、祝爱兰、刘珊、莫凡、李维康等成为歌剧研究院的专职或兼职教师。研究院成为国内第一所以歌剧研究、歌剧表演、歌剧创作为专业的教研机构，为北京大学二级学院。

（傅显舟）

【国家大剧院管弦乐团】　春，国家大剧院管弦乐团首次亮相。由国家大剧院音乐艺术总监陈佐湟担任首席指挥，并聘请新加坡籍指挥家陈康明担任驻团指挥。该团先期招募了62名乐手，其中，32名为海外归来的中国音乐家，21名我国自主培养的优秀人才，还有9名外籍演奏家，平均年龄27岁。

（傅显舟）

【敦善交响管乐团】　10月27日，敦善（中国）公司创建的中国敦善交响管乐团在京成立。同日，在中山公园音乐堂举行首演。该团是由民营机构出资创办的交响管乐团，隶属敦善（中国）文化艺术集团，是一支跨越国界的专业管乐团。其成员来自中国、美国、瑞士、英国、日本等国家和地区。11名外籍音乐家受聘于敦善乐团常驻北京，瑞士籍指挥家、小号演奏家阿迪安－施耐德担任乐团音乐总监、首席指挥。乐团除了演奏传统的经典管乐作品以外，也有17世纪早期的音乐、巴洛克音乐、经典的浪漫音乐以及爵士、民间音乐和拉丁音乐等。乐团不仅是标准的交响管乐团建制，也可以进行不同形式的室内乐演出。

（傅显舟）

【中国现代音乐博物馆】　11月5日，由中国录音师协会、中国音协流行音乐学会联合主办，通州区文物局、通州区文化委员会、梨园镇人民政府及北京现代音乐学院承办的中国现代音乐博物馆在北京现代音乐学院举行启动仪式，面向全社会征集博物馆藏品。博物馆承担收藏、保护、展示和传承中国录音技术、现代音乐文化的责任，以丰富的展品、先进的展陈手段，讲述录音技术从模拟到数字的发展演变，展现中国现代音乐文化的变迁及时代精神。

（傅显舟）

作　　品

【歌舞剧《在那遥远的地方》】　1月28日，以王洛宾经典歌曲为蓝本编创并冠名为大型歌舞剧《在那遥远的地方》在天桥剧场首演，由中国歌剧舞剧院创制，冯俐编剧、张宏光作曲、夏广兴导演，谭晶、郑棋元主演，其中，谭晶一人分饰王洛宾爱人和藏族姑娘卓玛两个角色。音乐以王洛宾采编的西部民歌为主。

（傅显舟）

【音乐剧《何处寻爱》】　6月6日～19日，“怀柔打造”中国北京原创音乐剧《何处寻爱》在怀柔剧场公演。作品讲述了双胞胎姐弟杰克与吉儿在父亲老奇弗的安排下，同时从纽约出发开始世界之旅。一路上经历了各种困难考验，姐弟俩增长了见识，收获了爱情，隔阂不复存在。最后，一家人在长城上相遇，老奇弗宣布了接班人。该剧组创人员与演员来自美国百老汇，用英文演唱并配以中文字幕。该作品8月参加了英国爱丁堡艺术节，并获“五星演出”奖。

（傅显舟）

【音乐剧《茉莉花》】　6月26日，原创音乐剧《茉莉花》在蓝天剧院由空政文工团首演。该剧以二胡演奏家阿炳及其家庭的遭遇为创作基础，讲述了女孩茉莉花与养父二胡艺人阿炳两代人的坎坷传奇的生活经历。音乐融汇民间音乐素材、充满无锡韵味，同时汲取西方爵士乐、RAP和摇滚乐等音乐元素，演唱将通俗、美声、民族、原生态等唱法熔于一炉。作曲孟庆云，导演王延松，演唱谭晶、王莉、林萍、陈小涛等。

（傅显舟）

【音乐剧《八层半》】　8月5日~8日，环保题材原创音乐人偶剧《八层半》在首都剧场上演。作品借鉴了《狮子王》等百老汇音乐剧一些表现手法，剧中安排了18首风格各异的原创歌曲。剧情牵涉甲型流感病毒、金融危机、火山灰、全球变暖、气候无常、动物灭绝、植被损毁等时代问题。编剧钱珏，作曲石松，总导演傅勇凡，主要演员高珊、叶小慧、粱美娜、莫伟强、邹科廉、黄小弟等。

（傅显舟）

【歌剧《热瓦普恋歌》】　8月14日，原创歌剧《热瓦普恋歌》在国家大剧院歌剧厅上演。剧情是流浪艺人塔西瓦依与巴依的女儿阿娜尔古丽相爱，却遭到了阿娜尔古丽之父于素甫老爷的反对。阿娜尔古丽不顾一切地投入了塔西瓦依的怀抱，炽热的爱情赋予塔西瓦依的音乐以生命和活力，塔西瓦依乐思喷涌。该剧是中央歌剧院继《阿依古丽》《一百个新娘》之后推出的第3部新疆题材的作品。作曲金湘，编剧、导演李稻川，主演迪里拜尔。

（傅显舟）

【英文歌剧《白蛇传》】　10月27日，受美国波士顿歌剧院和北京国际音乐节委约创作的英文歌剧《白蛇传》在世纪剧院进行了中国首演。该剧共分四幕，分别以春、夏、秋、冬命名。这部戏6月在波士顿歌剧院进行了全球首演。编剧瑟瑞斯·林·杰考布斯，作曲周龙，剧中白娘子由女高音黄英出演，男低音龚冬键饰演法海，许仙由美国男高音彼得·坦齐策出演。

（傅显舟）

【音乐剧《爷们儿》】　12月29日，“开心麻花”剧组在天桥剧场推出大型原创贺岁音乐剧《爷们儿》。剧作讲述了二十世纪二三十年代一个京城阔少由票友成长为京剧大师的传奇人生。在延续“开心麻花”轻松幽默风格的同时，融合了传统京剧音乐和流行音乐元素，混合以京剧、交响乐、R&B、摇滚、爵士舞等各种表演形式。作曲刘洲，作词方文山，主演阿朵。

（傅显舟）

【中国音协新春联谊会】　2月27日，中国音协在北京国际饭店举行2010年新春联谊会。中国文联名誉主席周巍峙，中国文联党组书记、副主席胡振民、中国音协名誉主席吴祖强、傅庚辰，中国音协主席赵季平，中国音协分党组书记、驻会副主席徐沛东，以及王震亚、吕远、杜鸣心、罗浪、周广仁、郭淑珍、黄飞立、刘淑芳、胡松华、郭颂等老音乐家，同首都音乐界代表近千人欢聚一堂，共度佳节。

（傅显舟）

【北京青年音乐人为西南旱区募捐演出】　4月14日，青年音乐人公益活动“人工降雨——为西南干旱重灾区楚雄市募捐演出”在央视星光现场音乐厅上演。演出活动由视袭音乐旗下南无乐队发起，联合川人、痴人乐队、龙神道乐队、大飞与摩天楼、南城二哥、糖果怪兽、张铁、高虎、张元等乐队及音乐人共同举办。体现了北京青年音乐人对社会的真诚关怀与强烈责任感。演出现场的拍卖活动是本次公益活动的最大亮点。参演乐队拿出特殊出版物、限量音像制品、私人纪念物品进入现场拍卖。所得款项将以竞拍人与乐队联名的方式参与捐助。到场的爱心嘉宾各自捐出私人收藏品进行现场拍卖，所得款项也以竞拍人与爱心嘉宾联名的方式参与捐助。

（傅显舟）

【国家大剧院歌剧节·2010】　4月15日~7月3日，“国家大剧院歌剧节·2010”在国家大剧院歌剧院、音乐厅、小剧场举行。演出剧目有国家大剧院原创中国歌剧《西施》《青春之歌》，莫斯科大剧院2010年访华演出的歌剧《奥涅金》，国家大剧院制作的西方经典歌剧《卡门》《茶花女》《爱之甘醇》《贾尼·斯基基》，意大利帕尔玛皇家歌剧院与国家大剧院联合制作的歌剧《弄臣》，总政歌剧团歌剧《太阳雪》，民族歌剧《小二黑结婚》，男中音歌唱家里奥·努奇音乐会，中央歌剧院音乐会歌剧《白毛女》等。

（张燕鹰）

【2010中歌榜红五月音乐节】　4月30日~5月6日，2010中歌榜红五月音乐节在朝阳公园万人草坪广场举行。莫文蔚、孙楠、汪

峰、沙宝亮、李宇春、张靓颖、杨坤、陈楚生、张杰、李霄云、曾轶可、苏醒、陈明、许飞、满文军、谭维维等歌手和水木年华、羽·泉、男才女貌、魔幻力量、后舍男生、牛奶咖啡、信乐团、小娟乐队、青蛙乐队等40多组组合为观众奉献了精彩演出。

（张燕鹰）

【2010年草莓音乐节】 5月1日～3日，2010草莓音乐节在通州运河公园举行。此次音乐节场地使用面积11万平方米，设有草莓舞台、爱舞台、重型舞台、豆瓣舞台、电子舞台和校园舞台共6个舞台。参加音乐节的乐队有重塑雕像的权利、声音碎片、龙神道、宠物同谋、脑浊、唐朝、Deerhoof，歌手张楚、王若琳、曹方、老狼、周云蓬、小娟、曾轶可等，共有132组海内外艺人参加。

（张燕鹰）

【2010年迷笛音乐节】 5月1日～4日，2010迷笛音乐节在海淀公园举行。音乐节设有Tang舞台、Song舞台、Ming舞台和YEN电子舞曲舞台，有民谣日和Hip-hop日，有以色列、西班牙、新加坡、美国、瑞士、德国、澳大利亚、法国、挪威、英国、荷兰、丹麦、瑞典、日本、芬兰等国家和中国的唐朝、糖果怪兽、糖果枪、逃跑计划等乐队和歌手参加。

（张燕鹰）

【数字音乐文化节开幕】 5月中旬，“2010北京九棵树数字音乐文化节暨首届数字音乐及多媒体产品交易会”在北京现代音乐学院举行。文化节标志着首个数字音乐“硅谷”落户通州，通州梨园地区也成为国内以原创音乐、数字音乐和音乐设备交易以及音乐人生活群落为核心的新兴文化创意聚集区域。

（傅显舟）

【《音乐周报》与乐器协会联姻】 5月19日，中国乐器协会与北京《音乐周报》传媒有限公司签订协议，结成合作伙伴。《音乐周报》将开设乐器版，报道乐器行业信息、展示乐器行业最新发展动态和趋势，作为乐器行业对外展示的窗口。双方将利用各自优势资源，开展有利于扩大音乐人口、普及音乐教育，支持文化产业发展的丰富多彩的项目及活动。

（傅显舟）

【国际专业音响·灯光·乐器及技术展览会】 5月20日～23日，“第19届中国国际专业音响·灯光·乐器及技术展览会”在京举办。展览会由中国演艺设备技术协会牵头，与新加坡国研会展私人有限公司、中国技术市场管理促进中心共同主办。本届展览会以“创新发展　争创一流　促进繁荣”为主题，相比往届规模更大、内容更为丰富。

（傅显舟）

【第10届中国国际合唱节】 7月28日～8月2日，由中华人民共和国文化部对外文化联络局、中国对外文化集团公司主办，中国对外演出公司、中国合唱协会、中国文化国际旅行社承办的第10届中国国际合唱节在京举办。文化部部长蔡武为合唱节亲笔题词，文化部副部长赵少华出席了开幕式并宣布合唱节开幕。本届合唱节以“永远的朋友”为主题，以“共建和谐世界，为了明天——和平　友谊”为宗旨，吸引了来自全国各省（自治区、直辖市）以及新西兰、以色列、荷兰、马来西亚、波兰、新加坡等国家的60多个艺术团体的数千名合唱艺术工作者和爱好者参加。开幕式晚会上半场《交响山歌·客家新韵》古朴清新，首次把客家山歌原生态唱法引入交响乐。下半场大型交响合唱《神州和乐》气势恢宏，将中国佛教音乐和西方交响音乐完美结合，阐释了中国传统文化中“和”的理念与人文关怀。晚会在贝多芬《欢乐颂》歌声中圆满结束。8月2日在北展剧场举行闭幕式暨颁奖典礼。中国对外文化集团公司董事长兼总经理张宇致闭幕词，有关领导与嘉宾为获奖合唱团及个人颁发了奖杯及证书。

（傅显舟）

【中国儿童音乐剧展演周】 8月22日～28日，文化部在京举办“歌声伴着我成长”——中国儿童音乐剧普及推广暨展演周活动。来自全国各地的20个儿童音乐剧剧目、600多名少年儿童及音乐教育工作者在北京演出和交流。本次展演周为公益性和社会参与性活动。参演的20个剧目的演出以及“歌声伴着我成长”主题晚会的演出票，均通过中国儿童音乐剧网免费索取。

（傅显舟）

【2010京浪音乐节】 8月27日～29日，以“撞击、乐动、音浪来袭”为主题的“2010京浪音乐节”在北京门头沟区京浪岛文化体育公园举办。音乐节分京浪台、民谣台、素人台3处表演区，来自大陆与台湾的乐团和歌手在3天的狂欢中为乐迷演出达30个小时。

（傅显舟）

【2010国际打击乐节】 10月6日～15日，“2010国际打击乐节”在国家大剧院举行。本次打击乐节持续9天，每场音乐会都有不同的风格主题，多方面展现打击乐丰富层次和多彩魅力。古典回声大奖得主彼得·萨德罗、柏林爱乐乐团雷纳·西盖斯、大陆鼓乐演奏家阎学敏、台湾朱宗庆，琉森音乐节管弦乐团打击乐组等近50

位打击乐演奏家与乐团参加演出。

（傅显舟）

演　出

【中央民族乐团民族音乐厅重张演出】　1月2日，“中华雅韵——中央民族乐团经典名曲星期音乐会”在中央民族乐团民族音乐厅演出，这是该音乐厅重张后的首场演出。音乐会汇集了民乐经典名曲，如二胡《二泉映月》、琵琶《十面埋伏》、古琴《子夜吴歌》、唢呐《打枣》等，以及冯晓泉、曾格格的葫芦丝、巴乌和人声合奏《芦笙恋歌》。

（傅显舟）

【新春电影音乐会】　1月29日，由国家广电总局电影局、电影频道节目中心主办的“2011新春电影音乐会”在国家会议中心上演。音乐会分“恋歌谱新曲”、“闪亮民族风”、“类型多样化”和“信仰与感动”4个篇章，选取2010年优秀国产电影音乐作品演绎，交响乐团、电声乐队现场伴奏。廖昌永、杨坤、谭晶、苏有朋、钟汉良、谭维维、常石磊、李漠等演唱，美籍华人胡咏言担任指挥。

（傅显舟）

【北京管乐交响乐团首场演出】　1月31日，北京管乐交响乐团在国家大剧院首次亮相，音乐会以“巴赫相遇披头士”开场。演奏了巴赫的《d小调托卡塔与赋格》、霍斯特《降E大调第一组曲》和卡朋特乐队、披头士乐队、迈克尔·杰克逊等现代著名流行音乐的代表作品。

（傅显舟）

【北京新春音乐会】　2月11日，北京新春音乐会在人民大会堂举行。由中国歌剧舞剧院管弦乐团、合唱团200余人参演。豆豆率先登台唱起了《南泥湾》，卞英花、王二妮，赵大地、刘丹丽在交响乐团的现场伴奏下演唱原生态民歌，而索南、孙斌、容中尔甲则在特色乐器的伴奏下唱起新编民歌，男高音薛皓垠用爵士风格唱起重新编配的民歌《牧歌》；龚琳娜带来的《忐忑》运用戏曲锣鼓经作为唱词，多种行当音色在快速的节奏中展开，歌曲独具新意。

（傅显舟）

【中山公园音乐堂新春系列音乐会】　2月5日～28日，2010新春系列音乐会在中山公园音乐堂举办。开、闭幕音乐会均由中国歌剧舞剧院民乐团演出，60名演员展现了中国民族乐器与西洋乐器合奏的魅力，演奏曲目包括《梅花三弄》《春江花月夜》《梁祝》《高山流水》等经典名曲。音乐会期间，还有京剧、爵士乐等多种形式的演出。

（傅显舟）

【中国爱乐乐团团庆10周年新人新作系列音乐会】　3月6日～28日，为纪念团庆10周年，中国爱乐乐团举办了3场新人新作系列音乐会。3月6日，第一场新人新作系列音乐会在北京音乐厅举行，为室内乐专场。中提琴张安祥、曹飞，大提琴杨锰、赵云鹏、郑大伟和低音提琴张小笛演奏了巴赫《降B大调勃兰登堡协奏曲》；单簧管戴乐，小提琴颜柯、张晗，中提琴李耀、大提琴杨长缨演奏了莫扎特《A大调单簧管五重奏》；小提琴手彭珂、刘睿，中提琴张建立，大提琴杨锰演奏了门德尔松《e小调弦乐四重奏》等。3月13日，团庆第二场新人新作系列音乐会，由李心草指挥乐团演奏巴托克《第二小提琴协奏曲》等，宋晓晨担任小提琴独奏。3月28日，中国爱乐乐团助理艺术总监杨洋指挥第三场新人新作系列音乐会，演奏曲目有雷斯皮基《罗马喷泉》《罗马节日》《罗马松树》和拉威尔《G大调钢琴协奏曲》，青年钢琴家宋思衡担任钢琴演奏。

（傅显舟）

【音乐会版歌剧《茶花女》】　3月11日，音乐会版歌剧《茶花女》在国家大剧院音乐厅演出。音乐会由俞峰指挥，中央歌剧院演出。女高音歌唱家么红饰演薇奥列塔，男高音歌唱家王丰饰演阿尔弗莱德，男中音歌唱家宋学伟饰乔治·阿芒。

（傅显舟）

【中国爱乐乐团2010～2011新乐季开幕】　3月12日，“中国爱乐乐团2010～2011新乐季”在中山公园音乐堂开幕，大提琴演奏家王健与乐团携手演奏海顿《D大调大提琴协奏曲》。本届音乐季共有28套音乐会，其中包括交响音乐会13套、纪念马勒逝世一百周年系列音乐会6套、歌剧2套、室内音乐会3套、芭蕾舞2套、新年音乐会1套、儿童音乐会1套。

（傅显舟）

【国交祭奠汶川大地震音乐会】　4月5日，中国国家交响乐团在北京音乐厅以全员阵容演出一场“没有掌声”的交响合唱音乐会。演出了关峡为祭奠汶川大地震而作的《大地安魂曲》。幺红、刘珊、刘维维和孙砾，管风琴家沈凡秀和羌笛演奏家张仁良参加演出，邵恩指挥。

（傅显舟）

【第2届中国交响乐之春】　4月6日～25日，第2届“中国交响乐之春”在国家大剧院举行。有11支国内交响乐乐团聚首大剧院，演出11场交响音乐会。交响新作品有北京交响乐团的《云南随想》，杭州爱乐的《中国大运河》，深圳交响乐团的《交响山歌——客家新韵》、香港小交的《凤舞九天》等。此外，本届音乐节还举办了各种音乐普及活动。

（傅显舟）

【“指尖的太阳”慈善音乐会】　4月24日，钢琴家郎朗在华彬紫金剧院举行“指尖的太阳”慈善音乐会。演奏了李斯特《爱之梦》和肖邦《平静的行板与华丽的大波兰舞曲》。郎朗邀请三位失明小演奏家轮流演奏了多首世界名曲。演出结束后，郎朗与企业家为失明的小演奏家们每人捐赠2万元助学金和学习用品。

（傅显舟）

【“缤纷乐韵”民族音乐会】　4月30日，中央民族乐团在国家大剧院举办名为“缤纷乐韵”的民族音乐会。演奏了民族管弦乐曲《节日序曲》、音诗《丝路断想》、民族管弦乐《龙舞》《难忘的泼水节》《古槐寻根》《嘎达梅林》等。指挥张列。

（傅显舟）

【郭峰启动全球巡演】　5月15日，“天狮·郭峰爱之旅”全球百场现代流行钢琴音乐会在鸟巢启动。当天，郭峰现场表演了《生命之杯》和《让世界充满爱》等经典曲目的钢琴版本。本次巡演地点包括美国、乌克兰、俄罗斯、印度尼西亚、埃及等。

（傅显舟）

【安如砺二胡艺术教学成果展演】　5月18日，“安如砺二胡艺术教学成果展演”在中国音乐学院国音堂举行。登台表演的有姜建华、宋飞、曹德维、李梅等中青年演奏家。安如砺教授是著名二胡演奏家蒋风之弟子，现任中国音乐学院器乐系主任。他从事教学工作近50年来，先后培养出许多优秀的二胡演奏家和专业教师。

（傅显舟）

【北京现代音乐节】　5月22日~28日，2010北京现代音乐节在京举行。此次音乐节有“2010年北京现代音乐节开幕式音乐会：我们时代的声音”、“现代音乐与芭蕾”、“北纬三十度——古文明的今天”、“谢丽尔·塞尔查、乔·萨切斯双钢琴音乐会”、“德国作曲家迪特雷夫·缪勒·西门子作品专场音乐会”、“瑞士诺威尔现代乐团音乐会”、“意大利长笛演奏家路易莎·塞罗独奏音乐会”、“瑞典哥德堡现代室内乐团音乐会”、“加拿大古典吉他演奏家巴戈尔·莫亚曾独奏音乐会”、“奥地利维也纳月光小丑室内乐团音乐会”、“武汉音乐学院专场音乐会”、“美国‘大师作品乐团’专场音乐会”、“浪漫英伦——英国室内乐大师音乐会”、“新西兰奥克兰大学艺术学院音乐舞蹈专场演出”、“意大利阿尔德罗二重奏音乐会”、“澳大利亚‘金色天体’重奏音乐会”、“美国作曲家切斯特·比斯卡迪作品专场音乐会”、“青年作曲家计划入选作品专场音乐会”、“211室内乐推广工程专场音乐会”、“美国‘冲击乐团’钢琴与打击乐二重奏音乐会”、“美国‘第三角’新音乐团音乐会”、“音乐六方！——2010年北京现代音乐节闭幕式音乐会”共22场音乐会。开幕式当日还举办了2010中国美育论坛。

（傅显舟）

【喜歌剧《贾尼·斯基基》上演】　5月27日~6月1日，李卫导演的《贾尼·斯基基》在国家大剧院小剧场上演。该剧是普契尼晚年所作的“三联剧”中最著名的一部，也是他一生中创作的唯一的一部喜歌剧。故事源于但丁的《神曲》，作曲家普契尼将其转化成荒诞的“遗产闹剧”。贾尼·斯基基由布莱恩·蒙哥马利饰演，杨阳、薛皓垠扮演里奴奇奥，劳蕾塔由吴碧霞、钱竑饰演。

（傅显舟）

【“鸟乐与音乐大自然”演奏会】　6月16日，中国广播民族乐团的“鸟乐与音乐大自然”演奏会在国家大剧院演出，由谭盾指挥。演奏了谭盾以前创作的《鸟乐》。谭盾让12只鸟“走”进乐队、登上舞台“歌唱”；还让乐手走下舞台，在观众席中演奏。在演奏过程中，他转身面向观众，指挥全场观众和鸟儿一起“合唱”。于丹登台为《鸟乐》讲解。当晚还演出了谭盾的《奥运序曲英雄》、民族管弦乐作品《黄土地》《卧虎藏龙》等作品。

（傅显舟）

【夏日爵士乐演出季】　6月18日~7月31日，“9剧场”的夏日爵士乐演出季在“凹现场”举办。“凹现场”是“9剧场”新推出的现场爵士乐演出剧场。14个京城乐团演出了爵士音乐。开幕式演出是由北京的“痴人乐队”担纲。

（傅显舟）

【子曰秋野演唱会】　6月29日~30日，“活在北京——乖乖的·子曰秋野2010北京演唱会”在保利剧院举办。北京摇滚歌手子曰秋野在音乐会上演唱了《门前事儿》《乖乖的》《酒道》《老庄孙子》《一块红布》等歌曲。

（傅显舟）

【原生态石器音乐节】　7月1日~3日，延庆古崖居景区举办原生态石器音乐节。演出分小型石器音乐表演、虎纹石磬表演、虎头编磬表演等3部分，每天演出两场。活动期间，景区还举办“人与石”史前文明展等。

（傅显舟）

【北京2010大型环保演唱会】 7月18日，由中国环境文化促进会和中国文联演艺中心联合主办、北京北奥大型文化体育活动有限公司和北京北奥艺通文化艺术发展有限公司承办、新时代健康产业（集团）有限公司协办的“绿色环保·健康新时代”北京2010鸟巢大型环保演唱会在鸟巢举行。晚会分“松、竹、梅”3个篇章，高明、姜昆、凯丽等朗诵了3个篇章的开篇《松赋》《竹赋》《梅赋》。张也、阎维文、莫华伦、郁钧剑等近百名艺术家参加了演出。

（傅显舟）

【“世界城市，乐动北京”管乐节】 7月18日～20日，由市文联、北京音协、北京管乐协会主办的2010年北京管乐节在京举行。管乐节以“世界城市，乐动北京”为主题，包括讲座、比赛、交流、演出等，北京旌旗管乐团、山西中北大学青年交响管乐团以及北京市第166中学金帆管乐团和北京市五一小学金帆管乐团等参加演出。来自台湾的中小学生与北京的中小学生进行校际交流、联袂献艺。

（傅显舟）

【舒曼“春天的交响”音乐会】 7月22日，中央芭蕾舞交响乐团在国家大剧院举办舒曼专场音乐会“春天的交响”，纪念作曲家舒曼诞生200周年。担任指挥的是中央芭蕾舞团音乐总监张艺。音乐会演奏了《曼弗雷德》序曲、《a小调大提琴协奏曲》和《降B大调第一交响曲》，特邀德国大提琴演奏家古斯塔夫－瑞维尼乌斯担纲独奏。

（傅显舟）

【阎肃作品音乐会】 7月25日，阎肃作品音乐会在国家大剧院举行。音乐会分“我爱这伟大的党——是党引领着我”、“我爱这战斗的军营——是军队培育了我”、“我爱这幸福的生活——是生活给予了我”3个部分，共19个节目，有《红梅赞》《敢问路在何方》，也有新创作的《梦在长天》，还有《我爱祖国的蓝天》《军营男子汉》《长城长》等军旅歌曲，以及《五星邀五环》《前门情思大碗茶》《故乡是北京》《唱脸谱》《变脸》等曲目。

（傅显舟）

【人民大学室内乐团音乐会】 7月25日，“北京室内乐团”（中国人民大学艺术学院室内乐团）结束了2010年全国艺术院校的巡演，在国家大剧院举办谢幕音乐会。乐团演出了肖斯塔科维奇的《升f小调弦乐四重奏作品108》和勃拉姆斯《f小调钢琴弦乐五重奏作品34》等。

（傅显舟）

【琉璃庙汽车文化音乐节】 8月1日，大型综合性汽车音乐节“琉璃庙汽车文化音乐节”在怀柔区白河湾琉璃庙举办。这是在全国汽车场地越野锦标赛北京分站赛后，车迷和游客享受到的又一场狂欢活动。数支活跃在京城的摇滚乐队轮番登台献唱，露天搭建的舞台，将演出融入自然风光中，与赛事的“野外”特征相互辉映。

（傅显舟）

【“生命之光”杯全国民族器乐展演】 8月11日～21日，“生命之光”杯全国民族器乐展演首场名家示范演奏会在京举行。该项活动由中国传统文化促进会主办，生命之光神农技术有限公司冠名协办。来自20多个省市的1100名民族器乐专业演奏人员及业余爱好者参加了表演，展演的乐器包括二胡、琵琶、古筝、新筝、竹笛、埙、陶笛、唢呐、葫芦丝等10多种。

（傅显舟）

【史光柱创作歌曲演唱会】 8月16日，中国文学艺术基金会、中华文学基金会、中国音协创作委员会在京举办“红动中国——英雄史光柱创作歌曲演唱会”。史光柱创作的16首新作由总政歌舞团、海政文工团、战友文工团表演，其中3首作品《青春木棉》《江恋》和《红豆》制作了音乐电视。史光柱1984年被中央军委授予一级战斗英雄荣誉称号，他作词的歌曲《小草》家喻户晓。宋祖英、张靓颖、羽·泉、陈楚生等参演。

（傅显舟）

【北京奥迪夏季音乐周】 8月24日～31日，“奥迪夏季音乐周”在北京、广州两地举行。北京开幕式上，郎朗联袂百老汇的3位音乐剧歌唱家，共同演绎了11部经典百老汇音乐剧的片段，并与中国爱乐乐团合作演奏格什温《蓝色狂想曲》。闭幕式演出在广州大剧院举行。本届音乐周还安排了3场免费“艺术讲堂”，分别由指挥家余隆、音乐制作人张亚东以及音乐家谭盾主讲。

（傅显舟）

【解放军军乐团加盟“打开艺术之门”】 8月27日，中国人民解放军军乐团首次加盟的“打开艺术之门”音乐会，在中山公园音乐堂演出，指挥于海。演奏的曲目有：传统的管乐曲《中国人民解放军军歌》《军威进行曲》，交响管乐曲《轻骑兵序曲》《阿依达》，还有由《打靶归来》《我是一个兵》等军歌联奏的《难忘的旋律》和爵士乐曲《美好的情感》，以及根据周杰伦歌曲改编的流行管乐曲等。

（傅显舟）

【中国国家交响乐团在北大举办音乐会】 9月5日，中国国家交响乐团在北京大学百周年纪念讲堂举办音乐会，演奏了一批雅俗共赏的交响曲目。听众为北大2010级新生。每首作品演奏前，指挥普拉松都耐心讲解作品的产生背景、作曲家的创作意图。

（傅显舟）

【徐振民室内乐作品音乐会】　9月11日，年近八旬的作曲家、中央音乐学院教授徐振民室内乐作品音乐会在学院演奏厅举行。音乐会演奏了他创作的10余部室内乐作品。学院的中青年教师赵登营、杨晓萍、施佳佳、刘宵以及中央歌剧院歌唱家李爽、阮余群等共同演绎了徐振民钢琴曲《唐人诗意两首》，小提琴曲《小路》《水乡情》，艺术歌曲《白帆》《海鸥》《忆江南》等。其中，近半数作品为首次演出。

（傅显舟）

【大提琴普及音乐会】　9月12日，大提琴普及音乐会在国家大剧院小剧场演出。中央音乐学院娜木拉教授和学生们演奏了《天鹅》《飞翔》等经典曲目；听众是200多位联大特殊教育学院的盲人大学生。这是国家大剧院专为首都高校大学生准备的“音乐课”。为给首都大学生提供近距离感受和接触高雅艺术的机会，国家大剧院与市委教育工委、市教委合作，拿出十余万张艺术普及教育演出票及活动票，免费邀请大学生走进大剧院上音乐课。

（傅显舟）

【李晖个人演唱会】　9月12日，歌手李晖在太庙举办个人演唱会，由中国爱乐乐团、中国歌剧舞剧院交响乐团联合伴奏。李晖演唱了歌曲《美丽的家园》《梅花引》《映山红》，豫剧选段《谁说女子不如男》和歌剧选段《北风吹》等。小提琴家吕思清、钢琴家理查德·克莱德曼参加了演出。晚会融合古典、现代、世界、民族多种风格。

（傅显舟）

【中国·新加坡建交20周年影视金曲音乐会】　9月16日，“流光溢彩——中国·新加坡建交20周年影视金曲音乐会”在保利剧院举办。音乐会以两国广播影视近20年历史为脉络，分为“岁月吟、菊花赋、如燕曲、星海颂”4个板块。重现了《西游记》《红楼梦》《三国演义》等中国电视剧和《人在旅途》《调色板》等新加坡电视剧中的一系列经典影视音乐。宋祖英、刘晓庆、陶红、谭晶、孙燕姿、范文芳、蔡健雅等中新艺术家参加演出。新加坡外交部部长杨荣文、中国外交部副部长李金章、中国国家广电总局副局长张丕民、新加坡媒体发展管理局局长谢德谦等观看了演出。

（傅显舟）

【管乐交响音乐会】　9月19日，“作曲家们的历险记”——管乐交响音乐会在国家大剧院举行，由北京管乐交响乐团演奏。音乐会演奏了德彪西以后不同时期现代派大师经典作品，展示出现代音乐发展的历程。

（傅显舟）

【“生态行动·助力中国”绿色公益演唱会】　9月20日，“生态行动·助力中国”绿色公益演唱会在工人体育馆举行，由生态中国、北京音乐台、蒙牛生态草原基金联合主办。宋祖英、张靓颖、羽·泉、陈楚生等联袂参演。晚会上，意大利美声歌唱家乔琪亚·弗曼迪用中文演唱了《青藏高原》，莫文蔚演唱了《青山在》，宋祖英演唱了《茉莉花》等。

（傅显舟）

【中华雅乐演奏会】　9月20日，中华雅乐演奏会在天坛神乐署举办。雅乐六首由乐师演奏，歌者在旁配合演唱古文歌词。有《诗经·国风》的独唱，也有无词的琴瑟合奏曲。

（傅显舟）

【“梦回1980新星音乐会”】　9月23日，《北京晚报》主办的“梦回1980新星音乐会”在首都体育馆举行。朱明瑛、苏小明、郑绪岚、任雁、吴国松、李默、远征、王静8名歌唱演员，以昔日歌坛“新星”的身份参加了演出。音乐会演出了《年轻的朋友来相会》《兰花与蝴蝶》《美丽的心灵》《我问你》《回娘家》《等着我，小河》《太阳岛上》等20世纪80年代流行歌曲。

（傅显舟）

【“金波和他的战友们”公益演唱会】　9月25日，向祖国敬礼——“金波和他的战友们”公益演唱会在人民大会堂举行。张暴默、杨洪基、梦鸽以金波战友名义助演。演唱会由四部分构成，一部分是金波入伍前演唱的保留曲目，如《大妹子》《我们是朋友》等；一部分是他入伍后在部队各种大型演出活动中演唱的作品，如《我爱大漠》《出征》等；一部分是近年来经他演唱的获奖作品，如《班长的红玫瑰》等；最后部分是新创作的作品。

（傅显舟）

【“绽放美丽人声”声乐系列专场音乐会】　9月25日，由旅意男低音歌唱家栾峰任艺术总监，中央民族乐团民族音乐厅主办的“绽放美丽人声”声乐系列专场音乐会开幕。当晚是美声男高音陈苏威独唱音乐会，随后有莫扎特声乐专场、普契尼经典女高音咏叹调专场、普契尼经典男高音咏叹调专场、圣诞节音乐会和中国经典声乐作品专场等多场形式灵活的演出。

（傅显舟）

【国庆音乐会】　10月1日，由国家大剧院特别策划的国庆音乐会在音乐厅开幕。指挥家谭利华领衔北京交响乐团演奏了10余首中外名曲，有芭蕾舞剧选曲与民间波尔卡，有民歌旋律与管弦乐金曲等大众耳熟能详的旋律。天安门广场大屏幕与分布全市的户外大屏幕同步直播了音乐会。

（傅显舟）

【朝鲜族作曲家获奖作品交响音乐会】　10月10日，由国家民委文化宣传司、中国文联国内联络部主办的中国朝鲜族作曲家获奖作品交响音乐会在北京音乐厅举行。音乐会演奏了由崔义光作曲的交响序曲《庆典》，由崔昌奎作曲的冥想曲《白桦》，由禹永一创作的管弦乐《节日》和尹明五的《交响音画单章》等。中国国家交响乐团演奏，姜金一指挥。

（傅显舟）

【李云迪钢琴独奏会】　10月12日，钢琴演奏家李云迪在保利大剧院举办个人独奏音乐会，这是第13届北京国际音乐节的首场个人独奏音乐会。李云迪以5首夜曲开场，随后弹奏了《降E大调波罗莱兹舞曲》、4首玛祖卡舞曲和《降b小调第二奏鸣曲》，以“英雄”波兰舞曲压轴。

（傅显舟）

【“北京乐话”民族音乐会】　10月17日，北京歌舞剧院民族乐团在北京大学百年纪念讲堂演出了“北京乐话”民族音乐会。音乐会分“古都北京”、“市井北京”、“浪漫北京”几个板块，有李荣林的老北京叫卖、种玉杰的京韵大鼓《壮哉华夏》和板胡演奏家陈立科的《卢沟醒狮》等节目，突出京味传统，展现北京古老与文明。

（傅显舟）

【北京国际电子音乐节】　10月25日～30日，由中央音乐学院主办、中央音乐学院中国现代电子音乐中心和中国电子音乐学会联合承办的第11届北京国际电子音乐节在北京举行。音乐节体现了电子音乐多元化发展的趋势，不同风格流派的电子音乐——计算机音乐作品演出各显特色。法国、日本、美国等国电子音乐业界人士参加演出，国内院校重要作品在闭幕式集中展演。

（傅显舟）

【现代箜篌展演音乐会】　10月30日，在国家大剧院经典艺术讲堂，崔君芝举办中国现代箜篌展演音乐会。主讲主奏者崔君芝为中央音乐学院客席教授，她介绍了中国箜篌的历史，并带领学生“箜篌乐团”演奏了多首箜篌经典及新创作品。

（傅显舟）

【歌剧《咏·别》】　10月30日和31日，由北京国际音乐节艺术基金会、上海歌剧院和上海交响乐团联合出品的四幕歌剧《咏·别》在保利剧院演出。作品以20世纪20年代北京京剧人生活为内容，将京剧唱腔与歌剧形式融为一体。编剧孙戈璇，作曲叶小钢，导演曾力、郑子茹，指挥张国勇。主演石倚洁、张英席、袁晨野、徐晓英、么红、杨小勇、杨嵩虎。该剧10月17日在上海首演。

（傅显舟）

【北京国际钢琴音乐节获奖者音乐会】　11月23日，在第2届北京国际钢琴音乐节——纪念肖邦、舒曼200周年诞辰钢琴协奏曲选拔赛颁奖礼上，四川音乐学院附中学生杜天奇夺得舒曼组金奖。获奖者在北京音乐厅演奏了肖邦《e小调第一钢琴协奏曲》、舒曼《a小调钢琴协奏曲》。

（傅显舟）

【歌剧《货郎与小姐》】　11月26日，中文版《货郎与小姐》由中央歌剧院在天桥剧场演出。中央歌剧院1959年6月在天桥剧场首次上演这部阿塞拜疆经典歌剧，这也是在北京上演的第一部外国喜歌剧。本次演出由男高音歌唱家张英席和金郑建饰演商人阿斯克尔，女高音歌唱家尤泓斐和高蕾饰演苏尔坦别克的女儿古丽乔赫拉。

（傅显舟）

【音乐剧发展论坛及音乐剧演出】　12月2日～5日，由文化部艺术司、北京舞蹈学院、中国音乐剧研究会主办的中国音乐剧发展论坛暨第4届中国音乐剧教学与创作研讨会在北京舞蹈学院举行。会议期间，中央戏剧学院在中戏剧场演出了音乐剧《名扬四海》中文版，上海戏剧学院在北舞剧场演出了独幕音乐剧，北京舞蹈学院在北舞剧场演出了音乐剧《妈妈咪呀》，5日晚北京舞蹈学院表演了音乐剧《西区故事》。

（傅显舟）

【赵云红独唱音乐会】　12月10日，“云音缭绕”赵云红独唱音乐会在中国音乐学院国音堂举办。赵云红演唱了《快乐！锡安德人民》《乘着那歌声的翅膀》《鳟鱼》以及《小河淌水》《茶山新歌》《七月的草原》等中外经典歌曲。本次活动作为2010年俄罗斯“汉语年”系列活动内容之一。

（傅显舟）

【“水牛儿·北京民歌音乐风俗画卷”音乐会】　12月24日，“水牛儿·北京民歌音乐风俗画卷”音乐会在北京戏曲艺术职业学院排演场举办。音乐会由该院音乐、舞蹈系师生与北京市艺术研究所共同推出，分号子、童谣、叫卖调、风俗歌4大部分，汇集了17首北京原汁原味的民间歌曲。音乐会由艺研所陈树林提供采风曲目并指导演唱。

（傅显舟）

【中国音协第七届主席团第二次会议】 3月8日，中国音乐家协会第七届主席团第二次会议在京召开。中国音协主席赵季平，副主席徐沛东、王次炤、叶小钢、印青、余隆、宋飞、宋祖英、张国勇、努斯来提·瓦吉丁、孟卫东、顾欣、廖昌永、谭利华参加了会议，中国音协分党组成员、副秘书长李培隽、田晓耕，副秘书长、组联部主任韩新安列席了会议。会议共有3项议程。一是认真传达学习“两会”主要精神；二是听取中国音协基本情况介绍并对中国音协2010年主要工作提出建议；三是审议中国音协9个专业委员会主任、副主任及委员名单。

（傅显舟）

【第29届世界音乐教育大会】 8月1日~6日，第29届世界音乐教育大会在京举行。本次会议由国际音乐教育学会、中国音乐学院、中国教育学会音乐教育分会等机构共同举办，中国音乐学院承办。来自65个国家的近4000名音乐教育专家、学术代表等出席会议。中国代表3000名（包括74名港、澳、台代表），来自世界65个国家和地区的代表948名。中国代表共提交了150篇论文，组织了6个论坛，开设25堂教学展示课。会议的主会场设立在中国国家会议中心，传统音乐节的专区设在中国音乐学院，一共有12场演出、53场世界音乐博览。

（傅显舟）

【音乐院校图书馆馆长会议】 12月20日~21日，由中央音乐学院、中国音乐学院、上海音乐学院和天津音乐学院4所高校图书馆联合主办，中央音乐学院图书馆承办的2010高等音乐艺术院校图书馆专业委员会常务馆长工作会议在京举行。参加会议的各音乐学院图书馆馆长对图书馆资源如何共享提出了自己的建议，并对各图书馆联合编目及编目统一规范等问题进行了讨论。

（傅显舟）

【中国乐器协会第六届代表大会】 12月28日~29日，中国乐器协会第六届会员（代表）大会在北京江西大酒店举行，中国轻工业联合会会长步正发，人教部主任林小冲等领导出席会议。会议选举了安志为理事长的新一届中国乐器协会理事会。出席这次大会的会员（代表）共计143名。

（傅显舟）

赛事　奖项

【中国歌剧“终身成就荣誉”揭晓】 4月9日，中国歌剧艺术成就大典之“终身成就荣誉”揭晓，19位德高望重的中国歌剧老艺术家获此殊荣。这是中国歌剧艺术成就大典是北京大学与中国歌剧研究会联合举办的一个学术性庆祝活动，旨在对中国歌剧艺术领域取得突出成就的个人进行表彰和奖励。该奖设立了“剧作”、“作曲”、“导演”、“表演”、“声乐教育”、“理论”、“特别贡献”7个项目，此次获奖人有：中国歌剧剧作家终身荣誉：贺敬之、阎肃、田川、任萍；中国歌剧作曲家终身荣誉：张锐、胡士平、王锡仁、姜春阳；中国歌剧表演艺术家终身荣誉：郭兰英、王昆、李光羲、郑小瑛；中国歌剧导演终身荣誉：韦明、黄寿康；中国歌剧声乐教育家终身荣誉：周小燕、郭淑珍；中国歌剧理论家终身荣誉：刘诗嵘；中国歌剧卓越贡献终身荣誉：周巍峙、乔羽。

（傅显舟）

【北京少年音乐团队维也纳夺冠】 7月6日，经过4天的角逐，“至高荣耀——维也纳第4届国际青少年音乐节”落下帷幕。北京中关村三小金帆合唱团获童声合唱组第一名；北京海淀实验小学管乐团获交响乐队组第一名。

（傅显舟）

【“中国民歌榜”歌手推选】 7月20日，由中央人民广播电台、中国音协主办的“献歌中国广播70年·伊金霍洛‘中国民歌榜’听众喜爱的歌手推选活动”落幕，专家评选出10大奖项的最终得主。公众网络推选总投票量超过300万。评委通过无记名投票评选出“最佳演唱男歌手”和“最佳演唱女歌手”分别由王宏伟和方琼获得；“最佳新人男歌手”和“最佳新人女歌手”分别被陈永峰和王庆爽获得；“最受欢迎男歌手”、“最受欢迎女歌手”分别被王宏伟和王丽达摘取；藏族歌手普布次仁荣获“最佳民歌演绎男歌手”，哈琳荣获“最佳民歌演绎女歌手”；吉祥三宝获得“最佳演唱组合”奖项。麦盖提刀郎木卡姆组合获得“最佳原生态演唱”奖。伊泓远和兰天共同获得“最佳媒体关注”奖，公众评选的“最具人气歌手”由刘和刚获得，汤灿获得组委会特别推荐奖。

（傅显舟）

【“蓓斯杯”单簧管网络比赛】 8月1日~3日，由中国音协单簧管学会、北京星海民耀乐器有限公司主办，中国单簧管学会官方网站承办，单簧管基地网、中华管乐网、华音网协办的首届“蓓斯杯”全国青少年单簧管演奏网络比赛决赛在北京中协宾馆举行。本届比赛自2009年10月始，先后在全国29个省市进行初赛，近百名青少年选手经过角逐，最终有36人脱颖而出，分别代表北京、上海、重庆、河北、河南、山西、山东、湖北、湖南、辽宁、吉林、黑龙江、内蒙古、甘肃和香港的最高演奏水平参加了在北京的总决赛，经过中国单簧管最具权威性的5位评委的严格审定，分别在青年组、少年A组、少年B组的参赛选手中各评出一等奖一名、二等奖两名、三等奖三名。奖品均是不同型号的蓓斯牌单簧管。8月3日晚举行的颁奖音乐会上，中央民族大学单簧管室内乐团及获奖选手表演了精彩的单簧管曲目。

（傅显舟）

【“金色北京”小提琴艺术节】 8月13日，为期4天的第3届“金色北京”少年小提琴艺术节在北京文联剧场落下帷幕，270余名5到18岁的少年选手在舞台展现风采，并都得到了评委的亲笔评语及获奖证书。盛中国、赵薇、薛伟等小提琴演奏家和中央音乐学院的多位专家教授出任评委。

（傅显舟）

【第2届全国鼓手大赛】 8月26日，“魔鲨MUZA杯中国鼓手联合会第2届全国鼓手大赛”在解放军军乐厅举办了颁奖典礼和获奖冠军汇报演出。本次大赛由中国音协打击乐学会鼓手联合会与上海打击乐协会联合主办，美得理电子（深圳）有限公司冠名赞助，天津津宝乐器有限公司、霸州贝司克斯乐器有限公司、功学社联合赞助，北京音乐盛世文化传播有限公司承办。北京总决赛从全国各地各赛区3000多个选手中选出近300名，分为儿童组、少儿组、少年组和成年组，按鼓的类别分为电鼓组和传统鼓组，每组评出一、二、三等奖各一名，鼓励奖若干。

（傅显舟）

【第12届“星海杯”全国少儿钢琴比赛】 10月4日，第12届“星海杯”全国少儿钢琴比赛在中央音乐学院附中举行颁奖仪式和获奖选手音乐会。比赛自6月开始，先后在全国36个城市的分赛场进行初赛，8900余名小选手经过了激烈的角逐，最终有401人脱颖而出，分别代表当地的最高演奏水平参加了9月30日~10月3日在北京举行的总决赛，专业组的3个年龄组中共评出一等奖3名、二等奖5名、三等奖10名，优秀奖10名。此外，还有两名选手荣获“中国作品演奏奖”。业余一组中评出一等奖1名、二等奖2名、三等奖4名，优秀奖20名。

（傅显舟）

【《中国达人秀》北京选手刘伟夺冠】 10月10日，东方卫视《中国达人秀》冠军由边弹边唱 *You Are Beautiful* 的北京选手刘伟夺冠。这位两袖空空的无臂冠军没有能力接过奖杯，但在“达人秀”的舞台上，人们记住了一个用脚趾弹奏钢琴的倔强身影，也记住了他在表演结束后说的一句话：“至少我还有一双完美的腿。”

（傅显舟）

【北京大提琴国际音乐比赛】 10月23日~11月2日，“2010第3届北京国际音乐比赛——大提琴”在北京音乐厅举行。本次比赛由中国音协主办，吸引了来自中国、法国、韩国、美国、澳大利亚、德国等国家和地区的四十余名大提琴选手参赛。中国选手李若迪获得第三名，来自莫斯科国立柴可夫斯基音乐学院的Alexander Ramm和哥伦比亚选手Santiago Canon Valencia并列获得第二名，第一名空缺。

（傅显舟）

【于润阳、居其宏获音乐评论奖】 第7届中国文联文艺评论奖颁奖式暨第5届当代文艺论坛于11月1日在湖南长沙举行。此次获奖的音乐类评论文章，出自老、中、青三代作者之手，于润洋的《关于音乐学研究的若干问题》获特别奖，居其宏的《当代乐坛的消费主义和浪费主义》获一等奖。

（傅显舟）

【民族管弦乐新作征集评奖】 12月22日，中国民族管弦乐学会、北京市教委艺术教育委员会、中国广播艺术团联合主办的“第2届民族管弦乐（青少年题材）新作品征集评选”活动在京落下帷幕。朴东生、刘文金等评委为获奖者颁发了奖杯、证书及奖金。随后，中国广播民族乐团在张列指挥下演奏了获银奖作品《卖杨桃》（黄忠钊）、《西喇木伦河畔》（张书翰）、《冬不拉与热瓦普》（景建树）、《走向未来》（赵弟军、张列）、《丝绸之路》（姜莹）、《岳母刺字》（房晓敏）及铜奖作品《小巴郎畅想曲》（赵弟军、张列）等。金奖空缺。

（傅显舟）

交　流

【伦敦爱乐乐团到京演出】 1月5日，伦敦爱乐乐团在艾森巴赫指挥下登台国家大剧院，带来了一场德沃夏克专场音乐会。音乐会上演出了德氏《狂欢节序曲》《第八交响曲》《第九交响曲》，返场加演了中国名曲《茉莉花》。

（傅显舟）

【韩国京畿爱乐交响乐团到京演出】 1月21日，为纪念中韩两国建交18周年，由大韩民国中国经济新闻社、中国朝鲜族音乐研究会和京畿道文化殿堂共同主办，韩国京畿爱乐交响乐团在世纪剧院举行新年演奏会，由金南鹰指挥。音乐会上演奏了韩国民谣、歌曲编曲的《永恒的魂》、李斯特的《降E大调第一钢琴协奏曲》、柴可夫斯基的《f小调第四交响曲》等作品，出生于北京的澳籍留美钢琴演奏家金洋同台演出。

（傅显舟）

【法国国家交响乐团到京演出】 1月26日，指挥大师库特·马祖尔率领法国国家交响乐团在国家大剧院举办贝多芬交响音乐会，演出了贝多芬第六及第七交响曲。

（傅显舟）

【解放军军乐团参加国际军乐节】 1月29日~2月11日，中国人民解放军军乐团赴澳大利亚悉尼参加了第60届爱丁堡国际军乐节，参加了在悉尼足球场的开闭幕式和四场队列行进吹奏表演，并在市政厅大剧院为在澳华人华侨举办了"凯歌嘹亮"专场音乐会。演出的有中国的《更进酒》《号角》《茉莉花》，俄罗斯的《野蜂飞舞》，澳大利亚的《羊毛剪子咔嚓嚓》等曲目。

（傅显舟）

【中央民族乐团赴维也纳金色大厅演出】 2月2日，中央民族乐团第三次在奥地利维也纳金色大厅奏响"中华风韵"新春音乐会。在70高龄的陈燮阳指挥下演出了管弦乐《春节序曲》《丰年祭》《图兰朵》《拨弦波尔卡》《闲聊波尔卡》，二胡与乐队《二泉映月》，琵琶与乐队《天鹅》，笛子与乐队《幽兰逢春》等中外曲目。

（傅显舟）

【音乐剧《名扬四海》到京演出】 2月7日，百老汇音乐剧《名扬四海》在中国剧院上演。故事讲述一群有天赋的学生进入一所艺术高中，他们学习、生活中经历了许多波折。几个人物、几个故事构成了丰富的人物性格与真实的情感生活。编剧荷西·费南德斯，作词杰奎斯·拉维，作曲斯蒂夫·玛古西斯。

（傅显舟）

【中国红星合唱团赴新加坡演出】 3月2日，中国红星合唱团在新加坡大会堂演出。音乐会演唱了《我和我的祖国》《大海啊故乡》《茉莉花》《士兵之歌》《春晓》等合唱节目，中新两国合唱团联合演唱了《怒吼吧！黄河》等曲目。李双江演唱了《太阳出来喜洋洋》《我的太阳》《打个胜仗笑哈哈》等歌曲。中国红星合唱团成立于1995年1月，由解放军艺术学院音乐系学员组成。

（傅显舟）

【美国布拉道克湖青年交响管乐团到京演出】 3月26日，美国布拉道克湖青年交响管乐团在中央音乐学院音乐厅进行了演出。乐团演奏了《龙的传人》《解放军进行曲》《拉德斯基进行曲》《蓝色狂想曲》等中外曲目。

（傅显舟）

【杭州爱乐乐团进京演出】 4月8日晚，杭州爱乐乐团首次亮相国家大剧院，上演了一台个性与实力兼具的音乐会。原创作品有周天的《中国大运河》交响组曲；外国作品有拉赫玛尼诺夫《第二交响曲》、柴可夫斯基的《D大调小提琴协奏曲》。帕格尼尼小提琴大赛金奖得主宁峰与乐团合作，杨阳指挥。

（傅显舟）

【西藏爱乐乐团进京演出】 4月16日，西藏爱乐乐团在国家大剧院上演一台具有地域与民族特色的音乐会。原创交响曲《雅鲁藏布江大峡谷》是一大亮点，此外，乐团还演奏了德沃夏克的《第九交响曲》，指挥边巴。

（傅显舟）

【豫剧音乐剧《大别山的女儿》进京演出】 4月27日，在北大百年讲堂，河南省郑州师范学院、河南省豫剧一团联袂演出豫剧音乐剧《大别山的女儿》。该剧剧本改自歌剧《党的女儿》。该剧集歌剧、豫剧、音乐剧的不同表现手法和创作形式，采用多画面、多演区与多媒体等手段来展演戏剧。改编高学检、李洪喜，导演陈国立，作曲王晓路，主演魏俊英。

（傅显舟）

西藏爱乐乐团演奏交响乐《雅鲁藏布江大峡谷》

【北京小提琴企业赴德国参加国际音响乐器博览会】 4月，平谷区东高村镇小提琴企业赴德国法兰克福参加国际音响乐器博览会。展会期间共接待国外客商200多人次，获订单700多万元。东高村镇乐器厂有20多年提琴生产的历史，主要生产大、小提琴、贝司、二胡、吉他、铜管乐、打击乐等系列乐器。提琴年生产能力30万把，主要销往欧、亚、美、非4大洲40多个国家和地区，提琴总产量和销量占世界提琴市场的四分之一左右。

（傅显舟）

【美国费城管弦乐团到京演出】 5月4日，美国费城管弦乐团在国家大剧院演出。乐团演奏了柏辽兹《罗马狂欢节》序曲、柴可夫斯基《D大调小提琴协奏曲》等。演奏家阿拉贝拉·施丹巴赫担任小提琴独奏，指挥迪图瓦。

（傅显舟）

【中央歌剧院《图兰朵》赴叙利亚演出】 5月6日～8日，中央歌剧院在叙利亚歌剧院演出《图兰朵》。叙利亚爱乐乐团的11位铜管演奏员、“信号”现代舞团的7位舞蹈演员和“色彩”儿童合唱团的近40名儿童参加了演出。叙利亚文化部部长利亚德、旅游部部长萨阿德拉和卫生部部长拉达·赛义德出席观看。

（傅显舟）

【赫比·汉考克到京演出爵士乐】 5月11日，美国爵士音乐大师赫比·汉考克在北京中山公园音乐堂举办了一场内部演出，由美国大使馆主办。出席者主要为爵士乐、流行音乐业界内人士、爱好者与传媒人士。

（傅显舟）

【波兰文化节开幕演出】 5月19日，波兰文化节开幕式在北京梅兰芳大剧院拉开帷幕。波兰文化部副部长博格丹·兹德罗耶夫斯基出席开幕式并讲话。开场演出有扬琴、提琴、钢琴等曲目。大屏幕上映肖邦在不同时期的照片及波兰的山川美景、田园风光，使观众看到了不同时期的肖邦面孔；同时听到波兰乐团演奏了肖邦《降E大调夜曲》《a小调马祖卡舞曲》《E大调练习曲》等作品。

（傅显舟）

【中美军乐团在联合国大厦举办联合音乐会】 5月20日，中美两国军乐团在纽约联合国大厦举办首场联合音乐会。联合国秘书长潘基文、中国常驻联合国代表李保东、美国常驻联合国代表团临时代办迪卡洛等各国外交官、联合国工作人员及纽约各界人士出席了音乐会。乐团演奏了《朝天阙》《胜利在召唤》《歌唱祖国》等中国乐曲以及《美丽的美利坚》《牛仔》《星条旗永不落》等美国乐曲。

（傅显舟）

【内米·雅尔维、曹秀美与中国乐团合作演出】 5月21日北京音乐厅，指挥家内米·雅尔维指挥中国爱乐乐团举办音乐会，与来自韩国的花腔女高音曹秀美，演出霍尔德·格利埃尔《花腔女高音与管弦乐队协奏曲》，还演奏了亚历山大·鲍罗丁的《伊戈尔王》序曲和肖斯塔科维奇的《d小调第五交响曲》。

（傅显舟）

【浙江歌舞剧院进京演出】 5月23日，“蝶舞春秋”——浙江歌舞剧院彩蝶女乐音乐会在北京国家大剧院音乐厅举办。彩蝶女乐是浙江歌舞剧院精心打造的民乐队伍，由青春靓丽的女性演奏员组成，演奏风格清新、细腻、灵动。此次“蝶舞春秋”专场，由新编《欢乐歌》《慢三六》等“江南丝竹”名曲和要根据婺剧、越剧音乐改编的《女宫二簧印象》《新小桃红》《三五七》等浙江民族器乐作品组成。

（傅显舟）

【北京音协合唱团赴港演出】 5月23日，“支持香港红十字会中国赈灾基金——2010年慈善音乐会”在香港大会堂上演，音乐会由香港黎草田纪念音乐会合唱团、北京音协合唱团、香港圣乐团、香港鼓乐团担纲演出。北京音协合唱团演唱了《把我的奶名儿叫》《游子情思》《雨后彩虹》《西风的话》等经典合唱歌曲。

（傅显舟）

【中国国家交响乐团赴俄演出】 6月4日～11日，中国国家交响乐团首次亮相莫斯科，参加第5届世界交响乐团音乐节演出。演出是在莫斯科苏维埃宫圆柱大厅举行。6月5日的音乐会由法国指挥米歇尔·普拉松执棒，演奏了中国乐曲《大地安魂曲》第一乐章、贝多芬《第七交响曲》、圣－桑《第三交响曲》等作品。返场演奏了《阿莱城姑娘》间奏曲及《卡门》序曲。

（傅显舟）

【澳大利亚音乐家到京演出】 6月10日晚，澳大利亚文化年的开篇系列活动之一“澳大利亚亮点音乐会”在北京国家大剧院上演。澳大利亚总督昆廷·布赖斯、中国文化部部长蔡武出席。音乐会以土著音乐开幕。从班歌拉舞蹈团和艺术家威廉姆·巴顿对古老的土著舞蹈及音乐的现代诠释，到小提琴演奏家尼基·瓦斯拉克斯的激情演出，再到流行音乐偶像杰西卡·莫伯伊饱含力量的歌唱，音乐会汇聚澳大利亚多位知名艺术家和多种表演形式，展现了澳大利亚的多元文化特色。此外，中澳联合制作、融合了歌剧和京剧的“新歌剧”《情怨》的片断也独具特色。

（傅显舟）

【“漫步经典”系列音乐会】 7月10日～17日，国家大剧院“漫步经典”系列音乐会在音乐厅开幕。都柏林爱乐乐团、北京交响乐团、国家大剧院管弦乐团轮番为观众奏响“消夏”之音。在这3支乐团带来的6场音乐会中，包含有20多位中国作曲家、近40位外国作曲家的70余部音乐作品。

（傅显舟）

【英国音乐剧《颤栗现场》到京演出】 7月11日，伦敦西区音乐剧《颤栗现场》在北展剧场上演。观众多次主动站立观看并跟着跳起“迈克尔·杰克逊（MJ）舞”。特别是当*Beat It*、*Billie Jean*、*Dangerous*、*Heal the World.* 等经典曲目演出时，观众反响强烈。接近尾声时也是《颤栗现场》最精彩的部分，伴着*Thriller*的音乐，演员们在台上跳舞，全场观众跟随起舞。

（傅显舟）

【万山红赴澳大利亚演出】 7月11日，万山红“四大名著”交响音乐会在悉尼歌剧院举行。指挥家范焘，特邀嘉宾孙健、金郑建、田彦，悉尼威勒比交响乐团、澳大利亚黄河合唱团、悉尼好朋友室内合唱团、悉尼新爱乐合唱团等，共计250名中澳演员参演。音乐会将电视剧《三国演义》《水浒传》《西游记》和《红楼梦》中脍炙人口的主题曲、插曲重新编排组合表演，向西方观众介绍了中国传统文化与当代音乐。

（傅显舟）

【中国歌剧《春江花月夜》在加拿大首演】 7月29日～31日，中央音乐学院作曲系青年教师、作曲家史付红博士最新创作的室内歌剧《春江花月夜》由布丁皇后歌剧院在加拿大多伦多首演。作品由唐代张若虚《春江花月夜》诗作加工为戏剧作品，用中文演唱。

（傅显舟）

【“大唐乐舞”进京演出】 8月4日，作为第29届世界音乐教育大会一项活动，西安音乐学院和台湾新古典舞团联合演出的“来自唐朝的声影——大唐乐舞晚会”与民俗音乐狂欢在国家会议中心四楼大会堂举办。晚会分为两部分，第一部分是“西安鼓乐”，曲目有《尺调双云锣八拍坐乐》、弹拨乐合奏《婆罗门引》、筚篥独奏《雨霖铃》、行乐《满园春》4首；第二部分为唐乐舞，《拨头》为男舞，《春莺啭》《苏合香》《团乱旋》为女舞。

（傅显舟）

【原生态舞台剧《敖鲁古雅》进京演出】 8月26日，敖鲁古雅艺术团创制的原生态舞台剧《敖鲁古雅》在保利剧院首演，展示了鄂温克人的民风习俗与传统文化。鄂温克人独创的“喉音发声打拍法”让众人惊叹不已。“仙鹤舞”和“松鸡舞”也引来一片欢呼声，演出各界反响热烈。

（傅显舟）

【总政歌舞团赴俄演出】 9月9日，总政歌舞团在克里姆林宫剧场演出中国大型歌剧《木兰诗篇》，由李玉宁指挥，谭晶、于爽担纲主唱；9月13日又在圣彼得堡马林斯基歌剧院演出该剧，与马林斯基剧院交响乐团合作，雷佳、于爽主演。此次访演是俄罗斯“汉语年”活动之一，由中国国际问题研究基金会主办。

（傅显舟）

【墨西哥国家歌舞团到京演出】 9月14日，墨西哥国家歌舞团在北展剧场演出。该团带来正宗弗拉门戈与墨西哥民间歌舞。本次演出为庆祝上海世博会墨西哥开馆日和国家独立200周年，在中国青岛、北京、上海世博会作3地巡演。

（傅显舟）

【交响鼓乐剧《杨门女将》进京演出】 9月18日，山西绛州鼓乐团推出的大型交响鼓乐剧《杨门女将》在人民大会堂演出。这是绛州鼓乐首次以交响戏剧形式的展演，绛州“鼓王”的巨型中国鼓也首次与北京观众见面。全剧长达75分钟，却没有一句台词，用鼓语讲述了一个角色多种、情节丰富的历史战争故事。结尾处谭晶以女将扮戏装登场，唱响主题歌《女儿花》。

（傅显舟）

【音乐剧《向左走·向右走》进京演出】 9月21日～23日，改编自台湾艺术家畿米绘本的同名音乐剧《向左走·向右走》在北展剧场上演。台湾人力飞行剧团推出，许茹芸、品冠主演，多媒体舞台背景设计。故事讲述一对比邻而居从不相识的青年男女，同住一城一区却难碰面一次，雨后一见钟情，却再也找不到联系方式。当两人决定离开这座城市时，却偶然邂逅，终于走到一起。

（傅显舟）

【中央歌剧院赴广东巡演】 10月20日，中央歌剧院院长俞峰率240名艺术家组成的演出队伍赴广东进行巡演。此次巡演分别在深圳、珠海、广州、韶关和中山5地进行8场演出，包括5场歌剧《图兰朵》，2场音乐会歌剧《卡门》，1场世界经典歌剧选场音乐会，还举办了3场歌剧鉴赏会讲座。

（傅显舟）

【音乐剧《白日梦》赴各地巡演】 10月26日～11月21日，2010开心麻花演出季推出的首部原创音乐剧《白日梦》在深圳、南京、武汉、天津四地展开巡演。水木年华成员缪杰、创作歌手王筝分别饰演男女主角。

（傅显舟）

【中国国家交响乐团赴韩国演出】 11月9日，中国国家交响乐团在韩国首都首尔艺术宫殿举办交响音乐会，随后在韩国龟尾和釜山演出两场。由李心草指挥。首尔音乐会演出了理查·施特劳斯的交响诗《英雄生涯》，韩国著名女小提琴家金志妍与交响乐团合作演出了普罗科菲耶夫的第二小提琴协奏曲。在龟尾和釜山两城市的演出中，乐团与韩国小提琴家韩孝林合作演出了圣桑的《第三小提琴协奏曲》。

（傅显舟）

【阿什肯纳齐父子钢琴音乐会】 11月12日，为纪念肖邦诞辰200周年，冰岛籍前苏联钢琴演奏家弗拉基米尔·阿什肯纳齐与其子沃夫卡·阿什肯纳齐在国家大剧院演出了一场父子钢琴音乐会。这是一场父子同台演奏的双钢琴音乐会。整场音乐会曲目由法国和俄罗斯的作品组成，包括普朗克的《双钢琴奏鸣曲》，斯克里亚宾的《a小调双钢琴幻想曲》《波洛维茨舞曲》，拉威尔的《鹅妈妈》组曲、《圆舞曲》和德彪西的《林达拉哈》等曲目。其中，拉威尔的《圆舞曲》堪称是双钢琴中经典的经典。

（张燕鹰）

【大提琴演奏家马友友音乐会】 11月14日中山公园音乐堂，大提琴演奏家、美籍华人马友友与中国爱乐乐团合作演出，余隆指挥。演奏了安东宁·德沃夏克的《b小调大提琴协奏曲》等。

（傅显舟）

【太谷秧歌进京演出】 12月3日，太谷秧歌交响音乐会在中山公园音乐堂举行。音乐会上半场演出了从传统秧歌剧中精选出的十几个经典唱段和一个完整小戏，有《看秧歌》《偷南瓜》等；下半场由北京交响乐团、山西省歌舞剧院交响乐团联袂演出了作曲家王西麟的《太谷秧歌风格组曲》。

（傅显舟）

【中国歌舞剧院赴贵州巡演】 12月18日，中国歌剧舞剧院大型情景歌舞晚会《四季情韵》在贵州省遵义市红花冈剧场上演，同时拉开了当地“百姓剧场·舞台精品剧目展演”活动的序幕。中国歌剧舞剧院的演员还深入遵义的多个区县，用6台精彩的演出丰富基层群众的新年文化生活。

（傅显舟）

【歌手那英在日本东京举办演唱会】 12月21日，“歌手那英20周年世界巡回演唱会”在东京都中野区太阳广场音乐厅举办，受到全场2000多名观众的欢迎。演唱会上，那英演唱了《辛酸的浪漫》《山不转水转》《雾里看花》《征服》等歌曲，还演唱了日本著名影视演员山口百惠的曲目《再见的另一方》等。中国驻日本大使馆文化处公使衔参赞张爱平观看了演出。

（张燕鹰）

纪　　念

【杨峻逝世】 1月29日，中央音乐学院教授、钢琴教育家杨峻，因病在北京逝世，享年70岁。他数十年献身于钢琴教学，培养了百余名本科生和研究生，其中包括居瑾、缪宁博、张晋、潘淳等多位国内外钢琴比赛获奖者及优秀教师。他在多次与中国著名交响乐团合作演奏过莫扎特、拉赫玛尼诺夫以及《黄河》等钢琴协奏曲，在北京、上海、香港等地举行过钢琴独奏音乐会。他演奏的许多曲目已由中国唱片总公司录制成唱片、CD或磁带发行，并出版了许多钢琴教学VCD。其中，有外国钢琴名曲独奏专辑《热情奏鸣曲》、中国钢琴名曲专辑《新疆随想曲》、《示范教学》专辑等。

（傅显舟）

【吴铁英逝世】 1月29日，首都师大音乐学院教授、钢琴教育家吴铁英因病在北京逝世，享年68岁。吴铁英教授录制出版了钢琴独奏音像资料（CD）3张，并经常参加舞台艺术实践。他忠诚教育事业，曾获学校“红烛礼赞”教书育人优秀教师奖、获中国音协颁发的“在业余钢琴教学中做出了贡献的荣誉奖状”。

（傅显舟）

弗拉基米尔·阿什肯纳齐、沃夫卡·阿什肯纳齐父子钢琴音乐会

【马秋华从教30周年音乐会】 2月26日，由北京音协、中国音乐学院主办的“春华秋实——马秋华教授从教30周年学生音乐会”在中山公园音乐堂举行。声乐教授马秋华携美声、民族、通俗3种唱法的20多位弟子登台演出。戴玉强演唱了意大利民歌《小嘴》，薛皓垠演唱了歌剧选段《在欢喜的节日里》，白雪演唱了《但愿人久长》，姚贝娜、吕薇、王丽达等学生也参加了演出。马秋华演唱了其夫金铁霖创作的《中年》。

（傅显舟）

【王秉锐从艺65周年音乐会】 4月18日，“桃李芬芳——声乐教育家王秉锐从艺65周年音乐会”在中国音乐学院国音堂举行。马梅、张礼慧、张莉、臧海平、黄越峰、梁展初、金永哲、梁召今、王立民等参加演出，演唱了《花之歌》《今夜无人入睡》《饮酒歌》《兰花花》等歌曲与歌剧选段。75岁的王秉锐教授在夫人赵碧璇钢琴伴奏下，演唱了四川民歌《槐花几时开》。

（傅显舟）

【汶川大地震两周年纪念音乐会】 5月13日，中国文联作为指导单位，中共四川省委宣传部、四川省文联主办，四川省音协、四川音乐学院承办的“5·12”汶川大地震两周年纪念大型交响音乐会“生命”在中山公园音乐堂举行。音乐会演出了弦乐交响诗《安魂曲》，合唱《殇》《拯救》《此去经年》《汶川美丽依然》《当我们重新站起》等中小型作品和四乐章大型交响乐《生命》，展现了中国人民抗震救灾的坚强精神。

（傅显舟）

【纪念肖邦诞辰二百周年音乐晚会】 5月25日晚，由波兰大使馆、华彬集团联合主办的纪念肖邦诞辰二百周年音乐晚会在华彬紫金剧院举行。波兰文化与民族遗产部部长、波兰驻华大使、欧洲议会会长、中国文化部、外交部领导等政界领导与来自国内外数百名各界人士出席。钢琴家李云迪现场演奏了多部肖邦经典音乐作品，并获得波兰“荣耀艺术”文化勋章。

（傅显舟）

【王凯传逝世】 5月26日，词作家王凯传因病在北京逝世，享年75岁。王凯传著有《歌唱敬爱的周总理》《洁白的羽毛寄深情》《边疆的泉水清又纯》《妹妹找哥泪花流》等九百余首歌词，为《小花》《第二次握手》等二百余部影视片撰写歌词，为大型音乐舞蹈史诗《中国革命之歌》及大型文艺晚会《回归颂》等担任文学撰稿工作。

（傅显舟）

【佟铁鑫独唱音乐会】 7月23日，为庆祝空军政治部文工团建团60周年，空政文工团男中音歌唱家佟铁鑫独唱音乐会在国家大剧院举办。佟铁鑫演唱了《我爱祖国的蓝天》《我爱这蓝色的海洋》《多情的土地》等歌曲。

（傅显舟）

【阎肃从艺60周年艺术创作座谈会】 7月26日，总政宣传部、空军政治部和文化部艺术司在京联合召开“阎肃同志从艺60周年艺术创作座谈会”，来自文艺界和军队的艺术家们出席了会议。对阎肃60年来的创作给予了高度评价，大家纷纷表示要以阎肃为榜样，继续推出更多人民群众喜闻乐见的、富有时代气息的精品佳作。

（傅显舟）

【苏扬逝世】 8月13日，指挥家、音乐活动家、《歌曲》杂志副主编苏扬因病在北京逝世，享年86岁。苏扬，1942年在重庆国立音乐学院学习，1945年毕业于鲁艺，曾担任东北鲁艺文工团、东北人艺歌剧院领导工作。新中国成立后在中央实验歌剧院负责歌剧团和乐团的党政工作，1960年调任北京青年京剧团，曾出任老挝大使。1978年调入中国音协，曾任中国函授音乐学院董事长。离休后担任过当代中国诗书画研究会副会长、中国音协民歌合唱团团长等职务。

（傅显舟）

【施光南诞辰七十周年纪念音乐会】 8月22日，由文化部、全国青联、中国文联、中国音协主办，中国音乐文学学会协办的“施光南诞辰七十周年纪念音乐会”在人民大会堂举行。雷佳、丁毅、李光羲、关牧村、殷秀梅等登台演唱了多首施光南创作的优秀作品。

（傅显舟）

【“玉鸣东方·琵琶独奏”音乐会】 8月28日，为庆祝中央民族乐团50华诞，琵琶演奏家吴玉霞在国家大剧院音乐厅举办“玉鸣东方·琵琶独奏”音乐会。上半场以小型独奏为主，有经典传统名曲《春江花月夜》《霸王卸甲》等曲；下半场有《春秋》（唐建平曲）、《古道随想》（许知俊曲）等新创作曲目。

（傅显舟）

【晓河逝世】 9月8日，作曲家、原解放军艺术学院教务长晓河在北京逝世，享年92岁。晓河，1918年生，原名何同鉴，江西上饶人。1938年在黄安青训班学习。次年加入中国共产党。1940年参加新四军。曾任新四军抗敌剧团指导员，华东野战军师文工队队长、纵队文工团副团长。新中国成立后，历任总政治部文化部文艺处干事，总政政治部文工团创作员，解放军艺术学院教务处处长等。中国音协第二、三届理事。曾获三级独立自由勋章、三级解放勋章。荣立过一等功、二等功各一次，三等功两次，还获得为几内亚（比绍）共和国、佛得角共和国谱写国歌的殊荣。2001 年 5 月，获首届中国音乐“金钟奖”终身荣誉勋章。作品有歌曲《罗炳辉射击手》《三杯美酒敬亲人》《勘探队之歌》《伟大的国家伟大的党》等。

（傅显舟）

【刘明源诞辰八十周年音乐会与研讨会】 9 月 11 日 ~13 日，“刘明源诞辰八十周年音乐会与研讨会”在中央民族乐团民族音乐厅举行。中央民族乐团与中国弓弦乐大师刘明源艺术研究中心（香港）联合主办的“喜洋洋——纪念刘明源诞辰八十周年系列音乐会”在北京举办。其子刘湘、孙女刘紫凤也相继登台演奏。

（傅显舟）

【中央音乐学院七十华诞】 11 月 1 日，中央音乐学院举办七十华诞庆典，以近百场文化活动庆祝生日。海内外校友聚集母校，交流学术、登台演出。校庆庆典与几十台音乐会除外，世界著名音乐学院汇集的院长论坛引人注目。中央音乐学院始终以培养高精尖音乐人才、发展和繁荣我国艺术事业为己任。70 年来为国家培养和输送了数以万计的优秀音乐专业人才，创作了一大批经典音乐作品，取得了众多国家级优秀教学和科研成果。获得国内外重要奖项很多，成为享誉国内外的音乐学府。

（傅显舟）

【萧友梅逝世七十周年座谈会】 11 月 1 日，纪念中国音乐教育家、作曲家萧友梅逝世七十周年座谈会暨纪念铜像落户北京音乐厅揭幕式在京举行，萧友梅纪念铜像系由雕塑家刘开渠雕塑。来自全国音乐院校的专家学者，介绍了萧友梅对中国近代音乐教育事业和中国管弦乐事业发展的贡献，表达了对音乐先辈的缅怀和纪念之情。

（傅显舟）

【中央民族乐团建团 50 周年音乐会】 11 月 4 日，中央民族乐团建团 50 周年庆典音乐会在中央民族乐团音乐厅举办。陈燮阳、刘文金、胡炳旭、许知俊和刘沙分别担任音乐会指挥。音乐会有冯晓泉和曾格格夫妇联手演绎的玉笛、筚篥二重奏《家园》，于红梅和王崇武联手演奏的二胡、大提琴版《菊花台》等曲目，郑路、王次恒、周幼军、宋飞等民乐艺术家参加了演出。

（傅显舟）

【何士德诞辰百年音乐会】 11 月 7 日，《新四军军歌》曲作者何士德诞辰百年音乐会在解放军歌剧院举行。此次音乐会由新四军研究会主办，海燕合唱团和新四军老战士合唱团演唱，以何士德在抗战时期创作的歌曲为主。程志、程桂兰、赵景春、于秋颖、任士荣、黄倩等参加演出。音乐会旨在弘扬新四军的铁军精神。新四军老战士和很多新四军的后代观看了演出。作曲家、指挥家何士德 1910 年生于广东阳江，2000 年去世，他是新中国电影音乐的奠基人之一，曾任新四军教导总队文化队长等职。

（傅显舟）

【刘雪庵诞辰一百周年学术研讨会】 11 月 25 日 ~26 日，“刘雪庵先生诞辰一百周年学术研讨会”在中国音乐学院举行。研讨会由中国音乐学院主办，中国音协、中央音乐学院、上海音乐学院、华东师范大学、苏州大学、中国艺术研究院音乐研究所等单位协办，会议对刘雪庵的音乐创作、音乐思想、音乐活动进行了交流和研讨。

（傅显舟）

【《人民音乐》创刊 60 周年】 12 月 10 日，人民音乐杂志社在中央音乐学院举行庆祝创刊 60 周年大会。作为新中国成立以来最早创办的专业音乐刊物，《人民音乐》创办以来，积极介入音乐实践，引领创作、表演、研究的潮流，发表了大量重要文献，在国内外音乐界产生了广泛、深远的影响。来自全国各地音乐院校、音乐刊物的一百多名代表出席庆典与研讨会。

（傅显舟）

评论与研究

【全国和声复调教学研讨会】 4 月 9 日 ~11 日，教育部高等学校艺术类专业教育指导委员会与中国音乐学院联合主办的全国和声复调教学研讨会在京举行。来自全国各高等音乐院校的专家学者一百三十余人参会，研讨学科建设及教学中存在的问题。专家们认为，和声、复调是多声部音乐本体的基本形式，不仅是音乐院校培养作曲家的必修课程，也是其他专业方向学生不可缺少的基础知识。

（傅显舟）

【《西安鼓乐全书》出版座谈会】 4 月 11 日，由中国艺术研究院、西安音乐学院、文化艺术出版社共同举办的“生命为鼓乐燃烧”——《西安鼓乐全书》出版座谈会在中国艺术研究院举行。来自中国艺术研究院、中央音乐学院、中国音乐学院、南京艺术学院、上海音乐学院、西安音乐学院、山东师范大学等高校和研究机构以及文化艺术出版社、人民音乐出版社相关新闻出版单位的三十余位专家学者出席了座谈。该书是陕西省艺术研究所西安鼓乐研究专家、92岁高龄的李石根倾其一生精力从事鼓乐挖掘整理的研究成果。

（傅显舟）

【徐振民交响乐作品研讨会】 4月16日，“徐振民交响乐作品研讨会”在中央音乐学院会议室举行。苏夏、徐源、汪毓和、李吉提、段平泰、高为杰等教授、专家与徐振民的师长、挚友、学生出席了研讨会。研讨会上，大家畅谈聆听音乐会的感受，就徐振民的为人、为乐等方面展开发言。

（傅显舟）

【低音提琴研讨会】 4月26日～27日，由中国音乐学院和中国低音提琴学会联合主办的中国高等艺术院校低音提琴教学研讨会暨2010年北京国际低音提琴音乐节中国作品展演筹备会在京举行。来自中国音乐学院、中央音乐学院、上海音乐学院等院校的专业教师与中国国家交响乐团、中国爱乐乐团等院团的演奏家出席了研讨会。与会者探讨了目前高等艺术院校低音提琴教学现状和普遍存在的问题，交流了目前国家级院团考核标准、国际国内制琴与制弓、低音提琴音像制品出版等方面的相关信息，以及低音提琴学会的工作近况。

（傅显舟）

【国际视唱练耳教学论坛】 5月10日，由中央音乐学院主办，中国音协数字化音乐教育学、全国艺术高校视唱练耳＆乐理教学联盟协办，中央音乐学院艺术实践办公室、迪索音乐科技承办的第5届国际视唱练耳教学论坛暨中俄视唱练耳教学艺术周开幕式在中央音乐学院举行。本次论坛主题是“视唱中的声乐　声乐中的视唱”。来自中意的数十位视唱练耳教育专家和全国各大艺术院校四百余位代表共同交流教视唱练耳学方法，探讨视唱练耳教学新模式，共话视唱练耳教育的未来。主办方为姜夔、赵方幸、李重光、孙虹等几十位老教授颁发了“基础教学终身奉献奖”。

（傅显舟）

【世界著名歌剧院院长论坛】 6月4日～5日，第2届世界著名歌剧院院长论坛在北京开幕。来自意大利、德国、西班牙、挪威、埃及、澳大利亚，日本、新加坡、韩国、泰国10国歌剧院与国家大剧院、中央歌剧院、中国歌剧舞剧院、总政歌剧团、上海歌剧院、香港歌剧院在内的6家剧院院长、专家交流探讨，寻找联合制作、成本共担、经验共享的合作模式，以及价值判断、艺术创想等更深层次的沟通和融合。

（傅显舟）

【综合大学音乐院系歌剧教学研讨会】 6月12日～14日，由中国音协、首都师范大学、首都师范大学音乐学院主办、首都师范大学音乐学院声乐系、首都师范大学音乐学院歌剧工作室策划和承办的“2010年全国综合大学音乐院系歌剧教学研讨会”在首都师范大学音乐学院召开。来自首都师范大学、南京艺术学院、北京师范大学、哈尔滨师范大学、上海师范大学、西南大学、福建艺术职业学院、云南师范大学等全国40多所高校的90多名专家、代表出席会议，就建立和健全综合大学的歌剧教学体系交流研讨。

（傅显舟）

【民族音乐学高端论坛与乐器学国际研讨会】 9月18日，由中国音乐学院音乐学系主办的“民族音乐学高端论坛与乐器学国际研讨会”在北京外国专家楼举行。到会的专家就民族音乐学的理论与实践等热门话题及乐器分类问题展开了广泛的学术交流和讨论。来自海外音乐学者与国内专家数十人出席了会议。

（傅显舟）

【2010国际版权论坛】 11月18日～19日，由世界知识产权组织和中国国家版权局联合主办的“音乐畅响未来”为主题的2010国际版权论坛在北京国际会议中心召开。全国人大常委会副委员长陈至立，新闻出版总署署长、国家版权局局长柳斌杰等领导出席开幕式。世界知识产权组织总干事弗朗西斯·加利、国际唱片协会主席弗朗西斯·摩尔、华纳音乐主席兼总裁约翰逊等在内的版权界和音乐产业巨头与来自50多个国家的代表、嘉宾汇聚论坛。会议重点探讨了音乐领域的维权保护。孟卫东代表中国音乐著作权协会出席论坛，做了题为“当今中国音乐传统文化的多元化生存和发展”的发言。

（傅显舟）

【中国音乐剧发展论坛】 12月2日～5日，由文化部艺术司、北京舞蹈学院、中国音乐剧研究会主办的中国音乐剧发展论坛暨第4届中国音乐剧教学与创作研讨会在北京舞蹈学院举行。来自国内及英国、美国、新加坡、韩国等国的几百名音乐戏剧专家出席了论坛研讨，对中国与国外音乐剧教育与创作现状与未来进行了深入分析和探讨。

（傅显舟）

【陈卫东公益歌曲研讨会】 12月16日下午，由北京音协主办、中央音乐学院校友会协办的以“音乐艺术与公益爱心”为主题的作曲家陈卫东公益歌曲创作研讨会在北京市文联召开。市文联领导黎晶、中国社会工作协会副会长兼秘书长赵蓬奇、作曲家杜鸣心、词作家石顺义、歌唱家丁毅、音乐学家傅利民等参加会议。研讨会旨在通过陈卫东的个人行为，吸引更多的人关注公益，产生一个良好的社会效应。

（傅显舟）

出　版　物

【电影《孔子》单曲】　1月6日，电影《孔子》制片方在北京举行主题曲《幽兰操》首播仪式，同时向全球发行单曲。歌词改自韩愈《幽兰操》，讴歌谱曲、王菲演唱。

（傅显舟）

【《李元庆纪念文集》首发式】　3月27日，由文化艺术出版社出版的《李元庆纪念文集》首发式及座谈会在中国艺术研究院举行。全集分为四部分。第一部分是李元庆的论文，第二部分为纪念文章，第三部分为李元庆逝世时挽词、挽联，第四部分是《李元庆年谱》。此书由孔德墉、刘东升等策划、组稿，与中国艺术研究院音乐研究所共同编辑完成。

（傅显舟）

【《秦文琛室内音乐作品》】　4月，北京文化艺术音像出版社出版《秦文琛室内音乐作品》，收录有这位作曲家近期室内乐《太阳的影子Ⅶ》《唤起记忆的声音Ⅱ》与《琵琶辞》《怀沙》4部作品。这些作品有童年记忆、有诗人意向，更有作曲家使用各种手法探索自己寻求的音响意境。

（傅显舟）

【《共和国音乐史》】　4月，居其宏所著《共和国音乐史》由中央音乐学院出版社出版。该书是为高等音乐艺术院校、艺术学校及高等师范院校中的音乐院系、艺术职业学院中的音乐专业本科、专科学生编写的当代音乐史教科书，亦可作为中国近现代、当代音乐史方向硕士生、博士生的专业教材或参考教材之用。

（余　原）

【《配器法教程》】　5月，赛谬尔·阿德勒（美）著、叶小纲主编的《配器法教程》（上、下）由中央音乐学院出版。本书为世界上广为采用的配器法教科书，已出至第3版，首次翻译成中文，采用1982年英文版，配有习题集以及书中全部谱例的音响资料，实用性很强，方便了授课和学习方面的要求。

（余　原）

【《华乐大典·二胡卷》】　7月，由民族管弦乐学会组织编撰的《华乐大典·二胡卷》，由上海音乐出版社出版，首发式在北京举行。该书由“文论篇”、“乐曲篇”、“音像篇”3部分构成，集史、曲、传、记、目于一卷，对中国百年二胡艺术的历史发展进行了浓缩。“文论篇”收录83篇相关文章；“乐曲篇”从近百年来近千首二胡作品中精选出传统、民间、现代、移植等优秀作品107首，全部采用五线谱谱面收录，并特邀创作者和首演者撰写了创作或演奏札记；“音像篇”选用了60首作品的CD录音予以精心制作收入其中。

（傅显舟）

【郎朗《维也纳独奏音乐会》专辑】　8月23日，钢琴家郎朗在国家大剧院举办“琴声郎朗——维也纳音乐会”及专辑全球首发见面会，宣布郎朗与索尼集团长期合作。专辑以郎朗演奏的贝多芬里程碑之作《热情钢琴奏鸣曲》《C大调第三号钢琴奏鸣曲》开头，加上3首西班牙作曲家阿尔贝尼兹的作品，以普罗科菲耶夫《第七号战争奏鸣曲》结束。新专辑包括限量珍藏版、标准版（2CD）、DVD，以及蓝光Blu-ray 4种规格，不但有精美的照片与多国语种解说册，在影音部分也突破乐坛惯例，首度尝试以3D技术拍摄，完成了专辑中部分曲目演出的高规格影像记录。

（傅显舟）

【邓玉华歌曲专辑《映山红》】　8月，歌唱家邓玉华歌曲精品专辑《映山红》出版。汇集了她从艺以来演唱的《情深谊长》《毛主席的话儿记心上》《映山红》《毛主席来到咱农庄》等52首歌曲。

（傅显舟）

【《楚钟研究》】　8月，邵晓洁专著《楚钟研究》由人民音乐出版社出版，为21世纪中国音乐学文库系列的一本中国古代音乐史专著。作者对宋代以来楚钟的重要背景材料进行了深度分析，划定了楚钟发展的历史分期，阐释了楚钟发展过程与中原钟的基本关系以及由此所体现的文化现象和规律，有较高的学术价值。

（余　原）

【《琴曲集成》】　8月，中国艺术研究院音乐研究所和北京古琴研究会编纂的《琴曲集成》由中华书局出版。该书由古琴家查阜西、吴钊主持整理，收集了从六朝到清末民初千余年间的142种琴谱，其中有许多是罕见的孤本、善本，资料。这是一部有关我国古琴艺术遗产的大型资料汇编，编纂始于20世纪50年代，1960年由中华书局出版，其后陆续出版了17卷，至2010年才全部出齐，耗时整整50年。

（傅显舟）

【《乌克兰歌曲选集》】　8月，国内第一本《乌克兰歌曲选集》由中国国际广播出版社出版，8月27日在基辅罗斯餐厅音乐厅举行首发式。翻译家薛范、基辅罗斯艺术团以及中国国际广播出版社三方合作完成出版。尽管俄罗斯歌曲在中国广为传唱，而乌克兰歌曲则鲜有人知。《乌克兰歌曲选集》的编译出版填补了国外歌曲译配一项空白。

（傅显舟）

【《全国高等艺术院校民族器乐教学系列丛书》】 8月，由中国音乐学院民乐系教师编辑的这套教材系列由人民音乐出版社出版。这套教材含笛子、三弦、唢呐等多种民族乐器，旨在引导建立科学、系统的民族器乐教学体系，为学科提供丰富的、可供选择的教学曲目。这套教材最大的特点是“原创性”——所有训练曲目均由各学科带头人编创而成，教学效果良好，是教师们多年教学实践成果的总结。

（余　原）

【聂建华歌曲专辑】 9月4日，武警文工团男高音歌唱家聂建华在京举办由人民音乐电子音像出版社出版的新专辑《为祖国干杯》和《经典永流传》首发式。《经典永流传》包括《再见了，大别山》《骏马奔驰保边疆》等15首歌曲；《为祖国干杯》收录了《怀念战友》《草原恋》等31首歌曲。其中，《再见了，大别山》《怀念战友》等是其代表作品。

（傅显舟）

【《中国朝鲜族音乐文化史》】 9月21日，由中国音协、国家民委宣传文化司共同主办，中国朝鲜族音乐研究会、民族出版社承办的《中国朝鲜族音乐文化史》出版座谈会在京举行。该书分为移民时期的音乐、解放战争时期的音乐、新中国成立初期的音乐、“文化大革命”时期的音乐、改革开放时期的音乐5个部分；从传统音乐、白区音乐、抗日音乐、社会音乐、学校音乐、军人音乐、专业艺术团体的音乐、音乐教育、音乐出版及广播、音乐研究多方角度来审视中国朝鲜族音乐。

（傅显舟）

【《中国当代作曲家曲库》】 9月，由人民音乐出版社出版的《中国当代作曲家曲库》系列书谱先后面世。本系列收录当代作曲家10部优秀作品，以总谱配音像制品发行。同时，面向海内外开展作品演奏乐谱租赁业务，以便进一步推广这些作品。本系列收录有王世光《长江交响曲》、赵季平《民族管弦乐——庆典序曲、古槐寻根》、权吉浩《京剧印象》、刘湲《火车托卡塔——为管弦乐队而作》等作品。

（余　原）

【《毛宇宽音乐文集》】 10月，《毛宇宽音乐文集》由中央音乐学院音乐出版社出版。毛宇宽是国内杰出的音乐学家与翻译家，65万字的文集搜录其近30年来的学术成果。作为苏联音乐史研究专家，作者对肖斯塔科维奇、普罗科菲耶夫等苏联音乐史上标志性的人物做了深入研究。史料翔实、见解精辟且将历史研究与现实问题相关照，带来新的思考，对业界内外读者兼具价值。

（余　原）

【《音乐学文集》（第五集）】 11月，为庆祝中央音乐学院建院70周年，由张伯瑜主编的英文版《音乐学文集》（第五集）由中央音乐学院出版社出版。该文集主要收集了中央音乐学院音乐学系教师的论文31篇，分中国传统音乐、中国音乐史、西方音乐史、音乐美学和世界音乐5部分，是国内首部当代音乐学论文集的英文版。已出版的前四集为中文版。

（余　原）

【《音乐剧音乐创作与研究》】 11月，傅显舟专著《音乐剧音乐创作与研究》由中央音乐学院出版社出版。该书在大量分析国外经典音乐剧与国内音乐剧音乐的基础之上，提出了音乐剧歌曲分类与写作的一般模式，探讨了音乐剧音乐创作的一般规律；进一步探索音乐剧音乐写作评价一般标准和原则，在总结西方音乐剧音乐创作的成功经验的同时，指出国内音乐剧音乐创作存在的不足及其弥补的办法。该书理论与实践价值兼备，填补了国内音乐剧音乐研究的一项空白。

（余　原）

【林俊杰新专辑《她说》】 12月9日，林俊杰与海蝶音乐公司在龙潭公园的“中心音乐岛”举办新专辑《她说》的发布会，当晚免费向歌迷上演“她说”现场音乐会。《她说》收录了林俊杰出道10年来曾为张惠妹、S.H.E、张韶涵、TWINS、李冰冰、王心凌、郭静、萧萧等歌手创作的多首经典情歌，经过自己以“女歌男唱”的方式重新演绎，找到了创作时的初衷，用音乐跨越了性别隔阂。

（傅显舟）

【《作曲的基础训练》】 12月，姚恒璐撰写的《作曲的基础训练》由人民音乐出版社出版。该书为全国普通高等学校音乐学本科专业教材，通过大量的分析各种类型的音乐作品，以掌握曲式与作品分析的基本技术理论为主要内容，注意理论阐述与实例分析相结合，指导读者更深入地掌握音乐作品的形式与内容。本书的光盘中还附有音响及部分谱例，以便读者更好地学习。

（傅显舟）

舞　　蹈

2010年，北京地区的舞蹈活动异彩纷呈。作品创作繁荣，演出丰富多彩，交流活动频繁，赛事不断，在高层次舞蹈人才培养和理论探索方面也取得了新的进展。

总政歌舞团创排了抗日题材的大型舞剧《铁道游击队》；中国东方演艺集团有限公司与国家大剧院合作推出的大型原创舞剧《马可·波罗》；北京聚敞现代艺术中心、北京现代舞团和华亚艺术基金会联合出品的现代舞作品《徒步二十一层》；中央芭蕾舞团引进的经典芭蕾舞剧《奥涅金》，用舞蹈形式重新演绎的明代剧作家汤显祖的名剧《牡丹亭》，推出的中国版《胡桃夹子》，以及“Work Shop创意潜力芭蕾”，无论从表现内容还是艺术形式方面，都极大地丰富了首都舞蹈演出，在更大程度上满足了人民群众的文化娱乐需求。

2010年，大型音乐舞蹈史诗《复兴之路》完成了该剧的第一个百场演出。第三期“梦幻水立方”除保留了第二期“全景芭蕾”的经典芭蕾舞片段以及水上芭蕾、高空跳水等精彩看点，同时增加了花游秀、国标舞秀、柔术秀、肩上芭蕾秀、杂技秀以及空中特技秀等。王亚彬在天桥剧场举行的舞蹈专场演出和金星舞蹈团在国家大剧院的专场演出，显示出首都舞台的多样性。

2010年，作为全国的文化中心和国际文化交流中心，北京迎来全国乃至世界各地众多舞蹈表演团体登台亮相。国内的有广州芭蕾舞团演出的舞剧《风雪夜归人》、四川音乐学院根据汶川大地震为蓝本创作的舞蹈诗《震撼》，井冈山干部学院、井冈山大学、同济大学师生联合创编音乐舞蹈史诗《井冈山》，以多样化的题材给人以不同感受。香港城市当代舞蹈团的《女书》把古代女性与香港当代社会的女性相对照，给观众留下了广阔的遐想空间。羌族原生态歌舞《羌魂》展现了中国羌族古老的文化艺术。参加朝阳国际风情节的希腊、西班牙、法国、俄罗斯等国家的130名艺术家展现了世界各地的舞蹈艺术，第10届“相约北京”联欢活动中上演的俄罗斯芭蕾舞剧《法老的女儿》向世人展示了俄罗斯芭蕾舞的魅力。蒙特卡洛芭蕾舞团为人们带来了“当代欧洲最有想象力的时尚芭蕾”。北京当代芭蕾舞团携芭蕾舞作品《棱镜》访问瑞典，给北京的民营芭蕾舞团掀开了新的篇章。

2010年，北京地区举办了多次舞蹈比赛。第18届北京“天使杯”国标交谊舞城市友好赛吸引了北京、浙江、河北、辽宁、山东、江苏、新疆、安徽等地的代表队，以及香港、澳门、台湾等地区的舞者，分别参加了摩登舞、拉丁舞、交谊舞3个系列、117个组别的比赛。第7届中国舞蹈“荷花奖”校园舞蹈大赛、西城区举办的首届“和合谷杯”健美操交谊舞交流赛，有153对舞友参加了交谊舞比赛。总政文工团的双人舞《悟》在2010白俄罗斯国际舞蹈大赛上获得本次大赛最高奖。

2010年，中国舞蹈家协会第9次全国代表大会在京举行，大会选举产生了新一届理事会和新的主席团。

2010年，北京在舞蹈教育和科研方面也有新的进展。王彬在北京通过了舞蹈学博士后出站答辩，成为中国首位完成学业和工作的舞蹈学博士后。在北京召开的第18届世界美学大会举办了“舞蹈美学与舞蹈教育论坛”，交流了世界舞蹈美学与舞蹈教育领域发展现状，展示和交流了中外舞蹈学者在美学与艺术领域的研究成果，推动了世界舞蹈美学研究和舞蹈教育的发展。在京召开的新疆维吾尔族舞蹈基训标准论证会，对新疆维吾尔族舞蹈基训标准论进行了论证，推进了新疆少数民族舞蹈的可持续发展。德国弗塞斯舞团讲解并展示的互动网络作品“同步对象”，则用最新的理念和技术对编舞进行了视觉化的跨界探索，展现了编舞过程中各个组织系统之间的交错关系。

（郭　涛）

机　　构

【刘岩文艺专项基金】　3月22日，被张艺谋称为“北京奥运会真正的英雄”、被奥组委表彰为“功臣”的舞蹈家刘岩，在中国文学艺术基金会的支持下，在京建立了以她个人名义命名的基金——刘岩文艺专项基金。该基金用于支持资助贫困地区小学的艺术教育以及一些孤儿学校、农民工小学。她曾在多部舞剧中扮演过主角，是双“文华奖”和“五个一工程奖”获得者，创造了《瓷魂》中的瓷灵、《西厢记》中的崔莺莺、《红河谷》中的丹珠等多个艺术形象。

（郭　涛）

【中国舞蹈家协会选出新一届理事会】　12月3日，中国舞蹈家协会第九次全国代表大会在北京闭幕，大会选举产生了新一届理事会和领导机构。赵汝蘅当选为中国舞蹈家协会第九届主席，王小燕、丹增贡布、左青、冯英、冯双白、刘敏、杨丽萍、张继钢、陈维亚、迪丽娜尔·阿不都拉、赵林平、黄豆豆当选为副主席。贾作光、白淑湘被推举为名誉主席。刀美兰、吕艺生、多吉才旦、孙加保、李正一、李毓珊、张玉照、陈翘、陈泽盛、陈宝珠、陈爱莲、赵青、查干朝鲁、资华筠、崔善玉、斯琴塔日哈、舒巧、游惠海被聘为顾问。罗斌被任命为秘书长，李甲芹、李淑芬被任命为副秘书长。

（郭　涛）

作　品

【“Work Shop创意潜力芭蕾”】　4月24日～25日，“Work Shop创意潜力芭蕾”在天桥剧场首演。“Work Shop”演出创作主题围绕当今社会的现实问题展开，并用芭蕾的形式表达。此次推出的首批节目由中芭邀请的两位国外年轻编舞伊日·布贝尼赛克（Jiri Bubenicpk）和泰兰斯·科勒（Terence Kohler）的新创作品以及中芭年轻演员王琪的《夜》、张镇新的《天黑请闭眼》、王思正的《放逐地》和张翼翔的《童话》组成。

（郭　涛）

【多媒体舞蹈晚会“舞者：where I meet myself”】　6月4日，北京舞蹈学院艺术传播系2006级电视舞蹈专业毕业作品——多媒体舞蹈晚会“舞者：where I meet myself”在北京舞蹈学院沙龙舞台首演。该毕业晚会由艺术传播系策划，史晶歆编导，张朝霞、赵冰心、杨越明担任总策划，由北京舞院青年舞团王亚彬、汪子涵、武巍峰等舞者演绎。这是一台由学生自主创意，利用多媒体技术与舞蹈艺术结合的方式所创作的晚会，为观众们展现了一段舞蹈人从初触舞蹈世界到追逐舞蹈之梦的心路历程。

（郭　涛）

【舞蹈诗剧《梦里落花》】　6月4日，舞蹈诗剧《梦里落花》在国家大剧院首演。该剧由舞蹈家沈培艺与戏剧表演艺术家濮存昕联袂呈现，舞蹈演员柴明明、谷亮亮等参演。该剧把舞蹈与文学、戏剧和绘画相结合，以沈培艺的舞蹈以及词人李清照的词为主，用舞蹈配上诗词朗诵的方式进行表演，为观众展现了中国传统文化的博大精深。导演、编舞、主演沈培艺，吟诵濮存昕。

（郭　涛）

【当代芭蕾《无足鸟》】　6月19日～20日，舞蹈演员王媛媛和话剧导演林兆华共同打造的当代芭蕾《无足鸟》在国家大剧院小剧场首演。无足鸟来源于传说，据说它没有脚，一生只能够一直飞翔，飞累了就睡在风中，一辈子只会落地一次，那就是死亡来临的时刻。实际上，无足鸟是圣马丁鸟，学名岩燕，居住在山岩峭壁直上。因此人们看不到它们休息，只见到它无休无止的在空中飞翔，一生艰辛，因此有了无足鸟的美丽传说。整部舞剧由北京当代芭蕾舞团5位年轻编导共同完成，他们用现实中自身的漂泊来解读漂泊感，将各自创作的不同主题不同风格的段落组成一个整体。剧中共有5个段落，有群舞也有双人舞，从爱情、生活、工作等不同角度描绘北漂的迷茫、孤独与痛楚。

（郭　涛）

【舞剧《铁道游击队》】　7月31日，为纪念中国人民抗日战争暨世界反法西斯战争胜利65周年，中国人民解放军建军83周年，总政歌舞团创排的大型舞剧《铁道游击队》在国家大剧院首演。该剧以独特创新的舞蹈表演、紧凑的故事情节、令人震撼的视觉效果，展现了铁道游击队的英勇善战，以及抗战时期中华儿女的英雄群像。该剧艺术总监彭丽媛，音乐总监赵季平，舞台文学剧本赵大鸣，总编导杨笑阳。

（郭　涛）

【中央芭蕾舞团芭蕾舞剧《奥涅金》】　8月6日，中央芭蕾舞团经典芭蕾舞剧《奥涅金》在国家大剧院歌剧院演出。该剧是该团引进斯图加特芭蕾舞团克兰科“经典芭蕾三部曲”中的第二部。这部汇聚了普希金、柴可夫斯基和克兰科3位大师的作品，自1965年创作完成之后，以其戏剧结构严谨清晰，舞蹈编排新颖，与音乐水乳交融，以古典芭蕾作为全剧的主要表现手段，成为了约翰·克兰科作品中最精美的一部。

（郭　涛）

【现代舞《徒步二十一层》】　9月17日，2010北京国际青年戏剧节中的现代舞作品《徒步二十一层》在北京方家胡同46号剧场首演。该剧由北京聚敞现代艺术中心、北京现代舞团、华亚艺术基金会联合出品，根据导演辛欣的作品《跳楼》改编而成。作品讲述了由一个跳楼事件引发的一段心灵旅程。这部作品是创作者对年轻人生命中的温暖与绝望、美好与残酷进行的一次全景穿越式呈现，也是北京现代舞团舞蹈剧场系列作品之一。舞蹈剧场系列是北京现代舞团2010年的创新之举，旨在告别以往传统现代舞的框架，打造集舞蹈、音乐、多媒体、舞台设计为一体的跨界舞台剧作品。

（郭　涛）

【中澳联袂打造现代舞《初祭》】 11月5日~6日，由北京雷动天下现代舞团与澳大利亚艾思普森舞蹈团首次联合创作表演的现代舞作品《初祭》，在解放军歌剧院上演。此次活动作为2010~2012年中国、澳大利亚互办文化年重点合作项目，得到了澳大利亚政府以及澳大利亚驻华大使馆的支持与资助。《初祭》是一部与祭祀相关的现代舞作品，浸透着人类初始文明的古老仪式文化，在不同国界现代艺术家的关注与碰撞中被赋予了新的内涵与寓意。传统与现代、真实与虚幻、个体与世界、生命与精神等这些具有现实效应的话题，被融入到充满个性的创作中，呈现出一幅生动写意的画卷。编舞：娜塔莉·维尔〔澳大利亚〕、曹诚渊、李捍忠、马波。

（郭　涛）

【舞剧《马可·波罗》】 12月22日，由中国东方演艺集团有限公司与国家大剧院合作推出的大型原创舞剧《马可·波罗》在国家大剧院举行首演。该剧演绎了主人公与中国公主为了平息战争、相恋却不能相守的凄美爱情故事。该剧总编导陈维亚，编剧赵大鸣，音乐创作张千一，舞美总监高广健，灯光设计是来自俄罗斯马林斯基剧院的首席灯光弗拉基米尔·卢卡谢维奇。该剧由中国东方演艺集团有限公司所属中国歌舞团全体演员为主要班底，意大利斯卡拉歌剧院芭蕾舞团首席舞蹈演员米克·泽尼加盟演出，国家大剧院管弦乐团和合唱团现场伴奏伴唱。李长春在王刚、刘淇、刘云山、李建国、廖晖、白立忱、郑万通陪同下，与首都观众一起观看演出。

（郭　涛）

【中央芭蕾舞团《胡桃夹子》】 12月23日~26日，中央芭蕾舞团推出的2010中国版《胡桃夹子》在天桥剧场进行首轮演出。该版《胡桃夹子》在保留柴可夫斯基曼妙音乐和芭蕾肢体表现手法的同时，将故事背景设定在中国的新年夜，并在剧中添加青花瓷、麒麟、风筝、糖葫芦等中国元素，令其富有浓浓的“年味儿”。

（郭　涛）

会议　活动

【香港·北京舞蹈平台2010】 1月8日、10日，由香港城市当代舞蹈团主办、北京雷动天下现代舞团协办的“香港·北京舞蹈平台2010”在解放军歌剧院举行。这是香港城市当代舞蹈团“中国舞蹈发展计划”中的一项重要内容，旨在为京、港两地现代舞的演出创造更多的机会。此次演出共有两场，在北京均属首演，分别是香港城市当代舞蹈团的《那一年·这一天》和雷动天下现代舞团的《轻描淡写》。前者是藏族舞蹈家桑吉加专为香港城市当代舞蹈团建团30周年创作的作品；后者是雷动天下执行艺术总监李捍忠和演员马波在2010年的开篇之作。

（郭　涛）

【李长春观看《复兴之路》】 1月14日，大型音乐舞蹈史诗《复兴之路》继庆祝新中国成立60周年期间在人民大会堂演出后，又搬上了国家大剧院的舞台。中共中央政治局常委李长春，中共中央政治局委员、中央书记处书记、中宣部部长刘云山，中共中央政治局委员、国务委员刘延东，全国政协副主席、中国社会科学院院长陈奎元一同观看了演出。

（郭　涛）

【外国驻华使节、驻华机构人员观看《复兴之路》】 2月28日，境外媒体记者、外国驻华使馆官员和驻华机构外国友人应邀在国家大剧院专场观看大型音乐舞蹈史诗《复兴之路》。

（郭　涛）

【芭蕾艺术走进校园】 3月27日，中央芭蕾舞团的演员为丰台区的800多名中小学生送上了《卡门》《四小天鹅》《海盗》等多部国内外经典芭蕾舞作品精彩片。其中，500多名打工子弟学生都是首次现场观看芭蕾，十几名学生代表还上台在芭蕾演员带领下“共舞”了“一字步”等基本芭蕾舞蹈动作。“芭蕾艺术走进校园”是“阳光下成长——与芭蕾共舞”项目的延续活动，由首都文明办、市教委、阳光文化基金会、中央芭蕾舞团共同举办，面向各个区县的中小学群体，特别是特殊青少年群体的演出。

（郭　涛）

【北京舞协召开第五届理事会第二次会议】 4月3日，北京舞协召开第五届理事会第二次会议，舞协主席陈维亚，副主席冯英、顾小英、阮兰玉、李续、苏自红、贾洪震等35名理事出席会议。会上通报了2009年工作总结和2010年工作计划，并就2011年和新一届理事会今后5年的工作提出建议。会议进行了热烈的讨论，对2009年的工作给予了充分的肯定，对

2010年的工作计划表示了赞成。北京市文联党组副书记索谦到会并鼓励北京广大的舞蹈艺术家们，创造效应，打出品牌，为首都舞蹈的大繁荣大发展作出应有的贡献。

（张燕鹰）

【第3届北京现代舞展演周】 5月6日~16日，由北京雷动天下现代舞团主办、国家大剧院协办的“第3届北京现代舞展演周”举行。这是雷动天下和国家大剧院的首次合作。此次舞展周展现了法国卡斯特舞团《仙境指南》、以色列平头舞团《样板人生及其他》、北京雷动天下现代舞团的《前定的暗色》、香港城市当代舞蹈团的《舞！舞？舞……》、广东现代舞团《临池》和《米辣禅色》等作品并举办了专题讲座、大师班、工作坊以及“跳格国际舞蹈影像节”等一系列活动。

（郭　涛）

【第2届中国民族民间歌舞盛典】 5月28日，第10届“相约北京”联欢活动闭幕式暨联合国教科文组织文化多样性节闭幕式——“第2届中国民族民间歌舞盛典”大型原生态中国民族民间歌舞展演活动在北京展览馆剧场举行。该活动由中国对外文化集团、中国舞蹈家协会共同主办，舞蹈杂志社联合北京四海一家文化传播有限责任公司、上海中锦文化传媒有限公司等承办。其中的《东方红》《龙船调》《桃花红杏花白》《上去个高山望平川》等富有民族歌舞特色，《长白祥云》《翻身农奴把歌唱》《掀起你的盖头来》和《草原汉子》等舞蹈作品是获全国“桃李杯”金奖的作品。

（郭　涛）

【中国舞协向玉树受灾歌舞团捐赠】 6月15日，由中国舞协发起和组织的“中华舞蹈爱心行动——向玉树受灾歌舞团捐赠”仪式在中国文联新址中国文艺家之家举行。中国文联副主席、中国舞协主席白淑湘，中国舞协分党组书记、驻会副主席冯双白以及有关捐赠单位代表、文艺家代表、接受捐赠的玉树民族歌舞团和玉树土风歌舞团代表参加了捐赠仪式。2009年中国舞协首次发起“中华舞蹈爱心行动”，为农民工子女、低保家庭儿童、孤残及流动、留守儿童谋求学习舞蹈的机会，曾引起舞蹈界积极响应。青海玉树地震发生后，中国舞协再次紧急启动了“中华舞蹈爱心行动”，得到了全国众多舞蹈教研机构、团体、企业等单位和个人的响应，共募得善款15万余元，物资计16万余元，以“点对点”的捐助方式，捐赠给玉树受灾歌舞团。

（郭　涛）

【首届华彩少年舞蹈公益夏令营在京举办】 8月13日~18日，由北京柏屋舞蹈企业和新疆迪丽娜尔文化艺术发展交流基金会主办、北京中艺华彩文化有限公司承办、全国魅力校园活动办公室和北京大学附属小学协办的首届“华彩少年”全国少儿舞蹈公益夏令营在京举行。来自北川永昌小学（原曲山小学）、北京光爱学校、北大附小和新疆的近40名热爱舞蹈的学生参加了丰富多彩的爱心公益活动。北京光爱学校是一所专门收留流浪、孤残、特困儿童的特殊学校。新疆迪丽娜尔文化艺术发展交流基金会是我国第一个以舞蹈家名字命名的基金会，专门用来资助贫困而有艺术天赋的孩子们。

（郭　涛）

【新农村少儿舞蹈美育工程民族舞蹈交流展演】 8月18日，由中国文联、中国舞协主办的“走进北京，走进中国文艺家之家——新农村少儿舞蹈美育工程民族舞蹈交流展演”在中国文艺家之家拉开帷幕。全国政协副主席、中国文联主席孙家正为展演题词——“心系农村，快乐成长”。原全国人大常委会副委员长顾秀莲观看了演出。中国文联党组书记、副主席胡振民，中国文联荣誉委员、中国舞协名誉主席贾作光，中国文联副主席、中国舞协主席白淑湘，中国舞协分党组书记、驻会副主席冯双白等观看了演出。此次展演是新农村少儿舞蹈美育工程实施5年来阶段性的成果展示。有8支农村少儿舞蹈队，他们分别来自新疆维吾尔自治区、西藏自治区、内蒙古自治区、贵州省、云南省、延边朝鲜族自治州等地的基层县乡，小演员涉及维吾尔族、藏族、苗族、珞巴族、蒙古族、纳西族、朝鲜族、景颇族、傣族、德昂族、阿昌族等民族，表演的都是自己本民族的舞蹈。

（郭　涛）

【中国舞协召开理事扩大会议】 8月18日~20日，中国舞协2010年理事扩大会议在京召开。会议的主要议题：向理事会报告第八次舞代会以来中国舞协的主要工作和今后的工作设想；讨论修改《中国舞协章程》（征求意见稿）；就民主推荐中国舞协新一届领导机构人选作说明，为中国舞协第九次全国代表大会的召开作准备。中国文联党组成员、副主席廖奔，中宣部干部局副局长齐鹤茹，中国文联人事部主任刘漪滟和中国舞协主席团、分党组全体成员，顾问及理事们出席会议。各省（自治区、直辖市）舞协，各产业文联舞协主席、秘书长等作为嘉宾参加会议。

（郭　涛）

【李长春观看歌舞晚会《爱的伊甸园》】 8月20日，李长春来到国家大剧院，与首都观众一起观看了由中国东方演艺集团有限公司创排的大型歌舞晚会《爱的伊甸园》。歌舞晚会《爱的伊甸园》是中国东方演艺集团有限公司参加2010国家艺术院团优秀剧目展演的节目之一。刘云山、刘延东、陈昌智和成思危一同观看了演出。

（郭　涛）

【北京当代芭蕾舞团入驻盘龙谷】9月11日，由绿地集团主办、天津盘龙谷文化发展有限公司承办的“乐声舞影、律动金秋”音乐舞蹈精品演出，在天津蓟县盘龙谷艺术馆与观众见面。活动当天，绿地集团与北京当代芭蕾舞团举行了合作签约仪式，北京当代芭蕾舞团成为首个入驻盘龙谷文化城的演出团体。北京当代芭蕾舞团还在现场表演了舞蹈《易》和《跨界》。

（郭　涛）

【第8届北京国际戏剧·舞蹈演出季】　11月6日，第8届北京国际戏剧·舞蹈演出季在首都剧场开幕，来自英国、韩国、美国、荷兰等国以及中国大陆和台湾地区的众多专业演出团体和艺术家为观众带来了19台风格迥异、各具特色的中外戏剧、舞蹈精品。演出季有5部风格迥异的舞剧作品，包括由北京雷动天下现代舞团与澳大利亚艾思普森舞蹈团首次联合创作表演的《初祭》，荷兰国家芭蕾舞团当代芭蕾荟萃《移动空间》，北京现代舞团创作的《北京意象》，以及中央芭蕾舞团创作的中国版《胡桃夹子》和国家大剧院推出的首部原创舞剧《马可·波罗》。

（郭　涛）

【2010亚洲肚皮舞节落幕】　10月30日，由世界肚皮舞协会、中国肚皮舞协会、北京温可馨舞蹈家俱乐部、北京唐人街商务酒店共同主办的“2010亚洲肚皮舞节暨第3届肚皮舞国际友谊邀请赛”总决赛落下帷幕。在当晚的颁奖盛典中，温可馨获得“亚洲肚皮舞节”组委会的终身成就大奖。本次肚皮舞比赛分为国内组和国际组的比赛，当晚一共有20组选手进入了最后的总决赛。国内参赛选手来自北京、河南、陕西、浙江、福建、湖北等地区，国际组有来自美国、俄罗斯、埃及、捷克、澳大利亚等国家的选手。

（郭　涛）

【中国舞协第九次全国代表大会】12月1日~3日，中国舞协第九次全国代表大会在京召开。来自全国31个省（自治区、直辖市）和解放军、中直机关等单位的舞蹈工作者代表参加了会议。刘云山出席开幕式并讲话，强调广大舞蹈工作者要坚持为人民服务、为社会主义服务方向，贯彻“百花齐放、百家争鸣”方针，推出更多深受群众喜爱、思想性艺术性观赏性相统一的艺术精品，为民族而舞、为人民而舞、为时代而舞，努力谱写出中国舞蹈艺术事业新篇章。孙家正出席了大会。大会审议通过了冯双白代表中国舞协第八届理事会所作的工作报告，回顾了第八次舞代会以来的工作并对未来5年工作提出构想，修改了《中国舞蹈家协会章程》。大会选举产生了新一届理事会和以赵汝蘅为主席的主席团等领导机构。

（郭　涛）

【舞剧《金孔雀——楠蝶蒂娜》获资助】　12月22日，中球冠集团在中国文联新址中国文艺家之家向中国文学艺术基金会捐赠200万元，用于资助傣族舞剧《金孔雀——楠蝶蒂娜》的创排。中国文联名誉主席周巍峙，中国文联党组成员、副主席、中国文学艺术基金会副理事长廖奔以及中国舞协顾问、舞蹈艺术家刀美兰，中国舞协分党组书记、驻会副主席冯双白，中球冠集团董事长任文达等出席捐赠仪式。该剧是一部以新中国培养的第一代傣族舞蹈家刀美兰的人生故事为模本创作的傣族舞剧，是中国文学艺术基金会中国文学艺术发展专项基金第二批资助项目之一。该剧由刀美兰任艺术顾问，冯双白任艺术总监，中国舞协参与合作，中央直属艺术院团进行创排。

（郭　涛）

演　出

【舞剧《梁祝》在京公益预演】1月9日，“中华风韵——中国民族舞剧《梁祝》”公益预演在中国人民大学举行，部分北京市民和农民工成为首批观众。中国对外文化集团联合北京舞蹈学院青年舞团推出的“中华风韵”品牌，春节期间选定中国民族舞剧《梁祝》进军美国中西部市场，并在洛杉矶、旧金山、西雅图等地巡演。

（郭　涛）

【金星舞蹈团专场演出】　1月21日~22日，金星舞蹈团的专场演出在国家大剧院的小剧场上演。这是国家大剧院小剧场迎来的第一场现代舞，也是舞蹈艺术家金星首次登台国家大剧院上演新作《在皮肤下面——最近和最远的》和《圆》。皮肤下面就是流淌的血液，中国文化的精髓是融入民族血液的，它本来应该是离皮肤最近的，但因为受到漠视，它又变成了离我们最远的东西。于是，舞蹈家首次在舞台上借用书法和古琴来表现心中对传统文化的理解。舞蹈选用《平沙落雁》

和《潇湘水云》作为伴奏，由上海音乐学院毕业的琴师张偎演奏。

（郭　涛）

【《复兴之路》演出百场落幕】 3月28日，大型音乐舞蹈史诗《复兴之路》在国家大剧院举行闭幕演出。这是该剧自2009年9月20日在人民大会堂上演以来的第100场演出，自2010年1月14日起在国家大剧院上演的第84场的演出。李长春发贺信表示祝贺。刘延东观看了闭幕演出。该剧成为继大型音乐舞蹈史诗《东方红》之后又一座既有厚重历史感又充满强烈时代精神的艺术丰碑，成为新中国文艺发展史上的精彩篇章，是一项重大的文化创新工程。

（郭　涛）

【军艺2010年舞蹈系毕业汇报演出】 6月25日，解放军艺术学院舞蹈表演专业2005级中专和2006级本科学员的毕业汇报演出在武警文工团国安剧院举行。中国舞协主席白淑湘和名誉主席贾作光应邀观看。近年来，在国际、全国和全军性的舞蹈比赛中，2006级本科和2005级中专班学员共有93人次参赛并获得多项奖励。

（郭　涛）

【中央芭蕾舞团演绎《牡丹亭》】 8月10日，中央芭蕾舞团2010年国家艺术院团优秀剧目展演的新作《牡丹亭》，经过修改打磨后，在国家大剧院重新上演。明代剧作家汤显祖的名剧《牡丹亭》讲述了一个“由人而鬼，由鬼返人”的浪漫的爱情故事，在中国戏曲舞台上以昆曲等各种艺术形式久演不衰。舞剧《牡丹亭》创作于2008年，李六乙改编和导演，费波舞蹈设计，郭文景作曲、选曲和配器。该剧在尊重和继承传统的基础上，把中国的优秀民族文化通过西方古典芭蕾的艺术形式表现出来。

（郭　涛）

【《天鹅湖》亮相“水立方”】 8月13日，“梦幻水立方”第三期、大型全景芭蕾秀《天鹅湖》在改造后的国家游泳中心“水立方”商演。该剧将芭蕾、花游、跳水、国标舞、柔术、杂技等众多艺术金星巧妙嫁接。这场全新的“梦幻水立方”演出，保留了第二期“全景芭蕾”的经典芭蕾舞片段以及水上芭蕾、高空跳水等精彩看点，同时增加了花游秀、国标舞秀、柔术秀、肩上芭蕾秀、杂技秀以及空中特技秀等。该剧由北京北奥集团主办，北京市演出有限责任公司、北京市对外文化交流有限责任公司制作出品。

（郭　涛）

【亚彬和她的朋友们第2季舞蹈专场】 10月15日～16日，“亚彬和她的朋友们”第2季舞蹈专场在天桥剧场上演。此次演出以“寻”为主题。上半场有北京舞蹈学院演员王亚彬自编自演的作品《心声》，孙锐表演的现代舞作品《灵魂向远方》，董华兴创作表演的古典舞《茶思茗想》等8个形态各异的舞蹈，尝试一切多元开放的舞蹈语汇，在探索中寻求融合与突破；下半场是微型舞剧《寻》，用多维叙事的视角展现了舞者们为舞而生的追索、挣扎、躁动、痴狂。

（郭　涛）

赛事与奖项

【第十二届CBDF“院校杯”国际标准舞公开赛】 4月18日～19日，为配合北京市群众文化活动年的开展及庆祝北京市文联成立60周年，中国国际标准舞总会与北京市文联联合举办的“第十二届CBDF‘院校杯’国际标准舞公开赛”在地坛体育馆举行。此次国标舞公开赛由北京舞蹈家协会、东城区文联承办，香港国际舞蹈运动促进会协办。全国政协委员、第七届中国文联副主席胡珍，北京市文联党组书记朱明德、党组副书记索谦，中国舞蹈家协会主席白淑湘，中国舞协副主席李毓珊，中国舞协顾问、广东省国际标准舞总会会长陈翘，国家民政部管理局副局长李勇，香港国际标准舞蹈促进会会长刘少凡等出席了开幕式。此次公开赛从基本技术的运用、舞种特性的诠释、音乐

第十二届CBDF“院校杯”国际标准舞公开赛颁奖现场

韵律的表现、编舞的流畅、临场发挥和观众诉求6个方面进行评比，400多对选手参加公开赛职业组、国际业余组、专业院校组、普通高校组等33个组别的角逐。北京舞蹈学院附中、中央音乐学院附中南校区、北京国际标准舞学院、清华大学艺术团国标舞队的参赛选手获得了专业院校18岁B组、16岁A组、14岁A组、12岁B组拉丁舞，专业院校14岁A组、12岁A组、12岁B组摩登舞，专业院校十项全能18～21岁组、16岁组，普通高校A组、C组拉丁舞和普通高校C组摩登舞12个组别的第一名。

（张燕鹰）

【中国演员国际芭蕾舞大赛夺金牌】　6月28日，为期两个星期的美国国际芭蕾舞大赛闭幕，比赛在美国密西西比州的杰克逊举行，来自31个国家的超过100名选手，分为高级组（19至26岁）和初级组（15至18岁），以古典舞和现代舞竞逐殊荣。中央芭蕾舞团21岁独舞演员曹舒慈在女子高级组夺得金牌。

（郭　涛）

【第7届中国舞蹈“荷花奖”校园舞蹈大赛】　7月21日～28日，由中国文联、青岛市人民政府、中国舞协主办的第7届中国舞蹈“荷花奖”校园舞蹈大赛在山东青岛举行。本届大赛共分为4场半决赛和3场决赛，比赛分设艺术院校组与普通院校组两个组别。经过审慎的初评，本届大赛共有63个作品入围半决赛，其中，艺术院校组有32个，普通院校组有31个。比赛期间，还举办全国校园舞蹈理论研讨会，对校园舞蹈教育的建设与发展问题展开多角度讨论与交流。此外，首届海峡两岸青少年舞蹈交流展演及海峡两岸青少年联欢会也同期举办。为确保公平，分组进行比赛，共有63支队伍进入半决赛，35支队伍进入决赛，演员总数1200余人，全部参与演出的人员总计约3000人。

（郭　涛）

【第5届华北五省市（区）舞蹈大赛】　8月1日～8日，由北京、天津、河北、山西、内蒙古舞蹈家协会联合主办，内蒙古舞蹈家协会承办，内蒙古大学艺术学院协办的第5届华北五省市（区）舞蹈大赛在内蒙古呼和浩特市举行。此次大赛参赛舞种有民族民间舞、古典舞、现代舞、当代舞、芭蕾舞、街舞、拉丁舞、踢踏舞、健身舞和教学展示的独舞、双人舞、三人舞和群舞。比赛分为专业组、业余青年组、幼儿组、少儿组、中老年组等几个组别，经过初赛，有500多个作品，4000多名演员进入决赛。此次赛事北京共有58个作品、258名演员参加了决赛。中央民族大学舞蹈学院的群舞《壮水叮咚》《风沙中的龟兹》、独舞《嘎哒赞》、三人舞《苗家姐弟情》，北京舞蹈学院的双人舞《帕米尔之夜》，北京舞蹈学院继续教育学院的双人舞《别了，南京》，中国歌剧舞剧院的独舞《越人歌》《玄游》，首都师范大学音乐学院舞蹈系的《京伶梦》等分别获得专业组表演一等奖和编导一等奖，获奖数量位于五省市之首，北京薇峰艺术团的《牙拍舞》《快乐藏人》获得业余中老年组表演一等奖和编导一等奖。中央民族大学舞蹈学院、北京舞蹈学院继续教育学院获得单位优秀组织奖。

（张燕鹰）

【第7届中国舞蹈“荷花奖”揭晓】　9月15日，由中国文联、中国舞协主办，内蒙古鄂尔多斯市人民政府承办的第7届中国舞蹈“荷花奖”当代舞、现代舞大赛闭幕式暨颁奖晚会在鄂尔多斯市举行。中国文联荣誉委员、中国舞协名誉主席贾作光，中国文联副主席、中国舞协主席白淑湘，中国舞协分党组书记、驻会副主席冯双白，中国舞协副主席刀美兰，中国文联办公厅副巡视员金宁宁，鄂尔多斯市副市长包崇明以及中国舞协顾问资华筠、斯琴塔日哈等出席闭幕式并为获奖作品颁奖。第7届中国舞蹈“荷花奖”分当代舞组和现代舞组，分列作品、编导、表演等奖项。当代舞组中，空政文工团的《喜雨》获表演金奖；海政文工团的《同窗》获作品银奖；空政文工团的《扇·念》和海政文工团的《圆》获表演银奖。

（郭　涛）

【总政歌舞团获国际舞蹈大奖】　11月24日～29日，2010白俄罗斯国际舞蹈大赛在白俄罗斯北部城市维杰布斯克举行。有来自中国、德国、日本、俄罗斯等14个国家的26个艺术团体参赛。中国总政文工团选派双人舞《悟》和《永恒的传说》参加角逐。最终，李志、陈雅斓表演的《悟》以其精湛的舞技、富有哲理的内涵征服了评委，从决赛的18个舞蹈节目中脱颖而出，获得本次大赛最高奖。这已是中国舞蹈人第5次在该舞蹈大赛上获奖。白俄罗斯国际舞蹈大赛创办于1987年，是前苏联著名的舞蹈比赛。苏联解体后，白俄罗斯文化部、大剧院和维杰布斯克州执委继续联合举办，至今已举办23届。

（郭　涛）

交　流

【军艺交流团赴港澳考察】　2月1日～9日，应香港舞蹈总会、澳门舞蹈协会的邀请，受中国文联派遣，在香港煌丰投资集团有限公司的支持下，以副院长张方为名誉团长、主任刘敏为团长的解放军艺术学院舞蹈系文化艺术交流团一行30人赴港澳考察学习，考察活动拓展了视野，促进了港澳与内地的文化交流。

（郭 涛）

【人大附中艺术团赴英国巡演】 2月3日～10日，中国人民大学附属中学艺术团携《凤飞扬》《爬坡上坎》《少年志》《秦王点兵》等在英国多所学校举行访问演出，促进了中英两国青少年文化交流。

（郭 涛）

【《大河之舞》加入中国民乐元素】 2月7日～9日，《大河之舞》在完成了中国其他城市的巡回演出后，在北展剧场亮相。这是《大河之舞》第3次在京演出。此次演出加入了中国元素——中国民乐。爱尔兰舞蹈家不仅用爱尔兰踢踏、弗拉门戈、美式踢踏和悠扬的爱尔兰民间音乐给观众带来美的享受，在乐器演奏中，他们还以一曲《康定情歌》表达对中国观众的友好祝福。在演出接近尾声时，中国3位民乐演奏家登台，用琵琶、二胡和中国竹笛奏出中国歌曲《我的祖国》，并与爱尔兰音乐家联合奏响《大河之舞》主题音乐。纪念《大河之舞》首演15周年的白金版DVD的录制工作同时在北展剧场进行。

（郭 涛）

【芭蕾舞剧《风雪夜归人》进京演出】 2月9日～11日，广州芭蕾舞团的舞剧《风雪夜归人》在国家大剧院亮相。20世纪40年代，由剧作家吴祖光创作的话剧《风雪夜归人》曾经风靡一时。芭蕾舞剧《风雪夜归人》从当代人的视角出发，根据芭蕾艺术所具有的表现形式，讲述了当红名伶莲生和官宦宠妾玉春之间的悲情爱恋。

（郭 涛）

【“芭蕾之春”10年庆典开幕】 2月9日～20日，在京举办了10年的“芭蕾之春”举行演出。“芭蕾之春”陆续上演俄罗斯克里姆林宫芭蕾舞剧院的芭蕾舞剧《天鹅湖》和《费加罗的婚礼》，以及俄罗斯芭蕾舞剧院的3大世界经典芭蕾《睡美人》《胡桃夹子》《天鹅湖》。除了到现场看俄罗斯的纯正芭蕾之外，主办单位还在开场前邀请舞蹈评论家欧建平为观众现场“授课”，从芭蕾的历史线索和观赏技巧等方面进行近20分钟的精要培训。

（郭 涛）

【“文化中国·四海同春”艺术团赴马来西亚演出】 2月16日，由国务院侨办、中国海外交流协会和马来西亚沙巴中华大会堂联合主办的“文化中国·四海同春”艺术团文艺演出在东马来西亚沙巴州亚庇市沙巴大学礼堂举行。演出以当地舞蹈《一个马来西亚》及舞狮、舞龙表演作为开场，随后分别为观众呈现了苗、彝、藏、蒙、汉等极具代表性的民族舞蹈、歌曲等。演出的舞蹈有《春暖花开》《踩鼓》《踏歌》《阿西里西》等，作为压轴出场的集体舞《千手观音》将演出的气氛推上顶点。马外交部副部长柯希兰和中国驻马来西亚大使刘健等观看了演出。这是“文化中国·四海同春”艺术团亚洲之行的第一站。“文化中国·四海同春”是国务院侨办和中国海外交流协会为满足海外侨胞精神需求，增进世界人民对中华文化的了解和认知而倾力打造的春节系列文化品牌活动。活动以中华民族传统节日——春节为契机，组织国内高水平艺术团组到海外侨胞聚居国家、城市开展慰侨演出并举办图片展等，与海外侨胞共庆中国传统农历新年。该项活动于2009年春节期间正式启动。2010年春节期间，有5个文化中国四海同春艺术团，分赴北美洲、南美洲、欧洲、亚洲、大洋洲等华侨华人聚居的国家和地区访演，与海外侨胞共度新春佳节。

（郭 涛）

【“文化中国·四海同春”艺术团赴日本演出】 2月22日，国务院侨办2010年“文化中国·四海同春”艺术团春节慰侨演出在日本东京举行。艺术团为旅日华侨华人、留学生及当地观众献上了一场具有浓郁中华民族特色的艺术盛宴。开场舞《花开中华大家园》、苗族舞蹈《春暖花开》《踩鼓》等。2月23日至3月4日，艺术团还在日本横滨、名古屋、大阪等地进行了演出。

（郭 涛）

【舞蹈《女书》进京演出】 3月5日，香港舞蹈编导黎海宁作品《女书》在国家大剧院小剧场演出。作品把古老的女性文字“女书”和当代社会里香港女性文学都看做是女性命运的整体写照。作品以颇具新意的动作和编排，展现出女性压抑、孤独、无奈的精神状态。演出结束后，黎海宁和香港城市当代舞蹈团艺术总监曹诚渊与观众进行了对话。

（郭 涛）

【“文化中国·四海同春”艺术团赴意大利演出】 3月7日，由国务院侨办组派的“文化中国·四海同春”民族歌舞艺术团到罗马，为当地华人华侨和意大利民众奉献了一场精彩的演出。维吾尔族《顶碗舞》、蒙古族呼麦表演、朝鲜族的《阿里郎》，以及舞蹈《千手观音》等为人们带来清新的艺术享受。

（郭 涛）

【原生态歌舞《羌魂》进京演出】 3月7日～8日，大型羌族原生态歌舞《羌魂》在北京参加由文化部和国家民委主办、中国艺术研究院中国非物质文化遗产保护中心承办的“中国少数民族非物质文化遗产调演活动”。《羌魂》以“羌人、羌风、羌韵”为主题，以羌族古老的民俗风情、历史文化为背景，以羌族民间歌舞为载体，从羌族地区精选了近120名羌族演员组成演出阵容，集中展现了悠长幽怨的羌笛、神秘的索桥与碉楼、华美的羌绣、雄劲豪壮的羊皮舞、古老的羌族多声部民歌以及入选联合国教科文组织公布的“急需保护的非物质文化遗产名录”的羌年等众多羌族文化艺术。

（郭　涛）

【舞剧《花儿》亮相国家大剧院】 3月12日～14日，大型原创回族舞剧《花儿》在国家大剧院演出。该剧是一部融合了宁夏“花儿”、回族舞蹈和浪漫故事的大型原创回族舞剧。总编导张继钢，作曲赵季平，编剧张宗灿，宁夏回族自治区歌舞团演出。

（郭　涛）

【塞尔维亚科罗歌舞团到京演出】 3月18日，塞尔维亚科罗歌舞团访华，在国家大剧院举办塞尔维亚文化日演出。在塞尔维亚，科罗（KOLO）是最常见和流行的民族舞蹈形式，是一种动圈式舞蹈，相邻的舞者手持手杖共舞。同时，它也是一种带有神秘氛围的宗教形式舞蹈，被视为保护社会群体抗争一切邪恶的象征。此次演出的保留剧目经过再次创作与改编，保留了其民族风格和风味，并在原有基础上使整个剧目更加适合了表演艺术的要求，既丰富了原有舞蹈的传承性，又体现了艺术的多样性。

（郭　涛）

【“中国少数民族非物质文化遗产（音乐舞蹈类）调演”广西专场演出】 文化部、国家民委在北京举办“中国少数民族非物质文化遗产（音乐舞蹈类）调演”。广西专场“八桂风谣”于3月21日～22日在天桥剧院演出。国家民委副主任罗黎明等出席并观看了广西专场首场演出。截至2009年，广西已有“侗族大歌”、“那坡壮族民歌”、“壮族嘹歌”、“马山三声部民歌”、“瑶族蝴蝶歌”、“毛南族肥套”、“铜鼓舞”、“芦笙踩堂”、“瑶族长鼓舞”、“田林瑶族铜鼓舞”10个传统音乐、传统舞蹈类项目入选国家级非物质文化遗产保护名录。

（郭　涛）

【舞剧《大北川》进京展演】 3月28日～31日，四川绵阳灾后文化重建暨大型舞剧《大北川》主题展览活动在西单文化广场举行。该活动将绵阳地震前后的状况对比、抗震救灾过程中涌现的感人事迹和英雄人物以及千年羌民族历史风俗等内容进行编排整理，以“风情无限——绵阳文化概览”、“再绘蓝图——绵阳灾后文化重建”、“国宝家珍——非物质文化遗产项目展示”、“羌风羌韵——羌民族文化项目展示”、“文化名片——大型舞剧《大北川》”5个部分，着力展示绵阳文化人经过两年多的自力更生，艰苦奋斗，全面推进绵阳文化灾后重建工作，取得的阶段性成果。

（郭　涛）

【原生态歌舞晚会《多彩哈达》进京演出】 4月5日，藏族原生态歌舞《多彩哈达》晚会在天桥剧场上演。这是全国少数民族非物质文化遗产调演的组成部分。晚会上，扎西、索朗、次仁旺堆等10余名国家级、自治区级代表性项目传承人和80名业余演员，为观众献上了“丁嘎甲谐”、“芒康弦子”、“昌果卓舞”、“拉孜堆谐”、“拉萨朗玛”、“阿里古格宣舞”等12个人选国家级和自治区级非遗名录的传统音乐和舞蹈类节目。参加此次演出的演员来自西藏各个地区，年龄最大的73岁，最小的16岁。西藏自治区目前已有两个项目入选联合国教科文组织人类非物质文化遗产代表作名录，国家级和自治区级非物质文化遗产项目分别为60项和222项。

（郭　涛）

【舞剧《红楼梦》赴新西兰演出】 4月9日，由北京军区政治部文工团创作排演的大型原创舞剧《红楼梦》，在新西兰最大城市奥克兰的大剧场演出。该剧以宝玉、黛玉和宝钗的感情纠葛为主线，综合独舞、双人舞、三人舞和群舞等多种形式，集中展现了宝黛初会、刘姥姥进园、海棠诗社、婚礼惊变和宝黛重逢等场景，各舞段既独立成篇又交相辉映，音乐与舞蹈浑然一体，忠贞不渝的爱情故事和如诗如梦的舞台呈现给观众以强烈的心灵震撼和完美的艺术享受。中国驻新西兰大使张利民等应邀出席观看了演出。

（郭　涛）

【中国民族歌舞赴美国演出】 5月1日，由中国国家民族事务委员会、世界华侨华人社团联合总会主办的“多彩中国”民族音乐舞蹈晚会在美国马里兰州罗克维尔县举行。中央民族大学和中央民族歌舞团的30多位艺术家为大华府地区观众带来了汉、藏、蒙、傣、彝、羌、朝鲜、维吾尔等多民族的歌舞和乐器表演，其中绝大部分都是获奖作品。

（郭　涛）

【音画舞蹈诗《天域天堂》进京义演】 5月3日，由中国绿化基金会主办、青海省西宁市人民政府承办的大型音画舞蹈诗《天域天堂》赈灾义演在人民大会堂举行。《天域天堂》由西宁市歌舞团、西宁市戏剧团创作演出，讲述了藏传佛教格鲁派创始人宗喀巴的人生传奇，歌颂了人世间无私、仁慈、宽容、伟大的母爱。全剧分为“序幕”、“天意”、“天域”、“天堂”、“尾声”5个篇章，通过运用大量现代化的多媒体舞台技术，将三江源、昆仑山等青海自然风光搬上舞台，展示了青藏高原神奇、博大的自然景观。作品里的舞蹈以藏族民间舞为主，融合了大段藏传佛教舞蹈与青海民族民间舞蹈，同时还加入了一些现代元素。

（郭　涛）

【纪实舞蹈诗《震撼》进京演出】 5月12日，由四川音乐学院根据汶川大地震为蓝本创作的舞蹈诗《震撼》在全国政协大礼堂上演。该剧通过撷取“5·12”大地震10余个典型的场景，以白描的手法，再现了灾区自救、全国人民伸手相助的感人画面，以“感恩”和“坚强”为两大主题，以“废墟下的亮光”、“救援”、“回家”、“心手相连”等11个段落构成，该剧曾获2009年第7届中国舞蹈“荷花奖”创作银奖和表演银奖。

（郭　涛）

【杨百翰大学“在世传奇”演出团到京演出】 5月14日，美国杨百翰大学“在世传奇”演出团到北京舞蹈学院，与该院中国民族民间舞系的师生进行了专业交流。其间，美国杨百翰大学“在世传奇”演出团表演了萨摩亚、玻利维亚、北美、墨西哥等地的本土舞蹈，北京舞蹈学院中国民族民间舞系三年级学生则表演了我国富有代表性的维吾尔族、朝鲜族、蒙古族以及藏族舞蹈。美国杨百翰大学“在世传奇”演出团是表演印第安人、拉丁美洲以及波利尼西亚传统歌舞的演出团体。

（郭　涛）

【曼努埃尔在京举行告别演出】 5月14日和15日，“中法芭蕾明星汇演”在北京大学百年讲堂上演。这台晚会成为世界芭蕾巨星曼努埃尔·勒格里的告别演出。在30年的艺术生涯中，曼努埃尔是一棵常青树，在巴黎歌剧院芭蕾舞团排演的所有古典和当代作品中扮演了男主角。曼努埃尔曾多次来华演出，此次是应中央芭蕾舞团的邀请，与中芭演员同台献艺，成为他30年舞台生涯的谢幕演出。

（郭　涛）

【音乐舞蹈《我的梦》赴印度演出】 5月16日，中国残疾人艺术团《我的梦》大型音乐舞蹈在新德里举行首场演出，几十名残疾人演员用精彩的表演和真挚的情感打动了到场的印度观众。

（郭　涛）

【西班牙国家舞蹈团到京演出】 5月18日～19日，由西班牙国王胡安·卡洛斯一世钦点的“国宝级”弗拉明戈舞团——西班牙国家舞蹈团登临中国国家大剧院的舞台，两位弗拉明戈舞女王埃莱娜·阿尔加多和克里斯蒂娜·戈麦斯与40位激情舞者共同演绎舞剧《传奇》《马德里风情》。舞剧《传奇》是弗拉明戈编舞大师何塞·安东尼奥向弗拉明戈舞巨星卡门·艾玛雅的致敬之作。卡门·艾玛雅被誉为“吉卜赛女王”，她4岁开始跳舞，是二十世纪三四十年代美国舞台上的耀眼明星，却不幸英年早逝。何塞·安东尼奥希望表现出卡门性格中的二元对立，特别安排了两位女演员共同扮演卡门，“二人分饰一角”以表达卡门的双重性格。

（郭　涛）

【《城市芭蕾》到京演出】 5月21日～22日，法国Rêvolution（革命）舞团在解放军歌剧院演出了《城市芭蕾》。在这部四幕芭蕾舞剧中，伴随着拉威尔、维瓦尔第等音乐大师风格迥异的古典音乐作品，10位接受过专业古典舞培训的Hip Hop街舞演员，将古典芭蕾、当代舞、爵士舞及街舞巧妙融合。人们通常对街舞都有偏见，认为其难登大雅之堂，而该剧打破常规和禁忌，呈现一场宏大的激情四射的舞蹈、一出能和经典芭蕾舞媲美的街舞。

（郭　涛）

【阿姆斯特丹都市舞蹈团为京郊农民演出】 5月24日～28日，应北京市人民对外友好协会的邀请，荷兰阿姆斯特丹都市舞蹈团在结束了上海世博会演出后顺访北京，为京郊门头沟区和密云县人民奉献3场充分体现现代阿姆斯特丹多种文化融合的舞蹈。这台舞蹈是荷兰剧作家迪克与艺术总监阿尔塔携手创作的，专门为上海世博会量身订制的。他们以各自不同的文化背景和对生活的不同态度，把阿姆斯特丹演绎成一个生动活泼、丰富多彩的大都市。

（郭　涛）

【舞蹈《千手观音》赴美国演出】 6月6日，应美国国际特殊艺术协会（VSA）邀请，中国残疾人艺术团以经典舞蹈《千手观音》亮相美国肯尼迪艺术中心，并在美国东部进行《我的梦》的巡演。

（郭　涛）

【歌舞《万方乐奏》进京演出】 6月8日，新疆和田新玉歌舞团在国家大剧院上演综合歌舞《万方乐奏》。中共中央政治局委员、中央政法委副书记王乐泉，中共中央政治局委员、北京市委书记刘淇，中共中央政治局委员、中央书记处书记、中宣部部长刘云山，中共中央政治局委员、国务委员刘延东，全国人大常委会副委员长司马义·铁力瓦尔地，全国政协副主席、中国社会科学院院长陈奎元，全国政协副主席阿不来提·阿不都热西提和全国人大常委会原副委员长司马义·艾买提等出席观看。该演出以和田维吾尔歌舞为主，由“序幕”、“有于阗”、“在绿洲”、“颂今朝”、“尾声”5个部分组成。晚会把淳朴的民族风情、美轮美奂的于阗乐舞，结合民间说唱、民族歌曲等艺术样式，用丰富多变的LED视像和诗情画意的舞台意境，还原了一个真实和充满魅力的和田。

（郭　涛）

【音乐舞蹈史诗《井冈山》在科技部演出】　6月30日，为庆祝中国共产党成立89周年，由中国井冈山干部学院、井冈山大学、同济大学师生联合创编的音乐舞蹈史诗《井冈山》在科技部举行专场演出。节目分为“序”、“引兵井冈”、“星火燎原”、“伟大创举”、“尾声”5个部分，采用舞蹈、声乐、戏剧、朗诵、情景等多种艺术表现手法，全景展示了毛泽东、朱德等老一辈无产阶级革命家开创井冈山革命根据地的历史，艺术地再现了井冈山斗争中可歌可泣的英雄人物，经典演绎了广为流传的井冈山红色歌谣，深情颂扬了井冈山精神。全国政协副主席、科技部部长万钢，科技部党组书记、副部长李学勇等人观看了演出。

（郭　涛）

【《井冈山》在教育部上演】
7月1日，由中国井冈山干部学院、井冈山大学、同济大学师生联合创编的音乐舞蹈史诗《井冈山》在教育部机关礼堂上演。该剧是教育部“高等学校本科教学质量与教学改革工程”特色专业建设点项目，也是同济大学对口支援井冈山大学的重要成果。演出前，教育部党组书记、部长袁贵仁会见创编和演出人员代表，并向井冈山大学授予了“教育部机关党校井冈山培训基地”牌匾。

（郭　涛）

【舞剧《红楼梦》赴埃及演出】
7月5日，由中国文联主办、北京友谊歌舞团承办的大型舞剧《红楼梦》赴埃及巡演活动在开罗歌剧院首演，第一次向埃及观众展示了经由中国古典文学名著改编的舞动红楼的艺术魅力。中国文联党组书记、副主席胡振民，中国驻埃及大使武春华，埃及文化部部长顾问安瓦尔·易卜拉辛希姆，北京友谊歌舞团团长王杨、副团长兼艺术总监刘斌等出席了在开罗歌剧院露天剧场举行的招待会，并观看了首演。

（郭　涛）

【越南青少年歌舞剧团到京演出】
7月5日～8日，应中国儿童艺术剧院邀请，越南青少年歌舞剧院在院长黎雄的率领下，首次携《小朋友的房子》演出团一行30人在中国儿童艺术剧院假日经典小剧场进行为期4天的交流演出。越南青少年歌舞剧院此次来华演出的《小朋友的房子》歌舞晚会，是黎雄导演专门为此次交流合作而创作的。越南演员为这次交流演出专门排演了电视剧《还珠格格》和《西游记》歌舞片段。黎雄在越南是家喻户晓的人民艺术家，他执导的“笑话人生”戏剧系列在越南剧院演出时场场爆满。

（郭　涛）

【大型民族舞剧《王昭君》进京汇演】　7月7日，第13届文华奖特别获奖剧目——湖北歌舞剧院原创民族舞剧《王昭君》在保利剧院进行汇报演出。舞剧共有“桃花雨”、“宫墙柳”、“霜天雁”、“苍穹月”4个篇章。从楚地到汉宫，再到塞外草原，王昭君的爱与恨、归与留、家与族的内心抉择和冲突，被舞者用兄妹双人舞、宫娥凳子舞、汉宫宴舞、大雁舞、西域女子舞等民族民间舞蹈尽情展示。该剧以梅昌胜等湖北省编导和演员为创作主体，并邀请了舞剧编导门文元、作曲家张千一、服装设计师李锐丁、舞美设计师张继文、青年舞蹈家刘震加盟。

（郭　涛）

【舞蹈《棱镜》赴瑞典演出】
8月16日～23日，应瑞典斯德哥尔摩等市的邀请，作为中瑞建交60周年庆典系列文化交流活动的重要组成部分，北京当代芭蕾舞团携芭蕾舞作品《棱镜》访问瑞典，先后在马尔摩市、乌普萨拉市和斯德哥尔摩市3城市进行了巡回演出。演出为当地观众更多地了解中国现代文明和当今中国人的精神风貌提供了新渠道。

（郭　涛）

【韩国传统歌舞到京演出】　8月17日，为庆祝中韩建交18周年，由中国人民对外友好协会、驻华韩国文化院主办，韩国昨燕文化艺术院承办的“韩国歌舞之融合”传统艺术表演在世纪剧院上演。中国人民对外友好协会会长陈昊苏、驻华韩国文化院院长金翼谦等观看了演出。当晚，《序曲》《扇舞》《女人心》《巫婆舞》《风物农乐》《五鼓舞和三鼓舞》等11支歌舞与乐器表演节目展现了浓郁的韩国民族文化风情和韩国艺术家的激情。本次参加演出的艺术团体包括韩国昨燕舞蹈团、国乐管弦乐团和汉阳大学BJ舞蹈团。

（郭　涛）

【蒙特卡洛芭蕾舞团到京演出】
9月21日～26日，欧洲百年名团蒙特卡洛芭蕾舞团时尚版童话芭蕾《睡美人》与《灰姑娘》在国家大剧院上演。法国编舞家让-克里斯多夫·马约将古典与现代进行了完美的结合，带有时尚风格的新古典主义看似远离了童话世界，实际上是更深地挖掘了故事的现代内涵。这两部舞剧被称为“当代欧洲最有想象力的时尚芭蕾”，其颠覆性与创造力将为观众带来对童话、对芭蕾的全新体验。这支曾改变世界芭蕾版图的舞团此前3次访华、每次都引起轰动，2004年更是以两万元的票价打破北京的演出纪录。

（郭　涛）

【“荷花奖”艺术团赴美国演出】 9月29日～10月6日，应美国休斯敦市政府的邀请，由中国驻美国休斯敦领事馆组织，中国舞蹈家协会“荷花奖”艺术团首次参加了第5届德克萨斯州、休斯敦“锦绣中华”大型舞蹈晚会专场演出。艺术团一行5人，由中国舞协分党组成员、副秘书长李淑芬任团长，舞蹈杂志社社长赵士军任艺术总监，成员有北京舞蹈学院青年舞团武巍峰、北京歌舞剧院朱晗、上海舞蹈学院青年舞团的毕莹，他们均是“荷花奖”等各大舞蹈比赛中多次获奖的演员。演出的节目有：武巍峰表演的《风吟》，朱晗表演的《对酒当歌》，毕莹表演的《江枫渔火》，武巍峰、毕莹表演的《说情书》，以及3人共同表演的《太极》。

（郭　涛）

【舞剧《红楼梦》赴加拿大演出】 10月9日，为庆祝中加建交40周年，北京友谊歌舞团的大型原创民族舞剧《红楼梦》在加拿大首都渥太华的国家艺术中心上演。中国古典文学四大名著之一的《红楼梦》，在中国家喻户晓，在世界文学史上也占有重要地位。该剧在创作上将中国传统舞蹈与西方芭蕾舞元素完美结合，加上细腻生动的刻画，大气动听的音乐和美轮美奂的布景，让观众通过读情、赏舞、观景、品乐，充分领略中国民族文化的精湛与魅力。

（郭　涛）

【中央芭蕾舞团赴新加坡演出】 10月9日，为庆祝中新建交20周年，中国国家芭蕾舞团芭蕾晚会在新加坡国立大学文化中心剧场举行。该晚会由中国文化部和新加坡新闻通讯艺术部联合主办，新加坡国家艺术理事会承办。中国驻新加坡大使魏苇及夫人、新加坡新闻通讯艺术部部长吕德耀及夫人、意大利等10国驻新加坡大使夫妇及外交官、新加坡文化艺术界人士等共同观看了这场演出。芭蕾舞剧《梁山伯与祝英台》为演出拉开了序幕。随后，《红色娘子军》选段“常青指路”、《胡桃夹子》选段“糖葫芦舞”、现代芭蕾《天黑请闭眼》《奥涅金》第3幕双人舞、现代芭蕾《其实很简单》和《天鹅湖》第2幕选段相继登场。《堂·吉诃德》第3幕的双人舞将整个演出推向了高潮。

（郭　涛）

【舞蹈《我的梦》赴澳大利亚演出】 11月13日和14日，由中国残疾人艺术团创新推出的大型舞蹈《我的梦》在墨尔本的Palais Theatre进行了两场演出，包括众多政界名人、华人社区领袖在内的数千多名观众欣赏了这场具有人性美和艺术美的精湛表演。演出剧目有《千手观音》《婴儿降临时》《梁祝》以及《茉莉花》《音乐之声》、澳大利亚乐曲《羊毛剪子咔咔响》、芭蕾舞《天鹅之美》、拉丁舞《动·听》、谢幕曲《征服天堂》等。

（郭　涛）

【荷兰国家芭蕾舞团到京演出】 11月17日～20日，荷兰唯一的国家级舞蹈团体——荷兰国家芭蕾舞团在国家大剧院进行中国内地的首次公演，带来《堂吉诃德》和《移动空间》两台大戏。全团13位首席演员、80余位舞者全部参与演出。

（郭　涛）

【外宾考察北京市国际舞蹈艺术学校】 11月18日，英国皇家舞蹈教师协会主席彼得一行对北京市国际舞蹈艺术学校进行考察，中国舞蹈家协会主席白淑湘陪同考察。北京市国际舞蹈艺术学校是被誉为“中国体育舞蹈创始人”的李天翔所创办的，李天翔现任世界体育舞蹈协会副主席、亚洲区主席。2010年3月，英国皇家舞蹈教师协会首次将“年度人物大奖”授予李天翔，这是该奖项设立100多年来第一次授予华人。英国皇家舞蹈教师协会于1904年成立，经过100多年的发展壮大，现在已经成为国际上最具有权威性的舞蹈教育团体，并且是唯一一家真正覆盖全球，涵盖所有舞蹈考试的组织。

（郭　涛）

【中央芭蕾舞团赴巴西演出】 11月20日，正在巴西巡演的中央芭蕾舞团在有百年历史的里约市立剧院上演经典保留剧目《大红灯笼高高挂》。11月1日～12月1日，中芭在巴西进行为期一个月的巡演，这是中芭建团51年来首度赴巴西演出，也是中芭首次以商演形式前往拉美演出。

（郭　涛）

【舞剧《一把酸枣》赴美国巡演】 12月10日，由解放军艺术学院院长张继钢执导的大型民族舞剧《一把酸枣》在美国华盛顿肯尼迪艺术中心首演，这是中国对外文化集团推出的“中华风韵”在美巡演的组成部分。《一把酸枣》以中国清代一家晋商大院为背景，讲述巨商殷家童养媳酸枣和小伙计的爱情故事。在凄美婉转的山西民歌曲调中，刚柔相济的双人舞与婀娜多姿的团扇舞、激情如火的伞头秧歌交相辉映，演绎出茫茫西口古道上的生死恋情。“中华风韵”还在纽约、旧金山、盐湖城、安纳波利斯等地巡演。

（郭 涛）

纪 念

【舞剧《大梦敦煌》首演10周年纪念演出】 5月15日，《大梦敦煌》首演10周年纪念演出在人民大会堂举行，由文化部、甘肃省委省政府主办，文化部艺术司、中国舞协、中共甘肃省委宣传部、兰州市政府承办的《大梦敦煌》首演10周年研讨座谈会在演出前举行，首都文艺界专家共同研讨探究“《大梦敦煌》现象”。该剧在诞生10年后演出场次达到800余场，观众超过百万人次，票房收入超过8000万元，创造了不凡的市场业绩，被舞台艺术界称为“《大梦敦煌》现象”。兰州歌舞剧院聚合了全国最优秀的艺术家陈维亚、张千一、赵大鸣、高广健、沙晓岚等，组建了一流的创作团队，从敦煌文化中寻找灵感，创作了一台美轮美奂的敦煌大戏。该剧首演于2000年4月24日。

（郭 涛）

【北京舞协召开座谈会纪念北京市文联成立60周年】 5月21日，北京舞蹈家协会召开座谈会纪念北京市文联成立60周年。北京舞协主席陈维亚，老一辈舞蹈艺术家董敏芝、贾洪震、涂达远、方伯年、冯思美、张先敏、满苏荣、潘志涛、詹文奎以及北京舞协秘书长王晨等二十余人参加了会议。座谈会上，与会者回忆了北京市文联成立60年来北京舞蹈事业发展的历史和成就，结合各自的工作经历，大家一致认为：在过去的几十年里，北京舞协在推动专业舞蹈艺术发展的同时，一直致力于舞蹈艺术的普及，以群众舞蹈事业为己任，而中国舞蹈事业的发展必须要“从人民中来，到人民中去”。最后，陈维亚在总结中强调：只有充满感情地去从民族艺术中获取营养，才能感染观众，呈现出民族艺术的真正本质。今后北京舞协将加大对民族民间舞蹈素材的收集、整理和挖掘力度，同时，加强舞蹈理论工作的研究，与艺术院校等单位密切合作，通过各种活动发现人才、培养人才，壮大北京舞蹈队伍。

（张燕鹰）

【舞蹈研究所建所30周年恳谈会】 10月10日，中国艺术研究院舞蹈研究所成立30周年恳谈会在京举行。中国艺术研究院党委书记张庆善，副院长刘茜、王能宪，党委副书记杨化玉，纪检书记李长林，舞蹈理论家资华筠，文化部文化科技司司长于平，舞蹈史专家王克芬、郭明达，中国舞协名誉主席贾作光，中国舞协分党组书记冯双白，副秘书长李甲芹、李淑芬，中央芭蕾舞团团长冯英，北京舞蹈学院副院长明文军，中央民族大学舞蹈学院副院长朴永光等出席。舞蹈研究所建所至今，几代学者潜心致力于舞蹈艺术的源流、发展及现状的研究，积数十年努力，先后完成《中国舞蹈史》多卷、《中国当代舞蹈精粹》（电视专题系列片）、《中国古代舞蹈发展史》《舞蹈生态学导论》等多项国家重点社科项目，并多次主办“中国舞蹈文物图片展”、“全国民族宗教舞蹈理论研讨会”、“舞蹈批评座谈会”等重大学术活动。

（郭 涛）

【《舞之灵》问世20年纪念雅集】 12月11日，由舞蹈艺术家姚珠珠发起的中国原始舞蹈大型电视纪录片《舞之灵》问世20周年纪念雅集在京举行。全国政协副主席、中国文联主席孙家正以及全国政协机关党组书记、副秘书长孙怀山出席活动，靳尚谊、朱琳、钱绍武、舒乙、罗哲文、杜近芳、冯双白、刘秉义、唐闻生、阿依吐拉、莫德格玛、赵青、吴玉霞等文艺界人士参加雅集。姚珠珠是第七、八、九、十届全国政协委员，中国东方演艺集团国家一级演员。20年前，她带领摄制组深入边疆少数民族地区采风，记录了许多鲜为人知的少数民族的原始舞蹈，以影像的方式保存了许多濒于绝迹的图腾歌舞的原始风貌，成为我国舞蹈界非物质文化遗产的重大研究成果之一。该片一经播出，受到各界好评，2002年在亚洲及太平洋地区博物馆大会上被推举为非物质文化遗产理念的活样板。

（郭 涛）

【资华筠舞蹈艺术生涯60年纪念活动】 12月16日，为表彰资华筠在舞蹈艺术、舞蹈理论、艺术教育、非物质文化遗产保护和对外文化交流等方面的贡献，中国艺术研究院、中国舞蹈家协会、北京舞蹈学院联合主办资华筠舞蹈艺术生涯60年·荣膺中国艺术研究院首届终身研究员学术交流会暨《甲子归哺——资华筠舞蹈艺术生涯60年纪念文集》首发式。司马义·铁力瓦尔地和铁木尔·达瓦买提、顾秀莲出席纪念活动。资华筠是国家一级演员，她1950年开始专业舞蹈生涯，历任新中国第一个国家歌舞团——中央歌舞团独舞、领衔演员、艺术委员会副主任等。60年来，她表演过中外各种风格的舞蹈近百个，多次在国际及全国舞蹈比赛中获奖，她的代表性首演舞蹈剧目有《飞天》《孔雀舞》《长虹颂》《思乡曲》《金梭与银梭》等。自20世纪90年代起，她投入非物质文化遗产保护工作，提出的有关“非遗保护中的优质基因传承”等论点在学界具有广泛影响。2010年11月，资华筠荣膺“中国艺术研究院终身研究员”，成为中国舞学界第一位获此殊荣的人。

（郭　涛）

教育　培训

【首个体育舞蹈产业管理公开课举行】　9月21日，由国家体育总局社会体育指导中心、中国体育舞蹈联合会和同济大学高尔夫商学院共同举办的“体育舞蹈产业管理”高级管理人员硕士课程研修班EMBA项目公开课，在北京市海南大厦举行。本次公开课活动主要围绕中国体育舞蹈产业管理人才再造、中国体育舞蹈产业链管理以及如何成为体育舞蹈产业高素质管理者3大主题展开探讨。

（郭　涛）

【全国首个舞蹈学博士后通过答辩出站】　9月，北京舞蹈学院王彬在导师金秋教授的指导下，于北京师范大学艺术与传媒学院博士后流动站内历经两年的科研，通过了舞蹈学博士后出站答辩，成为中国首位完成学业和工作的舞蹈学博士后。在流动站研究期间，王彬获得了北京市教育委员会社科计划项目资助，在核心期刊上先后发表4篇学术论文。其出站报告《中西舞蹈艺术比较研究》，将比较学科的研究方法运用到论文之中，力求在历史发展的纵向维度上，在考察与互读不同文化研究的多角度、多层次横向比较中，发掘中西舞蹈艺术的相通性与不同语境下的差异性。

（郭　涛）

探索与研究

【新疆维吾尔族舞蹈基训标准论证会在京召开】　2月2日，新疆维吾尔族舞蹈基训标准论证会在京召开，中国舞协名誉主席贾作光，中国舞协分党组书记、驻会副主席冯双白，中国舞协副主席迪丽娜尔，来自北京和新疆的多位民族舞蹈及教育界专家出席。“四个一批”人才工程是中宣部加强全国宣传文化系统高层次人才队伍建设的重要举措，本次论证会验证的正是迪丽娜尔入选“四个一批”人才培养计划后正式确立的首项工作——以推广老一辈艺术家阿吉热合曼的舞蹈训练体系为出发点，挖掘整理维吾尔族传统舞蹈遗产，进而推进新疆少数民族舞蹈可持续发展。论证会上播放了阿吉热合曼的系列音像资料，迪丽娜尔现场示范并讲述基训内容。围绕教材的合理性、必要性、新疆舞蹈资源发展思路3个方面进行了讨论。

（郭　涛）

【第18届世界美学大会“舞蹈美学与舞蹈教育论坛”】　8月9日～13日，由北京大学美学与美育研究中心主办的第18届世界美学大会在京召开，会议主题是“美学的多样性”。300多位来自世界各国的美学研究者与400多位国内的学者，围绕哲学、美学、艺术等问题展开了讨论。北京舞蹈学院作为大会的合办方，承办了舞蹈美学与舞蹈教育论坛。此次舞蹈论坛旨在了解和交流世界舞蹈美学与舞蹈教育领域发展现状，展示和交流中外舞蹈学者在美学与艺术领域的研究成果，共同推动世界舞蹈美学研究和舞蹈教育的发展。论坛期间，来自国内外200多名嘉宾代表，9个国家共21所大学参加了此次学术盛会，北京舞蹈学院以一台“大美不言　国舞集萃”的演出展示了中国舞蹈的魅力与深厚底蕴。

（郭　涛）

【北京老年舞蹈现状及发展研讨会】　9月6日，北京舞协和北京市老年艺术协会联合召开“北京老年舞蹈现状及发展”研讨会，北京市文联党组副书记索谦，原党组书记马玉田，市老年艺术协会会长、市委原秘书长朱祖朴，北京舞协李毓珊、方伯年、冯思美、张先敏、顾小英、阮兰玉、贾洪震、董敏芝、邢德辉等舞蹈家，以及从事舞蹈教育培训、群众舞蹈等基层工作的相关人员40余人参加了研讨会。北京60周岁以上老人有218万，占全市总人口的13%，已经进入老龄化社会。北京知识老人多，对精神文化生活有着很大需求。舞蹈作为老人喜闻乐见的艺术形式，得以在老年人中普及，但是真正反映老人现实生活、精神世界的好舞蹈作品却很少。与会者一致认为，老年舞蹈已经成为“老龄文化”中的一个重要支系，舞蹈对于老人的身心健康有着重要意义。舞蹈有“健脑”、“健心”、“健身”、“健美”的作用，推进老年舞蹈有利于北京多元化发展，符合建设国际大都市的目标。北京是首善之区，有得天独厚的人才和资源，在老年舞蹈这方面要为全国做一个示范、榜样。老年舞蹈要遵循健康第一重在抒情，不适合老年人的高难度动作不要勉强，为老年人编舞要“杜绝炫技”，要符合老年人的特点。北京有4000余支业余舞蹈队，水平不错的有上千支，亟须提供他们展示首都老年人舞蹈风采的平台——北京老年舞蹈比赛，而这需要政府、文化馆、文联、舞协、老年协会、媒体等多方形成合力。鼓励专业人士进社区指导、舞蹈教育机构办班培训业务骨干。

（张燕鹰）

【前沿编舞尝试“同步对象”】 10月16日~17日，北京德国文化中心、歌德学院（中国）为公众呈现了前沿的创作尝试——互动网络作品“同步对象”。这一项目由世界编舞大师威廉·弗塞斯的舞团发起和创作。弗塞斯舞团的3位核心创意大师之一诺拉·祖尼加·肖以及舞团重要舞蹈家克里斯托弗·罗曼受歌德学院之邀到北京，讲解并展示“同步对象”如何对编舞进行视觉化的跨界探索。“同步对象”的创作团队还有来自“艺术设计高级计算中心”的信息、哲学、设计、舞蹈、编舞、统计和建筑等各领域的研究人员。这一作品以威廉·弗塞斯复杂的舞剧作品《一道平面，重制版》为核心，通过一系列原创屏幕视觉图像（视频，数字艺术，动画，内互动平面）展示了编舞中各个组织系统之间的交错关系。

（郭　涛）

【北京校园舞蹈研讨会】 12月16日，北京市文联、北京舞蹈家协会举办了“北京校园舞蹈研讨会”。方伯年、冯思美、张先敏、顾小英、贾洪震、黄秀芬、李银生等舞蹈家和从事校园舞蹈教育的专家，以及各区、县少年宫、少年之家、青少年活动中心、文化馆和部分中、小学以及幼儿师范学校的50多个单位的六十余名舞蹈教师参加了研讨会。老舞蹈家宣讲60年校园舞蹈发展史、专家教授现场授课，听取了少年宫、家以及中、小学教师的发言；老舞蹈家方伯年呼吁在中、小学设舞蹈课，要让中、小学的胖娃娃、矮娃娃有平等的机会学到舞蹈，舞蹈艺术是中、小学美育的重要组成部分，缺少舞蹈美育的教育是不完整的教育。北京舞协副主席李毓珊指出：校园舞蹈要以校园生活为依据，它的艺术走向一是追求校园舞蹈风格，就是风貌、格调、品位；二是有强烈的时代气息，就是校园舞蹈的独特性，表演形式、角度、创新；三是鲜明的舞种特色，就是适合校园的品牌、创意。校园文化的核心是育人。

（张燕鹰）

【舞剧《莎乐美》上演公交车版】 12月30日，“9剧场”将舞剧《莎乐美》的一些片段搬上了一辆公交车，邀请了20名普通市民在剧场版公演前一睹该剧的风采。随着公交车的行驶，《莎乐美》的舞者、公交车上的乘客与周边的街景交织成了一个个奇异而震撼的画面。“9剧场”此举一方面是希望借此打破常规现代舞与观众的陌生感和距离感，进一步将现代舞推向大众舞台，另一方面也希望让平时多在舞台上表演的舞者们与公众发生近距离接触，在即兴创作中与普通百姓发生微妙联系，为这个首次以现代舞呈现的全本“莎乐美”激发出新的创作灵感。

（郭　涛）

出版物

【《赵青新舞台——儿童画集》出版发行】 6月，《赵青新舞台——儿童画集》由中国文联出版社出版发行。这是舞蹈艺术家赵青首部画集，赵青首次拿起画笔，通过水彩画的方式讲述自己多年来一直想排的3部舞剧《伏羲女娲》《丹顶鹤》和《晚霞》。本书展示了作者心中一直追求的真、善、美，表达了赵青对从事一生舞剧的挚爱和对下一代的期望。

（郭　涛）

【大型辞书《中国舞蹈大辞典》出版】 8月，《中国舞蹈大辞典》出版。该辞书凝聚了全国200多位专家学者与舞蹈家的智慧和心血，反映了从原始社会到21世纪初中国舞蹈文化的概貌，包括舞类、舞名、术语、人物、作品、书刊、活动等，涉及古代舞蹈、近现代舞蹈、当代舞蹈、汉族民间舞蹈、少数民族民间舞蹈、戏曲舞蹈、外国舞蹈等。学者阴法鲁担任辞典顾问，舞蹈史专家王克芬、冯双白等任主编。

（郭　涛）

美　　术

2010年，北京美术界呈现出繁荣景象，其中也隐含了一些令人思考的问题。其特点是：

各种机构和美术馆、美术展览馆设立数大幅增加。清华大学张仃艺术研究中心、清华大学吴冠中艺术研究中心、北京大学中国画法研究院等高校美术研究机构的设立，将会进一步促进高等教育机构对美术研究的力度；现代工笔画院、北京中和百年书画院、国韵文华书画院、陕西书画名家北京联谊会等社会美术团体的成立和娄师白书画学校、北京凤凰岭书院、万葫堂美术馆等社会美术教育机构的开办，对于促进美术繁荣的作用不可低估；元典美术馆、风尚美术馆、“藏·美术馆”等美术展览机构尤其是首都书画社区美术馆计划20家社区美术馆的开馆，标志着北京的美术展览取得飞跃性发展。

油画呈现强势发展。中国美术馆举办的油画展览明显多于往年，也明显高于其他画种。中国美术馆藏油画精品汇报展、多元共生——中国美术馆近藏油画作品展、第2届中国小幅油画展、中国油画展、2010年中国油画家写生作品展等大型油画展，规格高、数量多、影响大；在一些国家级大型综合型美术展览中，油画的比重也在明显上升。中国画家的个人油画展和国外画家在北京举办的个人油画展，文化深度比以往多有不同程度地超越，美术语言越来越显示出个性化。

中国画进入缓步思索状态。作为历史悠久的中国画创作，在2010年明显力道不足，缺乏重量级的大型展览举办，尤其是当代国画家的个人展览，缺乏让人眼睛为之一亮的高端个展出现。1月8日，由文化部、中国美协、中国艺术研究院、中央美术学院、清华大学美术学院、中国人民大学艺术学院等主办的“当代美术创作论坛”在中国美术馆举行。会议就“全国美展与当前美术创作”、“中国美术创作的民族性和时代性”进行探讨时，对“熔铸中国气派，塑造国家形象”思想指导下的美术创作水准和探索态势表示欣喜时，对中国画存在的偏重制作和工艺问题提出尖锐批评。对部分画种发展不平衡，一些创作缺乏思想内涵等进行反思并提出建议。如何在新时代的新观念中继承、发展中国画，是当代美术的一个重要发展命题。

2010年，张仃、吴冠中、华君武3位巨匠逝世。这是中国美术界的巨大损失。

2010年，美术交流继续呈现良好的发展势头，美术语言朝着多元化的形态发展，美术意境向高端探索前进。美国当代版画艺术展、2010国际漆艺展、澳大利亚土著艺术展、“未来主义之路”展、芬兰女艺术家作品展等都是给人印象深刻的展览。

2010年，“第11届全国美术作品展暨首届中国美术奖·创作奖、获奖提名作品展”闭幕。展览于2009年12月25日开幕，历时38天。“生态与家园——第4届中国北京国际美术双年展”成功举办，历时15天，85个国家的500余件绘画、雕塑、装置、影像以及综合类作品，集中展示了世界美术家对地球生态问题的艺术思考，多角度形象展示各自不同艺术风貌和共同关爱地球家园的热忱，较全面立体地展现了全球当下艺术生态，成为2010年的最大展览项目。

（吕厚龙）

机　　构

【清华大学张仃艺术研究中心成立】　1月25日，清华大学张仃艺术研究中心成立。中心是清华大学设立的校级学术机构，由清华美术学院和人文社科学院共同组建，面向社会开放。重要工作是保护张仃艺术生涯和教育生涯关联范围内的文化资产。近百名校内外专家学者受聘担任中心的研究员。张仃，1917年出生，曾设计全国政协会徽、新中国第一批纪念邮票、负责和参与开国大典等设计工作。1950年任中央美术学院实用美术系主任、教授，领导中央美院国徽设计小组参与国徽设计。1981年任中央工艺美术学院院长。1999年中央工艺美院并入清华大学，更名为清华大学美术学院，张仃复出担任美术系博士生导师。出版有《张仃水墨山水写生》《张仃焦墨山水》《张仃漫画》等。

（贤　龙）

【娄师白书画学校成立】　2月6日，“娄师白书画艺术学校”在北京市第35中学成立。周巍峙、李铎等出席了揭牌仪式。学校聘请娄师白为娄师白书画艺术学校总顾问，北京师白艺术研究会会长娄述德为名誉校长。该校将书画列入35中的校本课程，在初高中阶段招收书法和国画特长生。

（贤　龙）

【万葫堂美术馆成立】　3月7日，由刘怀勇创办的公益性文化组织——北京万葫堂美术馆成立。该馆包括208平方米的展厅、104平方米的教室和48间工作室，是一个集艺术作品鉴定收藏、美术展览、教学研究、创作和学术交流为一体的综合性美术馆。开馆当天举行了第一次展览及研讨活动。展览展出了全国60多名画家的120余件新作，召开刘怀勇书画工作室创作研讨会。刘怀勇，清华大学教授、清华大学中国画高级研修班主讲导师，自1996年开始从事中国画创作培训工作，2006年建立刘怀勇书画艺术工作室，在全国范围内培养了书画家近千人，部分学员已成为中国美协会员和中国书协会员。

（贤　龙）

【陕西书画名家北京联谊会成立】3月7日，陕西书画名家北京联谊会成立大会暨首届书画展在中国国家画院美术馆举行。在京陕西籍领导和来自陕西的60多位书画艺术家参加。陕西书画名家北京联谊会是由京陕两地的书画艺术家共同提议，以陕西当代书画艺术家为主组成的书画联谊组织，目的是在京建立一个宣传、展示陕西书画家形象的艺术交流平台，树立陕西书画艺术品牌，推进陕西文化事业的发展。它是一个松散的群众组织，以举办展览、交流研讨、艺术采风为主要活动形式。王西京任首任会长。

（贤　龙）

【元典美术馆开馆】　4月16日，经北京市文化局批准成立的元典美术馆开馆，首展“春分”与“海豹湾”。“春分”展览汇集了袁佐、陈丹青、林延等艺术家的油画、雕塑、装置作品30多幅。“海豹湾”是美国波士顿大学教授约翰·沃克油画作品展。元典美术馆前身元艺术中心曾举办过“文化之后的文化”、“别样的现代性”等展览。

（贤　龙）

【现代工笔画院成立】　4月17日，现代工笔画院在人民大会堂举行画院成立新闻发布会，全国人大常委会副委员长华健敏、周铁农等和书画界人士近400人出席。现代工笔画院是文化部和民政部批准注册的，由文化部主管的国家一级社团，是我国唯一以工笔画为创作载体的国家级画院，院长由工笔画家王天胜担任。成员由中国当代工笔画界的近百位工笔画家组成，分别来自中国美协、国家画院、中国艺术研究院、全国各大美术院校、部队和美术创作室及各省美协、画院。画院特聘中国美协主席刘大为，副主席冯远及工笔画家林凡、陈白一、蒋采萍、喻继高、徐启雄、朱理存、李魁正、尼玛泽仁、胡勃、谢振瓯、萧玉田、冯大中、唐勇力、何家英等为顾问。“时代画风——当代中国工笔画20家作品展”同时开幕。参展的20位画家是刘大为、喻继高、周彦生、王天胜、尼玛泽仁、苏百钧、刘新华、祁恩进、卢禹舜、于文江、贾广健、林容生、唐秀玲、莫晓松、刘泉义、杜军、牛克诚、程健、李蒸蒸、宋彦军。展览于4月27日结束。

（贤　龙）

【首都社区美术馆启动】　5月14日，北京市首批社区美术馆正式启动。此项活动由首都精神文明建设办公室、北京市文学艺术界联合会、北京文化发展基金会、北京晨报、社区中国网联合主办。首轮开馆的有：西城区文化馆、麦子店街道美术馆、六里桥美术馆、爱家红木大观楼、凤凰苏源5家社区美术馆。由首都精神文明建设办公室等单位主办的“情系玉树　丹青献爱”书画义卖活动也在启动仪式上拉开帷幕，由首批启动的5家社区美术馆共同展示“2009首届北京社区书画巡展”的获奖作品，义卖收入全部捐献给青海玉树，用于灾区文化设施恢复重建。2010年北京市共设立20家社区美术馆。

（龙　斋）

【国韵文华书画院成立】　5月18日，由文化部直属单位中外文化交流中心主办的国韵文华书画院正式成立，首届中国画传承与发展论坛启动仪式同时举行。国韵文华书画院由刘大为、冯远、范迪安、杨晓阳出任艺术顾问，邵大箴为学术顾问，山水画家李宝林任院长。书画院工作目标是：倡导传统文化，促进中外交流，打造成为文化产业的中国名片。

（贤　龙）

【风尚美术馆开馆】　5月24日，风尚美术馆开馆。美术馆坐落在东城区文化馆，面积480平方米。目的是以一流的硬件设施为基础，积极探索群众文化与专业美术相融合的发展模式，构筑集展览、研讨、对外交流和公共文化服务为一体的高端美术交流平台，推广北京东城文化建设和对外文化交流。由中国艺术科技研究所、东城区政协主办，东城区文委、东城区文联、古都书画联谊会承办的当代中国画名家邀请展同日举行。展览展出了书画作品70余幅。

（贤　龙）

【北京中和百年书画院成立】 6月19日，北京中和百年书画院宣布成立。首任院长是中国美协会员王霄峰。书画院宗旨是继承和弘扬中华民族书画艺术，培养和推介书画新人，繁荣文化艺术市场，加强艺术交流和普及工作，促进精神文明建设。

（贤　龙）

【北京凤凰岭书院成立】 7月24日，北京凤凰岭书院成立。书院隶属于北京凤凰岭美术馆，是一所体制外自主招生、整体管理、社会性继续教育研究机构。美术理论家王鲁湘任院长，画家龙瑞、程大利及美术理论家刘曦林3人任监院。书院实行导师教学制，按中国画山水、人物、花鸟及书法等各科共开设10位全国名家工作室课程班，学制两年，面向全国招生。由中共海淀区委宣传部、海淀区文联、北京凤凰岭美术馆联合主办，豪贝尔集团、中关村杂志社联合协办的“凤凰来仪”第三回“写生范扬”中国画作品观摩展活动同时举办，是继第一回“龙瑞迎春山水画展”、第二回“传承下的思考——程大利山水画展”之后的学术活动。山东电视台“收藏天下”频道《中国画名家论坛》栏目拍摄基地挂牌、《中国画名家论坛》栏目开坛、《中国凤凰美术》杂志首发式同时举行。

（贤　龙）

【中国雕塑院中国青年雕塑家创作中心成立】 8月18日，中国雕塑院“中国青年雕塑家创作中心成立仪式”暨“2010中国青年雕塑家创作中心作品邀请展”开幕典礼在京举行。来自全国各地的雕塑家、理论家代表等出席活动。成立仪式上，何鄂、孙家彬、霍波洋捐赠了代表作品。江苏金亚房地产公司当场捐款100万人民币。中国艺术研究院美术研究所所长、中国雕塑院院长吴为山当即将捐款通过文化部捐赠给甘肃舟曲灾区。

（贤　龙）

【吴冠中艺术研究中心成立】 8月29日，清华大学吴冠中艺术研究中心成立。500余位各界人士共聚清华参加吴冠中追思会。清华大学在报告厅外还专门布置了吴冠中生平文献展。吴冠中之子吴可雨将吴冠中留给自己的一幅长两米的水墨作品《春酣》和吴冠中的手稿、画稿以及画具捐给清华大学吴冠中艺术研究中心。该中心是开放性平台，主要工作包括系统收藏吴冠中文献资料，将吴冠中全部作品编成图录，以及整理出版吴冠中的论著、教学思想、创作思想等。

（贤　龙）

【“藏·美术馆”开馆】 9月23日，位于北京古玩城B座的中国书画收藏家协会“藏·美术馆”开馆。中央国家机关书画协会、中国书画收藏家协会与北京古玩城共同推出的“中国书画名家系列精品展”之首展——“苏士澍金石题跋展”同时举办，展览展出了苏士澍收藏的历代名碑帖和苏士澍金石题跋书法20余件。

（贤　龙）

【北大恢复设立中国画法研究院】 12月30日，北京大学中国画法研究院恢复设立，范曾任院长。1918年，蔡元培担任北大校长，倡导美育，曾聘请著名画家陈师曾主持“北大中国画法研究会”，研究会汇聚了宗白华、朱光潜等一批文化名人，时隔近百年，北大重振中国画法研究院。北大校长周其凤表示，此举既是“返本”也是“开新”，既是“传承”也是“创造”，不仅要培养中国画法的理论与实践高端人才，更要从哲学高度恢复传统文化在中国的地位。

（贤　龙）

展　览

【第11届全国美展】 2009年12月25日～2010年2月3日，由文化部、中国文联、中国美协主办的“第11届全国美术作品展暨首届中国美术奖·创作奖、获奖提名作品展”在中国美术馆举行。第11届全国美展是庆祝新中国成立60周年的重大文化活动之一，自2009年8月28日首展雕塑展在长春举行后，先后在全国10个展区举办。568件获奖、提名作品汇聚中国美术馆，让观众全面了解当前中国美术的整体发展水准和探索态势。本届全国美展评选工作大有创新，一些展区实行直接征稿方式，使一些非体制内的职业画家也有机会参与并赢得获奖提名权利。如陶艺作品《昨天》的作者、艺术自由职业者钞子伟、钞子艺就获得银奖，真正体现了“公平、公正、公开”的原则。

（贤　龙）

【中国年画大展】 2月9日～22日，由文化部艺术司、文化部非物质文化遗产司、中国美术馆主办，中国出版工作者协会年画艺术委员会协办的“中国年画大展”在中国美术馆举办。展览分设佳节逢春、百子闹春、好戏迎春、新风沐春4个部分。中国美术馆珍藏有来自全国各著名年画产地如天津杨柳青、苏州桃花坞、河南朱仙镇、河北武强、山西临汾、湖南滩头、福建漳州、陕西凤翔、山东潍县、四川绵竹等地的民间年画3000余件。展览展出的200余幅传统木版年画珍品是从中精选而出。展览还精选了著名画家李可染、李琦、张仃、刘文西、任率英、力群、古元、彦涵等人的新年画作品，这些作品以崭新的思想内容和艺术形式体现了浓烈的时代特色。改革开放以来的年画创作展品，在传统技法和当代生活之间寻找契合点，展现了新时期新年画的发展状况。

（贤 龙）

中国年画大展

【原创与前瞻画展】 3月2日~10日，由《中国美术》杂志主办的“庚寅水墨·原创与前瞻”在中国美术馆举办。70多件作品参展。“原创与前瞻”体现的是“语言的转换”和“价值的重构”，具有创造性、学术性与艺术性的鲜明特点。参展画家自觉地表现为原创精神的张扬和前瞻性的呼唤，以及对现实世界和当代人内心世界的探寻和把握，文本的实验性和探索性是展览主题。

（贤 龙）

【乔十光漆画艺术回顾展】 3月17日~25日由中国美术馆、清华美院、中国美协、中国工艺美术学会主办的“漆彩人生——乔十光漆画艺术回顾展”在中国美术馆举办，同名学术研讨会同时举行。乔十光，清华美院教授，中国当代漆画的重要代表，他创作了数百件漆画作品，完成了高等艺术教育“九五”部级教材《漆艺》卷，创作、研究和活动横跨学科建设、漆画创作和漆文化发展等诸多领域。

（贤 龙）

【宋元明清中国古代书画大展】 3月18日~4月7日，由辽宁省博物馆和保利艺术博物馆联合主办的“宋元明清中国古代书画大展”在保利艺术博物馆举办。展览展出了宋、元、明、清历代书画珍品50余件，除辽宁省博物馆的部分重要藏品外，还有众多海内外收藏家的珍藏。绝大部分展品，都曾由清代书画收藏大家梁清标、高士奇、安岐等收藏，一些作品为《石渠宝笈》所著录。

（贤 龙）

【中国美术馆藏精品汇报展】 3月20日~31日，由中国美术馆筹划的“山高水长·中国现代名家精品展”在中国美术馆举办。该展是2009年12月上旬中国为日本东京“中国文化中心”特别筹备的展览。展品选取日本人民较为熟悉的20世纪中国书画家作品，多数是中国美术馆的典藏精品，旨在通过中国画和书法等艺术形式，展示中国传统艺术的风貌。赴日展览结束后，中国美术馆将赴日展览作品陈列汇报。

（贤 龙）

【石齐画展】 3月28日~4月5日，由文化部主办，中国美协、中国美术馆、北京画院协办，大连万达集团承办的“笔墨现精神 融汇与革新——石齐画展”在中国美术馆举办。全国政协副主席黄孟复、郑万通等出席开幕式。画展展出了石齐自20世纪60年代至今6个不同时期不同风格的精品画作120余幅，涵盖人物、山水、风景、花鸟4大题材，较为系统地展现了石齐的艺术成就。石齐，1939年生，福建福清人，现为北京画院画家，一级美术师。中年时提出绘画艺术形态“三象并举”（具象、印象、抽象）和“中国画多面体”的理论，作品呈现出“三象”融合大视角的审美风格。

（贤 龙）

【新中国城市雕塑建设成就展】 4月2日~12日，由住房和城乡建设部、文化部共同主办，全国城市雕塑建设指导委员会承办、中国艺术研究院中国雕塑院协办的“新中国城市雕塑建设成就展”在中国美术馆举办。新中国城市雕塑建设成就奖是新中国成立以来城市雕塑领域规模最大、规格最高的学术评选，从全国选送的一千余件城市雕塑中经过遴选评审出60项“新中国城市雕塑建设成就奖”和40项“新中国城市雕塑建设成就提名奖”。展览展出了本次评选的获奖作品图片和部分雕塑小稿，集中展示了新中国60年城市雕塑建设的最高成就。

（贤 龙）

【第2届中国小幅油画展】 4月4日~12日，中国油画学会主办的“第2届中国小幅油画展”在中国美术馆举办。展览的近百幅作品，以广阔的视角，反映了当代丰富多彩的社会生活和气象万千的大自然景象；以多样化的艺术手法，表现出了油画语言探索与研究的新风貌。小幅油画通常指边幅不超过60厘米的油画作品，首届“研究与超越——小幅油画作品大展”于2001年秋在北京举办。

（贤 龙）

【王琦捐赠外国版画作品展】 4月7日~15日，由中国美术馆主办的“王琦捐赠外国版画作品展”举办。王琦，版画家、中央美术学院教授、中国版画家协会主席。他在与国际版画界的交往中，结识了不少世界著名版画家，收藏了一批深具历史价值与艺术价值的优秀国际版画。他捐赠中国美术馆的国际版画，包括前苏联、美国、英国、法国、日本、波兰、罗马尼亚、保加利亚、乌克兰、墨西哥等各国艺术家创作的各时期的铜版画、石版画、木刻版画等。本次展览展出了前苏联著名版画家林娜克拉甫琴柯的《书籍插图》、罗马尼亚版画家萨波伯拉吉的《乡村树木》以及法国画家奥杜尔的《集中营的囚徒》等作品，均创作于第二次世界大战时期，这些作品以反对战争、歌颂和平为主题，是王琦战时的收藏品。有些作品是二十世纪五六十年代与东欧社会主义国家的画家友好往来或互赠得来，具有历史资料价值。

（贤　龙）

【闫振铎油画作品展】 4月7日~15日，由中国油画学会、北京画院和雅昌（企业）集团主办的“闫振铎油画作品展”在中国美术馆举办。展览展出了60余幅油画佳作，有1982年的《九寨沟》《九寨沟——水磨》《林间飞瀑》等九寨沟写生系列作品，也有近几年创作的《五牛图》《回家》《金色飞瀑》等闫振铎50年艺术生涯中重要创作阶段的代表性作品。闫振铎，1940年出生于河北，1967年毕业于中央美院油画系。现为北京画院一级美术师，中国美协油画艺委会委员，中国油画学会副秘书长。曾获第6届、第8届全国美展优秀作品奖。

（贤　龙）

【抽象艺术十五人展】 4月14日~23日，中国艺术研究院美术研究所主办的“大象无形——抽象艺术十五人展”在中国美术馆举办。展览由国际批评家、策展人阿基莱－伯尼托－奥力瓦（Achille Bonito Oliva）策划，展览展出了国内抽象艺术领域的15位艺术家的作品。这次展览的是阿基莱－伯尼托－奥力瓦第2次在中国选择的近70件抽象作品。

（贤　龙）

【赵望云作品展】 4月14日~23日，中国美术馆主办的“中国美术馆藏赵望云作品展”在中国美术馆举办。展览展出了赵望云不同历史时期创作的作品100余幅。赵望云，中国近现代画家，长安画派的奠基人和开创者。曾任西北军政委员会文化部文物处处长，中国美协常务理事，陕西省美协首任主席，陕西省政协委员，陕西省文化局副局长。以农村写生为代表的前期作品，开创中国画反映现实生活的先河。新中国成立后，他以西北为生活和创作基地，完成了由以人物为主写生画到以山水风景为主的新国画的过渡，还组织画会、画展，团结和培养了象黄胄、方济众、徐庶之等一大批青年画家，形成了具有浓郁地方特色、鲜明时代精神的“长安画派”，使农村写生的内容和形式得以深化。

（贤　龙）

【中国美术馆近藏油画作品展】 4月25日~5月4日，中国美术馆主办的“多元共生——中国美术馆近藏油画作品展”举办。中国美术馆通过收藏积累了一定数量的油画作品。本次馆藏作品陈列是以近10年的架上油画收藏为内容进行的一次专题陈列。这些作品突破了单一的现实主义模式，吸收变形、抽象、象征的艺术语言，从宏观社会到微观世界，从社会现实到精神现实，进行了深入发掘与表现。

（贤　龙）

【郭晓光油画作品展】 4月25日~5月4日，中国美术馆、鲁迅美术学院主办的“郭晓光油画作品展”在中国美术馆举办。展览展出了郭晓光风景写生油画30余幅。作为国内新具象表现主义油画的代表画家之一，画家有意识地从单纯的室外写生中，发掘找寻来自于绘画本体性价值的真切感受，以大尺幅的画面、厚重的色块，构建中国本土风景油画的气魄与特色，形成特立独行的艺术风格与表现样式。

（贤　龙）

【首届“架上连环画”邀请展】 4月29日~5月4日，由中国美协主办的首届“架上连环画”邀请展在中国美术馆举办。“架上连环画”一方面在形式上篇幅较少、尺幅较大，一般都在60厘米以上，主要用于展览和艺术拍卖，另一方面在内容和内涵上提倡深入性和精致化，更强调作品的艺术品位。本展邀请的20余位画家均为有代表性的连环画家、油画家和国画家。

（贤　龙）

【孙天牧作品展】 5月11日~19日，由中央文史研究馆、政协天津市委员会、中共济南市委宣传部、中国美协主办，北京画院、孙墨佛孙天牧父子书画馆协办，北京画院美术馆承办的“化古开今——期颐老人孙天牧作品展”在北京画院美术馆举办。国务院参事室、中央文史研究馆、天津市政协、中国美协等单位的和首都各界人士以及孙天牧的家人与亲友200余人出席开幕式。国务院总理温家宝致信祝贺。展览展出了作品近百幅，涵盖作者自20世纪40年代起至新时期各个阶段的代表作。孙天牧，出生于1911年，是辛亥革命老人孙墨佛之子，中央文史研究馆馆员，山水画家，师从陈少梅。

（贤　龙）

【中国美术馆藏三四十年代木刻精品展】　5月16日~6月3日，中国美术馆主办的“中国美术馆藏三四十年代木刻精品”举办。展览展出了中国美术馆馆藏二十世纪三四十年代“中国新兴木刻运动”中产生的优秀木刻版画作品五十余件，作者为江丰、李桦、胡一川、陈烟桥、野夫、力群、古元、王琦、黄新波、陈铁耕、沃渣、张望、蔡迪支、刘岘、杨讷维等版画家。这些作品一方面吸收、借鉴了欧洲版画富于表现性的技法和语言，一方面为了更好地被中国的大众所理解而融入了中国的一些传统特色和民间趣味，形成了中国艺术现代化进程中的一个活力分支，在革命年代起到广泛而深刻的宣传和鼓舞作用。同时，这些黑白木刻作品因鲜明、强烈的视觉效果而独具魅力，对当代艺术的发展也有着重要的启发性。

（贤　龙）

【靳之林油画大展】　5月17日~23日，由中央美术学院、中国美术馆、中国美协共同主办的“靳之林油画大展”在中国美术馆举办。展览展出了靳之林从艺60余年中创作的200余幅油画作品和近百幅素描作品，包括《毛主席在大生产运动中》《南泥湾》《罗盛教》《黄土群峦·黄河九曲十八弯》《白玉兰》等作品，在保持油画语言品质的同时，融汇了中国笔墨的写意精神。同时展出的还有回顾靳之林致力于民间美术研究历程的文献。

（贤　龙）

【刘孔喜绘画艺术展】　5月20日~30日，由中国美协、中国美术馆、北京美协、首都师范大学共同主办的“青春足迹——刘孔喜绘画艺术展”在中国美术馆举办。展览展出了刘孔喜在各不同时期的绘画作品60件，包括油画、版画、连环画、素描、速写等，重点是以“青春纪事”为主题的写实主义创作风格系列绘画作品。刘孔喜，现为首都师范大学美术学院教授、博士研究生导师，中国美协会员。

（贤　龙）

【中国美术馆近藏作品展】　6月16日~23日，由中国美术馆主办的“多元共生——中国美术馆近藏作品展”举办。展品以水墨类作品为主，包含少数重彩等综合材质的作品。70多件作品反映出在保留传统中国画基本物质材料的基础上，从书写表现、图式创造、观念建构等方面对传统中国绘画进行语言拓展和形式突破的共同趋向。表达了当代中国画界对自然万象的观照、对文化理想的认知和对艺术多元生态的追求。

（贤　龙）

【九龙山首届艺术展】　7月6日~16日，由吴作人国际艺术基金会主办的“九龙山首届艺术展”在中国美术馆举办。展览展出了九龙山艺术创作研究中心艺术家并吴作人、萧淑芳共43位艺术家的80余件油画、国画、雕塑、摄影作品。吴作人国际美术基金会九龙山艺术创作研究中心成立于1996年，地处门头沟区九龙山自然保护区，是吴作人国际美术基金会与中国林业科学院合作，以联建共用的方式创建。成立10多年来，有数十位艺术家在此处生活、创作，包括张仃、候一民、闻立鹏、蒋采萍、潘世勋、朱乃正、闫振铎、尚扬等老一代艺术家。

（贤　龙）

【舒建新中国画作品展】　7月18日~26日，由中国美协、中国国家画院、中共云南省委宣传部、云南省人民政府办公厅、中共楚雄州委、楚雄州人民政府主办的“舒建新中国画作品展”在中国美术馆举办。展览展出了舒建新反映云南和彝州秀美自然风光和多彩人文风情的画作70余幅。舒建新，山东省青州市人，现为中国国家画院一级美术师，院艺术委员会委员，院美术馆馆长，中国美协会员。

（贤　龙）

【刘岘作品捐赠展】　7月28日~8月5日，由中国美术馆主办的“木刻赤子——刘岘作品捐赠展”举办。展览展出了刘岘20世纪30年代至90年代创作的木刻作品200余件。本次捐赠作品中的《白夜》《罪与罚》《子夜》插图是20世纪30年代上半期的重要作品。木刻原版《黄河纤夫》《伐木者》，描绘了抗日战争结束后的百姓生活。展览结束后全部展品由中国美术馆永久收藏。刘岘（1915年—1990年），版画家，“新兴木刻运动”重要代表。1932年考入北平艺术专科学校西画专业，并自学木刻，1933年转入上海美术专科学校学习西画，1934年考入日本东京帝国美术学院油画系，师从日本著名版画家平塚运一。1939年到延安，任教于鲁迅艺术文学院美术系，新中国成立后任中国美术馆研究保管部主任、艺术委员会副主任。

（贤　龙）

【2010年中国当代艺术邀请展】　8月18日~9月2日，由中国艺术研究院、中国美术馆主办，中国艺术研究院中国当代艺术院承办的“建构之维——2010年中国当代艺术邀请展”在中国美术馆举办。展览邀请30多年来各个时期具有代表性的艺术家的数十件绘画、雕塑与装置作品参展。本展的学术目标是，突出“建构”所具有的艺术、文化、精神价值，强调艺

术个案的研究价值。

（贤　龙）

【中国美术馆藏当代名家扇面画展】 9月7日～16日，由中国美术馆主办的“中国美术馆藏当代名家扇面画展”举办。展览展出了扇面作品40多幅。该展是6月份中国美术馆与东京涩谷区松涛美术馆合作举办的“中国美术馆藏扇面画展”结束归来的北京展。

（贤　龙）

【第4届中国北京国际美术双年展】 9月20日～10月4日，由中国文学艺术界联合会、北京市政府、中国美协主办的“生态与家园——第4届中国北京国际美术双年展”在中国美术馆举办。85个国家的500余件绘画、雕塑、装置、影像以及综合类作品，集中展示世界美术家对地球生态问题的艺术思考，多角度形象展示各自不同艺术风貌和共同关爱地球家园的热忱，较全面立体展现全球当下艺术生态。喀麦隆、哥斯达黎加、多米尼加、卢森堡、萨尔瓦多等国均是首次参展。主题展之外，另有智利特展和奥地利特展，集中展示其国家风格鲜明的当代艺术。该展是北京市政府和中国美协固定主办的定期国际美术大展。

（贤　龙）

【张乃英彩塑作品捐赠展】 10月8日～18日，由中国美术馆主办的“泥之韵——张乃英彩塑作品捐赠展”在中国美术馆举办。张乃英是“泥人张”第6代传人。展览展出作品是张乃英2007年捐赠给中国美术馆的全部50套共计100余件彩塑作品。

（贤　龙）

【方增先人物画大展】 10月10日～20日，由文化部、上海市人民政府主办的“行行复行行——方增先人物画大展”在中国美术馆举办。展览展出作品余件，展示了方增先从艺近60年间的各阶段水墨人物画、素描、速写、书法作品。相关重要历史图片和文献同时展出。

（贤　龙）

【中央美院中国画学院教师展】 10月24日～31日，由中央美术学院主办的“中央美院中国画学院教师展”在中国美术馆举办。展览精选2005年以来执教于中国画学院的教师创作的作品120余幅，分为写意人物、工笔人物、山水、花鸟、书法5个专业，展示了中央美术学院中国画学院现任教师目前的学术探索取向和艺术创作成果。中央美术学院中国画学院前身是中央美术学院中国画系，2005年12月组建独立的中国画学院。

（贤　龙）

【侯德昌书画展】 11月2日～10日，由中央文史研究馆、中国美协、中国书协共同举办的“融古通今——侯德昌书画展”在中国美术馆举办。展览展出了侯德昌以太行山为主题的山水画和书法作品共60幅。侯德昌，1933年生于河南省辉县，1956年考入中央工艺美术学院陶瓷美术系，1961年毕业后留校任教，长期从事中国书画的教学、研究与创作。现为中央文史研究馆馆员。

（贤　龙）

【观澜版画展】 11月4日～10日，由中国美协、中国美术馆、深圳市文联、深圳市宝安区人民政府主办的“观澜版画展”在中国美术馆举办。中国·观澜版画原创产业基地是由中国美协、深圳市文学艺术界联合会和深圳市宝安区人民政府合作创建的集版画创作、制作、展示、收藏、交流、研究、培训和市场开发为一体的中国版画产业项目，自2008年5月开放以来，已有40余个国家和地区的200多位版画家入驻，创作了数千件版画作品，受到国际版画艺术界的瞩目。这次展览从版画基地选择15个国家和地区的45位艺术家创作的50件代表性作品，涵盖凹、凸、平、漏等各版种，集中展示了版画基地近年来的艺术创作成果。

（贤　龙）

【中国油画展】 11月13日～25日，由文化部艺术司、中国油画学会、北京画院主办的“油画艺术与当代社会——中国油画展”在中国美术馆举办。靳尚谊等数百人出席开幕式。展览从全国3600余件应征作品中遴选出247件油画作品参展。中国油画学会是经文化部批准在民政部注册的民间法人学术社团，1995年11月在京成立。15年来，该学会发展了48个团体会员单位，成为引领中国油画发展的核心团体。该展是中国油画学会成立15周年纪念展。当天，中国油画学会主席团换届工作举行，选举出以中国美术学院院长许江为主席的新一届主席团。

（贤　龙）

【北京市文联成立六十周年美术作品展】 11月18日～28日，由北京市文联、北京美协主办的“北京市文联成立六十周年美术作品展”在中国美术馆举办。展览分为书法、美术、摄影、民间艺术4个展览同时举办，共展出各类作品200多件。

（贤　龙）

【2010年中国油画家写生作品展】 12月7日～15日，由中国艺术研究院中国油画院、中国文学艺术界联合会、中国文学艺术基金会、中国美协主办的“2010年中国油画家写生作品展”在中国美术馆举办。展览展出了作品80幅。展览是中国油画院“寻缘问道”学

术精神的进一步深化。围绕“我们为什么要写生、我们为什么要临摹”来回顾中国油画写生临摹历史。展览邀请了留欧、留苏一代油画前辈们的写生、临摹作品参展。

（贤　龙）

【第 15 届大路画展】　12 月 17 日～25日，由中国美协、中国铁建总公司主办的“中国铁建与大路生活——第 15 届大路画展”在中国美术馆举办。展览展出的 200 多件作品，从 600 多件送选作品中评选出，形式以国画、油画、版画和雕塑为主。“大路画展”已经延续 31 年，这也是我国唯一由一家企业连续举办了 15 届的现实主义画展。参展的艺术家大都是铁路系统的建设者、艺术工作者。

（贤　龙）

活　　动

【当代美术创作论坛举办】　1 月 8 日，“当代美术创作论坛”在中国美术馆举办。来自文化部、中国美协、中国艺术研究院、中央美术学院、清华大学美术学院、中国人民大学艺术学院和各地专业美术院校、美术馆的专家、学者就“全国美展与当前美术创作”、“中国美术创作的民族性和时代性”进行探讨。会议对“熔铸中国气派，塑造国家形象”思想指导下的美术创作水准和探索态势表示欣喜，并对中国美术奖各奖项评选公平、公正、公开表示赞赏。一些专家就当前美术创作的问题，如中国画偏重制作和工艺，部分画种发展不平衡，一些创作缺乏思想内涵等进行反思并提出建议。本次论坛共收到来稿论文四百余篇，经过初评、复评、终评，甄选出 48 篇入选论文。

（贤　龙）

【熊秉明作品捐赠仪式暨学术研讨会】　11 月 18 日，由文化部艺术司、中国艺术研究院共同主办，中国艺术研究院美术研究所、中国艺术研究院中国雕塑院承办的“熊秉明先生作品捐赠仪式暨熊秉明作品学术研讨会”在京举办。熊秉明是著名法籍华人艺术家、哲学家。熊秉明的夫人陆丙安向中国艺术研究院捐赠了熊秉明不同时期风格的作品 52 件。邵大箴、吴为山、孙家钵、张旭光、邱振中、曾来德、王镛等在研讨会上发言。

（贤　龙）

交　　流

【朱德群回顾展】　3 月 4 日～30 日，由中国美术馆、朱德群工作室主办的全面反映旅法中国艺术家朱德群艺术历程的“朱德群回顾展”在中国美术馆举办。展品 113 件。除油画、水墨、书法之外、还有瓷瓶、速写以及朱德群从艺历程的相关资料等，内容分为五个部分：（1）艺术家及其作品；（2）理想化的抽象；（3）耀眼的突变；（4）画家的巴黎工作室；（5）中国文化的回响。朱德群，1920 年生于江苏萧县，1935 年进入杭州国立艺专，在吴大羽、方干民、蔡威廉、潘天寿等名师指点下学习。1955 年 5 月，朱德群从台湾到巴黎。1997 年 12 月朱德群荣膺法兰西学院院士，成为法兰西学院 200 年来首位华裔院士和首位东方艺术家，典礼主席致词称颂他的艺术“丰富了欧洲文化的内容”。3 月 6 日，法方策展人戴浩石作“朱德群与抽象艺术”讲座。展览结束后，朱德群将代表性作品油画《绿色活力》（195×390 厘米）和 10 件水墨作品捐赠给中国美术馆。

（贤　龙）

【杨英风北京大展】　3 月 6 日～14 日，由中华文化联谊会、中国美术馆、台湾杨英风美术馆主办的“杨英风北京大展”在中国美术馆举办。展览展出了杨英风作品 50 余幅。杨英风，少年时期成长于北京，后赴台，足迹踏遍亚、欧、美、非洲，不断地在传统的文化中寻求创作的养分，结合宗教思维、生态观点，创作出大批独创一格的杰作，尤其是雕塑作品。成为台湾战后最具代表性的艺术家之一。

（贤　龙）

【希腊瑞纳斯画展】　3 月 6 日～29 日，由中国文联主办的“希腊瑞纳斯画展”在中国美术馆举办。瓦盖里斯·瑞纳斯 1966 年生于希腊海岛萨莫斯，长于小岛伊卡利亚。他是第一个在中国美术馆举办个展的希腊艺术家。展览展出了多幅绘画作品和雕塑《梦舟》，还有他的毛笔书法——用中国汉字和盲文文字书写的一个关于希腊和中国的美丽童话。

（贤　龙）

【中国美术馆藏油画精品汇报展】　3 月 12 日～4 月 27 日，由中国美术馆与澳门艺术博物馆联合策划和主办，文化部和澳门民政总署联袂支持的“东方既白——中国美术馆藏油画精品汇报展”在中国美术馆举办。展品是从数千件油画藏品中精选出的 99 件作品，从广阔的视域展现中国油画的东方气质，阐述内地几代油画艺术家对中国油画走向的思考。本展结束后赴澳门艺术博物馆展出。

（贤　龙）

【范少华绘画艺术展】　3月14日~31日，由吴作人国际美术基金会主办的“范少华绘画艺术展”在中国美术馆举办。范少华，出生于广州并在广州长大，受家庭环境的熏陶，自幼习画，1985年毕业于广州美术学院油画系，1990年移民新加坡。所创作的人物肖像及“牛车水”街景系列，以写实见长，充满了强烈的人文关怀和现实主义气息。作为海外艺术家，身处于不同社会文化环境，他以敏锐的观察力，创作了许多反映新加坡都市生活的作品，在新加坡获得了广泛的认同与赞赏。

（贤　龙）

【芬兰女艺术家作品展】　3月17日~4月13日，由中华人民共和国文化部、芬兰共和国教育与文化部主办的“女性空间——1870~1990芬兰女艺术家作品展”在中国美术馆举办。展览展出的芬兰15位女艺术家的72幅作品来自芬兰国家艺术博物馆。作品的主题大都是描述大自然的多彩与变化。

（贤　龙）

【日本画家森秀雄作品展】　3月21日~31日，由中国美术馆主办的“虚幻的蓝天——日本著名画家森秀雄作品展”在中国美术馆举办。展览展出作品30多幅。森秀雄，1935年出生于日本三重县，毕业于东京艺术大学，初攻油画，后采用喷枪喷射颜料绘画的油彩喷枪绘画法创作作品，逐步形成独特的绘画技法和风格，成为一位富有创造个性的日本画家。其作品通过以蓝色基调为主的色彩构筑成无限空间，让人产生诗意的联想，可以感受到“新超现实主义”艺术风格。

（贤　龙）

【何乃磊国画作品展】　4月2日~12日，由山东美协主办的“沂蒙风韵——何乃磊国画作品展”在中国美术馆举办。展出何乃磊沂蒙风情国画作品50幅。何乃磊，号山石，山东省莒县人，国画家，现为中国美协会员、山东省美协主席团委员、一级美术师、山东理工大学美术学院兼职教授，享受政府津贴专家。

（贤　龙）

【李自健油画新世纪巡展】　4月18日~26日，由中国艺术研究院主办的“人性与爱——李自健油画新世纪巡展”在中国美术馆举办。展览展出了李自健以前的代表性作品70幅和新创作作品70幅。李自健，1954年生于湖南省邵阳市，1977年入广州美术学院油画系，1988年赴美，定居洛杉矶。职业画家，美国油画家协会会员，中国美协会员，中国艺术研究院中国油画院海外特聘画家。自20世纪90年代初开始，画家以“人性与爱”为画展主题，持续15年，环球三圈半，于世界6大洲30余个国家与地区，自主、自费举行了48次巡回个展，直接观众达180余万人次。

（贤　龙）

【中比当代艺术交流展】　5月1日~6月1日，由中国美术馆馆长范迪安、比利时著名艺术家吕克·杜曼斯等共同策划，中国美术馆、比利时布鲁塞尔皇家美术宫共同主办的“事物状态——中比当代艺术交流展”在中国美术馆举办。展览选择中国艺术家25位，比利时艺术家24位，参展作品约120件，是一次具有学术先锋性的当代艺术展览。

（贤　龙）

【赖少其艺术回顾展】　5月7日~18日，由中国美协、中国书协、中国国家画院、中国美术馆、中共安徽省委宣传部、安徽省文化厅、安徽省文联、合肥市人民政府主办的“追求·创新——赖少其艺术回顾展”在中国美术馆举办。展览集艺术性和文献性于一体，展览展出了赖少其从“新兴木刻运动”时期至晚年的代表作品160多件，涵盖木刻、山水、花卉、书法和篆刻等艺术形式，完整地展现了赖少其的艺术成就。“木石精神雄奇笔墨——赖少其的艺术理念与承革实践”大型学术研讨会同日举办。

（贤　龙）

【捷克雕塑艺术展】　5月11日~6月30日，由中国美术馆、捷克国家美术馆主办的“新感觉——1960至1980年代捷克雕塑艺术展”在中国美术馆举办。展览展出雕塑作品61件。包括玻璃雕塑、金属雕塑以及综合材质的雕塑，还有绘画作品和过去展览活动的照片等，着重介绍捷克雕塑界在20世纪60年代到80年代的艺术实践历程。重点在雕塑特点的表现——即纯净的形象，透明的材料，意图同光影的良好结合。

（贤　龙）

【百年百虎国画展】　5月26日~6月3日，由中国美协中国画艺委会、江西省文联主办，江西省美协承办的“百年百虎国画精品展”在中国美术馆开幕。展览选取百年来具有代表性的虎画作品130幅参展。既有徐悲鸿等老一辈美术家的代表作和当代名家作品，也有河南画虎村的农民虎画作品。本展从2009年7月开始征稿，共收到全国各地参评作品1200余幅。展览结束后，在南昌、广州、宁波、香港、澳门等地巡展。

（贤　龙）

【尤里·卡留塔油画展】　6月14日~7月4日，由中华文化研究会、北京国际友好联络会、民族画院主办的“尤里·卡留塔油画展”在中国美术馆举办。展览展出作品40多幅。尤里·卡留塔，当代俄罗斯画家，1957年出生于乌克兰。1973年毕业于敖德萨科列科夫艺术学校，1983就读于苏联列宁格勒列宾美术学院，师从艺术大师梅尔尼科夫，曾获苏联美术学院奖章。2002年《米丽萨》获北京首届国际双年展金奖。现为俄罗斯列宾美术学院教授，俄罗斯功勋艺术家。其作品被俄罗斯、中国、美国、芬兰、德国、英国等国的国家博物馆和个人收藏。

（贤　龙）

【中国画家彩绘联合国大家庭艺术大展在澳大利亚举办】　6月18日~21日，由中国文联、中国美协联合举办的“同一个世界——中国画家彩绘联合国大家庭艺术大展”在澳大利亚墨尔本市政厅举行。中国文联、中国美协受国务院新闻办公室委托，组织中国200位知名美术家，以中国水墨画形式绘画联合国192个成员国标志性建筑物、花卉、动物、山川、人物等人文景观。该展曾在中国北京、上海、成都、西安等城市展出，并在墨西哥、美国、瑞士、俄罗斯、日本、埃及等国巡展。

（贤　龙）

【严隽泰伉俪油画展】　6月19日~23日，由台湾开明画院主办的“严隽泰伉俪北京油画展”在中国美术馆举办。展览展出了严氏伉俪代表作90件，严隽泰油画作品77件，夫人严许婉瑱国画作品13件。严隽泰，台湾政治家严家淦之子，现任台湾中华工程公司董事长。严许婉瑱曾师事刘海粟，其花卉画作朴拙自然，优雅独具。

（贤　龙）

【陈立言画作专题展】　6月25日~7月3日，由中共湖北省委宣传部、中国美协、湖北省文化厅、湖北省文学艺术界联合会、湖北省美术院主办的“画境文心——陈立言画作专题展”在中国美术馆举办。展览展出了作品60多幅。陈立言，1940年生，中国画画家，专擅人物和花鸟。1964年毕业于湖北艺术学院美术系，留校任教。中国美协会员，湖北省美术院院长、湖北美协副主席。

（贤　龙）

【徐培晨艺术展】　6月26日~7月4日，由江苏省文化厅、江苏省文学艺术界联合会、南京师范大学、徐悲鸿纪念馆主办，江苏省美协、南京师范大学美术学院、徐培晨艺术馆等承办的“山情水意——徐培晨中国画展”在中国美术馆举办。展览展出了徐培晨59件中国画作品，有人物、山水、花鸟、巨幅猿猴。徐培晨，现为南京师范大学美术学院教授，硕士生导师，中国美协会员、江苏省政协委员，2008年马鞍山市人民政府在马鞍山朱然文化公园建立了徐培晨艺术馆。

（贤　龙）

【北海水彩画作品展】　7月5日~16日，由中共广西壮族自治区委员会宣传部、北海市人民政府、广西文联主办的“北部湾画风——北海水彩画作品展”在中国美术馆举办。展览展出了北海水彩画作品80幅。北海水彩画群体形成于20世纪90年代，主要创作骨干有20多人，代表画家有蔡道东、肖畅恒、张国权、蔡群徽、吴明珠、张虹、吴志刚、黄小其、张国楠、包建群、张斌等。他们的作品体现了北部湾“海洋文化”所具有的审美特征。很多优秀作品入选全国美展并获奖，被学术界称为“北海现象”。

（贤　龙）

【周顺恺画展】　7月18日~28日，由中国美术馆、中国美协、中国国家画院、中共重庆市委宣传部、重庆市文化广播电视局、重庆市文联主办的“周顺恺画展”在中国美术馆举办。展览展出了中国美协理事、重庆画院院长、重庆市美协副主席周顺恺中国画作品（大型历史画、人物画和少数民族风情画）40余幅，其中，有在全国美展中获奖的《最后的嘱托》《巴金》和为中国美术馆收藏的《东渡黄河》，以及新作《重庆谈判》《三峡移民》等作品，与李宝林合作的由国家邮政总局发行的纪念邮票《大会师》主图巨幅原作也同时展出。

（贤　龙）

【朱铭“人间系列”雕塑展】　7月19日~8月13日，由中国美术馆、台湾朱铭美术馆主办的“朱铭‘人间系列’雕塑展”在中国美术馆举办。朱铭，1938年生于台湾，雕塑家。“人间系列”雕塑历时30年，以人间百态为题材，描绘其所见、所感的人间与生活；以多元材质进行创作及尝试，叙说材质语汇之美。

（贤　龙）

【福建省当代美术晋京大展】　8月8日~15日，由中共福建省委宣传部、福建省文联、中国美术馆主办，福建省美协承办的“锦绣海西——福建省当代美术晋京大展”在中国美术馆举办。展览展出了福建美术家作品221件，从全省应征作品中评选而出，涵盖中国画、油画、漆画、版画、水彩粉画、雕塑等，以反映海西建设新成就、福建自然风貌和期盼祖国统一的作品为主。

（贤　龙）

【李宝峰中国画展】　8月26日~9月2日，由中国文学艺术界联合会、中共甘肃省委宣传部、中国美协、中国国家画院、中国美术馆、甘肃省文化厅主办，由甘肃画院、甘肃省美协、荣宝轩艺术馆承办的“守望西部——李宝峰中国画展”在中国美术馆举办。80余幅作品用写实造型描绘现实人物，形成藏族人物、新疆人物、集市生活等特色绘画艺术语言。

（贤　龙）

【俄罗斯新生代画家油画展】 9月1日至10日，俄罗斯新生代画家油画展在民族文化宫举办。此次展览展出的作品主要来自圣彼得堡列宾美术学院和莫斯科苏里科夫学院几十位俄罗斯艺术家的百余幅油画作品，作品题材广泛，包括风景、人物、静物等。

（张燕鹰）

俄罗斯新生代画家油画展

【蔡亮艺术回顾展】 9月4日～16日，由中国美术学院、中国美术馆、中国美协、西安美术学院主办的“历史与追怀——蔡亮艺术回顾展”在中国美术馆举办。展览分3个主题部分展出，第一部分：“红色经典——蔡亮历史画及其研究”；第二部分：“高原岁月——蔡亮陕北农民写生”；第三部分：“湖畔春秋——蔡亮杭州时期绘画”。近百幅作品参展。

（贤　龙）

【“未来主义之路”展】 9月8日～10月28日，由萨布丽娜·拉法格罗（Sabrina Raffaghello）策划，中国美术馆、意大利亚历山德里亚市政府和意大利北京文化处共同主办的“未来主义之路”展在中国美术馆举办。262件意大利未来主义作品参展。展览作品有卡拉、巴拉等未来主义“创始期”代表艺术家的绘画，有后来者德佩罗、普兰波利尼、阿里曼迪、波特、久海罗夫、塔亚特、希罗尼等的作品，也有当代艺术家们的作品，既有未来主义建筑宣言人圣埃利亚的建筑手稿，也有拉姆、穆纳里与飞机有关的作品，马索埃罗那著名的颂扬1933年飞跃大西洋壮举的大量摄影作品也参加展出，展品包括绘画、海报、雕塑、摄影、建筑设计等不同门类的作品。

（贤　龙）

【张建中画展】 10月8日～21日，由中国美协、安徽省文学艺术界联合会、安徽省美协主办的“张建中画展”在中国美术馆举办。展览展出了张建中黄山画派作品60幅。张建中，中国美协会员、中国书协会员、黄山画会会长、黄山书画院院长、一级美术师、安徽省美协名誉主席。

（贤　龙）

【丁孟芳画展】 10月9日～14日，由海南省政协教科文卫体委员会、民盟海南省委员会、海南省文学艺术界联合会、中共海口市委宣传部、中共海口市委统战部、海南省美协主办的“绿色家园·海语印象——丁孟芳画展”在中国美术馆举办。展览展出了丁孟芳以自然生态元素和海南岛地域人文为创作主题的美术作品50多幅。丁孟芳，中国美协会员、海南省美协副主席、海口画院院长。

（贤　龙）

【美国当代版画艺术展】 10月10日～11月3日，中国美术馆策划组织的《美国当代版画艺术展》在中国美术馆举办。展览的八十余幅美国当代版画作品，聚焦美国版画30年来的发展状况、美国艺术家在版画上的探索与创新，更注重美国版画在拓展“印制”语言上的多样性，其中与新材料、新技术结合所呈示的版画新面貌，反映了数字时代的艺术特征。该展结束后在上海美术馆、浙江美术馆、深圳关山月美术馆进行巡回展出。

（贤　龙）

【尹明老绘画展】 10月24日～11月10日，由中国美术馆、中国美协主办的“尹明老绘画展”在中国美术馆举办。展览展出了尹明老绘画作品50余幅。尹明老，1936年出生于韩国，1960年毕业于韩国国立首尔大学美术学院绘画系。历任韩国国际首尔大学美术学院院长。在韩国、美国、法国等国家举办过20余次个人展，曾参加“第三届巴黎双年展”、“威尼斯双年展—韩国现代作家特别展”、“第一届中国北京国际美术双年展”等200多次重要的国际性策划展、邀请展及国际性大型美展，作品被大英博物馆等20余家公共美术馆收藏。

（贤　龙）

【米·顾依达油画展】 11月27日～12月5日，由乌克兰驻华大使馆、中共杭州市委宣传部主办，雅昌企业集团、杭州品质文化机构、乌克兰艺术科学院、浙江理工大学、杭州红星文化大厦·红星艺术空间协办，雅昌艺术网和杭州东西文化艺术中心承办的“相约杭州　诗画江南——米·顾依达油画展”在中国美术馆举办。展览展出了米哈伊尔·顾依达的油画作品40余幅，其中有最新创作的一系列中国风情的画。米·顾依达，乌克兰当代画家，任教于乌克兰国立美术与建筑学院，架上绘画艺术创作工作室教授、导师。乌克兰艺术科学院院士，被授予乌克兰人民艺术家称号。在中国很多城市创作，讲学，并举办过多次展览。

（贤　龙）

【2010国际漆艺展】　12月7日~15日，由中国艺术研究院、中国美术馆主办的“日用即道——2010国际漆艺展”在中国美术馆举办。展览以“百姓日用条理处即是圣人之条理处”的“日用即道”为主旨，集中展示了中国、韩国、日本、越南、老挝、缅甸、柬埔寨、法国、西班牙等国一批优秀漆艺家的代表作品60余件。展览力求漆艺家使用天然漆，展现漆艺创作自然、朴素的立体形态。

（贤　龙）

【漓江画派走进防城港美术作品展】　12月17日~25日，由中共广西防城港市委、防城港市人民政府、广西艺术学院、广西漓江画派促进会主办的“山与海——漓江画派走进防城港美术作品展”在中国美术馆举办。2009年11月，中国美协副主席、广西政协副主席、广西艺术学院院长、漓江画派促进会会长黄格胜率领百名漓江画派艺术家组成的采风团到防城港市采风写生，成为防城港市建市以来人数最多、时间最长、规模最大的一次艺术创作活动。漓江画派的艺术家们共创作了近200幅以防城港为题材的中国画、油画、水彩等形式美术作品，本展作品即是活动成果的全面展示。

（贤　龙）

纪　念

【张仃逝世】　2月21日，艺术家、教育家、清华大学教授、原中央工艺美术学院院长张仃在北京逝世，享年94岁。张仃，号它山，辽宁黑山人，1917年出生。1932年入北平美术专科学校国画系。1938年赴延安，任教于鲁迅艺术学院，后任陕甘宁边区美术家协会主席。1945年后任华北大学三部美术系平津学生班班主任和东北画报社总编辑。1949年设计全国政协会徽与第一届全国政协会议纪念邮票，负责和参与开国大典、全国人民代表大会美术设计工作，设计天安门广场大会会场和新中国第一批纪念邮票。1950年任中央美术学院实用美术系主任、教授，领导中央美院国徽设计小组参与国徽设计。1957年调任中央工艺美院第一副院长。1981年任中央工艺美院院长。1999年中央工艺美术学院更名为清华大学美术学院，张仃担任美术系第一工作室博士生导师。历任中国文联委员、中国美协常务书记、中国美协常务理事、中国美协壁画艺委会主任、中国工艺美术学会副理事长等职。他在70余年的艺术生涯中，跨越漫画、实用美术、艺术设计、展示设计、舞台美术、动画电影、装饰绘画、壁画、中国画、书法、艺术批评、美术教育等诸多门类，成为解读20世纪中国美术史的一个经典文本。

（贤　龙）

【中国美术馆藏张仃作品特展】3月6日~31日，由中国美术馆主办的“中国美术馆藏张仃作品特展”举办。展览展出了张仃向中国美术馆捐赠的133件漫画、设计、年画、装饰画、壁画、卡通、水墨、焦墨、书法等作品门类，全面反映了张仃近80年艺术生涯的成就。

（贤　龙）

【卢沉、周思聪纪念展】　3月25日~6月3日，由中国美协、中国美术馆、中央美院、北京画院、中国艺术研究院、中国国家画院主办的“沉思墨境——卢沉、周思聪纪念展”在中国美术馆举办。本展是卢沉、周思聪的首次大型合展，参展作品超过230件，全面展示了卢沉、周思聪夫妇在各个时期的探索过程、风格转变。卢沉生前为中央美院教授，以写实人物著称，代表作有《机车大夫》《工地写生》等。周思聪生前曾任中国美协副主席、北京画院一级美术师，《人民和总理》获全国美展一等奖，组画《矿工图》开创新时期中国画人物画变革先河。创作的人体写生系列、彝族女子系列、荷花系列等，注重人物性情抒写，完成了由“外向”到“内省”的艺术风格的体验与转换。

（贤　龙）

【林岗、庞壔60年艺术回顾展】6月5日~14日，由中国美术馆、中央美术学院、中国美协、中国油画学会联合主办的“林岗60年艺术回顾展”和“庞壔（庞涛）60年艺术回顾展”在中国美术馆举办。展览通过120件作品，对这对伉俪艺术家60年的创作成果进行全方位的展示与回顾。林岗是新中国第一批公派前苏联留学的画家之一，庞壔是油画家庞薰琹和丘堤之女，现均为中央美术学院教授。

（贤　龙）

【华君武逝世】　6月13日，中国文联荣誉委员、中国美协顾问、美术家华君武在北京逝世，享年95岁。华君武，别名华潮，祖籍江苏无锡。1915年生于杭州，早年就读于杭州浙江省立第一中学、上海大同大学高中部，并开始发表漫画作品。抗战爆发后从事抗敌宣传。1938年到延安，初入陕北公学学习，后任鲁迅美术学院研究员和教员。1940年加入中国共产党，1945年到东北，1946年1月任《东北日报》记者，后在文艺部专司时事漫画，1949年12月调北京工作，1953年后兼管全国美协工作，1979年当选为中国美协副主席，主持日常工作，长期从事美术组织和活动工作。曾任第一、二、三届全国人民代表大会代表，中国共产党第八次代表大会代表，第五、六、七届全国政协委员。历任《人民日报》美术组长、文学艺术部主任，中国美协秘书长、书记处书记、常务书记、副主席、顾问，中国文联委员、书记处书记等职务。作品有《磨好刀再杀》《永不走路，永不摔跤》《死猪不怕开水烫》《假文盲》等。出版有《华君武漫画选》《华君武漫画》和《我怎样想和怎样画漫画》，以及讽刺诗、文学插图等24册。创作动画电影脚本《骄傲的将军》《黄金梦》等。

（贤　龙）

【吴冠中逝世】　6月25日，中国文联荣誉委员、画家、美术教育家、清华大学美术学院教授吴冠中在北京逝世，享年91岁。吴冠中，1919年生于江苏省宜兴市。1936年，入国立杭州艺专习西画，兼学中国画及水彩画。1938年，艺专附中结业，升入本科学油画，1940年，转学中国画，1942年毕业。曾任教于国立重庆大学建筑系。1946年考取教育部公费留学，1947年就读于巴黎国立高级美术学校，1950年回国，先后任教于中央美术学院、清华大学、北京艺术学院、中央工艺美术学院。曾任中国美协常务理事、全国政协常委。已出版个人画集50余种，个人文集有《吴冠中谈艺集》《吴冠中散文选》《美丑缘》《生命的风景》《吴冠中文集》等10余种。

（贤　龙）

【李瑞年百年诞辰纪念暨捐赠作品展】　7月6日～16日，由中国美术馆、中国美协、首都师范大学和中央美术学院联合举办的“李瑞年百年诞辰纪念暨捐赠作品展”在中国美术馆举办。展览展出了李瑞年从20世纪40年代到80年代不同时期创作的油画、素描等近百幅。展览期间，李瑞年家属捐赠了李瑞年不同时期的代表作品，由中国美术馆永久收藏。李瑞年，1910年生于天津，1928年考入北平大学艺术学院，学习西洋美术。1933年赴欧洲留学，就读于比利时皇家美术学院素描班；1935年，留学于法国巴黎国立高等美术学校，1937年回国。自1939年至1985年，李瑞年一直从事美术教育。历任北京艺术师范学院美术系教授、北京师范学院美术系主任、国务院学位委员会学科评议组成员、中国美协北京分会副主席、北京市文联常务理事及北京市政协委员等职。

（贤　龙）

【华君武纪念特展】　7月7日～16日，由中国美术馆主办的“漫画一生——华君武纪念特展”举办。展览展出了华君武捐赠给中国美术馆的2000余件漫画作品中的《疑难杂症》和《漫画猪八戒》两个系列。

（贤　龙）

【吴冠中纪念特展】　7月7日～8月2日，由中国美术馆主办的“不负丹青——吴冠中纪念特展”在中国美术馆举办。展览展出了中国美术馆珍藏的全部62件吴冠中的作品，分为“油彩”与“墨彩”两大板块。《春风又绿江南岸》《水上人家》《山村晴雪》《拉萨龙王潭》等不同时期的作品，凸显出吴冠中在各个时期艺术创作的不同风格。

（贤　龙）

【纪念中国人民抗日战争胜利65周年美术作品展】　9月2日～16日，由文化部主办，中国美术馆承办的“胜利属于人民——纪念中国人民抗日战争胜利65周年美术作品展”举办。展览展出了中国美术馆馆藏抗战主题美术作品以及其他艺术机构收藏的重要作品80余件。包括中国画、油画、版画、雕塑等。展览形象地展示了1937年“七七事变”后中国人民毅然奋起，全民抗战，与日本侵略者进行英勇斗争的历史。

（贤　龙）

【成都画院建院30周年美术作品展】　11月3日～14日，由成都市文化局、成都画院主办的“坚守与探索——成都画院建院30周年美术作品展”在中国美术馆举办。展览展出的50幅作品，展示了画院专业队伍的创作实力，回顾了成都画院建院30年来的历程和取得的艺术成就。

（贤　龙）

【纪念宋步云诞辰100周年艺术回顾展】　11月28日～12月5日，由中国艺术研究院、中央文史馆、中国美术馆、中国美术家协、中央美术学院主办的“天高云淡——纪念宋步云诞辰100周年艺术回顾展”在中国美术馆举办。展览展出了美术家宋步云从艺70年中各个时期的油画、水彩画、中国画和早期版画、雕塑作品近百件。

（贤　龙）

书法　篆刻

2010年的北京书法，相对于往年的热闹略显沉寂，展览减少，活动规模降低，但也有其特点。主要表现在以下几个方面。

书法机构建设和制度建设进一步加强。中国国家画院书法创作研究院的成立，以国家最高美术书法创作机构的健全为标志，为推动当代书法创作研究、推动书法学科学术理论建设和推动书法文化的国际交流等提供了制度保障。北京语言大学书法篆刻研究所的成立，标志着书法事业在高等学府得到进一步发展。中国书法界最大的盛事——中国书协第六次全国代表大会的召开，则明确地昭示了今后中国书法事业的发展方向。

书法展览呈现多元化趋势，进一步向兼容、并存、继承、创新的方向前进。“虎年新春贺岁·情境书法大展”通过对“情境”与“书法”的学术链接，回溯既往书法的文化生态，构筑当下“情境书法”的恢宏大观，是对书法的形式与使用、内容与空间、意境与环境、书法本体价值与社会价值关系的积极探索。“星云大师书法展”让观众体验到了另一种意义上的书法美感，感受到了心灵和谐、胸怀博大在书法作品上的魅力表现。“若行若舞——当代中国行书名家作品展”则代表了行书与草书融合的时代必然性。

在北京各区县和基层的书法事业蓬勃发展。西城区的“文渊艺海——北京西城历史文化名人荟萃”书法美术作品展、在房山阎村“龙乡书画苑”举办的“北京书协理事作品展”、海淀区的“海淀书协成立30周年书法展”、在昌平区举办的“首届北京美丽乡村书法展”，以及“平谷千人笔会”等在区县举办的书法活动，都取得良好的社会效益。

书法拍卖成果惊人。2010年北京保利国际拍卖有限公司春季拍卖会上，黄庭坚的书法长卷《砥柱铭》以4.368亿元成交；北京嘉德国际拍卖有限公司秋季拍卖会上王羲之草书《平安帖》，最终以3.08亿成交。让全世界都认识了中国书法的价值。

2010年，书法国际交流方面，除常规性或者一般性交流项目如“第26届中日青少年书道”交流活动和“中日书法交流展”、“鹤亭李敦兴书法展”、“柳田泰山北京书法展”等项目外，值得一提的是在联合国教科文组织总部举办的“中国书法展”。展览以“古老中国——汉字时空”、“当代中国——汉字艺术”、“世界与中国——汉字互动”为主题，形式丰富多彩，是继2009年9月中国书法篆刻艺术成功列入“人类非物质文化遗产代表作名录”之后的重要国际交流活动，效果良好。

（龙　斋）

机　　构

【中国国家画院书法创作研究院成立】　1月28日，中国国家画院书法创作研究院成立，院长由沈鹏出任，国家画院书法篆刻创研室主任、教学部主任曾来德担任执行院长。中国书协驻会副主席赵长青、中国国家画院院长杨晓阳和沈鹏、王家新等与首都书法界人士数百人参加仪式。该研究院的成立，为推动当代书法创作研究、推动书法学科学术理论建设和推动书法文化的国际交流等提供了制度保障。“沈鹏书法艺术基金”同时启动，沈鹏当场捐助人民币100万元。该基金属于公募基金，在全世界范围内面向公众募捐。原始基金数额为人民币500万元，由沈鹏以捐献资金和捐献作品方式提供。

（龙　斋）

【中国书法院展览馆开馆】　5月25日，中国书法院展览馆在北京国粹苑举行开馆仪式。中国艺术研究院中国书法院和韩国书艺学术研究会共同举办的“中韩书法30家作品展”在新落成的展览馆举行。韩国书艺学术研究会会长郑雄构及韩国参展作者李永彻、宋钟宽、孙昌洛、李钟勋、任成均；中国艺术研究院中国书法院院长王镛，研究员刘正成、石开和中国参展作者李晓军、徐海、杨涛、陈忠康、肖文飞、陈海良、邵岩、李强、刘楣洪、叶欣等出席开幕式。展出的143件书法作品，展示了中韩中青年书法家的创作整体实力。

（龙　斋）

【北京市昌平书法家协会成立】 5月28日，北京市昌平书法家协会成立暨第一届一次代表大会在昌平区广电大厦举行。中国书协副主席申万胜，北京书协副主席孟繁禧、杨广馨和北京各区县书协主席、秘书长以及昌平三中沈鹏书法学校学生等300余人参加大会。大会选举李贵忠为昌平书协主席，王勇、王维生、白俊龙、孙忠良、李桂山、严晓明、陈玉林、聂玉峰、傅彪、蔡立国为副主席，聘请黎晶为第一届名誉主席，田伯平、孟繁禧、杨广馨、刘俊京、龙开胜、周振华、米志寰、陈玉起、杨富志为第一届顾问，并通过了《北京市昌平书法家协会章程》。

（龙　斋）

【悲鸿阳光爱心基金启动】 9月1日，“悲鸿阳光爱心基金”在京启动。徐悲鸿纪念馆馆长廖静文，全国政协委员、中国人民大学徐悲鸿艺术研究院院长、徐悲鸿中学初中部名誉校长徐庆平，中国书协理事、北京书协副主席田伯平、彭利铭、刘俊京、杨广馨、孟繁禧，北京书协理事王献坤、庄培森、唐龙、高卫东等10余位书法家和徐悲鸿中学初中部全体师生共同见证了“悲鸿阳光爱心基金”的启动。田伯平等书法家被聘为“悲鸿阳光爱心基金”艺术顾问，书法家们现场创作了书法作品。此次活动标志着北京书协“书家进校园”活动已经由大学校园延伸到中学校园。

（龙　斋）

【北京语言大学成立书法篆刻研究所】 11月28日，北京语言大学中国书法篆刻研究所成立。该所发挥北京语言大学在中华文化传播上的优势和在汉语国际教育中的影响力，以“研究书法篆刻、昌明艺术学术、闳通文化视野、促进国际交流”为宗旨，通过书法篆刻展览、学术研讨、文献整理、著作出版、书法篆刻教育、国际交流等途径推动中国书法篆刻的研究和发展。饶宗颐、冯其庸、欧阳中石、傅申、薛永年等受聘担任研究所顾问，黄惇任名誉所长，朱天曙任所长。同时举办的“全国书法篆刻名家邀请展”展出朱关田、言恭达、陈洪武、王镛、李刚田、王冬龄、黄惇、石开、孙晓云等名家作品50余件。

（龙　斋）

【中国书协第六次全国代表大会召开】 12月27日～29日，中国书法家协会第六次全国代表大会在京召开。来自全国各省（自治区、直辖市）和新疆生产建设兵团、解放军、中央国家机关等单位以及港澳地区的400余名书法工作者代表参加会议。选举产生了由206人组成的新一届理事会和15人组成的新一届主席团。张海当选为中国书协主席，王家新、申万胜、苏士澍、吴东民、吴善璋、何应辉、何奇耶徒、言恭达、张业法、张改琴、陈振濂、赵长青、胡抗美、聂成文当选为中国书协副主席。沈鹏被推举为中国书协名誉主席。王学仲、朱关田、旭宇、刘艺、李铎、佟韦、张飙、陈永正、邵秉仁、林岫、周慧珺、钟明善、段成桂、尉天池、谢云被聘为中国书协顾问。陈洪武被任命为中国书协秘书长，戴志祺被任命为中国书协副秘书长。北京书协组成了20人代表团参会。北京书协主席林岫被聘为中国书协顾问，黎晶、田伯平、李有来、叶培贵、刘俊京、杨广馨、孟繁禧当选为中国书协理事，北京书协顾问张书范、郁志桐被授予中国书协荣誉理事称号。北京书协副主席王家新、彭利铭、龙开胜分别作为中直机关和部队系统代表参会，王家新当选为中国书协副主席，彭利铭、龙开胜当选为中国书协理事。北京书协会员作为其他系统代表当选中国书协理事的有：王元军、王志安、李纯博、杨明臣、肖丽、郑晓华、倪进祥、颜振卿等。

（龙　斋）

展　　览

【“中驰雅集”全国名家书画邀请展】 2月6日～9日，由中华书画协会主办的“中驰雅集”全国名家书画邀请展举办。由天津人民美术出版社出版的同名作品集同时发行。该展是以北京地区为主的展览，展出160余幅书法、美术作品。宣祥鎏等来自首都书画界的150余人参加活动。展览强调作品的学术性和原创性，在兼顾知名度的同时，更看重作者的实际创作水平，从一个侧面展示了中华书画协会的整体创作水平和时代风貌。中华书画协会成立于2002年，是由书法家、画家、书画理论工作者、书法美术教育工作者、艺术评论工作者等组成的全国性艺术组织，现拥有注册会员14000余名，理事131名，常务理事87名，顾问98名。

（龙　斋）

【“文渊艺海”书法美术作品展】 2月8日～12日，由北京市西城区文联主办，西城区美协、书协、作协承办的“文渊艺海——北京西城历史文化名人荟萃”美术书法作品展在民族文化宫举行。书法家欧阳中石、市文联党组书记朱明德等出席开幕式。展览共展出110件书画作品，书法作品精选了55位名人的诗文名句，展示了曾经在北京西城居住或工作过的55位历史文化名人的风采，体现了西城区丰厚、多样的历史文化资源。

（龙 斋）

【虎年新春贺岁·情境书法大展】 2月9日～3月1日，由中国美术馆主办的“虎年新春贺岁·情境书法大展”在中国美术馆举办。本次展览分为“新春盛况”、“山水情怀”、“殿宇庄严”、“乡居逸趣”、“居室风雅”、“西庭异彩”、“园林高致”、“百业文馨”8个部分，展出书法作品300多幅。本次展览通过对“情境”与“书法”的学术链接，回溯既往书法的文化生态，构筑当下“情境书法”的恢宏大观，是对书法的形式与使用、内容与空间、意境与环境、书法本体价值与社会价值关系的积极探索。

（龙 斋）

【苏士澍金石书法文房展】 3月15日～18日，由全国政协科教文卫体委员会、全国政协书画室、国家文物局主办，文物出版社、中央国家机关书画协会、中国书画收藏家协会承办的“笔墨纸砚承载文明——苏士澍金石书法文房展”在全国政协礼堂举办。第十届全国政协副主席张思卿，全国政协副主席白立忱、孙家正、李金华、郑万通，中国书协顾问李铎、佟韦、张飙以及国家有关部委、中直机关有关部门负责人和首都书法界200余人出席开幕式并观看展览。苏士澍数十年来在文物领域致力于金石碑版研究、编辑出版和书法篆刻创作。此次展览展出了苏士澍监制的新型文房四宝几十件和他以多种书体创作的自撰文《文房四宝赞歌》《泾县宣笔》《良才宝墨》等作品。展览把书法创作、书画鉴定和收藏相结合，进一步拓展了书法艺术空间。同时展出的还有他在文房四宝产地考察的跟踪图片和评介文章。文物出版社出版的苏士澍书录《黄帝内经养生论选》宣纸精印线装书在开幕式上首发。

（龙 斋）

【北京书协理事作品展】 4月13日～16日，由北京书协和房山区阎村镇文联主办的北京书协理事作品展在房山阎村“龙乡书画苑”举办。北京书协的近50名理事，中共房山区委、房山区文联，阎村镇文联、书协的书法家和书法爱好者400余人出席开幕式。展览以“歌颂新农村建设”为主题，展出了由北京书协全体理事最新创作的近百幅书法作品。阎村镇是北京市文联授予书法艺术镇称号的新农村。

（龙 斋）

【孙晓云书法作品展】 4月15日～23日，由中国书协、江苏省委宣传部、江苏省文化厅、江苏省文联主办的“书法有法——孙晓云书法作品展”在中国美术馆举办。全国政协副主席、中国文联主席孙家正，中国文联副主席胡振民，文化部副部长王文章和张海、欧阳中石、李铎、刘艺、佟韦、张飙、尉天池、申万胜、林岫、段成桂、邵秉仁等出席开幕式。展出的80余件孙晓云书法作品，集中反映了作者近年来创作成果。由人民美术出版社出版的《中国当代名家书法集·孙晓云》同时首发。孙晓云现为中国书协理事、行书委员会副主任、江苏省美术馆副馆长、江苏省文联副主席、江苏省书协副主席。

（龙 斋）

【张海书法展】 4月30日～5月7日，由中国文联、中国书协等主办的“岁月如歌——张海书法展”在中国美术馆举办。展览分3个部分，展出张海创作的正、草、隶、篆书法作品80余件。全国人大常委会副委员长周铁农，全国政协副主席陈奎元、李金华、郑万通，欧阳中石、刘艺、李铎、佟韦等及各地书法家共千余人出席开幕式。全国人大常务委员会委员长吴邦国4月29日专程提前观展。张海，1941年9月生人。现任中国书协主席，第十一届全国政协常委，国家有突出贡献的专家。曾任第八、九、十届全国人大代表。

（龙 斋）

【刘宝柱书法展】 5月16日～20日，由北京市政协文化中心、北京书协、海淀书协、北京市人口和计划生育委员会宣教中心、北京社会生活心理卫生咨询服务中心联合主办的刘宝柱书法作品展在中山公园五色土西配殿举办。展出的50幅书法作品中，包含了刘宝柱创作的隶书、行草、小篆等多种书体作品以及日课习作。刘宝柱，中国书协会员、北京书协会员。

（龙 斋）

【纪淑蓉师生书画作品展】 5月23日～6月3日，由北京市通州区文化馆主办、通州书法家协会协办的“运河抒怀——纪淑蓉师生书画作品展”在通州区博物馆举办。展出作品一部分是纪淑蓉的创作作品，另一部分是她学生的书法作品，共70余件。展览以讴歌通州灿烂的运河文化和现代化建设新成就为主题。中国书协副主席、北京书协主席林岫和薛夫彬、王世征、杨广馨等书法家以及纪淑蓉的部分学生共计200余人出席开幕式并观看展览。纪淑蓉系通州区文化馆教师、副研究馆员，现为中国书协会员、通州区书协副主席。精小楷，兼攻其他书体和绘画，长期从事书法教育，先后两次参加中国书协妇女书法家代表团赴日本进行书法交流。

（龙　斋）

【迟静杰书法展】　6月20日～7月2日，由农工民主党中央宣传部主办的“庆祝中国农工民主党建党80周年——迟静杰书法展”在中国美术馆举办。展出书法作品100多幅。她的书法突破了传统书法“平衡对称”的表达形式，以“新的思维，新的观念，新的表达手法”重构书法艺术。“从不对称中找到对称”，提出了“字定笔开，笔定字意”的自然之法。迟静杰，女，祖籍山东，在法国、意大利、日本等国家及中国澳门、河南、吉林、河北、上海、南京、广州等地举办过数十次个人大型书法展暨学术研讨会。出版了3本书法集。

（龙　斋）

【残疾人书画艺术品展】　6月23日～30日，北京市白塔寺管理处与北京市西城区残联合作举办以爱残、助残为主题的“第4届白塔寺杯残疾人书画艺术品展”，展出残疾人书画爱好者创作的书法、绘画、剪纸艺术品50幅，作品反映了残疾朋友参与社会、共享社会文明成果的渴望之情。作者分别来自西城区的7个社区、3所特教学校、残疾人专门协会和西城区残联圆梦机构。

（龙　斋）

【李岚清篆刻艺术展】　6月29日～7月3日，“印缘——李岚清篆刻艺术展”在恭王府举办。展览展出了李岚清自2003年以来创作的篆刻作品397方，内容分为“游心印海”、“情系神州”、“印迹人生”、“与时同行”、“艺海拾贝”、“他山采玉”6个方面，并配以书法、题记、诗词、音乐、图片、紫砂陶艺作品等，是收录作者作品最全的一次。李岚清退休以后一直潜心钻研篆刻艺术，先后创作篆刻作品近500方，并在高校和文化机构举办篆刻艺术展30余场。

（龙　斋）

【韩亨林书法展】　7月13日～20日，由中国书协、中央党校进修部、中国世界民族文化交流促进会、中国书画院、北京书法院、北京早春艺术机构、北京交通大学中国书画艺术研究创作中心等主办的“翰墨寄情——韩亨林书法作品展”在中央党校举办。展出的50多幅作品，大多是在中央党校第47期省部级进修班学习之余为老师和同学们创作的。韩亨林，现任中国书协理事、中国硬笔书法协会副主席。

（龙　斋）

【百万空巢老人关爱志愿服务行动书画作品展】　7月29日～8月5日，由中国志愿服务基金会、中国书协、中国美协、中国美术馆主办的“爱我中华——资助百万空巢老人关爱志愿服务行动”优秀书画作品展在中国美术馆举办。活动由中央文明办、民政部、全国妇联联合组织，旨在组织志愿者特别是身体健康的低龄老年志愿者，结对帮扶高龄“空巢”老人。活动共收到作品2000余件，有沈鹏、欧阳中石、李铎、张海等300位书法家联袂创作的《论语》和《道德经》全本书法作品。展后进行作品义卖，收入全部捐赠给了中国志愿服务基金会，用于资助开展“百万空巢老人关爱志愿服务行动”。

（龙　斋）

【当代中国行书名家作品展】　9月3日～16日，由中国书协主办的“若行若舞——当代中国行书名家作品展”在中国美术馆举办。参展者为中国书协行书专业委员会29名成员。展出的87件行草作品，代表了行书与草书融合的时代必然性。

（龙　斋）

【杨骥川书法作品展】　9月8日～16日，由中华慈善总会、中国国际文化传播中心、中国生产力学会、中国编辑学会、北京书协、西城区文联等多家机构主办的“钟爱的历史名篇——杨骥川书法作品展”在中国美术馆举办。展览共展出作品89幅，以8尺竖式中堂、条屏为主体，间有4条屏，8条屏，大至2丈擘窠巨篇，小至手卷扇面、团扇。用真、草、隶、篆不同书体书写，以布局、风格、纸张、墨色变化等手段探索不同的表现形式。

（龙　斋）

【王明明书法展】　9月17日～27日，由中国美协、全国政协书画室、北京美协、北京画院主办的“古意豪端——王明明书法展”在北京画院美术馆举办。展览展出了王明明书法作品70余幅。展览以“古意豪端”为题，注重传统，崇尚书法中的平正。由广西美术出版社出版的《古意豪端——王明明书法集》同时出版。

（龙　斋）

【海淀书协成立30周年书法展】　10月22日～31日，海淀书协在中国人民革命军事博物馆举办会员作品展。展览共展出105件海淀书协会员作品，同名作品集于开幕式当天首发。林岫、田伯平、李有来、张书范、彭利铭、刘俊京、杨广馨、孟繁禧等首都书法界500余人参加开幕式。海淀书协成立于1980年10月10日，原名为海淀区书学研究会，后更名海淀区书法研究会，第三次会员代表大会之后，正式更名为海淀书法家协会，现有会员200余名，其中中国书协会员 30 余名，北京书协会员 80 名。

（龙 斋）

【孙鹤书沈祖棻诗词书法作品展】 11 月 3 日 ~8 日，由中国政法大学主办的“孙鹤书沈祖棻诗词书法作品展”在中国书法院展览馆举办。本次展出的 40 余幅行草、甲骨书法作品，内容均为孙鹤书写的当代女词人、学者沈祖棻的诗词，以纪念沈祖棻诞辰一百周年。孙鹤现为中国政法大学人文学院教授、硕士研究生导师，中国书协会员。

（龙 斋）

【首届北京·美丽乡村书法艺术展】 11 月 6 日 ~15 日，由北京市农村工作委员会、北京市文联、北京书协、中共昌平区委、昌平区人民政府主办，中共昌平区委宣传部、昌平区文联、昌平区书协等承办的首届“北京·美丽乡村”书法艺术展在昌平举办。书法界林岫、宣祥鎏、吕浩材、田伯平、李有来、彭利铭、杨广馨、孟繁禧和各郊区县文联书协负责人以及 500 余名各界观众出席开幕式并参观展览。首届“北京·美丽乡村”书法艺术展，是一项面向郊区的活动，作品以书写颂扬新农村建设、反映“三农”新气象、展现京郊新面貌的优秀诗词联赋为主。参展的 165 幅作品从 370 余幅征集稿件中评审而出。“北京·美丽乡村”书法艺术展将利用 10 年时间，由 10 个远郊区县轮流主办，旨在打造一个笔歌“美丽乡村”的鲜亮品牌，提高北京远郊区的群众书法艺术水平、培养书法新人。

（龙 斋）

【刘楣洪书画篆刻作品展】 11 月 27 日 ~12 月 3 日，由北京书协、中山书画社、朝阳区文联、朝阳书画院联合主办的“刘楣洪书画篆刻作品展”举办。北京书法界 200 余人出席开幕式并参观展览。展览展出了刘楣洪近期创作的书法、国画、篆刻作品 60 余件。刘楣洪，1963 年 10 月生，现为中国书协会员，北京市青年联合会委员，北京书协理事，朝阳区书协驻会副主席兼秘书长。

（龙 斋）

【中国国家画院沈鹏工作室书法作品展】 11 月 27 日 ~12 月 5 日，由中国国家画院主办的“藏风聚气汇京华——中国国家画院沈鹏工作室书法作品展”在中国美术馆举办。张海、赵长青等首都书法界数百人出席开幕式。展出作品 270 余件，87 名作者来自沈鹏工作室书法精英班和书法课题班的两届学员及学术助理导师。2007 年 9 月，中国国家画院开办沈鹏工作室，76 岁高龄的沈鹏出任总导师，招收 40 位中青年书法家，开办“书法精英班”。一年学业结束后，沈鹏工作室又开办了两年制的“书法课题班”，47 名学员大多是历届全国书展的获奖作者。由文化艺术出版社出版的《中国国家画院沈鹏工作室书法作品集（精英班卷、课题班卷）》（上、下册），以及荣宝斋出版社出版的《中国国家画院沈鹏工作室教学文献集》（上、下册），在开幕式上首发。

（龙 斋）

【杨辛书法展】 12 月 7 日 ~15 日，由北京大学主办的“美伴人生——杨辛书法展”在中国美术馆举办，展览展出了作品 100 余件。杨辛，北京大学学者、美学家、书法家。早年就读于北平艺术专科学校，师从徐悲鸿和董希文，新中国成立后调入北京大学，长期从事美学研究与教学工作。其书法作品强调自然之美，强调书法可兼具画意，作品多次在国内外展出。

（龙 斋）

活 动

【中国书协慰问北京交警】 1 月 13 日，中国书协驻会副主席赵长青和申万胜、陈洪武、白煦、于恩东、王学岭、刘洪彪、李洪海、杨明臣、张杰、张坤山、苗培红、高军法、彭利铭等书法家到北京市公安局公安交通管理局西城交通支队慰问交警，这已是中国书协组织书法家“送欢乐、下基层”活动连续第 5 年慰问北京市交警。书法家们还前往西城交通支队复兴门岗位，为 4 位在严寒中执勤的交警送上春联。

（龙 斋）

【北京书法家文化下乡送春联】 1 月 26 日，由北京市文联、北京书协共同主办的“文化下乡送春联”慰问活动在丰台区石榴庄村举行。北京市文联副主席黎晶、吕浩才，北京书协副主席田伯平、李有来、叶培贵、龙开胜、刘守安、刘俊京、杨广馨，书法家严晓明、贾伟、郭建勋、丁嘉耕、王献坤、孙广民、冷万里、谭军立、杜维钧等 18 位书法家参加活动。为村民们送上 200 余副春联和书法作品。

（龙 斋）

【北京女书法家慰问女警官】 3 月 4 日，中国书协、北京书协、北京市女警察协会联合主办的“北京女书法家慰问首都公安女民警”活动在京举行。北京书协主席林岫，北京书协副秘书长严晓明，中国书协女会员董正贺、章巧珍、沈莉、郭晋丽、苏泽立、刘军、刘莹、纪淑蓉、王春云、方放、高秀清等参加。中共北京市委政法委副书记段桂青，北京女警察协会会长董小兵，市公安交管局副局

林岫等女法书家与首都公安女民警手持长卷合影留念

长王立等代表北京7000多名女警官参加活动。女书法家们为女警官创作了书法长卷和50多幅作品。

（龙　斋）

【通州区书协女会员书法作品观摩点评】　3月19日，通州区书协举办了女会员书法作品观摩及点评活动。通州书协常务副主席张德金、副主席纪淑蓉、秘书长黄添喜，以及北京书协会员杜德宝、吴永安等点评了马国芬、王晓东、刘宝芹、纪淑蓉、张博、杜伟、胡淑珍、赵建华、陶蜀琴等女会员创作的30多幅书法作品，并现场演示了书法创作技巧。

（龙　斋）

【书法诗歌吟诵会】　4月1日，由北京市文联、北京书协、中央数字电视书画频道联合主办的“永远的清明”追思先贤书法诗歌吟诵会在北京市文联小剧场举行，近300人参加了活动。活动旨在弘扬中华民族传统文化，敬贤思齐、传承文脉。林岫书写“永远的清明”，并诵读自撰新作《念奴娇·清明酹祭京华书坛十老》，祭奠赵朴初、启功等当代已故书法家；黎晶书写“跪拜大地”，吟诵《英雄》；田伯平自撰新作《永远的清明》；吴震启书写并朗诵《清明诗三首》。几位北京市区县书协的代表也踊跃上台即兴朗诵并书写。中央数字电视书画频道4月4日～5日播出。

（龙　斋）

【中国书协组织百名书家捐赠百米长卷】　4月16日，中国书协百名书家“赈灾救助共献爱心”百米长卷捐赠仪式在京举行。中国文联副主席胡振民、覃志刚，中华慈善总会副会长邓铜山，中国书协副主席赵长青、聂成文、申万胜、段成桂、言恭达、吴东民、吴善璋、邵秉仁等和百余名书法家出席捐赠仪式。中国书协向中华慈善总会捐赠了百名书法家现场创作的百米长卷用于赈灾救助，拍卖所得款项中拨出50万元捐给青海省文联。邓铜山向中国书协颁发捐赠证书，并向中国书协和书法家们表示感谢。捐赠仪式上，中国书协呼吁书法家继续以各种方式关注灾区，支援灾区，献上爱心。

（龙　斋）

【北京书协五届三次理事会暨爱心赈灾笔会】　4月17日，北京书协五届三次理事会召开，同时举行书法家献爱心赈灾笔会。朱明德、黎晶、林岫、田伯平、王家新、彭利铭、龙开胜、刘俊京、杨广馨、孟繁禧以及北京书协66位理事出席。共为玉树灾区捐赠112幅书法作品，书法长卷1卷，捐款近万元。

（龙　斋）

【“我们都是玉树人”书画义卖】　4月28日，由中华思源工程扶贫基金会、中国民主建国会北京市委员会共同主办，北京弘华艺术社与北京建亚拍卖行共同承办的“我们都是玉树人”书画义卖募捐活动举行。书法家张飚、宣祥鎏、卜希旸、米南阳、严晓明、聂军生等30多人参加活动。共筹得善款1029900元，用于玉树地区灾后重建。

（龙　斋）

【小学书法教学现场会】　5月25日，由北京市教育科学院基础教育研究中心主办，大兴区教师进修学校、大兴第七小学承办的“北京市小学写字教学现场会暨杨广馨特级教师工作站大兴行”现场教学活动在大兴区第七小学举行。来自北京各区县的书法教师80余人参加活动。与会人员参观了该校书法教育成果展，观摩了两节书法教学示范课，听取了以“营造墨香校园、积淀传统文化”为题的书法教学工作汇报。杨广馨等对示范课进行了详细点评。大兴区第七小学是全国写字示范学校。

（龙　斋）

【黄庭坚书法长卷以4亿多元拍卖成交】　6月3日，黄庭坚的书法长卷《砥柱铭》（水墨纸本37.6×824厘米）在北京保利5周年春拍夜场上以4.368亿元成交。黄庭坚是书法史上“宋四家”之一。《砥柱铭》近600字，长达8.24米，加上历代题跋总长近15米，是现存最长的黄庭坚大字行楷。该长卷曾经王厚之、贾似道、项元汴等历史上著名的收藏家收藏。但因《石渠宝笈》无著录，多年来一直存在真伪争议。清代后，流入广东，稍后被南京籍伍福所藏，再辗转流入日本有邻馆，2000年终于回到台湾寒舍艺术中心。2006年被台湾一位藏家收藏。2010年送保利春拍。

（龙　斋）

【言恭达草书长卷入藏国博】　8月9日，“城市让生活更美好——言恭达书胡锦涛主席在欢迎出席世博开幕式贵宾宴会上的祝酒词”书法长卷，正式入藏国家博物馆。该卷由书法家言恭达书写，草书，长25米，是国家博物馆收藏的当代大草书法最长的一件艺术作品。作品承载着白话文、现代叙事方式、全球文化背景和人类重大事件等当代诸多文化元素，与传统形式上书写古代诗文有着很大不同，更具有独特的现实意义和文化价值。言恭达，现为全国政协委员，中国书协副主席。

（龙　斋）

【中国女书习俗抢救保护研讨会】 8月28日，由中国民协、湖南省文化厅、永州市人民政府等单位联合主办的中国“女书习俗”抢救保护研讨会暨“女书文化记录工程”项目结题会在京举行。国内外女书研究专家学者200余人参加了会议。活动中，江永县老、中、青三代女书习俗传承人何艳新、何静华、胡美月、周慧娟、蒲丽娟、胡欣6人为来宾现场展示了“女字”、“女歌”、“女红”等传统技艺。湖南科技学院女书暨瑶文化研究所、武汉大学中国女书研究中心、中南民族大学女书文化研究中心、中国民协女书研究专业委员会、日本中国女书研究会的代表作了主题发言。国内外女书研究人员李敏等11人分别从民俗学、妇女学、语言文字学、美术学、心理学、音乐学、信息工程等角度，作了学术发言。女书习俗，主要在湖南省永州市江永县上江圩镇及其近邻一带的妇女中传承，并为妇女所专用，是人类迄今发现的唯一现存的性别文化，女字、女歌、女红及其传承的文化信仰和独特方式构成了丰富而立体的女书习俗，在书法艺术学、语言学、文字学、历史学、考古学、人类学、妇女学、民俗学以及民族文化史和民间文艺学等多学科领域具有重要的研究价值。2002年4月，女书被列入中国档案文献遗产名录；2005年10月，女书以“全世界最具性别特征文字”被收入《世界吉尼斯纪录大全》；2006年6月，女书习俗被列入中国非物质文化遗产名录。

（龙　斋）

【平谷千人笔会】 10月22日，中共北京平谷区委、平谷区政府在世纪广场举办“绿谷翰墨风”金秋书法笔会，参加书法笔会活动的百名各级书协会员，以及乡镇农民、企业工人、社区居民、中小学生和部队战士等近千人组成5个方阵参与书写活动。百名书法家用5种书体共同书写160米书法长卷《平谷赋》。近年来，书法在平谷得到了广泛普及。全区59所小学全部开设了书法课，建立了7家书画院、43个书法工作室和书画市场，成立了老年书画大学、少年宫书法培训中心和文联书画培训基地。开辟了众多街道、社区、企业、学校书画展室，常年举办书法活动。作为申报“中国书法之乡”的一项重要内容，此次书法笔会的所有作品全部由区档案馆收藏。

（龙　斋）

【弘一法师血书书法作品拍卖】 11月16日，弘一法师书法作品《以戒为师》由北京华辰拍卖公司拍卖，最终价为150多万元。这件弘一法师血书作品，是其在福建时所写。当时由新加坡高僧广洽法师为其刺血，调和泥金所书，法师晚年作品，书法刊落锋颖，已达天人合一的化境。

（龙　斋）

【王羲之草书《平安帖》唐摹本以3亿多元拍卖成交】 11月25日，王羲之草书《平安帖》唐摹本，在嘉德秋拍拍卖场由5500万元起拍，最终以3.08亿元成交。《平安帖》又称《告姜道帖》，为草书组本，原帖共9行74字，后被裁割，目前所见为前4行的41字。由于王羲之真迹不存于世，唐代的精摹本历来被当做真迹看待。该帖年代久远，对它的摹刻年代有不同推断，有称为宋摹，也有疑为米芾所摹，而更多的则定为唐摹。

（龙　斋）

【龙开胜获第5届北京“德艺双馨”奖】 11月25日，第5届北京中青年文艺工作者“德艺双馨”奖颁奖大会举行，表彰的15名文艺工作者分别来自12个艺术门类，书法界龙开胜获得该奖。北京中青年文艺工作者“德艺双馨”奖评奖活动由中共北京市委宣传部、市人力资源和社会保障局、市文联共同举办，是首都文艺界具有公信力和权威性的最高奖项。龙开胜，北京书协副主席，曾获第2届、第3届中国书法兰亭奖二等奖，全国第9届书法篆刻展一等奖；2006年被上海《书法》杂志评为全国青年书法百强榜十佳书法家之一；入选北京宣传文化系统百人工程、首批“四个一批”人才。他多次为灾区、红十字会、希望工程、癌症患者捐款捐物捐作品总计60余万元。

（龙　斋）

【闽龙杯第5届北京电视书法大赛】 11月28日，由北京市文联、北京书协、中央电视台数字书画频道、闽龙陶瓷艺术馆等联合主办的“闽龙杯”第5届北京电视书法大赛在京举行决赛。投稿的3642件作品经过初评、复评、复赛，层层选拔，优中选优，最终青少组、成人组各有12位选手获得一等奖，进入决赛。慕思雄获青少组金奖，孙志宇、张路野获银奖，于子洋、赵祈、郭钰昕获铜奖，王碧聪、李菲、李鑫、陈凯鑫、陈墨馨、曹丹羽获优秀奖。孟浩获得成人组金奖，郭加庆、寇伯志获银奖，宋德轩、张德君、贺凌军获铜奖，刘苏忠、邢光辉、李超然、曲菁晨、陈勇武、高宝丰获优秀奖。大赛现场共设9位评委，由北京书协林岫、李有来、彭利铭、龙开胜、刘守安、刘俊京、孟繁禧担任书法评委，叶培贵、杨广馨担当素质评委。北京电视书法大赛已举办4届，它通过电视媒体广泛传播中国书法艺术，已成为北京书法界的盛会。大赛实况于12月11日～13日在中央电视台数字书画频道播出。

（龙　斋）

【赵本山书法拍出92万元】 12月17日，在“舞善之行——刘岩文艺专项基金慈善拍卖会”上，赵本山的书法作品“龙腾凤舞”拍出92万元。本次拍卖会的14件拍品共拍得626万元。

（龙　斋）

【马悦百米篆刻长卷】 12月25日，“盛世华章——百米篆刻长卷”申请世界纪录成功。世界纪录协会的工作人员现场测量了该作品，实际长度为100.5米。作品由齐白石弟子马悦创作。马悦自20世纪40年代开始学习篆刻，历经60余年，至今已治印1万余方，此次精选出其各个时期的代表作1235方，印成了篆刻长卷。该长卷字体多变，印章形体不一，内容丰富。马悦，生于1931年，中国河北涞源人，曾师从齐白石，研究金文、石鼓文等古文字。现为齐白石艺术研究会会长，中国书协会员。2003年初参加文化部组织的赴欧九国文化考察团在巴黎展出作品，获“中欧和平大使奖”，有《马悦印谱集》《马悦篆刻选集》《马悦象形文集》等多部作品集问世。

（龙　斋）

交　流

【中日书法交流展】 3月5日～10日，由北京书法院、日本产经国际书会、北京人民广播电台共同主办的中日书法交流展在首都图书馆举办。展览共展出中日两国书法家的书法作品75件。北京市政协副主席、北京书法院顾问沈宝昌、赵文芝，中国书协驻会副主席赵长青，北京书法院院长汪良，副院长黎晶、王岳川、刘守安、任怀殊，日本国驻中国特命全权大使宫本雄二，日本产经新闻社社长、产经国际书会会长住田良能，产经国际书会理事长斋藤香坡，产经国际书会理事长代行伊藤欣石，产经国际书副会长吉田玉云，产经国际书会副理事长山下海堂、佐藤青苑、竹泽玉玲、原田圭泉、平方峰寿等49位日本书法家家参加交流活动。首都书法界120余人出席开幕式。这是北京书法院首次举办的国际性书法展览。

（龙　斋）

【星云大师书法展】 5月9日～15日，由中国艺术研究院、中国美术馆、台湾佛光山文教基金会主办，台湾佛光缘美术馆承办的“星云大师书法展”在中国美术馆举办。展览展出星云大师近作一百余件。星云大师的字超越了一般的书法理论和要求，不但无笔无锋、无经营位置，甚至无势无骨、无横竖撇捺，但却神采生动，气韵流畅，法相自然，适眼合心，展现的是心灵美感，独树一格。星云大师，江苏江都人，1927年生，国际佛光会世界总会会长。他致力于推动佛教教育、文化、慈善、弘法事业，影响力遍及世界各地。

（龙　斋）

【黄四德、张鉴瑞、曹院生书法展】 7月18日～26日，由江西书协主办，江西师范大学、江西省建工集团承办的“赣风鄱韵——黄四德、张鉴瑞、曹院生书法作品展”在中国美术馆举办。展览展出了3位书法家近年创作的60余件书法作品。作品以鄱阳湖生态经济区建设为主题，展示赣鄱地域文化，强调生态文化建设。3位作者均为鄱阳籍中国书协会员。

（龙　斋）

【战士刘超书法展】 7月24日～8月1日，由中国收藏家协会和重庆某集团军联合主办的“战士刘超书法展”在中华世纪坛举办。展览展出了刘超书画作品近百幅。刘超是重庆某集团军的一名中校军官，在书法艺术的道路上摸索、追寻，十几年来创作了万余幅作品。

（龙　斋）

【第26届中日少年儿童书法交流大会】 8月5日，由中国书协与日本成田山书道交流团共同主办，北京书协、日本驻华大使馆协办的第26届中日友好少年儿童书法交流大会在北京举行。中国书法界赵长青、刘艺、林岫、陈洪武、白煦、田伯平，日中友好少年少女书法交流团名誉团长山崎照义，团长江口大象，副团长谷村隽堂，以及中日两国各16名少年儿童书法代表参加交流大会。参加此次交流的日方16名学生是第26届成田山全国竞书大会的获奖者，中方16名学生是北京爱好书法的优秀学生，其中3名学生为教育部2009年“全国首届大中小学生汉字规范书写比赛”获奖者，年龄最小的8岁，最大的17岁。成田山全国竞书大会已经举办25届，共有600名日本优秀青少年书法爱好者访问过中国。中国书协自2008年起连续3届为日本的少年书法优胜者颁发“兰亭新星奖”。

（龙 斋）

【中国代表团赴日本参加书道交流会】 8月22日，应日本成田山全国竞书大会的邀请，以中国书协副主席、北京书协主席林岫为团长，中国书协副秘书长陈洪武为常务副团长，中国书协展览部主任吴震启，北京书协驻会副主席兼秘书长田伯平为副团长，中国书协培训中心副主任章巧珍为秘书长的69人代表团前往日本成田山新胜寺，参加第26届中日青少年书道交流会。

（龙 斋）

【首届两岸汉字艺术节】 9月16日~10月15日，由中华文化联谊会、河南省安阳市政府、台湾文化总会主办的首届“两岸汉字艺术节”在北京举办。活动以“汉字艺术源远流长”为主题，旨在通过两岸共同搭建的平台，延续汉字的文脉传承，繁荣汉字艺术，推动两岸文化交流，弘扬中华优秀文化。世界汉语教学学会会长许嘉璐，台湾文化总会副会长林澄枝等近百位两岸文化界人士出席开幕式。两岸书法爱好者近两百人，以各自喜爱及擅长的字体，共同书写“汉字”二字，以此让更多社会大众认识到中华文字意境深远的文化内涵与艺术价值。该活动还包括“感知汉字：发现文字之美”、“追忆汉字：典藏文明之光”和“问道汉字：两岸书法艺术论坛”等活动。

（龙 斋）

【鹤亭李敦兴书法展】 10月19日~29日，由韩国驻华大使馆、北京韩国文化院、国际书法家协会主办的“鹤亭李敦兴书法展”在北京韩国文化院举行。展览展出了李敦兴书法作品65件，形式为真、草、隶、篆、行及韩文作品。李敦兴，字鹤亭，韩国美术协会首席副理事长，国际书法家协会主席，国际书法艺术联合韩国本部副理事长，韩国湖南支会名誉会长，北京大学书法艺术研究所客座教授。自1990年光州国际书法艺术联合东南亚7国联展开始，迄今已12次举办与中国各地的书法交流展。作为韩国的代表性书法家，得到中韩两国书法界认可。

（龙 斋）

【中国书法展在联合国教科文组织总部举办】 10月25日~29日，由文化部外联局和中国书协、中国艺术研究院中国书法院联合主办的“汉字之美——中国书法展”在巴黎联合国教科文组织大楼举行。以中国书协副主席何应辉为团长的9人代表团出席。联合国教科文组织大会主席赫本、战略规划局局长助理总干事汉斯、外联与公共宣传局助理总干事福莱特、中国常驻联合国教科文组织代表团代表师淑云以及德国、加拿大、泰国、新加坡、菲律宾等30多个国家驻法使节和法国民众200余人出席开幕式。此次展览是继2009年9月中国书法篆刻艺术成功列入“人类非物质文化遗产代表作名录”之后的重要国际交流活动。展览设置“古老中国——汉字时空”、“当代中国——汉字艺术”、“世界与中国——汉字互动”3个主题，以文字、图片形式简要介绍中国书法、篆刻的起源与发展历史。同时特别展示了66幅当代优秀书法家、篆刻家、刻字家的作品，篆、隶、楷、行、草5体兼备，有对联、中堂、扇面、斗方、横幅、条幅等各种形式。作品内容多为中国古代名诗佳句，还有一些作品结合现实内容，表达对人与自然和谐相处的向往，寄托对世界和平的期望。展览于11月1日~5日赴德国柏林中国文化中心进行巡回展出。

（龙 斋）

【柳田泰山北京书法展】 11月3日~10日，由中国对外文化交流协会、中国美术馆主办的“柳田泰山北京书法展”在中国美术馆举办。展览展出柳田泰山50幅楷书书法作品，同时特别展出其父柳田泰云及日本围棋界名誉棋圣藤泽秀行的书法作品。柳田泰山1950年7月30日生于东京，是日本著名书法家柳田泰云的四子、名宁一。现为日本书法团体——泰书会会长。柳田泰山自幼随父学习书法，1975年入新义真言宗总本山根来寺修行一年半，后立志开始向100所寺庙奉纳作品，曾多次在日本举办书法展览。2002年5月，为纪念中日邦交正常化30周年向人民大会堂、钓鱼台国宾馆、泰安市政府新办公楼赠送书法作品。曾在山东临沂市、泰安市举办书法展。柳田家族同中国进行书法艺术交流已有80余年历史。

（龙 斋）

纪 念

【纪念刘炳森座谈会】 2月20日，中国书协中直分会主办了“怀念炳森——畅谈书法艺术发展座谈会”。中国书协顾问、中国书协中直分会会长张飙主持座谈会。赵长青、苏士澍、罗杨、陈洪武、白煦、章巧珍、邹德忠、于曙光、张虎、郑晓华、赵立凡、张有清、张辛、梁永琳、谷溪、李洪海、严太平、张铜彦、廖廷建、张杰、沈莉、金运昌、张铁英、崔陟、李鑫华、陶亚平等30余人参加座谈会，展示了各自创作的怀念刘炳森的诗联书法作品。因事未能到会的中直系统书家杨炳延、刘文华、李纯博、朱守道等为此次活动送来了作品。《刘炳森书法集》和此次与会书法家展示的全部作品、怀念刘炳森的文章由文物出版社结集出版。

（龙 斋）

【庆祝中国出版集团公司成立八周年书画摄影展】 4月3日～15日，由中国出版集团主办、中国美术出版总社承办的“庆祝中国出版集团公司成立八周年书画摄影展”在中国美术馆举办。展览共展出中国出版集团公司绘画、书法、摄影作品近200幅，代表了中国出版集团公司的美术专业水平，沈鹏等为展览提供了新创作的书法作品。

（龙 斋）

【京城书法界追忆何二水】 10月28日，中国书家协会中央国家机关分会举办了“何二水先生书法艺术研讨会”，张飙、张虎、于曙光、谷谿、姚得珠、凌士欣等书法家以及何二水的朋友、学生和后人出席了研讨会。何二水，名炎，字爽夫。祖籍浙江绍兴，1910年生于北京。幼承家学，5岁即能以大字书联。后供职银行保险业，公余则沉湎于书法、治印。他是新中国成立后第一个书法团体——北京中国书画研究社的创社成员，擅长隶书、行书，书法作品多次在国内外展出。他的书法注重继承，在继承中博采众长，同时勤于思考，凭借广博的文史积淀提升书法内在的文人气质，从而形成独特风格。除从事书法创作外，何二水还热心教授青年人。在他的众多学生中，佼佼者有刘炳森、方绍武等人。由刘炳森提议并负责编纂的《二水先生剩墨》，2008年由人民美术出版社出版。

（龙 斋）

出版物

【吴震启《在网一方》首发】 2月1日，书法家吴震启的专著《在网一方》由人民日报出版社出版。这是我国书法界第一部结合网络元素和纸质传媒的综合性学术出版物。人民日报出版社、华声在线、北京九华国际文化有限公司等单位联合举行首发式，李铎、邵秉仁、陈洪武等200余人参加了首发式。该书以诗书合璧的形式，将古典诗歌、书法文化与网络元素相结合，为互联网文化与诗歌书法的时代性作出探索。吴震启，现任中国书协理事、中国书协展览部主任、中国楹联学会理事等职。自撰诗书代表作有《人财赋》《茶赋》《互联网赋》等。

（龙 斋）

【《肖良平书法艺术》出版】 3月16日，《肖良平书法艺术》由中国楹联出版社出版。该书共收录作者近年来创作的楹联书法作品67幅。肖良平，1964年生，现任中国楹联学会副秘书长兼书法艺术委员会秘书长，中国书协会员、北京书协会员。

（龙 斋）

【书法集《国歌》首发式】 5月9日，由中国书协主办的大型主题书法集《国歌》首发式在京举行。周铁农、邵华泽、张海、欧阳中石、李铎、佟韦、钟明善、赵长青、段成桂、申万胜、邵秉仁、张业法、吴东民、吴善璋、陈永正以及在京部分中国书协理事、部分省（自治区、直辖市）书协代表等出席首发式。《国歌》书法集由人民画报社出版，由韩启德、李金华、杨洁篪、黄树贤、邵华泽、欧阳中石、李铎、张海等60位书法家共同完成。《国歌》还收录了庆祝中华人民共和国成立60周年大阅兵的经典图片、国歌曲谱、歌词和创作者田汉、聂耳的照片、简历，梳理了《义勇军进行曲》作为中华人民共和国国歌的诞生过程。

（龙 斋）

【《奥林匹克（宣言）赋》书法长卷】 7月30日，陈仕彬创作、人民出版社出版的《奥林匹克（宣言）赋》书法长卷展示活动于在“鸟巢”举行。该卷长29米，分为29卷，其中，第9卷于2009年6月由中国美协主席刘大为和作者本人作为特别礼物赠予台湾马英九。展示活动中，作者陈仕彬与100名来自国内外的少年儿童手挽手、肩并肩，用身上的特色文化衫连缀成一件完整的《奥林匹克宣言赋》书法长卷，形成一道漂亮的人文风景。

（龙 斋）

【赵学敏书法集出版】 7月30日，由荣宝斋出版社、紫禁城出版社、中国林业出版社出版的《赵学敏书法选集》（卷一、卷二）、《赵学敏书道德经》《奥运赋》以及《人民书法情怀——赵学敏书法评论集》发行。《赵学敏书法选集》精选他近年创作的书法作品，《赵学敏书道德经》由66幅草书组成；草书长卷《奥运赋》是赵学敏向北京奥运会的文化献礼；《人民书法情怀》一书则是近年来书法评论家对其书法艺术的评论文章，以及各大新闻媒体对其书法创作成果的宣传报道汇编。

（龙 斋）

摄　影

2010年北京的摄影活动更加繁荣丰富，北京摄影家协会组织开展了一系列摄影活动。北京华日摄影文化沙龙活动是首都摄影爱好者定期聚集的文化阵地，通过月赛和评比等方式挖掘和培养了大批摄影新秀，并推出了一批优秀作品。

在这一年里，北京摄影家协会与大兴区文委、区文联共同举办“建设者之歌”——庆祝地铁大兴线开通摄影比赛，与延庆县委宣传部、县文联、县摄协举办了“生态延庆·美丽家园”摄影大赛，还与其他相关委、办、局及区县摄影协会举办了多个专题摄影比赛。

围绕比赛活动，北京摄影家协会组织了多批摄影创作组赴房山、怀柔、密云等地创作采风。3月，北京摄影家协会围绕市委市政府关于把重大节日作为重要文化活动进行定位，弘扬民族传统，让广大群众充分享受节庆文化大餐，丰富节日文化活动为目的，开展好各类民族节日文化活动的指示精神，由北京摄影家协会举办的“歌颂春天”摄影比赛活动正式启动。并举办了“在北京过节”摄影比赛。4月，“澳门十年”专题摄影展展示了澳门十年来在社会发展、人民生活、文化建设、经济成就等各方面取得的进步，展示了今日澳门的新面貌。7月，应澳大利亚悉尼市政厅和新西兰维多摩市政厅的邀请，市文联党组书记朱明德率领由北京摄影家协会主席叶用才、驻会副主席兼秘书长王越、副主席迟玉洁组成的北京摄影家代表团访问了澳大利亚和新西兰。8月，由中共中央宣传部、中共中央统战部、中共青海省委等主办的“玉树不倒　青海长青”——玉树抗震救灾主题展在中国人民革命军事博物馆展出。

为纪念中越建交60周年首个“中越友好年”，中国摄影家协会在越南首都河内举办了“让影像告诉世界——今天的中国”世界巡回展。9月，北京市文联、北京摄影家协会、北京市对外友好协会在丹麦哥本哈根市政厅举办了“北京——我们可爱的家”摄影展。10月，北京联合天津、河北、山西、内蒙古5省（自治区、直辖市）摄影家协会共同主办的第23届中国华北摄影艺术展览在首都图书馆展出，这是全国大区之间联合办展历史最悠久的一个展览，成为大区间摄影合作的典范。“2010北京国际摄影季作品展示周”在民族文化宫展出。11月；“北京摄影家看世界”摄影展在首都图书馆展出。“世纪光影”2010全国摄影艺术展览在中华世纪坛当代艺术中心展出。12月，首届北京“聚焦美丽乡村”主题摄影大展在首都图书馆展出。

2010年北京摄影活动蓬勃发展的形势促使了一些新的摄影机构诞生，“国际艺术院校——尚8创意实验室”在北京CBD尚8文化创意产业园成立。北京律师摄影俱乐部宣告成立。结合北京市民族文化工作多项活动的需要，北京市民族文化交流中心宣布成立摄影志愿者团队。北京新闻摄影学会在北京成立。由中国摄影家协会创办的《中国摄影手机报》在人民大会堂宣布创刊。清华大学美术学院在艺术设计专业中新增设摄影专业。2010年中国人像摄影学会第六次会员代表大会在北京举行。大会选举产生了中国人像摄影学会第六届理事会。中国艺术摄影学会在北京中国科技会堂召开会员代表大会，换届选举产生了新一届领导机构。

（吴赣生）

机　　构

【摄影志愿者团队成立】　3月26日，北京市民族文化交流中心宣布成立摄影志愿者团队。结合北京市民族文化工作多项活动的需要，民族文化交流中心选定了来自北京各个行业的11位摄影志愿者，将聘书和统一的服装发到志愿者手中。并与所有摄影志愿者签署相应法律文书，对于所拍作品的使用权限等进行约定。

（吴赣生）

【中国人像摄影学会换届】　3月30日，中国人像摄影学会第六次会员代表大会在京举行。大会选举产生了中国人像摄影学会第六届理事会。闫太昌当选中国人像摄影学会主席，李丽娜当选常务副主席兼秘书长，周生俊、李建成、郎立兴、冀运表、匡丽英、屠政、赵爱魁、朱秀英、孙秀珍、杨文明、温思源、黄利明等当选副主席。另有129人当选中国人像摄影学会第六届理事会理事，其中常务理事41人。中国人像摄影学会还聘任刘毅、张世尧、何济海、黄海、袁毅平为名誉主席，杨恩璞为顾问团首席顾问。

（吴赣生）

【北京律师摄影俱乐部成立】 5月12日，北京律师摄影俱乐部举行了成立仪式，仪式由摄影俱乐部主任经德才主持。出席成立仪式的嘉宾有北京律师协会秘书长李冰如、北京律师协会会员事务委员会主任李海彦，北京摄影家协会主席叶用才、《大众摄影》总编陈仲元、中国摄影杂志社副主编梁文川、《中国摄影报》活动部副主任房志国、北京日报图片社总经理张西林、人文中国·山水摄影网总编卓军等。

（吴赣生）

【北京新闻摄影学会成立】 6月18日，由《北京青年报》《北京日报》《北京晚报》《北京晨报》《法制晚报》和《北京社区报》共同发起的北京新闻摄影学会在京成立并召开第一次会员大会。大会通过了《北京新闻摄影学会章程》，选举产生了第一届理事会和监事会，张雅宾当选为第一届理事会会长，学会聘请范远谋、金生官、张延平、王振民为学会顾问，聘请满运来为学会名誉会长。学会由北京地区从事新闻摄影及研究的个人和有关团体、企事业单位联合组成。

（吴赣生）

【中国艺术摄影学会换届选举】 6月19日，中国艺术摄影学会在北京中国科技会堂召开会员代表大会，选举产生了新一届领导机构。杨元惺当选为学会主席，朱宪民为执行主席，刘雷、任国恩、陈长芬、王建琪、范小强为副主席，范小强兼任秘书长，名誉主席为高占祥、吕厚民。大会通过了新修订的《中国艺术摄影学会章程》和学会新一届常务理事会、理事会名单，并分析了新形势下摄影工作面临的挑战，提出了今后5年学会的工作任务和奋斗目标。

（吴赣生）

【清华美院新增摄影专业】 2010年，为了适应社会发展的需求，清华大学美术学院在艺术设计专业中新增设摄影专业，并将摄影专业作为一个专业方向首次面向全国进行招生。

（吴赣生）

展　览

【罗小韵摄影展】 2009年12月19日～2010年1月7日，“西部记忆——罗小韵摄影展”在华贸购物中心的爱普生影艺坊展出。作为中国第一代人文地理摄影家的罗小韵参加了影展开幕式暨其同名画册的首发仪式。

（吴赣生）

【“美哉京剧”摄影展】 1月6日～12日，由北京戏曲艺术发展基金会、长安大戏院、文化部文化艺术人才中心资助支持的“美哉京剧”个人摄影展在长安大戏院展出。展览展出的百余幅照片是从戏曲舞台摄影家、中国京剧杂志社原副主编金梅17年来拍摄的上万张作品中精选出来的。该展览的照片内容分为两大部分——舞台剧照和京剧人物照。北京市原副市长张百发为该展览题名。

（吴赣生）

【中越建交60周年大型图片展】 1月11日～15日，由新华通讯社和越南通讯社联合主办的“友谊之光”中越建交60周年大型图片展在中国人民革命军事博物馆展出。展览展出的200余幅图片分为“兄弟情谊”、“睦邻友好”、“经贸合作”、“中越两国辉煌成就”4个部分，新华社副社长鲁炜，越南驻中国大使阮文诗，中国人民对外友好协会副会长冯佐库，越南通讯社常务副社长何明慧，新华社常务副总经理张晓华共同为开幕式剪彩。来自国家有关部委、外国驻华使节以及中、越两国友好人士300余人出席了开幕式。

（吴赣生）

【“再见，胡同”摄影展】 1月16日～2月20日，摄影家贾勇的“再见，胡同”摄影展在位于北京大栅栏西街的“3798画廊”展出。展览展出贾勇拍摄的黑白照片20幅，全部为摄影家亲自手工放大制作的银盐纸基照片。贾勇常年生活在北京南城，从20世纪80年代开始拍摄胡同，至今已有20多年的历史。

（吴赣生）

【首届北京湿地摄影作品展】 2月2日～4日，由北京市园林绿化局主办的“关注北京湿地，共建生态家园”首届北京湿地摄影作品展在北京市动物园科普馆展出。此次展览的作品征集活动自2009年12月开展以来，得到了全市摄影爱好者和环保志愿者的大力支持与关注。共收到各类参赛作品1271幅。评选出一等奖5件（组），二等奖10件（组），三等奖50件（组）。

（吴赣生）

【张弘摄影艺术展】　3月5日～12日，由中国艺术研究院主办，中国艺术研究院摄影艺术研究所、中国摄影家杂志社承办的“张弘摄影艺术展”在中国美术馆展出。摄影展利用摄影、声像、装置、诗歌等多元表现形式建立的介于真实与虚幻之间的现场空间为观者带来一种全新的感受和体验艺术的新方式。出生在浙江省台州市玉环县的张弘以大海为题材，却不是聚焦常规视野下的大海，而是把镜头对准斑驳的渔船、冰化的滩涂和裂变的礁石，以此讲述工业化时代传统渔民生产、生活的转型及精神历程。展览现场，张弘《我的大海》画册首发式同时举行。

（吴赣生）

【陈懋章院士摄影作品展】　4月1日～13日，“从心所欲”——陈懋章院士摄影作品展在北京航空航天大学艺术馆展出，展览展出的80余幅摄影作品是从陈懋章院士《从心所欲——陈懋章院士摄影作品集》（2009年中国摄影出版社出版）中精心挑选出来的。

（吴赣生）

【“珍爱海洋”摄影展】　4月8日～14日，由LAMER海蓝之谜联合《中国国家地理》杂志举办的“珍爱海洋”图片摄影展在国贸商城展出。展览用直观的图片将海洋的美丽与忧伤展现给大众，以海洋污染的严峻景象引发公众关注。

（吴赣生）

【澳门十年专题摄影展】　4月10日～20日，由北京市人民政府新闻办公室、澳门基金会、中国画报协会主办，北京银谷艺术馆承办的“澳门十年·中国画报媒体澳门采风行”专题摄影展在北京银谷艺术馆展出。展出的270多幅摄影作品由5大板块，20多个专题组成，图片展示了澳门10年来在社会发展、人民生活、文化建设、经济成就等各方面取得的进步，展示了今日澳门的新面貌。全国人大常委会原副委员长何鲁丽、顾秀莲，全国政协原副主席李蒙，全国妇联原副主席林丽韫，中宣部原副部长龚心瀚等出席开幕式。

（吴赣生）

澳门十年·中国画报媒体澳门采风行专题摄影展

【澳门十人摄影展】　4月10日～6月6日，由北京全艺社主办的“黑与白——澳门十人摄影展”在北京全艺社展出。展览展出的36幅黑白摄影作品，分别出自风隼飞、米贺文斯、歌莱雅、李锐奋、何家政、朱焯信、陈嘉强、彭韫、凌谷、黄豪生10位澳门摄影家之手。

（吴赣生）

【零碳摄影展】　4月15日～21日，由北京市环境保护宣传教育中心和玉渊潭公园共同主办的北京首个零碳摄影展“镜头中的绿色北京”摄影作品展在玉渊潭公园举办。展览展出的200余幅照片紧紧围绕“绿色北京”建设主题，从“环境建设”、“公众参与”、“绿色北京”3个方面再现了北京环境保护的历程和成就。摄影展还在海淀、东城、石景山等各区巡回展出。

（吴赣生）

【抗震救灾纪实摄影展】　4月20日～30日，由中国文联、中国摄影家协会、青海省委宣传部主办，青海省文联、青海省摄影家协会协办的“2010青海玉树抗震救灾纪实摄影展”在中国摄影家协会阳光大厅展出。作为玉树地震后的第一个摄影展览，展出了40余位摄影家拍自抗震救灾一线的近80幅摄影作品，并作为抗震救灾珍贵影像资料捐赠给中央档案馆。开幕仪式上，中央档案馆向主办单位及参展摄影家颁发了收藏证书。

（吴赣生）

【首届中国世界地质公园摄影展】　4月21日～5月10日，由国土资源部、中国地质博物馆、北京市房山世界地质公园管理处共同举办的首届“中华大地——中国世界地质公园”摄影展在中国地质博物馆举办。展览展出的398幅作品，取材于我国22家世界地质公园。摄影展以“珍惜地球资源、构建优美环境、展示建设成果”为主题。

（吴赣生）

【“历史与瞬间”摄影展】　4月30日～5月3日，由第二炮兵火箭兵老战士摄影协会主办的“历史与瞬间”大型摄影作品展在中国人民革命军事博物馆举办。展览展出了

107人的233幅作品，作品题材分为“走过天安门”、“多彩的长缨”、“守望的地方”、“老战士情怀”4个专题。展览的部分作品被中国人民革命军事博物馆收藏。

（吴赣生）

【首钢老干部摄影协会成立六周年回顾展】 5月12日～6月12日，由首钢总公司党委组织部主办，以“真情首钢”为主题的“首钢老干部摄影协会成立六周年回顾展”在首钢文馆开展。展览展出的128幅摄影作品分为“真情首钢”、“感言六年”、“多彩世界”、“快乐协会”、“首钢老干部摄影协会六年大事记”5个部分。展览集合了首钢老干部获得全国及各级摄影比赛的获奖作品。

（吴赣生）

【佩德罗·梅耶尔摄影作品展】 6月4日～17日，由中国美术馆主办的墨西哥摄影家佩德罗·梅耶尔摄影作品展在中国美术馆展出。本次展出的110幅摄影作品是中国美术馆馆藏的佩德罗摄影作品。佩德罗1985年获得墨西哥国家文化贡献奖和意大利国际文化奖，1987年获得古根汉姆奖金，1993年获得美国加州摄影博物馆和乔纳森·格林联合颁发的国家艺术奖金。

（吴赣生）

【第2届富士杯“我的大学”北京四高校联合摄影展】 6月8日～24日，由富士胶片（中国）投资有限公司赞助支持，中国政法大学发起主办，清华大学学生摄影协会、北京大学青年摄影学会、人民大学学生摄影协会联合协办的2010第2届富士杯“我的大学”北京四高校联合摄影展在中国政法大学昌平校区法渊阁举办。展览展出的243幅作品是从2270幅参赛作品中评选出来的。摄影展还评出特等奖1名、一等奖2名、二等奖4名、三等奖6名、优秀奖10名、鼓励奖20名。富士胶片（中国）公司为本次大赛提供了最新款的富士数码相机和照片册作为奖品。

（吴赣生）

【“圣浩杯”新生代农民工主题摄影展】 6月16日～21日，由中国农民艺术节组委会主办，农展国际文化发展（北京）有限公司和大众摄影杂志社共同承办，山东圣浩投资（集团）有限公司、搜狐社区、千龙网京华论坛协办的首届中国农民艺术节“圣浩杯”新生代农民工主题摄影展在全国农业展览馆展出并举行了颁奖典礼。摄影展面向全国共征集摄影作品5000余幅，其中，大众摄影网收集了3800余幅。经过专家评审，共有118幅作品入围，其中，特级佳作1名，一级佳作2名，二级佳作5名，三级佳作10名，入选佳作100名。大众摄影杂志社、搜狐社区、千龙网京华论坛各评审出一幅网络人气投票作品。北京摄影家王金明的作品《自豪》被评为特级佳作；李英军的《新娘》和杨国东的《乐章》被评为一级佳作；柯景杰和毕征涛的摄影作品获得网民们的好评，获得了网络投票的农民工“笑脸奖”。

（吴赣生）

【幸福工程15周年摄影展】 6月18日～25日，由中国人口福利基金会、中国计划生育协会和中国人口报社主办的“为了母亲的微笑”幸福工程救助贫困母亲行动15周年主题摄影展在王府井步行街展出。本次展览分为“使命”、“历程”、“笑颜”、“重任”4个板块、200个展板、2000余幅图片，反映了15年来幸福工程的风雨历程和成就。

（吴赣生）

【“我在我的风景里——80’90’2000’”摄影展】 6月19日～7月18日，由三影堂摄影艺术中心举办的莫毅“我在我的风景里——80’90’2000’”摄影展在朝阳区草场地三影堂摄影艺术中心展出。展览以一组黑白照片反映出莫毅对待中国体制改革和城市化进程的初始、发展和高潮各个阶段的态度和感觉。

（吴赣生）

【国家大剧院芭蕾演出摄影展】 6月22日～7月22日，由国家大剧院主办的“舞影”国家大剧院芭蕾演出摄影展在国家大剧院展出。展览汇集了国家大剧院开幕以来上演的40余部经典芭蕾舞剧演出的精彩剧照以及幕后掠影126幅。同时国家大剧院还组织了与芭蕾有关的艺术教育活动近50场。展览也展出了中外芭蕾大师参与大剧院普及讲座、舞蹈工作坊、大师课、公开排练等活动的珍贵镜头。

（吴赣生）

【首都双拥书画摄影作品展】 7月21日～25日，由北京市双拥办主办，北京市军队离休退休干部安置办公室协办的军民携手共建世界城市“首都双拥书画摄影作品展”在中国人民革命军事博物馆展出。展览展出了1000余幅摄影作品。

（吴赣生）

【中国共产党领导的敌后抗日战场纪实摄影展】 7月28日～8月28日，为纪念中国人民抗日战争胜利65周年和中国人民解放军建军83周年，由中国人民革命军事博物馆自主筹办的“红色影像——中国共产党领导的敌后抗日战场纪实”在中国人民革命军事博物馆展出。展览展出了照片350余幅，署名摄影师50余人，有摄影师简介及肖像。其中部分照片从未公开展出过。开幕式当天部分参展摄影师及家人、部分《晋察冀画报》摄影工作者及家人前往参观展览，并举行了小型座谈会。

（吴赣生）

【圆明园原版历史影像展】　8月3日~27日，由中华世纪坛世界艺术馆、台湾秦风老照片馆和东莞展览馆共同主办，日本雄松堂书店、三人行老照片艺术馆、海峡两岸文化馆、广西师范大学出版社协办，北京歌华文化发展集团支持的“残园惊梦”奥尔末与圆明园历史影像展在中华世纪坛世界艺术馆展出。展览展出了12帧由德国专业摄影师恩斯特-奥尔末于1873年拍摄的圆明园底片冲洗出的72幅大型原件照片，2帧100多年前的原玻璃底片也首次与公众见面。

（吴赣生）

【玉树抗震救灾主题展】　8月17日~9月20日，由中共中央宣传部、中共中央统战部、中共中央对外宣传办公室、国家民族事务委员会、新华通讯社、解放军总政治部、中共青海省委主办，由新华通讯社、中国人民革命军事博物馆承办的“玉树不倒　青海长青”——玉树抗震救灾主题展在中国人民革命军事博物馆展出。主题展览由“强震突袭三江源头”、“永远同人民在一起”、“紧急大营救”、“奋力自救互救”、“大爱无私谱真情”、“科学规划美好未来”等部分组成。

（吴赣生）

【“铭记——重生的新什邡”摄影展】　10月9日~15日，由中共北京市委宣传部、北京市对口支援地震灾区指挥部重建办公室、什邡市委、市政府共同主办的“铭记——重生的新什邡”大型主题摄影展在王府井大街展出。展出的1200余幅摄影作品分为“龙门山之殇”、“可歌可泣的北京援建”、“气壮山河的重建壮举”、“感恩奋进的新什邡”、“灵山秀水的西蜀小城”5个部分。

（吴赣生）

【北京国际摄影季】　10月15日~19日，由西城区人民政府、北京市人民政府新闻办公室、北京市人民政府外事办公室、北京市文学艺术界联合会等单位共同主办，北京摄影家协会、中共西城区委宣传部、西城区文学艺术界联合会、西城区文化委员会、西城区旅游局、北京对外文化交流中心、北京华闻中和文化传播有限公司等单位承办的“北京国际摄影季”在民族文化宫展出。展览展出了来自26个国家的摄影家拍摄北京的1600幅作品，以及2010北京国际摄影比赛的获奖作品。

（吴赣生）

【华北摄影艺术展】　10月19日~26日，由北京市、天津市、河北省、山西省、内蒙古自治区摄影家协会共同主办的第23届中国华北摄影艺术展览在首都图书馆展出。展览共展出作品200余幅，作品拍摄者为华北地区的摄影家和摄影爱好者。市文联党组书记朱明德、党组副书记张占琴，中国摄影家协会分党组成员高琴与天津、河北、山西、内蒙古摄影家协会负责人出席开幕式并剪彩。展览期间，北京摄影家协会组织天津、河北、山西、内蒙古到京的摄影艺术家进行了创作采风活动。

（吴赣生）

【吴印咸摄影回顾展】　11月6日~12月25日，由泰康空间艺术机构主办的吴印咸摄影回顾展在朝阳区崔各庄乡草场地红一号泰康空间艺术区展出。展览展出的摄影作品拍摄于二十世纪五六十年代，包括花卉、肖像、工业、农业和社会生活题材等8个系列。展品均为吴印咸生前手工制作的明胶银盐工艺照片，还有吴印咸当年多次在展览中展出过的反映社会生活、劳动和工业题材的摄影作品原作。

（吴赣生）

【北京摄影家看世界摄影展】　11月8日~14日，由北京摄影家协会主办的“北京摄影家看世界”摄影展在首都图书馆举办。展览展出的200幅风情及人物照片是北京摄影家协会组织摄影家赴荷兰、法国、美国、德国、澳大利亚、英国等十几个国家拍摄的。

（吴赣生）

【“世纪光影”2010全国摄影艺术展览】　11月18日~23日，由中国摄影家协会主办，中国摄影展览中心和中华世纪坛当代艺术中心承办的“世纪光影”2010全国摄影艺术展览在中华世纪坛当代艺术中心展出。影展展出的900幅摄影作品是从收到的183661幅作品中选出，并分别以实物展和幻灯投影两种形式展出。

（吴赣生）

【摄影、美术、书法、民间艺术展览】　11月18日~29日，由北京市文联主办的“庆祝北京市文联成立60周年摄影、美术、书法、民间艺术展览”在中国美术馆展出。北京摄影家协会展出了协会收藏的新中国成立以来的最具代表性的摄影图片60幅。

（吴赣生）

【“寻找最美乡村医生”公益摄影展】　11月25日~29日，由中国红十字基金会（中国红基会）、新华社中国图片社共同主办，爱国者数码相机独家赞助的“爱国者寻找最美乡村医生”公益摄影展在北京时代美术馆展出。影展展出的113幅照片，记录了乡村医生和乡村医疗状况的发展变化。全国人大常委会副委员长、中国红十字会会长华建敏，中国红十字会副会长、中国红基会理事长郭长江等参观展览，并在开展仪式上为参与此次公益摄影活动的摄影家们颁发纪念牌。

（吴赣生）

【印象北京图片巡展】 11月26日~12月2日，由北京市人民政府新闻办公室主办，北京对外文化交流中心承办的“印象北京·外国摄影师拍北京”图片巡展在中关村欧美汇购物中心展出。展览展出的70幅图片是从10年来百余位外籍摄影师拍摄的10余万张作品中精选出的，展览分为“古都皇城”、“国际都市”和“北京文化”3部分。其中，既有故宫、天坛等展现北京悠久历史遗迹和丰厚文化积淀的内容，又有包括CBD、央视新址、鸟巢等城市现代化风采的展示。

（吴赣生）

【李兰英摄影艺术作品展】 12月3日~12日，由北京市文史研究馆、中国摄影家协会主办，中国摄影出版社协办的“美的乐章”——李兰英摄影艺术作品展在国家大剧院水下廊道东展厅展出。展览展出的150幅舞蹈摄影作品是她从事摄影工作50余年以来拍摄的大量作品中精选出来的。开幕仪式上，李兰英向国家大剧院捐赠了15幅摄影作品。

（吴赣生）

【“仰望星空”人民科学家钱学森图片展】 12月10日~12日，由中国航天科技集团公司、中国航天科工集团公司主办的“仰望星空”人民科学家钱学森图片展在中国人民革命军事博物馆展出。展览展出的近2000幅钱学森的照片是首次向公众展示的。展览还展出了钱学森生前藏书、手稿，以及他生前使用过的一些实物。

（吴赣生）

【首都公安民警书画摄影作品展】 12月14日~17日，由北京市警察协会和北京市公安文联共同主办的首都公安民警书画摄影作品展在北京皇城艺术馆展出。展览展出的68幅摄影作品是从北京市公安局开展的“与共和国同行”主题征文活动中评选出来的。

（吴赣生）

【聚焦美丽乡村主题摄影大展】 12月17日~24日，由中共北京市委农村工作委员会、北京市农村工作委员会、北京摄影家协会主办，《中国摄影报》、车坛影协网支持，北京市农工委宣教中心承办的首届北京“聚焦美丽乡村”主题摄影大展在首都图书馆展出。征稿收到纪实、人物、风光摄影作品2000余幅。评出特级收藏作品1幅、一级收藏作品3幅，二级收藏作品6幅，三级收藏作品9幅和优秀作品90幅。入围720幅。

（吴赣生）

【“人文北京”摄影作品展】 12月17日~26日，“人文北京”摄影比赛优秀作品展在首都博物馆展出。展览展出的400多幅照片是组委会从收到的3.6万件参赛作品中选出的，其中在京外国友人的作品近3000幅。由北京出版社出版的大型画册《“人文北京”摄影文化活动优秀作品集》也在展览期间与公众见面。中共北京市委书记刘淇，市委副书记、市长郭金龙出席开幕式并为获奖者颁奖。

（吴赣生）

【“传奇草原”摄影作品展】 12月23日~29日，王金摄影作品展在北京（宣武区大观园内）开展，展览展出的近百幅作品展示了中国科尔沁草原以蒙古族为主体，汉、满、朝鲜族等多民族聚居地区的历史和文化。摄影作品是内蒙古自治区本土摄影家王金从近30年拍摄的大量以草原文化和蒙古族民俗风情为题材的作品中精选出来的。

（吴赣生）

活动　会议

【中国摄影著作权协会版权年会】 1月26日，由中国摄影著作权协会、北京国际版权交易中心共同主办，北京摄影器材城职业技能培训学校协办的“中国摄影著作权协会版权年会”在北京国际版权交易中心召开。中国版权协会理事长沈仁干，中国文联副主席、书记处书记李牧等出席并致辞。有400余位摄影家、各界人士出席，并有中央电视台、《人民日报》等50余家新闻媒体记者出席。

（吴赣生）

【摄影作品交易会】 7月31日，由中国摄影著作权协会、北京国际版权交易中心联合主办的摄影作品交易会在北京国际版权交易中心举行。黄其昆、姜平、李德林等摄影家携代表作品参与了此次活动。所有交易作品均为收藏级制作，有作者亲笔签字，活动吸引近百名摄影人和收藏家参加。

（吴赣生）

【嫦娥二号月面虹湾局部影像图揭幕】 11月8日，探月工程嫦娥二号月面虹湾局部影像图揭幕仪式在北京国家国防科技工业局办公楼举行。中共中央政治局常委、国务院总理温家宝出席揭幕仪式并为影像图揭幕，中共中央政治局委员、中央军委副主席郭伯雄，国务委员兼国务院秘书长马凯，中央军委委员、解放军总后勤部部长廖锡龙，中央军委委员、解放军总装备部部长常万全参加了揭幕仪式。

（吴赣生）

【新华社军事摄影工作会议】 12月14日，新华社军事摄影工作会议在京举行，来自军队和武警部队的军事摄影工作者就全媒体时代如何展示和塑造人民子弟兵的良好形象进行了研讨。新华社副社长兼常务副总编辑周树春、解放军总政治部宣传部副部长李升泉、新华社副总编辑王瑶等参加了会议。

（吴赣生）

纪　念

【关于一位伟大舞者的影像展】 7月3日～25日，为纪念世界现代舞大师皮娜·鲍什（Pina Bausch）逝世一周年，北京德国文化中心歌德学院（中国）与伊比利亚当代艺术中心合作在“798艺术区”伊比利亚当代艺术中心举办了“绝对皮娜——关于一位伟大舞者的影像”展映活动。舞蹈摄影家盖特·魏格尔特（Gert Weigelt）受歌德学院（中国）之邀首次访华，在伊比利亚当代艺术中心展出他拍摄的18幅有关皮娜的作品。

（吴赣生）

【简庆福从事摄影创作70年活动】 12月11日，中国摄影家协会在京举办庆祝简庆福从事摄影创作70年活动。中国文联党组成员、副主席廖奔、中国摄协分党组书记、驻会副主席李前光等中国摄协领导和来自全国各地的摄影界人士向这位摄影前辈90岁生日和从事摄影创作70年致以美好祝福。简庆福原籍广东中山，1921年出生于香港。20世纪40年代在上海学习绘画时初涉摄影。在70年的摄影生涯中，曾4次出版个人作品集，并在香港、内地和国外多次举办摄影展。1958年作为特邀代表赴北京，出席当时的中国摄影学会举办的活动，后长期出任我国国家级、国际级摄影展的评委，对中国的摄影事业发展作出了重要贡献。2009年荣获中国摄影金像奖·终身成就奖。

（吴赣生）

【北京日报图片社佳能摄影沙龙成立十五周年活动】 12月19日，北京日报图片社佳能摄影沙龙三百余人在东方饭店三楼牡丹厅庆祝沙龙成立十五周年。年会由佳能摄影沙龙主任黄海京主持。联谊会的主题是“沙龙十五载，快乐伴我行”。佳能（中国）有限公司影像文化推进部总经理王川，北京摄影家协会主席叶用才，北京日报图片社总经理张西林、大众摄影杂志社社长陈仲元、北京摄影家协会常务副主席王越、副主席秦大唐，摄影家许喜善、黄其昆、李老师、陈彭桂、马佳，摄影界前辈梅生、鞠峰、乔小兵等出席了庆祝活动。

（吴赣生）

交　流

【中荷联合摄影展】 2009年11月28日～2010年1月28日，由北京三影堂摄影艺术中心与荷兰帕拉多克斯基金会联合举办的“天下一家（WATW）”中荷联合摄影展在三影堂艺术中心举行。展览图片涵盖了经济增长、环境、能源制造、资本流动、移民、消费等内容。

（吴赣生）

【“致命脚印”图片展】 2009年12月16日～2010年1月17日，由国际助残组织、北京法国文化中心、G2Studio以及Etworc共同举办的“致命脚印”图片展在北京法国文化中心展出。法国驻华大使苏和、比利时驻华大使奈斯等应邀出席开幕式并发表讲话。来自越南的两名集束炸弹受害者也应邀出席。展出的图片由来自比利时的三位摄影师Tim Dirven，Gael Turine和John Vinck在越南、老挝、柬埔寨、埃塞俄比亚等国拍摄。图片以12个大型立方体为载体，多角度反映了炸弹爆炸的残酷瞬间，以及爆炸给无辜的受害者及他们生活的社区留下的阴影。

（吴赣生）

【渤海明珠魅力唐山摄影展】 1月20日～26日，由河北省唐山市委市政府、中国摄影家协会共同主办的“渤海明珠魅力唐山”摄影展在民族文化宫展出。展览展出的100多幅照片分为“科学发展、经济腾飞”，“山清水秀、旅游胜地”，“绿色发展、自然和谐”，“历史悠久、文化灿烂”，“美丽家园、幸福生活”5个部分。

（吴赣生）

【“东张西望”摄影展】 3月16日～4月4日，由法国的Laurent Segretier，Guillaume Regnaud两名摄影师，以及中国大陆的庞立平和中国台湾的李惠民两名摄影师共同推出的“东张西望”中法摄影四人展在北京的“尚8创意实验室”展出。展览展出的近五十幅作品多为表现舞蹈家和时尚男女。

（吴赣生）

【罗兰·费舍尔摄影艺术展】 3月27日～5月27日，德国籍艺术家罗兰·费舍尔的个人作品展——“激情与理性的统一”罗兰·费舍尔的摄影艺术展在朝阳区崔各庄乡草场地艺术区北京秀瓷当代画廊举办。罗兰·费舍尔长年往返于北京和慕尼黑之间，他的摄影作品融合了两个民族的特点。

（吴赣生）

【云南三江流域老照片展】 4月22日～5月18日，由意大利驻华大使馆文化处和中华世纪坛世界艺术馆等多家单位联合主办的“他乡雪山”云南三江流域老照片展在中华世纪坛世界艺术馆展出。展览展出的一百四十余幅图片是1933年至1952年期间，瑞士圣伯纳德修会的13位传教士分4批到三江流域进行传教活动时所拍的。拍摄对象主要是当地风景和与西藏接壤的云南西北部人民。

（吴赣生）

【英国野生生物摄影年赛巡展】 5月1日～23日，由英国BBC《野生动物》杂志与英国自然历史博物馆联合举办，北京动物园和野性中国工作室联合引进的“英国野生生物摄影年赛”2009年度获奖作品全球巡展——中国站在北京动物园科普馆展出。年赛吸引了来自94个国家的优秀摄影师，展出的近百幅摄影作品是从43135幅参赛作品中精选出来的。

（吴赣生）

【赵志勇摄影展】 5月6日～13日，由中国艺术研究院摄影艺术研究所、南通市文学艺术界联合会、南通市地方税务局主办，《中国摄影家》杂志承办的赵志勇摄影作品展在中国美术馆展出。摄影展展出的四十余幅作品，展现了中国西部壮美多彩的风光。开幕式当天举行了赵志勇《上天的恩宠》摄影集首发式。

（吴赣生）

【胡志明图片展】 5月19日～25日，由中华人民共和国文化部、越南社会主义共和国文化体育旅游部和越南驻华大使馆共同主办、中国对外文化集团公司和越南胡志明博物馆共同承办的“胡志明主席图片展”在北京孔庙和国子监博物馆展出。展览展出了近200张图片、印刷品及实物资料。包括胡志明1968年手书“越中友谊，万古长青”、《狱中日记》的影印件等。展品主要由越南胡志明博物馆及越南驻华大使馆提供。中华人民共和国文化部副部长赵少华和越南国家副主席阮氏缘为展览剪彩。

（吴赣生）

【洪江摄影展】 6月18日～23日，由湖南省文学艺术界联合会、湖南省怀化市人民政府联合主办，湖南省摄影家协会、怀化市洪江区政府承办的古商城“洪江”专题摄影展在中国美术馆展出。展览展出了湖南摄影家欧阳星凯七年来创作的五十余幅摄影作品，作品以巨幅错落的展现方式全景式地展示了湖南省怀化市洪江古商城的“清明上河图”。

（吴赣生）

【内蒙古野生鸟类摄影展】 6月21日～23日，由内蒙古自治区政协人口资源环境委员会、包头市政协共同主办的“保护环境，珍爱生命”内蒙古野生鸟类生命摄影展在全国政协机关展出，展览展出了包头市政协委员聂延秋拍摄的野生鸟类照片近百张，展示了近年来内蒙古自治区以生态建设为主轴，逐步加大环境治理力度，保护生物多样性方面取得的成就。全国政协副秘书长杨崇汇、仝广成，人口资源环境委员会副主任王玉庆，驻会副主任庄国荣以及内蒙古自治区政协副主席董恒宇等出席开幕式并为展览剪彩。

（吴赣生）

【北野谦摄影展】 7月3日～8月1日，日本摄影家北野谦在三影堂摄影艺术中心举办了《我们的面孔》个人展。展览期间，北野谦举办了关于日本和中国当代肖像摄影实验的座谈会。

（吴赣生）

【北京摄影家协会代表团出访】 7月6日～14日，应澳大利亚悉尼市政厅和新西兰维多摩市政厅的邀请，市文联党组书记朱明德率领由北京摄影家协会主席叶用才、驻会副主席兼秘书长王越、副主席迟玉洁组成的北京摄影家代表团访问了澳大利亚和新西兰。代表团在澳大利亚期间拜会了悉尼市有关方面负责人。双方就今后继续开展摄影及其他艺术门类的文化交流活动进行了交谈。另外，摄影代表团还专门拜会了澳洲摄影学会，相互交换了摄影作品。代表团还拜会了新西兰华文文化沙龙，就今后继续开展多种艺术门类中新文化交流的可行之路进行了共同探讨。

（吴赣生）

【张美寅摄影作品展】 7月13日～19日，由北京画院、福建省摄影家协会、新加坡影艺研究会共同举办的“水墨黄山”张美寅摄影作品展在北京画院美术馆展出。展览展出张美寅以黄山风光为题材的摄影作品90幅。张美寅是新加坡华人摄影家，1950年出生于福建泉州，1994年涉足摄影艺术，多次举办个人展览、出版摄影作品集，现任新加坡摄影艺术研究会会长、福建省摄影家协会顾问等职，曾获新加坡国家文化大奖，3次被美国摄影协会评为“世界摄影十杰”之一。展后张美寅将这些摄影作品捐赠给北京画院。

（吴赣生）

【“让影像告诉世界”今天的中国世界巡回展】 8月2日～8日，为纪念中国越南建交60周年首个“中越友好年”。中国摄影家协会在越南首都河内举办了“让影像告诉世界”今天的中国世界巡回展。摄影展以“世界遗产·中国”为主题，共展出作品120幅。摄影展得到了在越南召开的第30届国际摄联代表大会的各国摄影界同仁的关注与赞誉。越南中央宣教部、文化体育旅游部、中国驻越南大使馆官员，以及中越两国摄影界、新闻界人士出席影展开幕式。

（吴赣生）

【广西摄影作品晋京展】 8月18日~22日，由中共广西壮族自治区党委宣传部、广西壮族自治区文联主办，中国摄影家协会作为支持单位，广西摄影家协会承办的“风生水起北部湾”广西摄影作品晋京展在中国人民革命军事博物馆展出。展览展出了166幅（组）摄影作品。全国政协副主席白立忱、北京军区原司令员李新良上将、中共广西壮族自治区党委宣传部副部长唐华、广西文联主席潘琦、中国摄影家协会副主席邓维、广西摄影家协会主席施兴良等参加了开幕式。

（吴赣生）

【“魅力内蒙古”摄影展】 9月15日~10月3日，由中共内蒙古自治区党委宣传部、乌兰夫基金会主办，内蒙古文联、内蒙古摄影家协会承办的“魅力内蒙古”西部大开发10周年摄影展在民族文化宫展出。展览展出的二百余幅摄影作品反映了内蒙古自治区的经济建设、人文风貌、自然风光等。展览的照片是从全国30个省（自治区、直辖市）和香港、台湾地区及新加坡近千名作者投送的8000幅摄影作品中选出来的。

（吴赣生）

【“北京——我们可爱的家”摄影展】 9月20日~10月2日，由北京市文联、北京摄影家协会、北京市对外友好协会在丹麦哥本哈根市政厅举办了“北京——我们可爱的家”摄影展。中国驻丹麦大使馆文化参赞、北京市文联党组副书记张占琴、哥本哈根市长米克尔·华明等出席了开幕式观看了展览并发表了讲话。

（吴赣生）

【尤金·史密斯作品展】 9月26日~10月3日，美国摄影家尤金·史密斯及其追随者所拍的“伤痛与希望”水污染摄影展在“798艺术区”展出。展览展出了尤金·史密斯夫妇共同拍摄的19张关于日本水俣病的原作。展览由两组作品组成。一组是人道主义摄影家尤金·史密斯和妻子1971年~1973年在日本水俣用影像记录下了工业污染给人类和环境带来的无尽伤害。第二组是40年后的今天，获得第30届尤金·史密斯人道主义纪实基金摄影奖的中国摄影师卢广走遍中国各大流域，通过镜头向人们展示了中国的工业水污染情况，也讲述了那些深受污染之害的人们的故事。

（吴赣生）

【“和平”主题国际摄影作品巡回展】 11月30日~12月3日，北京市石景山区与日本东京都、匈牙利布达佩斯市十一区，“和平”主题国际摄影作品巡回展，在石景山区图书馆一楼大厅举行，摄影展通过中国、日本、匈牙利摄影家们的镜头，反映不同国家和地区人民对于“和平和美好生活”的相同祈愿，促进国际友好城市间的了解和交流，增进国际间的感情和友谊。该展览还在日本东京、匈牙利布达佩斯市进行了巡展。

（吴赣生）

【“中航工业杯”摄影大赛颁奖】 4月17日，由中国航空工业集团公司（简称中航工业）、中华全国新闻工作者协会共同主办的以“国家天空精彩瞬间”为主题的“中航工业杯”国庆60周年阅兵飞机新闻摄影大赛获奖名单在京揭晓。组委会共收到来自海内外近百家媒体记者、摄影爱好者的优秀摄影作品近千幅，通过中国航空新闻网数万人的网络投票和专家严格筛选评审，大赛评出张雷等一等奖1名，二等奖2名，三等奖5名，特别奖2名。

（吴赣生）

【新农村纪实摄影大展评选】 10月15日，由中国摄影家协会和农业部农村社会事业发展中心联合举办的“农民眼中的新农村”纪实摄影大展在京举行评选会，10位专家评委对全部网络来稿进行了逐轮分类评选并集中评议，经过为期7天的公示，最终产生的优胜作品包括反映“生产发展”的52幅，表现“生活宽裕”的46幅，展示“乡风文明”的43幅，反映“村容整洁”的36幅，体现“管理民主”内容的18幅。评选出的195幅摄影作品是从全国31个省（自治区、直辖市）的1000余位农民作者提交的12743张照片中脱颖而出的。

（吴赣生）

【“建设者之歌”摄影大赛】 10月26日，为了庆祝地铁大兴线的开通，大兴区文委、大兴区文联、北京摄影家协会、大兴区地铁建设指挥部、摄影摄像杂志社共同举办的大兴区2010“建设者之歌”摄影大赛图片展评片活动在大兴区图书馆多功能厅举行。此次活动于2010年3月启动，共收到来自北京市、大兴区摄影师及爱好者投稿作品3000余幅。经过初选，1500幅作品参加大赛初评。这些摄影作品有的反映了地铁大兴线建设，有的描绘了大兴新城新旧变化的对比，还有大型文化活动系列和南海子湿地公园建设系列等，这些摄影作品集中反映了大兴建设者昂扬向上的精神风貌。活动请北京市摄影家协会主席叶用才，副主席王越、迟玉洁，摄影与摄像杂志社社长兼主编温宁等担任评委。经过评选，王巍的《地铁建设者》获特等奖；潘清泉的《鱼眼看亦庄》和肖利民的《地铁新景观》获一等奖；刘劲松的《建设对比》、李慧的《亲子运动会》及刘翔的《大兴印象——南海子》获二等奖。此外，还有三等奖20名，入围奖200名。

（张燕鹰）

【竞园杯“我爱我校”青少年摄影大展颁奖】 11月21日，由中国教育学会、中国摄影家协会主办，《北京晨报》、竞园、新浪网承办的竞园杯“我爱我校”青少年摄影大展在北京为获奖者颁奖。大展组委会共收到44所中小学1473名学生提交的5155幅参展作品。中国教育学会常务副会长郭永福、中国摄影家协会副主席罗更前、北京晨报总编辑谢星文、汇文中学校长陈维嘉、35中校长朱建民、光明小学校长廖文胜等出席了颁奖礼并为获奖学生颁奖。本次大展评出特级收藏奖2名、金质收藏奖1名、银质收藏奖3名、铜质收藏奖1名、纪念奖99名、优秀辅导教师奖17名、优秀组织学校奖23所。

（吴赣生）

【“生态延庆·美丽家园”摄影大赛】 11月22日，为贯彻落实《延庆县生态文明建设三年行动纲要》，倡导全民树立生态文明理念，为“绿色北京”建设贡献力量，由中共北京市延庆县委宣传部、北京摄影家协会、延庆县文联和延庆县摄影家协会共同举办的“生态延庆·美丽家园”摄影大赛结束。本次大赛共收到全市16个区县摄影爱好者的参赛作品两千余幅。经专家评选，贺旭东的《天鹅湖之晨》和易国跃的《妫川广场》获一等奖，另有二等奖4名、三等奖10名，优秀奖和纪念奖各50名。

（张燕鹰）

【“感动典藏”摄影大赛颁奖】 11月30日，第3届佳能“感动典藏”摄影大赛在京举行颁奖典礼。此次摄影大赛共评出包括专业组、达人组、大众组、高校组、青少年组、打印组6个组别的金银铜奖及佳作奖共84名，以及佳能单反产品代言人成龙评出的感动特别奖3名。中国摄影家协会副主席王瑶，摄影家梅生、奚志农，导演宁浩，以及佳能（中国）有限公司副总裁吉冈达生等出席了本次颁奖典礼。

（吴赣生）

【首届“我的香格里拉”摄影大赛颁奖】 11月30日，由香格里拉酒店集团联袂《世界》《摄影之友》及新浪旅游频道3家媒体共同主办的“我的香格里拉”摄影大赛颁奖典礼在中国大饭店举行。经过评委们对两千余位摄影爱好者投送的3772幅摄影作品的评选，作品《小红山的晨雾》获得香格里拉大奖，作品《守望》获得金奖。此次大赛得到了尼康映像仪器销售（中国）有限公司和马来西亚航空公司的支持。

（吴赣生）

【“魅力京郊、乡村旅游”摄影大赛评选】 12月9日，由北京市旅游局主办，北京市旅游行业协会摄影分会、北京摄影家协会承办，北京市各区县旅游局协办的“魅力京郊、乡村旅游”摄影大赛摄影作品评选会召开。有关专家和领导从收到的三千二百余张摄影作品中评选出特等奖1名、一等奖2名、二等奖5名、三等奖10名及优秀奖80名。

（吴赣生）

【中国古建筑摄影大赛颁奖】 12月14日，由华润雪花啤酒（中国）有限公司主办的“温故而知新——2010雪花啤酒第2届中国古建筑摄影大赛”颁奖典礼在京举行。此次大赛共收到参赛作品七万余幅，其中，通过网络注册参与活动的有五千余人，上传作品近六万幅，传统作品邮递收集共一万余幅。大赛参与者遍布全国各地，还吸引了不少定居海外的华人华侨参与。大赛评出特等奖1名、1等奖5名、2等奖10名、3等奖15名。

（吴赣生）

【恒源祥摄影大赛大奖揭晓】 12月26日，由中国新闻社、世界华文媒体合作联盟主办，恒源祥（集团）有限公司为战略合作伙伴的“中国恒好·全球华人看世博”恒源祥摄影大赛在北京中国贸易促进会礼堂举行颁奖典礼。大赛分专业组与业余组，17组获奖作品分别被授予大赛“印象世博”、“印象城市”两个组别的一、二、三等奖和综合大奖。截至11月2日24时截稿时，大赛组委会收到来自包括港澳台在内的中国30多个省（自治区、直辖市）以及海外华人华侨的参赛作品共计16976组43514张，网友投票总数达到5019052次。本次活动获得国务院侨办、国务院新闻办、中国贸促会、上海世博局4家单位的支持。

（吴赣生）

出版物

【《中国摄影手机报》创刊】 12月22日，由中国摄影家协会创办的《中国摄影手机报》在人民大会堂宣布创刊。作为中国摄影行业第一份手机报，将以手机彩信的形式于每周二、五发布，及时为中国摄影家协会会员和广大摄影人提供服务。《中国摄影手机报》面向广大会员和关注中国摄影事业发展的相关人士，免费赠阅。

（吴赣生）

图　书　馆

2010年，北京地区各类型图书馆事业继续稳步发展。

公共图书馆服务体系不断完善，图书信息服务能力逐渐提高。北京市公共图书馆服务体系已经实现市、区县、街道、乡镇的全覆盖；社区、行政村图书馆（室）建设稳健进行中，覆盖率超过50%。全市县以上公共图书馆馆舍面积近17万平方米，阅览坐席约1.3万个，截至年底，图书总藏量1708万册（件），年接待读者近740万人，年外借图书610余万册，组织各类阅读及文化活动3410次，约100余万市民踊跃参与。首图图书馆充分发挥北京市中心馆的作用，继续加强以《北京记忆》《奥运记忆》、“首图讲坛”等为代表的首图文化服务品牌建设，继续开展古籍的普查与保护工作；继续加强古籍修复工作，注重对古籍修复专业人才的培养和锻炼；开展对全市公共图书馆和事业单位古籍普查工作从业人员的专题培训，并采取措施，推进全市公共图书馆行业的规范化、专业化建设。“北京市文化信息共享工程网络”构建的4295个不同层级的服务终端形成“国家中心—北京市分中心—区县分中心—基层中心—基层服务点”五级网络体系稳定运行，并努力实现“资源入户”目标。

北京地区私人儿童图书馆大量涌现。海淀区花园东路花园公寓“蓝月亮儿童图书馆”、通州区武夷花园水仙园小区“妈妈心儿童之家图书馆”、朝阳区定福庄西街19号楼“我的好朋友童书乐园”、海淀区世纪城远大园里“世纪城豆丁俱乐部儿童公益图书馆”，以及更早开放的皮卡书屋、公益小书房、墨盒子绘本馆和悠贝亲子儿童图书馆，北京地区面向学龄前孩子的私人儿童图书馆已近十家。社区私人儿童图书馆的出现，弥补了公共文化服务供给的不足，让广大市民和孩子从中受益。它们不以盈利为目的，但也并非完全免费。12月9日，印发了《文化部关于进一步加强少年儿童图书馆建设工作的意见》，加强少年儿童图书馆的工作将作为文化部当前和今后一个时期文化建设的一项重大任务，在政策、经费投入、人才培养等方面予以重点支持。

在北京地区高校图书馆文献资源保障体系（BALIS）服务方面，2010年馆际互借开户数82家，正式签约馆增加至72家，读者注册人数9438人，提交请求6742条。主要分布在国家图书馆和中国人民大学、清华大学、北京航空航天大学、北京大学、北京师范大学、中国政法大学、北京理工大学等学校。BALIS原文传递有成员馆79个，启动服务3年来，各种服务数据稳步增长，本年读者注册7205人，系统请求19907篇，满足15085篇，满足率75.78%。

素质教育的实施使学校越来越重视图书馆在教学工作中所起的作用，中小学图书馆馆舍建设、设施配置、馆藏内容等方面有了较大改观。部分中小学图书馆还实现了规范化、科学化和现代化的要求，并办出了自己的特色。但是仍然存在发展不平衡、现有图书馆（室）差异大、藏书结构不合理、藏书资源不足等问题。一些图书馆界人士建议发挥公共图书馆的优势，弥补中小学图书馆的不足。

首都医科大学附属北京友谊医院、北京天坛医院、北京儿童医院和北京积水潭医院、卫生部中日友好医院等图书馆先后开通了数据库远程访问服务，读者在家里，或者是在国外进修学习、参加学术会议都可以通过互联网访问医院图书馆所购买的电子资源。该项服务的开通，标志着北京地区医院图书馆的服务又迈上了一个新的台阶。

8月27日，新闻出版总署“农家书屋”工程建设领导小组办公室下发《关于切实提高农家书屋使用率的通知》，要求保证“农家书屋”的正常开放，各级“农家书屋”工程建设部门要加强对书屋使用的监督检查，禁止用捐赠的出版物作为政府组织统一采购配备的“农家书屋”的出版物。各部门或单位捐赠的出版物可纳入“农家书屋”作为补充，但是不能以此减少和降低“农家书屋”工程建设所规定的出版物数量与质量标准。落实“农家书屋”管理员，以“农家书屋”为平台开展多种形式的读书活动。增强“农家书屋”的吸引力，不断提高“农家书屋”的使用效率。

（张小野）

机　构

【高校图书馆数字资源采购联盟成立】　4月15日，“高校图书馆数字资源采购联盟筹备会议”召开，26个与会图书馆代表发起成立联盟，并推举北京大学图书馆馆长朱强为联盟理事长，联盟秘书处设在北京大学图书馆。5月12日，在CALIS（中国高等教育文献保障系统）第8届国外引进数据库培训周大会上，朱强正式宣布高校图书馆数字资源采购联盟成立，启动运行，并发布联盟章程、工作规范和工作主页。至此，高校引进资源集团采购的组织工作正式由CALIS移交至高校图书馆数字资源采购联盟。

（别立谦）

【首都图书馆收容教育所图书分馆正式启动】　5月28日，首都图书馆收容教育所分馆启动仪式在收容教育所举行。在收教所图书分馆，先期从首都图书馆运抵的1000册图书已经开始提供借阅服务。这些图书都是根据被收教人员的需求由教官精心挑选的，涉及法律常识、手工制作、健康养生、文化艺术等领域。被收教人员走进图书分馆，选取自己喜爱的图书，在书本中学知识，学技术，感悟生命，迎接新生。

（张小野）

【国家图书馆中央社会主义学院分馆成立】　6月10日，国家图书馆中央社会主义学院分馆成立，在中央社会主义学院举行了合作协议签约仪式。刘延东出席仪式并讲话。正式开通的“国家图书馆立法决策服务平台·中央社会主义学院平台”是一个以提供综合性立法决策参考信息为宗旨的数字化信息服务平台，以中央社会主义学院用户在图书文献信息方面的需求为基本服务内容，以国家图书馆丰富的数字资源和在信息服务方面的经验特长为依托，有的放矢地为用户创造符合个性化需求的信息服务环境。该平台主要包括“专题文献”、“国图推荐”、“实时报刊”、“电子书库”、“文化长廊”等7个一级栏目，包含了电子图书、电子报纸、电子期刊、专题咨询、专题数据库等多种内容，并提供了文字、图表、数据、图片、动画（flash）、音视频等丰富的表现形式，可随时在线浏览、检索。通过这个“平台”，中央社会主义学院用户可以全面、及时、准确、有效地获得国图的信息咨询和决策参考服务。

（国家图书馆）

【房山区图书馆北京经贸职业学院分馆开馆】　11月18日，房山区图书馆北京经贸职业学院分馆开馆仪式在北京经贸职业学院举行。房山区图书馆北京经贸职业学院分馆以拥有丰富的综合性文献信息资源、先进的计算机网络设备及信息技术管理人员的房山区图书馆为总馆，以拥有宝贵特色专业资源的北京经贸职业学院为分馆，在为大学生和教职工服务的同时，满足良乡地区群众的文化学习需求。房山区图书馆向分馆提供图书23945册，书架50个，价值100多万元。在共建活动过程中，双方坚持资源共享、信息沟通，互相学习、互相促进、共同提高的原则，努力促进图书馆社会服务职能的发展。

（张小野）

【国家图书馆中央编办分馆揭牌】　11月18日，国家图书馆中央编办分馆在京揭牌，“国家图书馆立法决策服务平台——中央编办平台”同时开通。文化部副部长欧阳坚出席揭牌暨开通仪式。中央机构编制委员会办公室副主任黄文平，文化部副部长、国图馆长周和平等出席仪式并致辞。中央编办分馆是国图在中央国家机关建立的第一个全数字化分馆。分馆将以中央编办网站为平台，由中央编办领导和管理，在业务、技术与服务等方面接受国图指导。该平台以中央编办用户在图书文献信息方面的需求为基本服务内容，以国图的数字资源和在信息服务方面的经验特长为依托，有针对性地为用户创造符合个性化需求的信息服务环境。该馆是国图与国务院部委及直属机构合作建立的第10家分馆。

（国家图书馆）

【国图国家行政学院分馆揭牌】　11月26日，“国家图书馆国家行政学院分馆”揭牌仪式在国家行政学院举行。该馆由双方共建，隶属国家行政学院领导和管理，在业务上接受国图指导；国图承担为学院建设个性化信息平台和数字资源触屏阅读服务，通过信息平台和触屏阅读服务为学院用户提供全面、有效的参考信息；国图可作为国家行政学院的教学延伸基地，组织各类重要班次到国图参观和现场教学；双方开展特色文献资源的开发和数字化工作，实现特色资源以及学术讲座资源的共建共享；在科学研究与决策咨询上加强合作，促进产生更多有影响的科研成果和决策咨询精品。

（国家图书馆）

国家行政学院、国家图书馆合作协议签署暨
国家图书馆国家行政学院分馆揭牌仪式

活 动

·会议与研讨·

【2009年北京地区高校图书馆年会暨BALIS工作会议】 1月17日~18日，2009年北京地区高校图书馆年会暨BALIS工作会议在北京汤山假日会议中心召开。会议由北京高校图工委、北京高教学会图书馆工作研究会、BALIS管理中心联合举办。北京高校图工委委员、BALIS管理中心及分中心主任、北京高教学会图书馆工作研究会下属专业委员会主任、北京地区各高校图书馆的馆长，以及部分企业代表等150人出席了会议。会议总结了2009年高校图书馆工作情况，并进行了交流。北京市教育委员会高教处处长黄侃宣布了北京市教委关于调整北京高校图工委第五届委员会组成人员的名单。 （张小野）

【《中华再造善本》续编工作座谈会】 1月29日，《中华再造善本》续编工作座谈会在京举行。续编选目已确定534种，主要涵盖明清时期以及少数民族文字的珍贵古籍，在执行过程中会根据古籍保存的状况以及古籍普查中的新发现作适当调整。已完成197种古籍拍照，61种印装完成，进入发行阶段。《中华再造善本》续编于2008年9月正式启动，是对“中华再造善本工程”一期工程的延续。

（国家图书馆）

【全国文化信息资源共享工程督导和公共图书馆评估工作总结会暨古籍保护工作会】 2月1日，全国文化信息资源共享工程督导和公共图书馆评估工作总结会议暨古籍保护工作会议在京召开。文化部党组书记、部长蔡武出席会议并讲话，要求从加强公共文化服务体系建设的高度，不断提高对加快文化共享工程等重大公共文化建设项目的重要性的认识。周和平就有关工作进行了部署。

（张小野）

【北京地区高校图书馆新馆建筑/建设研讨会】 4月23日，BALIS培训中心与北京师范大学图书馆联合举办“北京地区高校图书馆新馆建筑/建设研讨会”。清华大学、北京大学、北京师范大学、中国人民大学、北京理工大学、中国农业大学、对外经济贸易大学、中国青年政治学院等高校图书馆代表从多个方面介绍了在新图书馆建设中的经验，涉及图书馆建筑、图书馆噪音控制、图书馆建设构想与实践、图书馆建筑与功能变化、RFID（射频识别，俗称电子标签）在图书馆中的应用等多个方面。会议听取了北京第二外国语学院图书馆旧馆改造情况的经验介绍。

（魏徽）

【中国联合国托存图书馆馆员培训研讨会】 4月27日~30日，“交流、合作、共建、共享”——中国联合国托存图书馆馆员培训研讨会在中国国家图书馆召开。研讨会是由国图和联合国达格·哈马舍尔德图书馆共同主办的首次面向中国托存图书馆员的培训与研讨，来自全国二十一家托存图书馆以及对联合国文献托存事业感兴趣的六十余名图书馆同仁参加了会议。专家们就图书馆未来发展、资源建设、服务拓展以及共建共享等问题作了主题报告。此外，研讨会还安排上机培训，使代表了解联合国文献管理的基本原理及文献组织情况，掌握联合国在线资源的获取方法。

（国家图书馆）

【多媒体资源建设与服务国际研讨会】 6月1日，“多媒体资源建设与服务国际研讨会”在京召开。此次会议由北京大学图书馆主办、超星数字图书馆承办。来自美国、英国、中国大陆暨澳门和台湾地区的九百多位图书馆代表和学术专家等参加了会议。会议主要取得两方面的重要成果：一是确立了多媒体资源的学术价值，多媒体资源建设与服务的发展目标和发展方向；二是广泛引起了各界对多媒体资源建设与服务的重视，研讨和交流各自在多媒体资源建设与服务领域的做法与经验，为与会代表及他们所代表的图书馆指引了发展方向。

（别立谦）

【公共图书馆政府信息公开服务中外研讨会】　6月3日，公共图书馆政府信息公开服务中外研讨会暨第4届政府出版物与政府信息传播论坛在西城区图书馆举办。会议由西城区图书馆主办、西城区图书馆管理协会承办、北京大学法制信息中心协办。美国华盛顿大学法学院图书馆教授罗伟首先作了“美国政府信息的出版、编目与寄存制度及其作用”的报告，重点介绍美国寄存制度以及美国寄存图书馆的作用；随后人民出版社对外联络处主任喻洋与专家们探讨了政府出版物的问题以及目前出版社、出版界的现状；最后，西城区政府办信息科科长杨真通过宣教片，介绍了西城区政府信息公开工作的开展情况，并提出了目前政府出版物在寄存制度、范围、内容上所面临的问题。

（张小野）

【北京艺术高校图书馆专业委员会年会】　6月26日，北京高教学会图书馆工作研究会高等艺术院校专业委员会（简称为北京艺术高校图书馆专业委员会）年会在京举办。22个成员馆参加。会议讨论了“艺术高校区域数字图书馆平台创建”、“艺术高校的多媒体数字资源管理”、“艺术类电子资源采购与评价”3个议题。

（魏　微）

【2010年市政府重要实事相关工作部署会议】　7月26日～27日，共享工程北京市分中心召开专题会议部署2010年市政府重要实事相关工作。首都图书馆副馆长邓菊英、信息网络中心副主任陈建新、18个区县支中心的技术与宣传工作负责人以及相关人员与会。会上，陈建新介绍了“政府重要实事”的主要内容和工作进度，并就进一步落实和推进此项工作，对各区县支中心进行了工作部署。相关负责人分别对“政府重要实事”所涉及的数字资源概况和使用方法、北京市文化共享工程内容分发传输平台的新功能以及信息浏览监控软件的操作方法等进行了说明。各支中心相关人员就在共享工程日常工作和“政府重要实事”推进过程中的经验和方法进行了交流，对遇到的共性问题和困难进行了分析，并提出了有针对性的意见和建议。

（张小野）

【第5届中美图书馆合作会议】　9月9日～10日，第5届中美图书馆合作会议在京召开。会议由中国国家图书馆、中国图书馆学会、美国国会图书馆联合主办。本次会议以“数字资源共享：机遇与挑战”为主题，分主题主要涵盖“资源共享政策与趋势”、“数字资源管理与仓储技术”、“科学数据共享”、“数字资源保存方法”、“数字资源的访问、检索及利用”等数字图书馆建设的问题。会议邀请了中美两国近二十位图书馆专家、学者作大会报告和演讲，中美两国百余名图书馆界的代表交流和研讨。会上，中国国家图书馆常务副馆长詹福瑞和美国国会图书馆副馆长迪安娜·马库姆分别作了题为“中国国家图书馆的数字资源共享战略与实践”和“数字资源共享：机遇与挑战”的主旨报告。

（国家图书馆）

【公共电子阅览室建设计划研讨会】　9月14日，文化部社会文化司邀请部分图书馆、群艺馆、文化馆的有关负责人，以及新媒体、信息技术等领域的专家学者，对拟实施的“公共电子阅览室建设计划”试点工作方案进行了研讨。该计划以未成年人、老年人、进城务工人员等弱势群体为重点服务对象。拟实施的“公共电子阅览室建设计划”主要包括推进公共电子阅览室的免费开放、建立有效的资源保障体系、规范公共电子阅览室的管理、加强公共电子阅览室的服务、建立公共电子阅览室建设的长效保障机制。来自文化部全国文化信息资源建设管理中心、首都图书馆等单位的13名负责人、专家、学者，结合各自工作实际对试点工作推进提出了一些意见和建议。

（张小野）

【全国图书馆版权保护工作会议】　9月26日，全国图书馆版权保护工作会议在京召开。会议由国家版权局会同文化部、教育部、全国扫黄打非工作小组办公室举办，全国各省级及部分中心城市公共图书馆、大学图书馆的馆长和教育、文化、版权行政主管部门代表就图书馆的版权保护工作进行了研讨。

（张小野）

【第八届开放获取柏林国际会议】　10月25日～27日，由中科院和德国马普学会共同举办的“第八届开放获取柏林国际会议”在国家科学图书馆举行，会议以“开放获取：实施战略、最佳实践与未来挑战”为题。中科院副院长李静海在开幕式上致辞，副秘书长潘教峰代表科学院发表关于中科院开放获取实践与进展的主旨报告，国家自然科学基金委员会副秘书长高瑞平代表国家自然科学基金委员会致辞。来自16个国家，50余家大学研究机构、学术机构、科研资助机构、国际学术组织和非政府组织等100余名国际专家，来自国内百余家研究、教育机构、图书馆界的180名代表参加了本次会议。“开放获取”（Open Access）是国际科技界、学术界、出版界、信息传播界为推动科研成果利用网络自由传播而发起的运动。“科技信息开放获取柏林系列会议”于2003年首次召开，并签署了《科学与人文知识开放获取的柏林宣言》。为了在全球范围推动开放获取，第八届会议首次选择在欧洲以外地区举行。

（吕秋培）

【当代图书馆理念转换学术研讨会】 11月18日，人民大学图书馆建馆60周年暨当代图书馆理念转换学术研讨会在人民大学逸夫会议中心举行。来自国家图书馆、首都图书馆、北京大学、清华大学、北京师范大学、中国农业大学、北京理工大学、北京邮电大学、中国人民大学信息资源管理学院等高校和图书馆的专家学者就图书馆的发展理念、数字图书馆建设、学科馆员建设、图书馆队伍建设等议题发表了各自的学术观点。专家们围绕图书馆在从传统向现代转化的过程中面临着许多新的机遇和挑战，如何厘清图书馆的发展理念，规划未来的发展目标，调整自身的发展战略和服务方式，进行了讨论。

（张小野）

【国家科学图书馆举办首届图书馆服务沙龙】 11月25日，国家科学图书馆在京举办首届“图书馆服务沙龙”活动，来自国家图书馆、上海图书馆、北京大学图书馆、清华大学图书馆、人民大学图书馆、北京理工大学图书馆、中国医学科学院图书馆、中国农业科学院图书馆等相关部门领导二十余人共同探讨了数字信息环境下图书馆服务模式创新问题。

（吕秋培）

【2010年全国图书馆企业信息服务年会】 11月26日，2010年全国图书馆企业信息服务年会暨第六届国家图书馆信息服务年会在京召开。年会由国家图书馆、中国图书馆学会、中关村科技园区管委会共同举办。国内相关专家、跨国公司首席情报官和中关村示范区科技型中小企业代表等二百余人参加了年会。本届年会以“数字时代的信息服务和企业创新发展”为主题，通过对具体问题的研讨，使图书情报研究专家、信息服务机构和企业界在信息服务方式、内容、作用和前景等方面达成了深层理解，加强三方的沟通与协作。

（国家图书馆）

【公共图书馆立法决策服务工作研讨会】 12月16日，公共图书馆立法决策服务工作研讨会在国家图书馆举行。国家图书馆副馆长、党委副书记常丕军作大会主旨报告，国家图书馆立法决策服务部主任卢海燕宣读了《全国省级公共图书馆立法决策服务情况调研报告》，大会经过讨论最终达成“全国公共图书馆立法决策服务合作共识”。

（国家图书馆）

·考　察·

【市政协文史和学习委员会委员到首图考察交流】 3月23日，市政协文史和学习委员会委员一行到首都图书馆考察交流。市政协常委、文史和学习委员会主任王芸主持交流活动。首图馆长倪晓建就首图历史沿革、发展概况、基础业务建设以及全市公共文化服务开展情况作了介绍，并重点演示和介绍了首图自主创建的数字化文化服务品牌“北京记忆”大型多媒体数据库。委员们参观了首图地方文献中心和历史文献中心的特色馆藏。

（张小野）

【李岚清到国图考察】 7月2日，李岚清到国家图书馆考察。李岚清先后观看了“国家图书馆立法决策服务成就展”、“国家珍贵古籍特展”，并考察了国家图书馆二期新馆。国图馆长周和平及其他馆领导陪同考察。李岚清希望国图进一步提高为立法决策服务的能力，大力推进古籍保护工作，全面提升公共文化服务水平，在推动学习型政党、学习型社会建设方面发挥更大的作用。

（国家图书馆）

【张海涛到国图参观考察】 7月9日，国家广电总局党组成员、副局长张海涛到国家图书馆参观考察。国图馆长周和平，副馆长张志清接待并陪同参观。周和平首先向张海涛颁发了国图“国情咨询顾问”聘书，随后介绍了国家数字图书馆的资源建设情况。张海涛建议国图加强与广电系统有关单位的合作，利用网络电视、数字电视等新媒体传播平台，传播优秀文化，更好地发挥馆藏资源的社会效益，满足人民群众的精神文化需求。

（国家图书馆）

【钱运录一行到国图参观考察】 7月19日，全国政协副主席兼秘书长钱运录一行到国家图书馆参观考察，并参观了正在举行的“国家图书馆立法决策服务成就展”。参观结束后，国图就进一步做好为全国政协服务举行了座谈会。钱运录希望国图提高为立法决策服务的水平，通过开通“国家图书馆立法决策服务平台全国政协机关平台”，为政协委员履行政治协商、民主监督、参政议政职能，建睿智之言，献务实之策提供获取信息的重要渠道。

（国家图书馆）

【迟万春考察装甲兵工程学院图书馆】 7月，总装备部委迟万春在装甲兵工程学院院长徐航陪同下考察了装甲兵工程学院图书馆，详细询问了学院图书馆文员的学科专业、工作和生活情况，查看了馆藏图书和上架期刊，了解学院图书馆资源利用情况，对下一步的馆舍建设提出了要求。指出图书馆是学院的信息中心，是重要的教学基础条件，要办一流的大学，必须有一流的图书馆。

（祁长松）

·讲座与论坛·

【纪念“文津讲坛”500期座谈会】 1月1日，国家图书馆“文津讲坛”迎来第500期。为展示“文津讲坛”9年来的丰硕成果，表达对主讲人和社会各界读者的感谢之情，国图在1月13日举办了纪念“文津讲坛”500期座谈会暨展览。国图馆长周和平，文化部社会文化司巡视员刘小琴、国图党委书记、常务副馆长詹福瑞、部分“文津讲坛”主讲老师、读者代表及国图员工代表参加了活动。“文津讲坛”先后邀请过任继愈、启功、朱家溍等300多位专家学者，登坛树帜。讲座内容涉及历史、哲学、文学、艺术、政治、经济、自然科学、建筑、法律、教育等领域，听众累计达7万人次。精选部分讲座内容汇集出版的《文津演讲录》系列丛书已达7册。

（国家图书馆）

【“史说北京”开启首图乡土课堂虎年讲座】 2月27日，“首图讲坛·乡土课堂”北京历史文化科普系列讲座2010年新闻发布会暨开讲仪式在首都图书馆举行。市社科联副主席、党组副书记陈之昌，市人民政府参事室副主任、市文史研究馆副馆长刘燕萌，市文物研究所学术委员会主任、北京考古学会会长齐心，北京联合大学应用文理学院院长、北京学研究所所长张宝秀等出席仪式。发布仪式上，市曲剧团的演员现场表演了《什刹海的传说》等经典曲剧选段，为发布会助兴。发布式后，陈之昌与首图副馆长陈坚为“史说北京”系列讲座揭幕。北京史研究会秘书长李建平开讲“史说北京”第一讲“北京历史文化概说”，拉开了本年“乡土课堂”北京历史文化科普系列讲座的序幕。

（张小野）

【首届北京教育装备论坛】 3月25日~26日，2010北京教育装备展暨首届北京教育装备论坛在北京展览馆举办。论坛的主题是“北京市中小学数字校园建设”，北京市教育委员会基础教育处副处长李永生围绕数图建设，作了关于“让中小学数字图书馆助推教学阅读时代”的主题报告。北京教育网络和信息中心书记武装围绕论坛主题作了关于“云计算及网络发展对中小学数字校园的推动”的报告，围绕数字校园建设的内容、“云计算”的概念及其5种特征、3种服务模式、4种部署模式等内容作了详细的讲解。北京教育学院图书馆馆长朱宝利围绕北京市中小学数字图书馆的推广应用工作作了专题报告。

（张　涛）

【首图讲坛推出经典阅读系列讲座】 4月10日~5月1日，“首图讲坛”连续4个周六推出“特别策划·经典阅读”系列讲座。特邀穆鸿逸、史航、柏邦妮和十年砍柴4位中青年古典文学爱好者，分别对《西游记》《三国演义》《红楼梦》《水浒传》做了个性、独特的研读，和读者一起重温了中国古代四大名著。同期，首图馆员还精心挑选了200册中外文学经典图书，在二层文史阅览室设立专架，供读者浏览借阅。

（张小野）

【首届中国高校图书馆发展论坛】 4月27日~28日，“2010中国高校图书馆发展论坛”在北京·台湖国际图书城举办。这是首届中国高校图书馆发展论坛。论坛由中国图书馆学会高校图书馆分会主办，中国现代教育装备杂志社、中国教育装备采购网承办，北京新华书店首都发行所有限公司协办，主题是“中国数字图书馆建设理论与实践”。27日上午，上海交通大学图书馆副馆长郑巧英、OCLC全球副总裁、亚太地区负责人王行仁、北京大学图书馆馆长朱强分别作了题为“数字图书馆建设的规划和实践”、“OCLC Word CatLocal云计算服务”、“图书馆管理系统发展趋势展望”的报告。28日下午论坛闭幕式，北京大学网络与信息系统研究所所长李晓明、清华大学图书馆副馆长姜爱蓉分别作了题为“天网地藏：留住互联网信息的理念与实践”、“图书馆新技术趋势与应对”的报告。报告后举行了案例、论文征文活动颁奖仪式。

（张小野）

【“穿越时空的音画艺术”讲座首图开讲】 5月29日，首都图书馆推出了“穿越时空的音画艺术——中国非物质文化遗产”系列讲座。系列讲座以入选世界级非物质文化遗产名录的昆曲、古琴、侗族大歌、南京云锦以及国家级非物质文化遗产项目京剧、杨柳青年画为讲述对象，邀请“非遗”项目的研究专家、传承人及国家专业演员，采取讲、展、演相结合的形式，展示这些“非遗”项目穿越时空的文化渗透力与感染力。系列讲座分为7次，每周六举行。

（张小野）

【德国图书馆与信息协会主席首图学术讲座】 6月8日下午，德国图书馆与信息协会主席芭芭拉·莉森（Barbara Lison）应邀到首都图书馆，进行了题为“数字化时代图书馆的角色”的学术讲座。她以德国的公共图书馆，特别是不莱梅图书馆为例，从图书馆的机构与任务、数字化时代、数字化时代图书馆面临的挑战、数字化时代图书馆的角色4个方面，介绍了数字化进程对图书馆的影响和图书馆的应对之策。此次报告会由中国图书馆学会、歌德学院和首都图书馆联合举办。市各级公共图书馆、部分高校图书馆和行业图书馆的从业人员近200人参加了学术报告会。

（张小野）

【2010年全国少儿阅读公共论坛】 6月24日~26日，2010年全国少儿阅读公共论坛在京举办。论坛由中国图书馆学会、中国出版工作者协会少年儿童读物工作委员会、《图书馆报》共同主办。来自全国多家少儿图书馆、出版社的有关领导和专家参加了此次论坛。论坛围绕“加强馆社合作，推进少儿阅读”这一主题展开了研讨。中国出版工作者协会少读工委主任海飞表示，图书出版产业链的完善和全民阅读、少儿阅读的社会性需要社会各界共同完成。我国各级各类图书馆，包括少儿图书馆、中小学图书馆，都是推进青少年阅读最前沿的阵地，应该是少儿出版最大的一块终端市场。

（张小野）

【《北京老年人维权指南》图书首发式暨老年人维权公益讲座】 6月25日，《北京老年人维权指南》新书首发式暨公益讲座“老年人常见法律问题及应对”在首都图书馆多功能厅举办。此次活动由市老龄工作委员会办公室、老年学学会与首图共同主办。公益讲座由中国政法大学民商经济法学院副教授、《北京老年人维权指南》主编寇广萍主讲，并为听众解答了一系列老年人常见的法律问题。

（张小野）

【中国图书馆馆长与国际出版社高层对话论坛】 8月29日，中国图书馆馆长与国际出版社高层对话论坛在京举行。论坛由中国图书进出口总公司、中国图书馆学会的专业图书馆分会、高校图书馆分会、交流与合作委员会主办，主题为“开放获取、实施进展、最佳时间与未来挑战”。中外专家分别就：国际学术信息交流与开放获取发展趋势，国家层面的开放获取战略与政策，资助机构开放获取战略与政策，机构开放获取战略与政策，开放数据、开放教育与开放科研，开放获取问题的研究，开放获取实施中的管理运行问题，开放获取支撑机制与服务，各国开放获取实践等方面内容作了主题发言。

（张小野）

【德国杜伊斯堡城市图书馆馆长首图学术讲座】 9月28日，德国杜伊斯堡城市图书馆馆长巴比安应邀到首都图书馆，进行了题为“文化：人类的精神食粮——德国公共图书馆对少年儿童的‘文化教育’所做的工作”主题报告会。巴比安指出，公共图书馆在开展青少年文化教育时，要注重提高他们的语言能力和阅读能力；提高其使用新媒体的能力；要与幼儿园和中小学结成教育伙伴；还要让家长认识到阅读的重要性，给孩子做好示范。并特别介绍了杜伊斯堡城市图书馆青少年文化教育的最佳实践：阅读量尺、朗读者和图画书电影院。此次报告会由中国图书馆学会、歌德学院与首图共同主办。中图学会秘书长汤更生、歌德学院中国大区图书馆馆长魏妮卡、首图副馆长陈坚出席。北京市各级公共图书馆、部分高校图书馆的图书馆从业人员一百余人参加了学术报告会。

（张小野）

【国图“文津少儿讲坛”开坛】 10月30日，国家图书馆“文津少儿讲坛”开坛。在国图嘉言堂，当代著名作家、北京大学教授曹文轩进行了题为“阅读是一种信仰”的首讲。“文津少儿讲坛”是国图为培养少年儿童优良的道德品质，养成良好的阅读习惯而开设的。讲坛邀请著名作家、教育家、学者、少儿工作者，根据少年儿童身心成长的特点，举办系列公益讲座，以促进并引导少年儿童多读书、读好书，提高阅读能力。

（国家图书馆）

·读者活动·

【国图春节读书活动】 2月14日，大年初一，国家图书馆馆长周和平、馆领导班子成员及相关部处主任在总馆北区二层大厅恭候虎年第一批读者的到来，向大家致以新春的问候。周和平向第一位进馆的读者赠送了第5届“文津图书奖”获奖图书，并向其他读者赠送了富有国图特色的精美礼品。春节期间，国图推出了“庆赏昇平”、“水浒传”、“百子图”、“汉字——从甲骨文到计算机”4个展览。

（国家图书馆）

【共享工程北京市分中心元宵节活动】 2月28日，元宵节当日，共享工程北京市分中心（首都图书馆）举办了“共享花开庆元宵——有奖猜灯谜”活动。百余名读者走进首图电子文献阅览室，网上猜灯谜、闹元宵。共享工程国家中心主任张彦博、首图馆长倪晓建到读者中间，为获奖读者颁奖，与大家一起欢度元宵佳节。在北京市分中心各基层服务点，还有很多读者通过登陆“全国文化共享工程网站”，网上赏花灯，猜灯谜，看小戏小品展演，过文化元宵佳节。

（张小野）

【芳草地小学国际部学生走进首图】　4月9日，芳草地小学国际部的近七百名外籍学生受邀到首都图书馆，参加了首图为他们策划设计的别样课堂——“同沐书香传颂经典——中国传统文化讲读”、“书海寻宝”、“童心舞台”、“童心影视窗”、“益智手工　放飞梦想——飞机航模制作、四驱车比赛”，尽情享受快乐的阅读时光。

（张小野）

【“手牵手——农村青少年阅读行动”】　4月20日，2010年全民阅读活动“手牵手——农村青少年阅读行动”在京启动。活动由中国图书馆学会、中央广播电视大学联合主办。主题是用书籍滋养心灵的沃土，旨在以读书为载体，引领广大农村青少年通过阅读活动，了解农村、热爱农村，为家乡的建设和发展贡献智慧和力量。中国图书馆学会、中央广播电视大学依托各级电大和公共图书馆、少儿图书馆，使这一活动在全国范围内广泛、深入开展，以充分调动广大农村青少年阅读的积极性。启动仪式上，北京超星数图信息技术有限公司等企业向活动组委会捐助了价值50多万元的书籍。

（张小野）

【国图举办世界读书日活动】　4月23日，国家图书馆在京举行“源远流长的中华典籍”大型广场活动。周和平、詹福瑞、民进中央副主席朱永新等出席开幕式。广场上特别制作的“典籍长河”，通过纪年方式展现了从3500年前商代甲骨文，到1909年国家图书馆前身京师图书馆建立期间中国各民族文化的代表性典籍。在文艺表演和朗诵活动中，国务院幼儿园的小朋友朗诵了《我骄傲，我是中国娃》，国图员工朗诵了荀子的《劝学篇》。活动现场举办的中国非物质文化遗产技艺互动展演，展示了中国各个时代的雕版，读者可参与雕版印刷、甲骨和石碑传拓、古籍修复和装订演示等。国图专家还现场为公众提供古籍鉴定咨询，使公众了解古籍基本知识。

（国家图书馆）

【2010年“北京市红领巾读书活动”启动】　5月13日，2010年“北京市红领巾读书活动”（以下简称“红读”）动员会在首都图书馆召开。首图以及各区县公共图书馆、少年儿童图书馆的“红读”活动主管馆长和活动负责人与会。会上，确定并公布了2010年“红读”活动的主要工作。本年度，“红读”活动以传承时代精神、塑造完美人格、提升素质能力为目标，以全市城乡少年儿童为活动对象，重点开展8项工作：即“四好少年我争当　阅读好书我先行”主题活动、“做文明北京少年”讲故事比赛、“绿色北京”少儿科普剧比赛、“传承文化　弘扬经典”知识竞赛、“奇思妙想　幻想北京未来”中小学生征文、“读书小状元”100名评比、“爱心快递图书捐赠总动员”活动以及“红领巾推荐图书榜”。

（张小野）

【2010年“北京科技周”首图分会场活动开幕】　5月15日，“北京科技周”首都图书馆分会场活动拉开帷幕。本届科技周期间，首图以“阅读环保　绿色生活”为主题，推出世博会主题展览、科普图书推介、水资源保护读书沙龙等10余项活动。此外，位于昌平区图书馆、密云县图书馆、房山区图书馆、通州区图书馆、平谷区图书馆、怀柔区图书馆、门头沟区图书馆、延庆县图书馆的8个少儿科普阅览分中心也举办了各类科普图书推荐、讲座、展览、电影放映等少儿科普活动。

（张小野）

【“绿色北京”少儿科普剧比赛落幕】　5月16日，“绿色北京”少儿科普剧比赛在首都图书馆落幕。本场比赛是2010年“红读”活动的首场市级比赛，全市共有16个区县派队参赛。最终，《低碳超人》《灰太狼传说》和《不能没有你》获得一等奖。

（张小野）

【市公共图书馆多彩五一劳动节读书活动】　5月，首都图书馆与各区县公共图书馆推出了展览、讲座、诵读、培训、电影放映、新书推荐、演讲比赛、互动活动8大类70余项文化活动。如东城区图书馆举办的“工作是一种美丽”诵读会和同名网上展览；昌平区图书馆开展的“小小图书管理员培训活动”；5月8日，西城区图书馆举办的英语角“如何快乐地工作”；5月1日~3日，平谷区图书馆推出的“劳动节”宣传活动和少儿图书推荐与导读活动；5月1日~16日，石景山少年儿童图书馆举办的“劳动最光荣”幼儿绘画比赛等。

（张小野）

【首图阳光少年暑期读书行动】　7月10日，首都图书馆“童心‘阅’动　快乐暑期——阳光少年暑期读书行动”启动。数十场轻松活泼、寓教于乐的读书活动陪伴青少年度过充实富足、快乐清凉的暑期。“成长课堂”推出“爱上绘本”系列讲座。活动由首图与蒲蒲兰绘本馆、新浪育儿频道联合主办。连续4个周六，四位育儿专家以他们的亲子教育经历和精心挑选的主题绘本为例，讲述绘本与亲子共读、亲子沟通的关系，让更多小读者和家长在绘本阅读中体味爱与成长。

（张小野）

【首图“寻找北京文明的足迹”系列活动】 8月7日，“寻找北京文明的足迹——北京文化名人与人文精神”系列活动在首都图书馆拉开序幕。首图讲坛举办“李大钊的高尚品格”、“宋庆龄的人生抉择”、“以笔为枪、以文抗战——抗日战争中的老舍”、“百科全书式的郭沫若”、“鲁迅：战士品格、文人情怀”、“茅盾的文学与人生”、“第三只眼看梅兰芳京剧艺术”7场专题讲座。为配合讲座，首图于8月23日在文化艺术回廊推出了同名展览，用大量历史图片展示了宋庆龄、李大钊、鲁迅等人为倡导新文化，传播现代文明，繁荣民族文化艺术所做的努力。首图还通过网络和现场报名的方式招募参与者，集体参观李大钊故居和鲁迅故居。

（张小野）

【首图举办暑期少儿英语嘉年华】 8月14日～30日，英语嘉年华在首都图书馆少儿英文阅览室举办。近80位小读者和家长参与其中，与外教老师Ben一起，在唱英文歌曲、看图说单词和连线游戏中快乐学英语。英语嘉年华活动每周三、六的14：00定期举办。周三的活动主要面向8～16岁的小读者，周六则面向5～7岁的初级小读者。每期都根据儿童的年龄和英语水平设计不同主题。

（张小野）

【首图举办“风雅吟诵话中秋”诵读会】 9月19日，“风雅吟诵话中秋”——首都图书馆2010年中秋诵读会在首图举办。广大读者、市民诵读古代、近代、现代、当代诗文中的有关中秋、咏月、团圆的佳作。北京师范大学“南山诗社”以一首杜甫的《客至》拉开了诵读会的序幕。首图的热心读者、“红丹丹心目工作坊”的残疾朋友以及小读者代表朗诵了范仲淹、巴金、艾青的《苏幕遮》《月》《我的思念是圆的》等名篇。

（张小野）

【市未成年人“传承文化 弘扬经典”现场知识竞赛】 10月16日，“争做文明人——北京市未成年人‘传承文化 弘扬经典’现场知识竞赛”在首都图书馆举办，来自全市各区县的57名小学生参加了此次比赛。此次竞赛由团市委、市少工委、市教委、市精神文明办、市文化局5家单位主办，首图承办。活动自5月启动以来，全市200多所学校的小学生参与了本区县的初次选拔。经过个人必答题、集体共答题、抢答题和风险题4个环节的角逐，昌平代表队获得一等奖。

（张小野）

【北京市未成年人演讲故事会】 10月26日，2010年北京市未成年人“知书达礼——做文明有礼的北京人”演讲故事会在首都图书馆举办。参与本次演讲活动的都是本年“红领巾”读书活动讲故事比赛的获奖小选手。他们用真挚、朴素的语言讲述着身边的文明故事和好人好事，鼓励同龄人从自身做起，从小事儿做起，争做文明小市民。市少先队总辅导员、团市委中少部副部长陈膺，首都精神文明办调研处处长李建国出席了活动。（张小野）

【北京市流动儿童读书、写作促进活动征文比赛表彰会】 11月12日，“‘兴趣·人生——读书伴我成长’流动儿童读书、写作促进活动征文比赛表彰会”在首都图书馆举行，来自7所打工子弟小学的近百名学生参加了表彰活动。活动由市妇女儿童工作委员会办公室主办，首图承办。联合国儿童基金会驻中国代表处项目官员张亚丽、国务院妇女儿童工作委员会办公室儿童处副处长胡道华、市妇女儿童工作委员会办公室常务副主任周静莅、首图副馆长邓菊英与会，并为获奖的学生代表颁奖。

（张小野）

【首都图书馆推出圣诞节少儿特别活动】 12月25日，首都图书馆推出了圣诞节少儿特别活动。在首图一层视听集体阅览室举办了互动活动“当传统成语遇上现代绘本”。来自纸飞机传媒的插画师曹小影、林子和孔博，用画笔和语言“讲述”绘本中的成语故事，把小读者带入童话般的艺术世界。26日，少儿英文阅览室举办了圣诞英语派对。活动在英语语境中进行，小读者听外教老师讲圣诞节故事，跟音乐老师学唱圣诞歌，还欣赏了小朋友们的才艺表演。

（张小野）

·捐赠与收藏·

【《钱存训先生照片集》光盘捐赠国图】 3月11日，美国芝加哥大学东亚图书馆馆长周原到访国图，受钱存训委托，将《钱存训先生照片集》光盘捐赠国图。国家图书馆副馆长张志清、国际交流处处长严向东、古籍馆副馆长苏品红、林世田出席捐赠仪式，并观看了光盘。101岁高龄的钱存训了解到国图希望征集他的照片的愿望，遂亲自挑选整理，在其侄钱孝文的帮助下拍照刻录。其中不仅包括钱存训从青年到老年的照片、钱氏家世渊源资料、钱存训著作书影等，还有许多珍贵的史料。

（国家图书馆）

【退休教师周承渭向北建工图书馆捐书】 3月17日，北京建筑工程学院图书馆举办了周承渭捐赠图书仪式。周承渭，是北建工图书馆一名退休教师。他将自己珍藏多年的227本图书交到馆长王锐英手中。这些图书中，有1956年6月人民出版社出版的新中国第一部宪法草案——《中华人民共和国宪法草案》，前苏联出版、我国进口的汉语版《联共（布）党史简明教程》及外文原版和影印版图书等珍本书籍。

（郭燕平）

【《李锡铭诗词手迹》赠书仪式】 5月27日，《李锡铭诗词手迹》赠书仪式在中国人民大学世纪馆举行。仪式由市教育工委、市教工委高教处主办，北京高校图工委秘书处、中国人民大学图书馆承办。中共北京市委、市教委相关领导、中国人民大学副书记兼副校长王利明、李锡铭的亲属以及北京市部分高校图书馆馆长、媒体、图工委秘书处代表等共三十余人参加了赠书仪式。此次出版的一套六卷本线装书《李锡铭诗词手迹》共收录作者长达六十年中所作诗词、文稿、手迹一百八十余篇，记述了作者一生的岁月痕迹，可视为作者的一部“诗词传记”。

（魏　微）

【北京大学希望书库】 6月18日，北京大学图书馆发起“关爱青海玉树孩子　让知识改变命运——北京大学图书馆捐赠‘北京大学希望书库’”活动，募集图书789册，采购新书1939册，捐赠给玉树州玉树县结古镇下拉秀乡中心寄宿小学。并派专人前往青海玉树，于7月22日举行了捐赠仪式，将书籍送到孩子们手中。

（别立谦）

【李瑞环《务实求理》捐赠仪式】 7月6日，中国人民大学、中国人民大学出版社在全国政协礼堂召开李瑞环《务实求理》一书座谈会和图书捐赠仪式。座谈会由中国人民大学校长纪宝成主持。全国政协副主席郑万通向国家图书馆、首都图书馆、全国政协办公厅图书馆、中央党校图书馆、国家行政学院图书馆、中央社会主义学院图书馆、中国版本图书馆、北京大学图书馆、清华大学图书馆、北京师范大学图书馆、中国人民大学图书馆、北京建筑工程学院图书馆等图书馆代表赠送了著作。

（郭燕平）

【斯洛文尼亚向国图赠送《瓦尔瓦索图册集》】 7月13日，斯洛文尼亚共和国政府向中国国家图书馆赠送《瓦尔瓦索图册集》仪式在中国国家图书馆举行。国图馆长周和平，中国外交部大使王辅国，国图副馆长张志清、魏大威，斯洛文尼亚驻华大使玛丽娅·阿达尼娅，文化参赞萨索·波德莱斯尼克，武官米塔·米克拉维奇等出席了赠送仪式。《瓦尔瓦索图册集》是斯洛文尼亚博学家雅奈兹·瓦伊卡尔德·瓦尔瓦索（1641年—1693年）收集并进行学术批判性评论的画作评论集，收录了16世纪~17世纪欧洲重要绘画作品7752部，规模宏大而内容丰富，兼具艺术、学术等多重价值。图册集共17册，由斯洛文尼亚科学艺术院雅奈兹·瓦伊卡尔德·瓦伊瓦索尔基金会出版。

（国家图书馆）

【《中华道藏》（线装版）入藏国图】 8月8日，中国道教协会举办的《中华道藏》（线装版）编纂出版座谈会暨颁赠仪式在人民大会堂举行，全国人大常委会原副委员长许嘉璐、中央统战部常务副部长朱维群、国家宗教局局长王作安等出席了颁赠仪式。仪式上，中国道教协会会长任法融道长将编号第1和第2的两套《中华道藏》线装本捐赠给国家图书馆，国家图书馆副馆长陈力代表国家图书馆接受捐赠并致辞。《中华道藏》是继明代编修《道藏》之后，首次对道教经典进行系统规范的整理重修。在上百位专家学者编纂出版的精装本基础上，编委会又耗时数载推出线装本。全书分60函、计5600多卷，采用宣纸印刷，共印行200套。

（国家图书馆）

【《勺园祓禊图》回归】 9月13日，清同治、光绪两代帝师翁同龢的五世孙、旅美华人翁万戈向北京大学捐赠（明）吴彬绘《勺园祓禊图》，北京大学校长周其凤向翁万戈特别颁发了“北京大学教育贡献奖”。该图与北京大学图书馆原有的米万钟的《勺园修禊图》相映成趣，成为校园历史研究和人文珍藏的亮点。

（别立谦）

·读者服务·

【“县级数字图书馆推广计划”在京启动】 2月1日，“县级数字图书馆推广计划”正式启动，将总量达1太字节的数字资源无偿提供给首批320个县级公共图书馆。内容包含国家图书馆组织的《百年守望》《馆藏故事》《文明与创造》3个视频资源；《前尘旧影》《年画撷英》2个图片资源；2007年以来出版的5000种“电子图书”，2009年出版的2000种人文社科类“电子期刊”等书刊资源；国图“政府公开信息整合”项目的部分成果“政府信息”，国图“网络信息采集与保存”项目的部分成果“中国事典”2个网络资源。

（国家图书馆）

【“城市街区自助图书馆”试运行】 2月11日，“城市街区自助图书馆”开始试运行。“城市街区自助图书馆”是一个全新的图书馆服务项目。通过一台“自助图书馆”，市民不仅可以自助借书、自助还书，还可以自助申办借书证、自助续借、自助查询，实现5大自助服务。目前，北京市投入试用的两台“自助图书馆”均设在首都图书馆广场内。其中，设在北门的一台可24小时提供自助服务。自助图书馆将图书馆延伸服务与高新技术结合在一起，突破了图书馆馆舍建筑的功能局限，有效地提高了公共图书馆文献资源的利用率，拓展了图书馆的服务外延。

（张小野）

【国图2010年“两会”服务新亮点】 3月1日，国家图书馆2010年“两会”服务正式启动，呈现3大新亮点：“国家图书馆立法决策服务平台”不仅继续在全国人大网“两会”代表服务专区为代表提供服务，还实现了由“两会”期间的阶段性服务向全年、面向全国人大代表的常态化服务转变；在全国政协领导的大力支持下，国图在7个委员驻地配置了电子触摸屏，通过数字化方式向驻地委员提供服务；以“两会”代表需求为导向，推出《国家图书馆“两会”专题信息专报》。该专报总计8期，近4万字。主要包括两个内容：一是国内外文化事业发展综合统计信息，二是非物质文化遗产保护。统计信息涉及英、美、法、德、俄、日、韩等国的文化政策和政府对文化事业的投入。

（国家图书馆）

【北京工业职业技术学院图书馆“信息驿站”揭牌】 4月20日，北京工业职业技术学院图书馆举行了“信息驿站”揭牌仪式，院长陈建民、北京高校网络图书馆管理中心主任熊丽为信息驿站揭牌，来自北京地区12所高校图书馆的馆长参加揭牌仪式。信息驿站基于信息共享空间的理念，集图书馆的信息资源、网络条件与馆员服务于一体，开创了一个高效、自由、方便的学习方式。

（张小野）

【“2010·书香中国”特别节目】 4月23日，“2010·书香中国”特别节目在中央电视台科教频道（CCTV—10）播出。这是国家图书馆第一次与电视媒体合作举办的以全民阅读为主题的专题节目，也是中央电视台首次举办以读书为主题的大型特别节目。该节目由文化部、新闻出版总署、国家广电总局指导，由国图、中央电视台、新闻出版总署新闻出版管理司联合主办，中国图书馆学会、中国数字图书馆有限责任公司协办。节目以“推动全民阅读，共建学习型社会”为宗旨，以“今天，你读了吗?”为口号倡导大众阅读，讲述“中国人阅读故事”，通过各个层面来呈现中国人今天的阅读。

（国家图书馆）

【首图为农村残疾人建“流动图书站”】 5月12日，首都图书馆在通州区西集镇残疾人“温馨家园”建立的“流动图书站”正式启动。首图为“温馨家园”办理了500册图书的集体阅览证，定期为残疾读者轮换图书。首图还会根据残疾读者需求，陆续送去讲座、展览等文化服务。

（张小野）

【BALIS开通与国图的馆际互借和原文传递服务】 5月31日，BALIS馆际互借与原文传递中心开通了与国家图书馆的馆际互借和原文传递服务。国图馆藏中近3年以前、20年以内的外文基藏库图书及中文基藏库图书均可向各高校提供外借。6月29日~30日，原文传递中心还组织了“国家图书馆文献资源与原文传递服务利用”培训。自国图此项服务开通到12月底，BALIS馆际互借与原文传递中心接收请求数共计2079册，请求已满足数1300册，满足率62.53%。

（魏　微）

【首图搭建网络亲情纽带】 9月18日，几位重庆籍的来京务工人员在共享工程北京市分中心（首都图书馆）电子阅览室，通过网络，与留守故乡的子女视频聊天，在中秋节前互道问候、亲情对话。此次文化部全国文化信息资源共享工程推出的“共建亲情纽带　共享文化资源”活动，由重庆市少年儿童图书馆、深圳市少年儿童图书馆、首都图书馆与天津市少年儿童图书馆共同承办，利用共享工程现有的设备，借助互联网，为留守儿童和他们外出务工的父母搭建网络亲情纽带。

（张小野）

【CALIS三期项目全面启动】 9月20日，中国高等教育文献保障系统三期服务正式全面启动。CALIS三期项目建设的目标是全面挖掘、整合国内高校图书馆以及其他各级各类文献信息服务机构的资源和服务，有重点地整合国际相关机构的各类信息资源与服务，提高高校图书馆文献资源的总体保障率，提升高校图书馆现代化服务能力。CALIS三期将根据国际国内图书馆发展趋势，针对1800所大专院校的不同层次的需求，在“全国中心—地区和省级中心—图书馆”三级保障体系的架构上，利用云计算技术和数字图书馆信息技术，全面整合和提升CALIS原有服务与国内图书馆界的资源与服务，实现“一个账号，全国获取”、“可查可得、一查即得”的服务模式。

（别立谦）

【首图添置触摸屏读报机】 9月30日，首都图书馆新增添了4台触摸屏读报机。很多读者走上前，触摸浏览各种报刊资讯，感受新鲜的报纸阅读体验。触摸屏读报机分别位于首图一层多功能厅外、二层共享大厅（两台）和三层报刊阅览室外。每台读报机上收录了50种报纸，其中北京地区的有16种。读者可根据名称、地区、种类检索所需报纸。读报机通过网络实时传输数据，读者能阅读到当日的最新消息，还能通过屏幕右上角的触摸键翻阅往日新闻。此外，在康复文献阅览室、报刊阅览室和北京市政府信息查阅中心，“畅听系统”已经安装到部分电脑上。读者只需简单操作，就能“听阅”电脑屏幕上的文字信息。读者不仅可以“听”到“中国报纸全文数据库”的70种报纸资源，还可以“听阅”Word文本和网络上的资讯内容。

（张小野）

【北建工图书馆总服务台运行】 10月13日，北京建筑工程学院图书馆在大厅设立的总服务台正式运行。总服务台值班人员由图书馆党员、学科馆员、学科联系人、馆领导、争流读书社同学组成。总服务台是图书馆党支部开展创先争优活动，立足岗位，争创佳绩的一部分。为了做好总服务台工作，图书馆为总服务台制订了《北京建筑工程学院图书馆读者服务指南》《北京建筑工程学院图书馆总服务台值班日志》《北京建筑工程学院图书馆总服务台值班要求》，对值班人员提前做了培训工作。

（郭燕平）

【首图推出电子书阅读器外借服务】 12月6日，首都图书推出电子书阅读器外借服务。读者持北京市公共图书馆“一卡通”E级卡，即可在首图电子阅览室外借阅读器，下载数字资源，实现随身移动阅读。阅读器外借办理时间为每日9时至17时。读者外借阅读器后，可以在电子阅览室下载外借电子书，也可以在首图办证处申请首图数字资源平台的用户名及密码，在自家电脑上下载所需资源。首图电子书阅读器的外借期为28天，可续借14天。一台阅读器，可下载外借电子书10本，每本借期为7天，期满后可重新外借；可外借的电子期刊及其他电子文献的种类和数量，视阅读器剩余容量而定，不设上限和期限。首都图书馆数字资源平台现有资源包括：电子图书、学术期刊及多种数据库。其中，电子图书四万余种，近五万册，每年新增一万余种，近两万册，内容以文学作品为主，注重对名家名作的收集，并兼顾信息技术、管理、外语、历史、地理等方面的书籍。此次，首图还推出了U阅迷你书房外借服务。U阅迷你书房是一款小巧便捷的移动阅读设备，形似一个小U盘，其外借数字资源的下载路径、内容及借阅规则等，与电子书阅读器相同。

（张小野）

【国家数字图书馆推广工程正式启动】 12月15日，国家数字图书馆推广工程启动仪式在国图举行。各公共图书馆代表一同参加了“国家数字图书馆推广工程”联合行动仪式。与会的领导参观了“国家数字图书馆推广工程体验区”，通过互动方式亲身体验了网络电视等国家图书馆已经广泛开展应用的数字服务。下午，以“国家数字图书馆推广工程”为主题，进行了全国图书馆创新服务工作座谈会第一场业务专题讨论。国图副馆长魏大威作了主旨报告。随后，与会各馆代表就《国家数字图书馆推广工程建设方案》进行了广泛交流和讨论。

（国家图书馆）

【北京工商大学图书馆开展创优质服务活动】 本年，为迎接北京工商大学60周年华诞，校图书馆以“创优质服务，建和谐图书馆”为主题，开展了一系列迎校庆创优质服务活动。制定了《图书馆文明礼貌服务规范》，实现全体馆员挂牌上岗，接受广大读者的监督；通过召开读者座谈会、离退休老干部座谈会、开展“特别还书日”活动、建立图书馆无占座日、举办馆员业务技能比赛、开展学科馆员培训及全体馆员业务考核等一系列的活动，使图书馆的整体服务水平上了一个新台阶。作为优质服务内容之一，校图书馆对良乡馆区二层大厅进行了重新规划布置，增设了休闲沙发、书架和部分桌椅，为读者提供了温馨舒适的阅览环境，受到读者欢迎。

（李艳萍）

·展　览·

【原创图画书手绘原稿展】 1月9日～21日，“虎年贺岁——原创图画书手绘原稿展”在首都图书馆文化艺术展厅举办。共展出《小小虎头鞋》《神奇虎头帽》《虎妞妞》3本新上市的原创图画书的全部48幅手绘原稿。图画书均由儿童文学家、《超级宝宝》主编保冬妮创作，毕业于清华美院的青年画家黄捷绘制。现场还展出了虎头帽、虎头鞋、面人儿、剪纸等传统工艺品。

（张小野）

【“展望首都2030”展览】 2月3日～21日，“展望首都2030”在首都图书馆文化艺术展厅举办。展览是首图与北京市科学技术情报研究所开展合作后，推出的首个面向公众的活动。它以“首都的未来”为核心思想，以“挖掘图情资源，展望首都未来”为主题，利用丰富的图书情报资源，尽可能科学地描绘首都未来的发展蓝图，为2030年首都社会生活提供可视化的场景展现。展览由“穿越时空”、“未来首都”、“未来生活”等篇章组成，向人们展现了20年后北京的经济文化生活美景。

（张小野）

【"清明时节"展】 4月2日～30日，展览"清明时节"在首都图书馆文化艺术展厅展出。该展览由首图依托本馆馆藏资源策划制作完成，分为清明、寒食、清明节、清明习俗、清明食俗等单元。每个单元以诗文或文献记载引入，辅以散见于各种文献的有关清明节的精美画卷、古籍书影、实物图片及老照片等，将清明节的起源演变娓娓道出，并展示了历代清明时节的习俗、时风和节日场景。该展同期推出网上展览，登陆首图网站、共享工程北京市分中心网站及北京记忆网站，均可免费在线观展。展览还在市各区县公共图书馆同期展出。

（张小野）

【"汉字：文化津梁　中国奇迹"展】 4月22日～5月10日，"汉字：文化津梁　中国奇迹"展览在国家图书馆展览厅开展。展览由国图主办，用八个章节探寻汉字几千年来的发展史。"前言"、"序"两部分总述汉字的古往今来；"汉字的起源"陈列了甲骨文出现之前汉字的种种表意符号；"汉字的创造"描述了古人创造汉字的具体方法；"汉字的演变"细数汉字从图画文字生发，到甲骨文的正式出现，再到篆、隶、草、楷、行书的相继出现，直至今天的简化字这一完整的发展过程；"汉字的书写工具与载体"展现了汉字发展史中书写工具与载体的演变；"汉字的艺术"讲述了汉字的艺术成就；"汉字的贡献"详细记录了汉字的发展对中华文明及世界文明发展的贡献。

（国家图书馆）

【"一起看世博"图片展】 5月15日～29日，"一起看世博——中国2010年上海世博会图片展"在首都图书馆文化艺术展厅展出。展览由首图与上海图书馆联合举办。展览全方位地介绍了上海世博会，既包括对主题馆、国家及国际组织馆、企业馆的展示和介绍，也有对本届世博会的概念要素、总体规划、参展构成、主题演绎、精彩看点、配套交通的详细注解。

（张小野）

【五四新文化运动展览】 7月23日～8月22日，"新时代的先声——五四新文化运动展览"在首都图书馆二层文化艺术走廊展出。展览由北京新文化运动纪念馆与首都图书馆共同主办，分为"点燃新文化的火炬"、"吹响新时代的号角"两部分。二百余幅历史图片展现了《新青年》创刊——新文化运动兴起、新文化运动策源地、高举民主与科学旗帜、五四爱国运动、新文化运动的深入、中国共产党的成立六个历史事件，展示了五四新文化运动的背景、进程，以及在新文化运动中各类人物的风采。

（张小野）

【首图"珍的旅程"图片展】 9月16日～27日，"珍的旅程——珍·古道尔博士冈比黑猩猩研究五十周年图片展"在首都图书馆文化艺术展厅举办。珍·古道尔——黑猩猩行为研究的先驱者以及世界生态环境保护的积极人物，从50年前便开始致力于大猩猩研究及保护工作。首图联合珍古道尔（北京）环境文化交流中心，共同主办了此次展览，希望让更多人了解和珍爱野生动物与自然环境，增强环保意识，共同守护这些丛林深处的生命。同时展览的还有中国大陆、中国台湾地区，以及国外出版的关于珍·古道尔的书籍，并配备纪录片放映。

（张小野）

·表彰与奖励·

【"北京记忆"获第15届"群星奖"】 5月24日，首都图书馆"北京记忆——大型北京文化多媒体数据库"获全国第15届项目类"群星奖"，"北京记忆"项目主要负责人、首图地方文献中心副主任王炜被授予"群文之星"称号。"北京记忆"是首图在"数字北京"建设中的创新文化服务品牌，于2003年9月正式发布到互联网上，成为国内第一家专业化的大型地域文化资源数据库。目前已完成"北京文汇"、"旧京图典"、"燕京金石"等10个栏目，涉及古籍、老照片、拓片、舆图、音视频等各种载体类型，为用户提供文献浏览、全文检索、音视频点播、网上咨询等多种服务，数据规模已超过5太字节。数据库开通至今，用户访问量已逾百万。第15届"群星奖"首次为公共文化服务和品牌文化活动设置项目类奖项，并首设"群文之星"称号。

（张小野）

【第6届国家图书馆"文津图书奖"】 12月20日，第6届国家图书馆"文津图书奖"在京揭晓。10种获奖图书分别为：《重新发现社会》《1944：松山战役笔记》《朱镕基答记者问》《DNA：生命的秘密》《别对我撒谎：23篇震撼世界的新闻调查报道》《网民的狂欢》《七十年代》《我们台湾这些年：1977年至今》《蚁族：大学毕业生聚居村实录》《"中间地带"的革命：国际大背景下看中共成功之道》。本届获奖及推荐图书展览在国图总馆北区一层举行。

（国家图书馆）

【北建工图书馆获北京科学技术情报学会2010年优秀会员单位称号】 12月25日，北京科学技术情报学会2010年年会——暨"30年科技情报发展历程与技术创新高峰论坛”召开，会议由北京科学技术情报学会常务副理事长王苏舰主持。北京建筑工程学院图书馆作为140个成员单位中唯一的一所高校图书馆，被授予2010年优秀会员单位称号。馆长王锐英获得优秀学会干部称号，郭燕平获得学会积极分子称号。

（郭燕平）

·交　流·

【法国驻华使馆文化专员访问国图】　1月27日，法国驻华使馆文化专员柯蓉访问中国国家图书馆，国图副馆长张志清会见了柯蓉。陪同访问的还有法国文化中心——多媒体图书馆馆长冯达、法国驻华使馆文化科技合作处张燕。张志清简要介绍了国图馆藏的西文善本、古籍，特别是关于普意雅藏品的情况，表示希望法国驻华大使馆能够发挥桥梁和纽带的作用，促成中国国家图书馆与法国文献收藏机构就西文古籍的整理和修复等方面的合作。

（国家图书馆）

【美国驻华使馆新闻文化参赞访问国图】　2月9日，中国国家图书馆常务副馆长詹福瑞会见了到馆访问的美国驻华使馆新闻文化参赞宋涛（Thomas F. Skipper）。陪同来访的还有文化参赞何敬生（Tony Hutchison）、地区信息咨询官王瑟（Peg Walther），以及信息咨询中心主任顾红。詹福瑞简要介绍了国图的基本情况以及近年来中美图书馆交流合作的情况，并表示希望美国驻华大使馆能够发挥桥梁和纽带的作用，进一步促进两国图书馆间及文化方面的交流与合作。

（国家图书馆）

【美国斯坦福大学图书馆馆长一行访问国图】　3月16日，美国斯坦福大学图书馆总馆长迈克尔·凯勒（Michael Keller）一行到中国国家图书馆访问交流。双方就数字图书馆业务举行了小型研讨会。会上，国图计算机与网络系统部主任孙一钢介绍了国图数字工程建设与服务方面的情况，美方就CLOCKSS（控制大量副本以安全保存电子资源）项目作了专题报告，双方对共同感兴趣的话题进行了深入探讨。

（国家图书馆）

【国家图书馆与日本国立国会图书馆第29次业务交流】　11月24日，国家图书馆馆长周和平会见了到访的日本国立国会图书馆代表团一行。本次业务交流的主题是立法决策服务。11月24日～25日，日本国立国会图书馆代表团与国图多位专家举行了业务交流会。双方围绕“中国国家图书馆立法决策服务的组织结构及运行”、“国立国会图书馆之设立目的及国会服务”、“中国国家图书馆为国家立法决策服务主要内容及其特点”、“国立国会图书馆国会服务的组织、职员和调查业务”、“数字环境下中国国家图书馆立法决策服务的创新与发展”和“国立国会图书馆对国会提供的电子信息服务”6个议题进行了深入探讨。

（国家图书馆）

基础建设

·业务建设·

【高校论文写作辅导及管理产学研项目合作共同体】　1月11日，北京建筑工程学院、北京工业大学、北京第二外国语学院、北方工业大学、北京印刷学院、北京石油化工学院和北京工业职业技术学院7所高校的图书馆，以及通达恒远（北京）信息技术有限公司筹备成立“高校论文写作辅导及管理产学研项目合作共同体”。4月28日，7所高校图书馆项目技术负责人，就“北京高校论文查重查新产学研合作项目”的技术路线与有关合作问题进行了深入交流，达成一致意见。该项目为建筑工程学院图书馆（牵头单位）发起，于2007年12月与通达恒远（北京）信息技术有限公司（技术负责单位）合作研发项目。依托成熟的网络及文本信息开发技术和图书馆拥有的论文资源，2008年已经开发出第一期论文查重系统（单机版），并投入试运行。2009年底进入第二期建设阶段，已经完善了三个版本，经过严格的测试，达到了实用化的标准。依托该项目，组建“合作项目共同体”，旨在进一步增强项目资源，扩大项目应用和服务范围。

（郭燕平）

【北京市文化信息资源共享工程视频资源建设基础技能培训班】　1月11日～13日，共享工程北京市分中心举办了“北京市文化信息资源共享工程视频资源建设基础技能培训”，北京市分中心、各区县支中心的四十余人参加了培训。本次培训班以提高各区县级支中心视频资源的制作能力为目标，以非线性编辑系统为主要讲解内容，从基础入手，讲解了非线性系统基本概念、系统流程、素材的采集和导入、故事板精编、字幕的制作、字幕与视音频的结合使用等内容。培训采取授课讲解与上机实践相结合的方式，使学员们具备了一定的非线性编辑系统的实际操作能力。培训结束后，进行了笔试与上机实际操作的考核。

（张小野）

【首图被命名为“全国科普教育基地”】　1月，经北京市科学技术协会推荐，中国科学技术协会核准，首都图书馆被命名为“全国科普教育基地（2010～2014年）”。

（张小野）

【县级数字图书馆推广计划培训班】　2月2日，文化部全国文化信息资源建设管理中心联合国家图书馆，为来自全国文化共享工程33个省级分中心的37名技术骨干进行了培训，文化部社会文化司巡视员刘小琴、文化部全国文化信息资源建设管理中心主任张彦博、以及国家图书馆副馆长魏大威出席开班仪式并讲话。魏大威就县级数字图书馆推广计划推进流程进行了具体说明。国图数字资源部主任王志庚为学员全面阐述了国家数字图书馆的基层服务理念。中文在线文化发展有限公司产品工程师杨路、管理中心技术管理处处长蒋卫东分别就资源的安装和使用及具体操作步骤、数字资源的下发工作为学员进行了详细的讲解。

（张小野）

【首图与北京市科学技术情报研究所合作】　2月3日，首都图书馆与北京市科学技术情报研究所合作协议签字仪式在首图举办。市委宣传部文化处副处长王珏，市科学技术研究院副院长、党委副书记李永进，市文化局党组副书记、副局长何昕以及合作双方的相关领导出席了开幕仪式。在战略合作框架下，双方将进行合作的领域与项目包括：资源共建共享与优势互补，面向北京市民的文化信息服务项目，以及大型科研项目等。目前，已确定的合作项目有“北京地区长城资料数据库”、“国外文化创意产业信息资料”等。

（张小野）

【首图开通Emerald英文回溯期刊数据库】　4月，首都图书馆开通了Emerald英文回溯期刊数据库。在首图局域网内，登陆首图网站，进入“数字资源”、“Emerald回溯期刊数据库”，即可检索、浏览和下载Emerald期刊的回溯文章。该数据库包含178种英文全文期刊，超过11万篇的全文内容，涉及会计、金融与法律，人力资源，管理科学与政策，图书馆情报学，工程学等领域。所有期刊均回溯至第一期第一卷，最早可以回溯到1898年，为商业、管理学领域的学者及社会历史学家等人士，提供了重要的历史资料。Emerald于1967年由来自世界著名百所商学院之一布拉德福商学院（Bradford University Management Center）的学者建立。主要出版管理学、图书馆学、工程学等专业领域的期刊。

（张小野）

【国家图书馆海外古籍专题网站开通】　5月20日，“中华古籍善本国际联合书目系统”和“日本东京大学东洋文化研究所汉籍影像数据库”正式开通，在国家图书馆网站上向海内外读者提供免费的公益服务。中华古籍善本国际联合书目系统是由中文善本书国际联合目录项目发展而来的新数据库，收录了北美图书馆的几乎全部藏书以及中国图书馆的部分藏书，数据达到两万多条。日本东京大学东洋文化研究所汉籍影像数据库，按照经、史、子、集四个部分进行分类浏览。这批数据包括收藏在东洋文化研究所和一些专藏文库中的珍贵宋、元、明、清善本和民国时期抄本，经史子集各类俱全，其中，以小说、戏曲为大宗，具有重要的史料价值。

（国家图书馆）

【国家图书馆国情咨询顾问委员会、专家委员会成立】　6月11日，“国家图书馆国情咨询顾问委员会”和“国家图书馆国情咨询专家委员会”在国家图书馆组建成立。两个委员会旨在全面加强国图立法决策服务工作，形成高水平国情咨询团队。顾问委员会首批聘请顾问34位，专家委员会首批聘请专家19位，聘期均为3年。委员会采取定期和不定期相结合的工作方式，通过召开全体会议进行研讨。遇有重要问题，请相关顾问或专家进行专题咨询。当天两个委员会均举办了首次会议。

（国家图书馆）

【市部分中小学图书馆老师到北京四中图书馆学习交流】　6月11日，北京中小学教育文献信息研究会组织全市部分中小学图书馆老师到北京四中图书馆学习交流。交流会首先由研究会理事长朱宝利介绍研究会本年的工作要点，并宣布了研究会获得北京教育学会先进集体的消息。北京四中图书馆馆长庞振华做了主题发言，针对如何在新的形势下做好图书馆服务和学校教育教学对图书馆工作的新要求，介绍了四中图书馆的发展渊源以及根据师生特点提供特色服务，大力推广数字资源等内容。

（庞振华）

【市社科院完成馆藏图书回溯工程二期】　6月，市社会科学院图书馆完成了馆藏所有图书的回溯工程二期。并实现了与中国社科院和其他20个省市社科院单位联机编目，可相互查询馆藏书目。

（孙　慧）

【高校图书馆馆员专业知识与职业技能培训班】　7月5日～9日，BALIS培训中心与中国农业大学图书馆联合举办“高校图书馆馆员专业知识与职业技能培训班”。此次培训班，旨在进一步拓宽高校图书馆馆员的图书情报专业知识，提高馆员的职业技能，学习和借鉴发达国家图书馆事业的发展经验，同时提高馆员的英语交流能力。

（魏　微）

【高等学校新任图书馆馆长高级研修班】　7月12日~16日，北京大学图书馆与高校图工委秘书处联合举办"高等学校新任图书馆馆长高级研修班"。来自全国高校的29位新任图书馆馆长、副馆长或馆长助理参加研修，获得了由教育部人事司和高等教育司共同签章颁发的"高等学校青年骨干教师高级研修班培训证书"。研修班以集中授课与分组讨论的形式进行。研修内容主要包括：中国图书馆事业概览，图书馆的使命、职能、战略发展，高校图书馆资源建设和共享，高校图书馆服务创新，图书馆现代化及数字图书馆，"十二五"发展规划等。

（别立谦）

【陆军航空兵学院与北京国际图书城合作】　7月，陆军航空兵学院与北京国际图书城军民共建协议的签字揭牌仪式在陆军航空兵学院举行。院长陶炳兰、副院长朱志平、图书馆馆长曾纲京、北京国际图书城总经理于有志、副总经理曹媛等出席了签字揭牌仪式。陶炳兰与于有志共同为"中国人民解放军陆军航空兵课外阅读教学与实践基地"、"北京出版发行物流中心国防教育基地"两块牌匾揭幕。

（祁长松）

【国家图书馆通过OCLC实现世界文献资源共享】　8月，国家图书馆向OCLC（Online Computer Library Center，即联机计算机图书馆中心）提交了近110万条馆藏西文数据。此举丰富了WorldCat数据库里国图的书目数据资源。随着馆藏书目信息不断的上传，借由OCLC的服务平台，中国国家图书馆的馆藏文献将在全球范围内得到充分共享，中华民族的文化遗产将在全世界范围内更广泛地流传。OCLC是世界上最大的图书馆合作会员制组织，是世界上非营利、最大的提供文献信息服务的机构之一，目前有171个国家和地区的72000多个图书馆用户。国图于2010年正式加入OCLC的WorldCat资源共享网络。

（国家图书馆）

【空军指挥学院图书馆军事特色数字资源形成规模】　8月，空军指挥学院图书馆承建的通用军事数字资源逐步形成规模，共享利用效益明显。其中，"中国军事图书总库"收录军事图书59078种；"空军院校联合数字图书馆"收录空军院校图书馆的书目482125条；"外国空军、航空、航天期刊论文库"已加工论文27303篇；"中国航空、航天图书资源库"收录航空航天类图书9979种；"中国空军、航空、航天期刊论文库"收录论文197994篇；"空军院校教学参考书总库"收录教材3036种；"空军院校学位论文总库"收录学位论文1841篇；原生文献数据库群收集文献资源19410份；"中文军事报纸文章数据库"已加工数据51643篇；"外文军事报纸文章数据库"已加工数据12509篇；"中国军事期刊论文总库"收录论文802858篇。

（祁长松）

【33家图书馆致国际出版商、中国科技文献读者公开信】　9月2日，国家科学图书馆率先在网站发布33家图书馆联合署名的《致国际出版商的公开信》《致中国科技文献读者的公开信》。9月3日，国家科学图书馆馆长张晓林与北京大学图书馆馆长朱强共同约见了新闻媒体记者，介绍了国内图书馆联合反对部分国外科技期刊出版商在全文数据库价格上大幅度涨价的态度。同时，向国际图书馆协会联合会（IFLA）、科学出版与学术资源联盟（SPARC）等国际图书馆组织和权威开放获取联盟发送了公开信。

（吕秋培）

【哈佛大学哈佛燕京图书馆藏善本特藏资源库开通】　9月8日，"哈佛大学哈佛燕京图书馆藏善本特藏资源库"开通。中国国家图书馆文津厅举行了开通仪式，美国哈佛大学哈佛学院图书馆馆长柯南希与国图馆长周和平共同启动网站。此举标志着中国国家图书馆在国际合作史上规模最大且历时最长的文献数字化项目、同时也是全球图书馆界最大规模的双边合作数字化项目之一的首批阶段性成果，正式通过中国国家图书馆网站服务公众。"哈佛大学哈佛燕京图书馆藏善本特藏资源库"，是继"中华古籍善本国际联合书目系统"和"东京大学东洋文化研究所藏汉籍善本资源库"后，第三批以数字化形式回归我国的海外古籍。

（国家图书馆）

【国家科学图书馆与英国物理学会出版社签订保存协议】　9月15日，国家科学图书馆与英国物理学会出版社（IOP Publishing）正式签订数字资源长期保存协议，这是国家科学图书馆继2009年9月份与德国施普林格出版社签署数字资源长期保存协议之后签署的第二份正式的长期保存协议，也是国家科学图书馆与国外非营利学协会出版社签署的第一份正式长期保存协议，同时也是英国物理学会出版社与国家级文献保障机构签署的第一份对IOP期刊全文数据库进行长期保存的正式协议。

（吕秋培）

【国图数字技术复原圆明园“九州清晏”】　9月，国家图书馆依据馆藏样式雷建筑图档资料，利用“5D”数字技术对圆明园“九州清晏”景区实现了数字化复原。“样式雷”是对清代为皇家建筑进行设计的雷氏家族的誉称，国图收藏约一万五千件样式雷建筑图档，包含圆明园、颐和园、故宫、清东陵、清西陵以及多处王府等，其中有近两千幅关于圆明园的图档。“5D”又称智能三维，将三维、网络和数据库相结合，为用户提供在线的三维互动体验。九州清晏是圆明园内清代皇帝寝息的私室，此次国图利用“5D”技术复原了“九州清晏”景区和景区内的重点独立建筑；对复原的建筑实现了单机和网络访问；实现了对复原景区的虚拟体验和对每个独立建筑的三维互动体验；对景区进行了三维视频展示；对于特别重要的建筑还挂接了相关图文影像，实现了三维展示与相关的图文数据库、国图文津搜索数据库关联。

（国家图书馆）

【“文献分类与主题标引”基础培训】　10月13日~14日，BALIS培训中心与北京高教学会编目研究会联合举办了“文献分类与主题标引”基础培训。培训旨在提高编目人员的业务水平和技能，聘请了《中国图书馆分类法》编委会顾问、原北京大学信息管理系教师张涵和北京大学图书馆资深编目员刘丽静授课。

（魏　徽）

【中科院科技期刊开放获取平台上线】　10月26日，中国科学院科技期刊开放获取平台（简称CAS-OAJ，网址 www. oaj. cas. cn）正式发布上线。该平台是中国第一个国家部委组织建设的开放获取期刊集成平台，由中科院规划战略局组织牵头，科学出版社和国家科学图书馆共同设计开发，发布时已收录103种期刊，约435000篇文章的数据资源。

（吕秋培）

【庆祝中国共产党成立九十周年专题资源库】　10月27日，“庆祝中国共产党成立九十周年专题资源库”签字与启动仪式在中央党校举行。该资源库由中央党校图书馆、中央党校中共党史教研部和文化部全国文化信息资源建设管理中心合作建设，依托中央党校的资源和科研优势，利用文化共享工程的信息技术和传输网络，通过多媒体技术生动反映中国共产党的辉煌历程。

（刘魁明）

【文献资源建设实证分析培训班】　11月16日~17日，BALIS培训中心与北京高校网络图书馆联合举办“文献资源建设实证分析培训班”。此次培训，旨在进一步指导高校图书馆树立文献资源发展和文献资源建设全局观，深入掌握采访工作过程中的操作技巧，依据相关文献数据进行深层分析，加强文献资源建设，更好地为馆藏文献资源建设提供决策依据，提高图书馆为教学科研服务的能力。本次培训对象为主管文献资源建设的馆领导、相关部门主任或业务骨干。

（魏　徽）

【首图开通“中国报纸资源全文数据库”】　11月24日，首都图书馆开通了“中国报纸资源全文数据库”。登录图书馆网站首页，点击“数字资源”，进入“中国报纸资源全文数据库”（http://dlib. apabi. com/clcn），即可在线阅览近70种报纸的全文资源。该数据库是国内首个整报完整收录的报纸全文数据库，集内容检索和原版原式阅读于一体。首图此次开通的报纸种类包括《人民日报》《经济日报》《解放日报》《科技日报》《北京日报》《京华时报》《北京晚报》《新民晚报》《羊城晚报》等近70种，各类报纸每日更新，订阅时间范围为2010年9月1日至2011年9月15日。读者可按报纸名称、文章内容、图片标题等在线检索、浏览所需报纸、文章或新闻图片。在首图电子阅览室，读者可通过链接直接进入该数据库，阅读所需报纸。在其他网络终端，使用者可输入有效用户名和密码访问该数据库，用户名和密码可到首图及北京市23个区县级公共图书馆咨询、索取。

（张小野）

【国家科学图书馆2010年战略情报研究培训班】　11月29日~12月2日，国家科学图书馆2010年战略情报研究培训班在北京总馆举办。此次培训班主题是“专业型、计算型、战略型与政策型科技战略分析与思维方法”。来自总馆、分馆以及上海生命科学信息中心、生物物理研究所、青岛生物能源与过程研究所、广东省科技图书馆、新疆生态与地理研究所等单位的80多位情报研究人员参加了培训。

（吕秋培）

【全国公共图书馆讲座联盟成立】　12月16日，周和平宣布全国公共图书馆讲座联盟成立以及讲座联盟网站正式开通。在“公共图书馆讲座联盟工作”业务研讨会上，文化部社会文化司司长于群出席并致辞。国家图书馆副馆长张志清作主旨报告。会上，国图向其他各馆发送了《国家图书馆对全国公共图书馆讲座联盟建设的意见》。国图将以讲座联盟为载体，实现全国公共图书馆讲座业务的共同发展。具体措施包括：搭建全国公共图书馆讲座资源共建共享平台；推广有地区影响力的讲座，打造有行业代表性的文化品牌；注重讲座成果整理和衍生品开发，扩大讲座的社会影响；加强人才培养，开展业务培训与交流；加强业务研究，促进讲座业务的专业化与标准化。

（国家图书馆）

【北大文献信息资源战略发展委员会和图工委成立】 12月20日，北京大学召开全校大会，正式成立“北京大学文献信息资源战略发展委员会”和“北京大学图书馆工作委员会”，讨论修改《北京大学文献资源体系发展规划纲要》并于会后定稿上报学校。自2008年学校颁布《北京大学文献信息资源体系管理办法》以来，北京大学以“总—分馆”体制为基础的文献信息资源体系初见雏形，并显出规模化的效益；两个委员会的成立，为文献信息资源体系的进一步发展奠定了组织与管理基础。

（别立谦）

【北京大学储存图书馆顺利运行】 本年，北京大学图书馆根据馆藏范围和服务方式，制定了《储存图书馆读者服务办法》《储存图书馆运行与管理办法》等。这些办法，保证北大储存图书馆每周2次的取书工作，完成与总馆之间的文献调拨3万册次。储存图书馆存放中、西、日、俄文书刊报纸，共计82万册。具有以下特点：收藏使用量较低的书刊；按照文献开本尺寸排架节省空间；使用密集书架增加藏书容量；采用远程储存书库管理系统，短期内可重新上架、准确定位；所有收藏文献均对读者提供服务。储存图书馆建成后，于2009年12月1日开始试运行，实现了文献资源的动态管理，提供全年的不间断服务，可以说是国内高校第一个真正意义上的远程储存图书馆。

（别立谦）

·队伍建设·

【李学俭任北京市委党校图书馆副馆长】 1月，中共北京市委党校聘任李学俭为校图书馆副馆长。图书馆原副馆长曹宝瑞调离图书馆。

（王　靖）

【国防大学图书馆领导班子调整】 3月，经学校党委批准，国防大学图书馆领导班子作了调整：北京地区院校协作中心办公室主任于代军接替王健任图书馆馆长，基本系学员五队政委王荣臣任副馆长。王健、丁立平因达到最高任职年龄而免去馆领导职务。

（祁长松）

【北京地区高校图书馆第8届田径运动会】 5月22日，北京地区高校图书馆第8届田径运动会在北京交通大学体育场举行。本届运动会由市教委、北京地区高校图工委共同主办，北京交大承办。共有来自39所高校图书馆代表队1600多人参加。共有1100多名运动员参加了44个比赛项目的角逐。清华大学图书馆、解放军医学图书馆、北京大学图书馆、北京交通大学图书馆、北京科技大学图书馆、北京邮电大学图书馆、北京师范大学图书馆和北京服装学院图书馆依次获得团体总分前八名。

（魏　徵）

【于代军任军队院校图书馆委员会主任】 7月，经中国图书馆学会八届三次常务理事会审议，由国防大学图书馆馆长于代军更换王健担任中国图书馆学会常务理事和军队院校图书馆委员会主任。

（祁长松）

【韩长霞任北京市社科院图书馆馆长】 10月11日，经北京市社会科学院院党组本年第7次会议研究决定由韩长霞任图书馆馆长。根据《关于推进干部队伍年轻化建设的规定》，王超湘不再担任图书馆馆长。

（孙　慧）

【北京高教学会图书馆工作研究会理事会换届】 12月24日，北京高教学会图书馆工作研究会理事会完成换届选举工作。清华大学图书馆副馆长姜爱蓉当选为第六届图研会理事长，中国人民大学图书馆副馆长宋姬芳为秘书长，理事会成员30位。

（魏　徵）

·纪　念·

【国家科学图书馆六十华诞】 4月28日，国家科学图书馆六十华诞，在北京举行了庆祝大会（并视频连通分馆）。两院院士、国家科技图书文献中心理事长师昌绪，中科院原副院长、工程院院士、国家科技图书文献中心副理事长胡启恒，科技部副部长王伟中，中科院原党组副书记、政协委员郭传杰，中科院副秘书长曹效业、潘教峰等和科学家、有关部委领导以及来自院内外其他单位的领导和专家，共庆国家科学图书馆成立60周年。下午，举办了“面向‘十二五’发展规划研讨会”，国家科学图书馆及国家科技图书文献中心、中国科技信息研究所、北京大学图书馆分别介绍了“十二五”规划思路和任务。来宾还参观了“耕耘甲子结硕果，长风破浪正当时——国家科学图书馆60周年纪念展”。

（吕秋培）

【纪念向达诞辰一百一十周年国际学术研讨会】 6月16日～17日，“敦煌文献、考古、艺术综合研究——纪念向达教授诞辰一百一十周年国际学术研讨会”在国家图书馆文会堂召开。此次研讨会由国图古籍馆、北京大学历史学系暨中国古代史研究中心、敦煌研究院联合主办，并得到了中国敦煌石窟保护研究基金会的大力支持。四十余位中外学者出席了本次研讨会。研讨会分学术史、丝路历史与中外关系、图像与考古、信仰与习俗、历史与文献、佛教与美术六个专题，进行分组发言和讨论。向达（1900年—1966年），中国历史学家，曾任北平图书馆编纂委员会委员、北京大学图书馆馆长。

（国家图书馆）

【陈垣诞辰一百三十周年纪念展】 11月15日～30日，“陈垣先生诞辰一百三十周年纪念展”在国家图书馆总馆北区一层稽古厅开展。展览由国图、北京师范大学、中国社会科学院历史研究所共同主办。陈垣是20世纪享誉海内外的历史学家、教育家。曾兼任国图的前身京师图书馆馆长，后又任国立北平图书馆筹备委员会委员。此后还多次担任国立北平图书馆委员会委员、委员长、购书委员会中文组主席委员等职。展览分生平、藏书两部分，结合展板、展品、视频等途径进行多方位地展示。

（国家图书馆）

专题介绍

【首都师大附中永定分校图书馆】 首师大附中永定分校图书馆位于校内实验楼一层，有藏书4万余册。图书馆占地面积300平方米，阅览室占地面积200平方米，拥有13大组密集书架。学校拥有校园网、图书馆专用网，学生和教师外借图书采用开架借阅。首都师大附中永定分校是门头沟区教委和首都师大附中合作为改善门头沟基础教育而建立，坐落在门头沟区永定镇。

（杨艳萍）

【北京市西城区青少年儿童图书馆】 北京市西城区青少年儿童图书馆坐落在西直门内大街，毗邻新街口大街，是由西城区人民政府投资建设的现代化大型公共文化设施，也是目前北京市规模最大、设施设备最先进的青少年儿童图书馆之一，面向市18岁以下青少年儿童开放。图书馆占地3810平方米，馆舍面积6548平方米，地上四层、地下一层，设有中央空调和电动扶梯。馆内设有综合阅览室、儿童阅览室、报刊阅览室、电子阅览室、音像视听室、玩具乐园、培训教室、多功能报告厅、数字电影厅、乒乓球厅等13个开放厅（室）。图书馆馆藏图书24万余册，其中，青少年心理健康图书是其特色藏书。每年接待读者30余万人次，是北京市爱国主义教育基地，西城区科普教育基地、法制教育基地、市民终身学习教育基地。2004年和2010年先后两次被文化部评为一级图书馆。西城区青少年儿童图书馆把“建青少年儿童的读书乐园，做有深远影响力的知识传播者”作为发展愿景，组织和举办了一系列教育活动，其中，最有特色的当属青青草文学社、红领巾读书活动、继续教育培训、科普活动和流动图书车送书下基层活动。

（张小野）

【北京市顺义区图书馆】 北京顺义区图书馆是区内唯一一家公共图书馆，始建于1958年10月，馆舍建筑面积4520.4平方米，馆藏图书453584册，集思想性、知识性、实用性、趣味性于一体，初步形成具有本地特色的藏书体系。2009年度财政补助经费390多万元，其中，年购书经费由1987年的3万元增长到150万元。年订阅报刊千余种，年接待读者28万人次，借阅31万册次。入藏电子文献数十种、十余万册，并自建有专题数据库。馆电子阅览室还可为读者提供电子图书、《律典通》法律应用系统、《北京日报》《北京晚报》《京郊日报》历年电子版检索系统、各类专题数据库、多媒体光盘、文化共享工程资源、CNKI学术期刊数据库、方正电子图书、308吉字节的电影音乐库、355部京剧经典剧目资源查询阅读服务。馆内现有职工31人，具有初级以上专业技术职务的14名，占全馆人员的45.16%。大学专科以上学历的人员22名，占全馆总人数70.97%。“现代化技术设备”、“数据库建设”、“自动化、网络化建设”、“文化共享工程建设”均已达到国家一级图书馆标准。1997年图书馆在业务中实现了计算机自动化管理；2002年率先采用智慧2000数字化图书馆系统，实现了与全市公共图书馆的联网；2008年加入北京市公共图书馆“一卡通”服务系统，实现“一卡通”借阅服务。2010年3月16日顺义区图书馆新楼已破土动工，新图书馆大楼面积为1.5万平方米，设计为一个开放型、多功能、人性化、环境舒适的现代化图书馆。

（张小野）

【北京大学图书馆】 北京大学图书馆建于1902年，前身为京师大学堂藏书楼，是我国最早的现代新型图书馆之一。经过百余年的辛勤搜求和积累，图书馆现有藏书800余万册，其中，包含堪称国学文献瑰宝、5世纪～18世纪的善本、拓片、舆图、敦煌卷子等稀世珍品约20万册/件，以及学位论文、民国书刊、名人捐赠等特色收藏。如今已发展成为资源丰富、现代化、综合性、开放式的研究型图书馆，是国务院批准的首批国家重点古籍保护单位之一。图书馆由总馆、29个分馆以及储存馆组成，总面积约9万平方米，其中，总馆53000平方米，国内首例建成并提供服务的远程储存图书馆近5000平方米。本着“兼收并蓄 传承文明 创新服务 和谐发展”的办馆宗旨，图书馆采用国际先进的自动化管理系统，利用因特网为读者提供足不出户的虚拟信息服务。通过图书馆门户主页，读者可以检索书目、借阅书刊、浏览和下载电子资源、获取国内外文献资源，同时为学校教学科研提供深层次的咨询服务。中国高等教育文献保障系统（CALIS）管理中心、中国高校人文社会科学文献中心（CASHL）管理中心、高校图书馆数字资源采购联盟（DRAA）秘书处、教育部高校图书情报工作指导委员会秘书处、中国图书馆学会高校分会秘书处等机构设在该图书馆，使北京大学图书馆成为中国高等教育文献资源共享的重要枢纽。

（别立谦）

【国家图书馆少年儿童图书馆暨少儿数字图书馆】 国家图书馆少年儿童图书馆位于国图总馆北区一层北侧，2010年5月31日正式开馆，面积约650平方米，设有百余个阅览座位。根据少年儿童的阅读习惯与特点，设置了文献阅览区、展示区、主题活动区与数字共享空间4个区域，精心选择了少儿经典图书、近年新出版的期刊、报纸等少儿读物以及参考工具书22000余册件，并提供开架阅览。设有计算机24台，电子触摸屏4台，虚拟阅读机2台。主题活动区定期举办各种活动，为少年儿童提供互相交流、共同提高的空间。展示区以绘画、照片展览等形式，展示少年儿童图书馆组织的各种活动中少年儿童的作品。少年儿童图书馆全年面向6岁至15岁的儿童开放，每日的开放时间为9:00～17:00。“国家数字图书馆·少儿数字图书馆”借助国家数字图书馆建设的成果，为未成年人提供了一个网上绿色阅读平台。提供服务的数字资源总量达10太字节。少儿数字图书馆采用活泼新颖、寓教于乐的形式，综合考虑不同年龄段孩子的发展特点，设置了书刊阅读、校外课堂、展览讲座、我爱动漫、才艺展示、国图漫步、网站导航、活动预告8个版块。依托国家图书馆丰富的馆藏数字化资源，采用视频、音频、多媒体动画等表现形式，提供普通中文书刊、动漫图书、连环画、各类文化展览、在线讲座、经典诗文赏析、中英文学习软件、音乐欣赏等多种少年儿童所喜闻乐见的资源内容。通过网站导航、活动预告两个栏目，提供延伸服务，方便家长和孩子了解最新活动安排，访问更多少儿阅读网站。网站也为孩子们提供了交流和互动的场所，少年儿童可以将自己的书画作品、文章心得、手工制作、科技发明在网站中进行展示，结交更多朋友。

（国家图书馆）

【北京工商大学图书馆】 北京工商大学图书馆由阜成路校区图书馆和良乡校区图书馆两个馆区组成，馆舍总面积24767平方米，阅览座位2687个。馆内配备中央空调系统、门禁系统、消防系统、防盗报警系统、视频监控系统等，为读者提供良好的学习环境。图书馆以“办好读者满意的图书馆”为宗旨，根据两个馆区读者需求特点，不断推出新的服务举措，开展形式多样、内容丰富的文献服务，周开馆时间长达109小时。除开展一般的借阅服务外，图书馆还向读者提供个性化文献信息咨询服务，坚持常年开设“一小时讲座”和“文献信息检索”公选课，面向全校师生普及文献检索知识。读者服务工作逐渐向主动服务、多层次服务、个性化服务和现代化服务的方向发展。图书馆采用现代化的ECOLAS-C图书管理信息系统，使全馆业务工作的各个环节实现计算机集成管理。馆内读者管理采用“一卡通”系统，实现借阅、信息检索、身份认证、网上查询等多种功能。图书馆引进了大量电子资源和网络数据库，购置高速高性能的网络产品、大容量存储设备和服务器等，实现了图书文献资料的网络化管理，推动了图书馆各项业务水平和服务能力的提高。无线网络基本覆盖全馆，读者可以方便地使用图书馆的各类电子资源。根据学校学科设置和学科发展规划，图书馆不断优化馆藏结构。图书馆依托丰富的文献信息资源和良好数字平台，为学校的教学和科研提供有力的文献信息保障。

（李艳芬）

出版物

【《图书馆报》正式发行】 1月1日，《图书馆报》正式发行。《图书馆报》是经新闻出版总署批准，中国出版集团主管，中国图书馆学会协办，并由新华书店总店所属新华书目报社（新华书店总店信息中心）具体承办的一份面向图书馆市场，为图书馆消费群体服务的行业媒体，目前也是国内唯一直接面向社会发行的以图书馆为主体内容的报纸媒体。前身为《新华书目报》的子刊《新华书目报·图书馆刊》，创刊于2003

年9月。

（张小野）

【《中国图书馆分类法》第五版出版发行】 8月，《中国图书馆分类法》（以下简称《中图法》）第五版正式出版发行。国家图书馆《中图法》编委会自2005年9月开始组织修订《中图法》第四版，共有26个单位的34位委员和顾问承担了修订任务，58个单位的近百名专家参与了修订工作。修订后的《中图法》更具有时代特征，更能满足综合性文献、信息资源的标引和检索要求。

（国家图书馆）

2010年北京市公共图书馆统计资料表

表1

项　目	总　计	中央属	市　属	区县属
个数(个)	25	1	1	23
从业人员(人)	2737	1430	381	926
总藏数(万册、万件)	4613	2898	582	1133
图书(万册、万件)	2660	1133	499	1028
建筑面积(万平方米)	42.4	25.4	3.7	13.3
阅览座席(个)	19729	6877	1747	11105
总流通人次(万人次)	1308	533	284	491
书刊文献外借人次(万人次)	441	81	89	271
书刊文献外借册次(万册次)	947	143	231	573

（北京市统计局）

2010年北京市区县街道、社区图书馆(室)基本情况统计表

表2

项目/馆名	街道图书馆（室）											社区图书馆（室）										
	图书馆（室）（个）	藏书（册）	订报刊（种）	购书费（千元）	工作人员		馆舍面积（平方米）	阅览室座位（个）	累计外借证数（个）	图书流通		图书馆（室）（个）	藏书（册）	订报刊（种）	购书费（千元）	工作人员		馆舍面积（平方米）	阅览室座位（个）	累计外借证数（个）	图书流通	
					专职（人）	兼职（人）				人次	册次					专职（人）	兼职（人）				人次	册次
东城	10	168961	299	299.2	14	5	1216	269	8683	65651	93533	96	223519	878	—	22	97	4151.2	1693	2578	26791	13940
西城	14	—	502	95.9	31	6	1324	373	16163	232912	223487	36	64155	478	—	—	36	802.7	446	—	10192	11885
崇文	7	44170	41	210	7	—	750	186	820	8535	14371	2	9737	22	—	—	2	150	50	124	244	1180
宣武	8	115767	264	52	10	5	1040	306	4158	24158	57314	80	72122	268	24.4	17	85	2663	781	2284	14392	12801
石景山	9	23089	74	—	4	5	915	335	102	6608	14801	111	291861	98	—	—	111	9701.4	3203	—	2413	3015
朝阳	22	141081	443	75.4	31	8	2788.8	612	6118	104195	64239	83	87351	1098	—	10	79	2802	477	—	—	—
海淀	22	101036	182	99	10	11	2247	550	8071	124370	68020	317	120768	15205	41.6	12	44	3737	1746	2158	33150	37968
丰台	16	50598	199	51.6	10	15	1520	476	1338	34807	31805	196	618308	618	151	129	168	14399	6015	10241	111460	77573
顺义	6	6000	60	—	—	6	180	60	240	2000	5000	15	7500	150	—	—	15	450	500	500	8000	16000
昌平	2	16218	—	—	—	2	—	—	—	—	—	144	163453	—	—	—	144	3268	—	842	25362	66176
门头沟	4	24000	10	—	—	2	240	70	60	4673	6013	16	12000	20	—	—	16	860	620	131	16964	25837
通州	4	61000	64	15	—	5	370	143	3929	8777	11338	49	50000	44	8	—	49	1909.5	512	8550	30030	27460
房山	3	4033	—	—	—	3	105	98	3743	11229	22530	6	6275	—	—	—	6	270	65	1730	17170	30565
大兴	3	7728	1	—	2	3	394	86	146	1217	1074	25	27000	—	—	—	25	625	150	—	4510	4750
怀柔	2	19000	18	4	1	2	120	60	—	1140	1048	13	16000	—	—	—	13	290	250	—	5500	5322
平谷	2	5000	80	—	—	2	350	30	526	3572	6943	12	5000	120	—	—	12	600	120	1827	3512	6154
延庆	1	2200	—	—	—	1	110	30	—	701	1360	—	—	—	—	—	—	—	—	—	—	—
密云	3	79500	83	106	5	12	1200	145	5677	100000	88974	6	14500	306	45	—	6	350	242	3161	26465	22238
燕山	5	72000	42	1	—	5	705	94	—	4578	5248	31	11745	23	7	—	44	1068	292	—	9328	8333
合计	143	941381	2362	1009.1	125	98	15574.8	3923	59774	739123	717098	1238	1801294	19328	277	190	952	48096.8	17162	34126	345483	371197

（于景琪）

2010 年北京市区县乡镇、村图书馆（室）基本情况统计表

表 3

项目 \ 馆名	乡镇图书馆（室）											村图书馆（室）										
	图书馆（室）（个）	藏书（册）	订报刊（种）	购书费（千元）	工作人员		馆舍面积（平方米）	阅览室座位（个）	累计外借证数（个）	图书流通		图书馆（室）（个）	藏书（册）	订报刊（种）	购书费（千元）	工作人员		馆舍面积（平方米）	阅览室座位（个）	累计外借证数（个）	图书流通	
					专职（人）	兼职（人）				人次	册次					专职（人）	兼职（人）				人次	册次
朝阳	16	114416	237	31.5	16	12	1707	584	5691	31234	35655	110	1179330	1155	—	12	98	3763	294	—	—	—
海淀	7	23500	13	20	1	4	750	220	500	2649	2640	84	53720	134	2.1	19	6	914	145	1667	16958	18117
丰台	5	36000	104	18	4	3	1230	186	436	18081	194812	66	177702	2541	52.8	71	88	5948	1758	5638	55989	65174
顺义	19	19000	190	—	—	19	330	190	800	5000	12000	405	202500	2025	—	—	405	12150	3240	10000	35000	50000
昌平	15	182577	—	—	2	13	1580	354	163	12052	19809	303	46430	—	—	—	303	6060	—	4218	64430	128964
门头沟	9	53400	15	—	—	3	360	140	40	4521	7563	177	347000	5	—	—	177	—	—	572	71454	69812
通州	11	81563	256	9	—	15	1495	590	5139	17200	28546	427	656800	218	100.2	—	427	28865	8540	17660	50100	50690
房山	20	33400	186	—	—	20	1135	625	8019	54575	618274	154	50940	395	—	—	154	9143	925	4392	49826	65152
大兴	12	86314	39	—	8	9	1009	372	534	8695	9147	312	18050	—	—	—	312	9360	3432	—	34505	35355
怀柔	14	38311	66	39000	2	15	795	259	—	5832	5160	284	466000	—	—	—	284	5700	3000	—	153136	146652
平谷	16	80000	320	—	—	16	2400	480	2094	31423	58054	271	26350	4065	—	—	271	13550	2170	26171	81512	101250
延庆	15	19903	—	—	—	15	478	124	—	10522	20393	14	4900	—	—	—	14	560	245	—	7239	10425
密云	17	81388	122	85	—	17	1065	329	1668	28184	84633	320	540389	645	123.9	—	322	9438	2882	3237	59152	59769
合计	176	849772	1548	39163.5	33	161	14334	4453	25084	229968	1096686	2927	3770111	11183	279	102	2861	105451	26631	73555	679301	801360

（于景琪）

群 众 文 化

2010年，北京市按照“十一五”规划和“人文北京”行动计划，本着“以人为本”的原则，日益完善公共文化服务体系，群众文化生活质量不断提高。在公共文化设施建设、体系构建、人才队伍培养以及文化活动开展等方面均得到了良好的发展，首都文化形象和居民文化福利达到更高的水准。

全市文化志愿服务机制继续完善，形成了以北京市文化志愿者服务中心为龙头，广泛吸纳各行各业的文化志愿者队伍。4月中，北京文化艺术活动中心和北京市文化志愿者服务中心联合举办“让文化感动生活”志愿者宣传活动，提高了北京市文化志愿者的社会知名度，弘扬了社会公益理念。7月至10月，文化志愿者服务中心承担了文化部“春雨工程——全国文化志愿者边疆行”北京志愿团的任务。历时近四个月，北京文化志愿者们在乌鲁木齐、和田、农十四师等地开展了“大舞台”、“大展台”等一系列文化活动。重点扶植示范性志愿服务品牌项目，组织开展了密云的“暖心工程”、房山“5235工程”等文化惠民志愿服务活动。

为进一步加强公共文化服务人才队伍建设，提高文化工作者的服务水平，2010年，北京文化艺术活动中心积极开展文化培训工作，举办了合唱指挥、舞蹈编导、书法摄影、灯光音响以及文化信息等多种门类的文化干部业务培训班。

打造品牌，提升群众文化活动水平。根据“分类举办、以奖代评、重点扶持、打造精品”的原则，在全市范围内组织开展贯穿全年的“我的北京我的家”群众文化年系列活动。春节、五一和十一期间共开展系列文化活动五百余项，举办了“社区京剧票友大赛”和“2010百姓DV大赛”、第3届来京务工人员才艺大赛、第6届“北京之春”群众文化艺术展演、第18届北京“天使杯”舞蹈大赛、京津沪渝群众舞蹈大赛等活动。在第15届“群星奖”评选活动中，北京共有5个作品类节目获得“群星奖”，北京市文化志愿者服务体系建设等3个项目获得公共文化服务项目奖，3人获“群文之星”称号，在其他赛事中也荣获多个奖项。

弘扬传统文化、凸现首都特色。在春节、元宵节、清明节、端午节和中秋节等传统节日期间，共开展各类文化活动400余项，参与参观人数近970万人次。第5届北京春节庙会·灯会·文化活动评选活动的举办，引导春节庙会、灯会活动向着内容更有文化内涵、主题更加健康、更加贴近市民的方向发展。第3届北京清明诗会以“珍爱生活·思念感恩”为主题，演绎了20余首家喻户晓的古今诗歌作品。第2届北京端午文化节期间，举办了中国传统特色龙舟大赛和国际友人包粽子大赛。“爱在重阳——北京首届重阳文化节”以尊老敬老为主题，举办了楹联趣话讲座、老年人才艺展示等形式多样的活动。中秋节期间还设计推出了“卡通兔爷”作为北京中秋节形象大使。

（李颖君）

机　　构

【北京群众文化团队和社团】 2010年，北京已有各级政府和各类社会力量主办的群众文化团队和社团11074支，直接参加者约有22万人，涉及十几个艺术门类。实现了“市级有优秀品牌团队，一区一县有一总团，一街一乡有一分团，一社一村有一队伍”的格局。每年参加活动的群众累计达到近千万人次。有一些是新的社会阶层组成的社团，如来京务工人员组成的“新工人艺术团”，青年科学传播工作者组成的“科学松鼠会”，IT工程师参加的快板沙龙，律师参加的摄影团，商人和农民组成的管乐团等等。社团成员来自各行各业，年龄日趋年轻化。参加自己喜欢的文化社团正在成为很多人的减压方式。

（李颖君）

【北京公共文化设施服务体系和网络】 2010年，北京市公共文化设施服务体系和网络建设，形成了市文化艺术活动中心、首都图书馆，区县文化馆、图书馆，街道（乡镇）文化站和社区（村）文化室四级公共文化设施服务体系和网络。截至2010年底，北京市拥有区县文化馆、图书馆43个，基层街道（乡镇）、社区（行政村）文化设施平均建有率达96.42%。其中，行政村多媒体综合文化中心3884个，率先在全国实现了农村地区文化设施全覆盖。

（文　印）

会　　议

【中国首届庙会文化论坛】　1月7日~8日，中国首届庙会文化论坛在东城区文化馆举办，文化部、中国文联、中国民协和北京市非物质遗产保护中心、东城区的有关领导参加了本次论坛开幕式。来自全国近20个省（直辖市）的100多名专家学者和相关人士，就如何重新认识和挖掘中国庙会的多重价值、如何在内容和形式上与时俱进等问题进行研讨。来自北京地坛庙会、苏州“轧神仙”庙会、泰山东岳庙会、成都武侯祠庙会、沈阳皇寺庙会、重庆丰都庙会和河南太昊陵庙会、火神台庙会等全国著名庙会的主办者在论坛上交流了各自的经验。

（李颖君）

【“群星奖”获奖作品研讨会】　8月21日，北京文化艺术活动中心召开“群星奖”获奖作品研讨会，中国文联、中国曲协、中国剧协、中国音协、中国艺术研究院的专家学者，以及北京市文化局有关领导、各区县文化馆负责人，北京、上海、天津、重庆的群众艺术馆馆长参加会议。与会者对音乐、合唱、舞蹈、戏剧、曲艺5大艺术门类获奖作品进行了剖析和点评。

（李颖君）

【2010年《群文博览》年会】　9月28日~29日，北京文化艺术活动中心在裕龙国际酒店召开2010年度《群文博览》工作会议。文化部、中国群众文化学会、市文化局有关领导，以及群文方面的专家学者出席会议。与会者提出有必要将该杂志定位为“立足北京，面向全国”的综合性刊物，融指导性、理论性、艺术性、权威性、专业性为一体，加强品牌建设，实施精品战略。建议增加民族民间文化及全国各地群文系统以及社科界关于公共文化服务等方面的论点摘编、动态信息，拓宽群文工作者的理论视野。主办方特邀中国人民大学新闻学院教授张征进行了“通讯写作技巧”的讲座。

（李颖君）

【北京新故事研讨会】　11月29日，由北京民协主办、北京文化艺术活动中心协办的北京新故事研讨会在培新宾馆举行。来自市民协系统和文化馆系统的新故事作者二十余人参加了研讨会。与会者就新故事的概念，新故事与民间故事、小说、演讲稿、评书等相关文体的区别，以及新故事的题材、创作方法、创作队伍建设等问题进行了研讨。

（李颖君）

【《北京市大型群众性活动安全管理条例》宣传贯彻大会】　12月1日，市政府在北京会议中心召开《北京市大型群众性活动安全管理条例》（以下简称《条例》）宣传贯彻大会。市委常委、市公安局局长傅政华，副市长刘敬民，及文化部、公安部等有关部门主管领导出席了会议。副市长刘敬民就《条例》的贯彻执行提出工作要求：要重视隐患，依法严格监管；加强组织领导，部门、区县各尽职守；开展宣传教育，抓好针对性培训工作。市委常委傅政华在讲话中指出，政府各部门要坚持以人为本的思想，简化许可手续，服务社会。市文化局代表介绍了文化行政部门针对大型演出活动的审批情况。市有关职能部门，各区（县）领导，及相关文化单位负责人出席了会议。

（李颖君）

【2010年北京市文化馆长工作会】　12月22日~23日，2010年度北京市全市文化馆长工作会议在怀柔区唐韵山庄召开。市文化局、北京文化艺术活动中心的有关领导，以及全市16个区县的文化委员会主管负责人出席会议。会议传达了中宣部、文化部关于建立全国县级公共文化服务体系的指示精神，对北京市的公共文化建设进行了部署。要求按照体现公益性、基本性、均等性、便利性的基本原则，以县（区）为主导、乡镇（街道）为依托、村（社区）为重点、城乡人民群众为服务对象，到“十二五”期末，基本建成符合当地实际、覆盖城乡基层、布局合理、科学高效的公共文化服务体系。

（李颖君）

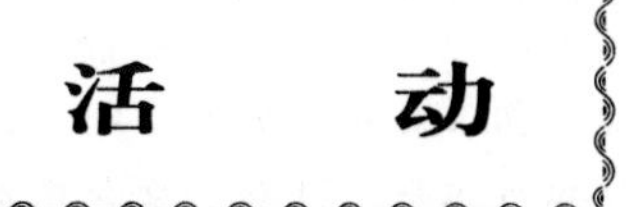

活　　动

【第2届和谐社区艺术大赛颁奖音乐会】　2月2日，由市委宣传部、市委社会工委、北京日报报业集团共同举办的第2届和谐社区艺术大赛颁奖音乐会在地质礼堂举行。节目全部来自北京各社区，并由各社区居民自己表演。第2届和谐社区艺术大赛于2009年6月启动，共产生特等奖1名、一等奖5名、二等奖10名、三等奖15名、优秀奖50名、社区组织奖1名、最佳艺术社区奖1名、社区参与奖1名。音乐会上为本次大赛的获奖选手举行了颁奖仪式。

（李颖君）

【2010年北京春节庙会】 2月8日~20日，京城春节庙会在地坛、龙潭湖公园、石景山游乐园、国际雕塑公园、莲花池公园、圆明园、厂甸、朝阳公园、大观园、天坛公园举办，累计接待游客400余万人次。非物质文化遗产项目在春节庙会上集中展示，地坛庙会的民间手工艺展卖，吸引了大批游客。本年的庙会重视老百姓的亲身参与，并洋溢着浓郁的地方民俗和异域文化气息。国际雕塑公园的“百乐会”成为老百姓展示才艺的舞台，有1600多人自告奋勇登台表演；圆明园庙会向游客展示了清皇室“放生”、灯戏、火戏、宫市等宫廷文化；大观园引进了“东北二人转”；地坛庙会上举办了川剧、河南盘鼓等地方节目表演；在石景山游乐园和朝阳公园，新增了嘉年华游戏、花车巡游、外国文艺团体表演等项目。

（李颖君）

【第5届北京春节庙会·灯会·文化活动评选】 2月11日~28日，中共北京市委宣传部、市文化局、市旅游局、市园林绿化局、市公园管理中心联合主办“第5届北京春节庙会·灯会·文化活动评选”。由北京市各区、县政府或街道办事处、乡镇政府主导或主办，以及由企业等社会组织举办，政府部门协调参与的庙会、灯会及文化活动，在评选之列。评选由民俗专家、人大代表、政协委员、主办单位代表、媒体代表和市民代表组成的评审团，最终评出文化魅力奖6个“非遗”展示奖6个、“非遗”展演奖6个、创意奖4个、节能环保奖1个、社区庙会灯会奖6个、鼓励奖2个、十大庙会灯会奖10个。

（李颖君）

【房山区出台文化志愿服务“5235”工程】 2月，北京市文化志愿者服务中心房山分中心拟定了2010年“5235”工程。开展5个文化志愿服务项目，建立23个文化志愿服务点，建立500个文化志愿服务户，建立健全房山区文化志愿服务体系，形成立体式服务网络。5个重点服务项目包括：每周为外来务工子弟学校提供声乐、绘画、舞蹈、诵读培训各一次；每月为外地来京务工人员提供文艺演出一场；每周为服刑人员提供合唱培训一次；每月为敬老院提供文艺演出一场；每月为残疾人提供声乐、书法、舞蹈培训各一次。在全区的23个乡镇中各建立一个文化志愿服务点，根据各乡镇的具体情况确定具体服务内容；在23个乡镇的462个行政村以及116个社区中，确定1户为文化志愿服务户，为该行政村或该社区提供文化服务。

（李颖君）

【纪念三八国际劳动妇女节100周年文艺演出】 3月2日，首都各界妇女纪念三八国际劳动妇女节100周年大会在五棵松体育馆举行。首都各界不同时期的先进女性代表7000余人参加。中央政治局委员、中共北京市委书记刘淇，全国人大常委会副委员长、全国妇联主席陈至立等领导出席大会，并为2010年度北京市三八红旗奖章获得者和基层先进妇女工作集体代表颁奖。大会的文艺演出分为“百年如歌”、“坚强的美丽”、“绽放的美丽”、“和谐的美丽”、“芳耀京华”5个篇章，突出群众性和女性特色。各界妇女还现场演唱了北京妇女之歌——《芳耀京华》，这首歌是为庆祝三八百年而谱写的北京市妇女联合会的会歌。

（李颖君）

【“让文化感动生活”主题宣传活动】 4月18日，由北京文化艺术活动中心和北京市文化志愿者服务中心联合举办的“让文化感动生活”志愿者宣传活动在地坛书市举办。此次活动旨在提高北京市文化志愿者的社会知名度，弘扬社会公益理念，倡议大家从我做起，从身边做起，做首都社会文明和公益精神的传播者。在活动现场，主办方通过文艺娱乐、手工艺展示、发放相关宣传材料等方式向大家介绍了文化志愿者的工作性质和工作内容。该活动为“北京社会公益活动周”的组成部分。

（李颖君）

【密云举行“暖心工程”启动仪式】 5月6日，以“关爱残障儿童，文化传递爱心”为主题的文化志愿服务活动在密云聋人学校举行，市文化局、北京文化艺术活动中心、市文化志愿者服务中心及密云县政府、县文委的主要领导到会参加。此次活动是北京市2010年重点扶持的具有示范性、品牌性、长效性的文化志愿服务项目。“暖心工程”主要是为密云县的山区群众、残障人员、老年人等弱势群体提供文化服务，内容有上门为山区群众拍摄全家福、纪念照，为残障儿童培训文化技能，为光荣院、敬老院老人演出文艺节目等多项志愿服务活动。启动仪式结束后，与会领导观看了密云文化志愿服务活动展示和电视宣传片，并分别到各教室现场观看了书法、美术、手工艺、鼓乐、小合唱等文化志愿服务活动。

（李颖君）

【“北京节拍”文化广场活动】 8月9日~29日，由北京奥运城市体育文化节组委会、市文化局、北广传媒集团等共同主办的2010“北京节拍”文化广场活动，在中华世纪坛文化广场举行。通过舞台表演、艺术展示和公益活动等具有群众参与性和互动性的活动内容，打造一个既贴近百姓生活，又时尚新颖的多元化城市文化广场活动。该活动特别设立了“我秀我舞台”的现场演出，通过面向社会广泛征集精品节目，为身怀才艺希望展示自我的人们提供了展示平台。其中既有来自内蒙古能歌善舞的一家6口，又有曾参加过北京奥运会开幕式演出、能演奏小提琴、会唱京剧的小童星，还有展示老北京民俗文化的民间艺人。22天的活动中，共组织了13场主题各异的“我秀我舞台”现场演出，参与演出节目265个，参加人员近千人。

（李颖君）

【2010年北京市残疾人文化活动周】 8月23日~26日，由市残联和市文化局联合主办、市残疾人活动中心承办的“2010年北京市残疾人文化活动周”在中华民族园南园三塔广场举行。来自全市各区县残联和民间残疾人文化组织的1000多名残疾人艺术家进行了特殊才艺综合展示，活动内容包括图片展、技能展、文艺演出、摄影艺术展、影视艺术展等。市文化局组织各区县文化志愿者开展了文化知识传授、志愿服务培训、陪同盲人观看电影等助残服务活动。

（李颖君）

【首都建设者书画展】 9月26日~28日，由北京城建集团、北京建工集团与市职工书画协会主办的“首都建设者书画展”在北京市劳动人民文化宫举行。展览展出了近70幅两大建筑集团职工的书画作品。

（李颖君）

【北京首届重阳文化节】 10月16日，“爱在重阳——北京首届重阳文化节”在孔庙国子监开幕。千名晚辈在这里向老人敬献菊花茶、重阳糕，按照传统礼仪表达了孝亲敬老之情。重阳文化节期间，全市各区县分别开展了形式多样的庆祝活动，主要有楹联趣话讲座、老年人才艺展示、“孝星”表彰会、环球民俗风歌舞荟萃、花车巡游表演等系列活动。

（李颖君）

赛事 奖项

【北京市获11项群星大奖】 4月25日~5月23日，第15届“群星奖”评选活动在广州举行。此次奖评奖范围包括作品类（戏剧、音乐、舞蹈、曲艺4个艺术门类）和项目活动类。北京文化艺术活动中心的群舞《好戏没散》、西城区文化馆的女声独唱《因为爱你》、房山区文化馆女声表演唱《乡村百姓家》、宣武区文化馆的西河大鼓《绣飞龙》、石景山区文化馆的梅花大鼓《岁月如歌》获作品奖；北京市文化局报送的“北京奥运文化广场”、北京市文化志愿者服务中心报送的“北京市文化志愿者体系建设”、首都图书馆报送的“北京记忆——大型北京文化多媒体数据库”荣获项目奖；房山区文化馆馆长李清梅、首都图书馆地方文献中心副主任王炜、西城区文化馆馆员何晓丹获“群文之星”称号。

（李颖君）

【“群文与创新”论文评奖活动】 4月~10月，《中国文化报》与中国群文学会主办的“群文与创新”2010全国群众文化年度论文评奖活动，有30个省（自治区、直辖市）的400多篇论文参评。北京报送作品30余篇。其中，北京文化艺术活动中心主任路斌撰写的《构建群众文化创新的科学体系》获一等奖。该中心理论调研部主任徐玲撰写的《构建群众文化理论创新绿色生态》、东城区崇文文化馆副馆长王敏撰写的《文化馆事业发展需要创新型和复合型人才》获二等奖。北京文化艺术活动中心获优秀组织奖。

（李颖君）

【第7届景山合唱节】 8月~9月，由北京文化艺术活动中心、西城区文委、景山公园共同主办的“大地飞歌”——第7届景山合唱节在景山公园举办。9月7日，在景山公园绮望楼举行决赛。经过角逐，北航学生合唱团获一等奖，老帅哥（男声）合唱团等2支团队获得二等奖，老兵艺术团合唱团等3支团队获得三等奖，音海合唱团等14支团队获得优秀奖，亚奥女子合唱团等18支合唱团获纪念奖。

（李颖君）

【第2届北京市京、评、梆现代戏票友大赛】 9月17日，北京文化艺术活动中心、东城区文委举办第2届北京市京、评、梆现代戏票友大赛在刘老根大舞台进行了决赛。本次大赛的参赛节目分别由北京市各区县文化馆选送，以新中国成立后创作的戏曲剧目为内容，鼓励新创京、评、梆现代戏曲剧目。共有200多名选手报名参赛。最终评出一等奖2名、二等奖6名、三等奖10名、最佳表演奖1名、最佳新人奖1名及优秀奖若干名。

（李颖君）

【音海合唱团获中国老年合唱比赛金奖】 9月24日~27日由文化部、浙江省政府主办的“永远的

第2届北京市京、评、梆现代戏票友大赛决赛

辉煌”第12届中国老年合唱比赛在浙江省嘉兴市举行，全国的59支代表队参加角逐。北京音海合唱团获混声金奖第一名。

（李颖君）

【第8届“椿树杯”京剧票友大赛】 9月~10月，北京文化艺术活动中心、西城区委宣传部、西城区教委、西城区文委、椿树街道工委和办事处联合主办第8届“椿树杯”北京市社区京剧票友大赛。来自11个京剧票房的60名选手和30个家庭报名参赛。本届大赛只设置青少组和家庭组。10月30日，大赛颁奖典礼及展演活动在西城区文化馆举行，30名获奖者分别登台献艺。

（李颖君）

【《联合舰队》获故事大赛金奖】 10月17日，由京、津、沪、渝四直辖市群众艺术馆和上海市曲艺家协会、上海市民协等单位共同举办的“安亭·上海国际汽车城杯”京津沪渝故事大赛颁奖典礼在上海艺海剧院小剧场举行。本次大赛历时半年，共收到原创新创作品1200多个，经各地复赛和上海总决赛，决出9个金奖，13个银奖，30铜奖。北京市选送的《联合舰队》获金奖。作者杨金凤，丁猛、高若春表演。故事讲述的是一个盲人女孩和一个下肢残疾的小伙子，克服重重困难，艰苦创业的故事。

（李颖君）

【首届“和合谷杯”健美操交谊舞交流赛】 11月13日，西城区首届“和合谷杯”健美操交谊舞交流赛在月坛体育馆举行。参加本届交流赛的健美操队伍12支，分别来自区直机关、辖区各街道。交谊舞有153对舞友，分别来自辖区各街道、区残联、区文化宫等部门，参加交谊舞交流赛选手年龄最大的86岁，年龄最小的25岁。本届交流赛活动还邀请了3支健美操和3支交谊舞集成舞队伍进行表演交流，共有五百余名健美操交谊舞爱好者参加了本届交流赛。

（郭　涛）

【“健康歌曲大家唱”歌咏大赛】 12月18日~19日，由市健康促进工作委员会、市卫生局主办的“健康歌曲大家唱”歌咏大赛在中央民族大学音乐厅举行。来自各区县、市有关委办局、社会团体、幼儿园及中小学校的3261人组成的85支队伍参赛，参赛者中年龄最小的仅4岁，最大的79岁。大赛分为合唱、重唱、组合唱、表演唱、歌伴舞、情景表演唱等不同形式，并采取当场打分、亮分，当场公布比赛成绩的方式进行。石景山老干部局欣苑合唱团的《健康幸福北京人》获成人组一等奖，丰台区西罗园第五小学《向明亮看齐》获幼儿及青少年组一等奖。

（李颖君）

交　流

【北京文化志愿团边疆行】 8月31日~9月9日，“全国文化志愿者边疆行”北京文化志愿团在新疆开展系列活动，此次活动由文化部社会文化司、北京市文化局、新疆维吾尔自治区文化厅主办，北京文化艺术活动中心、市文化志愿者服务中心协办。“边疆行”由“大舞台”、“大展台”、“大讲堂”3种形式组成。“大舞台”活动以文艺演出为主，由北京歌舞剧院和北京杂技团的40名文化志愿者组成的志愿服务团，分别在乌鲁木齐市、重点建设工地以及和田、兵团农十四师举办了6场公益演出活动。“大展台”以“这里是北京”为内容，通过图片展现了北京的历史风貌和成就。“大讲堂”活动通过现场指导，对当地文艺演出技术人员进行舞台灯光音响方面的培训。

（李颖君）

【全国城乡优秀歌手展演】 10月3日~6日，由中国世界民族文化交流促进会、中国群文学会音乐专业委员会和北京音协、中共北京市房山区委宣传部等单位共同举办的“异彩中华——‘放歌长阳’全国城乡优秀歌手展演”活动在房山长阳举行。来自全国20个省（自治区、直辖市）的100名老、中、青歌手参加展演。其中，年龄最小的16岁，最大的60岁。演出的形式有独唱、重唱，表演唱（组合）等。来自辽宁庄河的农民歌手姜波、河南南阳歌手周彬、包括北京房山歌手黄莉、北京的“美育四重唱组”等23人（组）获演唱金奖，郝俊民等6位选手获“新作品演唱特别奖”，《龙的摇篮》等6首新作品获“优秀作品奖”。此外，北京房山区文化馆等9个单位获“优秀组织工作奖”。

（李颖君）

【华风合唱团获首届中华红歌会一等奖】 10月25日～28日，由市文化局选派的北京华风合唱团一行46人，赴重庆参加“首届中华红歌会”。此次活动由文化部和重庆市委、市政府主办，来自全国及海外的63支合唱队参加汇演评比。北京华风合唱团演唱了《沙家浜》，获“中华杯”首届中华红歌会一等奖。

（李颖君）

培训传承

【经常性科普讲座】 4月29日，市群文学会主办的经常性科普讲座在宣武区广外街道社区服务中心启动。此次活动旨在把科学殿堂延伸到社会、把高雅文化普及到大众，将科普讲座开办到街道社区、军营、打工子弟学校等基层单位。2010年度科普讲座内容涉及中华传统礼仪、优秀合唱曲目赏析、传统养生与科学健身、中华传统武术、中华传统文化活动——灯谜、非物质文化遗产保护、实用发音技巧、楹联趣话等。中国人民大学新闻学院教师于东东作了题为“小相机，大作为——实用摄影技巧”的首次讲座。

（李颖君）

北京市群文系统书法摄影培训班

【卡通兔儿爷成中秋节形象大使】 9月15日，北京非物质文化遗产保护中心公布，为唤醒人们对节日中传统礼仪、传统形象的亲近，为居民节日消费提供一个具有代表性的文化符号，推出中秋节形象大使——卡通兔儿爷。兔儿爷已在北京流传了800多年，是中秋拜月供奉之物。新设计的卡通兔儿爷保留了传统泥塑兔儿爷的装束，头戴金盔身披甲胄，手执药杵，删减了背后的令旗或伞盖，也不再骑着麒麟、狮、虎、鹿、象等瑞兽。设计者吴冠英曾参与设计奥运吉祥物福娃，也是2011年兔年邮票的设计者。

（李颖君）

【文化馆系统信息培训班】 9月20日～21日，北京文化艺术活动中心在九华山庄举办2010年度北京市文化馆信息工作培训班。各区县文化馆有关领导及信息员40人参会。培训班邀请了市委研究室副巡视员康庆强和市政府办公厅秘书二处处长侯云，分别做了题为“调查研究工作”和“请示、函等文种的使用和写法”的讲座。

（李颖君）

【北京市群文系统书法摄影培训班】 10月26日，北京文化艺术活动中心在房山十渡举办北京市群文系统书法、摄影干部培训班。来自各区县文化馆的47名书法、摄影干部参加培训。课程设置以书法、摄影讲座为主，同时穿插楹联讲座、作品交流、笔会等内容。培训班邀请了中国书协、北京楹联学会及群文系统的书法、摄影家为学员授课。

（李颖君）

【全市文化馆合唱指挥干部培训班】 11月8日～12日，北京文化艺术活动中心举办的“全市文化馆合唱指挥干部培训班”在北京戏曲职业学院多功能厅进行。此次培训共有19个文化馆的42名业务干部参加，聘请了指挥家关序和歌唱家李初建授课。培训班讲授了合唱指挥的理论、合唱队各声部训练、合唱队伍常见问题的解决办法等课程。

（李颖君）

【新疆和田文工团员进京培训】 2010年12月25日～2011年1月

15 日，北京文化艺术活动中心接待新疆维吾尔自治区和田文工团一行 50 人到京培训。该项活动是为了建立切实可行、长期有效的支援培训机制，实现新疆和田地区艺术水平的提升。培训内容包括舞台演出和课堂学习两部分，其间，和田文工团参加了 20 场“周末场公益性演出”，以及文化部举办的“群星奖优秀节目慰问外来务工者文艺演出”活动。同时在北京舞蹈学院进行 10 课时的观摩教学和 12 课时的课堂教学。

（李颖君）

校园文化

【北京青少年艺术周暨北京市第 13 届北京学生艺术节】 6月1日～7日，国家大剧院、北京市教委联合主办公益性品牌活动“2010 年国家大剧院北京青少年艺术周——暨北京市第 13 届学生艺术节”。艺术节汇集了 6 场演出，包括合唱、交响乐、戏曲 3 个艺术门类。各区县 20 所中小学的 23 个青少年艺术团、987 名中小学生登台表演。童声合唱是本次活动的主打节目，共有 4 场合唱展演。北京小学摇篮合唱团、首都师范大学第二附属中学合唱团和海淀区实验小学金帆合唱团的孩子们，用多个语种演唱了《茉莉花》《大海啊故乡》《音乐之声》《街头少年合唱》《布兰诗歌》《哈利路亚》等曲目，芳草地国际学校 14 个国家的 19 个外国小朋友，用中文演唱了《一样的情缘》《为了和平，为了友谊》《歌声与微笑》等歌曲。国家大剧院把 6 月 1 日设为青少年主题日，近万名少年儿童免费走进大剧院，观看艺术展演，参加交流、游戏等活动。

（李颖君）

【第 9 届大学生戏剧节】 8 月 6 日～15 日，北京剧协、朝阳区文化馆、共青团朝阳区委共同主办第 9 届大学生戏剧节，本届艺术节首次将“金刺猬”作为标识，寓意让年轻人用自己的锐利触角，触碰社会的敏感神经，去刺破现实中的樊篱。戏剧节收到 21 个省（自治区、直辖市）62 所高校的 106 部戏剧作品，其中有 14 部作品在“9 剧场”参加剧目展演。中国传媒大学形体表演工作室的话剧《最后只好停下来》获本届艺术节最高奖项“金刺猬”奖。

（李颖君）

【第 5 届北京高校青春歌会】 9 月～12 月，共青团北京市委、北京人民广播电台、市学联、市志愿者联合会共同主办第 5 届北京高校青春歌会。来自 30 余所高校的 360 多名选手报名参赛。本届歌会在北京广播网和比赛官方网站进行了视频直播，在青檬音乐台节目中加入了“网络直播节目 PK 赛”环节，并且增设了微博、短信等互动方式。歌会选拔出的优秀大学生歌手组成“青檬心乐团”，参加了共青团北京市委“100365 首善行动”等公益慰问活动。

（李颖君）

群众文化年系列活动

【文化志愿者送“福”下乡】 1 月 13 日～2 月 27 日，市文化志愿者服务中心举办“我的北京　我的家”2010 年春节系列文化活动之北京文化志愿者送“福”下乡活动。全市 12 个区县近千人次的文化志愿者以多种多样的方式深入社区、农村，开展艺术培训、艺术教育、组织民间艺术活动的队伍。此次活动通过送春联、放电影、举办联欢会、文艺表演、灯会、民间手工艺展览等丰富多彩的形式，为北京偏远地区、敬老院、康复中心、收容教育所、弱智学校、残疾人及 40 余个乡（镇）、村进行文化服务。

（李颖君）

【首届北京群众艺术节】 1 月～12 月，市文化局，北京文化艺术活动中心在全市范围内组织开展“我的北京　我的家”暨首届北京群众艺术节系列活动。此次活动是按照北京市委宣传部《2010 年北京市群众文化年系列文化活动总体工作方案》的要求，在各区县、各系统群众文化活动的基础上，整合资源，通过开展贯穿全年的群众文化活动，提升群众文化队伍水平，打造群众文化原创精品节目和品牌活动，促进基层文化阵地建设，推动北京市群众文化事业的发展。活动以传统节庆和重大节日为切入点，以“百姓家庭才艺大赛”形式贯穿全年，充分展示本市公共文化服务体系建设的成果。其中市级重点活动包括：百姓家庭才艺大赛、全民阅读活动、“庆五一”系列文化活动、端午节系列文化活动、“迎国庆”系列文化活动、“我的北京　我的家”书画摄影大赛和展览、群众文化年“百姓春晚”等内容。

（李颖君）

【第 3 届北京清明诗会】 3 月 31 日，由市委宣传部、首都文明办、市文化局、北京电视台、石景山区委、区政府主办的第 3 届北京清明诗会在石景山体育馆举行。诗会以“珍爱生活·思念感恩”的主题，分为“生命”、“生活”、“自然”3 个篇章，包括古诗文《清明即事》、红色诗词《七律·长征》、现代诗歌《我能行》、舞蹈《踏青》、主题歌《清明雨》等14个节目。诗会突出民族性、艺术性、思想性、群众性的特点。在整体设计上，诗会采用了全景式舞台，把表演区和观众区合二为一，现场3000多名观众以合诵合唱的方式配合朗诵家的专业演出，共同演绎了20余首家喻户晓的诗歌作品。

（李颖君）

【第5届朝阳流行音乐周】 4月30日～5月6日，第5届朝阳流行音乐周在朝阳公园举行。此次活动由北京音乐台、中国对外文化集团公司、朝阳流行音乐周组委会主办，北京凤朝阳文化发展公司、朝阳公园、北京第四弦文化传媒公司承办。活动以“五月朝流”为主题，分为“中歌榜红五月音乐节”、“相约北京”联欢活动、“音乐让城市更美好”BTV百姓互动节目、卡车音乐会四大板块。中国的众多当红歌星和来自全球五大洲的优秀文艺团队共演出38场，集中体现了时尚、活力、动感的文化特色。

（李颖君）

【第5届“北京之春”群众文化艺术展演】 5月3日，第5届“北京之春”群众文化艺术展演在市少年宫举行。此次活动由市文联、北京文化艺术活动中心、北京音协、市少年宫联合主办。13个演出团体表演了管乐演奏、拉丁舞、合唱、京剧等16个节目。

（李颖君）

【第2届北京端午文化节】 6月14日～15日，由中共北京市委宣传部、首都精神文明办、市文化局、市体育局、顺义区政府联合主办的第2届北京端午文化节开幕式暨“临空经济区杯”龙舟赛在奥林匹克水上公园举行。京津两地近80支龙舟队参加竞赛。同时还举办具有中国传统特色的民俗活动，以及20项非物质文化遗产技艺展示。本次文化节从6月5日～20日在京举行，除了在顺义的活动外，还有在国子监博物馆举办“学习传统民俗，崇尚良好美德诗朗诵”等活动，在中国民俗博物馆举办的传统端午节民俗体验活动，在延庆县、崇文区、房山区等地举办的龙舟大赛，在怀柔区举办大满族风情节等端午文化活动。

（李颖君）

【第6届“舞动北京——群众舞蹈大赛”】 6月～10月，第6届“舞动北京——群众舞蹈大赛”在全市19个文化广场展开。本次赛事由市文化局、共青团北京市委、市文联联合主办，北京文化艺术活动中心、北京电视台承办。全市各区县、各系统的665个群众文化团队、25000余人参与。10月6日，16个节目约400名业余舞者在石景山体育馆进行了决赛。朝阳区舞协的《二胡声声》、大兴区文委的《新居》获单项金奖；石景山区和大兴区获团体金奖。

（李颖君）

【2010百姓DV大赛】 6月～12月，北京文化艺术活动中心与北京电视台共同举办2010百姓DV大赛。直接参与大赛的业余摄影爱好者达万人，他们以平实朴素的视角记录下普通百姓的真实生活。大赛期间，组委会工作人员走进社区、公园、学校等地做专门的宣传辅导，现场讲解拍摄技巧，组织DV志愿者进行采风活动。为了鼓励更多的百姓参与，本届大赛设立了最佳组织奖、优秀作品奖、积极参与奖，获奖人数达130人。本次大赛共征集DV作品千余部，在北京电视台公共频道《DV生活》栏目中展播三百余部。12月15日，在昌平区回龙观田园风光小区举行了颁奖仪式。

（李颖君）

【第3届来京务工人员才艺大赛】 7月17日，北京文化艺术活动中心与怀柔区文委、各区县文化馆联合举办了“绚丽北京　多彩怀柔”第3届来京务工人员才艺大赛。来自全国20个省（自治区、直辖市）的千余名在京人员参赛。大赛以个人“才艺”展示为主，节目包括舞蹈、歌曲、乐器演奏、戏曲、曲艺或民间舞台绝活等，不少节目为参赛者自编自演。所有参赛选手都是在北京工作、生活的非京籍人员，年龄在18至45岁之间。宣武区选送的河北籍选手陈娜娜表演的西河大鼓《绣飞龙》摘得桂冠。大赛同时还评出最佳才艺奖、最佳风采奖、十佳才艺之星等多个奖项。

（李颖君）

【第18届北京“天使杯”舞蹈大赛】 7月17日～18日，由北京文化艺术活动中心、东城区文联主办，世界舞蹈艺术家协会、世界华人舞蹈联合会协办，东城区文化馆承办的第18届北京“天使杯”国标舞、交谊舞城市友好邀请赛在地坛体育馆举行。本次大赛是北京市“群众文化年”系列活动之一。全国共450对选手参加比赛。共角逐出少年业余组、大学生组、摩登舞职业组、摩登舞业余组等90个奖项。2000余名观众观看比赛。

（李颖君）

【京津沪渝群众舞蹈大赛】 7月～8月，北京文化艺术活动中心、天津群众艺术馆、上海市群众艺术馆、重庆市群众艺术馆联合主办“都市风采”——舞动北京·京津沪渝群众舞蹈大赛。大赛设青少年组、成年组、中老年组，参赛作品包括民族舞、民间舞、现代舞、秧歌舞、广场健身舞等类型。参赛者均为群众文化工作者及非职业文艺爱好者。8月21日在北京中国评剧大剧院举办决赛暨颁奖晚会。经过角逐，共产生金、银、铜奖各4个。北京文化艺术活动中心的《好戏没散》获金奖，北京万兴歌舞团的《醉在瓜园》获银奖，北京舞协朝阳区安贞街道男子队的《二胡声声》获铜奖。

（李颖君）

出版物

【《扫描北京》系列丛书】 11月，中国社会出版社出版《扫描北京》系列丛书，包括《皇城遗韵》《紫禁逝影》和《崇宣旧迹》三本。作者陈溥、陈晴，父女俩利用业余时间，走街串巷，实地察访，又研读了大量古今资料相互印证，经过几十年的积累，将研究成果集结成书。这套丛书以各街区的地理变迁为依托，将北京街区的重要历史遗存、街道、胡同，及河湖、桥梁、王府、寺庙、会馆、名校、老字号、名人故居等逐一阐释，从不同侧面展现出北京微观城市地理风貌。

（李颖君）

区 县 文 情

东 城 区

概 况

东城区位于北京城区东部，面积 41.84 平方公里，常住人口 86.5 万人。设 17 个街道办事处，200 个社区居民委员会。东城区于 7 月由原东城区与原崇文区合并成立。

东城区文化委员会（简称区文委），是主管本区文化、文物、新闻出版、广播电影电视等工作的职能部门。内设行政办公室、党委办公室、公共文化事业发展科、文物管理科、文化市场管理科、文化产业发展办公室、人事科、财务科 8 个职能科室和 1 个文化行政执法队，下辖 12 家事业单位，全系统职工 420 人。

2010 年，区文委立足于新区的资源特色和发展要求，在区委、区政府领导下，深入贯彻落实科学发展观，围绕“首都文化中心区、世界城市窗口区”的功能定位，以文化大发展大繁荣为主题，全力推动文化事业与文化产业的协同化发展，文化产品与文化服务的国际化发展，文化市场管理与繁荣的联动化发展，全区文化工作迈上新台阶。

2010 年文化艺术发展

领导考察和调研

3 月 17 日，文化部非物质文化遗产司副司长马盛德携专家到原崇文区督查“非遗”工作，原崇文区委常委、宣传部部长赵中原，区文委领导及部分“非遗”代表性传承人参加会议。督查组听取了崇文区近年来“非遗”工作情况的汇报，与“非遗”代表性传承人进行交流座谈，参观了崇文区“非遗”展室，对都一处、北京珐琅厂、北京玉器厂等国家级“非遗”项目单位进行了实地考察。

重要会议

崇文区文委 2010 年工作会议　1 月 24 日，原崇文区文委召开 2010 年工作会议，原崇文区委常委、宣传部部长赵中原，副区长高桂强参加了会议。文委主任李承刚对 2009 年工作进行了回顾，对 2010 年文化工作做出部署。文委系统 80 余名干部职工出席。

崇文区数字电影放映工作会议　2 月 4 日，原崇文区文委召开 2009 年数字电影放映工作总结、表彰暨 2010 年放映员培训会议。七个街道文卫科科长、文化服务中心主任及放映员参加了会议。文委副主任魏瑞峰对崇文区数字电影放映工作进行了总结，对 2010 年放映工作进行了部署。北京世纪东方数字电影院线有限公司的技术人员对放映员进行了培训。

促进社会单位服务社区公益文体活动总结表彰大会　6 月 9 日，会议在原东城区文化馆剧场举行。原东城区文委、区社会办、区教委、区体育局、区财政局、区审计局领导以及各街道主管主任、文教科长，社区居委会主任、开放单位等各方代表近 220 人参加会议。16 家优秀开放单位和 23 家优秀社区受到表彰。

文化市场监督员业务培训暨总结表彰大会　11 月 25 日、26 日，由区文委召开。会议对 10 名优秀监督员代表进行了表彰，对全区 52 名监督员进行了培训。

重要活动

中国第 1 届庙会文化论坛　1 月 7 日，中国第 1 届庙会文化论坛在原东城区文化馆举行。活动由中国民间文艺家协会节庆研究会和北大、清华的文化产业研究机构及北京市非遗保护中心、原东城区文联等单位联合主办，原东城区文化馆、区非遗保护办、区民间文艺家协会共同承办，来自全国近 20 个省（直辖市）的 100 多名学者、专家和文化、旅游等相关部门的领导参加，对如何重新认识和挖掘中国庙会的多重价值、庙会在内容和形式上如何与时俱进等进行了深入的研讨和交流。

第25届地坛春节文化庙会　2月13日~20日（农历腊月三十至正月初七）第25届地坛春节文化庙会在地坛公园举行，庙会期间的仿清祭地表演，较完整再现了祭地礼仪。庙会共接待各界游客120多万人次，其中外宾近2万人次。本届庙会获北京市“文化魅力奖”。

第27届春节龙潭庙会　2月13日~21日（农历腊月三十至正月初八）第27届春节龙潭庙会在龙潭公园举行，以“和谐崇文欢乐龙潭”为主题。来自全国各地的共有9支花会表演队伍、300多名演员，演出了40余场。本届庙会获北京市“文化魅力奖”。

“传承经典　放飞梦想”主题文化活动　3月31日，原东城区“我们的节日”之清明系列活动——“传承经典　放飞梦想”主题文化活动在地坛八区文化广场举行。殷之光、曹灿等老艺术家们参加活动并表演了朗诵等节目。来自北京市青少年民间民族文化教育基地的30多名孩子在东城区风筝协会指导下，制作风筝并放飞。

崇文区第3届清明节风筝放飞活动　4月1日，由原崇文区文委和区文联共同主办的“传承亲情　放飞心灵——崇文区第3届清明节风筝放飞活动”在永定门城楼广场举行。100多名风筝爱好者在广场上同时放飞了200多件大、中、小型风筝。

迎五一京剧名家演唱会　4月25日，由原东城区委、区政府主办，区委宣传部、北京京剧院、区文委承办的东城区迎五一京剧名家演唱会在文化馆风尚剧场举行。李维康、耿其昌、王蓉蓉、孟广禄等艺术家参加演出。区老干部、区劳动模范及社区居民和区戏剧建设促进委员会成员单位代表、近400人观看了演出。

崇文区“百姓周末大舞台”启动仪式　5月9日，由原崇文区委宣传部、区文委和区园林局联合主办的“我的北京　我的家”崇文区“百姓周末大舞台”启动仪式在玉蜓公园举行。中国杂技团的杂技专场拉开了活动序幕，近千名社区居民观看了演出。

东城区“百姓周末大舞台”等三活动启动　5月11日，东城区“百姓周末大舞台”、“第24届群众文化艺术节”、“第25届夏日文化广场”同时启动。活动在地坛八区文化广场举行，来自东之花女干部艺术团、周末相声俱乐部、周末手风琴俱乐部、171中学合唱团、街道业余舞蹈团等带来的群口快板、乐器演奏、舞蹈、合唱等精彩节目展示了各界群众的艺术修养。区相关委办局的领导、区社文委成员单位以及社区、中小学生、文化团队代表等近300人观看了演出。

文化遗产日系列活动　6月9日，由原东城区委、区政府主办的2010年“感受遗产魅力　共享东城记忆”文化遗产日系列活动，北京南新仓—东四奥林匹克社区第4届文化节“世界城市的民族性与本土性”高端论坛在南新仓举行。文物专家罗哲文等，围绕文化遗产保护、世界城市与国际文化等，为东城区发展建设世界城市提供建设性意见。

东城区中小学校园戏剧专场演出　6月29日，由原东城区文委、区教委主办的“戏剧伴我成长”东城区中小学校园戏剧专场演出在文化馆举办。此次参演剧目形式多样、内容丰富。分司厅小学的儿童歌舞剧《挡不住的阳光》、166中学校园剧《马虎的心愿》等剧目，从不同角度和侧面反映了当代校园生活和学生们的精神风貌。近400名中小学师生观看了演出。

2010北京管乐节　本届管乐节以“世界城市、乐动北京”为主题，由北京市文联、北京音乐家协会、北京管乐协会主办，北京市劳动人民文化宫、东城区文委、区文联支持，东城文化馆、北京管乐协会和北京管乐交响乐团共同承办。活动于7月10日至20日期间在国家大剧院、东城文化馆风尚剧场、中央音乐学院附中音乐厅等地陆续开展。

首届百姓环保戏剧展演开幕式　7月27日，第3届中国环境与健康宣传周——2010首届百姓环保戏剧展演开幕式暨无景话剧《桃花源》首演在原东城区文化馆风尚剧场举行。

“魅力东城，锦绣新区”大型文艺演出　8月12日，“魅力东城，锦绣新区”大型文艺演出在红剧场举行。区四套班子领导和东城区十七个街道的社区居民代表一同观看了演出。“魅力东城，锦绣新区”文艺演出以“唱东城、爱东城、建设新东城”为主题，是新东城区成立后，由区委、区政府筹备组主办，区文委承办，区文化馆组织演出的第一个大型文艺演出。演出由“序”和“古韵篇”、“今辉篇”、“愿景篇”三个板块组成，展现了新东城区丰富、独特的历史文化资源和充满魅力的生活空间。

第2届北京快板邀请赛颁奖　8月20日，第2届北京快板邀请赛颁奖仪式及名家名段专场演出在北京刘老根大舞台举行。中华曲艺协会会长常祥霖等曲艺家以及参赛获奖者、快板爱好者300多人参加。新创作的《胡爷爷跟咱过三十》等获奖节目作了汇报演出。

“第1届王府井国际品牌节”开幕式文艺演出　9月12日，“第1届王府井国际品牌节”在北京饭店金色大厅开幕，全国人大常委会副委员长韩启德，全国政协副主席林文漪，市委副书记、市长郭金龙等领导，以及来自全球的著名品牌制造商和运营商、驻华使馆官员、国外商会代表、国内外商业街区代表、品牌经济领域的专家学者、国际友好城区的代表共同出席。开幕式演出了时装表演《流动的紫禁城》、歌舞表演《风流华彩》等节目，让来宾充分领略了中国传统国粹的魅力，彰显了东城文化特色和王府井的国际化魅力。

第2届北京京、评、梆现代戏票友大赛总决赛 9月19日在刘老根大舞台举行。大赛于8月始，经各区县的初赛、复赛，有18个节目进入了决赛。通过决赛，评出一等奖2名、二等奖6名、三等奖10名、最佳表演奖1名、最佳新人奖1名及优秀奖若干名。

中秋诗会 9月21日，东城区文委、区文联、区园林局在龙潭湖公园共同举办“龙潭映月”中秋诗会。著名艺术家曹灿、冯福生、虹云与文学、诵读爱好者同台献艺，表演了《水调歌头》《光的赞歌》等名篇。

首届北京孔庙国子监国学文化节 9月27日，首届北京孔庙国子监国学文化节在孔庙国子监隆重开幕。活动由市台办、市文物局、东城区政府联合主办，孔庙和国子监博物馆、东城区文委、安定门街道承办。文化节的主题是“国学圣地、德化天下、人文北京、和谐世界”，活动期间推出了“国学高峰论坛”、“非物质文化遗产项目展示”、“大成礼乐文艺展演”等活动。

“第1届前门历史文化节”文艺晚会 10月15日，“古韵天街 文化东城”文艺晚会在北京电视台演播厅举行。赵本山、宋祖英等著名表演艺术家参加了演出。“第1届前门历史文化节”暨前门大街开市一周年庆祝活动是继王府井国际品牌节之后，东城区重点打造的又一个文化品牌活动。

东城区文化志愿者进社区系列活动启动 12月11日，东城区文化志愿者进社区系列活动启动仪式暨北京快板沙龙进社区首场演出在刘老根大舞台举行。曲艺家刘兰芳、姜昆作为东城区文化志愿者参加了活动。启动仪式后，由东城区文化志愿者组成的“和谐生活颂”小分队深入全区17个街道，为居民送上了快板、相声、歌舞等节目。

东城区文化志愿者进社区系列活动启动仪式

东城区街道优秀品牌团队评选 12月，东城区文委为推动群众文艺团队活动的开展，举办了为期1个月的优秀品牌团队评选活动，17个街道的76支团队报名参赛，经过专家评比，评选出30支优秀品牌团队。

文化交流

崇文区“非遗”技艺赴欧洲展示 2月6日～15日，原崇文区组织民间手工艺代表团赴英国格林尼治市和德国柏林市举办民间手工艺展示交流活动。展示了北京绢人、面塑、泥塑、火绘葫芦、真丝手绘、扎燕风筝、绒鸟等民间手工艺项目，受到了当地市民的热烈欢迎。

培 训

东城区基层文化干部培训班 5月24日、25日，原东城区基层文化干部培训班在东城区图书馆举办。培训课程采取专家讲授与讨论相结合的方式，从东城区公共文化服务能力建设的现状与思考等方面进行了专题讲解。来自全区各街道的文化干部、开放单位代表以及文化馆、图书馆的业务干部近200余人参加了培训。

2010年群众文化工作会议暨文化志愿者培训班 11月18日、19日，东城区文委举办2010年群众文化工作会议暨文化志愿者培训班，来自全区17个街道主管领导、文化科长、文化（文体）中心主任、南北两个文化馆有关负责人和文委文化科人员参加了会议。区文委副主任魏瑞峰对2010年全区的群众文化工作进行了总结，并提出了2011年的工作思路。区文委书记程永涛对今后的工作提出要求。会议还邀请了北京文化志愿者服务中心主任李倩作了文化志愿者培训讲座。

东城区群众文艺创作培训班 12月7日和22日，东城区文委分别举办了两期群众文艺创作培训班，东城区两个文化馆的业务干部、17个街道办事处和200个社区的文艺骨干参加了培训。北京曲协副主席崔琦、石景山区文联主席宋青松等艺术家作了关于相声的创作、歌词创作等方面的讲座。一些街道的文艺骨干根据所学知识积极开展创作，进行了学习成果汇报表演，培训取得了丰硕的成果。

戏剧文化城建设

2010年青年戏剧节首届剧本创意工作坊开幕 6月11日～20日，开幕式在东城区蜂巢剧场举行。活动由北京市戏剧家协会、北京市青年戏剧工作者协会联合主办，原东城区文联与北京青年戏剧工作者协会承办，原东城区文委、区青年戏剧工作者协会共同支持，旨在为青年编剧人才提供展示才华的平台。剧本创意工作坊的主题为“致敬与期待”，即“向戏剧大师致敬，期待青年英才涌现”。

第3届北京国际青年戏剧节开幕式 9月6日，在东城区蜂巢剧场举行。“国际之窗、青戏榜样”第3届北京国际青年戏剧节由北京市文联、北京剧协、国家话剧院、团市委联合主办，北京青年戏剧工作者协会承办，东城区文委给予了大力的支持。开幕式上，表演了导演孟京辉《三个橘子的爱情》和青年导演辛欣、赵小刚和王翀作品的片段。21天的青戏节共上演35部中外戏剧、12部剧本朗读精选和3台创意视听戏剧音乐会。

“歌剧群英汇东城”大型文艺沙龙 9月18日在东城文化馆风尚剧场举行，由东城区文委、北京润寅嘉艺文化艺术创意有限公司主办，东城文化馆协办。来自首都音乐界及东城区居民150余人参加活动。活动创意新颖，在谈话板块加入著名歌剧片段表演以及背景视频，包括《费加罗的婚礼》塞维利亚的《理发师》《风流寡妇》等。

戏剧建设促进委员会工作会议 12月13日，副区长毛桂芬在区政府会议室主持召开了东城区戏剧建设促进委员会工作会议，戏促会成员单位领导等出席。会议重点讨论2010年总结及2011年工作思路；审议2010年区戏剧产业发展引导资金使用方案与2010年区戏剧发展公益补贴资金使用情况。

“北京国际喜歌剧演出季”开幕式 12月23日～30日，“北京国际喜歌剧演出季”开幕式及首场演出在东城文化馆风尚剧场举行。一周中共演出了《费加罗的婚礼》《塞维利亚的理发师》《女仆当家》3个经典名剧，5场演出共吸引千余名观众。

戏剧文化工作年会暨政府专项资金发放仪式 12月29日，东城区戏剧建设促进委员会举办的2010年戏剧文化工作年会暨东城区政府专项资金发放活动仪式举行。驻东城区知名戏剧专家、院团负责人、剧场企业代表及新闻媒体参加了本次年会。年会总结回顾了2010年戏剧建设工作，提出了2011年进一步推动“戏剧东城”建设的思路，并为重点戏剧项目、优秀剧目及优秀剧场发放了区政府提供的1300余万元戏剧产业引导资金。

非物质文化遗产保护工作

崇文区“非遗”项目入展上海世博会 5月8日，在世博会北京活动周期间，由原崇文区出资制作展出的“泥人张”作品《盛世中华世博龙》，受到中外各界广泛关注。中央政治局委员、北京市委书记刘淇，北京市市长郭金龙等领导参观了展览。

崇文区推出第一批区级“非遗”代表性传承人 5月15日，第一批崇文区级非物质文化遗产名录项目代表性传承人专家评审会在原崇文区文化馆召开，经过讨论，并以无记名投票的方式表决。殷顺海、田秋生、滑树林等49名传承人获得2/3以上的赞成票，入选区级非物质文化遗产名录项目代表性传承人推荐名单。

崇文区非物质文化遗产保护成果大展 6月11日在中华民族艺术珍品馆举行了开幕式，展览由原崇文区委、区政府主办，区文委和区非遗保护中心承办。崇文区的非物质文化遗产82项名录项目悉数亮相。文化部、市委宣传部、市文化局的领导和区四套班子领导出席了开幕式。

“百姓身边的文化遗产”系列活动开幕式 6月11日，在全国第5个文化遗产日到来之际，原东城区文委在区文化馆举办“感受遗产魅力，共享东城记忆”——“百姓身边的文化遗产”系列活动举行。开幕式上，“智化寺京音乐”、“普天同乐开路圣会”等东城区的国家级“非遗”项目为观众送上了精彩的表演。

东城区非物质文化遗产代表性传承人评审会 9月25日，在东城文化馆召开了“东城区区级非物质文化遗产代表性传承人评审会”。共有28个“非遗”项目，32位传承人进行了区级“非遗”代表性传承人的申报。经过专家现场投票，全部通过。

非物质文化遗产保护工作总结会 11月24日、25日，东城区文委召开全区非物质文化遗产保护工作2010年工作总结大会。17个街道办事处有关人员，115个名录项目保护单位的领导参加了会议。区文委副主任魏瑞峰代表区文委和区非物质文化遗产保护中心作工作报告，北京象牙厂、全聚德集团公司、盛锡福帽业公司等项目的代表介绍了项目保护的工作经验。

文化馆

第20届新春游乐会 2月7日，第20届新春游乐会开幕式在原东城区文化馆举行。30余家媒体对游乐会进行了采访。此届游乐会吸引游客3万人次。获北京市庙会评比“非遗展示奖”。

崇文区文化志愿者服务中心揭牌 3月12日，原崇文区文化志愿者服务中心成立揭牌仪式在崇文区文化馆举行。北京市文化局、北京市文化艺术活动中心有关领导为中心揭牌、授旗。7个街道的文化志愿者进行了岗前宣誓，领导为志愿者颁发了北京志愿者手册。

图书馆

书海听涛——作家与读者见面会 2010年，东城图书馆积极创新读者活动方式，彰显阅读魅力，推出“书海听涛——作家与读者见面会”，让读者在书海听涛中“以文会友，以友辅仁”。见面会邀请了中国作家协会著名作家张胜友、高洪波，著名诗人汪国真，著名作家严歌苓、刘震云等与读者交流互动。见面会全年举办讲座67场，共有6000余名读者参与。

国学讲座　为普及国学知识，崇文图书馆从2008年开始了每周一次的传统文化讲座。到2010年对《论语》《孟子》等经典书籍进行讲解。截至年底，举办130余场，受众达15000余人次。

文化市场管理

文化市场审批　全年共为电影放映、文艺表演、音像制品等近1000家文化娱乐企业办理了年度核检、审核和换证工作；累计接待咨询2000多人次；办理行政许可450余件，均为提前办结，实现了服务对象满意率100%，行政许可准确率100%。

文化市场检查　全年出动执法人员2873人次，检查经营单位1949余家次，做出行政处罚案件22件、向工商分局移交案件1件，罚款共计50300元。

获奖情况

东城区文委　获全国文化遗产日活动组织奖先进集体称号。

东城区扫黄打非工作领导小组办公室　获得“全国扫黄打非先进集体”称号。

东城图书馆　被中国图书馆学会评为2009年度“全民阅读”先进单位。

崇文图书馆　被评为2009年度“首都文明单位标兵”。

东城区“非遗”项目雕漆技艺　获首届中国“非遗”博览会金奖。

雕漆技艺获首届中国“非遗”博览会金奖

东城区《幻境极光》冰上杂技项目　被文化部评为“国家文化产业示范基地”。

崇文文化馆北京快板沙龙　获文化部“牡丹奖”。

东城区文化委员会

书　记　　程永涛（7月任）
主　任　　李承刚（9月任）

原东城区文化委员会

书　记　　牟玉宪（7月免）
主　任　　程永涛（7月免）

原崇文区文化委员会

书　记　　贾红梅（女）（7月免）
主　任　　李承刚（7月免）

（张飞云）

注：2010年7月原东城区与原崇文区合并成立新东城区，8月原东城区文委和原崇文区文委正式合并，8月前的工作使用“原东城区”和“原崇文区”分别表述。文化馆和图书馆没有合并，8月后分别使用“东城文化馆”、“崇文文化馆”、“东城图书馆”、“崇文图书馆”名称。

西　城　区

概　况

西城区是首都功能核心区之一。辖区面积50.70平方公里。年内，全区总人口1621690人，其中，户籍人口1339774人，暂住人口281916人。辖区设15个街道、255个社区。

西城区文化委员会（简称区文委）是西城区主管文化、文物工作的职能部门。6月28日，按照国务院行政区划调整要求，由原西城区文化委员会和原宣武区文化委员会合并组成。区文委负责全区文化、文物工作的规划、组织；依法管理市、区级文物保护单位、监管文物市场，保护地下出土文物；依法对辖区内书刊发行业、印刷业、音像业、文化娱乐业进行管理，同时承担区扫黄打非办公室职能。区文委设办公室、文化市场管理科、文化科、文物科、财务审计科（财务科）、文化产业开发科、机关党委办公室（人事保卫科）。行政编制89人。

2010年，区文委完善公共文化服务体系，提升公共文化服务水平，加强非物质文化遗产保护利用，促进文化产业健康发展，维护文化市场繁荣稳定；贯彻区划调整战略部署，开展“新西城·新气象·新发展”主题系列文化活动，推进新西城融合。

2010 年文化艺术发展

重要活动

“双拥”文艺演出　1月21日，在西城区文化中心多功能剧场举办西城区迎新春——“鱼水情深”“双拥”文艺演出，原西城区委常委、宣传部部长傅华，区委常委、区武装部部长杨爱民，区人大常委会副主任刘永先，副区长杨培丽，区政协副主席程刚及军队有关领导与西城区各街道领导、群众，以及驻区部队官兵共500余人观看演出。

春节系列文化活动启动　1月30日，在原宣武区文化馆举办宣武区春节系列文化活动启动仪式暨社区才艺擂台表演。原宣武区委常委、宣传部部长刘洋，区人大常委会副主任郑然，市委宣传部文化处、北京群众艺术馆领导出席活动。2月3日，“我的北京　我的家”西城区春节系列文化活动暨西城区群众文化年系列活动启动仪式在西城区文化馆一层大厅举行。市委宣传部文化处、市文联组联部领导，傅华、杨培丽参加了启动仪式。

“和谐杯”六艺大比拼活动　3月~6月，第4届“和谐杯”六艺大比拼活动在原西城区党政机关、企事业单位和驻区中央市属单位、驻区部队范围内开展。比赛设书法、绘画、摄影、合唱、卡拉OK、舞蹈6项，约3500人参加，各门类均评出一、二、三等奖。

京城首家黄梅戏会馆揭牌　4月23日，北京黄梅戏会馆揭牌仪式在原西城区非物质文化遗产展示中心（胜利电影院）举行。安徽省驻京办、安庆市驻京办、原西城区政府有关单位参加仪式并观看汇报演出。北京黄梅戏会馆由原西城区文委和北京长乐文化传播有限公司共同兴办，力图使会馆成为黄梅戏演出、组织专业论坛、开展戏迷交流、乡情聚会的特色文化平台。

国际文化贸易论坛2010　4月24日，由文化部外联局、中共北京市委宣传部、原宣武区人民政府、北京第二外国语学院主办，原宣武区文委、北京第二外国语学院国际文化贸易研究中心承办的“国际文化贸易论坛2010”在北京湖广会馆举行。参会人员50余人，议题覆盖国际文化贸易理论研究和人才培养。原宣武区委书记王宁出席论坛。

全国第15届“群星奖”获奖　4月，原西城区文化馆业务干部何晓丹获“群星奖”和“群文之星”两项大奖。原宣武区文化馆选送的西河大鼓《绣飞龙》获“群星奖”。

中央巡视组到原宣武区巡视　5月20日，中央第五地方巡视组到原宣武区巡视，参观了北京宣南文化博物馆及非物质文化遗产展演、展示区。原宣武区委书记王宁陪同巡视。

百姓周末大舞台　5月~7月，原宣武区文委开展“百姓周末大舞台”惠民工程，组织16支专业文艺团体在大观园露天剧场、宣武艺园露天剧场演出24场次，参与观众10000余人。

文化遗产日活动　6月12日，原宣武区文委配合北京市文化局在大栅栏商业街举办2010年北京市“文化遗产日”暨“北京空竹文化节”启动仪式。文化部副部长王文章，非遗司司长马文辉，中共北京市委常委、宣传部部长、副市长蔡赴朝，市文化局局长降巩民，原宣武区王宁、杜灵欣、刘洋、梁昌新出席启动仪式。其间，开展了老北京民俗风情泥塑展、“名载历史　商传百世——宣南老字号”专题展、“文化遗产在我身边”图片展等12项系列文化活动。当日，原西城区“文化遗产日”暨“端午文化宣传日”活动在历代帝王庙举办。活动有月坛祭月文化研究成果展示、非物质文化遗产展览展示、西城区出土瓷片展、陶瓷和杂项专家现场鉴宝、系列民俗和文博讲座等。

“红领巾”读书活动　6月13日，原宣武区图书馆在江西省定南县建立“红领巾图书阅览室”，捐赠图书3000册。年内，创办红领巾文学社，举办小记者培训、征文活动，开通“红领巾”文学社博客，组织辖区14540余名学生参加各类“红读”活动。原西城区图书馆以爱国主义为主线，以“传承文明　阅读同行”为主题，组织开展高中生辩论赛、第3届小学生古诗词吟诵大赛、阳光少年故事会、全区小学生知识竞赛中小学生征文比赛等10项活动，全区71所中小学校，59787人参加。

颂歌献给党“红歌”会活动　6月25日，“颂歌献给党——西城区军民纪念建党89周年红色经典歌曲演唱会”在月坛体育馆举行。原西城区区长张建东等和总政直工部、总参政治部、二炮后勤部顺、中央警卫局等驻区部队领导与来自全区各系统单位的2000余名干部群众参加活动。

西城区“双拥”专场文艺演出　7月6日，在鑫融剧院举办“军民鱼水情深一家人”西城区“双拥”专场文艺演出。市文明办、首都军警民共建指导小组、市民政局及西城区委区政府相关单位领导，中国人民解放军总政治部、中国人民解放军武警总部、北京卫戍区、武警北京总队及黄金指挥部等部队单位参加活动。西城区委书记王宁致辞。

“新西城·新气象·新发展”主题活动　7月14

日，在全国政协礼堂举办“百花争艳 缤纷西城”西城区文艺晚会暨“新西城·新气象·新发展”主题系列文化活动启动仪式。区委书记王宁，区人大筹备组组长王敏荣，区委副书记、区政府筹备组组长张建东，区政协筹备组组长王祥杰出席活动。西城区15个街道通过歌舞、杂技、民乐等艺术形式，展示新西城人民丰富多彩的群众文化生活。主题活动包括“2010北京国际摄影季”、第7届“景山合唱节”等30项，共举办演出50余场、参与群众12万人次。

祝新西城成立，举办“百花争艳 缤纷西城”晚会，新街口街道少儿舞蹈队演出“鼓动中华”

“激情夏夜·缤纷西城”主题晚会 8月13日，西城区在北京奥林匹克中心区举行2010第1届北京奥运城市体育文化节“激情夏夜·缤纷西城”主题晚会活动。西城区15个街道的业余文艺团队和驻区部队、专业演员参加演出。

全国人大领导考察“非遗” 8月20日，全国人大常委会法工委行政法室主任王超英、文化部非遗司司长马文辉、北京市文化局党组书记张文华等一行15人到西城区考察国家级非物质文化遗产项目抖空竹、荣宝斋木板水印技艺和内联升千层底布鞋制作技艺。

第7届景山合唱节 9月7日，2010年“大地飞歌”第7届景山合唱节在景山公园举行决赛。经过选拔赛决出的16支合唱团队同场角逐竞技，决出一、二、三等奖。

友好图书馆 9月14日至16日，西城区图书馆参加在攀枝花市召开的中国西部少数民族地区图书信息协作会年会，与攀枝花市图书馆签署友好图书馆协议书，就加强信息交流、促进资源共享、定期举办展览、加快人才培养、馆外服务和项目援助5方面达成协议。

中秋节游园赏月活动 9月21日，区文委在月坛公园举办“月圆·团圆”中秋赏月游园活动。市政协副主席王永庆、市委宣传部常务副部长陈启刚，区委常委、区委宣传部部长刘洋等出席活动。活动现场举办文艺演出、祭月表演、书画笔会、民间手工艺展示等。

2010北京西城宣南文化节 10月12日，2010北京西城宣南文化节开幕式在北京展览馆举行。副市长刘敬民，市政协副主席陈平，王宁，中国电影家协会副主席成龙共同为晚会揭幕。文化节历时一个月，内容涵盖文艺演出、发展论坛、主题活动、展览展示共计4大类。

话剧《四世同堂》台北首演 10月30日，由中国国家话剧院、北京演艺集团有限责任公司、北京市西城区人民政府、北青文化艺术公司、北京儿童艺术剧院股份有限公司联合出品，田沁鑫改编自老舍同名长篇小说的话剧《四世同堂》在台北孙中山纪念馆首演。国民党名誉主席连战、海基会董事长江炳坤、新党主席郁幕名等多名政要，台湾演艺界名人以及2500多名观众观看演出。随话剧《四世同堂》台北首演，10月28日~11月1日，由西城区政府策划的“新城旧影中的京都印象——老北京文化展”在台北孙中山纪念馆举办。展览以西城区非物质文化遗产为主要。

全国人大代表视察 11月15日，全国人大代表方新、孟学农，北京市人大常委会副主任李昭玲，市人大代表等一行65人视察西城区非物质文化遗产项目传承保护工作。降巩民、刘永先陪同视察。

“我的社区 我的家”活动 活动以区内各社区为单位，家庭为单元，展现身边的人，讲述老百姓自己的事，以多种艺术形式展现社区群众的文化风采，并组织优秀节目在专场演出中展示。年内，共举办演出70余场，观众26700人次。

节庆西城 原西城区品牌活动，突出传统民俗，以戏曲、曲艺、原创灯谜、数字电影、手工艺现场展示、展览等为活动形式。年内，共举办“节庆西城”元旦、春节、元宵、五一、端午、国庆6个专场活动，接待群众15000余人次。

示范点及基层单位辅导 年内，为辖区中央机关和市、区属机关、基层单位、部队等提供声乐、舞蹈、伴奏、指挥等艺术门类辅导2477次，受众107774人次。其中，社区示范点辅导523次，受众20596人次；基层、各职能局、部队等辅导205次，受众11208人次；京、评、越剧团队、曲艺团队、舞蹈团队辅导1749次，受众75970人次。

周末社区大讲堂 年内，原宣武区图书馆与北京市社科联、区委宣传部联合举办15场，累计听众达5000余人。

送书下基层服务 年内，原宣武区图书馆开展为机关、学校、武警部队、街道社区等单位送书活动100次，共计21191册。

建立北京会馆数据库　北京会馆数据库是原宣武区图书馆地方文献特色数据库，是其利用馆藏地方文献专藏资源建立的，以北京市特别是宣南地区的会馆文化为主题内容的多媒体资源数据库。设有“会馆信息库”、“图书资源库”、“文章资源库”、“图片资源库”、“拓片资源库”等栏目，读者利用网络平台，通过音、视频以及文字、图片、碑帖等资料，阅读和了解北京会馆的起源、发生发展、历史沿革、遗迹和消失。

文化交流

参加上海世博会北京周活动　5月1日～7日，上海世博会北京周活动在世博园宝钢大舞台拉开帷幕。其间，原西城区文委、原西城区旅游局组织开展“从奥运到世博——北京欢迎您，京派非遗传承人激情世博”活动，来自原西城区14名非物质文化遗产项目（“北京鬃人”、“面塑”、“内画鼻烟壶”、“卵石画”、“脸谱绘制”等）传承人进行展览展示。

参加泰国曼谷姐妹城市周活动　9月16日，西城区“内画鼻烟壶”、“北京鬃人”、“面塑”、“金石篆刻”、“抖空竹”、“彩蛋”6个非物质文化遗产项目传承人参加泰国曼谷市政府组织的“2010泰国曼谷姐妹城市周”活动。通过视频、图片和“非遗”传人表演等形式展示北京城市形象。

文化馆馆际交流　10月25日～29日，西城区文化馆参加在厦门举办的第27届全国部分城区文化馆馆际交流会。

非物质文化遗产保护工作

文化部“非遗”督查组考察　3月18日，文化部非物质文化遗产司副司长马盛德带队到原宣武区考察抖空竹、内联升千层底布鞋制作技艺、北京仿古瓷等“非遗”保护项目。

刘淇调研“非遗”保护工作　5月11日，市委书记刘淇到原宣武区调研非物质文化遗产保护工作。参观了内联升、湖广会馆、中国书店、荣宝斋大厦；观看千层底布鞋制作，北京风雷京剧团京剧艺术展和古籍修复技艺及内画鼻烟壶、彩蛋绘画、毛猴等“非遗”项目技艺。市领导蔡赴朝、李士祥、程红参加调研。

“非遗”代表性传承人申报工作　6月，原西城区文委组织首批原西城区级非物质文化遗产项目代表性传承人推荐申报工作，确定首批原西城区级非物质文化遗产项目代表性传承人39人。9月，西城区文委组织第二批西城区级非物质文化遗产项目代表性传承人申报、推荐工作，11月，确定第二批代表性传承人52人。

挂牌第五批家庭艺术馆　6月，原西城区文委在各街道推荐、逐一考察基础上，挂牌第五批“家庭艺术馆”。“戏曲盔头制作”等6个项目的民间手工技艺、收藏家庭入选。

非物质文化遗产保护项目申报　年内，申报国家级“非遗”保护项目6个；新增区级“非遗”保护项目11个。完成非物质文化遗产项目“岔曲”、“宫毯”、“宫廷正骨”、“皮影戏”、“中国书店古籍装帧修复”等中央补助经费及“北京童谣”、“内联升”、“大栅栏五斗斋高跷秧歌”、“鬃人”、“京都北韵禅乐”等市级补助经费申报拨付工作。

北京大栅栏五斗斋高跷秧歌

文化馆

西城区文化馆　一级文化馆。内设办公室、艺术委员会、财务部、后勤保障部、厅室活动部、艺术部、社区艺术指导部、艺术培训部、非物质文化遗产整理办公室、舞美工作部、演出服务部共11个部门。西城区文联下设的7个艺术家协会及文化馆7个主要业余文艺团队常年开展文化活动。年内，西城区文化馆完成了近10场高水准的大型群众文艺演出，其中包括原创群众文艺演出1场。除开展“节庆西城”、“看大戏到西城”、“六艺大比拼”、“景山合唱节”、“西城讲坛”、“圆梦艺苑公益个人展览”、“公益数字影院”等传统品牌活动外，全新推出“我的社区我的家”等精品活动，坚持“百场文化艺术辅导讲座进社区”、“艺术培训”等公益辅导和培训活动，为自闭症孩子免费开办“钢琴音乐疗法”培训班。完成非物质文化遗产的收集、整理、制作，举办非物质文化遗产展览等。

西城区文化馆（南馆）　内设非遗保护部、音乐舞蹈部、文化活动部、戏剧曲艺部、美术摄影部、志愿者分中心、办公室、财务室。年内，文化馆先后主办、承办北京西城宣南文化节“三进”（进军营、进企业、进社区）文艺演出、“国际文化贸易论坛2010”、第1届北京奥运城市体育文化节——“激情夏夜·缤纷西城”主题晚会及各街道组织的“一

街一品”群众文化活动；组织开展各类演出上百场，累计观众10余万人。全年实行无假日开放，举办舞蹈大讲堂、声乐大讲堂、朗诵主持大讲堂、戏曲大讲堂、合唱指挥大讲堂等各类讲座、展览及舞蹈、美术培训等。同时，通过代表性传承人申报，完善三级传承人名录，南区现有国家级代表性传承人16名，北京市级代表性传承人29名，区级代表性传承人46名。

图书馆

西城区图书馆　是全国首家获得国际图联会员资格的区县级公共图书馆，建筑面积11720.28平方米，馆内设有报刊阅览室、德国信息与德语自学中心、中瑞可持续发展信息中心、视障人阅览室、集体视听室、多媒体网络中心、旅游资料室、音乐资料室、古籍资料室、个人借阅部、自习室等13个服务部门。年内，以读书活动为导向，举办各种文化活动，延续特色讲座及读者活动的开展，例如“西城讲坛”、“英语讲座”、“英语角”等。切实做好“文化兴区”战略，不断推进文化交流。年内采购新书1435391.9元，14747种、55719册；办理“一卡通”读者证3014个；借阅282313人次、借书266025册次；上网浏览5291人次；视听欣赏2680人次；自习56700人次；举办读者活动174次，84996人参加；图书推荐84期，共推荐新书1106种；流动图书车借书4018人次，30434册次；基层辅导150次。

西城区图书馆（南馆）　全馆总占地面积1700平方米，建筑面积3500平方米。现有阅览座位562个。设流通部、资料阅览部、少儿部、采编部、电子阅览室、宣传辅导部、行政后勤部。馆藏文献总量450733册。全年举办活动159次，60642人参加，读者流通24万人（次），外借书刊30万册（次）。年内组织主题系列讲座、报告会42场，8000余人参加。开展了为机关、学校、社区、武警部队、牛街敬老院、幼儿园等送书活动百余次。利用区图书馆阵地，开展资源共享网上阅览活动，1.3万余人参加，其中，共享工程宣传推广活动52次，有0.3万人参加。开展了“盛世中国·朗诵花开”迎新春诗歌朗诵会、抗震救灾诗歌朗诵会、第9届法源寺丁香诗会暨第6届丁香笔会、图书馆服务宣传周、世界读书日、有奖猜谜、幸运读者抽奖、摄影比赛、读者征文等各类型读者活动。举办各类未成年人阅读活动21次，14540余人参与。全年举办多种类型的展览，推荐优秀图书等读者阅读指导活动。推进政府信息公开，建立查询网络平台，为读者提供信息咨询服务。开展北京市井民俗文化课题研究，《北京宣南寺庙文化通考》荣获第十一届北京市社会科学成果奖二等奖。

西城区青少年儿童图书馆　内设综合阅览室、儿童阅览室、报刊阅览室、电子阅览室、音像视听室、玩具乐园、数字电影厅、乒乓球厅等13个开放厅室，面向西城区及北京市18岁以下青少年儿童开放。年内，新增图书19335册41.32万元，接待读者201166人次，外借图书234823册次，办证3889个，流动图书车下基层129次，开展各项读者活动149场，69616人次。截至年底，累计藏书257194册，网站浏览量132.29万人次，开辟学校、幼儿园、社区服务点25个。全年围绕“以活动促发展”为主线开展了丰富多彩的读者活动。

文化市场管理

文化娱乐场所优惠券　4月1日~6月30日，原西城区文委向广大消费者发放3万张文化娱乐场所优惠券，吸引群众体验区文化场所优质服务，树立健康文化消费理念。

文化市场管理系统正式运行　6月3日，原西城区文委与原西城区科委联合开发的“西城区文化市场管理系统”通过验收。该项目通过开发使用西城区文化市场管理系统，改变西城区文化市场单位信息采集管理模式，优化工作流程，缩短决策时间和数据采集周期，提高统计数据的时效性及工作效率，提高文化管理工作效率和质量。

“扫黄打非”工作　西城区文委组织开展16个专项整治行动。共出动执法人员32840人次，执法车辆5500台次，社会协管力量1万余人次，检查各类文化经营单位6108家次，回复各类举报200余件，立案75件，罚款12.88万元。西城区扫黄打非工作领导小组办公室被评为2010年北京市“扫黄打非”暨文化市场管理工作先进集体。

文化市场社会监督工作　年内，发挥文化市场监督员和社会文化督导员巡访作用，开展社会监督工作，加强社会面控制，查访各类经营单位800余家次，反馈信息100余条，发送安全生产文件200余份。

文化娱乐场所阳光工程　年内，区文委、区文化产业协会在全区娱乐场所范围内开展“西城区文化娱乐场所阳光工程”。从严格守法经营、自觉接受管理、环境服务优质、经营特色突出、抓好安全生产等方面对自评自荐单位进行考察和评定。17家单位被授予西城区阳光娱乐场所称号。

西城区文化委员会

书　记　宋　伟（7月任）

主　任　李征帆（8月任）

原西城区文化委员会

书　记　　张宏达（1月免）
　　　　　李征帆（1月任，8月免）
主　任　　张宏达（1月免）
　　　　　李征帆（1月任，8月免）

原宣武区文化委员会

书　记　　白　杰（7月免）
主　任　　王　旭（3月免）
　　　　　郭　新（3月任，7月免）

（曾　芳）

朝　阳　区

概　况

朝阳区位于北京市东郊，面积470.8平方公里，常住人口354.5万人，辖24个街道办事处、19个地区办事处。

朝阳区文化委员会（简称区文委）是主管本区文化、文物、新闻出版和广播电视工作的政府组成部门。内设办公室、文化科、文物管理科、出版发行管理科（审批管理科）、电视音像管理科（调研室）、组宣人事科及行政执法队。直属单位有文化馆、图书馆、北京民俗博物馆、朝阳剧场、紫光影城、香河园文化娱乐中心、劲松影院、曙光影剧院、电影发行放映公司、北京朝阳京剧艺术中心、文物管理所。

2010年，区文委围绕区委、区政府加快推进“新四区”发展战略要求，紧紧抓住创建全国文明城区契机，以“夯实基础，提升品牌，健全机制，促进繁荣”为工作目标，高标准科学编制“十二五”规划，加快推进公共文化服务体系建设，加强非物质文化遗产的保护，打造繁荣、健康、安全的文化市场环境，文化事业和文化产业齐头并进、协调发展。

2010年文化艺术发展

重要会议

区文委工作会议　1月20日～21日召开。区文委、文联领导班子成员，文委机关及文联全体干部参加了会议。会议全面总结了文委2009年工作；深入分析了当前文化工作面临的形势和存在的主要问题，对2010年工作进行了全面部署。

2010年朝阳区文化市场管理（“扫黄打非”）工作会议　2月25日上午在区政府会议室召开。副区长张春秀，区文化市场管理（扫黄打非）工作领导小组28个成员单位及43个街乡的相关领导参加了会议。会议总结了2009年全区文化市场管理（“扫黄打非”）的工作情况，部署了2010年文化市场管理“扫黄打非”工作，并下发了《2010年朝阳区文化市场管理（扫黄打非）工作考核标准及评分细则（征求意见稿）》。

朝阳区2010年文化工作会　3月18日上午召开。区人大常委会副主任于五一、副区长张春秀、区政协副主席关三多出席，区基层文化工作联席会成员单位、各街乡主管文化、文物、文化市场管理工作领导及文化干部等参会。会议全面总结了2009年全区文化工作，部署了2010年文化工作主要任务。

调查研究

程连元调研文化工作　6月23日上午，朝阳区区长程连元、副区长张春秀、区长助理巴图率领区政府办、区社会建设办、区农委、区发改委等部门调研文化工作情况。程连元一行先后到八里庄文化中心、朝阳区文化馆，考察了公共文化设施建设、功能及使用的情况，并听取了区文委的工作汇报。程连元对文委工作提出要求。

谢莹到区文委调研　7月27日下午，区委常委、宣传部部长谢莹，区委书记助理白瑞瑾，区委宣传部常务副部长苏民等到区文委进行调研。谢莹听取了区文委主任黄晓伟关于公共文化服务体系建设的情况汇报，并就如何创新文化管理体制、深化文化体制改革等内容进行了交流。

市文化娱乐场所安全生产检查工作领导小组到区检查　9月8日，市文化局巡视员叶重辉带领市安监局、市公安消防局、市文化执法总队等单位相关负责人组成文化娱乐场所安全生产检查工作领导小组，一行10人到朝阳区检查指导文娱场所安全生产工作。

区委专题研究文化事业发展工作　10月14日，区委召开常委（扩大）会，专题研究朝阳区文化事业发展工作。会议听取了区文委关于文化事业发展情况的汇报，区领导就如何推进文化发展作了相关指示。

市文化局调研朝阳区农村文化市场监管工作　10月21日，市文化局叶重辉等领导到朝阳区调研农村文化市场监管工作，区文化市场管理（扫黄打非）工作领导小组办公室组织了农村文化市场监管工作调研会。区文委汇报了农村文化市场的监管情况，城乡结合部街乡汇报了执法检查中存在的问题，叶重辉有针对性地提出了相关工作意见。

陈宏志到区文委调研 10月29日下午，朝阳区委常委、组织部部长陈宏志到朝阳区文委调研，听取了区文委书记张前和主任黄晓伟关于文委系统组织工作开展情况及朝阳区公共文化服务体系建设情况的汇报，陈宏志对区文委相关工作给予了充分肯定，并就下一步工作提出了指导性意见。

区委专题研究公共文化设施建设工作 11月9日，区委召开专题会，研究公共文化设施建设工作。区委书记陈刚，区长程连元，区委常委、常务副区长吴桂英及谢莹、于五一、李建海、张春秀、关三多等领导出席。会议听取了区文委等部门关于朝阳区公共文化四级服务网络建设情况的汇报，区领导就下一步工作提出了指导性意见。

区委专题研究文化体制改革有关工作 11月16日，区委召开专题会，研究朝阳区文化体制改革有关工作。区领导陈刚、陈宏志、谢莹、于五一、张春秀、关三多出席。区领导充分肯定了朝阳区在文化体制改革方面所作的探索和取得的成绩，并就做好文化工作提出了指导意见。

重要活动

区文联2010年新春联谊会举行 2月5日下午，朝阳区文联2010年新春联谊会举行。中国文联副主席刘兰芳、丁荫楠，中国书协副主席、北京书协主席林岫，中国舞协分党组副书记兼秘书长、朝阳区文联名誉主席刘春香，北京市文联党组书记朱明德，副书记王德新、索谦，市演艺集团副总经理李龙吟，朝阳区文联名誉主席、区诗书画研究会会长安训生，于五一、张春秀、关三多等参加了联谊会。区文联及各协会会员400余人与会。

朝阳区2010年春节“百姓大戏节” 2月14日~19日，朝阳区2010年春节“百姓大戏节”活动在朝阳公园礼花广场举办。北京歌舞剧院演出了歌舞、魔术、杂技、器乐等节目。演出12场，接待观众近50000人次。

第14届“百姓之家 新春大集”系列文化活动 2月14日~19日，朝阳区文化馆举办了第14届“百姓之家 新春大集”春节室内庙会。本届庙会除了祈福猜谜、年画展等保留活动外，还增设了花车彩灯、花鸟字展、“非遗”特展、老物件展、相声专场、“乔装戏”演出等丰富多彩的活动项目。春节期间共计接待游客5000余人次。

第9届北京民俗文化节暨第12届东岳庙春节文化庙会 2月14日~20日在东岳庙举行。庙会以“博物馆里过大年”、“弘扬中华优秀传统文化”为主旨，把民俗文化与道教文化相融合。活动围绕“祈福迎祥”主题，开展了烧福香，走福路，挂福牌，绕福树，画福布，请财神，摸铜特、玉马，打“金钱眼”、打金钟等系列祈福活动，东岳庙道团还恢复了昔日种类繁多的道场科仪。15万人次参加了活动。

参加第5届北京春节庙会·灯会·文化活动获奖 3月4日，由中共北京市委宣传部、北京市文化局、北京市旅游局、北京市园林绿化局和北京市公园管理中心共同主办的第5届北京春节庙会·灯会·文化活动评选揭晓，北京欢乐谷新春百艺欢乐节、朝阳国际风情节、东岳庙春节文化庙会、三里屯时尚街区灯会和朝阳区文化馆“百姓之家·新春大集”分别荣膺“非遗”展示奖、十大庙会灯会奖/创意奖、十大庙会灯会奖/“非遗”展示奖、创意奖和社区庙会·灯会奖。

“清明琴诗雅集”活动 4月4日下午，由朝阳区文化馆、中国民族器乐学会、北京乐器学会、北京孔庙国子监博物馆成贤国学馆共同主办的“清明琴诗雅集”活动，在朝阳区文化馆“行动剧场”举办。清华大学等20余所高校的传统文化艺术社团参加了活。

第5届朝阳流行音乐周落幕 5月6日晚，第5届朝阳流行音乐周活动在朝阳公园落下了帷幕。为期7天的朝阳流行音乐周，以“5月朝流”为主题，国内外110个知名演艺团体、乐队组合、歌手在朝阳公园4个舞台上竞展各国、各民族的流行音乐、民族传统艺术和民间文化的风采，共演出38场，接待观众近30万人次。

朝阳区“百姓周末大舞台”活动 5月~7月，朝阳区文委组织北京歌舞剧院、北京儿童艺术剧院、中国杂技团、中国评剧院、北京管乐交响乐团等10家国有和民营专业文艺团体，在和平街城铁公园露天剧场和安贞社区公园露天剧场，为社区群众奉上14场高水平的文艺演出。

“百姓周末大舞台”演出活动

第9届“金刺猬”大学生戏剧节 8月6日晚，

第9届“金刺猬”大学生戏剧节在798玫瑰之名艺术中心开幕，活动历时10天。戏剧节从来自全国21个省（自治区、直辖市）62所高校89个剧社的106部戏剧作品中，选择了14部作为展演剧目，同时在“9剧场”、西城区文化馆、方家胡同46号剧场和文联剧场等多地上演。中国传媒大学形体表演工作室选送的话剧《最后只好停下来》获得了本届大戏节最高奖“金刺猬”奖。

奥林匹克城市体育文化节之“璀璨朝阳”活动　8月17日，奥林匹克城市体育文化节之“璀璨朝阳”文艺晚会在奥林匹克公园举行，同时也拉开了2010年朝阳区广场文化博览系列展演活动的序幕。晚会邀请了中国铁路文工团、凤朝阳合唱团等演出团队，为观众献上歌舞、武术、花式篮球、啦啦操等演出。

“朝阳大地舞翩跹，百姓同颂和谐曲”社区共舞活动　8月27日晚，在望京文体广场举办。朝阳区原人大常委会主任、区诗书画研究会会长安训生，谢莹、于五一、关三多等出席活动。社区百姓与曾参加过国庆集体舞演出的舞蹈队员们一同舞蹈，共有4000余人参加了活动。

“旋舞朝阳”朝阳区第4届舞蹈大赛举办　8月28日下午，2010年朝阳区广场文化博览系列展演暨“旋舞朝阳”朝阳区第4届舞蹈大赛在管庄地区文化广场举行。来自安贞、三里屯等街乡的32支舞蹈队表演了舞蹈作品。本届增加了藏族、蒙古族、维吾尔族、朝鲜族4个民族组合舞蹈的展示环节。

2010朝阳区“社区一家亲　全家福”中秋联欢活动　9月21日，朝阳区文委、呼家楼街道办事处在文化馆门前广场举办2010朝阳区“社区一家亲　全家福”中秋联欢活动。邀请属地100个家庭，拍全家福，吃月饼，欣赏了乔装戏《赛活驴》、傅氏幻术《心灵感应》及小红门地秧歌等民俗节目，共同度过一个和谐团圆的中秋。

“理想国年度文化沙龙2010”开幕式举行　9月21日晚，“理想国年度文化沙龙2010”开幕式在北京民俗博物馆举行，陈丹青、梁文道、易中天、贾樟柯、张大春、舒国治、骆以军、欧阳应霁等中国文化界的著名人士百余人出席了活动。开幕式由香港文化名人梁文道主持，关三多代表区委区政府出席并讲话。

朝阳区“社区一家亲”中外歌剧选段合唱比赛　10月13日下午，朝阳区“社区一家亲”中外歌剧选段合唱比赛在朝阳区文化馆举办。这是“社区一家亲”首次举办中外歌剧选段合唱比赛活动，共有13个单位的14支参赛队参加了决赛。

朝阳区2011年新年音乐会　12月30日晚，由朝阳区委宣传部主办，区文委、区文联承办的2011年朝阳区新年音乐会，在世贸天阶大隐剧院举办。陈宏志、谢莹、于五一、阎军等出席活动。活动以“大屏幕视听”中外电影音乐为主题，邀请中国歌剧舞剧院交响乐团演奏了《乱世佳人》《泰坦尼克号》等多部经典影片的主题音乐。

文化设施建设

朝阳区图书馆CBD文化创意图书馆正式开馆　北京市唯一一家以创意资料为主的公共图书馆——朝阳区图书馆CBD文化创意图书馆，在试开馆一年后，于3月23日上午正式开馆。该馆总面积465平方米，馆藏图书分为创意资料图书、中文普通图书两部分，以创意资料为特色，内容涉及经济、文化、语言文字、文学、艺术、历史地理、工业设计、版权保护及英、法、日、德语的工具书等，总量已达到10000册，并将按计划和读者需求每季度更新500册图书。此外，读者还可利用馆内的多媒体观看广告、动漫DVD等资料片，报告厅内还将定期或不定期地举办各种讲座、展览、文化创意沙龙和读书活动等。

东湖街道图书馆开馆　4月2日，东湖街道图书馆正式开馆，标志着达标图书馆已覆盖至全区各个街乡。该图书馆属朝阳区图书馆直属书库序列，由区图书馆直接配送图书、报刊，并定期更新。

朝阳区图书馆新馆建设启动　12月30日上午，朝阳区图书馆新馆签约仪式在朝阳规划艺术馆召开，标志着朝阳区图书馆新馆改建工程正式启动。朝阳区图书馆新馆由朝阳区委、区政府投资3.62亿元兴建，位于东三环双井街道百环家园社区，占地面积5180平方米，建筑面积1.46万平方米，是原图书馆的3倍。

非物质文化遗产保护工作

朝阳区启动坝河文化遗产资源调研　1月起，开展了对坝河（朝阳区段）的调研。调研采取史料整理、资料查找、专家咨询与沿河实地考察、原住民走访、研讨会相结合的方式，对坝河的历史、水资源及沿岸文化遗产等情况进行细致的调研。

三里屯国际街区景观展示活动　2月26日～28日，区文化馆联合三里屯街道在VILLAGE时尚街区举办了2010朝阳三里屯国际街区“漂亮的兵马俑灯笼”景观展示活动。现场展示了100盏兵马俑灯笼、4辆花车彩灯、60盏外国居民自制彩灯、141盏国家“非遗”项目彩灯和三里屯自制的120盏文明礼仪灯。

朝阳区居民大碗茶故事会　6月11日晚，“我的朝阳　我的家”大碗茶广场故事会在亚运村安慧里小区健身园举办。活动现场摆放了100张八仙桌，500位社区居民欢聚于此，与著名评书表演艺术家刘兰芳、快板书表演艺术家梁厚民、民俗学家高巍、“孔伯华中医世家”、“非遗”传承人孔令谦等名人名家，一起品茗说故事。

居民大碗茶故事会活动现场

奥林匹克城市体育文化节“祥云百戏”活动 9月19日晚，奥林匹克城市体育文化节之“祥云百戏”朝阳区非物质文化遗产成果展演在鸟巢文化广场举行。九嶷派古琴传承人带领近百学众演奏了《流水》《孔子歌》，傅氏幻术传承人表演了《心灵感应》，昆曲演出了《牡丹亭》，数百名观众到场观看了。

文化交流

第3届北京法国戏剧荟萃活动 作为“中法文化之春”最重要的活动之一，“第3届北京法国戏剧荟萃”于4月23日下午在北京“9剧场”拉开序幕。活动由7部戏，3个工作坊，1个展览和1个研讨会组成。

纪念肖邦诞辰200年波中男孩女孩民间歌舞大联欢 7月16日晚，在小关地区文化广场举办。来自波兰的伊斯特布娜（ISTEBNA）民俗歌舞团表演了高地民族歌舞，并向少数民族青年学跳竹竿舞。活动在波兰舞蹈家与社区百姓共同跳起的圆圈舞中落下了帷幕。

中丹建交60周年“另一个安徒生”音乐会举办 10月17日下午，在朝阳区文化馆“玫瑰之名艺术中心”举办。音乐会上，中国青年演员们重新演绎了丹麦著名诗人、作词作曲家和钢琴家本尼·安徒生创作的14首作品，共有300余名中外观众观看了演出。

2010年京津沪渝深五城区文化发展论坛举办 10月28日上午在朝阳区举行。该论坛自2005年发起，每年由北京朝阳区、上海徐汇区、重庆沙坪坝区、深圳福田区、天津南开区轮流举办。本届论坛的主题为“公共文化服务体系建设”。叶重辉、谢莹、于五一、张春秀、关三多，以及应邀参会的成都青羊区、北京各区县文委的领导、专家近50人参加了论坛。

图书馆

朝阳区2010年全民阅读活动启动 4月23日上午，由区委宣传部、区文明办、区文委主办，朝阳区图书馆承办的“品味书香朝阳、建设文明城区暨2010年朝阳区全民阅读活动”启动仪式在区图书馆广场举办。活动以送图书进社区、进学校、进军营、进企业、进机关为载体，开展主题征文演讲、图文展览、特色品牌系列读书活动、学习型家庭及藏书状元评选、图书流动车百次送书下基层等读书活动。

区图书馆新馆（现址）开馆20周年纪念活动 1990年9月20日，朝阳区图书馆新馆（现址）落成并开放。2010年9月15日～10月15日，朝阳区图书馆举办了为期一个月的“过去·现在·未来——暨朝阳区图书馆新馆开馆20周年”图片展，举办了“朝阳区图书馆现址开馆20周年”专题座谈会。

基础业务 2010年，朝阳区图书馆办理借书证6012个；图书外借总量440193册次，报刊外借总量15891册次，流通279830人次；送书下基层114次、47147册次；新购文献102544册件、报刊919种、电子视听文献330件；交送图书90242册。

图书馆品牌活动 2010年，组织外语大课堂321场，参与人数达30556人次；朝阳文化讲堂组织讲座101场，15000余人次参加；建立拥军图书馆（室）5个，流通图书8700余册次；开办法律咨询、讲座及广场活动共97场，近4380人次参与。

朝阳区图书配送服务中心成立 朝阳区图书配送服务中心是北京市首家中小型公共图书馆配送中心。中心采用专业物流配送、传统图书馆送书上门及集体外借服务相结合的运营模式，计划每月循环朝阳区43个街乡一次，配送、交换图书1万册，针对驻区部队、企业、学校图书馆（室）要求随时提供服务。

基层图书馆管理员系列培训 2010年，朝阳区先后举办了3次基层图书馆管理员培训班。邀请专业人员就文化信息共享工程使用操作，提高为读者服务工作水平等内容，对街乡文化干部及图书馆管理员进行培训，并组织前往石景山、通州等图书馆参观学习。

文化市场管理

朝阳区网吧行业协会正式成立 11月11日，朝阳区网吧行业协会正式成立。建立行业协会有利于构建政府部门与经营者之间，经营者与经营者之间提供专业信息、组织培训、制定标准、协调纠纷的桥梁，做到“上情下达，下情上达”，着力打造有效而长期的沟通机制。

文化市场执法检查 2010年，区文化市场管理（扫黄打非）工作领导小组各成员单位及各街乡共出动执法检查人员78162人次，检查各类场所28350家次。其中，检查歌舞娱乐场所1769家次，电子游艺经营单位413家次，互联网上网服务营业场所4065家次，“798”等艺术园区工作室3175家次，电影放映、大型演出等其他文化场所2509家次。组织安全生产例会12次。

获奖情况

朝阳区文委　获2008～2009年度全国优秀文化市场综合执法案卷三等奖；获北京市“扫黄打非”暨文化市场管理工作先进集体称号；获纪念北京奥运会残奥会成功举办两周年2010年第1届北京奥运城市体育文化节优秀组织奖。

朝阳区文化馆　“社区一家亲”获全国群众文化品牌称号；获第2届北京市京、评、梆现代戏票友大赛组织工作奖；获北京市社区京剧票友大赛优秀组织工作奖；获北京市非物质文化遗产先进集体称号。

朝阳区图书馆　获文化部颁发的一级图书馆称号；获2009年度全民阅读活动优秀组织奖；获2009年度首都文明单位称号。

朝阳剧场　获2009年度首都文明单位和首都文明单位标兵称号；获新影联院线2009年度国产影片特色运作奖；被北京市工商行政管理局授予守信企业称号；朝阳剧场场务部荣获北京市模范集体称号。

朝阳区文化委员会

书　记　　张　前

主　任　　黄晓伟

（武　乐）

海　淀　区

概　况

海淀区位于北京市城区西北部，面积430.77平方公里。下辖22个街道办事处、7个乡镇，590个居委会，84个村委会；全区户籍人口219.6万人。全区有56个民族。

海淀区文化委员会（简称区文委）是主管海淀区文化、文物、新闻出版和广播电视工作的政府职能部门。内设办公室、文化文物科、审批管理科、著作权管理科、法制督查科5个职能科室和文化行政执法队。直属事业单位有电影管理处、海淀剧院、海淀评剧团。

2010年，区文委坚持以服务核心区文化建设为方针，积极推进市、区折子工程和重点任务、重点建设项目，认真制定区“十二五”文化发展改革规划，加强文化市场监管和行政执法工作，举办好各类群众文化活动，探索文化市场行政审批制度改革。通过全委上下勤奋、扎实的工作，取得了较好的成绩。

2010年文化艺术发展

领导检查和调研

7月22日，市文化局局长降巩民一行，到海淀区杏石口马奈草地调研“创意北京”最新进展情况。海淀区委常委、宣传部部长李彦来，区委副书记助理焦鸿，海淀区文委主任陈静等陪同调研。

9月9日，市文化局调研员叶重辉率领市文化局、市安监局、市消防局、市文化行政执法总队组成的安全生产检查组到海淀检查文化娱乐场所安全生产工作。

9月17日，市文化行政执法总队督察队长喻庭毅调研海淀区农村文化市场，指导文委文化行政执法队完成《海淀区农村文化市场执法监管情况调研报告》。

重要事件

北京市文化市场管理工作2010年第一次例会　4月22日，由北京市文化局主办、海淀区文委承办的“北京市文化市场管理工作2010年第一次例会”在北京三元香山商务会馆召开，东城区、西城区等7个区县文委主管审批工作的主任及市场科（审批科）负责人参加会议。

“北京联合大学演艺人才校外培养基地”揭牌　5月11日，区文化馆与北京联合大学共建“北京联合大学演艺人才校外培养基地”的揭牌仪式在海淀区文委举行。北京联合大学的学生将积极参与海淀区文化服务活动、公益性文艺演出。

北京市文化市场安全日　6月18日，由市文化局、海淀区人民政府联合主办，区文委、区安监局和区消防支队联合承办的北京市文化市场安全日活动现场会在北京花园温莎娱乐有限公司召开。市委宣传部、市文化局等部门，各区县文委及区内相关职能部门负责人、部分文化娱乐场所责任人等100余人参加现场会。

编制《海淀区“十二五”期间文化建设与改革发展规划》　8月～12月，成立编制工作领导小组、专家顾问组，先后赴东城、延庆等区县实地调研，到上海浦东等地学习考察。走访市区相关职能部门，拜访区离退休老领导，召开专家座谈会，广泛征求各界人士意见，全委系统内部开展基础性调研工作。基本完成《海淀区“十二五”期间文化建设与改革发展规划》编制工作。

聘任剧本审读专家　9月10日，区文委剧本审读专家聘任仪式在文委举行，从而建立起营业性演出行政许可的专家机制。中国艺术研究院话剧研究所所长刘彦君等三人被聘为剧本审读专家。

重要活动

2010年海淀新春系列文化活动　春节期间，组织开展以中华世纪坛春节文化庙会、金源燕莎室内庙会和“百花闹新春”山后四镇民间花会踩街、新春大观园为主的“2010年海淀新春系列文化活动”，同时组织各街道、乡镇开展慰问演出、军（警）民联欢、花会走街、社区联欢、新春秧歌和民乐表演等文化活动，参与人数超过100万人次。

海淀第2届风筝节　4月3日在海淀公园举行，市文化局副巡视员阮兰玉、北京文化艺术活动中心主任路斌、海淀区政协主席彭兴业等出席活动。活动内容有：曹氏风筝放飞表演、精品展示、制作表演、风筝友好邀请赛。来自北京市风筝协会、各郊区县的十几只风筝队、以及全区街乡镇的社会各界人士，共计3000人参加。

庚寅年立夏习俗活动　5月5日，海淀区苏家坨镇西小营村举办“海淀区庚寅年立夏习俗活动”。活动再现海淀山后民间大铁锅“熬粥度立夏”场景、传统民俗花会表演、“立夏”习俗情景剧表演、“立夏”习俗展览、书画家即兴创作、戴杂粮包祈福、文艺演出等。

“五月的鲜花”文化活动　5月7日，开幕式在总装备部举行，李彦来等领导出席。6月20日，“五月的鲜花”群众文化活动优秀节目调演在海淀剧院举行。活动以“我的海淀　我的家”为主题，共举办各项活动29场次，参与群众逾15万人次。

第7届海淀文化节　5月28日~6月25日举办。开幕式在海淀公园举行。市委常委、宣传部部长、副市长蔡赴朝，市委常委、区委书记赵凤桐，市文化局局长降巩民及海淀区区四套班子领导参加开幕式。文化节包括“广场盛典——第7届海淀文化节开幕式”、“文化光芒·照亮科技征程——企业与文化互动”；“文化交融·传递发展共识——中外文化交流”；“文化盛世·书写和谐篇章——文化活动荟萃”；“华彩乐章——第七届海淀文化节闭幕式”5大板块，32个精品活动项目，300多场活动，参与群众逾50多万人次。

中华魂·2010端午诗会　端午期间，“中华魂·2010端午诗会”在圆明园举办，诗会以朗诵凭吊屈原的诗及传统古诗词为主，并结合歌颂海淀核心区建设的作品。

海淀区2010年夏日文化广场活动　7月14日，在四季青镇双馨文化广场开幕，李彦来等领导与四季青地区近千名观众观看了精彩演出。活动覆盖海淀区西北旺镇、苏家坨镇、温泉镇、东升乡等地区。9月10日，闭幕式在海淀乡畅春园举行。

首届北京奥运城市体育文化节海淀专场　8月11日、20日，海淀区在国家体育场举办了首届北京奥运城市体育文化节——“情洒中关村”文艺晚会、“和谐海淀”文艺晚会。

“海之月”——慰问核心区企业家圆明园中秋晚会　9月19日，区四套班子领导与100多位企业家及家人在圆明园一同欣赏民乐演奏、少儿合唱、相声、歌舞等精彩节目，共赏圆月、共度良宵。区长林抚生参加晚会并致辞。

惠民电影月活动　9月28日，海淀区“惠民电影月”启动仪式在海淀剧院举行，放映了电影《山楂树之恋》。电影惠民活动从三个层面开展：一是邀请居住在核心区的院士、军人、企业员工、大学生、社区居民走进海淀剧场和海淀工人文化宫观看最新影片；二是由海淀电影管理处购置国内外大片，走进50个社区和企业进行放映；三是发动街乡镇29部流动电影放映车、65个固定数字放映厅集中放映经典电影。

群众文化

北京青年合唱团2010新春音乐会　1月30日，北京青年合唱团2010新春音乐会在区文化馆小剧院举办。北京青年合唱团是在区文化馆大力倡导下组建的一支业余团队，成立于2008年12月，2009年5月加入中国合唱协会，团员平均年龄28岁，由来自各行各业的高学历、高素质的音乐爱好者组成。2010年北京青年合唱团参加了北京市合唱比赛、东州杯世界汉语合唱大会、赴英国进行文化交流等活动。

第6届北京“舞燃情”国际标准舞交谊舞全国邀请赛　6月14日、15日在北京大学生体育馆内举行。本届比赛设置了国标摩登舞等近45个组别。共有来自内蒙古、安徽等12个省（自治区、直辖市）的300多对选手参与比赛。从第1届开始，每年的赛场上都有残疾人的表演环节，本届，市残联的盲人交谊舞参加了表演。

海淀社区文艺团体首届器乐擂台赛　8月14日~28日，区文化馆举办“海淀社区文艺团体首届民乐擂台赛”。来自全区8支民乐团轮番登场，相互比试交流。海淀区四季青镇双馨爱心苑民乐团荣登擂主。

重阳节“牵手夕阳”慰问演出　10月14日、16日，区文化馆组织文化志愿者，分别深入四季青养老院和上庄镇有福敬老院，为老人们献上“牵手夕

阳”慰问演出。

“我的海淀　我的家”2010年文化大擂台颁奖典礼　12月24日，“我的海淀　我的家”2010年文化大擂台颁奖盛典在海淀剧院举行。市委宣传部副部长傅华等领导出席并为获奖者颁奖。活动分为合唱、舞蹈、器乐、戏曲4个门类，历时6个月，有200多个节目参赛，涌现出一大批好作品，发现了一批优秀文化人才。

2010年文化大擂台颁奖盛典现场

海淀区第21届农民艺术节　12月17日，海淀区第21届农民艺术节在军事科学院礼堂开幕。区政协副主席王洪秀和区各委办局领导出席开幕式。本届艺术节坚持“三贴进”原则，注重主题性、思想性、艺术性的统一，以走街、秧歌大赛等演出形式，满足不同层次的群众需求，真正体现海淀农村特色、推动农村群众文化活动的健康深入发展，更好地服务中关村核心区和新农村建设。

海淀剧院

海淀剧院地处中关村科技园区核心区、海淀区委区政府重要政务活动地，是海淀区电影、音乐、话剧及群众文化活动的重要场所。全年共举办各类演出246场，电影放映5017场，会议73场，219986人次。推出夏季惠民电影月、青少年电影公益放映，使数万群众和学生得到实惠。全年共为残疾人演出提供场地12场、为儿童剧提供场地20场、为其他公益性演出提供场地31场，累计优惠90多万元。话剧《开心麻花》系列全年在海淀剧院演出近百场，为创品牌增效益打下良好的基础。

海淀电影管理处

海淀电影管理处负责全区各街道、乡镇的公益性电影放映工作。按照北京市政府“十一五”工作计划和海淀区农村村级数字电影厅建设目标，全年新增村级数字电影厅6个，使海淀区建成村级数字电影厅累计65个，覆盖率达78%；培训数字电影放映人员50人，使海淀区街乡镇拥有电影放映人员增加到230人，同时为各街乡维修放映设备和指导维修、维护设备56台（套）、提供数字电影专业技术咨询指导500余次。全年各类公益性电影放映9031场次。

文化馆

海淀区文化馆是海淀区群众的文化艺术活动中心，2010年被评定为国家一级馆。

培训　全年共举办免费培训班120多次，培训人员5000余人次。完成馆内培训4700课时，培训学员8387人。无偿接待团队及基层排练活动22608人次。11月4日，北京卫星制造厂离退办活动中心成为海淀区首家区文化馆艺术培训示范点。

区文化馆举办文化培训工程开班仪式

创作　编辑出版《红叶》杂志4期，完成了每月一期《海淀群文信息》工作。全年共往各种媒体和上级单位发送稿件60余篇。区级及以上媒体登载和播出20余条。

演出及公益活动　元旦、春节期间完成“我的海淀　我的家——2010年海淀春节系列文化活动启动仪式”、海淀区第3届“百花闹新春”花会踩街开幕式、新春大观园等文化演出活动。组织清明节的第2届海淀风筝节放飞活动、端午节的第2届端午诗会。举办第7届海淀文化节之“舞燃情”国标舞交谊舞比赛、“五月的鲜花”群众文化活动小品比赛、海淀区首届社区文艺团队擂台赛器乐擂台赛、舞蹈擂台赛、海淀区第21届农民艺术节开幕式等日常性群众文艺演出和比赛，以及中秋“非遗”成果展、五一、十一期间系列免费艺术讲座等。全年文化馆共完成演出、展览、比赛、等各种文化活动160多场，其中，演出110多场，展览5场，比赛20多场，其他活动20多场。

图书馆

年末，全区公共图书馆总藏量86.6万册。1月，海淀图书馆被北京市公共图书馆评估定级工作组授予一级图书馆称号。全年共办理读者证3938个。接待读者17万余人次，借阅书刊58万册次。流动图书车年行驶4141公里，流动服务点累计增至21个。全年共编写二次文献14期，分编加工新书14507种，42256册，登到新刊和报纸共计3.2万余份。举办免费读者活动102次，讲座42场。启动医学数字图书馆建设，建立海淀区医学资源数据库。

“我为海西州捐本书”活动　区文委、区直机关工委、区图书馆于9月7日向全区各机关单位发起“一本书、一份爱——我为青海省海西州海淀图书馆捐本书”活动。活共接收社会各界捐赠图书、报刊近26270册。10月7日将捐赠图书正式移交“海西海淀图书馆”。

《关于海淀》出版　9月，组织编纂出版的地方文献专著《关于海淀》出版，本书共收录文章50余篇，25万余字，是2009年出版《海淀镇记忆》的姊妹篇。

益民书屋　海淀区益民书屋现有84家，海淀图书馆全程参与全区行政村益民书屋的建设工作，全年达到全区所有行政村全覆盖，并实现了区级中心文化资源与村基层单位的有效对接。

公益活动　以第7届海淀文化节和拥军月活动为契机，承办多场次的公益文化讲座，受惠4000余人次。做好“敬老月”活动，举办老年读者培训班，并在重阳节当天推出了老年读者免费上网服务，为老年人推荐适合的图书和杂志。积极配合开展北京市“红领巾”读书活动，吸引全区近万名少年儿童参与其中。

文化信息资源共享工程　全年共举办共享工程海淀支中心工作人员培训3次，基层管理员培训1次，少年网页制作培训1次，低碳生活展览1次等活动，参与人员5000余人。

非物质文化遗产保护工作

提供“非遗”项目展示平台　春节期间，区文委在海淀山后四镇举办第3届“百花闹新春”民间花会踩街活动，组织百档民间花会，为全区非物质文化遗产提供良好的展示平台，同时组织“非遗”重点项目，参加春节期间市文化局在金源新燕莎组织的“非遗”项目集中展示活动。9月20日～26日，在圆明园公园举办海淀区中秋“非遗”大展。

举行区级以上“非遗”项目授牌、拜师收徒仪式　6月12日，海淀区文委在圆明园对区级以上非物质文化遗产保护项目进行了授牌，并挑选“北京绢人”等9个重点保护项目进行了拜师收徒仪式。

开展文化遗产日宣传活动　6月12日～18日，区文委在圆明园中华皮影城举行“非遗保护　人人参与”为主题的大型宣传活动，组织区级以上重点项目与观众进行现场交流、开辟“海淀非遗文化大舞台”进行展演。

项目调研　全年，海淀区文化馆完成各类“非遗”项目的调研工作57项，完成项目材料的完善补充整理工作51项。年末，全区又有16个项目人选北京市级非物质文化遗产保护名录，累计市级项目达27项。至本年底，海淀区共调查、登记和整理出51个具有代表性的“非遗”项目，其中，被评为国家级“非遗”项目的有3项，被评为市级“非遗”项目的有27项。

文化市场管理

全区共有娱乐场所218家，网吧290家，营业性放映场所19家，营业性演出场所12家，文艺表演团体44家，美术品经营单位36家，电子游艺场所8家。全年共办理行政许可项目766项（其中，新设立项目700项，变更项目66项），年检换证2000余家。

审批制度改革　3月，原文化市场管理科更名为文化市场审批管理科，负责全委文化行政许可审批职能。选派三名工作人员进驻中关村国家自主创新示范区核心区服务中心，强化窗口职能，梳理完善审批流程，增加行政许可透明度和公众监督力度。

合理规划电子游艺产业发展　区文委通过厘清全区电子游艺娱乐场所发展与人民群众文化生活、核心区建设的密切联系，进行调研和分析，征求经营单位建议，与兄弟区县进行沟通。在此基础上，制定《海淀区游艺娱乐场所总量与布局规划意见(2010年～2012年)》。

文化经营单位安全生产　年初，制定全年《海淀文化娱乐场所安全生产工作计划》，同时召集行业协会进行讨论；召开经营者代表座谈会，听取经营单位意见；部署安全生产百分验收任务；编辑《海淀区文化娱乐场所安全生产指导手册》，制作卡通安全生产展板。

文化执法检查　全年出动执法人员2600人次，800车次，共检查场所1200家次。全年立案处理68家，罚没款300460元。

开展打击手机、互联网传播淫秽色情专项行动　2009年12月以来，海淀区扫黄打非办在全区范围内开展整治互联网和手机网站淫秽色情信息专项行动。共破获案件28起，抓获刑事拘留犯罪嫌疑人15人；行政拘留13人，其中，网上招嫖违法人员12人，发布虚假淫秽信息进行诈骗犯罪嫌疑人1人。

获奖情况

集体

海淀区文化委员会　获第5届北京春节庙会灯会文化活动评选“非遗”展演奖；中华世纪坛春节

文化庙会北京市2010年度十大庙会之一称号；纪念北京奥运会残奥会成功举办两周年2010第1届北京奥运城市体育文化节优秀组织奖；2010年北京市安全生产月活动“优秀组织奖”；2010年北京市安全生产月活动最佳实践活动奖；2010年度首都国家安全工作先进集体；2010年北京市“扫黄打非”暨文化市场管理工作先进集体称号。

海淀区文化馆　获北京市2010年度“非遗”保护贡献奖；2010年春节心连心文艺汇演系列活动优胜奖；全国中老年合唱比赛金奖（海淀区北太平庄街道音海合唱团，文化馆选送）。

海淀区图书馆　获2010年北京市“红领巾”读书活动中获示范单位奖；2010年北京市“红领巾”读书活动“爱心快递图书捐赠总动员”中获优秀组织奖。

个人

廖伟　2010年度市“非遗”保护贡献奖。

海淀区文化委员会

书　记　　刘明星（7月免）
　　　　　刘建朝（12月任）
主　任　　刘明星（7月免）
　　　　　陈　静（7月任）

（蒋海涛）

丰　台　区

概　况

丰台区地处北京城区西南，面积305.87平方公里。常住人口211万人。区辖16个街道办事处、3个乡和两个镇。

丰台区文化委员会（简称区文委）为丰台区主管文化事业、文物保护、新闻出版和广播电视行政管理工作的政府职能部门。内设办公室、组织人事科、文化科、文物科、文化市场管理科（出版发行科、版权科）和文化行政执法队，共有行政编制41人。下辖文物管理所、图书馆、文化馆3个全额拨款事业单位和1个自收自支事业单位电影发行放映中心。全系统有在职员工156人，区文联编制2人，与区文委合署办公。区少儿图书馆隶属区教委。

2010年是实施北京城南行动计划的第一年，在丰台区委、区政府的领导下，区文委着力提升区域文化影响力，开展形式多样的群众文化活动，营造浓厚的文化氛围；打造“卢沟文化”品牌，塑造丰台文化形象；加快新农村文化建设，统筹城乡文化发展；完善文化市场管理机制，实现“平安丰台”目标；人民群众基本文化权益得到更好保障，群众文化生活更加丰富多彩，优秀文化遗产更加发扬光大，使人民精神风貌更加昂扬向上。

2010年文化艺术发展

重要会议和事件

“三下乡”协调会　丰台区“三下乡”协调会于1月22日召开。会议由区委宣传常务副部长薛红主持，部署了“三下乡”活动的工作任务，进一步明确了各个成员单位的工作职责。科委、科协、卫生局、红十字会、计生委、司法局、文化馆、图书馆等14个单位与5个乡镇成功对接，并就场地布置、工作对接、时间节点等具体内容进行了沟通、协商。

丰台区2010年各界人士春节团拜会　2月9日，丰台区2010年各界人士春节团拜会暨文艺演出在京丰宾馆礼堂举行。丰台区四套班子领导与驻区人民解放军指战员、武警官兵和公安民警、各行各业的劳动者、建设者和离退休老同志等各界人士欢聚一堂，共贺新春，共有800余人参加。整台演出以“城南崛起新丰台”为主题，融声乐、舞蹈、戏曲等多种艺术形式为一体，时代气息鲜明，中国歌剧舞剧院表演的《金蛇焰舞》、群口快板《城南崛起新丰台》以及由区局处级女干部表演的舞蹈《太阳出来了》将演出步步推向高潮。

文化市场管理暨“扫黄打非”工作会　会议于3月1日由区文管办主持召开。区文化市场领导小组成员单位区文委、公安分局、工商分局、城管大队以及各街乡镇参加了会议。会议总结了2009年市文化市场管理和“扫黄打非”工作，部署了2010年的工作。2010年，要以封堵查缴政治性非法出版物及网上有害信息为第一要务，进一步加强日常监管，全面开展集中行动；以长效机制建设为保障，严管源头渠道、严查文化市场、严办大案要案；以文化市场监管和“扫黄打非”综合治理体系构建为根基，抓好预防、抓好群防、抓好联防，严厉打击文化市场各类违法犯罪活动，全力维护社会稳定和文化安全。

群众文化工作会　丰台区2010年群众文化工作会于3月31日由区文委主持召开。丰台区21个街乡镇文教科长、文化站长、区文化馆馆长、区图书馆馆长、区电影公司经理等近80人出席会议。会上，区文委领导就2010年文化工作进行了总体安排，确定以“我的丰台　我的家”为主题，开展系列文化活动，并进一步加大基础设施建设确定5个文化广场建设点和10个图书配送点。

“文艺演出星火工程”演需洽谈会 3月31日召开。丰台区5个乡镇和宛平地区主管领导、文教科长、文化站长、各行政村文化工作负责人及具有演出资质的专业院团、非专业团队负责人近100人参加了会议。会议主要就丰台区2010年农村“文艺演出星火工程”总体工作进行了全面部署，明确了各乡镇、行政村及演出单位的职责，确定了各行政村的场次安排。同时，为全面保障农民群众的文化权益，在演出内容的选择上通过演出单位自我介绍、自我推介，行政村根据自身需求进行选定这种形式，实行“订单式”服务。

“防灾减灾”安全培训工作会 5月18日召开。区文委、消防支队、地震局等单位参加，会议落实了国家减灾委关于加强场所防灾减灾和应急管理工作的精神，强调了辖区内文化娱乐经营场所对于火灾的预防与应急机制，并要求各单位认真排查和消除安全隐患，制订应急预案，加强安全检查和管理，并应及时果断地处理发现的安全问题。

副区长李丽萍（中）带队对娱乐场所进行安全检查

网吧协会丰台工作委员会换届大会 5月19日由区文委召开。市网吧协会、区文委、公安分局、工商分局、消防支队等部门以及全区140家互联网上网营业服务场所参加。会议通过了上届委员会工作报告、财务报告，选举新一届会长、副会长、监事长、理事。重新组建的协会理事会表示将通过一系列方式以热情工作服务会员，维护会员合法权益，保障行业公平竞争，积极配合相关管理部门遏制“黑网吧”对行业发展的不良影响，发挥政府与行业之间的桥梁和纽带作用，规范行业经营、优化行业环境。

第3届北京“卢沟晓月”中秋文化节协调会 9月9日由区文委召开，区委办、区政府办、区委宣传部、区公安分局、区交通支队等28个单位参加本次会议。会上重点对赏月晚会工作方案进行了汇报，同时对各成员单位的工作任务做了具体分工。各单位对方案内容进行了磋商讨论并进一步明确了各自职责。副区长李丽萍作出了三点指示，一是指出文化节对促进区域和谐、凝聚人心发挥着重要作用，各相关责任单位要高度重视，举全区之力共同参与，办出特色，办出水平。二是坚持安全第一的原则，各单位要针对各项活动，做好工作预案，落实责任，坚持安全工作不松懈，确保活动万无一失。三是切实抓好落实，各单位要严格按照方案内容严肃、认真进行落实，明确主管领导，制定活动时间表，严格执行工作程序，高标准做好各项组织工作。

重要活动

“三下乡”活动 1月31日~2月4日，组织开展文化、科技、卫生“三下乡”活动。依托区文化馆、文联、图书馆、电影发行放映中心开展了送图书、送文艺演出、送电影、送春联、送“全家福”等活动。

首届新春游乐会 2月16日~21日，在区文化馆举办首届新春游乐会，游乐会包括非物质文化遗产类活动、游戏类活动和书画集邮展览3个大类，观众人数7000人。

纪念学雷锋活动47周年大型展览 3月2日~5日，在区文化馆举行了“弘扬雷锋精神，推进丰台崛起”——纪念学雷锋活动47周年大型展览。本次展览展出了史料文字、纪念物品、书画作品、雷锋影像4大类5000余件展品，共接待2000余人参观。

市第8届民族传统体育运动会文艺表演 8月21日和8月28日，区文化馆承办了北京市第8届民族传统体育运动会开幕式和闭幕式的大型文艺表演。开幕式以北京打造世界城市为主题，充分体现了“中华各民族我们都是一家人”的祥和景象，著名藏族歌唱家才旦卓玛演唱的《一个妈妈的女儿》将会场气氛推向了高潮；闭幕式上，丰台区大红门流动人口艺术团及西藏中学的藏族小伙子们分别表演了舞蹈《热舞康巴》和《格桑花开》。

第3届北京“卢沟晓月”中秋文化节 9月19日，“第3届北京‘卢沟晓月’中秋文化节”赏月晚会在卢沟桥广场举行。文化节将赏月晚会、文化论坛、北宫彩叶节、长辛店镇大枣采摘节、千灵山登山节5大系列活动加以整合，全方位打造中秋节庆文化品牌。活动突出“月圆、家园、团圆”主题，通过“诗”、“歌”、“乐”、“舞”表达丰台人民在落实城南行动计划中抢抓机遇的精神风貌。

“崛起的城南”——书法美术摄影联展 11月5日~7日，在中国人民革命军事博物馆展出了300幅书法美术和摄影作品。共组织城南五区千余名文艺工作者在不到半年的时间里创作了一批充满浓郁地域风格、具有鲜明时代特征的书法美术摄影作品，从不同的侧面展示了城南五区特别是丰台区的城市面貌和人民精神风貌。

特色系列文化活动

“我的丰台　我的家”系列文化活动　5月～10月，开展丰台区“我的丰台　我的家”系列文化活动，内容包括：丰台区社区“百姓周末大舞台”、“文化四进”工程、农村“文艺演出星火工程”、周末场演出计划、周末相声乐苑、戏曲进社区（村）活动、广场舞蹈大赛、社区合唱节8大系列活动，共组织各类文艺演出600余场次，受众人数15万余人。

文化“四进”工程　5月～10月，组织优秀文艺节目深入社区、农村、工地、军营进行慰问演出40场。文艺演出进社区、进农村、进部队、进工地，让文化走近普通百姓，让更多的群众享受到了文化惠民工程建设的成果。

农村“文艺演出星火工程”　5月～10月，北京歌剧舞剧院、北京京昆少儿艺术团等10支专业演出团队及大红门群星艺术团、卢沟桥乡艺术团等7支非专业演出团体参与了此项工程。演出节目包括京剧、评剧、音乐、曲艺、舞蹈等。共演出204场次，其中，专业演出68场次，业余演出136场次。

周末百姓大舞台　6月～10月，在丰台花园、莲花池公园，万芳亭公园、宛平文化广场、东高地街道等地组织开展“周末百姓大舞台”演出共200场，其中文化馆艺术团参加20余场。

广场舞蹈大赛　8月～10月，开展“我的丰台　我的家”群众广场舞蹈大赛，参赛作品包括新秧歌、民族民间舞、古典舞、现代舞等。全区21个街乡镇选送的36支业余舞蹈队的2000名演员参加了比赛。

“我的丰台　我的家”群众广场舞蹈大赛比赛现场

群众合唱比赛　9月30日，丰台区21个街、乡、镇通过选拔推荐的21支业余合唱队参加了比赛，每支队伍人数40至70人。每支合唱队演唱2首参赛作品，一首为规定曲目《我的丰台我的家》，一首为自选曲目。

周末场演出计划　年内，邀请中国评剧院、北京市曲剧团等11家专业院团参与演出，共开展周末场演出60场次，受众人数18000余人次。

周末相声乐苑　区文化馆与北京周末相声俱乐部联手创建的“相声乐苑”今年继续实行低票价服务。“相声乐苑”立足于服务百姓，每周五晚演出，票价仅20元。年内共演出52场次，观众10000余人次。

首届“万芳亭杯”京剧票友大赛　区文委依托万芳亭公园的戏曲氛围，吸收戏曲艺术的文化创意，将该公园打造成北京市首家戏曲主题公园，使百姓在日常的休闲、娱乐、健身等活动中，体验到中华传统戏曲文化的无穷魅力。全区21个街道、乡镇选送的60多个节目参加了比赛。

文化设施建设

文化体育休闲广场与图书馆建设　年内，新建或改造东高地街道、新村街道、长辛店街道、东铁营街道、长辛店镇5个文化体育休闲广场，新建图书配送点10个、惠民书屋25个。

“六个十”示范工程　年内，在21个街乡镇申报的128个项目中新评选出10个示范性街乡镇文化服务中心、优秀文化广场；10个示范性社区文化室、村文化大院；10支优秀群众文艺团队；10个特色文化活动；10个基层图书配送点；扶持10个非物质文化遗产项目。

文化培训

文艺骨干培训　5月19日起，聘请资深专家及文化馆业务干部与文化志愿者进行集中授课，在全区范围内分步骤分专业开展4个艺术门类的培训，系统学习了合唱指挥、化妆、摄影、综艺节目主持专业的基本知识及艺术门类特点，总课程32学时，有1000余人接受培训。

“数字丰台”文化信息网络系统培训　8月，举办乡镇、街道系统“数字丰台”信息员培训班，对全区21个街乡镇信息员进行了培训。对数据库的缓存管理、数据栏目管理、数据内容管理、文档维护、模板管理等19个功能进行了二次开发。升级改造后的系统不但从二级网络管理延伸到三级网络管理，还实现了街道文化信息管理的数据审核、查询及生成报表等功能。

文化管理干部培训　10月27日～29日，邀请北京市文化艺术活动中心研究员贾乃鼎、中国摄影函授学院院长许喜占、首都图书馆业务副馆长陈坚、北京大学教授王筱芸对全区21个街乡镇、区文化

馆、图书馆、电影发行放映中心进行培训，培训设置了如何做好基层文化工作、摄影知识讲座、图书馆和基层图书馆建设、丰台文化支撑体系建设4门课程，进一步提高了全区文化管理干部的整体素质和管理水平。

文化交流

2009年9月，丰台区与青海省海北州藏族自治州人民政府签署了《北京市丰台区人民政府、青海省海北藏族自治州人民政府友好合作框架协议》（以下简称《协议》）。根据《协议》，2010年4月16日~21日，由青海省海北州常委、宣传部长、副州长带队组成的州民族歌舞团到丰台区进行演出，演出团队共67人，演出的节目为《碧海云天——金银滩》，共分4个章节，分别为“神山”、“圣湖”、“碧草”、“家园”，节目形式包括情景表演、原生态表演、群舞、独唱、对唱等，是一部地域特色浓厚的大型藏族歌舞。8月，丰台区组织20名区文化馆业务干部对青海省海北州进行回访，并与海北州代表进行了座谈。

非物质文化遗产保护工作

第5个“非物质文化遗产日”活动 6月12日，在区文化馆举办全国第5个“文化遗产日”宣传纪念活动，除发放宣传材料外，还邀请了入选丰台区级非物质文化遗产项目进行现场表演。参加此次宣传纪念活动的群众200人次，发放宣传品上百份。

申报第三批市级非物质文化遗产 组织丰台区优秀非物质文化遗产项目进行表演和展示，广泛开展“非遗”保护的宣传，并经专家评审，推荐申报了第三批市级非物质文化遗产项目代表性传承人名录。

文化馆

区文化馆积极开展丰富多彩的文化活动，营造良好的文化氛围。全年面向群众开展文化活动161场次，接待观众40000余人次。以“我的丰台 我的家”为主题，开展贯穿全年的系列文化活动。举办丰台区社区“百姓周末大舞台”、“文化四进”工程、农村“文艺演出星火工程”、周末场演出、周末相声乐苑、戏曲进社区（村）、广场舞蹈大赛、社区合唱节8大系列活动，在全区范围内掀起“舞丰台、唱丰台、爱丰台”的文化热潮。

图书馆

2010年，区图书馆共采购图书37523册（件），购书经费87.3万元。订购报纸123种（份），期刊914种。购入电子文献61种。全年办证人数达到1487人，集体办证6个，全馆拥有固定读者13497人。流通接待读者157716人次，流通图书172228册次。全年共组织活动78场次，其中，讲座、报告会36场，读者活动42次，全年赠送图书、期刊、光盘、年画等7000余份，参加活动的读者达到12000余人次。

文化市场管理

火灾隐患排查 1月~3月，根据《丰台区2009至2010年度冬春季火灾防控专项行动方案的通知》的精神，开展了对火灾隐患排查整治行动及地下空间的整治行动。深入排查火灾隐患，努力保持冬春火灾形势稳定，牵头组织了由区领导带队，工商、公安、安监、卫生、消防及街道等部门参加的春节前安全大检查。确保了元旦、春节和全国“两会”期间的消防安全。

安全生产大检查 4月~5月，开展安全生产大检查，制定了《丰台区安全生产大检查工作方案》，对全区文化娱乐场所进行了全面、深入地检查，并在检查的过程中对违法违规行为给予严肃查处。

地下空间专项整治 5月~8月，制定了地下空间专项整治工作方案并及时进行动员部署，对全区21家地下娱乐场所进行了多次周密的排查，对应急照明、疏散指示设施设置不合理、灭火器数量不够、型号不符、超过有效期、消防通道堆放杂物或被上锁的个别场所下发了整改通知并对整改情况进行了复查，圆满地完成了地下空间专项整治工作。

市场监管 加大文化市场的监督管理力度。建立行政许可联动机制，规范娱乐场所管理。组织“平安丰台”法律法规、安全培训、消防演练5次，总人数超过2000人次。

文化娱乐场所宣传工作 年内，与全区娱乐场所签订《安全生产责任书》，发放安全标语、演习预案等各类宣传材料2000余份，确保了全区娱乐场所未发生重大安全事故。

行政执法 落实行政执法责任制，进一步规范行政执法案卷。年内，文化行政执法队共出动执法人员2546人次、组织联合执法42次，检查各类场所1573家次。办理举报件122件，全年举报数量同比下降41%，保持了100%的举报查处和回复率。

实现“平安丰台”目标 本年，区文委以“平安丰台”为主题，结合文化娱乐场所安全生产风险控制，严格执行文化娱乐场所安全监管；结合净化文化市场环境专项整治行动暨“扫黄打非”集中行动，完成丰台区社会文化环境的有效净化；结合未成年人思想道德建设工作，开展网吧、校园周边整治行动，实现了“平安丰台”目标。

丰台区文化委员会

书　记　　王艳秋（女）

主　任　　王艳秋（女）

（王　蕊）

石景山区

概　况

石景山区位于北京市区西部，最东端距天安门16公里，全区总面积84.38平方公里，常住人口61.6万人，全区下辖8个街道办事处、1个社区行政事务管理中心。

石景山区文化委员会（简称区文委），是负责全区文化艺术、文物和博物馆、新闻出版和著作权以及广播电影电视事业管理工作的区政府工作部门。内设办公室、组织人事科、文化科、文物科、文化市场管理科和监察科5科1室。下辖行政执法队、文化馆、图书馆、少儿图书馆、古城电影院、法海寺文保所、慈善寺文保所、承恩寺文保所、冰川馆、文物研究所、会计管理中心11个单位，在职员工204人。

2010年，石景山区按照学习实践科学发展观和区域文化发展的要求，围绕全区“大调整、大建设、大发展”的工作基调，以提升区域文化软实力、丰富群众文化生活为目标，以提高公共文化产品供给能力、营造和谐良好的区域文化氛围为重点，遵循“高端、高效、高标准”的原则，以弘扬京西文化为主线贯穿全年“群众文化年”系列活动，不断加强公共文化服务体系建设，着力推动“文化兴区”和“文化惠民”战略的实施，促进公共文化事业发展再上新台阶。

2010年文化艺术发展

重要会议

群众文化工作会　3月18日上午在区图书馆召开。会议由区委常委、宣传部部长、区社文委副主任徐维功主持。区社文委办公室主任、区文委副主任宋青松对2009年群众文化工作进行了总结。区文委副主任董聪慧对2010年群众文化工作进行了具体部署。区委常委、副区长、区社文委主任付生柱及社文委各成员单位主管领导参加了会议。付生柱发表讲话，对2009年的文化工作给予了充分肯定，对进一步加强全区社会文化工作提出了三点意见：一是认清形势，提高认识，增强做好文化工作的责任感和使命感；二是夯实基础，重抓建设，加快公共文化服务体系建设，开展丰富多彩的群众文化活动；三是统筹协调，落实责任，充分发挥社会文化委员会成员单位的作用。

基层文化建设

年内，开展对全区街道文化活动中心、文化活动室、文化广场、文化共享资源等开展实地调查和科学统计，初步完成全区公共文化电子基础数据库建设工作。为街道文化站及社区文化室配备了CD机、便携式音响、照相机、手风琴、演出服装道具等价值近300万元的文化设施和设备。研究并出台《2010年文化项目专项经费管理规定》，加大落实《北京市新建小区公共服务设施设置标准》的力度，进一步充实加强基层文化设施使用管理的监督与指导。开展首批地区性特色文化活动、品牌文艺团队、社区文化志愿之星的评比扶持工作，针对文化干部和艺术骨干开展摄影技巧、主持人培训，进一步加强文艺人才队伍建设。

群众文化活动

军民春节联欢晚会　2月9日晚，在石景山区体育馆举行。整场晚会以“创意创智CRD，龙腾虎跃石景山”为主题，以石景山区历史文化传承，古今追溯为主线，展示石景山区的历史文化内涵，体现京西文化，反映CRD的时尚现代。节目内容上既有具有传统而深厚的文化底蕴，又不乏石景山CRD的青春活力时尚娱乐的发展特色。《古韵京西》《春醉花园城》等一批原创节目精心推出，400余名军地演员同台献艺喜迎新春。北京军区、驻区企业和区四套班子领导同部队官兵和来自全区各条战线的1300余名观众观看了演出。

原创情景表演《古韵京西》

北京市第3届清明诗会　3月31日晚，在石景山体育馆举行。本次活动由市委宣传部、首都文明办、市文化局、北京电视台、石景山区委、区政府主办，石景山区委宣传部、北京文化艺术活动中心、区文明办、区文委、区体育局和区广电中心共同承办。诗会以“珍爱生命·思念感恩”为主题，分为

“生命”、“生活”、“自然”3个篇章，来自全市各行各业近2000名群众组成14个方阵同现场演员一起，共同演绎了20余首不同风格的清明古诗词、伟人诗笺、英烈诗抄以及当代诗人追思先烈的诗词。此项活动中石景山区文委承担了场地后勤保障、演出节目排练、观众组织等工作，高效完成了1600名群众演员观众的组织、演出互动的培训、排练。顺利完成6300人次的演员及观众等后勤保障工作。

“古城之春”艺术节　第27届“古城之春”艺术节自4月下旬开幕，历时2个月，紧密围绕区域“大调整、大建设、大发展”的工作基调，以“文化京西　和谐家园”为主题，以各界市民参与为主体，结合全市群众文化年系列文化活动的开展，组织举办了“精彩荟萃齐动员”优秀文艺团队展演、“百姓群英会”、“情系石景山”朗诵比赛、“红歌唱响京西”群众合唱活动以及主题征文、故事会等一系列群众喜闻乐见、内容丰富多彩的群众文化艺术类活动。本届艺术节活动，具有以下三个特点：一是活动形式丰富多样。在举办合唱、艺术展演等传统群文活动的基础上，创新思路，举办百姓群英会，民间传说故事会等多种群众喜闻乐见的文化活动。除此以外，“百姓周末大舞台”、周末剧场演出也同时推出，在全区上下营造了浓厚的文化艺术氛围。二是人才佳作不断涌现。一大批优秀艺术团队、艺术人才和优秀文艺作品在各项活动中崭露头角，精品迭出。艺术节期间，区文化馆选送的梅花大鼓《岁月如歌》获得文化部第15届“群星奖”。三是各界群众广泛参与。本届艺术节活动突破单一以街道社区为参与对象的活动模式，全区各街道办事处、机关企事业单位、驻区高校等34个单位，4000余名各界群众直接参与艺术节活动，观众近10万人次。

群众文化年启动　4月30日上午，石景山区群众文化年系列活动启动仪式暨石景山区第27届“古城之春”艺术节开幕式——“精彩荟萃齐动员”优秀文艺团队展演在八大处公园二处广场举行。2010年石景山区群众文化年系列活动自4月正式启动，涵盖“古城之春”艺术节、夏日文化广场等贯穿全年系列群众文化活动。市委宣传部文化处处长荣大力，区领导付生柱、徐维功、邱思达、马刚、北方工业大学常务副书记项进出席启动仪式。来自全区各界和驻区高校的15支群众艺术团队表演了精彩的文艺节目，近千名观众观看演出。

夏日文化广场活动　6月22日，石景山区第27届“古城之春”艺术节闭幕式暨2010年度夏日文化广场开幕式文艺演出活动在国际雕塑公园举办。活动汇集“古城之春”艺术节活动中涌现的优秀团队和艺术人才以及获奖节目，并对艺术节获奖单位和个人进行了颁奖。区领导付生柱、王文光、张文华、马刚，市文化局副巡视员阮兰玉等同2000余名观众一同观看了演出。夏日文化广场系列活动正式启动。2010年夏日文化广场活动以广场演出、艺术比赛、艺术培训等活动为主要形式，组织举办“文化京西　和谐家园”文艺汇演、“我的舞台我来演”社区文艺展演系列活动、“舞出我精彩、快乐齐参与”群众舞蹈大赛、残疾人文化周专场演出活动，文化馆下基层慰问演出等各类型文化活动136场次，参与活动人数近15万人次。在全区范围内营造了热烈喜庆、文明和谐的人文环境和文化氛围，为群众提供丰富的公共文化服务产品。

第27届“古城之春”艺术节闭幕式演出

北京奥运城市体育文化节石景山之夜　8月18日晚，在北京奥林匹克公园中心区举行。整台晚会以“文化京西、和谐家园、走向未来”为主线，从追溯源远流长的京西历史文化传承，到展现石景山区CRD建设成果和百姓群众幸福和谐生活，集合全区近年来群众文艺创作精品节目，以多种艺术表演形式，展现人文奥运主题和京西文化风采。来自石景山区十余支群众文艺团队与专业演出团体同台献艺，三百余名演员参与。以先进文化的形式诠释了奥运理念，展现了石景山人民蓬勃向上的精神风貌和区域CRD建设日新月异的时代风尚。北京市文化局副局长王珠，北京奥促会副秘书长赵卫，区领导付生柱、王文光同近千名观众观看演出。

“舞动北京”群众舞蹈大赛　10月3日“舞动北京——第6届群众舞蹈大赛”城区复赛在国际雕塑公园举行。本次活动由市委宣传部、市文化局、共青团市委、市文联、石景山区政府联合主办，北京文化艺术活动中心、北京电视台、石景山区文委承办。赛事分为团体少年组、成年组、中老年组、广场舞以及单项舞台舞，来自北京市6个城区和社会团体选送的35个舞蹈作品，800余人参加比赛。北京市文化局副局长王珠、区领导付生柱以及区县文委、文化馆领导出席活动。10月6日在石景山体育馆举行的本届大赛决赛暨颁奖晚会。本届大赛石景山区各职责部门密切配合，区文委全力做好大赛服务保障和赛事组织工作，成立赛事筹备、领导接待、音响保障、后勤服务、观众组织、文化志愿者等保障小组，注重细节，精心实施，确保了本次赛事的顺利进行。

露天剧场文化演出 年内，依托露天剧场，不断提升“周末剧场”演出规模和水平。石景山游乐园CRD露天剧场周末剧场演出效益良好，活动引进北京儿艺、良宵竹乐团、心灵呼唤残疾人艺术团等专业团体，面向市民群众开展低票价、高水平70场次的演出。销售票数26000余张，上座率83%，6万余观众收益，销售金额53.9万元。在国际雕塑公园露天剧场开展“百姓周末大舞台”系列演出活动，在7月~9月每周末为广大群众提供公益性的专业团体演出，演出12场，近万人次观众观看，受到热烈欢迎。积极扶持培育惠及普通民众的文化演出市场，为不同层次、不同人群的市民百姓提供丰富的文化产品。

文化志愿者活动 年内，完成石景山区文化志愿者分中心的志愿者招募、筛选、培训、录入数据库等工作；参与2010年发展中国文化论坛、第6届舞动北京舞蹈大赛城区复赛、决赛等区以上大型活动的文化志愿服务工作；开展文化志愿者培训2期；在重阳节期间，结合“石景山区文化志愿者银龄行动”，组织文化志愿者演出小分队到区老干部局、敬老院进行慰问演出。

非物质文化遗产保护工作

年内，深入搜集整理“非遗”项目的基础资料，健全完善项目档案资料及数据库建设，完成了推荐第三批北京市级非物质文化遗产项目代表性传承人及第二批区级传承人的专家评审和申报工作。召开非遗法修改意见专家研讨会，完成《2009非遗年度发展报告》的撰写工作和永定河传说、石景山太平鼓国家级项目“十二五”保护规划编制工作。走访慰问区内“非遗”项目传承人，组织部分“非遗”项目参加国际雕塑公园新春庙会活动。开展永定河文化考察活动，组织举办“文化遗产日”第2届民间传说故事会等非物质文化遗产宣传活动，扶持鲁谷社区、苹果园街道、古城街道开展太平鼓传承和老物件收集活动，取得了良好的社会效益。

文化馆

文化馆建设 年内，深入推进文化馆新馆工程建设。成立新馆建设工程领导小组，多次召开专家论证会和相关部门协调会，确定新馆馆址。积极推进新馆土地规划、功能设计和立项工作，项目被列为2011年区重大项目工程。完成了文化馆防水改造工程和南楼礼堂工程改造等基础设施改扩建工程。

文化活动 进一步丰富文化阵地服务项目和内容。通过流动演出车开展文化慰问演出系列活动、“翠微艺苑”戏曲茶座等群众喜闻乐见的文化阵地活动，惠及群众两万余人次。深入基层开展业务培训和辅导800余人次，全年辅导群众6000余人次。

文艺创作

年内，区文委积极实施文艺精品创作工程，深入推进文化创新，大力繁荣文艺创作。动员组织全区文艺骨干和基层文艺创作爱好者共创编歌曲、舞蹈、戏曲小品、书画等各类文艺作品560余件。依托京西古香道、法海寺壁画创编的情景表演《古韵京西》、古典舞《曼妙天香》等文艺节目彰显京西文化内涵，受到了各界好评。精心编创的梅花大鼓《岁月如歌》获文化部第15届全国“群星奖”。组织选拔舞蹈团队参加全市第6届“舞动北京”群众舞蹈大赛，获城区组团体金奖，选送的舞蹈《圆月踏灯》获单项节目二等奖。创作的故事《联合舰队》《飞来的儿子》，在4个直辖市故事演讲比赛和第2届“沙坪坝文化杯”全国故事比赛中分获金奖和优秀奖。

图书馆

年内，区图书馆、少儿图书馆办理借阅证12567个，接待读者52.5万人次，借阅图书72.3万册次。送书下基层工作以全区9个街道图书馆和26家送书点为主，开展上门换书、业务辅导、举办读书活动、图书捐赠等工作内容，并不断加强网点建设，切实发挥流动图书车的作用。深入推进基层文化信息资源共享工程，新建基层图书室及图书流通点8家，送书5万余册。开展图书读者活动场次436场次，7万人次参加。两馆顺利通过全国第四次公共图书馆评估定级检查，被文化部评为国家一级图书馆。

数字化图书服务 年内，进一步优化区图书馆数字化图书服务手段。新建的“中国数字化期刊全文数据库”、“电子图书数据库”、“报纸全文数据库”、“动漫图书数据库”、“工具书、年鉴数据库”、“在线模拟考试系统数据库”6个电子资源数据库，并在全市公共图书馆首家投入使用“电子语音报纸阅读机”（读者可通过耳机语音视听报纸内容）、“触摸屏在线读报系统”（读者可通过电子触摸屏在线浏览阅读40余种报纸）。

图书拥军 年内，在武警19支队、93658部队和66410部队建立了3个图书分馆，提供图书2.1万余册，受到了部队官兵的欢迎。在做好文献资料服务的同时，还有针对性地邀请部队官兵参加图书馆各项读者活动达20余次，近千人参加。

“红领巾”读书活动 年内，以区少年儿童图书馆为主阵地，组织开展全区中小学校“红领巾”读书活动，活动以“做文明北京人 阅读好书我先行”为主题，开展了“做文明北京人 文明故事我来讲”讲故事比赛、“传承文化 弘扬经典”现场知识竞赛、读书小状元评选活动等丰富多彩、新颖生动、寓教于乐的少儿读书活动，共54场次，2万多读者参加。

电 影

首届北京民族电影节专题影展 5月6日，首届北京民族团结专题电影展启动仪式暨新片《圣地额济纳》全国放映启动仪式在石景山万达国际影城举行。北京民族团结专题电影展由北京市民族事务委员会、石景山区人民政府、北京电影家协会联合主办，是北京民族电影节系列影展的重要活动之一，是一次民族文化艺术的盛会、民族电影的节日。

公益电影放映 年内，对石景山区数字电影流动放映暨电影公益放映领导小组做了调整，根据北京市广播电影电视局《2010年北京市电影公益放映工作指导意见》和《北京市农村电影放映工程建设目标责任书》的要求，协调组织电影院完成石景山区公益电影放映720场次，积极做好首钢迁安社区的文化服务，为该社区放映公益电影50余场。为活跃区属游乐场南门文化广场等广场的活动，在区内主要文化广场放映100多场，在共建部队及家属区内放映近200场，配合区办大型文化活动放映近50场，观影人数达65000人次。

文化市场管理

“防灾减灾日”应急演练活动 5月12日，适逢第二个“国家防灾减灾日”，为进一步深入开展石景山区文化娱乐场所应急管理科普宣教活动，提高政府部门和文化市场经营单位对突发事件的应对能力，将突发性灾害造成的损失降低到最低，按照市区相关部门的总体部署和安排，区文委组织开展了全区文化娱乐场所“防灾减灾日”宣传暨演练活动，重点抽查了万达大歌星歌厅和大江南歌厅的实际应急演练情况。应急演练期间，从发现险情报警到组织人员疏散，从救护遇险伤员、火场外围警戒到协助消防人员完成火险的彻底扑救，整个演练过程迅速而不慌乱，秩序井然、有条不紊。

行政许可 年内，区文委加强服务重点企业及重大项目，实行申请、受理、审批“三优先”和一站式服务，对持有“石景山区CRD绿卡”的企业，在办理行政许可业务时享受“绿色通道”，办理时限进一步压缩。对冰雪嘉年华、CRD啤酒节、台湾商业街、重阳登高节等重大项目涉及文化许可内容的，及时、主动了解、沟通，实行“绿色通道”审批制。全年共接待咨询2300余人次，共受理各类审批件51件，其中新审批场所38家次：包括歌舞娱乐场所4家、文艺表演团体2家。受理各类变更事项14家次。完成年度审核换证274家。

石景山区文化委员会

书　记　　高洪雁（女）
主　任　　高洪雁（女）

（黄　杰）

通　州　区

概　况

通州区位于北京市东南部，京杭大运河北端，面积912.34平方千米。全区辖10个镇、1个乡、4个街道。2010年户籍人口66.3万人，其中，非农业人口33万人，农业人口33.3万人。

通州区文化委员会（简称区文委）是通州区人民政府主管文化文物等工作的职能部门，接受北京市文化局、北京市文物局、北京市新闻出版局、北京市广播电影电视局的业务领导。通州区文化委员会下设1个文化行政执法队，6个职能科室（办公室、政工科、公共文化科、文化促进及文化市场管理科、文物保护和非物质文化遗产保护科、规划科），5家事业单位（通州区文化馆、通州区图书馆、通州博物馆、通州区文物管理所、通州区电影管理中心）和1家企业（新华书店）。全文化系统在职人员184人。

2010年，全区上下以科学发展观为指导，围绕通州区“现代化国际新城建设”的中心工作，继续深化“三文计划”（文化生活的多彩计划、文化品牌的打造计划和文化产业的培育计划），成功举办了北京通州运河文化节，进一步完善了覆盖城乡的公共文化服务体系，基础文化设施建设实现新跨越，文化遗产保护取得新成绩，文化市场管理和文化产业服务有了新的起色，完成了年初文化工作确定的各项任务。

2010年文化事业发展

会议和调研

通州区文化娱乐场所安全生产及法规培训会 1月7日，区文委在红旗宾馆组织企业的法人代表、主要负责人，召开了全区文化娱乐场所安全生产及法规

培训工作会。会上通报了2009年通州区文化娱乐场所的安全生产和行政执法情况，并对2010年全区文化娱乐场所的安全生产工作进行了要求和部署。区文委主管领导与133家企业法人代表签订了《通州区文化娱乐场所责任书》和《文化娱乐场所燃放烟花爆竹承诺书》。

文化信息资源共享工程及基层图书室总结表彰会　1月29日，通州区文化信息资源共享工程及基层图书室总结表彰大会在区图书馆召开。11个乡镇、4个办事处的文化工作负责人，文化信息资源共享工程村级服务点管理员代表，区图书馆分馆、联网图书室及流动送书点管理员共计80人参加会议。会上，表彰了100个优秀村级基层服务点、15个优秀基层图书室和10名优秀管理员。

王云峰到通州区电影院调研　4月19日，区委书记王云峰察看通州区电影院改造升级工程，及电影院的各个影厅升级改造情况。并对电影放映专业技术性问题进行了解，体会了3D影片的放映效果。王云峰指出，文化管理部门和电影院工作人员要将各项工作进一步做细做扎实，为广大群众提供更好更优质的服务。

区政协视察影院厅建设情况　5月11日，区政协组织区政协委员视察区影院厅建设工程情况。委员们现场视察了潞城镇大甘棠村农村数字影厅建设、通州区电影院，并组织召开会议，听取了区影院经理对2007年~2010年通州区城乡数字电影工程建设情况的汇报。会上，区政协主席王春元作了重要讲话，指出，（1）现在影厅建设发展较快，要充分利用资源优势，把好的影片送入农村，引导好农村人民的文化生活。（2）各个影厅要有专人管理，管理人员要有一定的学历，建设好各级管理队伍。（3）加强培训，保持数字电影放映设备的正常运转，加强人员素质培训，提高服务水平。（4）建立责任制，分级管理，层层负责，对影片的上映时间等要公示，加强宣传。

文化设施建设

区文化中心项目进展顺利　4月20日，区规划分局印发通州区文化中心项目的建设用地规划许可证，明确该项目建设用地面积8178.205平方米，代征城市公共用地面积4509.98平方米，共计12688.185平方米的用地规模。10月，区国土分局核发了通州区文化中心项目土地划拨决定书。对项目的施工、监理进行公开招标，确定了施工单位、监理单位。12月17日，通州区文化中心开工奠基仪式在项目工地举行，区政府副区长刘淑华主持了开工奠基仪式。市文化局副局长王鹏，副局级巡视员倪晓健，市文化活动艺术中心主任路斌，区领导王云峰、岳鹏、张文山、李玉君、张秀余、张勇、罗明光、王子江等出席仪式。区委副书记、区长岳鹏指出，通州区文化中心项目是按照国际一流标准设计的核心区重点工程之一，建成后将成为展示现代化国际新城面貌的又一标志性建筑，各有关部门和单位要服从服务于新城建设大局，高度重视、密切配合，为工程建设创造良好的条件并给予支持。

通州区文化中心开工奠基仪式

社区文化活动中心升级改造工程竣工　通州区社区文化活动中心（通州区电影院）升级改造工程竣工，于4月底正式对外营业。该工程是区委、区政府为全民办实事项目之一，总投资3100万元，总面积达5000平方米。改造后的社区文化活动中心包括3D影厅、VIP影厅、家庭厅、普通厅、游艺活动厅和台球健身厅等多个功能厅，具有电影放映、娱乐演艺、游艺健身等多项功能。

其他项目　张家湾镇文化中心改扩建工程占地面积为2600平方米，投入近170万。本年度还完成了47个行政村村级文化设施建设，投资3560万，建设15700平方米。

文化活动

全区文化活动丰富多彩，更有创新。北京通州运河艺术节于9月16日~10月6日举办。艺术节由公益性文化活动和商业文化活动两个部分组成，包括开幕式、“逍遥音乐之旅”、非物质文化遗产项目展、书法、美术、摄影作品展、北京市东赛区舞蹈大赛决赛、新城低碳环保墙等活动，共进行了10余场文艺表演，奉献了118个节目，展出作品近100幅，吸引观众近10万人次。“五月的鲜花”群众歌咏比赛，各乡镇、街道，政府机关、企业、学校都积极参与活动，共举办100余场活动，涌现出原创节目60多个。文艺演出“星火工程”演出1860场次，达到了预期效果。

通州区2010年春节团拜会　2月9日，由区委、区政府主办的大型文艺演出“虎跃雄风　聚焦通州”暨通州区2010年春节团拜会在中国人民解放军陆军航空兵学院礼堂举行。区委、区人大、区政府、区政协领导与千余名观众欢聚一堂共庆佳节。区人大常委会主任张文山主持团拜会，区委书记王云峰作新春致辞。团拜会演出了《聚集通州》《欢迎你到通州来》等反映通州区现代化国际新城建设题材的优秀原创作品，歌唱家阎维文、殷秀梅参加了演出。

通州区“三教庙”春节文化庙会 2月14日～2月19日，通州区举办“三教庙”春节文化庙会。庙会期间举办了通州漕运文化展示、通州名人奇石及书画展示、曹雪芹墓石展示等10余项活动，吸引游客3000余人。

群众文化年活动启动 6月26日，“我的舞台——我的通州 我的家”通州区群众文化年活动在运河文化广场启动，区领导张秀余、刘淑华、王子江出席启动式。张秀余在活动启动式上指出，“我的舞台”是通州区活跃百姓文化生活的一项重要举措。让每一个文艺爱好者有地儿唱、有地儿演，有人听、有人看。让他们想唱有话筒，想跳有舞台。随后，台湖合唱团一曲《山丹丹开花红艳艳》拉开序幕，歌伴舞、单弦联唱、对口快板、戏曲表演、民乐合奏等做了精彩表演。

北京通州运河艺术节开幕式 9月16日，2010年沿运河历史文化名城城区政协主席（通州）年会暨北京通州运河艺术节开幕式在区电影院3D厅举行。来自运河沿线各城区的政协主席和通州区区委副书记、区长岳鹏、区人大常委会主任张文山、区政协主席王春元等出席活动。开幕式上演出了《美丽的通州》《欢迎你到通州来》等原创作品。

北京通州运河艺术节“京评曲韵竞采争艳”比赛现场

“京评曲韵竞采争艳”决赛 9月28日，通州区举办“京评曲韵竞采争艳”决赛，全区各乡镇、街道、各委办局、企事业单位机关、各大院校、部队中有12个节目入选决赛，京剧、评剧等多戏种参加了比赛。京、评剧表演艺术家刘萍、姚家儒、李冬梅等担任评委。区领导罗明光、刘淑华等出席了活动。活动评出一等奖1名，二等奖2名，三等奖3名。

“逍遥音乐之旅” 北京通州运河艺术节重要组成的“逍遥音乐之旅”于10月1日～3日在运河文化广场举行，这是北京市第一次举办户外古典音乐系列演出活动。中央歌剧院交响乐团和中国歌剧舞剧院交响乐团为观众献上“歌剧咏叹之夜”、“协奏曲之夜”和“奥斯卡电影音乐之夜”3场音乐会，歌唱家戴玉强、黄英等为观众奉献了世界著名的歌剧咏叹调、音乐剧唱段和艺术歌曲。

“运河清风”廉政文艺汇演 11月1日，通州区在中国人民解放军陆军航空兵学院举办“运河清风”廉政文艺汇演，中共北京市委常委、纪委书记叶青纯为全市首个廉政文化品牌标识“运河清风”揭幕。打造“运河清风”廉政文化品牌活动是由通州区纪委、区委宣传部和区文委共同举办，活动自3月启动，历时8个月，汇集全区原创文艺作品171件，参加单位31家、社会团队108个、参与各类文艺演出2000多人。此次活动精选出11个节目进行文艺汇演。

和田县歌舞团到通州演出 12月29日下午，北京市文化援疆“春雨工程”和田和韵文艺演出在通州区电影院举行。来自新疆维吾尔自治区和田县的歌舞表演团体，为通州百姓奉上一台充满民族风情的精彩演出。市文化局巡视员叶重辉、区领导张秀余、刘淑华、王子江观看演出。

文化馆

首次开创文化品牌——“我的舞台”群众文化擂台赛，共举办演出11场，参加演员3000余人，吸引观众近5万人次。招募志愿者300人。举办了送演出下乡，送书画作品下乡，辅导社区书画爱好者学习美术等志愿活动。承办了全区春节团拜会、“运河清风”廉政文艺演出、七一文艺演出、“八一共建双拥模范城活动”等大型活动。举办了合唱指挥培训班、戏曲培训班、器乐和美术写生培训班，培训学员2000余名。

图书馆

2010年，区图书馆新增及续办借书证4424个，到馆人数近23万人次，书刊外借16.5万册次，分编上架图书1.59万册。积极开展了文化资源信息共享工程维护管理工作，开展了“红领巾读书活动”、少儿科普活动、知识讲座等丰富多彩的活动。

“三下乡”活动　2月2日，区委宣传部、区文委、区文联等单位共同主办的通州区春节系列文化活动暨文化、科技、卫生“三下乡”活动在宋庄原创艺术区正式启动，区委领导张秀余，罗明光，王子江出席启动仪式。区图书馆向群众发放了《运河文库》《兰亭》等文学、艺术、摄影方面的读物300册，并开展图书馆活动的宣传咨询。

为武警官兵送书办讲座　2月8日，区图书馆为武警北京市总队第十支队十一中队送去各类图书200册和《中华人民共和国成立六十周年——大阅兵》《建国大业》等光盘20张。区图书馆还将第十一中队定为流动送书点，定期为武警官兵送去图书。3月12日，区图书馆邀请北师大心理学院教授石林到武警北京市总队第十支队十中队为官兵开展心理讲座，通过远程视频，密云、东城等6个区县2000名官兵也同步参加了此活动。图书馆还为官兵们带去了计算机、心理减压、励志类书籍200余册。4月1日，区图书馆为卫戍区警卫某师防化连（周波烈士原所在部队）拥军图书室挑选100多册文学、励志、政治、计算机、法律等方面的书籍，和各类期刊近2000册及《国庆大阅兵》光盘10张。

朝阳区街道图书馆到通州参观交流　3月13日，朝阳区图书馆辅导部主任带领8个街道图书管理员到通州区图书馆参观座谈。会上，区图书馆馆长杨兰英介绍了该馆的基本情况和新馆的建设规划，潞城镇文化中心工作人员介绍了潞城镇文化信息资源共享工程的开展情况。

“红领巾”读书活动　6月20日，区图书馆承办“北京市红领巾读书活动·做文明北京少年”讲故事比赛第二分赛区比赛，共有来自通州区、朝阳区、崇文区小学的15名小选手参加比赛。

“拥军图书室”揭牌仪式　7月27日，在国家广播电影电视总局572电台举办了通州区向武警北京市总队第十支队十一中队捐建“拥军图书室”揭牌仪式，区委常委、宣传部长张秀余、区委常委、武装部政委储怀森等领导出席活动，区武警三大队大队长蔡顺山主持了仪式。区领导张秀余和武警北京市总队第十支队副政委谢广庆为“拥军图书室”揭牌，区领导储怀森在仪式上讲话。区图书馆与十一中队签订了“双拥”共建协议书。

少儿暑期文化系列活动　7月~8月，北京市少儿科普阅览中心通州区分中心（图书馆少儿室）为孩子们开展了趣味科普讲座、绿色上网冲浪培训、“欢乐假期之有意义的小故事”摄影、绘画征集、放映馆藏影视资料片、开展推荐阅读书目、留京务工子女免证阅览、小志愿者亲手修补图书等共组织活动11项，吸引1500名小读者参与。

电　影

“看电影过大年”活动　1月~2月，通州区组织开展了“看电影过大年”的公益电影放映活动。活动以迎新春为主题，突出团圆、敬老、祥和、平安的理念，全区共放映2976场次，观众92460人次。

通州区电影院重装开业　4月29日，通州区电影院（通州区社区文化活动中心）举办开业典礼，区委书记王云峰、区人大常委会主任张文山、张秀余、储怀森，张勇、罗明光、刘淑华、王子江出席，市广电局领导及著名演员杨立新等也参加了开业典礼。

农村电影放映成效显著　电影院放映2684场次，吸收观众79990人次，农村数字厅共放映50873场次，吸收观众1705671人次，流动放映队完成放映任务2077场次，吸收观众209067人次。

非物质文化遗产保护工作

通州区通过申请保护资金和鼓励创建工作室等途径，加大对非物质文化遗产传承人的保护。通过各种有效形式加强对通州区各类非物质文化遗产进行整理、研究和宣传。出版发行了《不能隔断的记忆》等“非遗”专著。

文化遗产日活动　6月12日是我国第五个文化遗产日，通州区以“文化遗产，在我身边”为主题，开展了“公益鉴宝面对面”活动，在“三教庙”举办了奥运期间“非遗”项目、新中国成立六十年大庆“非遗”成果以及2005年~2010年“非遗”保护成果的汇展。结合端午节开展民俗讲座，以及非物质文化遗产讲座。

展陈工作

张振生书法作品展、通州老胡同照片展、中国画小品联展等12个展览在区博物馆举办，吸引观众近4万人次。韩美林艺术馆作为中小学校外教育大课堂和青少年外事交流基地，年内接待观众近5万人次，提升了新城形象和全区对外文化交流水平。

孙旭明书法艺术展　7月30日，由区委宣传部、区文委、区文联共同主办，区书法家协会承办的“弘扬运河文化传承人类文明——孙旭明（中国书法家协会会员）书法艺术沿运河沿岸巡回展”在区博物馆举行。展览通过54幅作品将京杭大运河沿线的18个城市串联起来。中国书协主任张艺群和区领导张秀余等出席。

文化市场管理

进一步提高行政审批和企业年检工作效率，简化审批环节，严格执行审批时限，缩短审批时间。全年共受理各种行政审批164件，年检684项，审验各种材料4700余件，接受社会相关咨询3000余人次。积极开展执法工作，全年出动执法人员2500余人次，检查各类文化经营单位1623家次，行政罚款65900元，纠正违规78起。还积极开展对歌舞娱乐场所、网吧等的安全宣传培训，组织各类培训7次，有2000余人次参加。

百日整治行动宣传活动　区文委配合通州区城市街面环境秩序“百日整治行动”，9月30日上午，在区人才服务中心进行定点宣传。发放材料和现场回答群众一些环境保护问题，使群众提高环境保护意识。共发放告知书2000多份、各类宣传材料300多份。

获奖情况

集体

通州区文化委员会　获北京市妇女联合会、北京市文化局“倡导低碳、共建和谐社会”第4届首都家庭文化艺术节优秀组织奖。北京通州运河艺术节获人民日报社网络中心、中国城市发展促进会、中国品牌建设与管理协会2010年中国十大著名节庆品牌之一称号。

通州区电影管理中心　获中国电影协会“全国农村数字电影放映工程——向祖国汇报”先进单位称号。

通州区书法协会　获2010年中国书法进万家活动先进单位称号。

韩美林艺术馆　共青团北京市委员会、北京市青年联合会命名“北京青少年外事交流基地”。

通州区文化馆　选送的戏剧小品《宴门官》获第21届农民艺术节“金凤凰”一等奖、创作奖、组织奖；小品《谁之过》获组织奖、表演奖。

通州区文化馆“运河之声”合唱团　获2010年北京景山合唱节、金五星合唱节优秀奖。

通州区图书馆　获2010年北京市全民阅读优秀组织奖；获2010年北京市爱心传递图书捐赠总动员优秀组织奖；获2010年度北京市“红领巾”读书活动优秀组织奖。

个人

窦玉平　被中共北京市委、北京市人民政府评为2010年劳动模范。

吴宝玉　获北京市2010年度“扫黄打非”文化市场管理先进个人。

黄添喜　获2010年“中国书法进万家活动”先进个人。

刘如贵　获全国农村数字电影优秀放映员称号。

贯会学、山建宁、郑建山　获北京市群众文化活动中心“群众与创新”论文评比二等奖、三等奖、优秀奖。

王耀武　获2010年“首都双拥书画展”一等奖。

刘建宇　获2010年“第5届民族杯”全国书画大赛金奖；获第10届“星星河”全国少儿儿童美术书法大赛优秀辅导员奖。

贯会学、纪淑荣、徐茜　贯会学美术作品《儿时的记忆》获全国第14届群星奖北京赛区二等奖，纪淑荣书法作品获三等奖，区文化馆徐茜美术作品《夜宴》获优秀奖。

陈振清　辅导诗朗诵《再别康桥》获2010年度北京市中小学生艺术节一等奖。

陈晨　辅导舞蹈《跃动步伐》“舞动北京”广场舞蹈大赛获团体二等奖。

杨兰英、魏红帅、李冬梅　获2010年度北京市“红领巾”读书活动优秀辅导员称号。

通州区文化委员会

书　记　　杜德久
主　任　　杜德久

（邢振华）

顺　义　区

概　况

顺义区位于北京市东北郊，面积1021平方公里。户籍人口56.7万人，常住人口73.6万人。辖19个镇、6个街道办事处、424个行政村。

顺义区文化委员会（简称区文委）是负责本区文化、文物、新闻出版、广播电影电视等工作的政府工作部门。内设办公室、政工科、计划财务科、文化文物管理科、文化市场管理科及著作权管理科6个职能科室和文化行政执法队（副处级）、文化创意产业促进办公室（副处级）。直属单位有文化馆、图书馆、新华书店、影剧院、电影发行放映管理处、焦庄户地道战遗址纪念馆和文物管理所。

2010年，区文委适应区域发展需要，以“文化惠民”为目标，加大完善公共文化服务体系力度，创新开展文化活动，繁荣文学艺术创作，培育健康有序的文化市场环境，提升公共文化服务供给能力，加快文化事业全面发展；以“产业促进”为目标，建立产业政策体系和运行机制，加快文化创意产业发展。

2010年文化艺术发展

文化企事业

顺义区有文化馆1个、图书馆1个、影剧院10个、镇和街道文化中心25个、国有新华书店1家、焦庄户地道战遗址纪念馆1个和19个镇级文化站，424个行政村级文化大院；6个街道办事处有72个居委会文化室。现已建成镇级文化中心达标单位6个，村级达标文化大院308个。全区镇、村文化设施建筑面积14411平方米，室外活动场地面积168170平方米。共修建文化广场187个，总面积达1297550平方米，投资2.73亿元。有区级广场7个，镇级文化广场（比较有规模的）12个，村级文化广场较好的200多个。

全区有秧歌队214支，人数15000余人；有8个文艺家协会；各类业余文艺团体200余个，人数12000余人，其中，戏剧团体35支、音乐队46支、舞蹈队30支、民间花会队73个、杂技曲艺队1个、美术社15个、文学社3个。

重要活动

“二月新春”群众文化活动　以“建设和谐文化、歌唱美丽顺义”为主题，从农历腊月二十到正月十五，举办了百场歌舞庆佳节、千场电影献基层、万册图书送下乡、万幅春联迎新春、万盏彩灯亮城乡、“赵全营杯”民间花会大赛、顺义区“绿港美、家乡好”农村原创文艺作品大赛等12项重点系列文化活动。特别是百档花会进社区活动有所创新，从农村走入城区，受到了城区居民的热烈欢迎。“二月新春”期间，全区共举办群众文化活动680余场次，室内活动300余场次，室外活动380余场次，共有5万人次参与演出，观众达到50万人次，全区共投资600余万元。

“二月新春”系列活动之农村原创作品大赛

百场演出庆佳节活动　从农历腊月二十三至正月十五期间，区文化馆小百花艺术团及14支优秀文艺团队深入19个镇、村、重点企事业单位进行了120场巡回演出，其中2月4日、5日，北京凌空评剧团建团3周年之际，在顺义影剧院举办了7场评剧专场演出。

千场电影献基层活动　从农历腊月二十三至正月十五，区电影发行公司结合实施“农村电影放映”工程，积极送优秀影片下乡，全区19个镇419个数字化电影厅，为广大农村群众放映979场电影，观看人数12万人次。

万幅春联迎新春活动　2月8日上午，区文委、区文联、区新农村办公室、团区委、区书法家协会、区摄影家协会在马坡镇庙卷村共同组织了迎新春“迎新春、送春联和送摄影作品进农村”活动，30多名书法、摄影家把书写的1000副春联和100幅摄影作品送到了村民手中。春节期间，全区100余名书画家分别深入镇村，开展为广大城乡居民写春联、送春联、贴春联活动，书写春联在10000幅以上。

万盏彩灯亮城乡活动　春节期间，全区各单位及主要街道实施了亮化工程，万盏彩灯、艺术灯、霓虹灯和大红灯笼，营造五彩缤纷、火树银花、万家同乐的节日氛围。

民间花会进社区活动　2月18日（农历正月初五）上午，由区文委和区文联共同举办的“迎新春、花会进社区”活动在顺义城区6个社区同时展开，龙狮舞、小车、高跷、地秧歌、吵子、大头和尚等20多个花会队伍近200名演员参加了活动，6个社区近2000多名居民观看。

特邀剧团到本区演出　从正月初八到正月十五期间，特邀中国评剧院在影剧院演出14场传统评剧。2月4日～28日，特聘吉林省四平市民族歌舞团到17个镇、116个行政村和3个社区演出122场次，演出节目有歌舞、小品、二人转等。

送书下乡　春节期间，区图书馆分别走进了北务镇、高丽营镇、杨镇农贸大集，向当地群众开展送图书、送科技、送知识宣传活动，共赠送图书、期刊2000余册，编辑印发《科技信息》《保健常识》等资料1000余份，向百姓免费赠送《大阅兵》《经典戏曲欣赏》《农业知识电子期刊》等资源光盘共享工程500余张。区图书馆在春节期间向读者开放，共接待读者5000余人，借阅图书8000余册。

顺义区文化中心开工仪式举行　3月16日上午，开工仪式在顺义区仁和镇顺义新城第5街区施工现

场举行。市文化局局长降巩民，市广播电影电视局巡视员洪兵，市文化局副巡视员阮兰玉，市文物局副局长向德春，区委书记张延昆，区长刘剑，区委常委、宣传部部长杨宝华，区委常委、副区长李友生，区人大常委会副主任贾春林，副区长赵贵恒、燕瑛，区政协副主席、发改委主任田建国等出席开工仪式。区文委主任刘振河致辞，副区长燕瑛、市文化局局长降巩民讲话。各委办局及鲁班建筑公司等300余人参加了开工仪式。区新文化中心工程总建筑面积约6万平方米，投资4.1亿元，建设项目包括文化馆、图书馆、博物馆和大剧院，现代化的文化配套设施建设设计新颖，功能性强，集文化交流、文艺创作、文化培训、文化活动、文化娱乐为一体。

“五月的鲜花”及“端午节”重点文化活动 本次活动以“文化服务和谐社会，歌声颂扬顺义辉煌”为主题，4月~9月，全区各镇、街道、各部门按照区委、区政府的统一部署，开展系列活动。4月15日及25日分别举办了第6届北京市“高丽营杯”戏曲票友邀请赛和第6届北京“后沙峪杯”交谊舞大赛；5月，先后组织元祥舞狮团、曾庄大鼓、大胡营的高跷等数十档民间花会和十几项“非遗”项目参与第19届燕京啤酒节活动；开展了“我们的节日”主题系列活动，包括6月14日举办的第2届北京端午文化节暨首届“临空经济区杯”龙舟赛开幕式及文艺晚会、“非遗”项目展演、花会表演、包粽子比赛等文化活动；6月~8月，在全区范围开展“感恩、报国、立志、创业——北京市第4届‘天竺杯’红歌合唱邀请赛活动”，印制红歌歌曲集2000册，共有34支合唱队1500名群众演员参加比赛；9月26日举办了第1届“京冀风景线”——北京10区县与坝上5县书画联展。“五月的鲜花”活动期间，全区共组织文艺比赛和演出470场次，演出文艺节目5200个，新创作品180个，参与活动人数达到7万人次，吸引观众30万人次。

“高丽营杯”戏曲票友大赛

第2届北京端午文化节暨“临空经济区杯”龙舟赛活动 6月14日在顺义奥林匹克水上公园隆重举行。市委常委、宣传部部长、副市长蔡赴朝，市委宣传部副部长、首都精神文明办主任陈东，市委宣传部副部长张淼，市文化局局长降巩民，市体育局局长李颖川和顺义区领导张延昆、杨宝华、李友生、赵贵恒、燕瑛出席并观看比赛，开幕式由市委宣传部副部长傅华主持。“临空经济区杯”龙舟赛作为第2届北京端午文化节系列活动的重头戏，将体育、旅游、娱乐、传统融合。文化节期间，顺义区还举办了文化教育主题展、端午经典诗文诵读会、民俗文化系列活动。

第2届北京端午文化节“端阳赋”文艺晚会 6月15日晚，在顺义奥林匹克水上公园举行。通过“家国情怀”、“生若夏花”、“激越精神”3个篇章的歌舞表演，重温了端午节传统文化，营造了浓厚的节日氛围。市委宣传部副部长傅华、市文化局局长降巩民和顺义区领导张延昆、杨宝华、赵贵恒观看了晚会。

“鑫大禹杯”创作歌曲征集活动“打造绿色国际港，歌唱美丽新顺义” “鑫大禹杯”创作歌曲征集活动由北京音乐家协会、顺义区委宣传部、顺义区文委、顺义区广电中心、顺义区文联主办，面向全国征集优秀音乐作品。大赛特邀文化部民族民间文艺发展中心作为艺术指导单位。7月20日启动，共收到来自北京、上海、重庆、辽宁、新疆、陕西、广东、内蒙古等18个省（自治区、直辖市）的参赛歌曲180余首。经专家评审，最终共34首歌曲获得各级奖项。这些歌曲通过制作光盘下发、区内媒体展播等形式向群众推广。

“追溯顺义老八景、描绘绿港新画面”全国书画摄影作品大赛 大赛由顺义区委宣传部、顺义区文委、顺义区文联共同主办，邀请了市文联、北京画院、北京书法家协会、北京美术家协会、北京摄影家协会、北京文化艺术活动中心作为艺术指导单位，是一次面向全国的重点群众性文化活动。大赛从9月初至12月，得到了北京、河北、江苏、福建、广东、广西6个省（自治区、直辖市）广大文艺工作者的积极响应，共征集到参赛书法与美术稿件共480件、摄影1200张，评选出126件优秀书法、美术、摄影作品。参赛稿件以顺义区新的建筑景观、自然景观和“老八景”为主要创作内容。

第18届“十月金秋”群众文化活动 本次活动以“文化服务和谐社会，艺术描绘顺义辉煌”为主题，全区19个镇、6个街道办、8个委系统，分别举办了集中性展览。共收到艺术作品2000余件，上报区组委会艺术作品为280件，包括书法、美术、摄影艺术形式等。全区共装饰美化20个单位和226个家庭，装饰作品数量为500件，参加本次活动作者为2000人，参观群众约为3万人，活动资金总投入约为112万元。

文化馆

参赛获奖　2010年，区文化馆成功组织参与市级、区级大型文艺演出比赛等活动共50余场，观众达15万人次。第8届“椿树杯”京剧票友大赛，顺义区文化馆选送的少年组选手，年仅十岁的林菁菁一举夺冠；顺义区家庭组两位选手获二等奖。北京“舞燃情”国标舞交谊舞全国邀请赛顺义选手荣获B组拉丁舞一等奖、二等奖。北京市第3届来京务工人员才艺大赛顺义区选手获得三等奖一名、最佳才艺奖一名、最具风采奖一名。第2届北京京、评、梆现代戏票友大赛，顺义区两名参赛选手获得大赛二等奖，区文化馆获得优秀组织奖。北京市社区京剧票友大赛，顺义选手分别获得一等奖、三等奖。“第6届中国西部大地情”——中国画、油画作品展，区文化馆选送的中国画《晨曦》入选。在第6届“舞动北京”舞蹈赛、第21届农民艺术节、第3届“大栅栏杯”戏剧小品邀请赛上，区文化馆均获组织奖。

辅导培训　区文化馆在本年度组织下基层辅导700余次，内容涵盖声乐、舞蹈、模特、乐器、戏曲、美术、书法等方面。从“二月新春”、“五月鲜花”至“十月金秋”，配合宣传部、区文委的3大系列活动，共辅导学员30余万人次。馆长年设有儿童素描、成人美术、国画、儿童画、戏曲等培训班18个，每年培训学员3万余人次。文化馆业务干部还长期在老年大学等单位进行专业辅导，内容包括美术、书法等，辅导学员6000余人次。2010年，文化馆辅导的来自全区各中小学校24位学生远赴香港参加“桃李芬芳”京港两地交流音乐会；参加由中国民族管弦乐协会、北京青少年艺术中心主办的第4届北京市学生校外艺术节器乐大赛，获大赛一等奖；辅导的沿河小学合唱队、高丽营二小合唱队参加北京市中小学合唱节均荣获二等奖；辅导的小合唱《太阳最红，毛主席最亲》获得北京市国土局系统“五月的鲜花”文艺汇演一等奖。

文艺创作　2010年，文化馆业务人员在《都市》《东方少年》《运河》等杂志上发表了中篇小说《门神》《庄县长的传说》《鹞子情》等约9万字。在《京郊日报》《劳动午报》《北京晚报》等报刊发表了诗歌《周总理与海棠》《老虎咏叹调》《北戴河的浪花》，散文《白雪映红的草莓》《情系“鹊巢”》《平原上的绿色音符》等近20篇诗文。

非物质文化遗产保护工作

2010年，区文化馆多次参加市、区级的“非遗”保护大型活动。2月，顺义区市级“非遗”项目杨镇龙灯及吴家营的舞狮参加了由中央电视台主办的庆元宵晚会彩排与录制；3月开始进行《北京市非物质文化遗产资料汇编》顺义卷的编纂、校对工作，前后3稿，历时7个月完成，全卷30多万字，详细梳理了顺义地区的人文概况、文化遗产及非物质文化遗产所有内容。

图书馆

图书馆人藏新书7000余种共计50000多册，订购报刊700余种；举办各种读书活动105次，5万余人参加；编辑出版《决策参考》《基层图书室工作简报》《科技信息》《保健常识》《顺图信息》共36期10000余册；送书下乡150余次48000余册；全年接待到馆读者220000人次。“农家书屋”建设方面，补充图书总价值500余万元，新增达标书屋136家，全区总数达到232家，街道和社区分别新建5家、15家图书室。全区基层图书室共收藏图书、期刊、音像等25万册件。

顺义区文学艺术界联合会

文艺创作　2010年，创作出版了一批优秀文艺作品。区作协高国镜等在《中国文化报》《诗刊》《中国诗人》等报刊发表了中篇小说《门神》《庄县长的传说》《鹞子情》等各类文学作品，130篇，80万字。王克臣主编了六期《绿港文学》杂志，李博出版了诗集《青春的证明》，周洪安出版了诗集《心情驿站》。区音协王先洲创作了北小营镇镇歌《北小营是个好地方》，已录制成MTV并制成CD光盘；张宝星创作出了《国门银燕畅想曲》等多首歌词。区舞协王玉玺、杨华担任总设计和总导演的“辉煌60年——牛栏山一中建校60周年庆典”演出获得好评。

积极参加北京市有关文化活动及大赛　区文联和各文艺家协会积极参加了北京市有关活动和大赛并入选获奖。摄影家协会全年共参加和组织市、区级摄影活动及大赛27项，收到参赛作品和自创作品近9000张；戏剧家协会参加市文化局、市文化活动中心举办的北京市“社区京剧票友大赛”，岳忠元的《探皇陵》选段荣获大赛一等奖，乔守梅的《望江亭》选段荣获三等奖；曲艺家协会成功地承办了顺义区第1届马坡杯“赞家乡、颂文明”曲艺大赛，市曲协名誉副主席梁厚民，副主席贾德丰、李绪良，理事李增瑞等表演艺术家担任了评委并表演了精彩的节目；舞蹈家协会在北京市第20届农民艺术节暨首届北京乡村歌舞节决赛中，舞蹈《我们的大鹏鸟》

荣获二等奖，舞蹈《绿色港湾》荣获优秀表演奖，舞协艺术团到上海参加“携手青春，走进世博大型综艺活动”获得金奖；美术家协会在北京德泰书画院成功举办了白进海、刘永刚等8人优秀美术作品提名展；书法家协会贾文龙荣获俄罗斯国立艺术家协会颁发的功勋艺术家称号勋章和证书，还组织了唐山—石景山—顺义联展和“追溯顺义老八景、描绘绿港新画面”全国书画摄影大赛首都书画家笔会。区文联荣获了北京市文联2010年度宣传信息工作先进单位称号。

文化创意产业

参展第5届中国北京国际文化创意博览会　中国北京国际文化创意博览会于11月18日至21日在中国国际展览中心举行。顺义区主展台以“设计集聚工业新动力，创意打造产业新高地”为主题，由区域整体情况、工业设计、广告会展、体育休闲旅游、出版印刷、其他创意6大板块组成。开展4天，顺义展台累计接待观众5万人次，发放各种宣传材料1万余份。顺义区被授予本届文博会“最佳展示奖”和“最佳组织奖”。

制定文化创意产业政策　顺义区第一个明确扶植文化创意产业的政策——《顺义区促进文化创意产业发展的若干意见（试行)》（以下简称《意见》）正式出台。《意见》从资金扶持、财政补贴、投融资服务、人才培养等方面加速文化创意产业的发展。《意见》规定，自2011年起，顺义区每年安排1000万元的文化创意产业发展专项资金，重点支持广告会展、设计创意、高端出版印刷、时尚体育休闲等行业，同时鼓励引导其他行业全面发展。

电　影

2010年，全区有23套流动放映设备和放映车，共建成420个农村数字电影放映厅。全年共放映电影44498场，观众人次达436万人次。

文化市场管理

截至年底，顺义区共有歌舞娱乐场所71家，网吧33家，电子游艺场所2家，影剧院3家，文艺表演团体66家。2010年，全年共出动执法人员1395人次，出动执法车辆382台次，检查场所2020家次，组织联合执法38次，全年共受理举报33件，其中市级转来23件（均已全部回复），联合取缔“黑网吧”、“黑歌厅”29个，暂扣电脑设备371台，取缔非法放映单位1家，查处违规经营案件34起，罚款51368.4元。

专项整治行动　开展打击整治互联网和手机网站传播淫秽色情及低俗信息专项行动，协调公安部门删除网络淫秽色情信息2467条，破获4起网络传播淫秽色情信息案件，依法处理8名违法人员。开展“平安世博”文化市场专项保障行动，世博期间，严查文化经营单位，重点排查网吧、影剧院、歌厅等公众聚集文化经营场所，确保了“平安世博”目标的实现。开展文化经营场所“安全生产月”专项整治行动，为文化经营单位编制了《文化经营单位安全生产制度汇编》，组织了文化经营场所应急演练现场会，排查了全区所有的文化经营场所的安全隐患，对3家未建立安全生产例会制度的文化经营单位进行处罚。开展了暑期网吧专项治理行动，网吧及文化娱乐场所的经营秩序进一步提升。开展校园周边文化市场环境综合治理行动，对校园周边文化经营场所进行了全面清理，依法规范了校园周边文化经营秩序，依法取缔了游商、地摊，净化了校园周边文化环境。

获奖情况

集体

区文委　获中宣部、文化部、广电总局、新闻出版总署授予的全国基层文化市场先进集体称号；北京市读书益民工程优秀组织奖；北京市“扫黄打非”暨文化市场管理工作先进集体；北京市第21届农民艺术节组织奖。

个人

刘振河　获北京市“扫黄打非”暨文化市场管理工作先进个人。

顺义区文化委员会

书　记　　刘振河

主　任　　刘振河

（关东明）

怀　柔　区

概　况

怀柔区位于北京市的最北端，面积2122.6平方公里，其中山区占89%。辖12个镇、2个满族乡、2个街道办事处，31个社区居委会，284个行政村，常住人口35.8万人，户籍人口27.7万人，其中，农业人口16.1万人，非农业人口为11.6万人。有31个少数民族，其中，人数最多的为满族，全区有喇叭沟门、长哨营2个满族乡，22个满族村。

怀柔区文化委员会（简称区文委）是区政府管理全区文化工作的职能部门。设办公室、政工科（监察科)、文化科、行政许可和服务科、行政执法队（副处级）。直属企事业基层单位（科级）7 个：区文化馆、图书馆、博物馆、文化创意产业领导小组办公室、新华书店、电影发行放映服务中心和文物管理所。区文委系统在职干部职工 196 人，离退休人员 67 人。

2010 年，区文委深入贯彻落实科学发展观，坚持把“出特色、创精品、树品牌”作为开展工作的出发点，立足高起点，谋求新发展，抢抓机遇，不断创新，经过全系统干部职工的共同努力，文化工作呈现出繁荣发展的良好态势，全委上下形成了争先创优的良好局面，各项工作取得了令人瞩目的成绩。

2010 年文化事业发展

重要会议

怀柔区文化工作研讨会　1 月 21 日，区文委在双阳宾馆召开怀柔区文化工作研讨会，文委班子成员、各镇乡、街道主管领导和文化中心主任参加。文委主任王玉山强调，2010 年全区文化工作要在抓创新，抓品牌、抓特色、抓精品上下工夫。

怀柔区群众演员管理联席会　1 月 21 日召开，区委宣传部、区文委、区影视管理服务中心等相关单位领导参加。与会人员就如何进一步规范群众演员市场，保护群众演员合法权益，为到怀柔的剧组提供优质服务展开讨论。会议决定制定群众演员大院管理标准。建立健全区、镇、村三级管理组织。杨宋、怀柔和庙城 3 镇建立镇域群众演员协会。摸排群众演员大院情况，开展专项整治行动，杜绝克扣群众演员工资、抵押金现象。

文委系统 2010 年工作会　2 月 26 日在图书馆召开。区委副书记萧有茂出席并讲话，区委常委、宣传部部长彭丽霞，区人大常委会副主任焦振华、区政协副主席余建国、副区长周东金出席会议。会议全面总结 2009 年工作，部署 2010 年重点工作，且对过去一年做出突出贡献的先进科室和先进个人进行表彰。

怀柔区 2010 年共享工程基层图书室工作会　3 月 12 日召开。会议表彰了 2009 年度全国文化信息资源共享工程建设先进单位、先进基层服务点和先进基层图书室，部署了 2010 年共享工程基层图书室工作。

怀柔区文化市场监督员规范管理工作会　4 月 9 日，区文委召开怀柔区文化市场监督员规范管理工作会。29 名同志被区文委正式聘请为文化市场监督员。会议总结了 2009 年文化市场监督员监督管理工作，部署 2010 年文化市场监督员工作。

领导调研

姜伯奎到区文委调研　4 月 1 日，区委副书记姜伯奎到区文委调研，彭丽霞参加调研。姜伯奎听取汇报，并对文化工作作指示。

市人大代表政协委员调研益民书屋工作　9 月 2 日，市人大代表和政协委员一行人到怀柔区喇叭沟门满族乡检查益民书屋工作，区委常委宣传部部长彭丽霞、区文委主任焦安琦陪同。检查组检查了大甸子村和喇叭沟门村的益民书屋。

市有关单位到怀柔调研文化志愿者工作　10 月 26 日，北京市文化艺术活动中心领导及《中国文化报》《北京日报》《民族画报》等媒体记者到怀柔调研文化志愿者工作。调研组在听取工作汇报后实地走访了博物馆广场和滨湖公园等几处文化志愿者辅导站。

文化基础设施建设

怀柔区级文化基础设施有 1 个文化馆，1 个图书馆，1 个博物馆，1 个新华书店，1 个电影发行放映服务中心，一个电影院，1 个学生管理活动中心，2 个老年活动中心，7 个艺术培训学校，8 个文化休闲、娱乐、健身公园。镇乡、街道级文化基础设施有 16 个文化服务中心，16 个图书室，镇级文化广场 11 个。村级文化广场 284 个，村、社区级文化室 241 个，村、社区级图书室 250 个。2010 年，怀柔区投入资金 2200 余万元，加强公共基础文化设施建设，推进镇乡文化中心建设。怀柔区覆盖城乡的公共文化服务体系已基本建立。2010 年，新建益民书屋 101 家，益民书屋覆盖率达到 100%；对图书馆报告厅进行改造；解决城区群众观影难问题，对区电影院进行改造，影院改造后，截至年底，共上映影片 58 部，放映 181 场，接待观众 1 万余人，实现票房收入 33 万元，满足了广大城区群众观影需求。

重要活动

怀柔区第 20 届群众艺术节　2 月 6 日～8 日，由区委、区政府主办，区委宣传部、区文委、区农委、区文联、区广电中心承办的怀柔区第 9 届“赶文化大集，展怀柔精品”活动暨第 20 届群众艺术节在滨湖公园隆重开幕。区领导王海平、池维生、吴德增、武占刚、萧有茂、姜柏奎、田文杰、彭丽霞出席开幕式并参观各展区。区委书记王海平宣布艺术节开幕，区长池维生致辞，区委常委、宣传部长彭丽霞主持开幕式。此次活动共演出节目 50 余个，现场书写、赠送春联 3500 幅，发放“福”字 5000 张，参加展卖的老北京手工艺品和特色年货共 22 个展位，收入近 2 万元。

传统手工技艺大赛　本次大赛于 3 月份正式启动。共吸引参赛选手 128 人次，收集传统手工艺品

270 件。经过专家认真评选，刺绣类《琴棋书画》、布艺类《清官服》、剪纸绘画类《乌鸦救主》、雕塑类《母亲》、综艺类《搣制板凳》获一等奖，还评出二等奖 10 名，三等奖 15 名。6 月 14 日，在 2010 年汤河川满族民俗风情节上为获奖单位及个人颁奖。

区第 9 届“赶文化大集，展怀柔精品”活动暨第 20 届群众艺术节开幕式

怀柔区家庭才艺大赛　4 月～8 月，由区文委和区妇联共同举办了怀柔区家庭才艺大赛，参赛者以家庭为单位，表演形式以才艺展示为主，参赛节目内容积极、健康、风格新颖，富于家庭个性和艺术品位，大赛共吸引 100 多个家庭参赛，举办分赛 10 余场，经过层层选拔，有 20 组家庭晋级决赛。

来京务工人员才艺大赛　5 月 13 日，“绚丽北京，多彩怀柔”第 3 届来京务工人员才艺大赛新闻发布会暨活动启动仪式在钟磬山庄举行。市文化局副局长王珠出席发布会，彭丽霞致欢迎词，周东金主持仪式。大赛吸引来自全国 20 个省（自治区、直辖市）的千余名非京籍选手报名参与，参赛节目包括舞蹈、歌曲、乐器演奏、戏曲、曲艺和民间绝活等，通过初赛、复赛、决赛的较量，最终有 30 名选手进入决赛。

夏日文化广场活动　6 月 26 日晚，由区委区政府主办，区委宣传部、区文委、区广电中心承办的怀柔区 2010 年“放歌新怀柔”夏日文化广场活动开幕式在滨湖公园景观剧场举行，开幕式活动也是怀柔区夏日文化广场活动开展十周年庆典。区人大常委会主任吴德增以及萧有茂、彭丽霞、焦振华、尹永利等区领导，区直相关部门、各镇乡、街道等相关领导参加开幕式。夏日文化广场活动历时 4 个月，共组织演出 28 场，创作了大量文艺节目。直接参与演职人员达 3000 多人次，观看人数达 28000 人次。

传统节庆活动　本年，区文委以元宵节、清明节、端午节、中秋节、重阳节等传统节庆为契机，与各镇乡、街道、区直单位联合开展了琉璃庙镇“敛巧饭”风情节活动、龙山街道“吉庆龙山歌盛世，五彩九渡亮花灯”元宵节系列文化活动、九渡河镇“红色基地行”清明主题文化活动、桥梓镇圣泉山第 1 届清明文化节活动、雁栖镇“诗画雁栖，放飞心愿”第 3 届风筝节、“星美星感觉，民乐奏和谐”怀柔区中秋音乐会、圣泉山景区第 3 届“重阳文化节”等以民俗节日为主题的各类文化活动。

全民读书活动　以“读好书　扬美德　促和谐”为主题，在总结历年活动成功经验的基础上有所创新，将活动范围扩大到区直工委。全年共配发图书 1300 册，组织开展了优秀图书推荐活动、“我的书屋　我的家”益民书屋阅读讲演比赛、“我身边的榜样”征文比赛、“我身边的榜样”讲述比赛、“市民大讲堂”知识讲座等活动。各协办单位共报送征文作品 186 篇，报送讲述选手 24 名，组织开展“市民大讲堂”各类知识讲座共 124 场，参与人数达 6000 余人次。“红领巾”读书活动在全区 37 所中小学 3 万多中小学生中组织完成了讲故事、课本剧、读书小状元评比 3 项区级比赛和讲故事比赛 6 个区县第一分赛区的比赛。

周末“市民大讲堂”启动仪式暨首场讲座

“星火工程”演出　10 余支享有国家级、市级专业团体资质的演出院团和区内 14 个镇乡、2 个街道的 20 余支团队在区文委的严格审核下开展“星火工程”演出，共演出各类文艺节目 852 场，丰富了广大群众的精神文化生活。

文艺培训

2010 年，区文委继续开展“文艺培训春风工程”。培训以抓普及、重提高为原则，开设曲艺、声乐、器乐、戏曲、舞蹈、书法、美术、摄影、小品、快板、创作和主持人等 10 余种课程，培训范围涉及全区 14 个镇乡、2 个街道和 10 余个区直单位，全年共举办阵地艺术培训 325 期，培训人数 56700 人次。文艺培训春风工程为怀柔区培育了一大批具有一定创作和表演水平的文艺骨干和一批具有一定演出水平的团队。

文化交流

按照把怀柔建成原创舞台剧演艺基地的战略目标，区文委积极协调，牵头引进了大型西班牙舞剧《弗拉明戈之魂》，共在怀柔举办6场演出，吸引观众2880人，上座率达90%以上。《弗拉明戈之魂》的上演，成为怀柔与世界文化交流的又一次有益尝试。

文艺创作

2010年，怀柔区文化馆引进专业作曲家，创作新歌10首，有《贴心人》《诉说》《我愿意》《问一声我的祖国》《儿女情深》《温暖的手》《我为你而来》《感谢党的爱》《春风的故乡》和《中国　我为你骄傲》。

非物质文化遗产保护工作

协助圣泉山和琉璃庙镇杨树底下村策划2010年春节文化活动。在中共北京市委宣传部、北京市文化局、北京市旅游局联合举办的第5届北京春节庙会·灯会·文化活动评选中，圣泉山庙会和敛巧饭民俗风情节，分别获得社区灯会庙会奖和非物质文化遗产展示奖，并获奖金11万元。开展第5个文化遗产日活动和"传承民间技艺　促进文化产业发展"2010年怀柔区民间手工艺品大赛活动，促进非物质文化遗产传承发展。

文化管理

成立文化志愿管理员队伍　7月27日，怀柔区文化志愿管理员队伍成立暨誓师大会在图书馆举行，市广播电影电视局副局长庞微，北京文化艺术活动中心主任路斌，区领导彭丽霞、周东金等出席大会。经过多年的探索与努力，怀柔区自筹资金，成立了全市首批文化志愿管理员队伍，选拔315名基层文化工作骨干，为每个行政村和社区配备了一名文化志愿管理员，协助管好文化设施，辅助开展文化活动。

制定《怀柔区基层文化管理办法汇编》　为规范文化设备设施的管理，充分发挥各类文化设施设备的使用效率，区文委制定下发了《怀柔区基层文化管理办法汇编》，其中包括《镇乡、街道文化服务中心管理办法》《行政村（社区）文化志愿管理员聘用管理办法》《基层文化设备使用管理办法》《文化信息共享工程基层服务点管理办法》《农村数字影院（厅）管理办法》《基层图书室管理办法》《广播电视"村村通"工程前端设备管理办法》和《文化演出设备管理办法》。

文化馆

区文化馆围绕抓好精品活动树形象的工作目标，扎实开展各项工作。开展文艺演出"星火工程"下乡演出工作，从3月份开始筹备演出节目，严格把关，克服困难，共演出62场，其中，"星火工程"演出56场，慰问演出6场。策划了春节团拜会和汤河川及满族风情节开幕式，承办了"星美星感觉　民乐奏和谐"中秋音乐会和怀柔区十大孝星颁奖晚会等。

开设文化志愿者辅导站　为提高基层整体文化水平，充分发挥文化志愿者的作用，在城区各公园、广场设立了首批15个区级文化志愿者义务辅导站，并为每个站点配备了价值3000多元的音响设备，为志愿者配备了统一的服装和标识。每晚，文化志愿者在各个站点上，义务为群众进行培训辅导，培训门类有声乐、器乐、舞蹈、交谊舞、曲艺和秧歌等，每天直接参与群众达2000余人。

图书馆

区图书馆2010年办理各类阅览证2851张，接待到馆读者39.9万人次，外借图书27.7万册次，接待读者上网2.8万人次，整编入藏新书6.5万册。开展网上阅览、知识讲座等各类读者活动64次，3.7万人次参加。举办"走进世博"、"低碳生活"、"清明节图片展"等展览5次。参加图书馆协会组织的征文活动，共撰写论文48篇，其中10篇获奖。继续开展送书下乡工作，新建128基地、后桥梓村、唐韵山庄酒店、预备役高炮一团、汤河口村送书点5个，送书下乡94次，送书21700册，超额完成了全年的送书量。建成信息共享工程专网，完成设备扩容工作，为150个行政村下发共享工程设备。为14个镇乡、2个街道配备了《共享工程助春耕》及与全民读书相关的数字资源130余张。对全区315名文化志愿协管员进行了共享工程知识和益民书屋管理知识培训。

电　影

主题电影放映活动　区电影发行放映服务中心在全区组织放映电影2.9万场，观众达109万余人次。开展"弘扬时代主旋律　崇尚科学促和谐"主题电影系列展映活动，共放映电影1.09万场，观众达35.8万人次。

数字影厅管理　出台了《数字影厅管理办法》、《数字电影考核办法》和《农村电影固定放映设备管理制度》，将制度下发到各镇乡、街道、村。举办了6次数字电影放映员培训班，全区的电影放映员参加了培训和实际操作演练。建立了农村数字影厅数据库。

文化产业

全面推进怀柔区文化创意产业的集聚发展。全年新增创意企业545家，增幅18.8%，全区文化创意企业累计达3465家；实现入库税款3.21亿元；实现营业收入9.7亿元，比2009年增长21.4%；累计完成固定资产投资14.42亿元。怀柔区以影视产业为核心，以原创艺术、文艺演出、文化旅游为主要内容的文化创意产业迸发出较强的增长活力，集聚效应日益显现。出台了《怀柔区文化创意产业专业村认定管理办法（试行）》，为积极培育影视村、演艺村、灯笼村、绘画村、陶瓷村、文化旅游村等各类创意特色村提供了有利的政策支持。

文化市场管理

加强文化娱乐经营场所安全生产管理 全年集中开展各类执法行动12个，执法周16个，组织联合执法9次，出动执法人员3348人次，检查场所1498家次，纠正违规52家次。受理“12318全国文化市场举报网站”举报14件。立结案8起，罚款1万元。

行政审批工作 全年新批、变更，审核换证文化市场经营项目260家，审批营业性演出104场，咨询服务3000余人次，勘察场地200余次。

获奖情况

集体

区文委 被评为全国职工书屋优秀先进单位；北京市首都精神文明标兵单位；北京市百日整治行动先进集体。

区图书馆 获2010年度北京市图书馆“全民阅读”活动优秀组织奖；被评为北京市“红领巾”读书活动示范单位；获北京市“红领巾”读书活动“爱心快递图书捐赠总动员”优秀组织奖；获“传承文化，弘扬经典”现场知识竞赛二等奖；获“绿色北京”科普剧比赛三等奖；获北京市公共图书馆“知书·达礼——做文明有礼的北京人”主题活动优秀组织奖。

区电影发行放映服务中心 被评为全国农村数字电影放映“向祖国汇报”先进单位。

个人

吴朝印 油画作品《流金岁月》在国际艺术联合会举办的第2届国际艺苑评选活动中获“国际艺苑金圣奖”。

钟雨辛、连海涛 获2010年中国图书馆学会年会征文二等奖。

石桂玲、朱志军 获2010年中国图书馆学会年会征文二等奖。

王建征、李淑良、曹爽 获第9届中国社区乡镇图书馆发展战略研讨会征文二等奖。

刘天昊、汪晓翠、雷文雅获第9届中国社区乡镇图书馆发展战略研讨会三等奖。

徐子棋、彭慧敏、雷宝强、杨光获第9届中国社区乡镇图书馆发展战略研讨会交流论文奖。

张超 获2010年面向学习型社会的图书馆理论与实践学术研讨会征文一等奖。

杨宝林、李晓东、孙建、王译、刘颖、汪晓翠、周梅、连海涛、石桂玲、付锦、刘叶红 获2010年面向学习型社会的图书馆理论与实践学术研讨会征文三等奖。

刘刚 获评第17届全国“推新人”大赛北京赛区“十佳”选手之一；获2010年“外地来京务工人员才艺大赛”优秀奖。

史曼琼 获评第2届“光耀中华”百名优秀人物之一。

赵珈 获第16届全国推选文艺新人活动优秀教师奖；获评第16届全国推选文艺新人活动舞蹈组全国总选“十佳”选手之一；获东方之星推选活动优秀园丁奖。

段兰香、王建军、佘凌云、李超、王明磊 被评为北京市读书益民工程先进工作者。

姜秀荣 被评为北京市“扫黄打非”暨文化市场管理工作先进个人。

刘挺 被评为2010年度首都文化执法宣传工作先进个人。

李征 被评为北京市百日整治行动先进个人。

李晓东 被评为2010年北京市“红领巾”读书活动优秀辅导员。

吴朝印 书法作品《精华赛场》获全国第15届群星奖北京赛区二等奖。

王凯 获北京市第2届快板邀请赛一等奖；获“和谐文化”曲艺创作比赛三等奖。

田春良 获2010年“外地来京务工人员才艺大赛”三等奖。

怀柔区文化委员会

书　记　陈宝明

主　任　王玉山（6月免）

　　　　焦安琦（6月任）

（魏　月）

平　谷　区

概　况

平谷区位于北京市东北部，面积960平方公里，山区、半山区占三分之二。全区辖14镇、2乡、2个街道办事处、4个地区办事处，272个行政村、30个居委会，人口41.6万人。

平谷区文化委员会（简称区文委）为主管全区文化工作的职能部门。区文委机关公务员13人，其中，处级干部6人。设办公室、政工科、业务科、市场科。下辖8个基层单位，其中副处级行政单位1个：文化行政执法队；全额拨款事业单位4个：图书馆、文化馆、文物管理所、上宅文化陈列馆；自收自支事业单位2个：影剧院、电影发行服务中心；企业1个：新华书店。全系统在职干部职工228人。

2010年，区文委以科学发展观为统领，坚持“以人为本，普遍均等，惠及全民”的原则，不断扩大文化资源总量、提升文化产品和服务的供给能力，全面推进文化事业发展。

2010年文化艺术发展

重要会议与调研

1月26日，区文委召开2010年文化市场管理暨“扫黄打非”工作会议。区委常委、宣传部长闫维洪出席讲话。

2月4日，区文委召开全系统2009年度工作总结表彰暨迎新春联欢会。

3月10日，平谷区2009年度农村电影放映工作总结会议召开。

5月14日，区委常委、常务副区长姜帆到区文委调研。参观了图书馆“冰心奖”展室、儿童图书室、电子阅览室、多媒体视听室、平谷·昌黎风光摄影展、小剧场等。

9月17日，区委组织部部长刘占山宣布区文委新的领导班子成员，王振国任主任、副书记，张兴任书记，胡清调任文联调研员。

12月21日，在渔阳大酒店，区文化馆与天利海公司举办了“迎新年、谋发展，感恩平谷”答谢酒会。答谢区委区政府多年来对工作在河北省兴隆县一线工地的300多名天利海公司员工的人文关怀与对口支持。市经信委副主任王颖光，区领导王晓光、李宝峰、李继合出席。

文化设施建设

2010年，共投入4500万元，用于扩大资源总量。完成了28个行政村文化活动室建设、影剧院舞台设施改进、新建图书分馆2家、文化馆房屋改造等工程。占地面积2万平方米的平谷特色文化展示中心工程正在建设中。截至2010年底，全区有行政村文化活动室274个；农村数字影厅264个；村级桃花大舞台147个；各类文化广场212个；基层图书馆室292个，实现了村级全覆盖；基层信息资源共享工程接收点实现了全覆盖。

培　训

3月30日，区文委组织文化市场法律、法规知识培训。全区文化市场经营单位法人或主要负责人、街道镇乡文化干部、文化市场监督员、文物保护单位负责人共200人参加。

5月20日～21日，区文委在平谷区委党校举办2010年农村数字电影放映设备维修培训班。邀请专业技术人员，对各村放映人员进行了数字电影放映设备维修技能培训，共有264人参加培训。

群众文化活动

农民艺术节活动　2009年12月～2010年2月，以“展现城乡和谐、歌唱美丽乡村”为主题的第20届农民艺术节，以区级文化活动为龙头、基层文化活动为重点，相继举办了新春团拜会、迎新年“绿谷之星”平谷区乡村歌手大赛、第20届民间花会秧歌健身大拜年、“和谐绿谷·美丽乡村”农民摄影大赛、农民首届民间手工艺作品大赛、“影法联姻”数字影厅法制宣传片放映等一系列文化活动。参加了首届北京城乡歌舞节合唱大赛、首届北京城乡歌舞节歌舞大赛、“融合的城乡”北京市第20届农艺术节开幕式暨农民春节电视晚会等市级文化活动。约4.3万人登场表演，吸引观众45万余人次。充分营造了团结、向上、喜庆、祥和的节日文化氛围。

平谷区2009年大学生村官迎新春文艺汇演　1月21日，由平谷区委组织部、宣传部、区人力社保局、区文委、区司法局共同主办、由区文化馆协办的“平谷区2009年大学生村官迎新春文艺汇演”在区影剧院举行。来自全区的百余名大学生“村官”同台献艺，上千名青年和大学生“村官”观看了演出。

2010年平谷区文艺“三下乡”活动拉开序幕　1月27日，平谷绿谷艺术一团在金海湖镇土门村的数字放映厅内，给当地村民带来了一台精彩的文艺节目，同时拉开了2010年平谷区文艺“三下乡”活动的序幕。

2010年平谷区群众文化活动启动仪式　2月3日，区文委举办以“我的北京　我的家”为主题的2010年平谷区群众文化活动启动仪式在世纪广场举行。来自全区各乡镇、街道的20支文艺表演队的千余名演员，边行进边表演，迎接虎年新春。

新春团拜会文艺演出　2月8日，平谷区2010年新春团拜会文艺演出在影剧院举行。区委、区人大、区政府、区政协领导与各界代表等千余人欢聚一堂共贺新春。特邀小香玉、郑咏、郁钧剑等参加表演。

平谷第20届民间花会秧歌健身进城大拜年活动　2月28日，由北京市委宣传部、北京市文化局、北京市体育局、平谷区委、平谷区人民政府共同主办的2010年北京春节重点文化活动——“我的北京　我的家，欢欢喜喜过大年”暨“平谷第20届民间花会秧歌健身进城大拜年活动”，在平谷区府前大街上举行。此项活动演员阵容和群众参与率又创新高。文化、体育、教育、军队等多元素融合，丰富了艺术节的内涵。中国评剧院、北京京剧院等专业院团走上街头向群众拜年，观众倍感亲切。昌黎地秧歌、胶州秧歌、门头沟太平鼓等外埠花会的加盟，

让百姓领略到异地文化风情。

桃花节文化活动　4月17日～5月7日，第12届国际桃花节文化活动以营造“北京生态谷，都市桃花源”美好形象为主题，共举办开幕式及“桃花大舞台”文艺演出9场，艺术展览5场，吸引观众5万余人次。开幕式演出集聚了蒋大为、韦唯、于魁智等演艺界名角，内容紧扣“绿谷”和“桃花”主题，北京电视台录像全国播放，有效提升了平谷影响力。“桃花大舞台”演出，特邀中国评剧院、北京歌舞剧院、北京鼎盛麒麟舞蹈团、金狮杂技团等加盟演出，与区内艺术团共同献艺，让群众尽享欢乐盛会，实现了桃花节“打文化品牌、增两个效益、快乐休闲新体验”的目标。4月17日，桃花节首场演出在大舞台举行，由平谷绿谷艺术一团、昌黎县艺术团、通辽艺术团联合演出。副区长王晓光等领导观看了演出。

“民族艺术进校园工程”启动式　7月5日，平谷区“民族艺术进校园工程”启动式暨平谷一小“小桃花京剧艺术团”开班仪式在区文化馆小剧场举行。此项活动是由平谷区文化馆牵头，联合区教委、中国评剧院、小香玉艺术学校等5个院团，分别与平谷5所小学结对，每所学校选学一个主剧种。

参加“春雨工程——全国文化志愿者边疆行”启动仪式　8月16日，平谷区80名文化志愿者，参加了在国家奥林匹克文化广场举办的2010年“春雨工程——全国文化志愿者边疆行”启动仪式，暨北京志愿者团出发仪式。文化部部长蔡武及北京市主要领导出席。

2011年“三下乡”活动启动　12月22日，区委宣传部组织的2011年“三下乡”活动，在大华山镇大峪子村启动。区绿谷一团为千余名村民献上了一场精彩的文艺演出。

文化惠民活动　全年，世纪广场“桃花大舞台”周末场演出活动累计29场，每场吸引观众数千人；组织“星火工程”文艺演出552场次，影剧院周末剧场演出60场。

“星火工程”文艺演出

非物质文化遗产保护活动

丫髻山庙会　5月14日～23日，组织了丫髻山庙会京津冀花会邀请赛，共有来自京津冀地区的28支花会表演队伍参加。还特邀了驻平谷部队威风锣鼓队、密云县小车会、少林会、精华武术学校、河北兴隆县蹦跶会等参加展演。

文化遗产日活动　6月12日，区文委在平谷世纪广场举办我国第五个“文化遗产日”宣传展览、展演、展示活动。推出“端午节民俗图片展”、“平谷出土文物精品”等。有6支秧歌花会表演，5位民间艺人参加，展出图片18幅。年内，还完善了平谷区级“非遗”项目40余传承人档案。

文艺创作

《四书》出版　政协平谷区委员会常委、著名书法家王友谊历时三年，2010年5月，以篆书多种笔法风格完成了《四书》。共为4函24册，长达67000余字。全部宣纸印制，由中国线装书局正式出版。此举引起国内书法界、文化界关注，先后有40余位名家学者为该书做序言和跋。

评剧《十二尺巷》　该戏作为区文化馆自编、自导、自演的北京市唯一戏曲类节目，入围全国第15届“群星奖”决赛。

美术摄影作品　全年，文化馆干部先后创作油画作品16幅、国画作品30幅、摄影作品80余件。

展　览

农民摄影大赛作品展　3月22日，“和谐绿谷美丽乡村”平谷区农民摄影大赛作品展在文化馆开幕。大赛面向全区征稿，收到作品1000余幅，评选出98幅作品参展，观众3000余人。展品从不同侧面反映平谷区的辉煌成就、巨大变化。

平谷区首届民间手工艺品大赛　3月22日，由区文委主办、区文化馆承办的“平谷区首届民间手工艺品大赛”，在文化馆举行。大赛吸引了70余名民间艺人参加，收到作品500余件，评出300余件参展，观众5000余人。

清明节图片展　4月19日，北京平谷第12届桃

与抗美援朝老战士合影

花节系列艺术展览开幕式在影剧院展厅举行。先后举办了世纪广场清明节图片展及桃花节系列展览5个（卢凤珍牡丹绘画展、王静国画山水展、平谷精华武校非洲之行图片展、纪念抗美援朝六十周年——李润波珍存图片展、平谷·昌黎风光摄影联展），30000余人次参观。

平谷·昌黎风光摄影联展　5月5日，由平谷区文委、河北省昌黎县文化局共同主办，由区文化馆承办的“平谷·昌黎风光摄影展”在区文化馆展厅举行。展览汇聚了两地摄影家精心创作的60余件作品，展示了两地经济飞速发展及乡土风情的怡人美景。

千人书法笔会　10月22日，在世纪广场举办了“绿谷翰墨风”平谷金秋千人书法笔会活动。由区委区政府主办，区委宣传部、区文联、区文委等协办。市文联党组副书记兼北京书协副主席黎晶，市文联党组副书记王德新，区委、区政府等部门主要领导参加开幕式。笔会由区书协、老年大学等5个方阵组成，近千人参与。其中由80人组成的平谷书协方阵，书写了160米的《平谷赋》长卷，现场捐赠给区档案局。此次活动规模之大，档次之高，人数之多，在平谷历史上属首次。

文化馆橱窗展　年内，文化馆利用橱窗推出了平谷区秧歌花会健身大拜活动掠影摄影展及平谷第12届国际桃花节活动回眸图片展，共展出图片180幅，参观群众达15000余人次。

队伍建设

2010年，全区共有文艺队伍490余支，其中，市级品牌团队2支，区级文艺团队7支（即绿谷艺术团一至七团），秧歌队270余支，花会60余档，业余剧团和演出队150支。文化志愿者206人。区级文艺协会9个，500余名会员，其中，国家级会员20余人，市级会员近100人。

文化馆

年内，组织各类艺术培训和辅导11000余人次，培养文艺骨干1500余人。下基层辅导5000余人次，组织各类志愿服务活动4次，受益人数近2000人。所属艺术团还多次赴昌黎、兴隆等周边区县演出。

1月27日，举办了全区乡镇、街道文化干部30余人参加的摄影技能培训班。邀区文委副主任、北京市摄影家协会副主席耿大鹏讲授。

3月8日，平谷区妇联与区文化馆联合举办了“三八国际劳动妇女节一百周年演唱会”。北京市妇联副主席沈洁，平谷区四套班子的领导，同来自全区的女劳动模范及社会各界女代表200余人共同观看了此次演出。

5月8日，区红十字会在世纪广场开展了“纪念5·8日世界红十字会日”纪念活动。区文化馆艺术团为此创作了10余个节目，吸引百余名观众观看。

7月11日，文化馆艺术团30余人驱车2个多小时，把精心准备的歌曲、舞蹈、快板等节目，献给工作在河北省兴隆县工地的天利海公司的300多名平谷工人。

7月31日、8月1日，区文化馆艺术团先后到66362等部队，进行八一专场演出。部队指战员、驻军家属及驻地群众千余观众观看。

图书馆

年内，图书馆共接待读者35万人次；外借图书56万册次；开展送书下基层120次，选送图书24000册次；举办读者活动190次；举办展览7次，开展各类讲座报告会40场。

资源服务活动　11月1日，区图书馆利用共享工程国家管理中心下发“共享知识　和谐万家”讲座专题资源，开展多种形式的资源服务活动。主要包括“服务‘三农’”、“法律知识”等方面的公益讲座。区图书馆将复制光盘，下发给各社区、村，同时，在馆内电子阅览室和多媒体视听为读者免费服务。吸引观众5000余人参与。

法制宣传　12月3日，配合“12·4”全国法制宣传日宣传活动。区图书馆以法制书目推荐、发放法律知识宣传资料、现场解答咨询、网站宣传等形式开展宣传。发放宣传资料300余份，200人接受咨询服务。

信息服务　开展深层次文献信息服务，编制《绿谷信息共享》《文化信息参考》《中老年健康》《青少年心理健康》《孕产妇保健》二、三次文献6种，共18期，供读者阅览。

共享工程　年内，开展了“文化共享进万家”大型宣传活动；“万册图书润民心，百场讲座下基层”数字资源推广等活动。其中，制作宣传展板4块，发放宣传册1000余份。

图书馆室建设　2010年，建立北京华东乐器有限公司分馆1个。建立书苑53个，累计建成106家，完成“百家书苑”建设目标。

大众读书活动　年内，以区图书馆和各图书分馆为阵地，结合“世界读书日”、“图书馆服务宣传周”、“科技周”等，开展多种形式大众读书工程，吸引读者10万余人次。

影剧院

年内，农村电影放映，先后开展了“看电影过大年”、“万映工程”电影进社区等公益电影放映活动，共放映28000场次，观影人数达200万人次，实现了平均每月每村放映一场的目标。

文化市场管理

“扫黄打非”工作会议　1月，区政府召开2010年文化市场管理暨“扫黄打非”工作会议。区委常委、宣传部长闫维洪出席并讲话。分别向成员单位和街道、乡镇发放了《2010年文化市场管理暨“扫黄打非”工作行动方案》及《2010年文化市场管理暨“扫黄打非”工作考核细则》，对各街道乡镇进行考核评比。年内，区文委牵头联系公安、工商等部门开展联合执法检查4次。

审批　年内，共接待群众咨询和申请500余人次，办理行政许可和服务事项300余项。全年，实现了“无行政监管责任事故、无重大安全责任事故、无行政复议和行政诉讼败诉案件”的“三无”目标。

检查治理　区文化市场管理暨扫黄打非工作领导小组办公室制定行动方案，组织开展“两节”、“两会”、“迎世博，反盗版”等10项文化市场专项整治行动，加大执法检查力度。聘用28名文化市场监督员，逐步建立起以行政执法、社会监督、行业自律为主的文化市场监管体系。

获奖情况

集体

区文委　连续15年被首都文明办评为“首都文明单位标兵”；获2010年度区信息工作先进单位、区社会治安综合治理工作先进单位、区信息公开工作先进单位称号。

区文化行政执法队　被市扫黄打非办公室评为北京市“扫黄打非”工作先进集体。

区文化馆　被市文化局授予“北京市年度非遗保护贡献奖”；组织的合唱《将军关之歌》、舞蹈《舞林高手》获北京市农民艺术节三等奖；小戏《十二尺巷》获文化部颁发的第9届中国艺术节优秀演出奖；组织的合唱“平谷镇平中之声合唱团”获首届北京乡村歌舞节合唱大赛优秀奖；平谷区民间花会秧歌进城大拜年活动在第5届北京春节庙会·灯会·文化活动评选中获“非遗展演奖”。

区图书馆　被文化部评为“国家一级图书馆”。被北京市红领巾读书活动办公室评为北京市“红领巾”读书活动示范单位、校外教育先进单位；在2010年北京市“红领巾”读书活动“爱心快递图书捐赠总动员”中获优秀组织奖；在北京市公共图书馆“知书·达礼——做文明有礼的北京人”主题活动中，获组织奖。

区影剧院　大众健身舞场被市妇联、市体育局授予北京市妇女健身示范站点称号。

区电影发行放映服务中心　获市“五五普法”电影加片放映“特殊贡献奖”。

个人

许振玉　被中国电影发行放映协会评为全国农村数字电影放映先进个人。

秦国成　在第2届北京快板邀请赛中表演的《男人和女人》获三等奖。

金骁　创作的小品《检察官的一天》获市检察系统小品大赛优秀奖。

孟小健　创作的歌词《爱的记忆》获“感动中国——全国第5届新创歌曲、歌词大赛”二等奖；《我依然爱你》获首届“中华颂”全国原创歌曲作品铜奖。

徐柏香、刘凤革　在2010年北京市“红领巾”读书活动中获优秀辅导员称号；获北京市读书益民工程先进工作者称号。

于晓伶　获北京市读书益民工程先进工作者称号。

张凤金　在北京市“倡导全民阅读，创建学习型城市”读书征文有奖活动中获一等奖。

韩湘君　获全国中小型公共图书馆联合会2010年研讨会征文二等奖；获2010年中国图书馆学会年会征文三等奖。

张玉梅　论文在《中国教育与教学》杂志上获一等奖，获全国中小型公共图书馆联合会2010年研讨会征文三等奖。

徐艳君　获全国中小型公共图书馆联合会2010年研讨会征文三等奖。

平谷区文化委员会

书　记	胡　清（9月免）
	张　兴（9月任）
主　任	张　兴（9月免）
	王振国（9月任）

（贾艳萍）

昌　平　区

概　况

昌平区位于北京市的西北部，面积1352平方公里。常住人口102.9万人，流动人口80多万人。有40多万人口的大型居住区2个。下辖17个镇、办事处（3个地区办事处、2个街道办事处），行政村304个，社区居委会153个。

昌平区文化委员会（简称区文委），是主管昌平区文化文物工作的政府职能部门。区文委机关设办公室、文化科、文物科、文化市场科和纪检监察科。直属单位有文化馆、图书馆、文物管理所（博物馆）、电影发行放映管理处、影剧院和新华书店。

2010年，昌平区文化工作紧紧围绕区委提出的打造“京北创新中心，国际科教新城”的战略目标，坚持“抓基础，强素质，整资源，促发展”的工作思路，遵循“中心明确，重点突出，城乡兼顾，多层推进”的原则，不断完善公共文化服务体系建设，进一步净化文化环境，大力推进文化事业繁荣与发展，为实现全区的战略目标做出了新成就。

2010年文化事业发展

重要活动

完成文委23年组织史编写工作　4月1日，区文委根据区委党史编撰委员会的部署，开始编撰、核实1987年至2010的文委组织史工作，于12月15日完成并上报，得到区党史办的好评。

深入开展创先争优主题教育活动　从5月5日开始，区文委在系统党组织和党员中深入开展了创先争优主题实践活动。区文化委以“爱岗敬业树形象，服务发展强作风”为主题，开展“评先推优表彰活动”、“明宗旨、树形象、比贡献主题巡回报告会”、“预防职务犯罪讲座”、“党的基础理论和廉政准则答卷”、“上创先争优党课”、“亮身份、尽义务、作表率主题实践”、“召开专题民主生活会”等教育活动。

文委系统信息化平台建设　截至年底，共建立文化委网站、文化馆网站、图书馆网站3个，实现了对北京市组织信息网上填报、区政府“OA”网办公、区政府信息公开依申数据填报、文化资源农村共享、互联网服务场所监控，并推进了相关专项软件的应用和网上信息传输工作。

文化基础设施建设

昌平影剧院改造工程完成　影剧院改造工程于2006年4月开工建设，于2010年11月全面完工。建成后的新影剧院含一个音乐厅兼电影厅和三个专业电影厅，总座位数643个，其观影环境大为改善，文化品位大幅提升。原昌平影剧院于1975年建成使用，因设备老化，2004年底停止使用。区委、区政府结合卫星城旧城改造，将影剧院改造工程确定为区重点改造工程项目，由文委具体负责实施。

基层文化设施建设进一步完善　继续加大对基层文化服务中心的扶持力度，全区的基础文化设施建设不断完善。全区现有304个村级文化活动室基本建成并达到了市文化局制定的标准。建成了13个镇级图书分馆，481个村级和社区图书室，186个益民书屋和298个农村数字电影放映厅。为基层开展群众文化活动配发了携带便利的一体机。

群众文化活动

春节文化活动　春节期间，举办了“春节团拜联欢会”、闹元宵、秧歌花会走街乡等系列文化活动。正月十五，昌平区组织的“龙腾狮跃”闹元宵活动，全区各镇（街）22支队伍，1000余名表演人员齐聚永安文化广场，进行龙狮飞舞、小车会、鼓舞、跑旱船、高跷、秧歌等丰富多彩，形式多样的表演。

文化下乡活动　4月15日，科技、文化、法律、卫生“四下乡”活动在流村镇白洋城举行。文委组织文化馆进行了文艺演出，图书馆现场赠送图书、期刊400多册，还组织群众进行猜谜活动。

“四下乡”活动在流村镇

社区文化活动　为丰富全区人民的业余文化生活，2010年举办了“第11届艺术节闭幕式暨自创节目文艺汇演”，五月的鲜花群众歌咏比赛，“端午节”、“中秋节”文艺演出、“第12届艺术节开幕式暨广场舞蹈大赛”，等系列文化活动，全区17个镇（街）文艺团队参加了比赛和汇演活动。同时，各镇（街）、村、社区也组织开展了丰富多彩的系列群众文化活动。

文艺演出　全年共组织“文艺演出星火工程”演出912场，其中，专业院团演出304场，非专业团队演出608场；周末场演出13场，“百姓周末大舞台”6场；同时，组织品牌团队——少林武校艺术团赴延庆县进行星火交流演出10场，接待延庆星空艺术团演出10场演出。

非物质文化遗产保护工作

完成了上报的各项数据统计工作　国家级非物质文化遗产项目小汤山后牛坊“花钹大鼓”进入校园，使传承工作得到了有效的落实。积极开展挖掘、普查、搜集工作，组织市级和国家级非物质文化遗产项目参加了“正月十五闹元宵”大型广场表演，获得了北京市文化局颁发的“非遗”展示奖。“花钹大鼓”9月9日参加了居庸关第11届亚运会“圣火

采集”的文化展示活动。

文化馆

国庆杯征文颁奖仪式　1月15日上午，历时一年的昌平“国庆杯”征文活动落下帷幕，区文化馆举行了颁奖仪式。“国庆杯”征文活动由昌平区文化馆举办。全国共有100余位作者的200余篇作品参与了此次征文。这些作品展现新中国成立60年来的伟大成就，弘扬爱国主义情操，歌颂社会主义建设者艰苦奋斗、顽强拼搏的精神。25名作者分别获得一、二、三等奖及优秀奖。

中捷（捷克）友谊之声音乐会　5月20日，“相约昌平”2010中捷（捷克）友谊之声音乐会在居庸关长城脚下举行。昌平文化馆参与了此次活动，负责活动的主持、音响、舞台设计等工作。

庆七一摄影展　6月10日，昌平“歌颂伟大祖国，聚焦美好家园”庆七一摄影展在昌平图博大楼举行开幕式。此次摄影展由区委宣传部、区文委主办，昌平文化馆协办。摄影展以“寻找北京最美的乡村”宣传活动为契机，以突出昌平新特色、展现昌平新成果为宗旨，共收集摄影作品700余幅，选出精品100多幅参展。

开展文化遗产日宣传活动　6月12日是我国第5个文化遗产日，昌平文化馆在非物质文化遗产展厅增设了多种展品，供群众参观。并利用液晶壁挂电视、影碟机等多媒体设备，宣传昌平的非物质文化遗产保护工作。文化馆工作人员还走上街头，向群众发放非物质文化遗产宣传材料，为群众讲解“非遗”相关知识、政策，介绍昌平区非物质文化遗产的传承和保护工作。

在全市票友大赛中取得优异成绩　9月19日，在北京刘老根大舞台举行的第二届京、评、梆现代戏票友大赛决赛中，昌平区文化馆职工李连秀通过演唱评剧《向阳商店》选段《夸手》获得三等奖。

昌平区第12届艺术节开幕式　10月12日，昌平区“第12届艺术节开幕式暨广场舞蹈展示”活动在昌平回龙观镇集美家居店前广场举行，此次活动由区委宣传部主办，区文委承办。

美丽的昌平征文颁奖仪式　12月24日，历时10个月的“美丽的昌平”文艺节目征文活动落下帷幕，区文化馆举行了颁奖仪式。此次征文活动由区文化馆举办。共有20余位作者的作品参与了此次征文。10名作者分别获得一、二、三等奖。

图书馆

区图书馆为国家一级馆，全区已建成图书分馆19个，共享工程基层服务点303个。全年办理借阅证8301个，持证读者达22068人，共接待读者16万人次，图书借阅284652册，总流通人次30万人次以上。坚持读者活动品牌战略，进一步提升和扩大“红领巾读书活动”、“千场讲座”等读者活动的影响力，继续围绕“图书馆服务宣传周”、“世界读书日”等开展“全民阅读”推广活动。全年举办各类读者活动120次以上，其中，主办讲座不低于40次，参加人数超过10万人次。

昌平图书馆摄影知识培训

科技宣传周活动　5月14日～21日，区图书馆举办科普宣传周活动，共发放宣传材料5150份、科技图书100册，科技知识有奖问答400份，发放“科技扑克”1200份，“节水围裙”600份，开展科技知识讲座3场，受益群众达5000余人。科普基地活动2次，参与人数80余人。

开展“读书小状元”选拔赛活动　6月8日上午，区图书馆举办了2010年昌平区第11届“读书小状元”选拔赛。来自全区23所中心校的25名同学参加了现场演讲比赛。

“红领巾”读书活动　10月12日上午，昌平区“红领巾”读书活动——“传承文化　弘扬经典”现场知识竞赛举行。来自全区各中心校的10支代表队30名小学生参加了比赛。

益民读书活动　参加了北京市新闻出版局“倡导全民阅读，创建学习型城市”读书有奖征文活动，共选送征文54篇，其中10篇获一等奖。组织了“我的书屋　我的家”益民书屋阅读讲演活动。

为特殊群体服务　区图书在昌平区看守所建立图书室，为其配送书架8组，图书、杂志4800册，并在警营建立流动送书点，赠送图书200册，首批流动图书200册。

电　影

2010年，昌平区电影放映工作充分发挥了电影的宣传教育功能，重点抓了“农村电影工程”工作，积极推进农村数字电影的发展，抓好对弱势群体的服务，并且找准载体将电影工作和为各部门、各行业服务结合起来，荣获全国农村数字电影放映先进单位称号。2010年，全区共放映电影32129场，宣传观众277万余人次，完成全年任务的102%。其中，农村数字影厅放映电影30417场，宣传观众262万余人次；流动放映1122场，宣传观众98255人次。

“新春乐”主题放映活动 1月11日～2月初，开展了文化共享“新春乐”走进农村和社区活动。有200多个村级数字影厅参加，共放映电影1000余场。

“雷锋月”主题放映活动 3月5日开始，开展了为期2个月的“雷锋月”主题放映活动。《北大荒》《大孝儿媳》《张思德》等一批数字影片走进了农村数字影厅。

“安全生产放映月”主题放映活动 5月14日～6月底，开展了“安全生产放映月”主题放映活动。活动涵盖了昌平区17个乡镇。为此昌平电影管理处挑选了一大批符合农村生产安全和农村科学技术的科教影片，如《突发事件应急自救》《残留农膜危害大》等。290个数字影厅参加，共放映3000余场。

庆祝六一电影放映活动 5月25日至6月3日，昌平区电影管理处与区科协联手，共同开展庆六一电影放映活动。活动主旨是针对各种安全、地质灾害等问题，增强全区少年儿童逃生、自救的知识和方法，活动从结束，预计放映电影120场，宣传观众16000人次。

庆七一电影放映活动 7月1日～7月31日，《四渡赤水》《万水千山》《建国大业》等多部经典红色影片，在全区农村数字影厅中放映120多场。

农村数字电影安全生产暨技术升级培训 7月14日～15日，举办全区农村数字电影安全生产暨技术升级培训。昌平区300多名农村放映员分成2批，分别对农村数字影厅的放映安全、设备使用安全、人员管理安全、放映技术、设备升级后使用方法进行了培训。

“暑期爱国主义影片观后感”征文活动 7月15日～8月25日，在全区农村数字影厅开展青少年“暑期爱国主义影片观后感”征文活动。活动由昌平区文委主办，区电影管理处、各镇、办事处文化中心承办，面向全区青少年征文。

少年儿童爱国主义电影暑期展映活动圆满落幕 9月17日，昌平区少年儿童爱国主义电影暑期展映活动圆满结束。全区298家农村数字影厅共放映爱国主义影片1000余场，7000余群众观看了爱国主义影片。此次活动共收到征文46篇，评出一等奖一名、二等奖二名、三等奖三名。

“九九重阳”送温暖 10月15日开始，在“九九重阳”节前夕，电影管理处在本月组织全区各镇、办事处的村级数字影厅放映开展敬老、爱老为主题的电影放映活动，共放映电影85场。

文化市场管理

与文化企业法人、负责人签订责任书 1月28日，召开了全区“迎两会、保安全”歌厅、网吧、印刷企业法人、负责人会议，要求加强文化娱乐场所安全生产内部科学管理机制，提高安全生产意识，加强对员工业务、责任、服务的科学管理。先后与歌厅签订了安全生产责任书72份，与互联网上网服务营业场所签订了安全生产责任书118份。

打击网上有害信息 2月27日，加大打击政治性非法出版物和网上有害信息的力度，及时删除、屏蔽互联网和手机媒体传播的有害信息。深入整治互联网和手机媒体淫秽色情及低俗信息，继续开展打击手机网站传播淫秽色情信息专项行动。

召开昌平区文化市场管理动员大会 4月1日，组织召开了2010年昌平区文化市场管理暨迎世博反盗版工作方案动员大会。会上，区委常委、宣传部部长潘建新讲话，会议上部署了《2010年昌平区文化市场管理暨“扫黄打非”工作行动方案》。

开展世界知识产权日宣传活动 “4·26”世界知识产权日，组织全区“扫黄打非”领导小组成员单位开展户外“保护知识产权、打击侵权盗版”教育宣传活动。

开展节日文化市场综合整治活动 国庆长假期间，为净化文化市场，强化安全责任落实，强化重点领域监管，有效防范人员密集场所安全生产事故，严禁未成年进入网吧，未携带本人有效身份证件进入网吧消费等，确保辖区文化市场安全、和谐、稳定。执法队全体执法人员，先后对3家影院、19家歌厅、36家网吧进行全方位大检查。经检查，文化市场总体平稳，值班人员在位，制度健全，规范经营，对个别网吧、歌厅有违规经营行为进行了立案处理。

迎亚运“扫黄打非”专项整治行动 10月5日，组织召开了2010年昌平区迎亚运“扫黄打非”专项整治行动方案工作部署会。区文化、公安、工商、城管、知识产权局、旅游局、教委、商委、卫生局等相关部门负责人参加了会议。会上达成共识，一是各成员单位明确目标，全面清查市场，确保在安全上不出问题；二是广泛动员，组织力量，严密监控网上舆情动向，确保在政治性非法出版物及网上有害信息上不出问题；三是形成合力，大力封堵源头，有效切断渠道，确保重点地区不出问题。

举办执法人员培训 11月10日，执法队在红栌山庄举办法规培训会，重点学习了行政执法程序及实体法应用、行政处罚案卷评查工作，队长杨广文对执法队一年来的工作成绩和存在的问题进行了讲评，对2011年全区执法工作思路、工作计划进行了部署。

行政许可　2010 年，行政许可服务窗口共接待咨询 3000 余次，电话咨询 5000 余次，日均接待办理 10 余件，受理行政许可事项 76 件，变更事项 55 件，备案事项 2 件，基本实现了行政许可办理时限压缩 50% 的目标。年度审核文化企业 900 家左右，现场审核场地 58 家，举办听证会 4 次。

文化市场环境不断净化　文化市场坚持抓繁荣与抓综合整治相结合，完善日常审批和监管制度，开展联合专项行动，发挥文化市场监督员的监督作用，保证了文化市场健康有序发展。文化执法队全年共外出执法检查 1188 人次，检查文化企业和文化经营单位 1206 家次，查处举报案件 85 件，立案调查 24 件，办结案 20 件。

获奖情况

集体

区文委　获北京市 2010 年度交通安全先进单位称号。

昌平区电影管理处　获得全国农村数字电影放映先进单位。

昌平区图书馆　被北京市语言文字工作委员会评为 2009 年语言文字工作先进集体。在北京市公共图书馆“知书　达礼——做文明有礼的北京人”主题活动中，被授予优秀组织奖。在 2010 年度北京市图书馆“全名阅读”活动中，被授予优秀组织奖。

昌平区文化馆　获北京市第 21 届农民艺术节金凤凰团队奖。获北京市社区京剧票友大优秀组织奖。获第 2 届北京市京、评、梆现代戏票友大赛组织奖。作品《雪舞缤纷》获第 6 届舞动北京群众舞蹈大赛优秀奖。

个人

张宇英　摄影作品《成功在望》获“北京七日”摄影大赛二等奖。《香满霜林》获放歌绿色北京摄影大赛三等奖。《温榆春早》获“摄像‘新’北京 2010 北京市民网络摄影大赛”三等奖。

辛立华　曲剧小品《补拍婚纱照》获江苏省举办的全国曲剧小品征集大赛一等奖。作品《婆媳情趣》《六位老汉上京城》获第 2 届“中华颂”全国小戏、小品、曲艺作品大赛二等奖。作品《傻包儿传奇》获 2010 全国四直辖市都市风采银奖。

杨雪梅　北京市 2010 年度“红领巾”读书活动优秀辅导员。

张华、李茜　《社区乡镇图书馆的可持续发展》被评为全国中小型公共图书馆联合会 2010 年研讨会征文三等奖。

岳辉　《社区乡镇图书馆的可持续发展》被评为全国中小型公共图书馆联合会 2010 年研讨会征文优秀奖。

李海艳、赵志茹、郭萌　中国图书馆协会“第三届百县馆长论坛征文”三等奖。

张春英、宋继红、任国锋　北京市妇联 2010 “安利杯”暑期亲子生活创意大赛征文一、二、三等奖。

任国锋　北京市妇联“洪恩杯”我的育子故事征文优秀奖。

孟晓庆　北京市妇联“洪恩杯”亲子瞬间摄影大赛优秀奖。

昌平区文化委员会

书　记　　李志武
主　任　　陈玉起

（于新忠）

门头沟区

概　况

门头沟区位于北京城区正西偏南，总面积 1455 平方公里，山区面积占 98.5%，2010 年末常住人口 28 万人，户籍人口 24.4 万人。门头沟区辖 9 个镇、4 个街道办事处、177 个行政村、99 个居委会。

门头沟区文化委员会（简称区文委）是门头沟区人民政府主管文化、文物、新闻出版、版权、广播电视、“扫黄打非”、文化综合执法工作的职能部门，内设 6 个职能科室及 1 个文化行政执法队，即办公室、文化科、文物科、文化市场科、计划财务科、政策法规科、文化行政执法队（含信息举报中心、行政执法一分队、行政执法二分队、行政执法三分队）。下属 5 个基层事业单位：文化馆、博物馆、图书馆、影剧院、文物事业管理所。

2010 年，区文委深入贯彻落实科学发展观，认真抓好基层公共文化服务建设和基层公共文化设施达标建设，加大文化执法检查力度，确保文化市场安全，完成了区委、区政府交办的各项任务。

2010 年文化艺术发展

重要会议

门头沟区文化工作会　4 月 7 日，召开了门头沟区文化工作会，副区长姚忠阳作了文化工作报告，对门头沟区文化工作进行了回顾，展现了门头沟区文化发展成果、分析了文化工作面临的新形势新机遇，提出对文化工作的新要求，并对 2010 年的工作做了总体安排。区委书记刘云广对会议作了总结，并对今后文化工作提出了要求。

重要活动

第20届门头沟文化艺术节　2009年12月30日~2010年2月26日举行。艺术节以“辉煌60年，和谐新家园”为主题，开展了全区中学生优秀节目汇演、“欢乐大放送”周末场、乡村放歌——潭柘之星歌手大赛、门头沟区春节团拜会、“三下乡”活动、戏曲演出周、星火业余团队优秀节目展演、艺术节闭幕式暨优秀节目展演等9项区级重点活动、百余场基层文化活动，受益群众达18万人次。

“戏曲演出周”演出的《穆桂英挂帅》

太平鼓团成为对外宣传的名片　1月31日，参加群众文化年启动仪式；5月21日，京西太平鼓项目应舞蹈家协会的邀请赴山东青岛参加表演交流活动；6月13日，参加北京市端午节演出；9月19日~21日，京西太平鼓应洛阳旅游局邀请参加中国洛阳河洛文化旅游节开幕式世界风情巡游、洛阳市徒步巡演、山西皇城相府展演等；10月2日、6日，太平鼓表演团参加了“舞动北京”——群众舞蹈大赛的复赛和决赛，舞蹈《鼓舞太平》获得银奖和风采奖，门头沟区文化馆获市级团体铜奖；12月9日，太平鼓表演团编排的舞蹈《鼓舞太平》在中国剧院，参加了由农业部、中国文联、中央电视台联合举办的“金色的田野”首届中国农民艺术节闭幕式演出。

文化部小戏、小品慰问演出　2月2日，文化部社会文化司、北京文化艺术活动中心与门头沟区文化委员会携手在岢罗坨村举办“大地情深”——全国城乡基层群众小戏小品节目展演活动。由文化部选调了四部优秀作品在门头沟区基层进行展演，有北京市平谷区文化馆的小评剧《十二尺巷》、江苏省张家港市文化广播电视管理局的锡剧《喜搬家》、解放军总政治部宣传部96101部队的拉场戏《考核》和武警四川省总队政治部业余演出队创作的小品《英雄》，都具有地方特色，展现了基层农村群众的文化生活，300多名村民观看了演出。

星火业余团队优秀节目展演　2月23日~26日，在清水镇李家庄、雁翅镇青白口、永定镇文化活动中心进行了“星火工程”业余团队展演。2月26日在永定镇侯庄子村文化活动中心举办了优秀节目展演。区内团队选出的12个优秀节目参加了演出。

“星火工程”资质认定工作　2月，完成星火业余团队资质认定工作，门头沟区35支团队获得星火业余团队演出资质。

棚户区改造慰问演出　4月~6月，组织了“幸福像花儿一样”慰问煤矿采空棚户区市民专场演出，包括舞蹈、歌曲、小品、曲艺等10余个节目6场演出。节目中有根据棚户区改造期间发生的真人真事创作的小品《理解》，创作的配乐诗朗诵《凝望家园》等。

阿姆斯特丹都市舞蹈团访问演出　5月25日，荷兰阿姆斯特丹都市舞蹈团在区影剧院，为门头沟区人民奉献一场充分体现现代阿姆斯特丹多种文化融合的舞蹈，运用不同风格形体表演、舞蹈中间穿插介绍阿姆斯特丹市的视频风景片以及备受青年人青睐的音乐，1000多位百姓观看了演出。

军民“双拥”文艺汇演　7月28日，区文委承办了2010年门头沟区军（警）民庆八一联欢会。区内演员和驻军部队战士同台演出了歌曲、戏曲、舞蹈、快板、诗朗诵等十余个节目。其中有展现驻区部队精神风貌，阳刚之气的军体拳表演《精忠报国》，也有为感谢拥军模范谱写的诗朗诵《新歌一曲唱双拥》，节目中还特别邀请并采访了门头沟区的拥军模范李兆娴老人。

永定河文化大讲堂　8月9日~20日，由区图书馆举办了“永定河文化大讲堂”系列讲座，为期两周，共10讲，内容包括永定河流域的民俗文化、古都文化和文学艺术等多个领域。“永定河文化大讲堂”被门头沟区委宣传部评为“首都市民学习品牌”。

纪念抗日战争胜利65周年原创民歌演唱会　8月12日，门头沟区文委在区影剧院举办。演出由“抗战篇”、“历史篇”、“山水篇”、“民俗篇”四个篇章、九首歌曲构成。歌曲取材于区内流传广泛的民歌，结合了门头沟区旅游、历史、民俗、“非遗”等特点进行创作。

“水韵山情”马淑琴诗歌作品朗诵会　8月19日，由区文委在门头沟晨光饭店剧场举办。“水韵山情”由门头沟区诗人马淑琴（门头沟区《百花山》文艺期刊常务副主编，北京劳动人民文化宫文学创作室创作员，《诗刊》创作研究会会员）创作。《水韵山情》马淑琴诗歌作品朗诵会共分为“大河情韵”、“山的故事”、“季节的风”和“家乡感怀”4个板块，共20首。分别由著名朗诵艺术家殷之光、林中华、虹云、冯福生、杨青、雷瑞琴、郑健康和门头沟业余爱好者朗诵。700多名诗歌爱好者出席朗诵会。

京浪音乐节　8月27日～29日，由门头沟区京浪音乐节组委会主办，乾坤鱼跃公司承办，区文委、区旅游局、华谊兄弟传媒集团协办。在门头沟区京浪岛文化体育公园举办了为期三天的大型音乐节演出，共有27组演员参加。节目以摇滚风格为主，流行歌曲和民谣为辅，时间共达1080分钟，观众近两万人。

残疾人文化活动周　8月，区文委和区残疾人联合会共同组织开展了残疾人文化活动周活动，内容包括：展览展示、文艺演出、电影放映、图书配送等。

《北京永定河》原创交响乐音乐会　9月20日，在北京中山公园音乐堂首演。交响音乐会由北京交响乐团演奏，指挥家谭利华持棒。交响乐共分为“永定河——北京母亲河”、“两岸民俗”、“公园里的圆舞曲”、“田园风光”四个乐章，展现出人与自然和谐相容的最终主题。市、区领导及社会各界群众上千余人观看了演出。

北京现代杯首届北京国际山地徒步大会文艺表演　9月23日、24日，北京现代杯首届北京国际山地徒步大会文艺表演在斋堂举行，区文委共组织了6支表演团队在运动员入场区、主会场区演出节目，有迎接仪式的太平鼓、秧歌等团队，共计150人；开幕式现场及周边有太平鼓、威风锣鼓、舞龙舞狮、腰鼓、大鼓队、民间花会、秧歌等团队进行了表演，有330名演员参与。

国庆社区演出　十一期间，组织和谐之声合唱团、群英艺术团、桥东社区合唱团3支业余团队在滨河公园、葡山公园、黑山公园为群众演出。三天共计演出9场，演员60余人，观众1800余人次。

“欢乐大放送”周末场演出　年内，共接待了中国评剧院、哈尔滨儿童艺术剧院、北京儿童艺术剧院、北京歌舞团等10家文化团体，共演出60场，其中安排为低收入群体慰问2场。共39450余人观看，平均上座率达到75%。

“星火工程”演出　年内，18支一类团队、35支区内业余团队参加“星火工程”演出。分别为专业团队177场，业余团队354场。圆满完成“星火工程”演出任务。

计生委文艺演出　由区文委承办。其中有“门头沟区‘倡导婚育文明·构建和谐家庭’人口计生文艺调演暨开幕式”，另有“社区计划生育”演出13场，“门头沟区纪念《公开信》发表三十周年人口计生文艺演出暨第5届京西人口文化节闭幕式”活动。文化馆还代表区计划生育委员会组织各基层舞蹈团队参加市级项目比赛初赛、复赛、决赛3场，选拔的太平鼓表演团特色舞蹈“鼓舞太平”进入市级比赛项目并荣获一等奖。

非物质文化遗产保护工作

第5届文化遗产日活动　6月12日，“我们的节日·端午节”暨第5届文化遗产日京西太平鼓展演，在门头沟区滨河世纪广场举行。来自龙泉镇、王平镇、东辛房办事处、城子办事处、大峪办事处5个镇、街的17支民间太平鼓表演队近600人参加表演。展演以门头沟区进入首批国家级非物质文化遗产保护代表作名录的项目——京西太平鼓为主，分为主会场、三个分会场、广场大屏幕播放区、非物质文化遗产宣传材料发放区。主会场有8支民间队伍及京西太平鼓国家级传承人高宏伟带来的《鼓之神韵》《鼓娃舞太平》《大团圆》等节目；3个分会场有9支民间太平鼓表演队伍演出；大屏幕播放区循环播放宣传片《太平鼓舞舞太平》，系统地介绍了京西太平鼓的历史渊源、形式特点、保护成果等；非物质文化遗产宣传材料发放区把以门头沟区进入国家级、北京市级非物质文化遗产保护代表作名录的11个项目的简介和图片编辑而成的宣传折页和扑克牌发放到群众手中，让更多的市民认识“非遗”、了解“非遗”、参与“非遗”、保护“非遗”。1000余名观众观看了表演。

“非遗”资料保存工作　拍摄了两项北京市级非遗保护项目——西斋堂梆子戏、柏峪燕歌戏具有完整剧本的戏目，并配以字幕，制成资料光盘。保留了较为完整的第一手资料。并为区级非物质文化遗产项目——三皇炮锤武医技艺颁发了“健康教育传承基地”标志牌。6月，第三批国家级项目琉璃烧制技艺传承人蒋建国获得北京市文化局颁发的年度“非遗”保护特殊贡献奖。

“非遗”申报工作　年内，整理了白灰的烧制程序、井下煤层挖掘技术（窑神）、西河大鼓、大峪“轿子坊”婚俗等14个具有特色的“非遗”资源候选申报三级保护名录项目，进行逐一的探讨和考察，撰写了资料搜集和申报论证报告，为2011年名录申报工作奠定了坚实的基础。

“非遗”挖掘整理工作　年内，对《北京市非物质文化遗产资源汇编·门头沟卷·潭柘听松》一书进行了四次校对；收集专家创作论文《非物质文化遗产保护与开发利用要走向跨行政区域的多方协作》《关于门头沟非物质文化遗产保护的思考与建议》等8篇。收集整理《潭柘寺的故事》《傅三倌的故事》《永定河的传说》等故事集；收集《琉璃渠村琉璃烧造技艺传承人蒋建国访谈录（图文版）》《潭柘紫石砚雕刻技艺传承人孔繁明访谈录（图文版）》等传承人采访录6篇。

基层文化建设

镇街特色文化活动及团队评比　12月7日、8日，组织各镇街进行特色文化活动、特色团队评比。12个由镇街文化服务中心推举的文化活动项目及12支由镇街文化服务中心推举的文艺团队参加了评比。镇街根据地域资源、地域特色自荐有代表性的文化活动视频资料和文艺团队。区文委负责安排文化活动视频资料编辑，及特色团队现场展示，并组织专业人士作为评委进行现场点评。龙泉镇、斋堂镇获得镇街特色活动评比一等奖，雁翅镇淤白村威风锣鼓队、永定镇侯庄子民生乐队民间特色团队评比一等奖，其他10个镇街和10个民间特色团队分获二、三等奖。

镇村文化活动硬件条件得到提升　年内，投资420万元为大台板桥礼堂、梁庄台下村文化室等6个镇村文化活动中心和文化室配备文化设备改善文化活动室条件；投资183万元为龙泉镇西辛房村、妙峰山镇涧沟村等9个村配备灯光音响设备；实现了益民书屋、共享工程所有行政村全覆盖；投资近22万元将农村数字影厅与农村文化信息共享系统连接，提高了信息共享资源的观看效果；为全区95个社区配备了共计价值35.815万元便携式音响设备。

支持民间文化团队建设　扶植基层业余团队，为各镇、街所属民间演出团队和重点特色文化团队配备服装乐器等共计价值221万元。

图书馆

年内，区图书馆办理借阅证6153个，接待读者23761人次，借阅18598册次，新购文献16391种、81130册，新购期刊5506册。开展送书下乡工作，为基层社区、村级图书站、部队、农家书屋等配送图书，全年送书下乡共计15000册。充分发挥流动图书车的作用，参加文化、科技、卫生“三下乡”活动，为基层送书，为居民解答问题。

举办系列读书活动　1月，区图书馆聘请区楹联书法协会专家到图书馆报告厅，举办了两期楹联书法讲座，参与读者100余人次；2月，举办迎新春猜灯谜活动，近百名读者参与；4月，开展“红领巾”系列读书活动，包括“做文明北京少年”讲故事比赛、“奇思妙想”中小学生征文活动、“评选读书小状元”、“爱心快递图书捐赠总动员”活动等系列活动。参与中小学生3000余人；5月1日，区图书馆利用共享工程数字资源，在阅览室举办了“劳动节的由来”视频讲座，8月，举办了“世博文化解读”视频讲座；还举办了10场“我读经典”系列视频讲座，内容包括“百家讲坛”中多名专家的经典之作，有500多名读者收看了讲座；9月，团区委授予区图书馆志愿服务活动基地的称号，并一同举行了揭牌仪式；10月，区图书馆为雁翅镇益农源经济合作社图书室赠送书架3个，报刊架1个。

举办培训班　4月，区图书馆在清水镇文化中心举办了为期4天、涉及清水镇32个行政村的“文化信息共享工程及农家书屋”培训活动。培训分为两期，一期四个课时。内容包括：“农家书屋”管理员培训、计算机软硬件培训、业务统计培训和北京市文化信息共享工程软件应用培训四个方面。7月，举办了少年网页制作培训，为期10天，共有60多名小读者参加了培训。9月，区图书馆辅导部到清水镇田寺村、龙门口村和江水河村益民书屋进行了图书管理员基础业务培训，内容主要为图书的分类与排架方法。10月～11月，区图书馆举办两期2010年新建益民书屋管理员培训，涉及83个新建益民书屋管理员与部分社区图书室管理员，培训课程分为：图书分类、排架、“农家书屋”基本服务与延伸服务等。

文化馆

开展业务培训　年内，举办少儿舞蹈培训班、少儿围棋培训班、少儿声乐培训班、中老年摄影培训班、中老年书画培训班，累计人数432人。针对基层开展短期团队指挥技能培训班、器乐培训班、外来务工子弟文艺技能培训班等，累计培训人数3000人次。

文艺创作　年内，区文化馆根据门头沟区的地方性文化特点，编曲创作大型交响曲《北京永定河》等10篇，并成功在中山公园音乐堂演出。组织太平鼓表演团创作太平鼓舞蹈《鼓舞太平》参加第2届秧歌节展演活动，并获得最佳风采奖。为棚户区改造，营造和谐社区创作的小品《理解》，参加了第三届“大栅栏杯”北京社区戏剧小品邀请赛并获得一等奖。为感谢来自全国各地建设棚户区的农民工创作的对口快板《门头沟人民欢迎你》，歌颂工商干部辛勤工作和执法创作的《红盾光辉照山川》，以及鼓励待业青年创业的群口快板《创业就业展宏图》等作品，均得到了群众的好评。

展　览

年内，在区博物馆举办的文化艺术类展览有：“清明咏春”北京民间剪纸烙画艺术展、“弘扬永定河文化——永定河畔　翰墨飘香”刘天柱书法艺术展、“人文精神与文化名人”展览、门头沟区首届“和谐家园”青少年书画优秀作品展、“门头沟区社区展演季”社区居民手工艺品展、“纪念抗日战争胜利65周年——平西抗战组歌”展览、“永定河颂——老年书画邀请展”、“京西印象——老矿工书画展”和“门城剧变——墨韵京西书画展”等。全年参观总人数6.5万人次。

永定河颂——老年书画邀请展

电 影

2010年共完成放映场次17757场，观影142万人次，其中，流动1635场，社区462场，“双拥”慰问633场，工地慰问电影383场，农村科普教育法制教育1554场。

文化市场管理

行政审批 年内，完成18家网吧、16家娱乐场所年度核验和数据统计工作等。

执法检查 全年共出动执法人员630人次，执法车辆240辆，检查歌舞娱乐场所150家次、互联网服务营业场所400家次、受理举报20件、纠正违规16次，取缔“黑网吧”4家，收缴电脑43台，处罚罚款共计18000元。

门头沟区文化委员会

书 记 陈世杰（9月免）
曲书法（9月任）

主 任 陈世杰

（张 晨）

房 山 区

概 况

房山区位于北京西南部，总面积2019平方公里，常住人口94.5万人，其中外省市人员19.5万人。辖28个乡、镇、街道办事处、120个社区居委会、462个村委会。

房山区文化委员会（简称区文委）是房山区政府管理文化工作的职能部门，下设办公室、文化科、文物科、市场科、行政执法队5个职能科、室、队，管理的文化事业单位有：周口店北京人遗址、房山区文化馆、房山区图书馆、房山区文物保护所、房山区电影发行放映中心。

2010年，房山区文委以科学发展观为统领，以推进文化大发展、大繁荣为方向，紧紧围绕房山区加快城市化、工业化、现代化进程，建设产业友好、生态宜居新房山的战略目标，按照年初制定的工作计划，狠抓落实，持续推进，不断提高文化服务水平，切实保障群众的文化权益，使全区文化工作呈现出良好的发展态势。

2010年文化艺术发展

文化设施建设

筹建群众文化活动中心 年内，编制了可行性研究报告，通过了建设用地地质灾害危险性评估，完成了设计、勘察招投标。规划意见书得到市发改委批复。

筹建重点乡镇文体中心 年内，启动了房山区五个重点乡镇（韩村河镇、琉璃河镇、窦店镇、长沟镇、河北镇）文体中心的建设工程。

村级文化活动室建设 年内，完成了67个行政村文化活动室建设工程招标、地勘、设计、测绘等。在琉璃河镇祖村举行了“房山区行政村文化活动室全覆盖建设工程”启动仪式。

益民书屋建设 启动了全区最后一批182个行政村的“农家书屋”（即益民书屋）建设工作，10月27日，在区文委举办了益民书屋图书发放仪式，标志着房山区实现了益民书屋全覆盖。

文化活动

新年音乐会 1月1日，房山区举行了“竹乐声 房山情”2010年新年音乐会，来自北京良宵竹乐团用特制的竹乐器为观众们演奏出了一首首精彩的竹乐曲，营造了欢乐祥和的节日氛围。

“我的北京 我的家”活动 1月31日，由房山区委、区政府主办的“我的北京 我的家”——2010年房山区春节系列活动启动仪式于良乡苏庄翠

2010年房山区春节系列活动启动仪式

柳大街举行。区委书记刘伟，区委副书记、区长祁红，区人大常委会主任史全富等出席活动。参加表演的队伍为各乡镇、街道群众以及部队士兵组成的特色团队，表演主要以踩街的喜庆方式进行。威风锣鼓队、龙狮队、霸王鞭队等近千人参加了表演，吸引了近万名群众驻足观看。

正月十五花会汇演　2月27日，房山区正月十五花会汇演的第一项活动——民间花会展演在房山城关地区、良乡地区两地同时举行。来自各乡镇的24支民间花会队伍、1380人在西潞翠柳大街进行了花会展演，有37支花会队伍、1580人在城关南北大街进行表演。2月28日上午，元宵节花会活动的重头戏——花会走街及花车游活动在西潞翠柳大街举行。刘伟，祁红，史全富，区政协主席唐淑荣，区委常委、宣传部部长赵佳琛，区人大常委会副主任刘顺林，区政协副主席高维魁等及区直部分单位的领导出席了启动仪式。

清明节咏诗会　4月2日，以“追怀先祖，传承文明”为主题的房山区2010年清明节咏诗会在区文化馆举办。房山区五侯中心校孤山口小学以及房山区民仁小学的学生组成的少儿诗歌朗诵团先后朗诵并表演了《三字经》《游子吟》《锄禾》等古诗。

文化周末大舞台　4月16日，“颂祖国、唱房山、咏家乡”房山区2010年“文化周末大舞台”系列活动正式启动，2010年的文化大舞台在2009年的基础上，继续向农村和社区延伸，在保持10个“乡镇（街道）文化周末大舞台分会场活动”的基础上新增加8个乡镇（街道）分会场，并在此基础上继续延伸主体活动——“文化周末大舞台”和“文化周末大课堂”、“戏剧周末大戏台”、“金曲周末大家唱”活动。自4月16日启动至10月，文化周末大舞台历时7个月，举办了366场演出，参演人员2万多人，观看群众近30万人次。

世界读书日活动　4月23日下午，“天地人·风雅颂——房山区‘世界读书日’经典诗文咏唱会”在驻房山区北京理工大学举行。此次经典诗文咏唱会分“天方国风”、“地圆雅韵”、“人寰礼颂”三个篇章，采取古典与现代、高雅与活泼、经典与原创相结合的方式编排。参演人员包括小学生、中学生、大学生、驻地部队战士、社区群众以及区文化馆的朗诵团、合唱团，共计7500多人，参与活动人数为历年读书日之最。

首届中国汉白玉文化艺术节　北京房山首届中国汉白玉文化艺术节于6月12日在中华世纪坛开幕，9月29日在房山区大石窝镇闭幕。艺术节期间，相继开展了首届中国汉白玉雕刻创意大赛、汉白玉文化研讨会以及艺术节LOGO征集等一系列活动，在全国范围内掀起一场汉白玉创作高潮。组委会共征集到参赛作品近700件，选手们来自全国28个省（自治区、直辖市）。经过专家评议，最后甄选出60件优秀作品入围决赛，经社会公众、权威专家、企业代表三方投票产生前三名。

“走进中国房山世界地质公园”文艺演出　7月11日，“走进中国房山世界地质公园”文艺演出在良乡体育馆举办。联合国教科文组织世界地质公园评委、法国专家盖伊·马提尼及夫人艾丽西娅·索托，联合国教科文组织世界地质公园评委、马来西亚专家亚布拉罕·库莫及马兹林·黙克塔、努赞妮·阿兹曼应邀观看了演出，房山区政协主席唐淑荣、房山区副区长卢国懿、房山区副区长吴会杰等领导陪同观看。

首届“残疾人文化周”活动　8月23日～27日，房山区以“绽放生命，共享阳光”为主题举办了首届“残疾人文化周”。文化周由四项主体活动组成：开展了以残疾人为主体的文艺创作活动，创作文艺节目10余个；组织“燕都神韵”艺术团深入残疾人较多的农村开展慰问演出；派遣文化志愿者到区残联所属的“温馨家园”对残疾人开展书法、绘画等艺术类培训；在良乡电影院举办了由残疾人艺术团表演的综艺类文艺演出。

首届长阳音乐节　9月21日～23日，在中秋小长假期间，首届MUSIC FUNHILL 2010长阳音乐节在房山区长阳镇的万亩滨河公园举行。本次音乐节以“希望、自由、博爱、平等”为主题，确定了向日葵、蒲公英、蔷薇和雏菊四种鲜花为每个舞台演出的音乐风格。众多喜欢音乐和户外活动的人带着朋友家人参加了活动。

首届北京（房山）大地艺术节　于9月29日在张坊镇蔡家口村云居滑雪场开幕，10月28日闭幕。艺术节以“鲜活的大地·创意的房山”为主题，采取政府主导、企业参与、市场运作、集中展示的方式进行。7家位列世界500强企业（品牌）参与。活动中，通过大地艺术创作的手法，使用鲜花等环保材料，在云居滑雪场上对企业的标识和产品进行艺术创作，促进了文化与经济与产业的对接。艺术节开展了摄影大赛；在云居滑雪场举办驻场文艺演出；在张坊镇组织第13届金秋采摘节，引导游客观光采摘。

全国城乡优秀歌手展演颁奖音乐会　为隆重庆祝新中国成立61周年，中国世界民族文化交流促进会、中国群众文化学会音乐专业委员会、北京音乐家协会与房山区委宣传部等部门于10月4日～6日在长阳镇联合举办“异彩中华——‘放歌长阳’全国城乡优秀歌手展演”。参加展演的100余名歌手来自广东、云南、贵州、四川、浙江、湖南、河北、辽宁、黑龙江、内蒙古、上海、北京等20个省（自治区、直辖市），其中，年龄最小的16岁，最大的60多岁。10月6日，展演颁奖音乐会在北京市科教音像中心演播厅举行。歌唱家程桂兰、聂建华、方琼等同台献艺答谢首都观众。房山区选送的歌手黄莉、郝俊明分别以房山原创歌曲《龙的摇篮》和《为祖国祝寿》获青年组金奖和中年组金奖。

房山区第10届青年歌手、票友大赛　12月4日~19日，房山区举行的第10届青年歌手、票友大赛，共设民族、美声、通俗、评剧、梆子、京剧6个组别，参赛选手近400人。通过角逐，76名选手获奖。

房山区2011年春节系列文化活动启动仪式　12月27日，“咏唱时代红歌”——房山区2011年春节系列文化活动在《没有共产党就没有新中国》诞生地霞云岭乡堂上村举行。市文化局巡视员叶重辉，区委书记刘伟等出席。赵佳琛致辞。区委副书记张祝华宣布2011年房山区春节系列文化活动正式启动。相关区直单位、各乡镇（街道）、群众代表等共计1000余人参加启动仪式。此项跨年度的活动到2011年春节结束。

文艺创作

全年创作歌曲、歌舞、小品等各类文艺节目20余个；创作摄影、绘画作品300余幅；创刊发行了反映全区文艺创作最新成果的季刊《房山文化》；出版发行了《2008房山区庆奥运百幅摄影书画作品集》等。其中，区文化馆刘强的作品《京郊秧歌舞动悉尼》在“北京市庆祝新中国成立60周年文艺作品征集选评选”中获佳作奖；区文委副主任陈光创作的歌曲《清明雨》和《端午魂》作为主题歌分别参加了北京市委宣传部等单位举办的清明节和端午节特别节目；歌曲《乡村百姓家》获全国第15届“群星奖”作品奖。

非物质文化遗产保护工作

年内，编制了《房山区非物质文化遗产图集》，举办了非物质文化遗产工作成果展，组织了第5个“文化遗产日”系列活动，并对国家级、市级、区级名录进行颁牌，向项目传承人颁发了传承人证书。

电　影

2010年，房山区继续开展“同在一片蓝天下，人人享有观影权”主题电影展映年活动。全年电影放映21975场次，其中，流动放映2240场次，固定影院放映19735场次，观众达200多万人次。长沟镇流动电影放映队被评为全国先进集体，是全市唯一一支进入全国先进行列的镇级电影放映队。

展　览

“墨韵国风　祝福祖国”书画展　10月10日，“墨韵国风　祝福祖国”书画展在房山区文化馆举行。书画展以艺术的角度深入挖掘房山区历史文化、民俗文化、山水文化精髓。

“熏风劲迅　城南隆兴”城南五区老年书画展　11月5日，由房山区、丰台区、大兴区、原崇文区和原宣武区老年书画研究会主办，房山区文化馆协办的“熏风劲迅　城南隆兴”五区老年书画展在房山区文化馆展厅举办。本次展览促进了北京南城的文化交流。

全国新农村楹联书法大赛　11月25日下午，首届全国新农村楹联书法大赛开幕式在阎村镇文化广场举行。活动共征集到29个省（自治区、直辖市）870余位作者的1200余幅楹联书法作品。经专家认真评选，评出一等奖5名，二等奖10名，三等奖20名，优秀奖200名。中国文联副主席刘兰芳出席开幕式并为活动剪彩。

文化馆

年内，组织开展了“星火工程文艺演出”1384场，共有19支专业团队、21支非专业团队参演演员达4万多人次，观众近50万人次；组织专业团队“周末场演出”（良乡影剧院）共计60场，观众26400人次；组织“文化下乡”共计1102场，其中，区级团队演出444场，镇级团队462场，村级团队196场，观众近30万人次；继续开展了“文化周末大舞台”、“周末金曲大家唱”、“文化周末大戏台”、“文化周末大课堂”系列活动，共计演出366场，参与演职员2万余人，培训1700余人次，服务群众30余万人次。成功举办了2009房山庆祝新中国成立60周年大型活动图片展（跨年度）等大型展览4次，参观群众14400多人次。对成人合唱团、童声合唱团、少儿诗歌朗诵团提供免费培训共84期。合唱队参加“第20届农民艺术节——首届乡村合唱大赛”获二等奖；辅导京剧爱好者张宝忠参加北京市社区京剧票友大赛获三等奖。新开设了儿童画、舞蹈、拉丁舞等6个培训班，报送的节目《向阳花》和《火红的六月》参加第7届“星星火炬”中国青少年艺术英才推选活动，获市级并列第一名。

图书馆

2010年，新办理读者证7831个，全年流通人次达179888人次，流通册次达242606册；送书下乡165次，送书10.5万册。举办了“红读”活动3次，参加活动约200人，其中，石楼中心校代表队参赛的科普剧《相逢》获得区级一等奖并代表房山区参加市级比赛获得全市第二名。

读书活动　举办了“倡导全民阅读，创建学习型城市”有奖征文和“我的书屋　我的家”演讲比赛等项活动。在“倡导全民阅读，创建学习型城市”活动中，共上报市局征文70多篇，其中，20篇征文获得了优秀奖，1名获一等奖；在“我的书屋 我的家”演讲比赛中，房山区选手葛香芹获全市第一名。

文化市场管理

完善行政审批许可工作　对区内135家文化场所经营单位完成了年检换证工作；办理审批事项29起。组织开展了“平安世博”专项保障行动、网吧专项整治等专项行动。全年共组织、参与对文化市场的检查415人（次），检查服务对象560余家（次），受理各类举报50件，立案调查7起，办结7起，罚款17000元，培训企业管理人员2000人次，督促整改安全隐患25处，联合取缔“黑网吧”5家，收缴电脑及附属设备54件，全年无行政复议及行政诉讼案件。

加强区域合作　由房山区执法队牵头，与石景山、丰台、大兴、门头沟四区文委研究制定了《北京西南五区文化市场监管“永定河工程”战略合作协议书》，明确了五区合作的目的、意义、指导思想、任务目标、合作原则和适用范围，建立了组织领导机制、联席会议机制、情报预警机制、联防联动机制等8个机制。.

燕山地区文化工作

燕山办事处位于北京西南郊——房山区中部，总面积40平方公里，总人口近10万。燕山文卫分局是燕山地区管理文化工作的职能部门。直属事业单位有文化馆、图书馆；自收自支事业单位有影剧院；企业有新华书店。

2010年，燕山地区以打造魅力文化，展现和谐发展燕山为契机，加快推进文化事业繁荣发展的要求，切实履行好政府部门发展公益性文化事业的责任，加强燕山地区文化软实力建设，推进和谐美好精神家园和良好人文环境的发展。

群众文化活动

1月31日，燕山地区2010年春节期间系列文化活动启动仪式在燕山文化广场举行。

2月5日，燕山地区2010年春节团拜会在燕化影剧院举行。市政协主席阳安江、副秘书长孙新军，房山区区委书记刘伟、区长祁红、区人大常委会主任史全富、区政协主席唐淑荣，燕山石化公司董事长王永健，以及燕山石化公司和燕山办事处的相关领导出席了活动。

2月27日~3月1日（正月十四至十六），燕山地区第25届元宵节大家乐灯会在燕怡园举办，灯会包括22组大型彩灯、特色节目——书画笔会及燕山公园东门的“元宵节小吃一条街”和文化书市。灯会共吸引游客约20余万人次。

6月18日，2010年第三届文化节、夏日文化广场暨第6届体育节启动仪式在燕山燕怡园内举行。

6月25日，第三届文化艺术节的首场比赛——诗歌朗诵大赛隆重举行。近50名选手经过激烈比赛有14位进入决赛。

燕山地区第三届文化节广场舞蹈大赛

7月22日，燕山地区第三届文化节歌手大赛暨“青春唱响燕山”青年歌手大赛在燕山燕怡园内举行，22名选手经过预赛分别进入青年组和中年组的决赛。

7月23日，2010年第三届文化节戏曲大赛在燕山燕怡园健身广场举办。

8月13日，2010年第三届文化节舞蹈大赛在燕山燕怡园广场内举行。

8月27日，第三届文化节最后一项赛事——企业职工和社区群众才艺大赛在燕山燕怡园广场举办。

9月20日，燕山地区2010年夏日文化广场暨第三届文化节闭幕演出在燕山燕怡园广场内举行。

9月29日，“迎国庆”燕山地区2010年第三届文化节颁奖典礼在东风工人文化宫举行。

周末场演出

燕山地区2010年“周末场演出计划”于3月26日启动，9月18日结束。各专业团队共计演出20场，每场观众近500人。

文化馆

2月27日~3月1日，燕山文化馆在多功能厅和展览厅组织了元宵节大家乐晚会中的“书画笔会”活动，5000余人次参加。

6月4日~9月17日，以全市开展“群众文化年”的指导精神为契机，文化馆在文化广场主办了5场地区性大型文化活动，即歌手大赛、诗歌大赛、舞蹈大赛、戏曲大赛、才艺大赛5项赛事，并承办了9场地区性大型文化演出活动。

图书馆

2月22日~3月1日在燕山公园东门，举办“元宵佳节燕山文化书市”，每天读者流通1000人。

4月23日，燕山图书馆与迎西社区、东风社区共同举办“点燃读书激情，共建书香社区”读书日大型宣传活动。

文化市场管理

1月27日，由燕山文卫分局牵头，会同发改委、公安分局、消防科、体育中心、城管中队等单位开展了春节节前联合检查。

2月25日，燕山文卫分局文化行政执法分队会同北京市文化行政执法总队执法一队，开展了两会召开前联合检查。

4月29日，燕山文卫分局文化行政执法队会同燕山公安分局、燕山工商分局和燕山消防科等单位对燕山地区的歌舞娱乐场所、互联网上网服务经营单位、出版物经营单位进行了联合检查。

7月21日～22日，举办了2010年文化市场法规培训班。30多名文化经营单位法人、主要负责人参加了培训。

获奖情况

房山区文委　被评为北京市“扫黄打非”暨文化市场管理工作先进集体；被中国电影发行放映协会评为全国农村数字电影放映向祖国汇报先进单位；获北京市安全生产月活动组委会2010年北京市安全生产月活动最佳实践活动奖；推荐作品《乡村百姓家》在全国第15届“群星奖”（音乐）比赛中获“群星奖”。

房山区文化馆　被评为全国服务农民服务基层文化建设先进集体；被授予第八届“椿树杯”北京市社区京剧票友大赛团体组织奖；舞蹈《加速度》在第6届“舞动北京——群众舞蹈大赛”中获“郊区组单项铜奖”、“团体铜奖”。

长沟镇流动电影放映队　被评为全国农村电影放映工作先进集体和优秀放映队称号。

燕山第25届“大家乐”元宵节灯会　在“第5届北京春节庙会·灯会·文化活动评选”活动中获“文化魅力大奖”。为“北京十大庙会灯会”之一。

燕山文化馆诗集作品《守护者》　获天津市第19届“文化杯”全国鲁藜诗歌二等奖。

房山区文化委员会

主　任　　李立新

（金　超）

大　兴　区

概　况

大兴区位于北京南部，距离市区不足10公里，面积1036.41平方公里；户籍人口59.1万人；辖区内有14个镇、527个行政村，5个街道办事处。

大兴区文化委员会（简称区文委）是大兴区政府管理文化的职能部门，下设办公室、人事教育科、文化市场管理科（社会文化管理所）、文化文物科、行政执法队。实有人数34人。所属企事业单位有图书馆、文化馆、文物管理所、影剧院（大兴区电影发行放映管理中心）、新华书店、北京万兴歌舞团。

2010年，区文委按照区委“高举旗帜、围绕大局、服务人民、改革创新”的总要求，结合市文化局开展“群众文化年”的部署，坚持文化工作贴近实际、贴近生活、贴近群众，着力加强和推进创意文化、群众文化、精品文化、传统文化建设，全区文化工作初步形成了大发展大繁荣的良好局面。

2010年文化艺术发展

重要活动

全国“农家书屋”阅读讲演　1月27日，由新闻出版总署主办，区文委、青云店镇党委协办的“我的书屋，我的家”——全国“农家书屋”阅读讲演活动启动仪式暨北京地区选拔赛在大兴区举行。新闻出版总署印刷发行管理司司长王岩镔等领导参加启动仪式。

北京乡村歌舞节总决赛　2月4日，“北京市第20届农民艺术节暨首届北京乡村歌舞节总决赛”在大兴剧院举行。大赛由市委宣传部、市委农工委、市农委、市文化局联合主办。

中央党校合唱团示范专场演出　6月20日，为提升群众合唱团队的水平，特邀中央党校合唱团做示范性专场演出。区委常委、宣传部部长戴明超、副区长王荣彬、区文委主任王健等领导及千余名群众观看演出。

承办全国京剧优秀剧目展演　12月9日～2011年1月20日，全国京剧优秀剧目展演的部分演出在大兴剧院举行。大兴剧院共接待各省、市9支院团，演出7个剧目、14场，观看人次1.4万。此次展演活动由文化部主办，北京地区的国家大剧院、大兴剧院等6个剧院承办。

地铁文化建设

演艺界名人参观地铁文化艺术品　10月19日，区文委组织李光羲、杜声显、范圣琪、朱琳等40多位艺术家、演艺界名人乘坐地铁4号线大兴线参观沿线艺术品。观赏了西红门站《历史瞬间》、枣园站《田园奏鸣曲》等作品。

地铁文化艺术品通过验收　11月12日，区文委协调市规委、市城雕办等单位和宣祥鎏、任世民、盛杨等专家对地铁4号线大兴线艺术品进行验收，艺术品均顺利通过验收。

群众文化活动

大兴区第4届“美丽大兴我的家”合唱节　1月5日，由区文委主办的大兴区第4届“美丽大兴我的家”合唱节在大兴剧院举行。14个镇、5个街道办事处20支合唱队参加合唱节。

文化志愿者下乡活动启动仪式　1月11日，北京市第20届农民艺术节文化志愿者下乡——“百团带百村”活动启动仪式在区文化馆举行。市委农工委副书记高华，市文化局副局长关宇，区领导戴明超、王荣彬，区文委主任许玉增等参加。

大兴区第20届农民艺术节开幕式　1月16日，大兴区第20届农民艺术节开幕式在大兴剧院举行。市文化局副局长王珠，区领导戴明超等出席开幕式。本届艺术节以“人文·活力·和谐”为主题，围绕“展现城乡和谐、歌唱美丽乡村”举办了原创歌舞、青年歌手、戏迷票友、合唱大赛等系列活动。

“弘扬中华传统美德——精品书画进农家”系列活动　2月6日~9月23日，北京南海画院共组织大型的书画下基层活动6次。每次活动组织10余名书画家出席。为基层百姓创作书画作品200余幅，送春联300余幅。4月12日~11月30日，由北京南海画院与各街道办事处联合举办了书画技艺骨干参加的“书画创作培训班”。4月23日~4月30日，由北京南海画院与区文明办共同举办的“中华传统美德书画创作展”在区文化活动中心举行。邀请全国200余位书画家创作了300余幅书画作品，精选100余幅进行展览，展览结束后将100余幅书画作品赠送3个社区和10所中小学，并刻成光盘分发到街道和社区，制成文化墙和宣传专栏，供居民观赏。

书画下基层

新春庙会　2月21日，大兴区2010年“我的北京　我的家”——“非遗项目大串门——传统花会大拜年”新春庙会在康庄公园举行。市文化局副巡视员阮兰玉及区领导张书领、高树旺、戴明超等和近6万群众观看花会表演。

元宵节交响音乐会　2月26日，大兴区元宵节交响音乐会在大兴剧院举行，解放军总政歌剧团和交响乐团演出。

家庭才艺大赛　8月20日~21日举办“争创和谐之家，共建和谐大兴”家庭才艺大赛决赛。5个社区10个参赛家庭进入首届社区家庭才艺大赛决赛；14个镇14个参赛家庭进入农村家庭才艺大赛决赛。

群众歌舞大赛　9月10日，区文委主办了“融合发展　共建新区”群众歌舞大赛。19个镇、街道参加。

河北梆子票友大赛决赛　9月28日，由区文委主办，榆垡镇承办的“大兴区河北梆子票友大赛决赛”在榆垡镇文体中心举行，14个镇和5个街道的50余支河北梆子剧团参加。

群众广场舞蹈大赛　9月29日，由区文委主办的“相约金秋　舞动大兴”群众广场舞蹈大赛在康庄公园举办。14个镇、5个街道的30个代表队参加，比赛内容有《爱我中华》《好一个花鼓灯》《茉莉花》等传统舞蹈和健身秧歌舞蹈。

周末剧场演出　全年完成周末剧场演出60场，中国杂技团、中国评剧院、中国木偶剧院、北京京剧院、北京市河北梆子剧团、北京儿童艺术剧院等市属院团参演。

西瓜节文化系列活动

“青春大兴　魅力无限”青年歌手大赛决赛　4月28日，“青春大兴　魅力无限”大兴区青年歌手大赛决赛在大兴剧院举行。

第16届科技周启动式暨社区科普原创作品汇演　5月18日，由区政府主办，区文委与区科委、区科协承办的大兴区第16届科技周启动式暨社区科普原创作品汇演在区文化馆举行。社区居民表演了文艺节目。

“激情创意　炫动城南”城南五区交谊舞邀请赛　5月30日，“激情创意　炫动城南”城南五区交谊舞邀请赛在大兴区星光影视园演播大厅开幕。有大兴、崇文、宣武、丰台、房山（含燕山地区）130对选手参加比赛。

电影放映

3D设备投入使用　大兴剧院大剧场3D设备安装调试完成并通过审验合格，于1月25日正式放映3D电影《阿凡达》。

胶片电影放映　共放映影片73部，放映总场次2166场；接待观众总人数12.9万人次。

数字电影放映　流动放映2434场，观众1.54万人次；固定放映5.2万场，观众14.73万人次。更新硬盘325块，流动播放器16台，更新影片5500部。

展　览

中国庞各庄全国国画精品展　5月30日～6月8日，由庞各庄镇人民政府、北京南海画院、中国水墨研究院共同主办的“临摹继承、再造创新”中国庞各庄全国国画精品展在中国西瓜博物馆举行。收到国内外稿件千余幅，入选作品100幅。中国美术家协会、北京美术家协会的专家为评委。

“临摹与再造——全国中国画学术邀请展”　6月18日在区文化馆举行开幕式。展览由北京南海画院、中国水墨研究院主办、区文化馆承办。中国美协、北京美协的专家对千余幅作品进行评选，入选作品82幅。

庆七一大兴区首届青年艺术家油画作品展　7月1日在区文化馆举行开幕式。展览由区文委、区文联主办。收到作品80余幅，有50余幅作品参展并印制作品集。

“京南明珠、多彩大兴”全国中国画作品邀请展　9月27日～10月10日在区文化活动中心举行。展览由区文委、北京南海画院主办。收到稿件200余幅，遴选入展作品100幅，出版了作品集。

“建设者之歌”摄影大赛图片展　10月26日，大兴区2010“建设者之歌”摄影大赛图片展在区图书馆举行。展览由区委宣传部、区文委、区文联、北京摄影家协会、《摄影与摄像》杂志社主办，区摄影家协会、区文化馆承办。共收到作品3000余幅。王巍《地铁建设者》组照获特等奖，潘清泉《鱼眼看亦庄》组照、肖利民《地铁新景观》组照为一等奖。此展在地铁4号线大兴线通车之际举办，并编辑出版了《建设者之歌——北京大兴风物摄影集》。

庆祝大兴地铁开通暨巴恩发八十华诞书法作品展　12月16日～12月22日在区文化活动中心举行。展览由北京南海画院主办。

非物质文化遗产保护工作

“非遗传承　文化共享”空竹培训班　4月27日～7月27日，大兴、宣武两区文化馆共同举办的空竹培训班开班仪式在大兴区文化馆举行。两区文委的领导、国家级空竹传承人参加。培训班由国家级“非遗”传承人李连元等授课。

《杨氏脏腑经络点穴疗法》研讨会　5月14日，大兴区“非遗”项目《杨氏脏腑经络点穴疗法》研讨会在中国中医药出版社召开。杨氏脏腑经络点穴疗法是大兴民间医师杨理存采用家传点穴疗法治疗脏府疾病，至今已第十九代。中国传统工艺研究会理事长华觉明，国家中医发展战略研究组组长贾谦，中国中医研究院医史研究所所长柳长华，中国中医药出版社副社长林超岱，中国中医药学会学术部主任孙永章等参加研讨会。

文化遗产日活动　6月12日，区文委、区非物质文化遗产保护中心举办了文化遗产“七个一”大型宣传系列活动，即宣传咨询活动、举办空竹培训班、精选“非遗”代表项目及图片汇编《首邑文香》、制作“非遗”项目专题片、举行“诗赋弦”展演活动、举办“非遗”展览、举办“非遗”保护理论和知识讲座。

吴式太极拳授牌仪式　10月10日，大兴区市级“非遗”项目吴式太极拳授牌仪式在团河会议中心举行。会上，向吴式太极拳第四代代表人物张全亮颁发市级非物质文化遗产铜牌。原中国武术协会主席张耀庭，以及张全亮的弟子300余人参加了授牌仪式。

队伍建设

文学作者采风　6月24日，区文化馆组织10余名文学骨干到庞各庄镇老宋瓜园、乐平御瓜园、巴园子满族民俗村进行采风活动。每人创作两部作品，《大兴报》特辟专版予以刊发。

广场舞蹈培训活动　8月3日和12日，区文化馆开展两期“茉莉花”和“鼓风声声”广场舞蹈培训活动，各镇和街道办事处近60名学员参加。

举办民间手工艺培训班　8月27日～11月底，区文化馆举办民间手工艺掐丝制作培训班。培训内容为掐丝制作、填沙工艺、立体创作工艺。农村妇女、城市下岗职工30余人参加了培训。

区文化馆基层辅导　区文化馆全年下基层到各镇、街道、委、办、局开展辅导工作300余人次，辅导群众近万人次。

艺术培训班　区文化馆常年开设少儿美术、素描、少儿武术、剑桥英语、中国舞、芭蕾舞、电子琴、钢琴、古筝、成人社交舞、成人摩登舞等18个班，全年培训人数600多人。

图书馆

春节期间读者活动　2月13日（除夕）～2月19日（初六），共享工程大兴区支中心举办了“共享花开乐万家——优秀电影展播”活动，群众免费欣赏7部优秀国内外影片；举办了“共享花开乐万家——为外来务工人员服务”活动，共接待外地读者47人次。

公务礼仪讲座　3月23日，区图书馆聘请著名礼仪专家杨金波举办公务礼仪讲座，拉开“兴图讲坛”名家讲礼仪系列讲座的序幕。文化系统300多名干部职工参加。

“清明节”传统文化宣传活动　4月2日～9日，举办清明文化视频讲座和“清明时节”主题展览。共享工程支中心举办“网上祭英烈共铸中华魂”网上祭奠革命先烈活动及“观红色电影忆革命先烈”

红色电影展播活动。

“书香满监区　读书促改造”活动　4月20日，区图书馆在市未成年人犯管教所设立了“流动读书站”，并启动了“书香满监区　读书促改造”系列读书活动，送去各类图书3000余册。

“红领巾”读书活动　5月~6月，区图书馆举办了大兴区“红领巾”读书活动“绿色北京”科普剧比赛及“做文明北京少年”讲故事比赛。30所中小学150名选手参加。北京小学大兴分校队与冯瑞珂等5位选手代表大兴区参加全市比赛。

“绿色北京”科普剧比赛

社区法律大讲堂　6月9日，区图书馆与兴丰街道举办“社区法制大讲堂”。区司法局、区文委、兴丰街道的领导出席启动仪式。兴丰街道12个社区300余名群众参加。

“少年电脑网页制作”培训班　6月21日至7月30日，区共享工程支中心免费举办“少年网页设计培训”活动，50余位青少年参与。举办了网页制作成果展。

少儿暑期阅读活动　8月26日，由区文委主办，天宫院街道办事处、区图书馆承办的“沐浴书香快乐成长”益民书屋暑期少儿阅读成果展示活动在图书馆拉开帷幕。有11个镇、街道的学生展示了阅读成果。

“读书月·学习季”活动　9月2日，大兴区建设学习型党组织“读书月·学习季”活动启动仪式暨刘一村益民书屋揭牌仪式在黄村镇刘一村举行。区委宣传部、区文委、区文联领导及各镇党委宣传部长出席。

“孝道·我能”活动　由区文委主办，区图书馆、观音寺街道办事处承办了“孝道·我能”短信征集活动。共收到作品1000余条，评出真情短信、创意短信、感悟短信各10条。9月3日，在区图书馆举行了颁奖仪式。

“公民道德宣传日”活动　9月20日，区文明办、区文委、观音寺街道办事处共同开展了以“弘扬传统美德，构建和谐社会”为主题的第8个“公民道德宣传日”活动。区图书馆设立展台，向过往市民宣传孝道文化。

中外经典诗文吟诵大赛　9月29日，由区委宣传部主办、区文委协办、区图书馆承办的“建设学习型党组织暨中外经典诗文吟诵大赛”落幕，由观音寺街道工委选送的《淡淡书香》获得大赛一等奖，区委副书记王新，区委常委、宣传部部长戴明超等领导观看比赛并颁奖。

老年电脑培训班　共举办了四期老年电脑培训班，有近50位老年人参加。12月初还举办了“老年电脑培训提高班”，讲授QQ的使用、图片和存储、处理等。

文化市场管理

文化市场监管和执法　2月12日，区文委主任王健带队对全区网吧进行春节前夕安全检查。为服务保障“两会”，2月25日~3月19日联合市文化执法总队开展了文化娱乐经营单位安全生产等四项专项整治行动，检查文化娱乐等经营单位79家。5月1日~4日，区文化行政执法队共检查校园周边文化经营单位35家，纠正违规12次。6月15日~8月31日，开展为期77天的暑期网吧专项整治行动，共检查网吧156家次，出动执法52车次，出动执法人员625人次，纠正违规38家次，处罚金额共计人民币8000元。8月13日~23日进行打击非法游戏紧急行动，联合公安、城管等部门对全区网吧、早市、无照游商等进行排查。

签署“永定河工程”战略合作协议　9月3日，大兴、房山、石景山、丰台、门头沟五区文委在房山区签订《北京西南五区文化市场监管“永定河工程”战略合作协议书》。

冬春季火灾防控工作会　11月15日，召开文化娱乐场所2010年~2011年冬春季火灾防控工作会，向各文化娱乐经营单位发放《大兴区文化娱乐场所经营单位安全生产指导手册》。

市游艺娱乐场所专项整治行动领导小组到区督察指导　11月18日上午，由市文化局、市公安局、市工商局、市文化执法总队相关负责人组成的北京市游艺娱乐场所专项整治行动领导小组对大兴区的专项整治工作进行了现场督察。

行政许可　严格执行行政许可制度，提高全程办事工作效率，强化工作服务意识，坚持“便民、公开、依法、高效”四项原则。建立“全程办事代理制岗位工作职责”、“首席代表主要工作职责”等十二项制度。制作“行政许可申请材料接受凭证”和“行政许可申请补正材料接受凭证”34项，制作“行政许可申请登记表”19个样本。行政许可窗口共受理行政许可事项64件；接受即办类申请项目

276件；接待群众有关信息咨询3702余人次。

行政许可事项调整　对歌舞娱乐场所（歌厅、舞厅、卡拉OK厅等）、网吧、电子游艺厅等人员密集和公众聚集场所申请设立和变更许可过程中，就有关房屋产权认定材料一项做了相关调整。

行政许可网站　在区文委网站发布行政许可事项、行政许可申请登记表、通知公告、行业信息、年度审查核检结果。

文化经营单位风险等级分类管理　区文化行政执法队将全区1000余家文化经营单位实行风险等级分类管理，分成A、B、C三个等级。

专项整治行动　开展了文化娱乐场所安全生产、电子游艺场所专项整治、校园周边环境整治等12次专项整治行动，共检查网吧338家、歌舞娱乐场所213家、电子游艺场所22家、演出活动10家。出动执法人员4308人（次），执法车辆1309辆（次），纠正违规437次；取缔无证经营场所（摊点）36处。

行政处罚　共受理举报64件。依据相关法规，对22家违法经营的文化经营单位进行了行政处罚，罚款共计人民币12.35万元。

获奖情况

区文委　2010年“非遗项目大串门　传统文化大拜年”庙会系列活动，获北京市庙会大赛魅力大奖。

区文化馆　获北京市第6届“舞动北京　群众舞蹈大赛”团体组织金奖。第2届北京快板邀请赛组织奖。在北京市第6届“舞动北京　群众舞蹈大赛”中，《新居》获郊区组金奖和创作奖，《娃娃鼓》获郊区组铜奖。在北京市第20届农民艺术节暨首届乡村歌舞大赛中，老年舞蹈《中国龙》、少儿舞蹈《快乐的小鸟》和清澄合唱团，分别在比赛中获得二等奖一个、三等奖两个。

大兴影剧院　获北京新影联“票房增长突出奖”。

万兴歌舞团　舞蹈《醉在瓜园》，在“都市风采”舞动北京京津沪渝舞蹈大赛上获银奖。舞蹈《梨花飞雪》在舞动北京舞蹈大赛中获得团体金奖。

大兴区文化委员会

书　记	许玉增（1月免）
	王　健（1月任）
主　任	许玉增（1月免）
	王　健（1月任）

（史国军）

密　云　县

概　况

密云县位于北京东北部燕山脚下，总面积2229.45平方公里。全县常住人口46.8万人。辖17个镇、2个街道办事处、1个地区办事处，共334个行政村，68个社区居委会。

密云县文化委员会（简称县文委）是主管全县文化、文物、新闻出版和广播电影电视工作的政府职能部门。设有文化活动指导科、文化市场管理科、法制科、党政办公室4个职能科室和文化行政执法队（副处级）。下属6个单位：文化馆、图书馆、文物管理所、大剧院、电影发行放映管理中心和新华书店。

2010年，县文委围绕密云生态涵养发展区工作方略、“三个走在前列”（经济建设努力走在全市五个生态涵养发展区前列，社会建设努力走在全市郊区前列，生态建设努力走在全国前列）奋斗目标和建设“绿色国际休闲之都”的中心工作，服务全县发展大局，完善文化工作科学发展的体制机制，全县文化建设呈现出繁荣发展的良好态势。

2010年文化艺术发展

重要会议

密云县文化工作会　4月2日上午，密云县召开2010年文化工作会，县发改委等相关部门负责人和各乡镇街道主管文化工作领导及部门负责人及县文委系统副科级以上干部参加了会议。会议总结了2009年文化工作，部署了2010年文化工作任务。副县长程文华对2010年文化工作提出了要求，同时代表县政府与镇、街道代表签订了2010年度文化工作目标管理责任书。

文化设施建设

年内，协调指导冯家峪镇西口外村和大城子镇庄头村完成了多媒体综合文化室建设。做好数字影厅设备安装与验收工作。为全县各数字影厅维修放映设备137台次。对171个“文化信息资源共享工程”与数字影院进行了资源整合。新建益民书屋29个。密云图书馆新馆工程主体完工。

群众文化活动

中国网络音乐之旅全国歌手大赛北京赛区比赛　由文化部市场司主办、密云县人民政府承办。活动从2009年6月启动，至2010年6月结束，历时一年。中国网络音乐之旅全国歌手大赛北京赛区海选有200人入围，比赛设初赛、复赛、决赛、总决赛及颁奖晚会，决赛奖项为金奖、银奖、铜奖、最佳男歌手奖、最佳女歌手奖等共计12项。其中，密云有8名选手进入决赛，3名选手获奖并代表北京赛区参加了中国网络音乐之旅全国歌手大赛。通过大赛提升了密云的文化影响力。

密云县第20届艺术节　2009年12月~2010年2月28日，密云县第20届艺术节以“繁荣文化促发展　歌唱生态新密云”为主题，以基层为重点，以宣传“密云生态涵养发展区工作方略”和“三个走在前列”奋斗目标为主要内容。推动广大文化志愿者、文艺骨干和群众文化团队积极响应、广泛参与。艺术节期间举办了6项重点活动：“密云县第20届艺术节暨2010年元旦春节系列文化活动开幕式活动”、“密云县戏剧节——戏剧、曲艺原创节目展示”、“密云县文化志愿者‘暖心工程’系列活动”、“‘迎新春，促和谐’摄影展览”、“‘北京文化援疆’”、“工程新疆和田歌舞团专场演出”、“‘名剧名人下基层，真情温暖千万家’送文化下乡活动”。组织镇、街道和村、社区活动2000多场，参与群众30多万人次。

首届电视歌手大奖赛　4月开始精心策划的全县首届电视歌手大奖赛到11月落下帷幕，历时近8个月。它的新意就在于电视媒体参与到了歌咏比赛之中。历时半年，共有来自农村、社区、厂矿、机关和学校的400余名歌手参赛，其中年龄最大的75岁。比赛分青年组和老年组。经过初赛、复赛，最终20名选手入围。11月19日，在县文化馆剧场举行总决赛，县委副书记王玉江、副县长程文华观看了比赛。最后评出一等奖2名、二等奖3名、三等奖5名、最佳潜力奖1名、优秀奖9名。

“五月的鲜花”群众歌咏活动　4月~11月，全县以群众歌咏活动启动式暨文化志愿者声乐提高班汇报演出为重点，以“唱响红五月　繁荣新密云”为主题，举办红歌赛、演唱会、文艺汇演、文艺联欢等活动。县级组织3场比赛、一场汇报演出。各工委、街道、乡镇举办选拔赛56场；各基层单位、社区、村举办初赛、演唱活动共300多场，新创作节目9个，参与演职人员3000多人，累计参与群众17.5万多人次。经过层层选拔，最终评出一等奖6名、二等12名、三等奖16名、优秀节目奖16名；最佳合唱奖6名、优秀合唱奖8名、创作节目奖4名；优秀组织奖10名、组织奖18名。

密云县合唱大赛　4月~12月，县文委举办密云县“唱响三个走在前列”合唱大赛。分城口和农口两组，31支合唱队进入决赛。演唱的歌曲中有一半原创曲目，如《密云精神鼓舞咱》《密云之歌》《密云是个好地方》等。评出一等奖2名、二等奖5名、三等奖5名。副县长程文华观看了比赛。

“碧水润京华”密云水库建成50周年主题晚会　9月1日晚，由市委宣传部，密云县委、县政府，市水务局联合举办的“碧水润京华”密云水库建成50周年主题晚会在北京卫视播出。晚会在《家园好》的歌舞中拉开帷幕，随后的节目《碧水润京华》《树娃娃》唱出了生态密云空气清新、植被茂盛、环境优美的优良环境。歌舞小品《老人与水》《感谢》表达了首都人民对为了密云水库山清水秀无私奉献、默默工作的水利工作者和密云人民的感激之情。歌舞合唱《生态中国》将晚会推向高潮。节目中还重放了50年前修建水库的珍贵视频和照片，穿插了对水库建设者等的专访，重现了党和政府兴修水利的坚定决心和首都军民全力投入密云水库工程建设的豪迈干劲儿。市委书记刘淇，市委副书记、市长郭金龙、中央有关部门和市领导周英、蒋旭光、胡和平、蔡赴朝、吉林、李士祥、牛有成、夏占义，以及县委、县人大、县政府、县政协领导一同观看了演出。

公益演出活动

年内，县文委精心组织了公益演出活动。11支市级以上文艺院团、29支县内优秀文化团队参加了

密云县“唱响三个走在前列”合唱大赛

2010年“星火工程”文艺演出

"文艺演出星火工程"，演出1002场、观众20多万人次。在"周末场演出"活动中，邀请市级以上文艺院团到密云县演出75场，观众5万人次。

非物质文化遗产保护工作

清明节、端午节和"文化遗产日"期间，举办"非物质文化遗产展览"和民俗知识讲座。组织密云剪纸、烙画和鲁班枕（瞎掰）制作技艺等，参加首都首届青少年公益节展演。在密云培智学校授课，讲授剪纸、布艺堆绣画等，传承民间手工技艺，培智学校被市文化局批准为北京非物质文化遗产示范校。做好第三批北京市级"非遗"项目传承人的申报工作。将"霸王鞭"列为密云县重点传承发展项目，组建霸王鞭精品表演队，聘请专家辅导，新创舞蹈《鞭花乐》在第6届"舞动北京——群众舞蹈大赛"中获得团体银奖，《京妞闹鞭》参加洛阳世界风情巡游表演。发掘整理了石塘路"牛虎斗花会"，成功注册国家级"虎头花会"商标，举办"虎跃龙腾　飞速发展"2010年密云县虎文化展。

文化馆

年内，聘请专业教师辅导戏曲票友，举办票友活动115场次，1228人次参加活动。组织京剧票友选拔赛，评选出五名选手参加全市决赛，1名获银奖，县文化馆获组织奖。举办来京务工人员才艺大赛选拔赛。组织密云文化志愿者合唱团与海淀、宣武等区县合唱团进行交流演出，参与2010年"春雨工程——全国文化志愿者边疆行"试点活动启动仪式暨北京志愿团出发仪式。开展送文艺进军营，举办密云县创全国双拥模范县暨庆八一专场文艺演出。组织送文化下乡、进社区演出70场。深入基层开展诗歌朗诵、鼓乐、手工编织、曲艺、书法等文艺辅导243场次，辅导文艺骨干5000多人次。举办吉他、合唱等23个项目的文艺培训班65期，73994人次参加。扶持公园文化团队建设，为15支长期从事文化志愿服务的"公园文化团队"配备了音响设备，派专业教师定时定期对团队进行业务指导，推动公园文化发展。

文化志愿者队伍建设

年内，县文化志愿者服务分中心以"拓展文化服务，奉献一片爱心"为主题，以山区群众和特殊群体提供服务为重点，大力实施"暖心工程"，先后举办了文化志愿者培训班、书法讲座进社区、文化志愿者"墨韵书香"邀请展和"志愿上门服务　留住倩影瞬间"公益摄影服务、为培智学校志愿服务、"九九重阳节"文艺演出等活动。8个艺术门类的3000余名志愿者参与文化志愿服务活动70次，接受志愿服务群众达6万余人次。至年底，有20个镇、街道和12个部门成立了文化志愿者服务站，334个行政村、32个社区建立了文化志愿者服务小组，共招募文化志愿者4748名，有4589人通过复审录入数据库。

文艺创作

全县有文学、美术等10个协会，2010年内发展国家级会员2人、市级会员5人、县级会员55人，县文联各协会会员共744名。出版《渔阳文艺》。举办了新春书画奇石工艺展、"墨池新律"十家中青年楷书展、"寄情清韵"花鸟画四人展、"虎跃龙腾、飞速发展"2010年密云县虎文化展览。组织对密云特色——渔文化进行深入研究。编辑出版《密云历史文化风向标》。文学作者新创作的小说、诗歌、散文、通讯等在国家级出版物上发表的作品计77万字，王加春的散文《夏赏莲花池》在北京写作学会主办的第7届写作文化节中获一等奖；郝书和的剪纸《云岫飘香》获"地税杯"全国剪纸艺术大奖赛优秀奖，《清廉和谐》在中国民协剪纸艺术委员会等举办的三门峡首届全国廉政剪纸艺术大奖赛中获优秀奖；史天柱、吴品瑞、张春德的根雕在北京市第13届根石艺术优秀作品展上获金牌奖；李如升摄影《享受大自然》获北京市"黑龙潭杯"摄影大赛一等奖；刘建军的摄影作品在京郊之春摄影大赛活动中获一等奖。

图书馆

年内，在县图书馆新馆正建没有馆舍情况下，以"全民阅读"活动为平台，围绕县中心工作，积极开展各项读书活动。

基础业务情况　年初召开了乡镇、街道文化中心主任、图书管理员和共享工程管理员工作会议。总结了2009年工作，布置了2010年工作，对先进个人和集体进行了表彰。全年订购报刊400多种；目前入藏图书31996册，馆藏图书达到38.7万册；累计办证25916个，果园街道和经济分院接待读者15934人次，图书流通35421册。收集地方文献329多条。自5月18日开始对馆内22多万图书更换新的机打书标，完成书标更替21余万册，为新馆开馆奠定了基础。

送书下乡　为63个服务点送书108次、图书流通11万册。培训镇村基层服务点管理员350人次、益民书屋管理员110人次。刻录发放农技资料300份、电影光盘300张，指导20个分中心、340个基层服务点开展各项活动2000余场次，参与群众达3万多人次。

"红领巾"读书活动　参与首都图书馆组织的各项"红读"活动。派代表队参加"传承文化　弘扬经典"现场比赛、"做文明北京少年"讲故事、"文明北京摄影”大赛、“2010奇思妙想征文”知识竞赛、“读书小状元”评比等。

讲座、报告会　由于受场所限制，工作重心下移到学校，分别与二小、四小开展少儿谜语、益智题竞猜、“讲故事”比赛等读书活动5次；与果园街道图书馆联合举办“书籍是打开城市的一把手钥匙”征文活动；年内，举办各种讲座、报告会、演讲、征文等活动53场，参与人次达1.5万。在全市“我的书屋我的家”演讲比赛中，5个乡镇的村图书管理员参加了比赛，一人荣获三等奖。

“图书宣传服务周”活动　制作以“清明节”为主题资料展板30块，分别在穆家峪的大石岭村和果园街道益民书馆进行了展览，有2000余人参观。

建立乡镇特色分馆　组织召开了部分偏远山区乡镇文化中心主任参加的“图书资源共享”研讨会。确定了以古北口镇“古北口民俗文化”为主题的特色分馆作为试点单位，制订了“密云县乡镇特色分馆暨休闲阅读实施方案”，建立特色分馆和休闲阅读场所两个。

文化信息资源共享工程建设　作为文化信息资源共享工程基层中心，积极做好资源查询、资源服务、资源索取3个工作，将电子期刊、电子文献等进行整理，满足了科研读者的需要。培训乡镇、村“共享工程”基层服务点管理员16次，350人次。对全县20个基层分中心，330个村级基层服务点进行了摸底调查，完成了171个“共享工程”与数字影院的整合工作；维修共享工程机器设备54次，下乡指导检查共享工程设备使用情况38次。完成全国文化信息资源管理系统共对县支中心、20个街道、乡镇基层中心，330个村级基层服务点以及740套共享工程设备进行网上资料登记上报工作。免费印制下发了基层服务点共享工程活动登记簿，实现了档案工作的规范统一。为文化共享工程基层服务点刻录下发国家中心春耕资料300张；电影展播光盘300张。年内，全县基层服务点，利用共享工程设备组织开展各种活动2000余场次，3万多人次参与。

电　影

年内，实施“农村电影放映”工程，举办“看电影过大年”、“生态密云科技电影月”、“夏季定点露天公益放映活动”、“安全生产月百场电影进工地”、庆祝“新中国建国61周年”、“纪念抗日战争胜利65周年”等专题放映活动。农村放映39082场、观众近200万人次。在公园、工地、社区、部队放映公益电影602场，观众16万人次。举办了放映员培训班13期，培训放映员594名。还举办了《唐山大地震》《第一书记》和七一、十一等专题电影放映活动。

文化市场管理

行政审批　年内，受理许可31家，全部办结发证，办结率100%。完成了全县420家文化企业的年检、年统和登记换证工作。

“扫黄打非”工作　制定《2010年密云县文化市场管理暨“扫黄打非”工作方案》，协调相关单位，扎实推进“扫黄打非”工作。与各文化经营单位签订“两会”期间规范经营安全生产责任书，确保文化市场健康有序发展。开展整治互联网和手机网站传播淫秽色情及低俗信息专项行动。县文化行政执法队共出动执法人员4380人次，检查各类文化场所（地区）5990家（个）次，处罚网吧5家、罚款7000元。

文化娱乐场所监管　年内，加大了对网吧接纳未成年人违法经营行为的处罚力度，与网吧、歌舞娱乐场所等签订了责任书和承诺书。会同公安、工商、城管等部门进行大规模拉网式检查。开展文化娱乐场所执法周检查活动。对歌舞娱乐场所是否播放违禁歌曲情况进行全面检查。开展“远离网吧　从我做起”宣传活动。会同县果园街道、“关协”在密云第六中学联合举办“远离网吧　从我做起”签字仪式。

安全生产管理　坚持“安全第一，预防为主，综合治理”的原则，与各镇、街道签订年度文化工作目标管理责任制，与各基层单位签订了安全生产、防火等责任制，县文化行政执法队与各文化场所签订安全生产责任书。开展安全生产年、安全生产月活动，落实火灾隐患排查整治专项行动、地下建筑及人员密集场所专项治理、有限空间作业安全管理等各项任务，深入开展安全隐患排查治理工作，举办安全生产大型公开课、文化市场法律法规培训班，进行安全生产教育培训。

获奖情况

密云县　被文化部授予全国文化先进单位称号。

密云县文委　在第5届北京春节庙会·灯会·文化活动评选中，“密云城乡放异彩，龙腾虎跃庆新春”社区灯会获社区灯会奖。

密云县电影发行放映管理中心　被中国电影发行放映协会授予全国农村数字电影放映工程先进单位称号。

密云县文化馆　在第2届北京市京、评、梆现代戏票友大赛中，获“优秀组织奖”；在第6届“舞动北京——群众舞蹈大赛”中，获“团体银奖”、“单项铜奖”；舞蹈《鞭花乐》获“团体银奖”、“郊区组单项铜奖”。

密云县文化行政执法队　获北京市2010年“扫

黄打非”暨文化市场管理工作先进集体称号。

密云图书馆　被中宣部、文化部、国家广电总局、新闻出版授予“全国服务农民服务基层文化建设——先进基层图书馆”称号；在2010年北京市“红领巾”读书活动中被评为“示范单位”；在2010年度首都图书馆“全民阅读”活动中获组织奖；在“传承文化弘扬经典”现场知识竞赛中获三等奖；在“爱心快递图书捐赠总动员”中获优秀组织奖。

密云县文化馆云歌艺术团　舞蹈《青花韵》《虎娃娃》《军魂》在第6届“舞动北京——群众舞蹈大赛”中，均获“团体银奖”。

密云县老干部局夕阳红合唱团　《我爱密云的山和水》获北京市第20届农民艺术节首届北京乡村歌舞节三等奖。

密云县文化委员会

书　记　　李洪仕
主　任　　李洪仕

（潘智勇）

延　庆　县

概　况

延庆地处北京市西北部，地域总面积1993.75平方公里，其中，山区面积占72.8%，平原面积占26.2%，三面环山一面临水，水域面积占1%。生态环境优良，是首都西北重要的生态屏障。延庆辖11镇4乡、376个行政村、3个街道办事处、29个社区，常住人口28.6万人。

延庆县文化委员会（简称县文委）是负责全县文化、文物、广播电视、新闻出版、版权执法与监督的政府文化行政主管部门。机关设文化科、文物科、市场科、行政执法队、政办室、财务审计科6个科室，下属有文化馆、图书馆、文物管理所、文化中心后勤服务中心、电影管理处、新华书店6个单位，共有在编职工142人。

2010年是“十一五”的收官之年，也是延庆文化事业承前启后、实现跨越式发展的一年。全县文化工作在县委、县政府的领导下，从人民群众最关心、最直接、最现实的文化需求入手，全力实施“五个一文化工程”，圆满完成了年初确立的各项工作任务。群众文化生活更加丰富、城市文化品位进一步增强、文化工作满意度大幅提升，延庆文化事业继续保持繁荣发展的良好态势。

2010年文化艺术发展

重要会议

延庆县“扫黄打非”暨文化市场管理工作会　2月4日，召开了延庆县“扫黄打非”暨文化市场管理工作会。县“扫黄打非”领导小组副组长、县委宣传部部长盛桂荣出席会议并讲话，9个“扫黄打非”成员单位主要领导参加。

延庆县2010年文化工作会议　3月5日，延庆县2010年文化工作会议召开。县委常委、宣传部部长盛桂荣，副县长赵志萍出席。会议对2009年文化工作进行了全面总结，对2010年文化工作进行了总体部署。

2010年文化经营单位安全生产紧急工作会　4月15日，2010文化经营单位安全生产紧急工作会召开。县文委主任张素枝，副主任、执法队队长王燕青参加会议并讲话。

文化娱乐场所经营单位安全生产大型公开课　7月2日，延庆县文化娱乐场所经营单位安全生产大型公开课举行。邀请北京市安全生产管理局安全生产专家、高级工程师俞胜章授课，全县网吧、歌厅等44家经营单位和文委执法队员共102人参加了学习。

延庆县文化市场管理与执法工作研讨会　10月21日，文化市场管理与执法工作研讨会召开，文委主任张素枝、书记马健壮参加会议并讲话。

县文委2010年年终文化工作会议　12月6日，县文委2010年年终文化工作会议召开，县文委各科室及下属单位就2010年工作进行了全面总结，张素枝主任就2011年各项工作进行了部署。

文化设施建设

在加强基层图书室建设重点工作中，帮建完成了八达岭警卫连和93422部队、沈家营中心小学、八达岭小学、旧县小学、八中等10个图书室。共完成58个基层图书配送点的建设。帮助井庄镇规范整理了镇图书室。

重要活动

文化志愿者活动　1月22日~2月10日，组织文化志愿者180余人次，分别赴3个社区，7个乡村，开展了10批次送“福”下乡书写春联活动。共撰写春联2400余幅，受到了当地群众的广泛欢迎。全年，共组织文化志愿者服务春节文艺汇演、参加万人广场舞蹈大赛、农民合唱大赛、到昌平区进行“星火工程”交流演出、夏日文化广场文化志愿者专场演出、及大学生“村官”艺术团巡回演出等。

首届农村相声小品大赛　2月3日，大赛在延庆县第3届乡村欢迎节中进行。来自各乡镇的77名农民选手表演了25个节目。大赛最终评选出一等奖1名，二等奖2名，三等奖3名，优秀奖6名。

首届农村相声小品大赛

2010年春节团拜会 2月10日，延庆县举办了“唱妫川·颂祖国”2010年春节团拜会。县四套班子领导出席并观看演出，盛桂荣代表县委县政府致开幕词，向全县人民致以新春祝福。文化志愿者、文艺骨干以及大学生“村官”艺术团等100余人参加了演出。

“果园老农杯”元宵节花会展演 2月28日，在县城会展中心环线街道举行，选拔秧歌、高跷、旱船、舞龙、舞狮、竹马、小车等民间花会45档，演员1300余名。县领导孙文锴、郭振清、于少东、盛桂荣、陈合安、赵志萍等观看表演，观众5万余名。此项活动还获得第5届北京春节庙会·灯会文化活动评选中获“非物质文化遗产展演奖”。

延庆县第2届“次仲杯”风筝大赛 4月2日，延庆县第2届“次仲杯”风筝大赛在会展中心广场进行。来自15个乡镇和3个街道办事处的80余名选手参赛。同时举办的射柳、猜谜、民乐表演等，吸引了千余名群众参与。

《八达岭长城传说》传承基地建设启动仪式 6月12日，在八达岭中心小学举行《八达岭长城传说》承传基地建设的启动仪式，向八达岭中心小学赠送了延庆县非物质文化遗产保护成果的书籍《八达岭长城传说》，同时颁发了“国家级非物质文化遗产，八达岭长城传说承传基地”的铜牌。

第5届北京延庆端午文化节 6月13日，第5届北京延庆端午文化节开幕。本届端午文化节与消夏避暑节开幕式合并举行，市旅游局局长张慧光，市政协民族和宗教委员会主任佟根柱，市慈善协会常务副会长雷占泉，市总工会副主席曾繁新等市领导和县四套班子领导出席了开幕式。本届端午文化节以“传承、展示、参与、发展”为主题，开展了龙舟大赛、包粽子比赛、汽车集结赛、诗文咏诵大赛、隶书笔会、庙会、爱国主义影片展映等多项文体活动，并策划组织了“秭归取水”端午文化交流活动。文化节期间，安排县内的文化志愿者在城区有条件的志愿者服务亭、公园、商业区、大型超市、文化广场、校园开展文化志愿者进京城服务活动，如小型展览展示、花会表演、充气吉祥物展示、发放“端午召集令”、“午临贴”、小礼品等。以具有延庆特色的猪头狮子为原型，设计、制作吉祥物“隆隆”和“庆庆”，同时创作端午故事花会和剧本，如《小狮子端午历险记》等，扩大文化节的宣传影响。绘制《绿色延庆·欢乐端午》（农民画）长卷——以县美术教师、乡土艺人为骨干，以往届端午节的资料为基础，绘制包括15个乡镇和延庆县主要历史文化景观、端午活动的长卷，反映新时期延庆群众欢乐、和谐的节日生活场景；绘制《公元2010年北京·延庆端午文化地图》——组织基层美术干部通过传统、古朴的绘画形式，制作形象、具体的延庆端午文化旅游地图。

“三朝御路”大型文化创意演出 6月14日，在会展中心广场举行。整场演出以“三朝御路·端午风情”为主线，贯穿十余个延庆文化特色的原创节目揭示延庆地区草原文明与中原文明相互交融撞击的历史文化脉络，演绎延庆丰富多彩的民俗风情。整场演出分为“帝临夏都”、“故园风情”、“妫川如画”三幕，演职人员达500余人，取得良好的艺术效果，并得到北京市文化创意产业资金支持。其中，《银装素裹》《春到妫川》等4个节目获第6届“舞动北京——群众舞蹈大赛”银奖。

第三届农民合唱节 6月24日，延庆县第三届农民合唱节在文化馆举办。大赛组织了15个乡镇和3个街道的18支参赛队伍，选手近千人次。张山营镇和大榆树镇分别获得一等奖，延庆镇、八达岭镇、井庄镇和沈家营镇获得二等奖；其余各乡镇及街道获三等奖。文委组织获得一、二等奖的队伍在大榆树镇文化广场进行表演。

夏日文化广场演出 6月～9月，以“文化延

延庆县第三届农民合唱大赛

庆·和谐夏都”为主题，以会展中心广场为演出主阵地，以15个乡镇文化广场与社区文化广场为补充，以综艺演出和传统戏曲演出为主要演出形式，组织各类演出500余场，观众达18万人次。

延庆县第5届戏曲艺术节 7月9日~7月31日举行，艺术节共演出河北梆子7场，评剧2场，京剧2场。活动以丰富的内容、宏大的场面、经典的曲目赢得了群众好评。

万名农民广场舞蹈大赛 7月16日，“延庆县首届万人广场舞蹈大赛”在会展中心广场举行。本次大赛是延庆县迄今为止最大规模的广场舞蹈比赛。15个乡镇和3个街道的37支队伍参赛，参赛人员达到8000余名，活动覆盖面广，参与人多，有农民也有社区居民，充分体现了群众广场舞蹈大赛的群众性。

首届长城探戈坞森林音乐节 8月27日~29日，在水关长城脚下探戈坞音乐谷举行。本次音乐节由县政府、北京探戈坞旅游开发有限公司、IDG中国媒体基金联合主办。由罗大佑领衔的72组海内外知名音乐人参加演出活动，观众达2万余人次。

文艺演出“星火工程” 2010年星火演出，组织专业文艺院团和本县40支优秀文艺团队演出1504场，其中，国家级、市级专业院团演出376场，县内非专业演出团体演出1128场，覆盖全县15个乡镇、376个行政村，受益观众达30万人次。

周末剧场演出 2010年周末场演出完成50场，受益观众3万余人，演出单位全部来自国家级、市级专业团体，圆满完成了市文化局要求的演出任务。

文化馆

“群星奖”北京赛区书法、摄影作品展 2月11日，第15届“群星奖”北京赛区书法、摄影作品展在延庆县文化馆开幕，北京市文化局副局长王珠、北京文化艺术活动中心主任路斌出席了开幕式。展出书法、摄影类优秀参赛及获奖作品260余幅，其中，延庆县获三等奖1名、优秀奖7名。

三区县辅导培训成果展 4月16日，“延庆县文化馆、宣武区文化馆、东城区老年大学培训辅导成果展”在延庆县文化馆举行。展出美术作品100多幅，具有广泛的群众性。

军民联欢活动 5月25日，文化馆音乐指挥到驻区部队为40余名官兵辅导合唱。12月2日，文化馆群艺辅导部和设备保障部到防化团观看送老兵文艺演出，并为其提供音响设备服务。

“七一情”老教工书画展 6月29日举行，由县文委与延庆县老教工委联合举办。此次展览展出书法、美术作品115幅，参与作者42名。作品主题鲜明、寓意深刻、题材广泛、风格多样，突出主旋律，富有较强的艺术感染力。

“八一情”——一个老兵个人书画展 7月30日在文化馆举办。作者张明康，曾有的军旅生活让他至今难忘。此次展览展出作品120余幅，从不同角度歌颂了党，人民军队以及和谐社会。

北京延庆—内蒙古兴和两县书画联展 8月15日，在延庆文化馆举办。展出两地88位作者的120件书画作品，总体代表了两地书画艺术的发展状况与水准。

延庆县新人新作摄影联展 9月30日，共展出作品50幅，旨在推出摄影新人，壮大延庆摄影队伍。

非物质文化遗产保护工作 2010年，建立“非遗”资源档案15类，录入188项“非遗”项目。编辑出版《八达岭长城传说》。开展旱船、竹马等非物质文化遗产进校园活动。在八达岭小学建起首家传承基地。“延庆旱船”入选北京市小学课外教材，是北京市唯一一项以地域为代表进入学生教材的“非遗”项目。

群众艺术大课堂 2010年文化馆开设“群众艺术大课堂”培训辅导活动，接待各乡镇、街道、机关以及社会各类艺术爱好者进行辅导与培训。内容以书法、美术为主。共培训学员600余人次。

出 版

编撰文化系列丛书 2010年，编辑出版《延庆文化文物志》《妫川壁画》等历史文化丛书，启动《延庆明长城研究》《延庆方言》《延庆村落文化志》编写工程，切实提升文化遗产研究水平。

图书馆

主题展板展览活动 传递科学知识信息是图书馆一个重要社会职能，为此，举办了多次主题展板展览活动。4月3日~4月9日，举办“清明时节”展板展览，流动参观人次达到800余人。4月23日，结合玉树地震，制作31块“地震知识”展板在少儿科普分中心展出。之后到10所学校巡回展出，11962人看了展出。5月~10月，开展“节约能源资源、保护生态环境”和“画说低碳生活”展览活动，共制作76块展板，3000余人观看，使低碳宣传工作迈上了新台阶。

世界读书日、服务宣传周活动 以“4·23世界读书日”为契机，举行了以“倡导全民阅读，共建书香延庆”为主题的宣传活动，发放宣传资料350余份；在报告厅举行了2010年“红读活动”暨流动图书进校园启动仪式；少儿科普分中心举办了地震知识展板展览。科技服务宣传周和全民读书月期间，馆长一行5人到永宁镇步行街进行图书馆服务宣传周活动，发放资料350份、农民科技用书200册；

“绿色北京”科普剧比赛 5月16日，延安第四小学3名参赛选手到首都图书馆参加“绿色北京”科普剧比赛，以“低碳生活，为你为我”为内容，获集体三等奖。

“做文明北京少年”讲故事比赛 6月14日，延庆一小和二小的5名学生到怀柔参加了北京市第一分赛区“做文明北京少年”讲故事比赛，分别获得三等奖。

“传承文化、弘扬经典”现场知识竞赛 10月16日，县图书馆带领3名同学到首图参加“传承文化、弘扬经典”现场知识竞赛，获得二等奖。

“爱心快递总动员”活动 11月9日，收到捐赠图书3575册，分别送到庆源打工子弟学校和延庆第四小学。通过“爱心快递总动员”活动，发扬了互相帮助的奉献精神，让孩子们感受社会的温暖。

“红领巾”读书活动 延庆县图书馆结合本县实际，专门成立了2010年的“红读”活动领导小组，秉承“红读”精神，努力做好学生的“第二课堂”，将活动深入到县内26所中、小学校，以“四好少年我争当，阅读好书我先行”为主线，以“争当四好少年，展风采，树新貌，畅游书海”为主题，开展了8项内容，举办活动50场次，28703人次参加了活动，获得市级、县级奖项共108项。

“奇思妙想——幻想北京未来”中小学生征文比赛 面向全县少年儿童开展征文比赛活动，从文章题材、主题、格式等多方面挑选出141份，其中，有5名同学获得市级奖项5个，尚慧敏获得优秀辅导教师的称号。

“读书小状元”评选 评出19名品学兼优、喜欢读课外读物、认真做读书笔记的三好学生为本县读书小状元。其中有5名学生获得了市级读书小状元称号。

“红领巾讲坛”系列报告会 推出“爱国主义教育、科普知识教育、安全知识教育、心理健康教育、和谐社会教育、文明礼仪教育”6个专题，在全县范围内19所学校中举办了41场次不同主题的讲座及报告会，活动参与者达20781人次。

“红领巾推荐图书”活动 向全县广大少年儿童推荐优秀图书13种，配备一定数量的推荐书以及参考书设立“红读”活动专用书架。同时号召各校辅导员在校积极宣传、推荐“红读”活动书目，对“红读”活动的广泛开展起了一定的积极作用。

“我与图书馆”征文活动 共收到征文作品19篇，评选出一、二、三等奖6名。

“知书·达礼——做文明有礼北京人”摄影活动 收到摄影作品42份，评出12份参加首图评奖，其中的《泊于景，醉于画》入选了首图展出。

妫川文化大讲堂 2010年，图书馆每月开展一次“妫川大讲堂”活动，邀请文化、教育、卫生等系统的干部职工和社会各界的“文化人”进行讲座，在内容设置上侧重于市民需求和贴近生活的内容，使广大读者从中学习各种文化知识。全年共举办讲座12期，参与人数906人。为广大读者提供一个学习、交流的平台，是延庆县图书馆推出的一项品牌活动。

电　影

2010年，完成电影放映3.756万场，受益观众150万余人次，超额完成任务。培训电影放映员600人次，使放映员全面掌握数字放映设备、放映流程、安全操作规程等专业知识。与各乡镇文化站签订了“延庆县农村数字电影放映设备的使用管理和放映协议”。

文化市场管理

文化市场稳步发展 2010年全年共受理行政许可事项42项，新批文艺表演团体2家，营业性演出许可6家，文化经营单位变更法人、地址等变更审批事项16家。截至年底，全县持证文化经营单位234家，比2009年同比增长了3%。强化服务，全面完成年检、统计、换证工作，优化文化市场结构。统筹协调到位。

执法监督 2010年，共组织开展检查活动309次，出动执法人员1236人次，开展文化市场专项保障行动为重点的25项专项治理行动，共检查各类文化场所681家次。全县网吧24家，营业的21家，网吧共检查121家次，平均每家检查5次以上；歌舞娱乐场所24家，营业的14家，歌舞娱乐场所共检查75家次，歌舞娱乐场所平均每家检查5次以上；共受理举报23起，均为举报未成年人进入网吧，举报查办率、回复率、满意率100%；共立案查处5起，罚款3300元。

获奖情况

集体

县文委　2010年元宵节花会展演在第5届北京春节庙会—灯会文化活动评选中获“非物质文化遗产展演奖”。

县文委执法队　获北京市文化市场行政执法总队“扫黄打非”暨文化市场管理工作先进集体称号。

县文化馆　获第2届北京快板邀请赛优秀组织奖；获北京市健身腰鼓大赛（规定套路区县A组）二等奖；获第6届“舞动北京——群众舞蹈大赛”团体银奖；获第3届“大栅栏”杯北京市社区戏剧小品邀请赛组织奖。

县图书馆　获首都图书馆举办的“绿色北京”科普剧比赛集体三等奖；获2010年北京市“红领

巾”读书活动示范单位称号；获2010年北京市“红领巾”读书活动“爱心快递图书捐赠总动员”优秀组织奖；获北京市公共图书馆“知书·达礼——做文明有礼的北京人”主题活动组织奖。

个人

闫兴国　美术作品《记忆》获北京市第15届“群星奖”三等奖。

刘越岭、赵伯玉　书法作品分别获北京市第15届“群星奖”优秀奖。

延庆县文化委员会

书　记　马健壮

主　任　张素枝（女）

（张爱琦）

▶“魅力东城，锦绣新区”大型文艺演出

◀崇文区非物质文化遗产保护成果大展开幕式

▶中国第一届庙会文化论坛

◀“第一届前门历史文化节”文艺晚会

群众文化工作会议

崇文区文化志愿者服务中心揭牌

龙潭映月中秋诗会

“歌剧群英汇东城”大型文艺沙龙

▶ 北京西城宣南文化节开幕式

▶ “军民鱼水情深一家人” 西城区 “双拥” 专场文艺演出

◀ 庆祝新西城成立 “百花争艳、缤纷西城” 文艺展演

▶ 西城区 “我的社区我的家” 优秀群众原创节目展演

两区合并后，西城区文化委员会第一次全体会

首届端午文化节开幕式活动

2010 年北京景山合唱节决赛

“颂歌献给党”——西城区军民纪念建党 89 周年红色经典歌曲演唱会

▶ 朝阳区区长程连元（中）在朝阳文化馆调研

◀ 新年音乐会

▶ 朝阳国际风情节

▼ 朝阳区文联 2010 年新春联谊会

朝阳区文化市场管理（“扫黄打非”）工作会议

京津沪渝深五城区文化发展论坛

朝阳区第四届舞蹈大赛

朝阳区“社区一家亲”中外歌剧选段合唱比赛活动

▶ 第七届海淀文化节开幕式

▶ 海淀区区长林抚生（右前）检查文化场所

▶ 2010 年海淀区春节系列文化活动启动仪式

▶ 第七届海淀文化节闭幕式演出

◀ 海淀文委向区人大代表汇报“十二五”规划提纲

▶ 慰问核心区企业家中秋文艺晚会

◀ 北京市第一批非物质文化遗产项目——曹氏风筝制作技艺

▼ 第七届海淀文化节文化大擂台

▶ 丰台区领导检查文化娱乐场所

◀ 丰台区网吧管理工作大会

▶ 丰台区曲艺家协会成立大会

◀ 丰台区首届新春游乐会

▲ 文化"四进"——"进军营"文艺演出

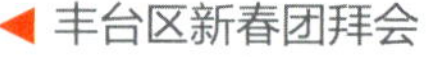

◀ 丰台区新春团拜会

◀ 第三届卢沟晓月中秋文化节

◀ "崛起的城南"——五区书法美术摄影联展

▶ 梅花大鼓《岁月如歌》获第十五届文化部“群星奖”

▶ 军民春节联欢晚会

▶ 春节系列文化活动启动仪式

▶ 首届奥林匹克文化节石景山之夜演出活动

◀“百姓周末大舞台”北京残疾人艺术团演出

◀石景山区夏日文化广场开幕式演出

▲创编舞蹈《曼妙天香》

◀石景山区文化馆业务干部深入基层进行业务辅导

▶ 通州区委书记王云峰（右二）参加通州区社区文化活动中心开业仪式

▶ 通州区新春团拜会演出

◀ 北京通州运河艺术节开幕式

▶ 运河清风廉政文艺汇演

◀"我的通州　我的家"群众擂台赛

◀"五月的鲜花"歌咏活动

▶ 通州区社区文化活动中心

▼ 北京通州运河艺术节舞蹈大赛复赛

▶ 顺义区文化中心开工仪式

▶ “二月新春”民间花会表演

▶ “红歌”合唱大赛

▼ 第二届北京端午文化节文艺表演

北京十区县·坝上五县书法绘画联展

第十九届啤酒节开幕式文艺演出

“五月的鲜花”文艺汇演

安全生产文艺比赛

春节系列文化活动开幕式

第三届来京务工人员才艺大赛

文化下乡活动启动仪式

夏日文化广场活动

◀ 怀柔区 2010 年传统手工技艺大赛

▶ 怀柔区文化志愿管理员队伍成立暨誓师大会

◀ 文化娱乐场所经营单位安全生产制度建设培训会

▶ 西班牙大型歌舞弗拉明戈之魂演出

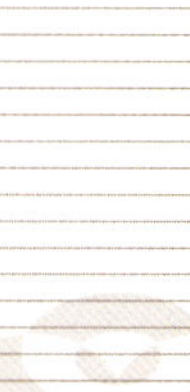

▶ 第十二届桃花节系列艺术展览开幕式

▲ 第十二届桃花节开幕式

▲ 桃花节文艺演出

◀ 桃花节文艺演出

▲平谷·昌黎风光摄影联展开幕式

◀"星火工程"文艺演出

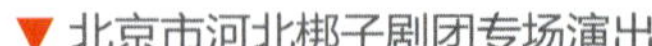

▼北京市河北梆子剧团专场演出

▼兴谷街道专场文艺演出

▶ 昌平区"歌颂伟大祖国，聚焦美好家园"庆"七一"摄影展

◀ 第七届苹果文化节展示活动

▶ 昌平区十一届艺术节闭幕式

◀"欢度中秋喜迎国庆"大型交响音乐会

◀ 昌平区第十二届艺术节暨广场舞蹈大赛

▶ 居庸关之夏文艺晚会

◀ “红领巾”读书活动

▶ 世界环境日大型文艺宣传活动

▶ “平西抗战组歌”展览开幕式

◀ 第五届文化遗产日活动

▶ 第二十届文化艺术节开幕式演出

◀ 原创民歌演唱会

清水镇李家庄山梆子业余剧团演出

清水镇“农家书屋”管理员培训

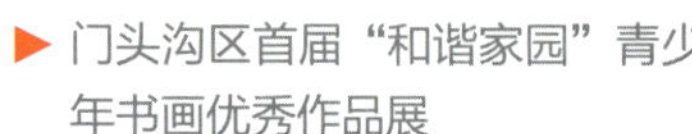

门头沟区首届“和谐家园”青少年书画优秀作品展

民间特色团队评比

▶ “墨韵国风祝福祖国” 主题书画展开幕式

▶ 首届北京（房山）大地艺术节开幕式

◀ 房山区参加第 6 届 “舞动北京” 群众舞蹈大赛获铜奖作品

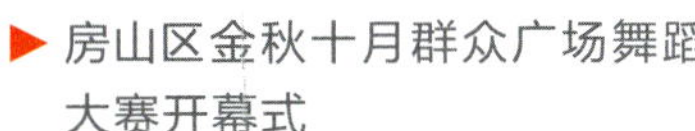
▶ 房山区金秋十月群众广场舞蹈大赛开幕式

◀ 房山区文化志愿者活动

◀ 送书进军营

◀ 燕山地区第三届文化节闭幕式

◀ 燕山地区第三届文化节启动仪式

▲“京南明珠、多彩大兴”全国中国画作品邀请展

▲参加北京市第 6 届“舞动北京”群众舞蹈大赛获得金奖

▲第二十二届西瓜节——首届社区合唱节

▲大兴区第二十届农民艺术节开幕式

◀“相约金秋　舞动大兴”群众广场舞蹈大赛

▶ 为外来务工人员免费服务

◀ 迎接文化遗产日活动

▶ 中外经典诗文吟诵大赛

▶ 密云县 2010 年文化工作会议

◀ 第二十届艺术节暨首届乡村歌舞节合唱大赛

▶ “碧水润京华” 密云水库建成 50 周年文艺演出

◀ 中国网络音乐之旅——全国歌手大赛北京赛区颁奖晚会在密云举办

北京文化志愿者送“福”下乡活动启动仪式

文化志愿者声乐提高班汇报演出

“星火工程”文艺演出

密云县首届电视歌手大奖赛

▶ 第五届北京延庆端午文化节开幕式

◀ 第五届北京延庆端午文化节——“三朝御路”文化创意演出

▶ 春节团拜会文艺演出

◀ 首届长城·探戈坞森林音乐节

延庆县万名农民广场舞蹈大赛

延庆县第五届戏曲艺术节

舞蹈干部下基层辅导

“七一情”老教工书画联展

索　　引

笔画索引

一画

二画

三画

四画

五画

六画

七画

八画

九画

十画

十一画

十二画

十三画

十四画

十五画

十六画及以上

拼音索引

A

B

C

D

E

F

G

H

J

K

L

M

N

P

Q

R

S

X

Y

Z